日中民事訴訟法比較研究

吉村德重・上田竹志 編

九州大学出版会

はしがき
——『日中民事訴訟法比較研究』出版計画の経緯——

　この度，多くの先生方のご協力によって『日中民事訴訟法比較研究』を出版することになった。この出版計画の経緯を述べることによって「はしがき」とすることにしたい。

一　本出版計画の発足

　本書出版計画のきっかけとなったのは，1998年9月，私が中国北京の中国政法大学において「比較民事紛争処理手続五講」[1]と題する講義を行ったことであった。その際に，同大学民事手続法の主任教授であった楊栄馨先生から「日中民事紛争処理手続比較研究」について，日中双方の研究者で執筆し出版しないかという提案を受けた。その講義には楊先生をはじめ中国政法大学の多数の先生方が出席され議論に参加していただいたこともあり，その提案を了承することにした。

　この「比較民事紛争処理手続五講」は，1998年8～9月にかけて，当時私が在職していた西南学院大学の姉妹校関係にある中国長春の吉林大学に交換教授として出張していた際に行った講義のタイトルである。中国政法大学，吉林大学のほか，北京の国家法官学院（裁判官の司法研修学院）でも同様の講義を行い，活発な議論をすることができた。

二　日中民事紛争処理手続比較研究の展開

　1995年4月に西南学院大学法学部に着任した私は，同時に新設された国際関係法学科の講義題目「比較民事紛争処理手続」の講義を始め，退職するまで7年

---

[1]　「比較民事紛争処理手続五講」の表題のみを挙げれば次の通りである。
　第一講　民事紛争処理手続の比較法的視点
　第二講　多様な民事紛争処理手続相互の比較法的特徴とその変容
　第三講　裁判手続の比較法的特徴とその変容
　第四講　日本民事訴訟法の改正：新民事訴訟法の制定（1998年1月1日施行）
　第五講　裁判手続の利用障害の解消と民事紛争処理手続の将来展望

間続けて行った。2002年3月，西南学院大学を退職した時の最終講義として，7年間の講義内容を締めくくり，巨視的な視点からみた「比較民事紛争処理手続の分析視角」という表題の講義を行った[2]。その特徴は，日本の民事紛争処理手続を比較法的に検討するについては，大陸法（ドイツ法），英米法（アメリカ法）だけでなく，極東法・社会主義法としての中国法との比較研究が不可欠であるという点にあった。

そのような認識の下に，楊先生による「日中民事紛争処理手続比較研究」の執筆および出版の提案を了承したのちは，その提案を実現するために日中相互間で共同研究会を行うなどの交流を重ねてきた。

まず，2001年3月には，楊先生に福岡に出張していただき，九州大学，西南学院大学，福岡大学において，中国民事手続法の多様な分野についての研究報告をしていただき，その内容について議論をさせていただいた。そのテーマは，「中国民事訴訟法の立法と実務の主要問題」（2001年3月6日），「中国民事執行の立法と実務」（2001年3月8日），「中国破産立法と実務」（2001年3月8日），「中国の調停制度――主として民間の調停を中心として――」（2001年3月10日），「中国仲裁の立法と実務」（2001年3月10日）であった[3]。

さらに，2003年9月には，今度は日本側から，当時九州大学在職中の川嶋四郎教授と私が楊先生及び王亜新先生の招聘によって北京に出張し，中国政法大学及び清華大学において講義を行った。私の講義テーマは，「日中民事紛争処理手続の比較法的研究」及び「日中民事訴訟における審理手続の比較法的研究」であった。

そのうえで，2003年9月20日中国政法大学において楊先生との打ち合わせによって「日中民事紛争処理手続比較研究」の執筆・出版計画を決定した。

その結果，当初の「日中民事紛争処理手続比較研究」出版計画は，2冊の書籍からなり，「第一巻 民事訴訟手続」，「第二巻 民事執行・保全手続，倒産処理手続，裁判外紛争処理手続（調停・仲裁・公証）」とし，夫々のテーマにつき日中双方の執筆予定者を定めた。そのうえで，夫々の執筆原稿が完成すれば，相互に交換して自国語に翻訳し日中双方で出版するというものであった。中国側の執筆予定者は主として中国政法大学の先生方であり，日本側の執筆予定者は小嶋明美

---

2) 吉村徳重「比較民事紛争処理手続の分析視角」同『比較民事手続法（民事手続法研究第三巻）』（信山社・2011年）3頁以下参照。
3) シンポジウム「現代中国における仲裁と調停」法政研究68巻2号477頁以下参照。

先生のほかは，主として九州大学在任中の先生又は九大関係の先生方であった。

三　中国民事訴訟法の改正と出版計画の変更

　当初の出版計画に基づいた作業進行中の 2007 年後半に，中国民事訴訟法の改正作業が始まり，同年 11 月には，日本側の対応として JICA および法務総合研究所国際協力部による支援活動を開始したという連絡を受けた。支援活動の参考として，本出版計画による中国民事訴訟法に関する資料を利用したいという申し出であった。

　その後，2012 年 8 月 31 日，中国民事訴訟法の改正法が成立し，2013 年 1 月 1 日に施行されることが決定した。さらに，中国民事訴訟法改正前の 2012 年 3 月に本出版計画の提案者でありこれまで共同編集者としてご尽力いただいた楊栄馨先生がご逝去された，という知らせをしばらく後になって受けとり，茫然自失の感となった。これまで中国側の執筆担当者を取りまとめていただいた先生を失い，従来通りの出版計画を進めることは不可能であると実感するようになった。

　その結果，従来「日中民事紛争処理手続比較研究」として，2 冊の書籍を日中双方で出版するという計画を，さしあたっては『日中民事訴訟法比較研究』として，1 冊の書籍を日本国内でのみ出版するという計画に変更することにした。

　まず，楊先生を失った現状では，民事紛争処理手続全般にわたる日本側研究者の論稿全体を中国語に翻訳し，中国側原稿とともに 2 冊の書籍として中国で刊行するという当初の計画を実現することは不可能だからである。

　ついで，中国民事訴訟法が改正された現時点では，日本側研究者による改正中国民事訴訟法の解説と比較法的検討を行った 1 冊の書籍として日本で刊行する意義は大きいと考えたからである[4]。

むすび

　以上のような経緯をたどって『日中民事訴訟法比較研究』の出版計画は決着した。当初の出版計画を実現できなかったことは残念ではあるが，このような形で

---

[4]　現行中国民事訴訟法及びその最高人民法院による統一的な司法解釈規定である「『中華人民共和国民事訴訟法』適用に関する解釈」(2015 年 2 月 4 日施行。以下，民訴解釈と略称する)については，白出博之先生による訳文を執筆者に参照していただくことにした。なお，中国民事訴訟法の訳文は分量の都合上本書に収録できないことになったが，「民訴解釈」の訳文は本書に収録した。本書巻末資料参照。

も出版にたどり着くことができたのは，多くの先生方にご協力いただいたお蔭である[5]。

　まず，最もお世話をかけてきたのは共同編集及び事務局をお引き受けいただいた九州大学の上田竹志先生である。ご多忙中にもかかわらず，本出版計画を実現するために必要なあらゆる作業をお引き受けいただいた。先生のご協力なしには本書の刊行にたどり着くことは不可能であったといわざるを得ない。ここに改めて感謝の念を述べさせていただきたい。

　ついで，総論の論稿を始め改正中国民事訴訟法の解説の執筆，さらには本書全体の監修をお願いした小嶋明美先生と白出博之先生である。小嶋先生は中国民事手続法の専門家として，本出版計画の発足当初から九州大学で行ってきた中国民事手続法の研究会にご出席いただき専門家としての方向付けをしていただいた（小嶋明美『現代中国の民事裁判』「はしがき」（成文堂・2006年）参照）。白出先生は今回の中国民事訴訟法改正についてのJICA・法総研による立法支援の長期派遣専門家として活動してこられた。両先生には，中国民事訴訟法についての知見に基づき，本書の大部分を占める論稿のご執筆とともに全体につき監修をしていただいた。両先生のご協力のお蔭でなんとか本出版計画を具体化することができたといわざるを得ない。

　最後に，本出版計画のご提案をいただき，その実現のためにご尽力いただいた故楊栄馨先生への御礼を述べ，先生のご冥福をお祈りして結びとしたい。「日中民事紛争処理手続比較研究」出版計画の実現のためにご尽力いただいた経緯についてはすでに述べてきた通りである。当初の計画を一部変更せざるを得なかったことについては先生にお詫びを申し上げざるを得ない。ただ，その一部を『日中民事訴訟法比較研究』として出版できたことはやはり楊先生のお蔭であることに変わりはない。ここに先生への感謝の気持ちを込めて安らかなご冥福をお祈りする次第である。

吉 村 德 重

---

5) 巻末の「執筆者紹介」を参照。そこに記載された総論の論稿を執筆いただいた各先生を始め，改正中国民事訴訟法の解説及び比較法的検討を執筆いただいた先生方のご協力のお蔭である。

目　次

はしがき………………………………………………………吉村徳重　i
　——『日中民事訴訟法比較研究』出版計画の経緯——

凡　例

第1編　総　論

中国民事訴訟法の比較法的特徴………………………………吉村徳重　3
　——当事者主義と職権探知・職権主義の交錯——
　　はじめに——中国民事訴訟法の成立過程とその背景　3
　　一　中国民事訴訟法の規定対象の広範性に基づく比較法的特徴と検討　5
　　二　中国民事訴訟法における当事者主義と
　　　　職権探知主義の交錯による比較法的問題点　11
　　三　審判監督手続——当事者主義と職権主義の交錯　22
　　むすび　24

中国民事訴訟の審理方式変革の比較法的考察…………小嶋明美　26
　　はじめに　26
　　一　国家・社会・経済と審理方式　28
　　二　上海市長寧区人民法院の試み　34
　　三　中国民事訴訟における当事者主義　37
　　四　訴訟の位置付け　43
　　まとめとして　45

中国民事訴訟法改正の背景と比較法的検討・公益訴訟
……………………………………………………白出博之 47
  一　中国民事訴訟法改正の背景　47
  二　個別的検討・公益訴訟を題材として　53
  結語に代えて　70

司法アクセスの視点から見た中国の民事訴訟…………韓　　寧 72
  はじめに　72
  一　民事訴訟への国民参加――人民陪審　73
  二　民事訴訟における便宜と迅速性の向上　79
  三　民事訴訟に係る司法アクセスの経済的な障害の克服　85
  四　民事訴訟代理制度の充実　89
  結　び　93

第2編　各　論

第1章　基本原則……………………………………………小嶋明美 97
  第一節　基本原則の概要　97
  第二節　当事者平等の原則　99
  第三節　弁論の原則　100
  第四節　信義誠実の原則　102
  第五節　処分の原則　104
  第六節　検察監督の原則　106

第1章　基本原則に関するコメント……………………池田辰夫 107

第2章　裁判所制度…………………………………………小嶋明美 113
  第一節　合議制　113
  第二節　回避制度　118
  第三節　公開裁判制度　121
  第四節　二審終審制度　125

第五節　陪審制度　*127*

第3章　管　　轄……………………………………白 出 博 之　*129*
　　第一節　法院の主管　*129*
　　第二節　管轄概説　*133*
　　第三節　級別管轄　*137*
　　第四節　地域管轄　*141*
　　第五節　裁定管轄　*154*
　　第六節　管轄権異議　*157*

　　第2・3章　裁判所制度・管轄に関するコメント ………川 嶋 四 郎　*160*

第4章　訴訟当事者……………………………………小 嶋 明 美　*169*
　　第一節　当事者概説　*169*
　　第二節　共同訴訟　*184*
　　第三節　訴訟代表者　*189*
　　第四節　訴訟上の第三者　*193*

第5章　訴訟代理人……………………………………小 嶋 明 美　*200*
　　第一節　訴訟代理人の意義と特徴　*200*
　　第二節　法定訴訟代理人　*201*
　　第三節　委任訴訟代理人　*204*

　　第4・5章　訴訟当事者・訴訟代理人に関するコメント
　　　　……………………………………………………鶴 田 　 滋　*210*

第6章　証　　拠………………………………………小 嶋 明 美　*218*
　　第一節　証拠の概説　*218*
　　第二節　証拠の理論的分類　*222*
　　第三節　証拠の種類　*224*
　　第四節　証明の対象　*235*
　　第五節　証明責任　*242*

第六節　証明基準　*247*
　　第七節　証拠の収集と保全　*249*
　　第八節　証拠の審査および認定　*258*

第6章　証拠に関するコメント ……………………濱﨑　　録　*264*

第7章　期間と送達 ………………………………………小嶋明美　*273*
　　第一節　期　　間　*273*
　　第二節　送　　達　*276*

第7章　期間と送達に関するコメント ………………上田竹志　*283*

第8章　法院調停 …………………………………………小嶋明美　*286*
　　第一節　法院調停の概要　*286*
　　第二節　法院調停の原則　*287*
　　第三節　法院調停の手続　*290*
　　第四節　法院調停の効力　*295*

第8章　法院調停に関するコメント …………………韓　　　寧　*299*

第9章　保全と先行執行 …………………………………小嶋明美　*307*
　　第一節　保全制度　*307*
　　第二節　先行執行制度　*313*

第9章　保全と先行執行に関するコメント …………安西明子　*317*

第10章　民事訴訟の妨害に対する強制措置 …………小嶋明美　*326*
　　第一節　強制措置の概念と意義　*326*
　　第二節　民事訴訟を妨害する行為の構成と種類　*327*
　　第三節　強制措置の種類とその適用　*330*

第10章　民事訴訟の妨害に対する強制措置に
　　　　関するコメント ……………………………川嶋四郎　*335*

第11章　訴訟費用と司法救助……………………………小 嶋 明 美　*348*
　第一節　訴訟費用　*348*
　第二節　司法救助　*360*

　第11章　訴訟費用と司法救助に関するコメント………上 田 竹 志　*363*

第12章　第一審通常手続………………………………白 出 博 之　*365*
　第一節　第一審通常手続概説　*365*
　第二節　訴えの提起と受理　*366*
　第三節　審理前準備　*378*
　第四節　開廷審理　*384*
　第五節　第一審通常手続中の個別問題　*396*
　第六節　民事裁判　*407*

　第12章　第一審通常手続に関するコメント……………堀 野　　出　*423*

第13章　第一審簡易手続………………………………白 出 博 之　*435*
　第一節　簡易手続概説　*435*
　第二節　簡易手続の適用　*437*
　第三節　簡易手続の具体的規定　*440*
　第四節　少額訴訟手続　*446*

　第13章　第一審簡易手続に関するコメント……………堀 野　　出　*452*

第14章　第二審手続……………………………………白 出 博 之　*457*
　第一節　第二審手続概説　*457*
　第二節　第二審手続の開始・上訴の提起と受理　*462*
　第三節　第二審手続の審理と裁判　*470*
　第四節　第二審手続中における特殊な問題　*483*

第15章　再審手続・裁判監督手続……………………白 出 博 之　*487*
　第一節　再審手続概説　*487*
　第二節　再審手続の開始と審査　*493*

第三節　再審事件の審理手続（狭義の再審手続）　515

第 14・15 章　第二審手続・裁判監督手続
　　　　　　（再審手続）に関するコメント……………池田辰夫　522

第 16 章　特別手続……………………………………白出博之　527
第一節　特別手続概説　527
第二節　選挙人資格事件手続　530
第三節　失踪宣告，死亡宣告手続　533
第四節　民事行為能力認定手続　539
第五節　無主財産認定手続　542
第六節　調停合意確認手続　544
第七節　担保物権実行手続　550
第八節　督促手続　555
第九節　公示催告手続　562

第 16 章　特別手続に関するコメント………………………宮永文雄　569

第 17 章　執行手続……………………………………白出博之　576
Ⅰ　民事執行手続総則　576
第一節　民事執行概説　576
第二節　執行主体と執行対象　579
第三節　執行根拠と執行管轄　582
第四節　執行手続通則：執行の開始，停止，終結　585
第五節　委託執行と執行共助　595
第六節　執行担保と執行和解　601
第七節　執行救済　604
Ⅱ　民事執行措置　614
第八節　金銭給付執行 1：差押え，封印，凍結　614
第九節　金銭給付執行 2：強制競売，換金，代物弁済　627
第十節　金銭給付執行 3：配当参加　635
第十一節　物の引渡し，行為完成債務の執行　639

第十二節　保障性執行措置　*644*

　第 17 章　執行手続に関するコメント …………………西 川 佳 代　*647*

第 18 章　渉外民事訴訟手続 ……………………………小 嶋 明 美　*662*
　　第一節　渉外民事手続概説　*662*
　　第二節　渉外民事訴訟手続の特別原則　*664*
　　第三節　渉外民事訴訟管轄　*669*
　　第四節　渉外民事訴訟の送達と期間　*675*
　　第五節　国際民事司法共助　*681*

　第 18 章　渉外民事訴訟手続に関するコメント …………宮 永 文 雄　*691*

　資　料　最高人民法院「中華人民共和国民事訴訟法」
　　　　　適用に関する解釈……………………………… 白出博之 訳　*697*

　あとがき……………………………………………………上 田 竹 志　*777*

　索　　引…………………………………………………………………*779*

凡　例

1　法令名

原則として以下の略称を用いる他，そのつど法令名およびその略称を表記した。

中国民訴　　中国民事訴訟法［中华人民共和国民事诉讼法］（2012 年改正）

1991 年民事訴訟（民訴）法　　中国民事訴訟法［中华人民共和国民事诉讼法］（1991 年）

民法通則　　中国民法通則［中华人民共和国民法通则］（1986 年）

民訴解釈　　最高人民法院「中華人民共和国民事訴訟法」適用に関する解釈
　　　　　　［最高人民法院关于适用《中华人民共和国民事诉讼法》的解释］（2015 年）

証拠規定　　最高人民法院民事訴訟証拠に関する若干の規定
　　　　　　［最高人民法院关于民事诉讼证据的若干规定］（2001 年）

日本民訴　　日本民事訴訟法（平成 8 年法律 109 号）

2　判例

以下のように略称で表記した。

例）　最一小決平成 25 年 11 月 21 日　　最高裁第一小法廷平成 25 年 11 月 21 日決定

3　判例雑誌

以下の他，原則として略称によらず，そのつど雑誌名を表記した。

民集　　　最高裁判所民事判例集
下民集　　下級裁判所民事裁判例集
集民　　　最高裁判所裁判集　民事

4　訳語

訳語については，なるべく統一を試みたが，文脈や各執筆者の意向，および中国民訴制度における用語法が日本のそれと必ずしも一対一に対応しないことから，完全に統一されていない場合もある。詳細は索引を参照されたい。

例）　調停／調解　　　　　　　　［調解］
　　　過料／罰金　　　　　　　　［罰款］
　　　裁判監督手続／審判監督手続　［审判监督程序］

第1編

総論

中国民事訴訟法の比較法的特徴
―― 当事者主義と職権探知・職権主義の交錯 ――

吉 村 徳 重

はじめに―― 中国民事訴訟法の成立過程とその背景

 1) 中華人民共和国の民事裁判は，1949 年に共和国が成立した後にも，長期にわたって，公式の民事訴訟法の制定なしに，人民法院の若干の規則によって審理されていた。その審理手続は解放区時代の「馬錫五審判方式」と呼ばれた審理様式が実務上維持されていたといわれる。それは，「依拠群衆，調査研究，就地解決，調解為主（大衆に依拠し調査研究して，現地で解決し調停を主とする）」という「十六字の民事審判方式」として定式化された審判方式であった。審判員は訴えを受理した後に，現地に赴き大衆の中で事実の調査，証拠収集を行い，その資料に基づいて当事者を説得して調停による解決を主とするという審判方式であった。要するに，審判員は法廷外での職権探知により収集した資料に基づき当事者を説得して調停ないし同意的判決をするとともに，一般大衆の教育にも資するという実体的真実重視の審理方式であった[1]。これを比較法的視点から見れば，社会主義国としてのソ連法の影響による職権探知主義と極東法としての調停（和解）重視の伝統とを融合した裁判手続であったといえる[2]。

 2) その後，中国社会は文化大革命などの様々な過程を経た後，1978 年の改革開放政策への転換を経て，1992 年には社会主義的市場経済を導入することになった。これとほぼ並行して，1982 年に中国民事訴訟法（試行）の制定を経て，1991 年に中国民事訴訟法が成立した。その後，2007 年の改正を経て，2012 年に

---

 1) 王亜新『中国民事裁判研究』（日本評論社・1995 年）23 頁以下，同「中国民事訴訟の審理構造についての一考察」『谷口安平先生古稀祝賀 現代民事司法の諸相』（成文堂・2005 年）263 頁以下参照。
 2) 吉村徳重「比較民事紛争処理手続の分析視角」同『比較民事手続法（民事手続法研究第三巻）』（信山社・2011 年）10 頁（初出 2003 年）参照。

今回の改正となり，2015年にはこれを補充する最高人民法院による統一的な「『中華人民共和国民事訴訟法』適用に関する解釈」(以下，民訴解釈と略称する)が施行された[3]。

3) この中国民事訴訟法の展開の特徴は，当初の職権探知主義から当事者の立証責任を強化する当事者主義的方向に移行した点にあるといえる。その背景となったのは中国社会の経済構造が社会主義的統制経済から市場経済へと変動し，その変動が加速化したことによって，法院に持ち込まれる経済紛争が激増するようになったことである。その結果，法院は従来のように職権探知による実体的真実重視の審理手続では対応できず，その効率化を図らざるを得なくなったのである[4]。

1980年代末から90年代前半にかけて多数の人民法院を巻き込んだ「民事審判方式改革」の大きな流れは，当事者による証拠の収集・提出によってその効率化を図る根拠として当事者の立証責任を重視するようになった。1982年の中国民事訴訟法(試行)の時点では，一方では「当事者は自己の提出する主張について証拠を提供する責任を負う。」(56条1項)と規定するとともに，他方では「人民法院は法定の手続に基づいて，全面的客観的に証拠を収集し，調査しなければならない。」(56条2項)と規定し，当事者の立証責任と法院の職権探知とを共に重視していた。しかし，1991年の中国民事訴訟法では，当事者の立証責任を原則とし(64条1項)，人民法院による職権探知は，法院が必要と認める場合など一定の要件を満たす場合に限ることにしたのである(64条2項)。そのうえで，後述するように，職権探知が要求される「法院が必要と認める証拠」などの不明確な要件を明確化するために，最高人民法院による適用解釈としての「民事訴訟証拠に関する若干の規定」(以下，証拠規定と略称する)(2001年)，さらには，2012年改正の現行民事訴訟法の適用解釈を統一した民訴解釈(2015年)によって，要件の具体化を図ってきたのである。

このようにして，「当事者が証拠を提供できず，又は証拠がその主張事実を証

---

3) 本書巻末資料697頁。
4) 小嶋明美『現代中国の民事裁判』(成文堂・2006年)51頁以下参照，その詳細な背景と当事者主義・職権探知主義の適用状況の実態につき，小嶋明美「職権探知主義の規整——中国民事訴訟法を素材として(1)〜(3)」法制論叢43号(2009年)1頁以下，同44・45合併号43頁以下，同46号1頁以下参照。

なお，中国と同様に市場経済を導入した社会主義国ベトナムにおける類似の現象につき，吉村徳重「ベトナム民事訴訟法の制定——成立の背景と審理手続の基本的特徴」同『比較民事手続法』(信山社・2011年)393〜394頁(初出2005年)参照。

明するに足りない場合，挙証・証明責任を負う当事者が不利な結果を負担する」（民訴解釈90条2項）という規定によって，従来の「実体的・客観的真実」ではなく当事者の立証による「蓋然的・法律的真実」に基づく審判手続を原則とすることになった。しかし，当事者にそのような自己責任，自己負担を負わせる前提としては，訴訟手続上の当事者の手続保障・デュープロセス保障が不可欠である。訴訟手続は従来のような実体的真実発見の手段ではなく，手続自体の価値としての手続保障と認識されるようになった。これは市場経済が市民社会に根を下ろし個人の意思決定の自治と自己責任を求めるようになったことの反映であるともいえる[5]。また，一般的には「中国国民の権利意識，民主意識は絶えず強まっている」[6]ということもその背景となったといえよう。

4）このような背景によって，現行中国民事訴訟法は成立したが，その適用範囲が広範に及ぶことから当事者の立証責任を基礎とする当事者主義のみによって規律できることにはならない。審判手続の対象によっては当事者の立証責任を基礎とする立証活動だけに委ねることなしに法院の職権探知を必要とする事件も含むことになるからである。以上のことを前提として，当事者主義と職権探知主義に関する中国民事訴訟法の比較法的特徴を日本民事手続法との対比によって検討することにしたい。

一　中国民事訴訟法の規定対象の広範性に基づく比較法的特徴と検討

1　中国民事訴訟法の規定対象の広範性

中国民事訴訟法はその規定対象が広範であり，日本の民事手続法全体に含まれる，訴訟，非訟，執行，保全等の手続についても規定する。

これに対して，日本法はそれぞれの手続について一つまたは二つ以上の独立の法律によって規定している。すなわち，訴訟手続としては，民事訴訟法，人事訴訟法，会社訴訟法（会社法第7編第2章訴訟），非訟手続については，非訟事件手続法，家事事件手続法，会社非訟手続法（会社法第7編第3章非訟），借地非訟手続法（借地借家法第4章借地条件の変更等の裁判手続），執行手続については民事執行法，保全手続については，民事保全法である。

---

[5]　王亜新「中国新民事訴訟法をめぐる幾つかの問題について」（未刊稿論文）参照。
[6]　韓・本書第1編72頁。

2　中国民事訴訟法の比較法的特徴

　中国民事訴訟法を日本法と対比して，その比較法的特徴を分析するについては，日本民事訴訟法との比較検討だけではなく，民事訴訟法の特則である人事訴訟法，会社訴訟法のほか，非訟事件手続法，家事事件手続法等の非訟手続法との比較法的検討も必要である。中国民事訴訟法には人事訴訟法，会社訴訟法はもちろん，非訟手続法に対応する部分（第15・18章）も含まれており，第1編総則の規定はこれらの手続を含む民事手続全体に適用されるからである。

(1)　当事者主義の原則

　まず，中国民事訴訟法の審理手続が基本的には当事者主義を原則とするに至ったことは前述の通りである。第1編総則において，当事者主義の原則である処分権主義や弁論主義を根拠づける規定が認められる。

　処分権主義については，第1章の基本原則として，13条2項は「当事者は法律の定める範囲内において，自己の民事上の権利及び訴訟上の権利を処分する権利を有する」と規定する。さらに，第5章第1節当事者において，50条は「当事者双方は自ら和解することができる」と規定し，51条は「原告は訴訟上の請求を放棄し，または変更することができる。被告は訴訟上の請求を認諾し，又は反駁することができ，反訴を提起する権利を有する」と規定する[7]。

　弁論主義については，第6章証拠において，64条1項は「当事者は自己が提出する主張については，証拠を提供する責任を負う」と規定する。さらに，最高人民法院の司法解釈である民訴解釈90条は，当事者の立証責任について，「当事者は，自己が提出した訴訟請求の根拠とする事実又は相手方の訴訟請求に対する反駁の根拠とする事実につき，証拠を提出しなければならない」（1項）。「当事者が証拠を提供できず，又は証拠がその主張事実を証明するに足りない場合，挙証・証明責任を負う当事者が不利な結果を負担する」（2項）と規定する[8]。

　また，民訴解釈92条は，自白の拘束力について，「一方当事者が法廷審理にお

---

7)　但し，中国民訴法145条1項は，「判決を宣告する前に，原告が訴えの取下げを申し立てた場合には，許可するか否かは，人民法院が裁定する」と規定する。なお，中国民訴法の処分の原則について，本書第2編第1章104頁以下参照。

8)　中国民訴法の弁論の原則について，本書第2編第1章100頁以下および第6章237・242頁以下参照。

いて，又は訴状，答弁書，訴訟代理人の陳述書等の書面資料において，自己に不利益な事実を明らかに承認する場合，相手方当事者は，挙証・証明を要しない」（1項）と規定する。しかし，「身分関係，国家判益，社会公共利益等，人民法院が職権により調査すべき事実については，前項の自白に関する規定を適用しない」（2項）と規定して，職権探知事項については弁論主義の原則（自白）は妥当しないことを明示する。

(2) 職権探知の対象

ついで，中国民事訴訟法の規定対象が広範に及ぶことから，当事者主義の例外を認める必要があることは前述の通りである。中国民事訴訟法も64条2項において「当事者及びその訴訟代理人が客観的事由により自ら収集することができない証拠又は人民法院が事件の審理に必要であると認める証拠については，人民法院は調査・収集しなければならない。」と規定した。その限りで法院による証拠の調査・収集を認めたことになる。

1) そのうえで，民訴解釈96条1項は，まず，中国民訴法64条2項後段の「人民法院が事件を審理するために必要であると認める証拠」すなわち，職権探知の対象となる証拠として，1号：国家利益，社会公共の利益を害するおそれがある証拠，2号：身分関係に関わる証拠，3号：民訴法55条の環境汚染や多数消費者被害の公益訴訟に関わる証拠，4号：当事者の悪意通謀により他者の合法的権益を害するおそれがある証拠，および5号：手続事項に関わる証拠を列挙した[9]。

2) さらに，民訴解釈96条2項は「前項に規定する場合を除き，人民法院による証拠の調査・収集は，当事者の申立てに基づいて行わなければならない」と規定する。民訴解釈96条1項の職権探知事項以外は，当事者の申立てによってのみ法院による証拠の調査・収集ができるとする原則を定めたことになる。そのうえで，民訴解釈94条1項は，1号：国家の関連部門が保存し，当事者及びその訴訟代理人が閲覧や取調べの権利を有しない証拠，2号：国家機密，営業秘密又は個人のプライバシーに関わる証拠，3号：当事者が客観的事由によって自ら収集できないその他の証拠についても，当事者の申立てによって法院による調査・

---

[9] 2012年改正前の中国民事訴訟法（1991年）についての最高人民法院の司法解釈である証拠規定（2001年）15条の基準がこのように具体化された。後述9頁参照。

収集を認めると規定した。このことは，法院がその本来の職責としての職権探知によって証拠の調査・収集をすべき事例（民訴解釈 96 条 1 項）でない場合にも，当事者が客観的事由によって自ら収集できない証拠について申立てをすれば，法院による証拠の調査・収集を認めたことになる[10]。

3　日中民事審判手続についての比較法的検討

　日中民事審判手続を比較検討するについて，日本法の分類視点は，民事訴訟法，その特別法としての人事訴訟法（以下，人訴法と略称する）・会社訴訟法及び非訟事件手続法（以下，非訟法と略称する）・家事事件手続法（以下，家事非訟法と略称する）・会社非訟手続法（以下，会社非訟法と略称する）等の非訟手続法の三つの視点ということになろう。民事訴訟と人事訴訟・会社訴訟はともに公開・対審の審理手続であるが，民事訴訟と会社訴訟では当事者主義（処分権主義・弁論主義），人事訴訟では職権探知主義（人訴法 19 条・20 条）が妥当する。これに対して，非訟手続では，審理手続自体が公開・対審ではなく（非訟法 30 条，家事非訟法 33 条），職権探知主義（非訟法 49 条，家事非訟法 56 条，会社非訟法 875 条）が支配する。

(1)　職権探知の範囲基準の具体化

　日本の民事訴訟法は当事者主義による手続であり，一部の例外的事項以外は[11]，裁判所の職権探知を認めない。これに対して中国の民事訴訟法は当事者主義を原則とするが，上述の範囲で職権探知を認める。日本法が職権探知による審理をする手続を民事訴訟法とは別の手続法によって規律していることと対照的である。

　したがって，まず，中国民事訴訟法による審理手続において，人民法院が職権探知をすべき「審理に必要であると認める証拠」（中国民訴法 64 条 2 項）とは具体的にどのような事件を含むことになるかが問題である。「人民法院が事件の審理に必要であると認める証拠」を職権探知の対象と規定しただけでは，その範囲

---

10)　当事者の申立てによる法院の証拠調査・収集についての民訴解釈 96 条 2 項・94 条 1 項に対応する証拠規定 16 条・17 条につき，村上幸隆「民事訴訟証拠に関する中国最高人民法院の規定 (2)」国際商事法務 30 巻 12 号 (2002 年) 1669 頁参照。

11)　日本民訴法における例外としての職権証拠調査事項は，管轄事項 (14 条)，調査嘱託 (186 条)，当事者訊問 (207 条)，公文書成立真正の照会 (228 条 3 項)，検証の際の鑑定 (233 条)，継続中の証拠保全 (237 条) である。

は全く不明確であり，法院の判断に委ねられてしまうおそれがあるからである。

そこで，中国法では最高人民法院による中国民事訴訟法の適用解釈規定によって職権探知の範囲を規律することになる。まず，中国民事訴訟法（1991年）の適用解釈規定である証拠規定15条は，2項の手続事項のほか，1項では「国家利益，社会公共の利益又は他人の合法的権利・利益に損害を与える可能性にかかわる事実」と規定した。そして，今回の改正民事訴訟法（2012年）の統一的適用解釈規定である民訴解釈（2015年）96条1項では，前述の通り，実質的には，証拠規定15条1項前段（民訴解釈96条1項1号）に，身分関係の証拠（同2号）と民訴法55条の環境・消費者訴訟の証拠（同3号）を追加し，後段をより具体化したもの（同4号）と解することができよう[12]。

(2) 比較法上の問題提起

このように，日本法では職権探知をすべき事件は人訴法や非訟手続法の審理対象として規定されている事件（人訴法2条，非訟法第3・4・5編，家事非訟法第2編第2章，会社法第7編第3章，借地借家法第4章参照）に限られる。これに対して，中国法では中国民事訴訟法と最高人民法院によるその適用解釈によって職権探知の範囲が規律されることになる。したがって，中国民事訴訟法の成立（1991年）以後も，その適用解釈である証拠規定（2001年）を経て民訴解釈（2015年）の成立によって，職権探知の範囲も次第に具体化されてきたといえる。

比較法的視点から見れば，このことは二つの問題点を提起することになる。一方では，中国民事訴訟法の適用領域が広範であるために，職権探知の対象としての「人民法院が事件の審理に必要であると認める証拠」（中国民訴法64条2項）の範囲を最高人民法院の適用解釈によって次第に具体化することにより法院による判断基準を明確化して，当事者にとっても予測可能なルールを定立してきたということである。中国社会においても当事者の手続保障ないしデュープロセスが重視されるようになっていることを示しているといえる。

他方，日本民事手続法では職権探知は，若干の例外事項以外は，人訴法や非訟法・家事非訟法・会社非訟法の適用領域に限られるため，例えば環境汚染や多数

---

12) 証拠規定15条1項前段と後段の規定が抽象的で明確性を欠くために，民訴解釈96条1項2・3号さらには4号も含めて証拠規定15条1項の前段と後段のいずれに該当する場合を具体化したものと解することもできる。

消費者被害などの社会公共的利益に関する事件についても，当事者主義が妥当し職権探知による審理は行われないことになる点である。これは，今回の中国民訴法改正によって新設された公益訴訟（55条，民訴解釈96条1項3号）では職権探知の対象となる事例であり，判決効の拡張とも関連して，後に詳しく比較法的な検討を行うことにする。

(3) 申立てによる職権探知

さらに，民訴解釈94条・96条2項は，当事者が客観的事由によって自ら収集することができない証拠（中国民訴法64条2項前段）について，法院が調査・収集をするのは，当事者の申立てに基づいて行わなければならないと規定する。法院が本来職権によって証拠の調査・収集をすべき場合とは別に，当事者の証拠収集の困難を救済するという手続的事由のために，申立てによる法院の証拠収集を認めたことになる。民訴解釈94条1項1・2号の事例は，日本民訴法では裁判所が，申立てや職権により，官公署，商工会議所等その他の団体に必要な証拠の調査を嘱託する制度（民訴法186条）に類似するところがある[13]。中国法では，当事者の申立てのみによって法院による証拠の調査・収集を認めているところに比較法的な特徴があるといえよう。

(4) 非訟手続における当事者の手続保障

他方，中国民訴法（64条2項）と民訴解釈（96条1項）によれば人民法院が職権探知をすべきであると解される非訟事件については，日本の非訟事件手続法は，2011年の改正によって「裁判所は，申立てにより又は職権で必要と認める証拠調べをしなければならない」（49条1項，家事非訟法56条1項も同旨）と規定した。日本法の非訟手続において当事者の申立てによる証拠調べを認めた趣旨は，裁判所が本来職権探知によって裁判資料を収集すべき場面においても当事者に主体的役割を与えるためであるとされる[14]。

裁判所の職権による証拠資料の収集にも限界があり，当事者の証拠収集や提出を期待したほうが合理的な場合があるところから，当事者の申立てによる証拠調

---

13) 民訴解釈94条1項1・2号に対応する証拠規定17条1・2号につき，村上・前掲注10) 1697頁参照。
14) 金子修編著『一問一答 非訟事件手続法』（商事法務・2012年）83頁以下，金子修編著『一問一答 家事事件手続法』（商事法務・2012年）114頁以下。

べの規定を置いたのであるともいわれる。これは当事者の職権探知への協力義務の規定（非訟法49条2項，家事非訟法56条2項）とも附合する解釈であるが，同時に当事者の手続権保障を確保するための規定でもあると解される。

職権探知主義の下でも当事者の手続権を保障するためには，証拠調べの申立権のほかにも，証拠調べの立会権（非訟法53条1項，家事非訟法64条1項），事実の調査の通知（非訟法52条，家事非訟法63条），記録の閲覧・謄写等の請求（非訟法32条，家事非訟法47条），さらに，家事事件手続法別表第二に掲げる事件では，当事者の陳述の聴取が必要的であり，尋問の申出や立会権が認められるなど（家事非訟法68〜71条）当事者の手続関与権が保障されている。さらに，職権探知主義による審理に基づく確定判決の判決効が拡張され対世効を生ずることを前提として，欠落した当事者適格者や利害関係人の当事者参加や利害関係人参加も保障されている（家事非訟法41・42条）[15]。

中国民事訴訟法は当事者主義を原則としながら，その例外として法院の職権探知による審判手続を認めるのであるから，その場合の当事者適格者や利害関係人の手続関与権などの手続権がどのように保障されているかが問題となる。

二　中国民事訴訟法における当事者主義と職権探知主義の交錯による比較法的問題点

以上の検討によって，中国人民法院における民事審判の審理方式が，中華人民共和国建国当時の職権探知主義から民事訴訟法の制定を経た現行法の下では，当事者主義を原則とし職権探知主義を例外とするに至ったこと，およびその日本法との比較法的特徴が明らかになった。中国民事訴訟法の審理方式においてそのよ

---

15) 金子修「家事事件手続法下の家事審判事件における職権探知と手続保障」判例タイムズ1394号（2014年）7頁参照，徳田和幸「非訟事件手続・家事事件手続における当事者等の手続保障」法律時報83巻11号（2012年）11頁以下参照。
　　なお，今回の法改正に至るまでの非訟手続における当事者の手続保障の要請について，山木戸克己「訴訟における当事者権」同『民事訴訟理論の基礎的研究』（有斐閣・1961年）59頁以下，吉村徳重「家事審判手続の当事者主義的運用」同『民事紛争処理手続（民事手続法研究第四巻）』（信山社・2011年）146頁以下（初出1989年），本間靖規「家事審判と手続保障」井上治典ほか編『吉村徳重先生古希祝賀記念論文集　弁論と証拠調べの理論と実践』（法律文化社・2002年）119頁以下，高田裕成「家事審判手続における手続保障論の輪郭」判例タイムズ1237号（2007年）33頁以下等参照。

うな形で当事者主義と職権探知主義が交錯することと関連して，比較法的な観点からいくつかの問題点が指摘できると考える。

1 民事判決効の主観的範囲の問題

(1) 中国法における判決効の主観的範囲と審理方式との関連

中国民事訴訟法においては法院の判決・裁定（以下，判決と略称する）が形式的に確定して，上訴できなくなったときに法的効力を生ずることは当然の前提である（民訴法155条）。さらに，その法的効力が確定力（既判力）のほか，訴えの類型に応じて執行力や形成力を含むことも一般的に認められている[16]。しかし，それ以上に確定判決の確定力（既判力）の主観的範囲が当事者間に限る相対効を生ずるのか，対世的にも効力（対世効）を生ずるかについては明確な規定はない。

ただ，当事者主義によって審理される通常の民事訴訟においては，当事者及び口頭弁論終結後の承継人など当事者に準ずる者に限って相対効を生ずると解されるようになった[17]。通常の民事訴訟においては，当事者間の私的権利関係について処分権主義と弁論主義によって審理を行った結果としての確定判決の既判力が相対効を生ずるにとどまると解されるのは当然の帰結だからである。

これに対して，中国民事訴訟法（64条2項）及び民訴解釈（96条1項）は，例外的に法院による職権探知を必要とする証拠につき，「国家利益・社会公共利益を損なうおそれがある証拠，身分関係・公益訴訟に関する証拠，他者の合法的権利を損なうおそれがある証拠」として，当事者間の権利利益を超えた関係についての証拠としていることは前述の通りである。従って，少なくとも職権探知を必要とする領域では，民事判決の既判力が対世効を有することを前提としていると解される。民事判決の既判力が対世効を生ずるのでなければ審判の対象である国家社会公共の利益，身分関係や他者との関係を確定することにならないからである。中国民訴法や民訴解釈にはその趣旨の規定がないことは問題である。

(2) 日本法の対応

これに対して，日本法では民事訴訟法の当事者主義審理方式による確定判決の既判力は当事者及び口頭弁論終結後の承継人など当事者に準ずる者に限って認め

---

[16] 本書第2編第12章414頁以下参照。
[17] 本書同上418頁参照。

られる（民訴法115条1項）。民事訴訟法では，その審理方式は当事者主義しか認められないから，民事判決効の主観的範囲もまた相対的効力に限られるのである。もっとも，民訴法の特別法である会社訴訟法においては，当事者主義によって審理は行われるが，多数の会社関係者（会社・社員・株主等）に画一的な解決が要請されることから，会社組織に関する訴えの請求を認容する確定判決については対世効が認められる（会社法838条）。そのために，当事者（原告・被告）適格者を法定して（会社法828条2項・831条1項・832～834条），適切な訴訟追行を行わせることにしたのである[18]。

他方，職権探知主義による審理方式が認められる人事訴訟法では確定判決の効力は当事者以外の第三者にも拡張される（人訴法24条1項）。同様に職権探知主義によって審理される非訟事件手続法や家事事件手続法等の非訟手続法では，終局決定・審判の効力は当事者及び利害関係参加人並びにこれらの者以外の裁判を受ける者に告知することによって裁判の効力が及ぶことになる（非訟法56条，家事非訟法74条）。非訟手続では告知を条件として一定の第三者にも裁判の効力拡張を認めたのである[19]。

(3) 中国法の特徴と課題

このように民事事件の審理方式として当事者主義による民事訴訟法と職権探知主義による人事訴訟法・非訟手続法とを峻別した日本法の視点からみると，中国民事訴訟法の特徴は明らかである。中国民事訴訟法ではその審理方式として当事者主義を原則とし職権探知主義を例外としながら，それぞれの審理方式による確定判決の効力範囲が当事者に限る相対効であるか，第三者にも拡張される対世効なのかについては全く規定がない。

しかし，前述のように，中国民事訴訟法と民訴解釈は，職権探知の対象を「人民法院が事件の審理に必要があると認める証拠」（民訴法64条2項）として，「国家利益，社会公共利益を害するおそれがある証拠，身分関係に関わる証拠，民訴法第55条に規定する訴訟（公益訴訟）に関わる証拠，当事者の悪意通謀により

---

18) 日本法の多数消費者被害訴訟の当事者主義審理については，後述15頁以下参照。
19) 非訟手続における確定審判・決定の効力が形成力・執行力のほかに，既判力も含むのかについては見解が分かれている。既判力を肯定する見解が正当であると考える。同旨，本間靖規「非訟裁判の既判力に関する一考察」本間靖規ほか編『河野正憲先生古稀祝賀記念論文集 民事手続法の比較法的・歴史的研究』（慈学社・2014年）127頁以下参照。

他人の合法的権益を害するおそれがある証拠」(民訴解釈 96 条 1 項) と規定する。したがって，中国民事訴訟においてそのような職権探知を必要とする審判の対象である限りは，人民法院の確定判決の効力は当事者を超えて第三者にも拡張される対世効を認めるべきことになろう。

他方，中国民事訴訟法は，その審理方式として当事者主義を原則としている以上，上記の職権探知の対象に関わらない当事者間の私的権利関係についての請求については当事者主義の原則である処分権主義と弁論主義によって審理されることになるから，確定判決の効力も当事者ないし当事者に準ずる者の間の相対的効力となるのが原則であると解される。この点を明確にするためには，少なくとも民訴解釈の規定によって，その旨を明確にすべきであると考える。

2 公益訴訟──当事者適格と職権探知及び判決効の拡張

(1) 中国法における公益訴訟の新設とその特徴

1) 中国民事訴訟法は今回 (2012 年) の改正により公益訴訟を新設した。

「環境汚染，多数の消費者の合法的権益の侵害等の社会公共利益を害する行為に対しては，法律が規定する機関及び関係組織は人民法院に訴訟を提起することができる」(55 条)。そのうえで，この公益訴訟を具体化するための消費者公益訴訟 (改正消費者権益保護法 (2013 年) 47 条) と環境公益訴訟 (改正環境保護法 (2014 年) 58 条) が新設された[20]。

いずれも，環境汚染や多数消費者の権益侵害による社会的公共利益侵害行為に対する公益訴訟であり，中国民訴法 64 条 2 項と民訴解釈 96 条 1 項 3 号により，人民法院が「審理に必要と認める証拠」には「民訴法第 55 条に規定する訴訟に関わる証拠」を含むとして，職権探知の対象とすることを明記した。さらに，これらの公益訴訟については，「法律が規定する機関及び関係組織が，環境汚染，多数消費者の合法的権益の侵害等，社会公共利益を害する行為に対して，民訴法第 55 条の規定に基づき公益訴訟を提起したとき，次に掲げる条件を具える場合，人民法院はこれを受理しなければならない」として，「三 社会公共利益が損害を受けたことの基本的証拠があること」などの条件を定めた (民訴解釈 284 条)。法定の機関・関連組織に公益訴訟の原告適格を認めたことになる。

2) 他方，「人民法院が公益訴訟事件を受理したことは，同一の権利侵害行為の

---

20) その詳細については白出・本書第 1 編 53 頁以下とくに，59 頁以下参照。

被害者が民訴法第119条の規定により訴えを提起することには影響しない。」(民訴解釈288条) と規定する。このことは公益訴訟と私益訴訟との併存を認めたことになる。原告適格を法定の機関・関連組織とし，法院による職権探知が行われる公益訴訟における判決が確定した場合に，その判決効が環境汚染や消費者被害を受けた個人による私益訴訟に一定の範囲で効力を及ぼさないかが問題となろう[21]。

(2) 日本法における消費者被害救済への対応

1) この中国法の公益団体訴訟に対応する日本法の制度としては，すでに2006年の消費者契約法の改正によって導入された消費者団体訴訟制度がある（消費者契約法第3章「差止請求」12～47条）。この消費者団体は事業者に対して消費者契約法の禁止する不適切な契約締結や勧誘をする違法行為の差止請求をする適格が認められる（12条）。この適格消費者団体は，不特定・多数の消費者の利益のために差止請求権を行使することを業務とする団体であり，内閣総理大臣の認定を要する（13条）。適格消費者団体の認定を受けるための要件は，①特定非営利法人又は公益法人であり（13条3項1号），②不特定多数の消費者の利益擁護のための活動を主たる目的とし，相当期間の継続的な活動実績があること（同項2号）のほか，③理事会を置くなどの組織体制や業務規定が整備され（同項3・4号），消費生活や法律についての専門家を確保していること（同項5号）などかなり詳細に規定されている[22]。ただ，この消費者団体訴訟は，差止請求を認めるにとどまるところから，多数消費者の財産的被害を集団的に回復するためには不十分な制度であった。

2) そこで，2013年に制定された「消費者の財産的被害の集団的な回復のための民事の裁判手続の特例に関する法律」（以下，消費者裁判特例法と略称する）は，そのような状況に対応するための立法であるといえる[23]。すなわち，多数の消費者の財産的被害を集団的に回復するため，特定適格消費者団体を当事者適格者と

---

21) 環境公益訴訟解釈規定（2014年）30条2項は公益訴訟の裁判における被告の責任や因果関係の存否等の認定について，私益訴訟の原告が主張した場合には法院は支持しなければならないと規定している。白出・本書第1編70頁注64) 参照。
22) その後2008年には，消費者団体訴訟による差止請求の適用範囲を消費者契約法違反行為だけでなく，景品表示法（10条）及び特定商品取引法（58条の18～25）に規定する不当な行為にも拡張した。
23) 消費者裁判特例法制定の詳細な経緯については，山本和彦『解説消費者裁判特例法』（弘文堂・2015年）12頁以下参照。

して事業者を相手とする二段階の裁判手続を規定している。基本的には，特定適格消費者団体の事業者に対する訴訟追行過程の第一段階において，まず，多数の消費者に対して事業者が消費契約上負担する共通の義務確認訴訟が行われる（共通義務確認訴訟（3～11条））。この特定適格消費者団体（以下，特定適格団体と略称する）は，適格消費者団体として差止請求業務を相当期間にわたり適正に行っていることを要件として内閣総理大臣によって認められた団体である（65条）。ついで，この共通義務確認請求を認容する判決の確定又は請求認諾（和解を含む）による第一段階訴訟の終結を前提として，特定適格団体の申立てにより，第二段階としての，対象債権の簡易確定手続が開始される（12条以下）。申立てをした特定適格団体による対象消費者への通知や公告のうえで，消費者の特定適格団体への対象債権の授権と特定適格団体による裁判所への届出によって，簡易確定手続が展開し，裁判が言い渡されることになる（簡易確定手続（12～51条））。この新しい制度が実務上どのように活用されることになるかはこれからの課題である。

(3) 日中両制度の比較法的検討

1) このように，日本法の多数消費者被害の予防・救済のための消費者団体訴訟は，中国民訴法の公益訴訟としての環境保護団体訴訟や消費者団体訴訟とほぼ同時並行的に展開してきたといえる。ただ，比較法的視点から見れば，日本法には中国民訴法の公益訴訟として規定されている環境汚染に対処する環境保護団体訴訟（中国民訴法55条，環境保護法58条）に対応する制度は制定されていない。現状では，環境汚染による多数の被害者が個別的に集合して環境被害の阻止や賠償を請求するための訴えを提起することになるが，中国法と同様に，公的に登録された環境保護団体に原告適格を認める団体訴訟によって対処できるかどうかはこれからの課題であるといえる[24]。

---

24) 諫早湾水門の開門をめぐり諫早湾周辺の漁民と湾内干拓地の農民らが，夫々別個に国を相手に開門の訴えと開門差止仮処分の申立てをした環境被害をめぐる二つの事件がある。
　夫々の訴えと申立てを容認した相互に矛盾する判決（佐賀地判平成20年6月27日，福岡高判平成22年12月6日）と決定（長崎地決平成26年6月4日，福岡高決平成26年7月18日）は国が上告しなかったことによって確定し，夫々の執行方法として，国に対する間接強制により不履行の場合の制裁金の支払いを命じた事例である。
　夫々の事件の制裁金支払い命令に対する執行抗告を棄却した福岡高決平成26年6月6日（判例時報2225号33頁），および福岡高決平成26年7月18日（判例時報2234号18頁）に対する許可抗告の申立てに基づき，執行法上間接強制の要件が満たされている以

2）したがって，現状では多数消費者被害の予防・救済のための消費者団体訴訟は日中双方に共通の訴訟手続であると考えられるが，比較法的に見てそれぞれにどのような特徴があるかが問題となろう。まず，不特定多数消費者の合法的権益を侵害する行為として，例えば，事業者による違法な契約勧誘行為に対する差止請求などは社会公共利益保護のための消費者団体訴訟の対象であり，日中共通の事例であるといえよう。

しかし，不特定多数の消費者被害の賠償請求をする団体訴訟については，中国法においては日本法の消費者裁判特例法のような詳細な手続的対応がなされていない。むしろ，中国法では，「人民法院が公益訴訟事件を受理したことは，同一の権利侵害行為の被害者が民訴法第119条の規定により訴えを提起することには影響しない」と規定している（民訴解釈288条）。不特定多数の消費者被害がすでに発生した後の個別消費者の損害賠償請求は，公益訴訟とは目的を異にし，被害者による消費者団体（消費者協会）への明確な授権等の手続的手当てがない以上団体訴訟による救済には適しないと解されたからであろう[25]。

3）これに対して，日本法では，前述のように，特定適格団体による第一段階の手続における共通義務確認請求を認容する確定判決を前提として，第二段階の簡易確定手続において届け出られた各消費者の対象債権について裁判が言い渡される。ことに，消費者団体特例法によれば，特定適格消費者団体による第一段階の共通義務確認訴訟における確定判決の効力は，当事者以外の特定適格団体及び第二段階手続において届出をした対象消費者に及ぶことになる（特例法9条）。このことは結果的に特定適格団体による共通義務確認手続における確定判決につき対象消費者については既判力の片面的拡張を認めたことになる[26]。すなわち，共通義務確認訴訟における原告適格団体敗訴の確定判決の既判力は対象消費者には拡張されず，各消費者は事業者に対して個別に訴えを提起することができることになる。その結果として不利となる被告事業者の立場を配慮して，共通義務確認請求の対象となる請求を列挙し（特例法3条1項），そのうちの損害賠償請求の対象となる支払義務を通常の消費者契約において予測可能な範囲に限定し，その範

上，間接強制の決定をすることができるとする最二小決平成27年1月22日（判例時報2252号36頁）がある。
25）消費者の個別被害の回復手続については，白出・本書第1編63頁参照。なお，中国における中国消費者団体訴訟の原告適格団体は，消費者協会である（同63頁参照）。
26）片面的既判力拡張につき，山本・前掲注23）87・271頁以下参照。

囲を超える人身損害や拡大損害の賠償義務については共通義務確認の訴えを提起することはできないとしたのである（特例法3条2項参照）[27]。したがって，この適格団体による共通義務確認請求の対象範囲を超える消費者の損害賠償請求については，その勝敗にかかわらず確定判決の既判力は及ばないことになる。

4）このように日本法が特定適格消費者団体による多数消費者の損害賠償請求について詳細な手続を用意しているのに対して，中国法は上述のように公的機関（消費者協会）による公益訴訟のほかに，被害を受けた消費者個人による私益訴訟も可能であると規定するだけである。ことに，多数消費者被害に対する公益訴訟においては，原告適格を公的機関（消費者協会）に限って認めるだけでなく，日本法の当事者主義審理とは異なって，法院による職権探知を認めることになった（民訴解釈96条1項3号）のであるから，公益訴訟の確定判決の効力が一定の範囲で消費者個人の私益訴訟にも効力を及ぼすことを認めるべきではないかと思われる[28]。

3 第三者取消しの訴え

(1) 第三者取消しの訴えの意義

中国民事訴訟法は今回の改正によって新たに第三者取消しの訴えを導入した（56条3項）。すなわち，第三者は，係属中の訴訟に参加できたのに，自己の責めに帰しえない事由によって参加しなかった場合に，法的効力の生じた確定判決，裁定，調解書（以下，確定判決等と略称する）の一部又は全部の内容に誤りがあってその民事権益を侵害されることを証明する証拠がある場合には，その確定判決等を下した人民法院に取消しの訴えを提起することができる。人民法院は，審理によって第三者の申立てが成り立つ場合には，確定判決等の変更または取消しを行わなければならない，というものである。第三者が係属中の訴訟に参加できるのは，当事者間の訴訟の目的について，独立の請求権を有する場合か（56条1項），法律上の利害関係がある場合である（同条2項）。

---

27) 共通義務確認訴訟の確定判決の片面的既判力拡張によって勝訴した被告事業者が対象消費者の再訴によって受ける可能性のある不利益の上限は，契約金額×契約数によって予測可能であり，共通義務確認訴訟の対象に適するが，人身損害や拡大損害などの不利益は予測困難であり個別訴訟が必要となる。山本・前掲注23）276頁参照。

28) 環境公益訴訟解釈規定30条は公益訴訟における法律要件事実の認定につき，一定の範囲で私益訴訟においても片面的効力拡張を認めている。前掲注21）参照。

中国民訴法が第三者取消しの訴え（56条3項）の前提とする係属中の訴訟参加の要件のうちの独立の請求権を有する場合（同条1項）は日本民訴法の独立当事者参加，法律上の利害関係を有する場合（同条2項）は補助参加に類する場合と解することができよう。さらに，日本民訴法の独立当事者参加の制度（47条1項前段）は当事者間の詐害訴訟防止のための制度であると解するのが一般である[29]。そのことを前提とすれば，第三者が本人の責めに帰しえない事由によって係属中の訴訟に参加しなかった場合に，どのような範囲で，すでに法的効力の生じた確定判決等の取消しの訴えを提起できるかが比較法的には問題となろう。

(2) 日本法の対応

この点についての日本民訴法の対応としては，その立法過程（旧民訴法483条）において，フランス法の影響によって認められていた詐害再審があった。すなわち，詐害訴訟による第三者の被害を判決確定後の再審によって事後的に救済する制度であり[30]，まさに中国法の第三者取消しの訴えに類するところがあった。詐害再審の制度はその後の経過の中で廃止されたが，現行日本民訴法においては，独立当事者参加の要件（47条1項前段）である「訴訟の結果によって権利が害されることを主張する第三者」は，訴訟係属中に参加の機会を保障されることなしに終局判決が確定した場合には，独立当事者参加の申立てとともに再審の訴えを提起できるとする見解が有力である[31]。

この点に関連して，中国民事訴訟法は第三者による再審手続として，第三者取消しの訴え（56条3項）のほかに，第三者の執行異議の申立てが却下された場合にも裁判監督手続としての再審申立手続を認めている（227条，民訴解釈423条）[32]。日本法では，確定判決の効力が拡張されない第三者でも，当事者間の詐害的訴訟追行による確定判決の執行によって権利を侵害される場合には，独立当事者参加（民訴法47条1項）の申立てによって再審の訴えを提起することができ

---

29) 上田徹一郎・井上治典編『注釈民事訴訟法(2)』（有斐閣・1992年）193頁以下〔河野正憲〕。
30) 上田・井上編，前掲注29) 178頁以下〔河野〕。
31) 三谷忠之「再審」『講座民事訴訟法7巻』（弘文堂・1985年）337頁以下参照。
32) さらに，審判監督手続解釈5条1項は，執行手続外でも執行目的物につき権利を主張する第三者に再審の申立てを認めている。また，民訴解釈422条は，脱漏した必要的共同訴訟人にも再審の申立てを認めている。本書第2編第15章502頁以下，第17章610頁参照。

る（民訴法338条1項3号の類推適用）と解すべきであろう。

(3) 判決効の拡張される第三者の再審の訴え

さらに，日本法では，確定判決の効力が拡張される第三者は，独立当事者参加又は共同訴訟的補助参加の申立てとともに再審の訴えを提起できるとするのが通説である[33]。この見解によれば，民訴法によって判決効の拡張される第三者（民訴法115条1項2・3号）だけでなく，その特別法である人訴法（24条1項）や会社訴訟法（会社法第7編第2章訴訟838条）によって判決効の拡張される第三者についても独立当事者参加又は共同訴訟的補助参加の申立てによる再審の訴えの当事者適格が認められることになる[34]。

人事訴訟や会社訴訟（会社法第2章）では，家族構成員や会社関係者（会社及び株主）について画一的な解決をする必要から確定判決の第三者への拡張（対世効）が認められ（人訴法24条1項，会社法838条），その前提として，人訴法では職権探知主義がとられ（人訴法20条），会社訴訟法では当事者（原告・被告）適格を法定して（会社法828条2項・831条1項・832～834条），適切な訴訟追行が図られている。確定判決効の第三者への拡張を認める以上その手続保障が必要であり，民訴法及びその特別法である人訴法や会社訴訟法では，確定判決効の拡張される第三者は訴訟係属中には共同訴訟的補助参加（民訴法42条，会社法849条1項），独立当事者参加（民訴法47条）及び共同訴訟参加（民訴法52条，会社法849条1項）ができる。そして，その機会を保障するために当事者による訴訟告知が可能であり（民訴法53条），さらに，人訴法（人訴規則）は一定の事例について裁判所による訴訟係属の通知を義務付け（人訴法28条，人訴規則16条・別表），さらには特別の事例につき決定による強制参加を認めている（人訴法15条）。それにもかかわらず，これらの第三者が訴訟係属の告知又は通知を受けることなしに実質的にも訴訟参加の機会を保障されなかった場合には再審の訴え（民訴法338条1項3号）が認められると解される[35]。

---

33) 高橋宏志『重点講義民事訴訟法（下）〔第2版補訂版〕』（有斐閣・2014年）794頁，蓑田雄郷「第三者による再審の訴えについて」高橋宏志・上原敏夫・加藤新太郎・林道晴・金子宏道・水元宏典・垣内秀介編『伊藤眞先生古稀祝賀論文集 民事手続の現代的使命』（有斐閣・2015年）537頁以下。

34) 高橋・前掲注33) 802頁，最一小決平成25年11月21日（民集67巻8号1681頁），さらに，蓑田・前掲注33) 544頁以下参照。

さらに、日中民事訴訟法の比較法的視点から見れば、中国民訴法56条1・2項は日本法の独立当事者参加や補助参加に相当するとすれば、日本法においては、民訴法とその特別法としての人訴法や会社訴訟法だけではなく、非訟手続法における、当事者適格者の当事者参加（非訟法20条、家事非訟法41条）や利害関係人の利害関係参加（非訟法21条、家事非訟法42条）に対応することになる。

非訟手続法では職権探知主義がとられ（非訟法49条、家事非訟法56条）、その終局決定・審判は、「当事者、利害関係参加人並びにこれらの者以外の裁判を受ける者に対し、相当と認める方法で告知しなければならない」とされ（非訟法56条1項、家事非訟法74条1項）、「裁判を受ける者（数人ある時はそのうちの一人）に告知をすることによって効力を生ずる」と規定する（非訟法56条2項、家事非訟法74条2項）。その結果、終局決定・審判の告知によってその効力を拡張される当事者・参加人以外の第三者であっても、裁判を受ける者またはこれに準ずる者は、確定した終局決定・審判に対して再審の申立てができる（非訟法83条、家事非訟法103条）と解される[36]。

(4) 中国民訴法の課題

1) このように、中国民事訴訟法の第三者取消しの訴えは、日本法では、民事訴訟だけでなく人事訴訟や会社訴訟さらには非訟手続における確定した終局判決・決定・審判に対する第三者の再審の訴え・申立てに対応するものである。

日本法では、上述のように、確定判決・決定・審判の効力を拡張される第三者の手続権を保障する規定がかなり整備されてきた。中国法でも、訴訟の結果につき利害関係をもつ第三者には訴訟に参加するよう法院が通知をする旨を規定して（中国民訴法56条2項）、第三者の手続権を保障する対応をした。

---

35) 人訴法につき、高橋宏志「人事訴訟における手続保障」竹下守夫編集代表『講座新民事訴訟法Ⅲ』（弘文堂・1998年）349頁、同『重点講義民事訴訟法（上）〔第2版補訂版〕』（有斐閣・2013年）319頁以下、同・前掲注33）802頁参照。なお、第三者の手続保障が法的に整備される以前の手続関与権の提案として、吉村徳重「判決効の拡張と手続権保障――身分訴訟を中心として」・「身分判決の対世効とその制限」同『民事判決効の理論（下）（民事手続法研究第二巻）』（信山社・2010年）236頁以下（初出1978年）・247頁以下（初出1993年）参照。また、会社訴訟については、会社法853条1項参照。

36) 金子編著・前掲注14)『一問一答 非訟事件手続法』122頁、同・前掲注14)『一問一答 家事事件手続法』167頁、加波真一「非訟・家事審判の再審」石川明・三木浩一編『民事手続の現代的機能』（信山社・2014年）746頁以下参照。

2) さらに，中国民事訴訟法の第三者取消しの訴え（56条3項）は，独立請求権を有する第三者（56条1項）だけでなく，独立請求権を有しない第三者（56条2項）でも，その責めに帰しえない事由によって参加しなかった場合には提起できるとする点に特徴がある。日本民訴法の補助参加人に相当する第三者は，請求の放棄・変更や訴え取下げの権利は有しないが，上訴を提起する権利を有する（民訴解釈82条）。しかも，日本民訴法のように，補助参加人は被参加人の従属的地位に立つ旨の規定（日本民訴法45条2項）はない。このような第三者の地位は共同訴訟的補助参加に近いところから，中国法では財産関係訴訟と人事訴訟を区別することなく確定判決等に「暫定的対世効」を生じていると仮定すると，中国民事訴訟における第三者取消しの訴えに関する規律の目的を理解することができるとする見解[37]が，妥当であるようにも思われる。

3) しかし，他方，中国民訴法の第三者取消しの訴えは，非訟事件，身分関係事件についての裁判に対する場合には人民法院はこれを受理しないと規定する（民訴解釈297条1号・2号）。これらの事件はいずれも職権探知主義によって審理が行われる場合であり（中国民訴法64条2項，民訴解釈96条1項），日本法においては確定判決の既判力が対世効を生じ（非訟法56条2項，人訴法24条）既判力の及ぶ第三者に再審の訴えが認められる場合である。

中国民事訴訟法がこのような事例において第三者取消しの訴えを受理しないと規定するのは，職権探知の対象となる事例においては，確定判決の確定力が対世的効力を生ずる旨の明確な規定がないことによる帰結ではないかと考える。確定判決の対世的効力によって不利益を受ける第三者であれば第三者取消しの訴えを提起する利益が認められるべきであると解されるからである。

さらに，基本的には，中国民事訴訟法においては，審理方式の異なった審理による確定判決等につき，原則としての当事者主義による場合と例外としての職権探知主義による場合とで，確定力の主観的範囲が当事者間の相対効にとどまるのか対世的効力を生ずるかについての明確な規定がないことに問題があると考える。

三　審判監督手続——当事者主義と職権主義の交錯

1) 中国民事訴訟法の審判監督手続による再審手続は，すでに法的効力の生じ

---

37) 本書第2編第4・5章コメント210頁以下参照。

た人民法院の確定判決等につき，法定の再審事由がある場合に認められる人民法院による再審手続である（198条・199条・200条・208条）。この中国民事訴訟法の再審手続は，当事者の申立てによる再審手続（199～207条）のほかは，日本民訴法の再審手続とは全く異なった制度である。すなわち，当事者の申立てによる再審のほかに，人民法院（198条）又は人民検察院（208条）の職権としての審判監督権の行使によって人民法院による再審が行われる手続を規定しているのである[38]。

①まず，人民法院の審判監督権による再審手続としては，各級人民法院の院長は当該法院の確定判決等について確実に誤りがあるなどの法定の再審事由があることを発見し，再審をする必要があると認める場合には，裁判委員会に提出し，討論による決定を受けなければならず（198条1項），この決定に基づいて原審法院は新たな合議体を作って再審を行うことになる（自行再審）。

さらに，最高人民法院は地方の各級人民法院の確定判決等につき，また，上級人民法院は下級人民法院の確定判決等について，確実に誤りがある等の法定の再審事由があることを発見した場合には，それぞれに自ら再審（提審）をするか，又は下級人民法院に再審をするように指示（指令再審）をするかの権限をもち（198条2項），いずれによるかを裁定によって決めることになる。

②ついで，人民検察院の審判監督権の行使による再審手続としては，最高人民検察院が各級人民法院の確定判決等につき，また，上級人民検察院が下級人民法院の確定判決等につき，法定の再審事由ありと認めた場合には，抗訴しなければならない（208条1項）。人民検察院の人民法院への抗訴によって法院の再審手続が開始される。

さらに，地方の各級人民検察院が同級の人民法院の確定判決等につき法定の再審事由をみつけた場合には，同級の人民法院に検察建議を提出することができる（208条2項）。人民検察院の検察建議によって人民法院は再審手続の開始を促されるだけである点において，抗訴とはその効果が異なるのである。

2）このように中国民事訴訟法における再審制度の特徴は，日本民事訴訟法が当事者あるいは判決効の拡張される第三者（以下，当事者と略称する）の申立てによってのみ原審裁判所による再審手続を認める原則を貫いていること（338条・340条）に対して，中国法では，当事者の申立てがなくとも，人民法院や人民検

---

38) 以下の手続の詳細については，本書第2編第15章487頁以下参照。

察院の審判監督権の行使によって再審手続を認めることによって、職権主義による再審の広範な適用範囲を認めている点にあるといえる。しかし、今回の中国民訴法の改正（2012年）によって、当事者再審申立ての優先原則が整備され、検察院の抗訴や検察建議は第二次的なものと位置付けられている[39]。

さらに、中国民事訴訟法は、上訴制度として二審制度をとるため、上訴による第二審法院の裁判が終局裁判となり、送達によってただちに確定するため、比較法的には、日本民事訴訟法の上告審に対応する制度がない特徴がある。したがって、中国民事訴訟法の再審制度は、日本民事訴訟法の上告審の役割をも果たしていると理解することもできる[40]。

このように中国民事訴訟法において人民法院や人民検察院の審判監督権が強調されるのは、社会主義国家に特有の法制度であるといえるが[41]、近年における市場経済導入とその広範化によって、市民の権利意識が浸透しつつある現状とどのように調和することができるかはこれからの課題であると思われる。

むすび

以上、中国民事訴訟法を日本民事手続法と比較検討するにあたって、双方の審理方式における当事者主義と職権探知・職権主義の交錯に基づく様々な問題点を取り上げてきた。前段の当事者主義と職権探知主義の交錯についての比較法的検討の基本的視点は、中国民事訴訟法が一つの法典において当事者主義を原則とし職権探知主義を例外としながら、職権探知の適用範囲を「人民法院が事件の審理に必要であると認める証拠」（64条2項）と規定しただけでは不十分であるとこ

---

[39] 中国民訴法209条、本書第2編第15章493頁参照。
[40] 日本法では、上告審としての最高裁判所が実定法解釈についての判例法統一の役割を果たしている。中国法で、最高人民法院が各級人民法院の確定判決等につき再審事由があるときに、自ら再審（提審）をするか指令再審にするかの基準は再審事由が法令解釈違反か事実認定違反かによるといわれるのはそのような役割を果たすためであると解される。
[41] 同様に、社会主義国家であるベトナムの民事訴訟法では、監督審（法令違反理由）と再審（事実認定違反理由）手続として規定されている。その申立権は最高人民裁判所長官と最高人民検察院長官にあり、県級人民裁判所の裁判については、省級人民裁判所長官と省級人民検察院長官にも請求権がある。当事者の申立権については、JICAによる日本側の法整備支援の際に提案したが採用されなかった。井関正裕「ベトナム民事訴訟法制定——日本法と比較しての特徴（裁判官、監督審、緊急保全処分など）」ICD NEWS 21号（2005年）79～84頁参照。

ろから，最高人民法院による適用解釈によって次第に予測可能なルールを定立しようとしてきた過程を検討してきた。当事者の手続保障ないしデュープロセスの観点からの問題を提起したかったわけである。

その際に，中国民事訴訟法における処分の原則と弁論の原則は日本民訴法の処分権主義と弁論主義に対応し，中国民訴法では当事者主義を原則とし，職権探知主義を例外とすることを前提として比較法的検討を行ってきた。しかし，中国民訴法の適用される中国社会は，市場経済を導入したとはいえ，なお社会主義を基調とする社会であり，日本社会とは異なった側面があることは否定できない。その反映として，中国民訴法の処分の原則と弁論の原則が日本民訴法の処分権主義と弁論主義とは異なった側面があることも否定できない[42]。その点の詳細な差異に立ち入ることなく，中国民訴法の法的制度としての原則的な日本法との比較法的検討にとどまらざるを得なかった。

最後に取り上げた中国民事訴訟法の審判監督手続の比較法的検討は，当事者主義と職権探知主義の交錯とはやや異なった視点からの分析を必要とするところから，当事者主義と職権主義の交錯とすることにした。当事者の申立てによる再審手続は当事者主義（処分権主義）によるものといえるが，人民法院や人民検察院の職権としての審判監督権の行使による再審手続は，受訴した事件を審理する法院による職権探知としての手続とは異なるからである。

中国民事訴訟法の適用される中国の広大な領域内では，様々に異なった国内事情や社会的背景，さらには裁判実務の現状があるものと思われる。しかし，その点についての十分な知識なしに，中国民事訴訟法およびその司法解釈規定の法制度としての抽象的・形式的な日本法との比較法的検討にとどまった論稿とならざるを得なかった。ただ，こうした巨視的な視点からの分析を行うことも，これからの中国社会における市場経済の浸透による市民社会の進展に適合した法制度としての方向を提示する研究方法ではないかと考える次第である。

---

42) ことに裁判実務の現状につき，中国民訴法の原則とされる当事者主義の内容である処分権主義や弁論主義は，法院の職権による後見的役割の強調によって，補充ないし修正されているとの指摘がある。
　　小嶋・本書第1編26頁以下，とくに37頁以下，本書第2編第1章101・105頁・第1章コメント110〜111頁・第6章コメント266頁以下参照。

中国民事訴訟の審理方式変革の比較法的考察

小嶋 明美

はじめに

　中国の民事訴訟法は，1982年に現行法の基となる民事訴訟法（試行）（以下，試行と略称する）が制定，施行され，1991年には改正・補充されて「試行」の文字がとられる。そして，2007年に再審・執行等の部分改正が，2012年に全範囲に及ぶ改正がなされて今に至っている。

　この間，審理方式は大きく変わって行くが，その基本構造に根本的な法改正がなされたわけではない。それを可能としたのは，中国の法と立法のあり方である。中国には「一つ熟したら制定する」，「法の条文は粗いほうがよい」との立法における考え方があり，それは，また，急激な変化を遂げて行く中国の経済と社会に即応するものともいえたが，最高人民法院による「司法解釈」[1]の存在とも相まって，民事訴訟法の規定はそのままに，審理方式の転換が進められる。

　中国の法律条文は簡潔であり，それに対し多数の司法解釈が存在し，司法解釈が法令同様の役割を果たしている。立法機関が制定した法規には，最高人民法院により司法解釈が付されるが，上述の民事訴訟法の例のように，立法後の司法解釈により実質的には大胆な法改正が行われることもある。

　また，2012年の新法公布に先立ち，いくつかの地域ではすでにその内容は実施に移されている。日本では，全国に施行されるべき新たな制度は，全国一律に，一斉に普及するが，中国の場合には，地域を設定して試みを重ねたうえで全

---

1) 立法機関は全国人民代表大会であるが，裁判における具体的な法適用の問題はすべて最高法院の解釈による。その方法の一つが司法解釈と呼ばれるものであり，具体的事件に関わりなくある法について直接法解釈を行うものであり，日本の民訴規則とは異なり，日本に比して抽象度の高い条文の具体化において，司法により実質的な立法がなされている。また，本来の立法にも最高法院は加わっているとのことである。

国的な制度として成立させるというような方法が採られる。また，新たな制度が全国に行き渡るには時間が掛かる。ときには批判され，ときには推奨されながら，中国の民事訴訟実務は法に先んじて数々の改革を進めてきたのであり，広大な中国のそれぞれの地域の訴訟運営には相当な差異があると思われる。さらに，審理方式についていえば，2012年の改正は，それまでの司法解釈の整理，見直しの上にある[2]。必要性が先に立ち，実践が続き，法として結実するというのは，後述のように，理念を先行させて立法された民事訴訟法には皮肉なことである。だが，これはまた，民事訴訟法に限ったことではなく，国の基本法である憲法にもみられることである[3]。

　民事訴訟法は，司法解釈という手法により，五月雨式に改正・補充がなされており，時系列でみていくと，その改正内容には極めて具体的なものもあり，生起し克服しなければならない問題，不具合への対処療法的処置としてなされている印象を受ける。1982年の法制定時には，理念的（イデオロギー的，政治的）な面が顕著であったのと対照的である。

　2012年の改正は，全面的，根本的改正が目指されているものと思われた。研究者からは大部の建議稿も出されていた。しかし，全範囲に及ぶ改正ではあるが，訴訟の基本構造については手つかずの印象を受ける。極端な職権主義的審理方式から当事者主義的審理方式へと転換が図られたその審理方式についても，どのようなものとなるのか曖昧さは残されている。また，地域により，裁判所によりその運用はやはり異なるものと思われる。しかし，本稿では，どのようであるべきなのか，中国に適した審理方式，あるべき審理方式を検討してみたい。検討の拠り所とするのは，ここ数年の中国における調査，特に上海市長寧区人民法院における調査結果である。

---

[2]　中国では，新たな司法解釈が示されても，抵触する内容のものも残存し，わかり難いものとなっている。しかし，民事訴訟法についていえば，2012年の改正に続き，2015年に最高人民法院『「中華人民共和国民事訴訟法」適用に関する解釈』（以下，民訴解釈と略称する）が公布，施行され，従来の司法解釈は整理された。

[3]　中国憲法（1982年）は，政治的・経済的変化を反映し，改正（1988・1993・1999・2004年）を繰り返してきた。中国では，実態が先行し，党がそれを認め，憲法の改正により国家が追認するということが繰り返されている。中国共産党中央委員会は憲法上改正の発議権を有しないが，憲法改正の建議を全人代常務委員会に対して行い，常務委員会がその建議内容を憲法改正草案とし，党の建議の内容と同一の改正が全人代でなされている。

一　国家・社会・経済と審理方式

1　国家の理念と法制度

　裁判所は国家機関であることから，国家としてどうあるべきかという考え方が，そのあり方，審理方式にも反映される。例えば，過去には，古典的，伝統的自由主義を背景とした当事者主義のフランス民事訴訟法典（1806年），上からの資本主義化が行われたことを反映し，職権主義理念を強調するオーストリア民事訴訟法（1895年）をみることができる。

　1949年に成立した中国では，それが顕著である。経済的に国民皆が豊かになることが望まれるのは誰しも否定しないであろうが，中国では，そのための道筋として，貧富の差と弱者の存在を認め，まずはその是正，救済にあたることが正しい道であると考えられ，その方法として，生産手段を公有化し，国家が中央で生産・分配に関わるすべての決定をなす計画経済体制が採られ，私的自治は否定され，自由競争は排除された。法についても，法は階級支配の道具である，すなわち統治階級の意思の表現であり，法律の役割は，統治階級に有利な社会関係と社会秩序を保護し発展させることであると捉えられ，資本主義国家の法は，ブルジョア階級の意思の表現であり，よって，その「矛先はプロレタリア階級と広範な労働者人民に向けられ，ブルジョア階級が彼らのために用意した鞭である。」と否定された。それに対し，社会主義国家である中国の法は，労働者階級の指導の下の広範な「人民」の意思の表現であり，社会主義の社会関係と社会秩序を護り，発展させるものであり，階級敵を鎮圧し，遵守しなければならない国家の政策を社会構成員に理解させ，人々を教育し，社会主義建設の順調な進行に資するものであると解された。

　そして，訴訟法は実体法を保障するものであるから，当然に同様の性格を有するとして，建国後初の民事訴訟法（1982年）も，資本主義国家の民事訴訟法は複雑で費用も時間もかかり過ぎるとの批判[4]の上に，資本主義国家に対する優越性を示す民事訴訟法として制定された。法は，国家・社会・経済の運営にとって欠くべからざるを得ないものであるという意味ではその道具性を否定するものでは

---

[4]　現在でも，複雑な法は否定されるようである。全人代常務委員会の法制工作委員会で精緻な法案が作成されても，代表大会は法の専門家ではないので，複雑すぎると立法化されないことがあるという。

ないが，中国では，イデオロギー，理念が先に立ち，資本主義国家の法は，ルールとしてのその普遍性・有効性は顧みられずに，その排斥の上に制度設計，立法が行われた。民事訴訟の対象となる紛争も，私的紛争に止まらないと国家・集団の利益との調和において捉え，全体の利益と社会の調和を護るために国家の民事訴訟への関与を認め，客観的真実の追求を重んじて当事者の意思を制限し，弱者への配慮と実質的平等を理由として自己責任を否定した。その審理方式は，その理念をストレートに反映し，裁判官がすべてを引き受ける極端な職権主義的訴訟であった。

しかし，国家はどうあるべきかとの理念をそのままに反映した民事訴訟制度が紛争解決機能を有効に果たすことができないことになると，その転換が図られた。中国のみならず，上述のフランス，米国においても，当事者の自己責任を強調して裁判所の役割を斥ける当事者主義は修正されている。これは，国家の役割に対する考え方の変遷，国家の成熟に伴うものとみることもできるが，民事訴訟が担う紛争解決機能を有効に発揮させるためには，理念のみの制度設計が機能不全に陥ることを物語るものであるのは確かである。とりわけ，建国後の社会，経済が著しく速いテンポで，大きく変化してきた中国の民事訴訟の展開をみるとき，この状況は鮮明となる。

2 職権探知主義の基盤の喪失

中国では，国家としての理念はそのままに，計画経済から市場経済へとドラスティックな転換がなされた。民事訴訟も同じく，その基本構造は変えずに[5]，経済の変化に伴い激増する私的利益の衝突をめぐる紛争の解決への対応を迫られることになる。

公有制を基礎とする計画経済体制の下では，私法の規律する領域も私的紛争も極めて限られたものであったが，市場経済の導入により，民事訴訟の対象となる紛争は日本と変わらぬものとなり，その数も激増した。そして，行政によりすべてがコントロールされてきた経済が市場原理により調整されることとなれば，司法に期待される役割が増大することは，日本における規制緩和に伴う司法改革に

---

5) 1982年に建国後初の民事訴訟法が制定される。当時はすでに経済改革が開始されていたが，その法は，旧ソ連の法を継受し，建国の理念を色濃く反映するものであった。そして，1991年に改正・補充されるが，その基本構造に本質的変化はみられなかった。

おいても経験されたことである。しかし，他方で，中国の民事訴訟は，裁判所がすべてを担う一手引受式の裁判としてあったので，その役割を担い切れず，機能不全に陥ることになる。

　また，中国では人々の移動は戸口[6]制度で管理されているが，農民の出稼ぎは労働力を必要とする都市の側からも求められ，数千万規模で農民が都市へと流入している。その多くは戸口を持たぬまま都市に定住し労働力を提供している。併せて，一つの街，村のようであった国営企業，集団企業もその姿を変え，様々な経済主体の下で働く人々の把握は難しくなり，コミュニティの崩壊が進み，「隣は何をする人ぞ」といった社会へと変貌する。そして，実のところ，中国の職権探知主義とその下での事案の解明は，人々が管理され，十分に把握された従前の社会の中でこそ可能であった。

3　当事者主義と裁判所の裁量の抑制

　中国の民事訴訟は，激増する民事紛争の処理という現実的な必要性から，極端な職権主義から当事者主義へと転換を図る。審理方式についての民事訴訟法と「司法解釈」の変遷をみると，裁判所の証拠の収集と調査について，民事訴訟法（試行）（1982年）は，「人民法院は法定の手続に従い，全面的，客観的に証拠を収集し調査しなければならない。」（試行56条2項）と定めたが，1991年の改正により，現行法は，「当事者およびその訴訟代理人が客観的原因により自ら収集できない証拠，または人民法院が事件の審理に必要であると認める証拠は，人民法院は収集しなければならない。人民法院は法定の手続に従い，全面的，客観的に証拠を審査し調査確認しなければならない。」（64条2・3項）と改められている。そして，司法解釈である最高人民法院の「民事経済裁判方式改革の問題に関する若干の規定」（以下，裁判方式改革規定と略称する。1998年）は，民事訴訟法64条2項に定める当事者およびその訴訟代理人が客観的原因により自ら収集できない場合について，当事者による証拠の調査取得の申立てと当該証拠の手懸かりの提出という要件を加えている（裁判方式改革規定3条1項1号）。裁判所に全面的な探知義務を課すのではなく，当事者にも事案解明のための協力，努力を求

---

　6)　中国の戸口制度の特徴は住民の管理と，都市と農村の人口移動，とくに農村から都市への流入を厳しく制限することにある。戸口には「都市戸口」と「農村戸口」があり，「農村戸口」を持つ農民の都市への移転は基本的に禁じられている。

めるものであったが，他方で，裁判所が事件の審理に必要であると認める証拠は職権により調査するという規定は残された（裁判方式改革規定3条1項4号）。そのため，裁判所は，必要であると考えさえすれば自ら証拠の調査，収集に当たる一方で，当事者からの求めがあっても必要であると認めずに拒絶することもでき，裁判所の証拠の調査・収集には結局のところ制限がないことになった。この点につき，2002年に施行された司法解釈である最高人民法院の「民事訴訟証拠に関する若干の規定」（以下，証拠規定と略称する）は，裁判所が事件の審理に必要であると認める証拠，裁判所が職権により調査できる証拠とは，①国家の利益，社会公共の利益または他人の合法的権利・利益を損なう可能性がある事実に関わるもの[7]，②実体的な争いと関係のない手続的事項に関わるもの（証拠規定15条。民訴解釈96条1項で改正・補充）をいうとして，裁判所の証拠収集・調査の範囲を画定した。そして，それ以外の場合に裁判所が証拠を調査・収集するにあたっては当事者の申立てによらなければならないとし（証拠規定16条→民訴解釈96条2項），また，当事者が人民法院に調査・収集を申し立てることができる証拠とは，①国家関係部門が保存し，裁判所が職権により調査・収集すべき档案資料，②国家機密，商業上の秘密，個人のプライバシーに関わる資料，③当事者およびその訴訟代理人が客観的原因により自ら収集できないその他の資料をいい（証拠規定17条。民訴解釈94条で改正），証拠の収集，調査の申立ては，挙証期間満了7日前までに受訴裁判所に書面により，被調査人の基本的状況，調査しなければならない証拠の内容，証明できる事実および裁判所による調査・収集を必要とする理由を明らかにしなければならない（証拠規定18条）。そして，裁判所は，証拠の調査・収集の申立てを認めないときは，通知書を送達しなければならず，当事者は通知書を受け取った次の日から3日間は再議を一度申し立てることができ，裁判所は再議の申立てを受けた日から5日以内に回答しなければならない（証拠規定19条）として，当事者の裁判所に対する証拠収集申立方法と手続を規定することにより，裁判所の恣意的な裁量権行使の抑制を図り，職権探知の範囲を画そうとした。そして，現行民事訴訟法（2012年）によれば，当事者が客観的原因により自ら収集できず，書面により裁判所の調査・収集を求めるも裁判所が行わなかったとき（200条5号）にも再審の開始が認められている。裁判所の義

---

7) 技術的効率的視点から進められる当事者主義に対し，公益の視点からの民事訴訟への国家の介入の余地が残されている。

4 証拠提出責任と証明責任

　極端な職権主義的審理方式といわれた当時の民事訴訟，民事訴訟法（試行）制定時（1982年）における審理方式とは，裁判官が訴訟の全過程において主導的役割を果たすものであった。訴訟手続の開始は当事者の訴えによるものの，執行手続，保全手続等は当事者の申立てがなくても職権により開始することができ（試行92・166条），裁判所の職権による再審が認められる（試行157条）。また，第二審裁判所は，当事者の申立ての範囲に関わらず，全面的に職権審査を行うものとされ（試行149条），訴訟手続の終了については，請求の放棄・認諾は認められる（試行46条）が，訴えの取下げを認めるかどうかは裁判所の裁定による（試行114条）等，当事者の意思は大きく制限されている。

　規定の上では前述のような変遷を遂げる審理においては，「当事者が口を開くと，裁判官は走り回る」といわれる裁判が行われた。裁判官は，自ら事件発生地に赴き，当地の幹部や人々を通じて調査する。調査の範囲は，訴訟上の請求の範囲にも限定されず[8]，証拠の調査・収集は裁判所の義務であり，裁判所は証拠を求めて，どこへでも出かけて行った。そして，直接に裁判所の義務違反を問うものではないが，当事者は，判決の誤りを理由として，あるいは新たな証拠があるときは，確定後も再審理を求めることができた（試行158条）。また，法の文言からみると，職権証拠調べについてのみ言及しているようであるが，訴訟資料と証拠資料は区別されていないようである。

　これに対し，現行法の下では，やはり裁判所が職権で証拠調べをしなければならない場合についての定めがあるが，実際には，上述の審理方式改革についての司法解釈が施行される頃には，早くも裁判所が職権で証拠調べを行うことは少なくなっていたという[9]。弁論主義とは，判決をするのに必要な訴訟資料の提出を当事者の権能であり責任であるとする原則をいい，これは，裁判所と当事者との役割分担であり，日本では処分権主義とともに民事訴訟の基本原則とされている。弁論主義について，日本の民事訴訟法には直接の根拠条文，明文規定はない

---

[8]　現行法では，判決が訴訟上の請求を超える場合には，再審事由となる（200条11号）。

[9]　1999年から2001年に，裁判官の職権による証拠収集があったケースは15％前後にすぎないことが報告されている（王亜新「中国民事訴訟の審理構造についての一考察」徳田和幸ほか編『谷口安平先生古稀祝賀　現代民事司法の諸相』（成文堂・2005年）287頁参照）。

(ただし，自白については民訴179条，下記①については人訴20条前段の規定から推知するのが通説である。）が，その具体的内容としては，職権主義の反対概念として，以下の三つの内容が示される。①当事者の主張しない事実を裁判の資料として採用してはならない（主張責任）。②当事者間に争いのない事実（自白された事実）は，そのまま裁判の資料として採用しなければならない（179条，159条1項）（自白の拘束力）。③当事者間に争いのある事実を証拠によって認定する際には，必ず当事者の申し出た証拠によらなければならない（職権証拠調べの禁止）。

しかし，当事者主義へと向かう中国の審理方式改革は，第三テーゼに重きがおかれ，しかも，当事者の訴訟資料に対する自己決定権が顧慮されたのではなく，当事者による証拠提出責任（民訴64・65条）のみが強調されている。そして，真偽不明の場合に双方当事者に分担される立証責任も規定された（民訴64条，裁判方式改革規定3条2項，証拠規定2条2項）。

中国民事訴訟法は，「当事者は自己の主張に対し，証拠を提出する責任を有する。」（64条1項）とし，証拠規定は，「証拠がない，または証拠が当事者の主張を証明するに足りないときは，挙証責任を負う当事者が不利な結果を負」い（証拠規定2条2項→民訴解釈90条2項），「法院は，当事者に挙証の要求と法的効果を説明しなければならない」（証拠規定3条1項）というように，証明責任を定めている。また，証拠規定は，証明責任の分配について，権益侵害事件（証拠規定4条），契約紛争事件（証拠規定5条），労働紛争事件（証拠規定6条）について個別に分配規定をおいている。不法行為については，侵害行為の内容により，因果関係，過失，無過失，免責事由等の証明責任の所在について規定されているが，契約については，法律要件分類説の定めのようであり[10]，法律に具体的な規定がなく[11]，司法解釈によっても証明責任の所在を確定できないときは，公平と信義

---

10) 証拠規定5条によれば，①契約紛争事件においては，契約関係の成立と効力の発生を主張する当事者は，契約の締結と効力の発生の事実について挙証責任を負い，契約関係の変更・解除・取消しを主張する当事者は，契約関係の変動を生じさせた事実について挙証責任を負う。②契約の履行について争いが生じたときは，履行義務を負う当事者が挙証責任を負う。③代理権について争いが生じたときは，代理権を有すると主張する当事者が挙証責任を負う。
11) 証拠規定5条，そして，民訴解釈91条で明らかにされたように，法律要件分類説を前提としていると解すれば，「具体的な規定がない」とは，実体法から証明責任の所在が読み取れず，解釈を要する場合ということになるのであろうが，その場合の考慮要素として

誠実の原則に基づき，当事者の挙証能力等の要素を総合して確定する（証拠規定7条）ものとされている。そして，民訴解釈91条では，法律要件分類説の考え方に基づき証明責任の分配についての原則が定められた。

しかし，当事者の証拠提出責任と証明責任が強調された現在の中国の民事訴訟法においては，解明度の低いまま証明責任判決がなされていると指摘される[12]。これは，歴史的にも，制定時の民事訴訟の理念からも，かなり異質なものに変容しているといえる[13]。

二　上海市長寧区人民法院の試み

1　訴訟上の請求の確定と主張・立証対象事実の明確化

さて，文献からの情報によると，以上のようにいうことができそうなのであるが，実際の訴訟運営は，先に述べたとおり地方により多様なものとなっており，また短いスパンで変容しているものと考えられ，そういう意味では，「中国は…」と語るのは難しい。2012年の初秋に，上海の長寧区人民法院を訪問し，2日間に渡り，院長をはじめとする裁判官の方々と情報交換および討議をさせていただいたが，そこでの意欲的な取組みはたいへん興味深いものであった。

あげられているところは，公平，挙証能力等である。
12)　黄宗智・巫若枝「取証程序的改革」政法论坛26巻1号（2008年）3頁以下参照。
13)　職権主義的審理方式の下では，事案の解明は裁判所の義務であると考えられていた。また，求められる解明度は極めて高く，証拠により認定される事実と実際に生じた事実とを一致させるべく，当事者に証拠の収集と提出を要求し続けるのみならず，裁判所も多くの時間と精力を証拠の収集・調査に注がなければならなかった（常怡主編『民事訴訟法学〔改訂版〕』（中国政法大学出版社・2002年）199・222頁参照）。証拠の調査・収集については裁判所の責任が強調され，1982年に施行された民事訴訟法（試行）には，「当事者は自己の主張について証拠を提出する責任を有する」との規定がおかれたものの，これは行為規範としての証明責任の規定であると解され，事実の存否が不明な場合に当事者の一方が被る不利益として客観的証明責任については定められることがなく，それは改正・補充後の現行民事訴訟法にもそのまま踏襲された。その理由としては，人口の多くを占める法律についての知識も意識も低い農民に対し，当事者が証拠を提出できなければ敗訴するというのは酷であること，また，そのような規定をおくならば，裁判所の証拠についての調査・収集の職能の軽視につながり，その積極性を発揮させる妨げとなると考えられたからである（江伟主編『民事诉讼法〔第2版〕』（高等教育出版社・2004年）154頁参照）。結果として証明度に達しない場合にも証明責任によって決することは躊躇われ，裁判の拒否に値する不正常な処理がなされることとなった。

当時の長寧法院の鄒碧華院長は，2008年に着任した際，事件の滞積に対応すべく，2年を経ても終結しない事件について分析をしたところ，その要因は，まずは争点整理が十分になされないまま進められる五月雨式審理にあり，また，たとえ争点整理がなされても，その結果が生かされず，後に訴訟物[14]を変更するような事態がしばしば生ずることであるとの結論を得られた。審理の迅速化と効率化は喫緊の課題であり，真摯な検討と改革が開始されることになった。

　当事者主義への転換が進んでいるとはいえ，本人訴訟も多く，法的知識を当事者が有さないのは，中国では日本以上に当然のことであると考えられる[15]。しかし，後述（三の2・3）のような大きな役割を裁判官が担う審理方式の下では，訴訟遅延の主たる要因は当事者側にあるのではなく，審理を担当した裁判所にある。かなり審理が進んだ後に，はじめて紛争の要点が明らかとなり，訴訟物の変更を余儀なくされるということは稀なことではなかったが，その要因は，紛争の複雑化もあって背景となる事情が明らかになるのを待たねばならず，紛争の実質，真の争点を見出すまでに時間を要したというよりは，裁判官自体が，当事者の主張を裁判の基準となる法律に結びつけることに不得手であったということであると考えられる。中国の民事訴訟の現実は，当初の理想とはほど遠いものとなったが，その原因のまた一つは，現行法の基礎となる民事訴訟法が制定されて

---

14)　極端な職権主義的訴訟が行われていた頃，少なくとも民事訴訟法（試行）制定時には，訴訟物についてはあまり論じられることなく裁判は行われていたものと考えられるが，現在では，要件事実論の検討がなされるほどであり，明確に意識され，また，訴訟物と訴訟上の請求とは区別して使われている。民事訴訟法52条，54条，56条，265条では訴訟物，51条，53条，54条，56条，59条，97条，119条，121条，140条，152条，200条では訴訟上の請求と，法概念は区別して用いられており，その区別の仕方は日本の実務における考え方と同様である。

　　訴訟物の識別基準としては，旧訴訟物理論が採られており，実体法上の請求権ごとに訴訟物は成立するというが，請求権の競合の場合には，原告はその中の一つを選択して訴えを提起することができ（契約法122条），同時に複数の訴えを提起し審理を求めることはできず，事件受理後，開廷審理の前に，当事者は請求を変更することができる（「『中華人民共和国契約法』適用の若干の問題に関する解釈（一）」30条）と，実体法上解決がなされている。

15)　広範な農民層を抱える中国において，国家機関たる裁判所が後見的介入により当事者を助け（あるいは当事者に代わり），もって弱い立場の当事者を保護し，実質的な平等をはかり，真実に即した裁判を行うことこそが，その職権主義的訴訟，職権探知の主たる根拠であったのだろうと考える（小嶋明美「職権探知主義の規整(1)」山形大学法政論叢43号（2008年）1頁以下参照）。

からまだ30数年であり，例えば裁判官についていえば2世代しか経験しておらず，その成熟度は十分とはいえず，社会・経済の激動を併せると，それは無理なきことなのだと振り返られる。

そして，何が紛争の根本であるのかが明らかにならぬまま，判決や調停結果として結実すれば，当事者の納得は得られずに紛争は燻り続け，新たに再燃することともなる。長寧法院での聞取り調査によれば，そのような事態を避けるべく，少なくない事件において，訴訟のどのような段階でも訴訟物の変更が行われてきたとのことである。

そうした状況を打開するために，鄒院長が採用したのが中国版要件事実による審理である。鄒院長は御著書『要件審判九歩法』（法律出版社，2010年）において自らの審判方法について詳細に述べられている。長寧法院における要件式裁判方法の目的は，法適用の統一性・規範性・効率性，そして裁判方法の操作性の向上にある。訴訟上の請求が定まらず，請求権の基礎が定まらず，主張も証拠も当事者となるべき者も明らかでないままに進められる審理から脱却するためである。

まずは，訴訟上の請求を早期に的確に確定することにより，審理の途中で訴訟物が変わり，訴訟経済上望ましくない事態が生ずることを防ぎ，重複訴訟や後続する訴訟の繰返しを減少させることができる。

次に，要件事実を明らかにし，主張・立証対象事実を当事者に明示し，挙証責任を認知させる。攻撃防御の対象として，立証対象事実として，要件事実は明確でなければならない。それは，何より，審理の充実，迅速化につながる。解明度を上げ，当事者の納得の行く解決を目指すことができる。

そして，また，実体法上は，法解釈における裁量を制限し，裁判結果，法の統一を図るという重要な意義を有することになる。長寧法院では，実際に確かな手応えを得ているようであった。

2 裁判監督廷の役割

長寧法院の調査の中では，裁判監督廷の役割も重要なものとして紹介された。裁判監督は，日本にはない制度であり，その職責は多様であるが，裁判監督廷は，各裁判廷で出される判決書の監督を通して，訴訟運営も導く。判決書を分析・検討し，改善事項を訴訟運営に反映させるのである。長寧法院では，要件事実についての検討がここでも行われる。

また，裁判監督廷は，思想管理のための裁判委員会[16]も含む複数の委員会を

擁している。

そして，日本の再審とは大きく異なる[17]が，再審事件を担当するのも裁判監督廷である。既判力抵触事件は，敗訴当事者が再度同じ訴えを起こした場合にも，通常の裁判廷では扱われず，裁判監督廷が再審の訴えとして処理することになる。判決の確定した事件について再び訴えが提起されたときは，裁判監督手続により再審の申立てをするよう裁判所は告知しなければならない（民訴124条5号）。裁判監督手続によれば，通常訴訟とは異なり，まずは，再審事由の有無の審査を行うのであるから，その方が効率的であり，既判力抵触事件を扱うに相応しいと考えられ，実質的理由としては，そうでなければ通常の裁判廷の負担が重く，裁判所も司法も成り立たないのであるという。

三　中国民事訴訟における当事者主義

1　結果責任としての主張責任

日本の通常訴訟における弁論主義の下では，裁判所は，当事者の主張しない事実を裁判の資料として採用してはならない。当事者には訴訟資料についての自己決定権が認められるとともに，主張なき場合には，その事実を認定されない不利益を負い，通説および実務によれば，この主張責任と証明責任は一致する。だが，これは裁判所と当事者との役割分担であり，その主張はどちらの側の当事者からなされてもよいとされ，自己決定権も主張責任もその意味では薄くなる。

---

16)　裁判について集団指導を行う人民法院内部の組織機関であり（民訴177条1項，試行39条，人民法院組織法11条），その構成員は人民法院と同レベルの人民代表大会常務委員会により任命され，院長が主宰者となる。その職責は，具体的事件についての討議，判断に及び，法官の質とレベルの向上を待たなければならないという中国の現状に適応する制度として設置されたが，裁判の独立を侵すのではないかと批判を受けてきた。

17)　中国では，前述のように，建国後初の民事訴訟法（民事訴訟法（試行））成立時（1982年）には，訴訟は裁判所が強力に主導性を発揮して進められ，また，何よりも客観的真実が追求されたため，当事者が望むと望まぬとに拘わらず，間違い（実体法を基準とした間違いを指し，手続上の瑕疵ではない。）があればあくまでも正されるのが理想であった。しかし，通常の不服申立制度としては，その領土の広さを理由とし，また，迅速な解決を重んじて二審制がとられたため，間違いを正す機会は日本よりも少なく，再審手続が用いられることとなる。そこでは既判力は存在価値を失い，意義を認められず，再審手続は日本とは大きく異なるものとなってきた（小嶋明美「再審についての一考察」山形大学法政論叢49号（2010年）1頁以下参照）。

これに対し，職権探知主義の下では，裁判所は当事者が主張しなくても，その事実を裁判の資料とすることができる。そして，中国の従前の裁判のように，法院が職権により事件事実を徹底して明らかにしなければならず，また，裁判所は事件に必要なあらゆる事実と証拠を考慮し審査しなければならないということになれば，その負担は相当に重いものとなる。しかし，日本の民事調停のように，当事者の努力を前提とした職権探知主義[18]であれば，訴訟資料の収集を裁判所の義務であるとは捉えない。職権主義採用の意義は，事実や証拠の提出につき当事者・裁判所の双方に発意の権限を認めるということになる[19]。

　そして，前者であれ後者であれ，職権探知主義の下でも，当事者が主張しなければならない具体的事実を主張せず，裁判所も知ることができなければ，判決の基礎を欠き敗訴する。結果責任としての主張責任は職権探知主義の下でも存在するのであって，弁論主義との違いは，訴訟資料について当事者に自己決定権が認められるか否かということのみになる。同様に，客観的証明責任は職権探知主義の下でも存在するが，主張を欠くということになれば，そもそも立証対象事実を欠くことになる。

2　主張責任と釈明

　論理的には以上のようであり，訴訟終結時に主張を欠き，証明できなければ敗訴する。しかし，事実主張のレベルでは，裁判所の釈明により，このような事態はかなり回避できる。釈明のあり方によっては訴訟終結時の主張の遺漏ということは問題とならないともいえる。2013年の日本民事訴訟法学会では，本人訴訟にみられる様々な問題，特に釈明について裁判官からの報告があった。日本の裁

---

18)　日本の民事調停においては，手続を簡易，迅速に進め，かつ紛争の実情をありのままに把握するために，調停機関は当事者の主張や証拠の提出を待つことなく職権をもってみずから積極的に事実を探知すべきものとされるが，民事調停の対象となる紛争は私的利益に関わるものであるから，まずその利益を主張するものが進んで実情の究明のため各種の資料を提出することが望ましく，職権による事実の探知も当事者の努力が前提とされる。
　　また，日本の民事訴訟法14条は，管轄について職権証拠調べを認めており，支配的解釈は公益性の強い専属管轄についてのみ認めるが，証拠調べに要する費用は当事者が負担，予納しなければならない（「民事訴訟費用等に関する法律」）ことから，実際には，当事者に資料の提出を求めることとなっている。

19)　梶村太一・深沢利一『和解・調停の実務〔4訂版〕』（新日本法規・1999年）472頁〔深沢利一〕，上田徹一郎『当事者平等原則の展開』（有斐閣・1997年）12頁参照。

判官は一貫してかなり面倒見のよい印象があるが，公平を保ちつつ，適切に後見的役割を果たすことの困難をあらためて認識させられた。では，当事者主義的裁判へと転換したといわれる中国において，裁判官はどのような役割を担うのであろうか。

長寧法院の鄒院長によれば，中国の裁判官は「保母である」。その比喩は，やはり裁判官には面倒見の良さが求められることを意味するが，現在では，その主眼は証拠の調査・収集ではなく，懇切丁寧な釈明にある。釈明によって真実に即し公平な裁判，弱者への配慮を実現する。調査・収集の対象たる工場や銀行といった現場にもいまだ頻繁に赴くとのことであるが，それよりも時間や労力が費やされるのは，当事者への応対である。中国は自律的な訴訟システムの基盤を未だ有していない。法律がよくわからない当事者の主張を引き出し，補わなければならない。そこで，裁判官は，まず，当事者に説明をする。例えば，損害賠償とは何か，原状回復とは何か。次に，条文の選択・提示もする。メニューは裁判所が提示し[20]，当事者はそれに則り主張・立証をする。請求権または抗弁の基礎となる要件事実を当事者が主張していない場合には補充させ，誤った主張をしている場合には改めさせる。その際，公開法廷では難しいが，心証は適宜開示する[21]。「節理論証」，すなわち，法律に即し，争点に照準をあて，心証を明かして行うのであって，間違っているとか正しいとかいってはならず，当事者と討論するのではなく，釈明をする。そして，判決書はわかりやすく書き，判決後も質問に応じ説明する。

このように，裁判官の釈明の権限と義務の範囲を広く捉えれば，主張責任を負う側の当事者が主張を欠くために敗訴する場合には，裁判所の釈明義務違反の問題ともなり，その範囲をどこまでと考えるのか，また，違反に対してはどのような効果を結びつけるのかが日本に比しても大きな検討課題となり，その際の考慮要素として重要なのは，当事者間の公平というまた別の難しい視点であろう。中国の社会，人々，司法資源の状況を踏まえ，充実した審理と公平な裁判の実現のために，裁判官はどの程度関与すべきであるのか，また，個々の事件の当事者の能力によってそこに差異を認めるべきなのか。

---

20) 日本では法的観点指摘義務として論じられるところであろう。
21) 長寧法院での裁判傍聴の際，期日終了後，廊下で話し込む裁判官と当事者が散見されたが，どのような場で，どの程度の話がなされるのかは次の調査の課題である。

裁判所の負担の重さを考えるとき，将来的には弁護士の能力の拡充を図り，自律した紛争解決制度として行く途が選択されるとしても，現段階では，公平のため，法を知らない弱者を保護するためのみならず，法律による裁判の実現のためにも裁判官の後見的役割が必要である[22]。中国の当事者主義的裁判は，少なくとも当面，暫くの間は，大きな裁判官の役割を前提として成り立つものと考えるが，次の問題は，裁判官の裁量を如何に規律するかということになろう。

3 裁判官の役割とその養成

裁判官の役割は，釈明に止まらない。ただただ話を聞いてもらいたい当事者がいて，裁判官の執務時間が終わるのを待っている。精神的に不安定な当事者にはサポートが必要であると，裁判官は心理学の研修をしたり，また，その成果を法院自体が著書として報告もしている[23]。司法に対する大衆の求めは高く，それは上訴率となって現れるが，長寧法院では上訴率は低下しており，以上のような対応が効を奏しているものと考えられている。しかし，窺い知るところのみでもなんでもやる裁判所となっており，裁判官は激務である。

法律による裁判の実現のために，長寧法院のような訴訟運営をするなら，裁判官に期待される役割は大きく，その任務は重いが，そのための必須の前提となる裁判官の質の向上については，相当な進展がみられる。建国後，退役軍人をはじめとして様々な機関からの転属により構成されていた中国の裁判官も，今では，統一司法試験と公務員試験に合格し，さらに書記官，養成期間，助理法官を経なければならない法の専門家として確立されている。長寧法院の話では，優秀な人材確保のため，裁判官の給与も福利厚生も大幅に向上しているとのことである[24]。また，学術論文等をみるものから，上訴率，審理終結率等，裁判実務における能力をみるものまで，任官後も様々な評定制度があり，「全国100人の優秀な裁判官の選出」といったことも行われているようである。

---

[22] 長寧法院での聞取調査において，懇切丁寧な釈明に相手方当事者が不公平であるとの不満を抱くことはないのかとの質問に対し，現段階は，その配慮をする段階にいたってはいないとの返答があった。まずは，法律による裁判の実現のため，その土俵に当事者を乗せる必要があるとの趣旨であると思われる。
[23] 邹碧华主編『法庭上的心理学』（法律出版社・2011年）。
[24] 地方政府への訴訟費用納入率が低くなったため，資金は以前よりも潤沢になっているとのことである。

4 当事者主義と既判力

　中国の民事訴訟における審理方式が当事者主義へと転換を始めてから 20 年以上になるが，目指されるべき審理方式，中国における弁論主義の要諦は，当事者意思の尊重というよりは（自己責任でも自己決定権でもなく），主張・立証の機会を保障することにより，審理の充実を図り，解明度を高め，真実に即し適正な裁判に資することにあり，それによって当事者の納得を得て，その紛争解決機能を十分に発揮することにあると考える。

　また，前述のように，弁論主義でも職権探知主義でも，真偽不明となった場合にも裁判の拒否が許されない以上，結果責任としての主張・立証責任で決することにならざるを得ない。よって，民事訴訟の対象は私権・私的利益を巡るものであることから，当事者は訴訟の結果に重大な利益を有する者として，主体的に訴訟追行に努めて然るべきということになる。

　しかし，中国では，必ずしも当事者にそのようなインセンティブは働かないできた。当事者主義的審理方式への転換の要因が，裁判所の負担加重であり，それを当事者に担わせることにあった中国では，主張・立証責任は行為責任として強調されたのであるが，前述（一の 4）のように，当事者の積極的な訴訟追行と審理の充実には結びつかず，安易に証明責任判決がなされるという結果を生んでいる。その理由の一つに，既判力と法的安定性の軽視があげられよう。制度的には，裁判監督手続の存在が大きい。行為責任を強調しても，蒸返しが封じられなければ，ここで自分が頑張っておかなければ取り返しがつかないことになるのだというような意識は当事者には生まれず，裁判所への不満となって審理が繰り返されることになる。中国は，民事訴訟法と司法解釈において，当事者の挙証努力を促す規定をおくようになってきたが，他方で，依然として再審開始のハードルは低い[25]。

　既判力は紛争解決の実効性のためだけではない。中国においても，手続保障を前提とし，自己責任に帰することで，審理の充実を図るという方向も考えられてもよいのではなかろうか。

---

25) 小嶋・前掲注 17) 参照。

5　裁判所による証拠の調査・収集と手続保障

　人民の裁判所は間違わないことを保障とする裁判官による一手引受式の裁判は，事件の質の変容とその数の激増により機能不全に陥り，現在，裁判官による証拠の調査・収集の範囲は大幅に縮小されたが，限定的ではあるものの依然認められている。職権による証拠の収集の余地が認められる中国民事訴訟では，当事者には証拠資料についての支配が認められないことになるが，他方で，裁判所はどのような場合に証拠を調査し収集することができるのか，収集しなければならないのかということについては曖昧なままだったことから，当事者の不満を招き，司法腐敗にも結びつくことになった。そこから，その範囲を画すためのルールが設けられてきたのは前述（一の3）のとおりである。そのルールをみると，裁量の規律が切実な問題となったこととその困難とがみてとれる。

　また，裁判官が職権で証拠を調査・収集するにあたっては，証拠についての反駁の機会，手続保障に留意しなくてはならない。弁論主義の目的あるいは機能として不意打ちの防止ということがあげられるが，手続保障とそれによる審理の充実ということからすれば，不意打ちが避けられるべきであるのは弁論主義に限らない。裁判所が調査・収集した証拠が当事者にとって不意打ちとなることはあってはならず，訴訟資料とするにあたっては，それに対する疑義，その信憑性等について，申し述べる機会は与えられなければならない。当事者により申し出られた証拠に限る弁論主義から離れるならば，当事者の知らぬ間に裁判官の心証形成に寄与する証拠が採用される危険が生ずるのであり，そこに歯止めが設けられることは必須となろう。この点につき，民事訴訟法68条は，「証拠は，法廷において提示し，かつ，当事者が相互に質さなければならない。」と定めている。さらに，民事訴訟法66条は，職権による調査・収集の際に，不明瞭が生ずることのないように，「人民法院は当事者提出の証拠資料を受け取った後，受領書を発行し，そこには証拠名，頁数，部数，原本または写し，および受領日時を明記し，その取扱者が署名または押印しなければならない。」と定めている。

6　処分権主義の根拠と釈明

　中国では，民事紛争を純然たる私益の争いととらえず，その審理方式も極端な職権主義であった頃から，請求の放棄・認諾，訴訟上の和解は認められ，事実のレベルでは自白も認められてきた。しかし，これは，日本のように処分権主義を

根拠とし，民事訴訟の対象となる民事紛争は私法の規律する領域における紛争であり，私的自治の原則によって支配されており，民事訴訟の主要な対象である財産権は個人の自由な意思に基づく処分に委ねられるとともに，その権利処分の結果については自己責任として拘束を受ける。よってその解決にあたる民事訴訟においても，当事者の意思により処分する結果となることを認めるのだと考えるわけではないのであろう。結果としては当事者の意思による処分を認めることになるということで変わりはないが，紛争解決における当事者の納得に重きをおいたものと考える。当事者の納得による紛争の解決ということの前には，真実の追求も適正な裁判も退くのである。ということであれば，やはり，当事者の真の納得，つまりは意思形成が十分になされたかどうかということが重要になる。日本でも当事者の意思による訴訟の終了の場面においては，その意思に瑕疵があった場合の効力が問題となるが，現段階の中国では，当事者による訴訟処分の前提として，裁判所による十分な釈明がなされなければならず，十分な釈明なくなされた訴訟行為の効果をどのようにとらえるのかということを問題とし得ると理論的には考えられる[26]。

四　訴訟の位置付け

中国の民事紛争解決制度における訴訟の位置付けをみると，まず，建国から改革開放以前，計画経済体制の下では，企業間の紛争については行政による解決がなされ，訴訟に期待されるのは，相隣関係，身分関係等の個人間の紛争の解決という限られた役割であった。その後，急激ともいえるスピードで経済改革が進め

---

26) 中国民事訴訟法96条も，「調停により合意をするにあたっては，関係する双方の自由意思によらなければならず，強要してはならない。」と定めている。そして，2012年の改正法においては，調停書についても再審の対象となることを定め（198条），また，201条は，改正前（旧182条）と同じく，当事者は「証拠を提出し，調停が自由意思の原則に反し，または調停合意の内容が法律に違反することを証明したときは，再審を申し立てることができる」とし，さらに，詐欺，脅迫，悪意通謀等により，調停を通して，国家，社会，他人の権利・利益を侵害するといったことが生じているために，2012年の改正において，調停書についても，人民法院の職権による再審，検察院による再審の建議，申立て（抗訴）を認めることとした。

　しかし，十分な釈明がなされた上での真の意思ではなかったというようなことまでは想定されていないと解される（全国人大常委会法制工作委員会民法室編著『中華人民共和国民事訴訟法』解釈与適用』（人民法院出版社・2012年）321頁参照）。

られ，生起する紛争は日本と変わらないものとなり，その数も激増し，訴訟は大きな役割を期待されることになる。しかし，中国に限られたことではないが，すべての民事紛争を訴訟で解決するというのは現実的ではなく，また，訴訟という紛争解決方法の選択は紛争によっては必ずしも最上の選択とはいえず，訴訟での解決が有効であり適切なもののみ訴訟で行い，そうでないものについては他の方法によるという事件の振分けが重要となってくる。

　もとより，中国では，日本の訴訟上の和解に当たると考えられる法院調停が極めて重視されてきた。また，人民調停や行政機関による調停も，建国以来大きな役割を果たしてきた。2012 年の改正においては，訴訟と調停の連携ということが強く打ち出されている。民事訴訟法 122 条は，「当事者が人民法院に提訴した民事紛争は，調停に適する場合には，先に調停を行うが，当事者が調停を拒むときはこの限りではない。」と定めている。調停は，訴え提起の前から訴訟係属後も適宜行うものとされてきたが[27]，2012 年改正法は，立案（訴訟係属）前に，また，立案（訴訟係属）後，開廷審理前にも調停を行うよう規定した（民訴 133 条 2 号）。

　判決よりも法院調停が偏重され，日本でいうところの弁論と和解とが混然一体となり不分離なまま審理が進められ，その結果として合意による紛争解決に至らずともそのまま判決が下されるような手続は，予測可能性ある裁判と公正で透明な手続ということから問題があったと考えるが，裁判官のレベルということからも，法的知識に乏しく主体的な訴訟追行が望めない当事者ということからも，そのような民事裁判が一定の役割を果たしたことは否めない。筆者は，法院調停は日本のような訴訟上の和解として確立し，民事調停のような制度を創設することで対応できないかと考えたが，今次の改正における訴訟と調停の連携への指向は，訴訟を予測可能性あるものとして確立するとともに，その不足を補うに有効であるかもしれない。中国では，立案前の調停も退職裁判官が行っている。また，民間の調停である人民調停委員会の調停における合意については，2012 年改正法では，裁判所に適法性審査と執行を求めることができることとなった（民訴 194・195 条）。また，人民調停委員会の調停のほかにも，行政機関の治安調停，交通事故賠償調停，医療紛争等調停，様々な社会団体の調停，国際商会の商事調

---

27) さまざまな段階における調停については，小嶋明美「中国民事訴訟の手続構造と訴訟運営の規律（1）」創価法学 42 巻第 1・2 合併号（2012 年）106 頁以下参照。

停センターの調停等々，今後，それらについても実体法において訴訟との連携について規定がおかれたならば，同様に処理されることが予定されている。ADRに司法の傘を被せることで実効性を確保し，健全な発達を促すことが期待される。

まとめとして

　中国における民事紛争を題材とした数少ないものとして，1992年に公開された「秋菊の物語」という映画がある。この映画は，訴訟の前に司法機関以外の国家機関（日本では警察にあたるのであろうか，公安局である）が調停にあたり，判断が下され，不服申立てがなされてさらに上級機関により判断が下され，さらに，それを不服として行政訴訟が提起され，その審理の過程で罪にあたる傷害の事実が判明して刑事事件となるといった展開を辿るのであるが，一貫して当事者が取り残された印象の紛争解決過程が描かれていた。農村の人々の法と裁判に対する意識・知識，ADRと訴訟の両輪で行く紛争解決のあり方，当時まだ行われていた職権主義的審理方式の下での裁判官による現地調査等も窺い知ることができる貴重な映画である。

　当事者主義へと舵が切られ，映画の時代から20年の時を経て，上海市長寧区人民法院では，中国版要件事実教育とそれに基づく民事裁判が試みられていた。その目的は，直接的には審理の迅速化と効率化のためであり，法解釈の裁量の幅を狭くすることにより裁判結果の統一を図るためであるが，詰まるところは法律による裁判の実現ということになる。この点，他の法院ではどのような方法が採られ，どの程度実現されているのか，おそらく長寧法院の到達度は他の法院との比較においてかなり高いのであろう。

　地域により，紛争類型により審理方式を検討する必要もあろう。前述のような長寧法院のやり方は，裁判官の相当な努力・労力を要するものである。司法資源の問題もある。裁判官のみならず，弁護士の育成も進めた上で，当事者の自律性を強調してよい事件類型もあるであろう。その場合には公平の視点から釈明のあり方も再度検討されねばならないかもしれない。裁判所の体制と裁判官の育成がどのように進められるのか，弁護士の育成がどの程度進むのか，法の支配が社会にどの程度浸透するのか，注視したいところである。

　だが，中国の職権探知主義が現実的，技術的要請よりは理念を重視し，また，

同じく社会主義であった旧ソ連の法の継受により採られた審理方式であったとはいえ，広大な領土における地域格差と，農村部等における人々の法的知識の欠如といった中国の現状を踏まえたものであったことは否定できず，現段階では，その状況は依然存在する。そうであるならば，当分の間は，本稿で紹介した長寧法院のような審理方式，裁判官の大きな役割を中国の民事裁判における基本的あり方として位置付けることはあってよいのではないだろうか。指摘された真実に迫らない当事者主義，民事訴訟の改正を迫ることとなった当事者の納得を得られぬ再審事件の増加は，そのような転換の過程を辿らなかった結果なのであろうか。もし，中国の多くの裁判所で長寧法院のような取組みが可能であり，実行に移されるなら，当事者主義へのソフトランディングが実現されるのではないかと考える。

　本編の拠り所とした調査を受け入れてくださり，どのように申し上げてよいかわからないほどお世話になった鄒碧華上海市高級人民法院副院長は，2014年12月10日，司法改革座談会の場で急逝された。47歳であった。司法改革の第一線に立ち続け，当事者や弁護士からも多大な信頼を寄せられていた鄒法官の急逝に，葬儀には数千人が寒風の中列を成したという。
　謹んで哀悼の意を表します。

　本研究はJSPS科研費23530085の助成を受けたものです。

中国民事訴訟法改正の背景と比較法的検討・公益訴訟

白 出 博 之

一 中国民事訴訟法改正の背景

1 中国民事訴訟の「三大難」

(1) 改正の背景

2012年中国民訴法改正(以下,本改正と略称する)の背景等につき,全国人民代表大会(以下,全人代と略称する)常務委員会は次のように説明する[1]。

「経済社会の急速な発展に伴い,民事事件の件数は増加し続け,新しい類型の事件も絶えず出現し,民訴法規定のある分野は人民の司法ニーズに完全に適応することができなくなり,更なる整備が必要とされている。(略)

本改正の留意点は,第一に中国の特色ある社会主義法治理念を堅持し,真摯に民訴法の実施経験を総括し,実務において現れた新しい状況や新しい問題に対して,今まで以上に当事者の訴訟上の権利を保障し,司法の公正さを維持する。第二に民訴法の基本原則に従い,科学的に司法資源を配置し,訴訟効率の向上を図る。第三に民事訴訟に対する法律監督を強化し,法律の正しい実施を保障する。第四に民事紛争の効果的な解決を重視し,社会の調和のとれた安定を促進する。第五に認識が一致しないものや未だ十分把握されていない問題点については規定をみあわせる。」

上記指摘にかかる中国民訴法の問題点は,①提訴しても事件として立件されないという立案難,②再審申立てが困難であり,再審手続が混乱しているという再審難(再審乱),③強制執行による目的達成が困難,又は強制執行手続自体の法令違反という執行難(執行乱)の三大難と整理される[2]。

---

[1] 2011年10月24日第11期全人代常務委員会第23回会議における「中華人民共和国民事訴訟法改正案(草案)に関する説明」参照。

(2) 立案難

立案難の背景には，①法官（裁判官）が事件数に比して非常に少なく，そのため多数事件が滞留する「案多人少」と，②地方（部門）保護主義の問題がある。

①「案多人少」は，経済社会発展に伴う人民の価値観の多元化・権利意識の向上が，紛争を激増させていることに比して，法官の人数・能力等の司法資源が不足している状況であり[3]，法官の担当事件が数百件を超えている。このため受理・立案の結果，担当事件の増加を法院又は査定を受ける法官が恐れ（司法統計対策での年度末の新件処理等），種々理由をつけて受理・立案間口を狭め，事実関係や証拠が不明確な場合は事件を受理しない，累積事件が結審して終わるまで新件を受理しない，管轄権のある法院が他に存在する事件を自らは受理しない等，理由不明の不受理・却下，事件の放置に繋がっている。

②「地方（部門）保護主義」は，法院所在地である地元（地方政府と関連部門・有力企業）の利益や地元紛争当事者に有利な判断をし，地元の利益等を庇うものである。地方政府を被告として違法行政行為の是正を求める行政訴訟だけでなく，地方政府・地元関係者に対する民事訴訟においても，法院が訴えを受理しない，受理しても審理を種々の理由で引き延ばし判断しない，地元側に有利な調停や訴訟指揮をして地元以外の当事者に強要し，執行委託を受けた法院が執行に協力しない行為等に現れる。これらは中国司法をめぐる構造的問題であり，人民法院の独立が十分に保障されず，人事・財政権が地方政府に握られていることが影響する[4]。

(3) 再審難

もう一つは再審難［申訴難］である。申訴とは，既に法的効力を発生した判決・裁定・調停につき上級法院に改めて審理を求めることである。また当事者申立てがなくとも，上級の人民法院・人民検察院が裁判の誤りを正すために行う裁判監督制度により，既に法的効力を生じた判決等に確かな誤りがあるとして再審

---

2) 中国民訴法が抱える問題の事実面と制度的要因につき，上原敏夫・江藤美紀音・金春・白出博之・三木浩一「特別座談会 中国への法整備支援事業の現状と課題」論究ジュリスト5号（2013年）218頁以下参照。

3) 全人代常務委会法制工作委員会編・王胜明主編『中華人民共和国民事訴訟法釈義〔最新修正版〕』（法律出版社・2012年）109頁。反面，年間結案数800〜1,000件の成績優秀者を「結案状元」などと科挙のトップ合格者になぞらえて積極評価するなど（法制日報2013年2月18日），法官へのプレッシャーは想像に難くない。

を提起でき，蒸返しを許す構造にある[5]。中国民訴法が二審制を採用するため三審制に比べて誤りを正す機会が少なく，法官の能力レベルとの関係で誤審可能性の高いことが理由であり，再審が上訴の延長のように扱われ，日本の再審とは状況を異にする。中国では判決理由の論証が不十分で曖昧模糊としたものが多く，特に二審制下では多くの事件は中級法院が終審になるが，現状中級法院は社会から尊重されておらず，その判断を受け容れ難いことも，頻繁な再審申立ての原因とされる。旧法の再審事由が不明確であり，当事者が申し立てても実際には認められなかった[6]。かかる再審難への対応として 2007 年改正で申立事由が明確にされたが不十分であった。

「再審がもたらす難」として，旧法が再審回数・申請期間に制限を設けず何十年間も再審が繰り返されるという，「終審不終（終審にして終わらず）」現象もあり，判決の法的安定性を著しく害し，執行難問題の一因とされている[7]。

(4) 執行難

執行難は，判決が効力を生じても当事者がそれを履行しない，強制執行手続に入っても判決内容が実現できないことであり，実務では手続違反の違法執行が執行乱を生じている。最高人民法院執行弁公室によれば，過去数年間の執行監督案件中，執行乱と呼ばれる違法執行等が全体の 72％を占め，①為すべき執行をしない不作為型，②執行手続の手順・公平原則に反した配当等の違法執行型，③別地域の法院による執行手続に対する偽装破産申立て・仮装差押え等の債務免脱行為に当地の法院関係者らが加担する執行妨害型，④収賄，手続費用の恣意的徴収等の執行機関担当者の法令規律違反型等がある。その理由は地方（部門）保護主義のほか，判決手続に比べて執行手続が軽視されていること，法令不備，法院の執行関係設備・人員の質的問題，債務者の無資力・モラルハザード等が指摘される[8]。

執行難に対しては 2007 年改正や司法解釈による対策も講じられたが，強制執

---

4) 髙見澤磨『現代中国の紛争と法』（東京大学出版会・1998 年）81～82 頁参照。
5) 髙見澤磨・鈴木賢・宇田川幸則『現代中国法入門〔第 7 版〕』（有斐閣・2016 年）272～274 頁。
6) 小嶋明美『現代中国の民事裁判』（成文堂・2006 年）183～186 頁参照。
7) 髙見澤ほか・前掲注 5) 274 頁参照。
8) 童兆洪主編『民事執行調査与分析』（人民法院出版社・2005 年）103 頁，牟逍媛『民事執行難及相関制度研究』（上海交通大学出版社・2010 年）19～21 頁参照。

行の免脱等を図る者［老頼］の跳梁が続いている。本改正でも一定事項を整備したが，執行難・執行乱への抜本的な対策は強制執行法の単独立法などに委ねられている。

(5) 打官司難

以上の三大難は，中国特有の法制度や国情に起因するが，証明や訴訟維持が困難という意味での「打官司難（審理難・勝訴難）」も，中国司法手続の公正さ・透明さに対する疑問と一体をなして制度利用者から指摘されている。その理由は，地方（部門）保護主義，法院・法官の資質能力等，中国特有の事情もあるが，民訴法に裁判文書公開規定がなく，判断理由も不明なことが多い，証人・鑑定人の出廷確保困難等の状況があり，当事者の訴訟上の権利強化を目指した改正が行われた（裁判文書公開制度，裁判理由の明記）。

上述の案多人少・司法資源不足の問題は，訴訟の迅速化にも関連し，限られた司法資源の科学的配置と訴訟効率向上による審理・解決促進を目指す本改正では，人民調停との連携や訴え受理から執行の各段階で調停解決を目指す特有の制度もあるが，日本法類似の新制度も多い（証拠の適時提出，簡易手続の適用範囲拡大や少額訴訟創設）。

(6) 現代型紛争

中国の国土は日本の約 26 倍であり，都市と農村，沿海部と西部・内陸部とでは経済社会の発展状況が著しく異なるため，対等私人間の一般的紛争だけでなく，深刻な環境汚染や大規模消費者被害等の現代型紛争が多数発生しており，これらを経験した日本や諸外国の立法例が本改正において重視された所以である（公益訴訟，訴訟前証拠保全）。また 13 億 5,400 万人以上もの人民には，経済社会的格差や法的知識等の普及レベルに大きな差があることも本改正に影響した（少額訴訟の適用範囲，公益訴訟の提訴主体等）。総人口に対する律師数が不十分で[9]地域的に偏在し，司法アクセスの困難さや本人訴訟が多いことへの対応も中国民訴法の課題である。

---

9) 2010 年当時の中国の人口 13 億 4,136 万人に対し，律師数は約 17 万 3,000 人，律師 1 人当たりの人口は約 7,753 人（法制日報 2010 年 3 月 29 日），2012 年 3 月末の日本人口 1 億 2,757 万人，弁護士数 3 万 2,088 万人，弁護士 1 人当たりの人口は約 4,683 人（最高裁「裁判所データブック 2011」参照）である。

2 もう一つの背景としての法整備支援

1) 日本は，中国の立法ニーズに対応すべく，法律起草担当機関である全国人民代表大会常務委員会法制工作委員会（以下，法工委と略称する）民法室をカウンターパート（以下，C/P と略称する）とする「民事訴訟法・仲裁法改正プロジェクト」（2007 年 11 月〜2010 年 10 月）を開始し[10]，順次枠組みを拡大して 2009 年権利侵害責任法，2010 年渉外民事関係法律適用法の制定を支援した。

2010 年開始の国別研修「民事訴訟法及び民事関連法」（2010 年 6 月〜2013 年 10 月，C/P は法工委民法室）では，支援対象を民事関連法（相続法，消費者権益保護法，著作権法等）に拡大し，さらに国別研修「行政訴訟法及び行政関連法」（2012 年 4 月〜2015 年 6 月，C/P は法工委行政法室）（行政訴訟法，環境保護法，行政不服審査法等）を実施し，その成果は民事訴訟法（2012 年 8 月），消費者権益保護法（2013 年 10 月），環境保護法（2014 年 4 月），行政訴訟法（2014 年 11 月）等の改正に結実している（以下，法工委に対する法整備支援を総称し，本事業と略称する）。

2) 本事業では，学識経験者，実務法曹等からなる国内支援委員会[11] を組織し，長期専門家を北京に派遣して法工委に日常的助言等を行い，訪日研修・現地セミナー実施により中国民訴法等の改正作業に対して日本法の知見を提供している。

訪日研修等では，当初は民訴法改正に必要な基礎研究テーマであったが，2011 年 10 月の改正第一次審議以降は草案の具体的論点に絞ったテーマが設定され，講義・質疑応答を研究会形式で実施している。法律論だけでなく，司法実務についても裁判所視察や実務家との意見交換を通じて理解が深められ，その成果は研修等終了後に報告書として正確に取りまとめられ，全人代法工委及び法律委員会関係者で共有されている。

---

10) 日本の法整備支援につき，法務省及び独立行政法人国際協力機構（JICA）のウェブサイト（http://www.moj.go.jp/housouken/houso_lta.lta.html，http://www.jica.go.jp/activities/issues/governance/index.html）参照。

11) 国内支援委員会は，上原敏夫委員長，池田辰夫委員，山本和彦委員，三木浩一委員，松下淳一委員，垣内秀介委員，金春委員及び法務省，最高裁，日弁連関係者で構成され，定期的に中国民事訴訟法研究会を開催すると共に訪日研修 6 回・現地セミナー 3 回の準備・実施を支援した。長期専門家は，住田尚之弁護士（2008 年 4 月〜2010 年 10 月）及び筆者（2011 年 1 月〜2013 年 10 月）である。

表 1　2012 年民訴法の主要改正点と三大難との対応

三　大　難	主要改正点	該　当　箇　所
立案難（及び審理難）対策 〜「案多人少」，地方（部門）保護主義等	誠実信用原則を明記	民事訴訟における誠実信用原則の遵守（13 条）
	当事者の訴訟上の権利の更なる保障	提訴と事件受理に関する手続の改善（123 条）
		上・下級法院間における管轄権移転の改善（38 条）
		送達制度の改善（86, 87 条）＊
		応訴管轄（127 条 2 項）＊
		開廷前準備手続の改善・手続分流（133 条）＊
		督促手続と訴訟手続（217 条）＊
		公益訴訟制度の新設（55 条）＊
		訴訟外第三者の被害救済手続を新設（56 条 3 項）＊
		訴訟代理人の範囲（58 条 2 項）
		保全制度の改善（100 条）＊
		裁判文書公開と改善（156 条，152 条 1 項，154 条 3 項）＊
		第二審審理手続の改善（169, 170 条）
	当事者の証拠提出制度を改善	証拠の種類（63 条）＊
		当事者に積極的な証拠提出を促す規定（65 条）＊
		当事者提出証拠の受領手続を明確化（66 条）
		証人の出廷・証言を促す規定（72〜74 条）
		当事者に鑑定手続開始申立権を付与（76〜78 条）
		専門家補助人制度の追加（79 条）
		訴訟提起前の証拠保全制度を新設（81 条 2 項）＊
	調停と訴訟の相互連携を改善	調停先行規定を新設（122 条）
		調停合意司法確認制度の新設（194, 195 条）
	簡易手続の改善	簡易手続の適用範囲拡大（157 条 2 項）＊
		審理手続の更なる簡易化（159 条）
		少額訴訟制度の新設（162 条）＊
		手続転換規定の追加（163 条）
再審難（申訴難，再審乱）対策 〜「終審不終」，悪意（虚偽）訴訟・調停	民事手続に対する法律監督の強化	監督方式の追加（14, 208 条）
		監督範囲の拡大（208, 235 条）
		監督手段の強化（210 条）
	裁判監督手続の改善	再審審級規定の改善（199 条）
		再審申立期限に関する規定の改善（205 条）
		再審検察建議・抗訴申立手続の改善（209 条）
		再審事件執行停止手続の改善（206 条）
執行難（執行乱）対策 〜「老頼」等の執行妨害・違法執行	執行手続の改善	執行和解（230 条 2 項）＊
		執行措置の強化（240 条）
		悪意訴訟，執行免脱行為に対する制裁（112, 113 条）
		執行拒否に対する制裁強化（115 条 1 項）＊
		封印・差押えされた財産の換価手続を整備（247 条）
		仲裁判断取消と仲裁判断の承認・執行に対する審査条件（237 条 2 項 4, 5 号）＊

3）法工委民法室による新民訴法の条文解説[12]はもとより，同室作成の報告書・起草研究資料をまとめた『民事訴訟法立法背景与観点全集』[13]においても実際に訪日研修等で検討した論点及び日本法関連制度が紹介されており，これらを対照すると本事業で提供した日本法の知見が随所に活用されたことがわかる[14]。

3 小括

本改正による主な制度を，上記問題点との対応で整理すると表1のようになる（＊印は前項記載の対照等から日本の影響が認められるもの）。

二　個別的検討・公益訴訟を題材として

中国の公益訴訟は1990年代から始まり[15]，特に環境汚染対策での規範性文書や環境保護法廷が地方で設けられ，これらの試行実務［試点工作］を踏まえて2012年8月民訴法改正で公益訴訟制度を創設し，さらに2013年10月消費者権益保護法（以下，消保法と略称する），2014年4月環境保護法（以下，環保法と略称する）改正で具体化されている。

以下，新民訴法による公益訴訟の基本的枠組み及び関連二法による具体化につき法工委による説明を中心に紹介し，日本の関連制度と対比してその特徴を指摘する。

1 新民訴法による公益訴訟創設

民訴法55条「環境汚染，多数消費者の合法的権益侵害等の社会公共利益を害

---

12) 全人代法工委編・前掲注3）の他に『中華人民共和国民事訴訟法条文説明立法理由及相関規定〔2012年修訂版〕』（北京大学出版社・2012年），『《中華人民共和国民事訴訟法》解釈与適用』（人民法院出版社・2012年）および『中華人民共和国民事訴訟法解読〔2012年最新修訂版〕』（中国法制出版社・2012年）がある。

13) 全人代常務委会法制工作委員会会法室編『民事訴訟法立法背景与観点全集』（法制出版社・2012年）。

14) 訪日研修等の実施状況・テーマ及び新法への影響分析につき，白出博之「中国民事訴訟法の改正条文等について（3・完）」ICD NWES 56号（2013年）39〜41頁参照。

15) 1997年の河南省方南県検察院による国有財産低廉譲渡に関する公益訴訟を嚆矢とし，2000年公布の最高人民検察院「検察の職能強化，法による国有資産の保護に関する通知」に基づき，各地の検察機関が国有資産流失，環境汚染，独占・不当競争行為の制止，消費者権益保護等の公益訴訟に取り組み，2012年までの提訴数は143件である（法工委民法室編・前掲注13）293頁参照）。

する行為に対して，法律が規定する機関及び関係組織は，人民法院に訴訟を提起することができる。」

(1) 制度創設の提案と制度設計

1) 中国では経済社会の急速な発展・変化に伴い深刻な国家・社会公共利益の侵害行為が現れており，これに対処すべく公益訴訟制度を構築すべきかについては，社会が注目し，多くの全人代代表や関係分野から様々な提案がなされた[16]。

多数意見は同制度創設に対して積極的であり，その意義・必要性[17]として，①公益保護に制度的な保障を提供し，公益侵害への有効な防止・抑制となり，経済社会の健全な持続的発展を促進すること，②公益を保護する憲法・物権法等の実体法規定の実施徹底と民事訴訟手続との連携，③科学的発展観要求の実施徹底，④社会監督の刷新及び社会進歩の促進，⑤行政監督管理の限界の補充[18]を指摘する。

2) 法工委は，公益訴訟制度構築の指導思想・方針として，消極意見指摘のリスク，すなわち当事者の濫訴，行政職責との抵触，司法への悪影響等を抑制する観点から次の点をあげる[19]。

a) 国情に立脚した中国の特色ある公益訴訟制度の構築。その考慮点は，①案多人少・司法資源不足の現状に配慮しつつ公益保護目的を達成するため，提訴主体に制限を設けて公益関連問題の全てが訴訟に持ち込まれるのを避ける。②現行社会管理体制では，公益侵害につき行政機関主導での紛争処理（侵害者に行政処罰・行政強制を実施し，賠償案提案又は賠償基金を設立し，直ちに被害者に賠償する等）が一般に行われ，司法救済に比べて簡便，迅速，低コストで社会の安定

---

16) 民事主体による公益侵害を対象とする民事公益訴訟と，行政機関の違法行為又は法定職責不履行による公益侵害を対象とする行政公益訴訟が各界から提案されており，民訴法，関連二法とも主に前者を念頭に「公益訴訟」を論じているが，行政公益訴訟の場面を排除していない（他方，2014年11月の改正行政訴訟法に行政公益訴訟は置かれていない）。

17) 全人代法工委編・前掲注3) 103～106頁参照。

18) 実務上顕著な「違法コスト安，違法コスト高（法規制を遵守するより行政罰を払って違法操業を続ける方がコスト安）」現象から，行政の主要手段たる行政罰等では違法行為を抑止できず，公益損害の填補に不十分なこと，地方保護主義等の制約を受けた行政機関が公益侵害に対して力を発揮できず，又は権限行使に消極的・不作為である状況への対応である（法工委民法室編・前掲注13) 298頁参照）。

19) 全人代法工委編・前掲注3) 109～112頁参照。

にも資するが，この行政主導型モデルとの調和・補充を図る。

b）現行訴訟手続と結合した新しい訴訟制度の創設。伝統的民訴法理論による直接的利害関係原則（民訴法119条1号）[20]は如何なる民事権益にもその積極的防衛者が存在し，一旦それが害されれば権利者は必ず法院に救済を求めるとの仮説を基礎に構築されているが，これを被害者の不特定性を特徴とする公益侵害事件に厳格に適用すれば，直接的利害関係者が現れないか，その不知，不能，勇気がない等により提訴せず，結局誰も提訴しない結果となる。これは公益保護に不利であり，提訴主体に直接的利害関係を要求しない公益訴訟を，現行訴訟手続の補完として構築する必要がある。

c）公益訴訟に伴うリスクを抑制する合理的ルールの設計。公益訴訟事件は，常に事件の背後に潜む公共政策調整・現行法改正等の社会性問題と密接に関連し，保護対象たる「公共利益」の解釈等，法院に広範な裁量権を与える結果となる[21]。そこで法官の裁量権濫用を防止し，司法制度に及ぼす消極的影響を抑制する合理的な公益訴訟ルールを設計し，適用範囲・提訴主体を適切に制限する。

このような制度構築方針に基づき，新法は第5章「訴訟参加人」第1節「当事者」の特則として公益訴訟の基本的枠組みを1条定めたものである（55条）。

(2) 制度趣旨・目的と適用範囲

1）公益訴訟概念自体について理解が分かれる。すなわち，A）公益保護目的で提起された訴訟は全て公益訴訟であり，公益侵害と直接的利害関係のある原告が提起した訴訟も含むとして公益訴訟概念を広義に捉えるか[22]，B）そのような原告が提起する訴訟は通常民事訴訟であるから公益訴訟には含まず，事件と直接

---

20) 提訴要件に関する民訴法119条（旧法108条）1号は「原告は，当該事件と直接的利害関係を有する公民，法人その他組織であること」を必須とし，その趣旨は①原告の訴権濫用防止と被告保護，②事件と無関係な者を訴外に排除し司法資源を節約する点にある（全人代法工委編・前掲注3）111頁）。法工委は，現行民訴法における同要件の機能を重視する立場から，同要件を不要とする公益訴訟の適用場面を極力限定し，本文のように公益訴訟の補充性・謙抑性を強調する。

21) 法工委民法室編・前掲注13）295～296頁参照。

22) 影響性訴訟（個別事件の価値が該事件の当事者の請求内容を超え，同類の事件，立法，司法，公共管理制度の改善，人々の法意識変転に大きなインパクトを与えた訴訟・呉革律師）につき高見澤磨・鈴木賢『中国にとって法とは何か』（岩波書店・2010年）131～137頁参照。

的利害関係のない民事主体が公益保護のために提起する訴訟だけを公益訴訟と狭義に捉えるかである。

上述の制度構築方針を踏まえ、法工委は狭義説を前提として通常の民事訴訟と峻別し、次の特徴を指摘する[23]。すなわち、①公益訴訟の目的は公共利益の保護にあり、民事主体間の紛争解決と個体利益保護を直接目的とする通常民事訴訟とは目的を異にする。②保護対象たる公共利益は、私益の集合体であり私益と関連するが、私益そのものとは異なり、抽象性・マクロ性の特徴がある（集合的・拡散的利益）。③公益訴訟原告は事件との法律上の直接的利害関係を要しない。④公益損害は一般に広範性、深刻性、長期性があり、一部損害は不可視で数年か数十年後に現れ、一旦生じれば回復困難か不可逆的であり人類は高い代償を払う。

2) 公益訴訟の適用範囲・客体につき、保護対象たる「公共利益」は弾力性が大きく変化発展を伴う不確定概念であり、国家の歴史的発展段階により理解も異なるため、およそ公共利益に関連すれば適用対象とする無制限説と、逆に濫訴や法官の裁量権濫用を警戒する制限説が対立する。検討の結果、同制度が初歩的段階にあることに鑑み、適用範囲を広げ過ぎてはならないとされ、公益侵害が深刻で公益訴訟への要求が切迫し、理論界・実務界の認識が一致する「環境汚染、多数消費者の合法的権益侵害」が突破口とされた。

さらに時機・情勢及び実務発展に基づき適用範囲を拡大する趣旨で「等の社会公共利益を害する行為」と定められた[24]。

(3) 提訴主体（原告適格）

公益保護が社会共同の職責である以上、公益訴訟の提訴主体も多元化すべきと

---

23) 全人代法工委編・前掲注3) 101～102頁。公益訴訟と通常民事訴訟を峻別する法工委は、公益訴訟主体は原則として公益侵害に関して訴求できるだけであり、具体的被害者に代わって個別損害の賠償を請求できないことから、具体的被害者の賠償請求は自ら提訴又は代表者訴訟によるとし、個別損害賠償請求との交錯や取得賠償金等の帰属・分配調整等の難題を回避する。さらに公益関連ケースを分類して公益訴訟と代表者訴訟（民訴法53,54条）の適用範囲を画す。すなわち、1) 被害者多数だが範囲は特定している場合（性質上社会公共利益に属さず代表者訴訟）、2) 被害者の範囲が不特定な場合（公益訴訟）、3) 不特定者の利益を害し、多数の具体的被害者も存在する場合（不特定者の利益部分は公益訴訟、具体的被害者の損害は代表者訴訟）である（法工委民法室編・前掲注13) 300頁参照)。

24) 全人代法工委編・前掲注3) 114～115頁参照。

されたが，起草研究当初の法工委は，行政機関を最適とし，検察機関・社会団体には制限的，公民個人には否定的見解であった[25]。その後改正第一次草案は提訴主体を「関係機関及び社会団体」，第二次草案は「法律が規定する機関及び関係社会団体」に制限したが，最終的に「法律が規定する機関及び関係組織」に拡大し決定された。これは現行社会管理体制との調和及び濫訴リスク抑制の観点から，公益訴訟を適切に展開し秩序よく推進するため提訴主体を広げ過ぎてはならないことを理由とするものである。

1) 行政主管部門等の関係機関は，公益の主たる擁護者・公共事務管理者として，公益訴訟の提訴主体に適しており，法に基づく積極的行政を促すと共に，訴訟救済方式を利用して行政手段の不足を補える。また，公益訴訟提起機関は原則として被侵害公益との関連性が必要だが，中国には機関が多いことを考慮し，混乱を避けるため提訴主体としての明確な法的根拠を要求して「法律が規定する機関」と規定した[26][27]。

2)「関係組織」にも「法律が規定する」がかかり[28]，提訴事項との関連性も必要である。第一次・第二次草案の「社会団体」につき見解が分かれたが，社会団体は，非営利社会組織の一類型にすぎない（2011年末の民政部門登記済み社会組織[29]は計46.2万，うち25.5万が社会団体，民間非企業単位20.4万，基金会2,614）。社会組織の有する資源は充実し，経験豊富で影響力も強く，公益訴訟関与のメリットは大きいが，上述の制度構築方針を踏まえ，国が法により登記し，かつ一定分野の社会公益専門的保護につき法定許可を得ている社会公益組織に限定することで，現存する社会資源を十分活用して公益を保護し，同時にこれら社会組織に関するスクリーニング等[30]を通じて濫訴等を有効に抑制できることが

---

25) 法工委民法室編・前掲注13) 299～300頁。
26) 全人代法工委編・前掲注3) 112～114頁。海洋環境保護法90条2項「海洋環境管理監督権を行使する部門」は，民訴法55条の「法律が規定する機関」として明確な根拠を得たことになる。
27) 起草研究当初に法工委は，検察機関は憲法上の法律監督機関として主に国家機関と関係単位及び職員への法執行，法律遵守を監督する方法（訴え提起の督促・支持，刑事附帯民事訴訟）により公益を保護するため原則として直接の公益訴訟提起は不適当であり，特別の原因で公益代表機関がないか，その不作為状況下に限り提訴可能としていたが，継続課題とされた（全人代法工委編・前掲注3) 113頁参照）。
28) 2012年8月31日民訴法改正記者会見での王胜明副主任解説。孙佑海主編『环境司法・理論与实务研究』（人民法院出版社・2014年）57～58頁参照。
29) 法工委民法室編・前掲注13) 327頁参照。

「関係組織」採用の根拠である[31]。

3) いかなる機関・関係組織が本条に該当するかを新法は明記していないが，法工委は①関連法を制定改正する際更に明確に規定でき，②関連法に規定されるまで関係組織が提訴できないものではなく，司法実務の模索による確定も可能として「基本法＋単行法」制度モデルを採用する[32]。

(4) 訴訟手続の特則等

公益訴訟の公益性と実効性を確保すべく，具体的手続，判決の効力，訴訟費用等の特則の提案や，請求内容（被告の責任負担方式）に関する議論[33]も存在したが，新民訴法では規定していない。同制度が依然スタート段階にあり，関連制度構築につき実務経験の探求・検証を行う必要があるため，一定期間の実務を経た後に総括し整備を図る方針による[34]。

---

30) 社会組織は，法律上登記が免除される場合を除き，その全てが各級民政部門による統一的登記を要求され，登記管理機関と業務主管単位の共同管理に置かれる（法工委民法室編・前掲注13）328頁参照）。

社会団体の設立では業務主管単位の審査同意及び条例に従った登記が要求され（社会団体登記管理条例3条），①民政部門による管理：設立・変更・抹消の登記，年度検査実施，管理条例違反行為の監督検査と行政処罰（27条）と，②業務主管部門による管理：設立・変更・抹消の登記前審査，法律法規・国家政策等遵守に対する監督指導，年度検査，登記機関等と協力した違法行為調査処分，清算事務（28条）の二重管理である。

設立要件は，①個人会員50人以上又は単位会員30人以上，個人・単位会員混成では会員総数50人以上，②規範に適合した名称と相応の組織機構，③固定住所，④業務活動に相応しい専門職員，⑤適法な資産と経費の出所：全国性社会団体は10万元以上，地方性・行政区を跨ぐ社会団体は3万元以上の活動資金，⑥独立の民事責任負担能力である（9条）。民間非企業単位，基金会にも同様の管理条例がある。

31) 法工委民法室編・前掲注13）299～300頁参照。

32) 前掲注28）王解説。「基本法＋単行法」制度モデルは，民訴法55条で基本的枠組みを定め，未解決課題は単行法で規定し，民訴法基本理論を根拠に，関連立法の背景，司法実務状況等の要素を結合して不断の発展・改善を目指すものである（孫主編・前掲注28）58頁）。

33) 公益訴訟の請求内容について権利侵害責任法15条を基礎に解釈論が展開されているが，公益損害賠償請求の可否は見解が分かれる（法工委民法室編・前掲注13）297頁，孫主編・前掲注28）73頁）。X）積極説は，損害賠償請求が公益保護に効果的であり，海洋環境保護法90条2項や刑事附帯民事訴訟（刑訴法99条2項）が損害賠償請求を認めること，環境公益訴訟試行実務における例，2000年以降現れた損害賠償型立法例を指摘する。

他方，Y）消極説は，侵害行為停止，妨害排除，危険除去，原状回復，欠陥製品リコー

2 関連法による公益訴訟の具体化

(1) 制度目的と適用範囲

1) 消費公益訴訟

消保法 47 条「多数消費者の合法的権益を侵害する行為に対して，中国消費者協会及び省，自治区，直轄市に設立された消費者協会は，人民法院に訴訟を提起することができる。」

消費公益訴訟は，不特定かつ多数の消費者の合法的権益を侵害する行為に対して，直接的利害関係のない主体が，消費者の合法的権益を保護するために提起する訴訟である[35]。2013 年 10 月改正の消保法は，消費者権益保護における消費者協会の役割を更に発揮させる観点から，その「公益的職責」に「消費者の合法的権益を害する行為に対し……本法に依り訴訟を提起する」を明記し（37 条 7 号），第 6 章「紛争の解決」に本条を追加する。

公益訴訟が公共利益保護を目的とし被害者の不特定性を特徴とすることから，法工委は本条の「多数消費者」の文言にも拘わらず，上記のように「不特定かつ多数の消費者」と解している[36]。

ル，不当契約条項の無効確認・取消請求等は訴求可能だが，法律規定がある場合を除き，公益損害の賠償請求を認めない。①公益侵害事件には公益損害と特定民事主体の損害が併存する場合があり，公益訴訟に損害賠償を含めると個別主体の損害賠償請求との手続関係処理，取得賠償金の帰属・分配調整等の難題を生じる，②上記の不作為・予防請求に比べて損害賠償請求は内容が複雑であり，③被告に重大な影響を与えること，④伝統的な大陸法系の不作為・予防請求モデルが根拠である。法工委は民訴法・消保法における公益損害賠償の可否を明言しないが，上記①の難題を重視する（前掲注 23），なお環保法につき後掲注 62）参照）。

34) 全人代法工委編・前掲注 3) 115 頁参照。

35) 消保法 47 条につき，全人代常務委会法制工作委員会編・李适时主編『中華人民共和国消費者权益保护法释义』（法律出版社・2013 年）213 頁以下，及び審議資料集である全人代常務委会法制工作委員会民法室編『消費者权益保护法立法背景与观点全集』（法制出版社・2013 年）280 頁以下参照。

36) 最高人民法院民訴法司法解釈起草では，被害消費者が多数の場合，公益訴訟により侵害行為を停止することが訴訟効率を高め司法コスト節約に繋がることに着目して消費者の不特定性を不問とし，被害消費者 10 名以上で「多数消費者」と扱うとされていた（沈德咏主編『最高人民法院民事訴訟法司法解釈理解与適用（下）』（人民法院出版社・2015 年）754 頁）。消保法 47 条の文言に合致し，公益訴訟の機能発揮の観点からは合理的だが，保護対象たる消費公共利益の認定基準問題は残されており，後述の消費解釈 2 条では不特定多数の消費者の合法的権益侵害であることが明確に要求されている。

制度目的たる「不特定かつ多数の消費者の合法的権益保護」から性質上想定される具体的適用範囲は，①不公平・不合理な格式条款使用（26条），②虚偽広告その他虚偽宣伝（45条），③多数消費者に対する不法行為（食品・製品安全事故），④独占・競争制限，不正競争，違法価格等である[37]。

2）環境公益訴訟[38]

環保法58条「環境を汚染し，生態系を破壊し，社会公共利益を害する行為に対して，下記条件に適合する社会組織は，人民法院に訴訟を提起することができる。

（一） 法により区を設けている市級以上の人民政府民政部門に登録していること

（二） 環境保護公益活動に連続5年以上専門的に従事し，かつ違法記録がないこと

2　前項規定に適合する社会組織が人民法院に訴訟を提起する場合，人民法院は法によりそれを受理しなければならない。

3　訴訟を提起した社会組織は，訴訟を通じて経済的利益を貪ってはならない。」

環境公益訴訟は，環境を汚染し，生態系を破壊し，社会公共利益を害する行為に対して，直接的利害関係のない主体が，環境公益損害を予防・修復するために提起する訴訟である[39]。2014年4月改正の環保法は，環境保護における公衆参加原則（5条）を具体化する第5章「情報公開及び公衆参加」にこれを位置づけている。

本条は，民訴法より適用範囲を拡大し，生態系破壊を追加する。環境汚染と生態系破壊は概念上区別可能だが，実際には重複して截然と区分できず，相互に因果性を有して相互に転化し，両者相まって環境公益損害を生じさせること[40]，環保法立法目的に法改正で追加された「生態文明建設の推進」が背景にある（1条，64条参照）。

また，環境公益侵害行為が地方政府又はその関連部門による場合も提訴可能と

---

37)　法工委編・李主編・前掲注35) 216頁参照。

38)　環保法58条につき，全人代常務委員会法制工作委員会編・信春鷹主『中華人民共和国环境保护法释义』（法律出版社・2014年）198頁以下参照。

39)　最高人民法院环境资源审判庭編・奚晓明主編・杜万华副主編『中華人民共和国环境保护法条文理解与适用』（人民法院出版社・2014年）304頁参照。

40)　奚主編・前掲注39) 304頁参照。

表 2 比較検討①

適用法		制度目的	適用範囲
中国	民訴法 55条	社会公共利益の保護	環境汚染，多数消費者の合法的権益の侵害等の社会公共利益を害する行為に対して
	消保法 47条	不特定かつ多数の消費者の合法的権益保護	多数消費者の合法的権益を侵害する行為に対して（＋消費解釈2条：消費領域の公益侵害類型を具体化）
	環保法 58条	環境汚染・生態系破壊による環境公益損害の予防・修復	環境を汚染し，生態系を破壊し，社会公共利益を害する行為に対して（＋環境解釈1条：社会公共利益に重大なリスクがある場合）
日本	消契法	不特定かつ多数の消費者被害の未然防止・拡大防止	消契法上の不当勧誘行為（4条1～3項），不当条項使用（8～10条），景品表示法・食品表示法上の不当表示，特定商取引法上の不当行為が，不特定かつ多数の消費者に対するもので，不当行為を現に行い又は行うおそれがあるとき（12条1～4項）
	消特法	消費者の財産的被害の集団的回復	消費者契約上の債務の履行請求（3条1項1号），不当利得返還請求（同2号），債務不履行（同3号）・瑕疵担保（同4号）・一般不法行為（同5号）による損害賠償請求

解されており[41]，本条は行政公益訴訟をも含んでいる。

3）日中制度の比較

a）制度目的　日本の消費者団体訴訟（消費者契約法（以下，消契法と略称する）第3章）は，不特定かつ多数の消費者被害の未然防止又は拡大防止を目的とし，法定の不当行為等を現に行い又は行うおそれがある場合を適用範囲とする（表2参照）。これは社会公共利益を害する行為に対して公益保護目的での提訴を認める中国の公益訴訟とほぼ一致する[42]。

---

41) 法工委編・信主編，前掲注38）206頁。環保法58条が「人民法院に対して訴訟を提起することができる」として民事訴訟提起に限定していないこと，開発許可に対する行政不服申立てをし，環境行政機関の原決定維持に対して環境行政公益訴訟を提起する場面が多いことも指摘されている（汪勁『环境法学〔第3版〕』（北京大学出版社・2014年）333～334頁）。

42) 環境保護における予防メイン原則（環保法5条）を貫徹すべく，環境公益訴訟は未然防止を含むと解されており，後述する最高人民法院の環境解釈1条も「社会公共利益を害する重大なリスクがある環境汚染や生態系破壊行為」を明記する。また消費解釈2条では消費領域での公益侵害類型を具体化し，不特定多数の消費者の身体・財産の安全の危険がある場合を明記する。

表3 比較検討②

適用法			提訴主体			行為規範
中国	民訴法55条	法律が規定する機関	（法律が規定する）関係組織	＊さらに社会団体登記管理条例，民間非企業単位登記管理暫行条例，基金会管理条例による規制あり〔民政部門・業務主管部門〕	—	—
	消保法47条	—	中国消費者協会及び省，自治区，直轄市に設立された消費者協会	＊＊さらに社会団体登記管理条例による規制あり〔民政部門・工商管理部門〕	（＋消費解釈1条2項：法律または全人代の授権を受けた機関・社会組織）	—
	環保法58条	〔海洋環境保護法90条2項〕	左記の条件に適合する社会組織	（一）法により区を設けている市級以上の人民政府民政部門に登録していること〔＊と同じ規制，民政部門・環境保護部門〕（＋環境解釈2, 3条）	（二）環境保護公益活動に連続5年以上専門的に従事し，かつ違法記録がないこと（＋環境解釈4, 5条）	訴訟を提起した社会組織は訴訟を通じて経済的利益を貪ってはならない（3項）
日本	消契法	—	内閣総理大臣の認定を受けた適格消費者団体（2条6項，13条）	認定要件（13条3項1号）	認定要件（13条3項2号），欠格事由（13条5項）	行為義務（23〜29条），財産上の利益受領禁止（28条），監督規定（30〜35条），罰則（49〜53条）
	消特法	—	内閣総理大臣の認定を受けた特定適格消費者団体（2条10号，65条）	認定要件（65条1項）	認定要件（65条4項1号），欠格事由（65条6項）	行為義務（75〜84条），監督規定（85〜88条），財産上の利益受領禁止（83条），罰則（93〜99条）

b）要件構造　日本の消費者団体訴訟は，提訴主体たる適格消費者団体及び対象たる法定の不当行為等を明確に規定することで，また「消費者の財産的被害の集団的な回復のための民事の裁判手続の特例に関する法律」（以下，消特法と略称する）の被害回復手続も，より厳格な要件を具えた特定適格消費者団体を主体とし，対象を一定の金銭請求に限定することで適用範囲を明確化し，濫訴・社会的悪影響の防止を図る点において（表2，3対照），提訴主体・適用範囲の限定によりリスク抑制を図る公益訴訟と類似構造をもつ。

c）適用範囲　日本の消費者団体訴訟・被害回復手続ともに，適用要件を詳細に規定し，適用範囲を相当限定しているのに対し（表2参照），中国の消費公

益訴訟の「(不特定かつ) 多数消費者の合法的権益を侵害する行為」，環境公益訴訟の「環境を汚染し，生態系を破壊し，社会公共利益を害する行為」ともに適用範囲は相当広くみえるが，実際はこれら抽象的要件に内在する「公共利益」の解釈が影響し (民訴解釈284条3号も社会公共利益が損害を受けたことの初歩的証拠を要求する)，要件該当性が左右される[43]。

d) 個別被害の回復　日本の被害回復手続は，個別消費者の財産的被害の集団的回復を最終目的とする点で，公益保護を目的とする中国の公益訴訟と本質的に異なる。

この点，中国の環保法改正では，環境保護組織は不特定被害者を代表した損害賠償請求が可能であり，取得賠償金により賠償基金を設立し，被害者申請により実損害を踏まえて当該賠償基金から一定比率を被害者に支払い，これにより被害者の別訴提起負担も法院の負担も軽減できるとの提案もあった。しかし，被害者に手続参加を強制し，個別提訴を許さないのであれば訴権侵害・処分権主義違反，被害者からの明確な授権を欠く点で訴訟代理の一般原則違反であり，公益保護を目的とした公益訴訟に合致しない等の理論的欠陥が指摘されて採用には至らなかった[44]。

(2) 提訴主体 (原告適格) と行為規範等

1) 消費公益訴訟

消保法47条は「中国消費者協会及び省，自治区，直轄市に設立された消費者協会」を提訴主体とする。消費公益訴訟構築にあたり，社会の力を動員して消費者権益保護活動に関与させ，かつ現在の国情に基づき[45]，初歩的段階にある同制

---

43) 新法施行後，全国初の消費公益訴訟として浙江省消費者権益保護委員会が上海鉄道局に対し「実名購入した乗車券を乗車後に紛失した場合における再購入強制」の即時停止を求めた事件につき，2015年1月30日上海鉄道運輸法院は「相応する提訴要件資料の提供がなく，公益訴訟の提訴要件を満たさない」として不受理決定を下し(法制日報2015年2月14日)，消保法47条の要件該当性判断の難しさを示している。

44) 法工委編・信主編・前掲注38) 204～205頁参照。

45) 中国の消費者保護組織としては主に消費者協会であり (このほか中国消費者保護基金もあるが苦情受理業務停止中)，民間設立による消費者保護組織は未だ存在しない (民政部の認識による。法工委民法室編・前掲注35) 264頁)。さらに消費公益関連では殆どが事件と直接的利害関係を有する原告による提訴であり (法工委編・李主編・前掲注35) 214頁)，純然たる消費公益訴訟の実務経験等の蓄積がないことも制度設計に影響している。

度を適切に展開し秩序よく推進するため，提訴主体たる「関係組織」を一定範囲に限定したものである[46]。

消費者協会は「法により設立された，商品・サービスに対して社会監督を行い，消費者の合法的権益保護を行う社会組織」である（36条）。その特徴は，①消費者権益保護を目的として政府が設立した組織であり，政府指導の下，社会的弱者たる消費者の保護強化を任務とし，②活動対象は全国の一般消費者であり，③消保法その他関連法規定の「公益的職責」を担い，④会員制ではなく，会費を徴収せず，経費は主に政府援助による点である。

2013年時点で県級以上の消費者協会は計3,280存在し，内訳は中国消費者協会以外に省級31，地級405，県級2,843であるが[47]，提訴主体を省級以上の消費者協会に限定した理由は，①濫訴の防止，②中国の消費者団体の実情に合致し（公益訴訟は提訴主体の専門能力・活動実績・財力等に対する要求が高いが，中国消費者協会及び省級以上の消費者協会はこれを具えるも，その他の協会は人員・経費不足等から関連職責を担うのは困難），③不適格主体排除による公益訴訟の操作性を保障し，④現行の行政主導型モデル・司法制度との調和を図る点にある[48]。

2）環境公益訴訟

環境公益訴訟の試行実務における原告は，主に検察機関と環境保護主管部門であり，環境保護組織による提訴は少なかったが[49]，環保法は一定条件を具える環

---

[46] 法工委編・李主編・前掲注35）219頁参照。
[47] 法工委編・李主編・前掲注35）163〜165頁参照。
[48] 法工委編・李主編・前掲注35）219〜221頁参照。
[49] 中华环境保护联合会「环保民间组织在环境公益诉讼中的角色和作用」研究によれば，環境公益訴訟は2013年までに50件程しかなく，大部分は検察機関・行政機関（特に環境保護部門）が原告であり，環境保護団体の提訴は少なく実質的には4団体であった（人民日報2015年1月17日）。

2014年7月時点で全国20の省（市・自治区）に環境資源裁判廷，合議廷，巡回法廷が計150カ所設置されている（基層法院105，中級法院35，高級法院9）。他方，環境保護主管部門が処理する環境汚染に関する苦情・陳情・行政処罰等は2012年117万件，2013年121万件強と増加しているが，大部分は訴訟手続に至っていない。新民訴法施行後の2013年の環境事件結審件数は4,093件だが，同年に立案・結審された環境公益訴訟は殆どなく，2014年は若干数の審理にとどまる。かかる環境資源裁判廷の「法廷は多いが事件は少ない」「鍋を下げて米を待つ（受動的な仕事待ち）」現象は，具体的手続規定の不備以外に，環境訴訟に対する地方の干渉が深刻であり，法院自身の担当者意識に欠けた不作為も原因と指摘される（孫佑海，法制日報2014年9月17日）。環境公益訴訟における深

境保護組織を提訴主体とした。

　この点，民訴法改正決定前の環保法第一次草案には公益訴訟規定がなく，第二次草案の「中華環境保護連合会及び省・自治区・直轄市に設立された環境保護連合会」は，主体の限定が大きな議論を呼んだ[50]。第三次草案は提訴主体を拡大し，訴訟追行能力に着目して「法により国務院民政部門において登記し，環境保護に関する公益活動に連続5年以上専門的に従事し，かつ信用良好な全国規模の社会組織」としたが，「国務院民政部門登記，全国規模」はハードルが高すぎて環境保護社会組織の積極性を害し環境保護事業の発展にも不利であり，「信用良好」も不明確と批判された[51]。

　こうして新58条は，提訴主体を「法により区を設けている市級以上の人民政府民政部門に登記している」社会公益性組織に拡大することで，公益訴訟に対する社会の期待と合法性要求に応え（同条1項1号・社会団体登記管理条例等の規制も及ぶ），かつ「環境保護公益活動への連続5年以上の専門的従事」による体制・能力等[52]と「違法記録のないこと」[53]（同2号），さらに「訴訟を通じて経済的暴利を貪ってはならない」との行為規範（同条3項）を明記し濫訴・弊害の防止を図っている。

　なお，民訴法55条の「法律が規定する機関」をうけ環境保護主管部門・検察機関を提訴主体に加えることも検討されたが，いずれも採用されなかった[54]。

　　刻な立案難克服の観点から環保法58条の要件が検討された背景事情である（孫主編・前掲注28) 59頁参照）。
50）　中華環境保護連合会は2005年設立の全国規模社会組織で環境保護部主管の行政色が強いため，かかる官営環境保護団体による公益訴訟は多くが提訴前に被告と合意ができている演技型法廷審理であり，その成功例を他の社会組織が活用するのは難しいとの指摘や，会費制等から公益訴訟における利益相反の可能性も指摘され（財経2013年7月15日96〜97頁），同時期に検討された消費公益訴訟とは異なる審議経過を辿った。
51）　奚主編・前掲注39) 307〜310頁参照。
52）　具体的には①当該組織の目的と業務範囲が環境公益保護を含むこと，②同組織が提訴前5年内に環境保護公益活動に実際に従事していることが必要である。民訴法55条同様に提起事件の環境公共利益と当該社会組織の目的・業務範囲との関連性も要求される（奚主編・前掲注39) 309〜310頁参照）。
53）　歴史に汚点のある社会組織の提訴した公益訴訟には，訴訟過程・結果に公衆が疑念を抱く可能性があり，違法記録のないことを要求する（奚主編・前掲注39) 309頁参照）。環境解釈5条では提訴前5年内の行政・刑事処罰に限定されている。
54）　まず行政機関につき，①行政強制法が環境汚染に代執行を認める以上，環境保護主管部門が公益訴訟により汚染者に汚染対策・原状回復費用を請求する必要なし，②環境保護主

3) 日中制度の比較

a) 適格要件　　日本の消費者団体訴訟は，不特定かつ多数の消費者の利益のために差止請求権を適切に行使するのに必要な適格性を有する法人たる消費者団体として，内閣総理大臣の認定を受けた適格消費者団体を提訴主体とする（消契法2条4項。特定適格消費者団体・消特法65条）。中国民訴法55条の「法律が規定する機関及び関係組織」も，提訴主体に相応しい合法性，体制・能力等の積極要求と，濫訴等防止等の消極要求との調和点を求めたものであり，適格消費者団体等の要件設定と軌を一にする。

b) 具体的要件　　中国環保法58条所定の要件は，社会組織に適用される管理条例等[55]を考慮すると，日本における適格消費者団体の認定要件[56]・欠格事由，義務・監督規定に一層近似する（表3参照）。環保法所定の「連続5年以上の専門的従事」は，実際の環境保護社会組織の体制・能力等が不ぞろいであるため，専門的活動期間の長さが体制・能力・経験等に反映することを前提にした要件だが[57]，消契法13条3項2号の「相当期間」の継続活動実績（原則2年以上，但し体制・専門知識等の充実度合いによる例外も可）よりも厳しく固定されている。

c) 法定の社会組織　　消保法47条は既存社会組織の有効活用を図っている。

管部門の公益訴訟提起は，その国家環境管理権・環境保護法定職責との間に矛盾を含む，③環境保護主管部門が国家を代表して汚染企業に損害賠償請求等を求めるのは事件と直接的利害関係ある通常民事訴訟とする消極意見が，次に検察機関につき前掲注27）の見解の他，環境公益訴訟の具体的手続，挙証責任分配，訴訟費用に関する難題が指摘された（法工委編・信主編，前掲注38）200〜201頁参照）。もっとも2015年7月に全人代常務委員会が「一部地域における公益訴訟試行業務実施について最高人民検察院に権限を付与することに関する決定」を採択し，生態環境・資源の保護，食品・医薬品の安全等の分野における検察機関による公益訴訟が試行中である。

55）　前掲注30）参照。
56）　適格消費者団体の認定要件は，①特定非営利活動法人又は公益法人（消契法13条3項1号），②不特定多数消費者の利益擁護のための活動を主目的（同2号），③相当期間の継続的活動実績（同2号），④組織体制・業務規定が適切に整備（同3，4号，同条4項），⑤消費生活及び法律の専門家を確保（同3，5号），⑥経理的基礎を有し（同6号），⑦差止請求関係業務以外の業務を行うことにより差止請求関係業務の適正な遂行に支障を及ぼすおそれがないこと（同7号）。欠格事由は消費者利益擁護に関する法律等に違反し罰金刑に処せられた等の日から3年未経過，認定の取消し等（同条5項）であり，現在14団体が認定されている。
57）　冥主編・前掲注39）309頁参照。

中国消費者協会等はその実質が「政府が設立・運営する非政府組織」[58]として行政機関との関係が深く（合法性），かつ消費者権益保護活動に長年従事する実績を勘案しつつも，省級以上の協会に限定し（体制・能力面），適格性を具えた主体を立法過程で選択したものである[59]。

d）認定制　日本の適格消費者団体には，内閣総理大臣による認定制が採用されている（消契法13条，なお消特法65条）。差止請求等の役割を担うに相応しい実質を具えるかについては個別団体毎の実質的判断が必要であり，主体を予め行政庁が認定することで，どの消費者団体が適格消費者団体であるかが消費者・事業者等双方に明確となり，制度の安定・信頼性に資すること[60]，諸外国法制との比較（イギリス，フランス，ドイツが行政審査制）等が理由である。

中国の環保法改正でも，台湾地区の民訴法を参考に，行政許可弁法により最高人民法院と民政部が環境公益訴訟原告の適格を事前認定する提案もあった。しかし，全国的に行政審査制度改革が推進されている中，行政許可を安易に新設すべきでないとして事前認定制は採用されず，個別事案毎に法院が原告の要件適合性を判断する[61]。

(3) 訴訟手続の特則等

1）日本の消費者団体訴訟・被害回復手続では，制度目的に沿った請求内容と手続特則が法律上詳細に規定されているが，中国の公益訴訟では「人民法院に訴訟を提起することができる」とのみ規定し，民訴法同様に関連二法も請求内容[62]・手続特則を規定していない（表4参照）。

---

58) 法工委民法室編・前掲注13) 300頁参照。
59) 消保法47条所定の省級以上の消費者協会合計32に対し，2015年1月現在各級民政部門に登記済みの環境保護社会組織は約7,000あり，環保法58条及び司法解釈に適合するものは合計700余に及ぶ（人民日報2015年1月17日）。かかる消保法と環保法の提訴主体の相違は，被害実態，関連社会組織の実情，試行実務状況の違いの他，環境公益訴訟を環境保護における「公衆参加」制度とする以上，行政色の強い主体には限定せず，社会組織の関与拡大を目指したものであろう。
60) 消費者庁企画課編『逐条解説消費者契約法〔第2版〕』（商事法務・2010年）277頁。
61) 法工委編・信主編・前掲注38）202～203頁参照。
62) 法工委行政法室は，環境公益訴訟における原状回復請求の作用を強調する一方で，「法理上損害賠償を訴求できるのは汚染行為により自らの財産に直接損害を受けたことが必要だが，環境保護組織の財産には直接損害がなく，原則として損害賠償を訴求できない」とする（法工委編・信主編・前掲注38）204頁）。これに対しては環保法の汚染者負担原則

表 4　比較検討③

適用法		効果及び請求内容	手 続 規 定
中国	民訴法 55 条	人民法院に訴訟を提起することができる。	特段の規定なし（＋民訴解釈）
	消保法 47 条	人民法院に訴訟を提起することができる。	特段の規定なし（＋民訴解釈・消費解釈）
	環保法 58 条	人民法院に訴訟を提起することができる（1 項）及び受理強制（2 項）（＋環境解釈 18 条：侵害停止，妨害排除，危険除去，原状回復，損害賠償，謝罪）	特段の規定なし（＋民訴解釈・環境解釈）
日本	消契法	行為の停止，予防，停止又は予防に必要な措置（12 条 1，3 項），是正指示，教唆停止，必要な措置（12 条 2，4 項）	訴訟手続の特例：書面による事前請求（41 条），管轄（43 条），移送（44 条），弁論の併合（45 条），訴訟手続の中止（46 条），後訴の遮断（12 条の 2）
	消特法	共通義務確認訴訟による金銭支払義務の確認，簡易確定手続による対象債権の確定	訴訟手続の特例：管轄（6 条），移送・併合（6，7 条），個別訴訟の中止（62 条），確定判決効力の主観的範囲（9 条），和解（10 条）

2）法律レベルではないが，最高人民法院は，公益訴訟に共通する具体的訴訟手続につき 2015 年 1 月公布「『中華人民共和国民事訴訟法』適用に関する解釈」（民訴解釈 284〜291 条。本書巻末資料参照）を，環境公益訴訟特有の問題について 2014 年 12 月「環境民事公益訴訟事件を審理する際に適用する法律の若干の問題に関する解釈」（環境解釈）全 35 条を，さらに 2016 年 4 月「消費民事公益訴訟事件を審理する際に適用する法律の若干の問題に関する解釈」（消費解釈）全 19 条を定め，その公益性・実効性の確保が図られている（公益訴訟の特徴がより鮮明である環境解釈の手続規定につき表 5 を参照）。

　　及び環境公共利益保護に反する結果となり，むしろ公益訴訟原告を事件と直接的利害関係のない者とする以上，ポイントは損害賠償請求の制限ではなく，賠償金支払対象を合理的に確定しその使途を制御することにあるとして，試行実務における環境公益訴訟専用基金方式を踏まえた損害賠償等，生態環境損害の修復に重点を置く解釈が示されている（奚主編・前掲注 39）314 頁参照，環境解釈 18〜24 条）。

表 5　司法解釈による手続特則

	民　訴　解　釈	環境公益訴訟司法解釈
管轄	侵権行為地・被告住所地の中級人民法院（285 条 1 項）	原則：同左（6 条 1 項），例外：基層人民法院（6 条 2 項）・行政区を跨ぐ事件の集中管轄（7 条）
	海洋環境汚染事件の専属管轄（285 条 2 項）	―
	共同管轄と指定管轄（285 条 3 項）	同左（6 条 3 項）
法院の通知義務	受理後 10 日内に関連行政主管部門への書面通知（286 条）	同左（12 条）
提訴適格者の訴訟参加	受理後，開廷前迄に参加申請可（287 条）	公告後 30 日内の参加申請可（10 条 2 項）
処分権主義の制限	和解・調停内容の公告・法院の審査（289 条）	同左（25 条 1，2 項），調停書の法定記載事項と公開（25 条 3 項）
	弁論終結後の訴え取下げ禁止（290 条）	同左（27 条），但し環境保護部門職責履行により原告請求が全て実現した訴え取下げ（26 条）は除外
	―	原告の請求が社会公共利益保護に不足する場合の法院の積極的釈明（9 条）
弁論主義の制限	―	職権調査・証拠収集（14 条），社会公共利益を害する自白・証拠認可の拘束力否定（16 条）
裁判の効力	裁判が効力を生じた後に提起された同一侵権行為に関する公益訴訟は，原則不受理（291 条）	左の例外として①前訴却下，②前訴取下げ，③前訴審理時未発覚の損害の存在を証明する証拠があり，提訴適格者が提訴した場合は受理（28 条）
私益訴訟との関係	同一侵権行為の被害者による訴訟に影響なし（288 条）	同左（29 条），自己の損害を理由とする参加申請者に別訴提起を告知（10 条 3 項），前訴裁判の後訴当事者への片面的拡張適用（30 条），責任財産不足の場合は私益訴訟原告を優先（31 条）
訴訟費用	―	訴訟費用の納付猶予，敗訴原告の訴訟費用減免（33 条），敗訴原告が支出した必要費用に対する司法救助（24 条 2 項）

＊消費公益訴訟の対象が，基本的に消費者と事業者との間の消費者権益侵害に関する紛争であるという特色を反映し，消費解釈では以下の特則を定める。すなわち，消費民事公益訴訟の原告資格と適用範囲（1 条），消費領域における公共利益の類型化（2 条），中級法院以上が管轄（3 条），原告処分権の制限（反訴禁止・11 条，自白の制限・12 条），公益訴訟を私益訴訟に先行（10 条），請求権類型及び責任負担方式（13 条），裁判の効力と拡張（15 条，16 条）である。

結語に代えて

　上述したように公益訴訟に関する「基本法＋単行法」モデルは，民訴法の基本理論を根拠に，関連立法の背景，司法実務状況等の要素を結合して，不断の発展・改善を目指すものとされており，将来的には民訴法規定へのフィードバックが予定されている。

　そして公益訴訟に関連する上記各司法解釈のうち，民訴法理論との関係で重要なものとして以下の点を指摘したい。第一に環境公益被害が人為的な行政区域を超えて発生することを前提に，行政区域を跨ぐ事件の集中管轄の新設（環境解釈7条，地方保護主義による干渉等を排除する立案難対策でもある），第二に公益訴訟裁判が効力を発生した後，原則として同一侵害行為を原因とする後訴を認めず（民訴解釈291条，消費解釈15条），手続保障の観点から一定の例外を認めて後訴を許すが（環境解釈28条），いずれも公益訴訟の「裁判の効力」とされ，その拡張が判決効に限定されていないこと[63]，第三に公益訴訟裁判の認定事実につき，私益訴訟原告のため片面的拡張適用を認める点である（環境解釈30条，消費解釈16条）[64]。私益訴訟と峻別して制度設計された公益訴訟が，ここでは本来の公益保

---

63) 民訴解釈291条「公益訴訟事件の裁判が法的効力を生じた後，法により原告資格を具えるその他の機関と関連組織が同一の権利侵害行為に対して別の公益訴訟を提起した場合，人民法院は，不受理を裁定する。但し，法律，司法解釈に別段の定めがある場合を除く。」
　消費解釈15条「消費者民事公益訴訟事件の裁判が法的効力を生じた後，法に基づき原告資格を有するその他の機関又は社会組織が同一の権利侵害行為について別途消費者民事公益訴訟を提起した場合，人民法院はこれを受理しない。」
　環境解釈28条「環境民事公益訴訟事件の裁判が法的効力を生じた後，提訴権限を有するその他の機関と社会組織が同一の環境汚染，生態破壊行為について別の訴訟を提起し，下記の状況のいずれかに該当する場合，人民法院は，受理しなければならない。
　　（一）前の事件において原告の提起した訴えが却下された場合。
　　（二）前の事件において原告が申請した訴え取下げが許可された場合。但し，本解釈26条に規定する場合を除く。
　2　環境民事公益訴訟事件の裁判が法的効力を生じた後，前の事件の審理時に見つからなかった損害の存在を証明する証拠があり，提訴権限を有する機関と社会組織が別の訴訟を提起した場合，人民法院はこれを受理しなければならない。」
64) 環境解釈30条「既に効力を生じた環境民事公益訴訟の裁判が認定した事実につき，同一の環境汚染，生態破壊行為に対し，民事訴訟法119条の規定に基づいて訴訟提起した場合，原告，被告の何れも挙証・証明する必要はない。但し，原告が当該事実に異議があり，かつそれを覆すに足りる反対証拠を有する場合を除く。

護機能に限定されず，私益訴訟原告による公益訴訟裁判の援用と片面的拡張適用を通じて，現代型紛争における当事者の実質的公平実現に積極的に作用する点は重要であり，実務の蓄積とさらなる理論的発展が期待される。

2　効力を生じた環境民事公益訴訟の裁判における，被告に法律が規定する責任を負わない，又は責任を軽減される状況が存在するか否か，行為と損害との間に因果関係が存在するか否か，被告が負う責任の大小等の認定に対して，同一の環境汚染，生態破壊行為を理由として，民事訴訟法119条の規定に従って訴訟提起した原告がその適用を主張した場合，人民法院は支持しなければならない。但し，被告がそれを覆すに足りる反対証拠を有する場合を除く。被告が自己に有利な認定の直接適用を主張する場合，人民法院は支持せず，被告は依然として挙証・証明しなければならない。」

消費解釈16条「既に効力を生じた消費者民事公益訴訟の裁判が認定した事実につき，同一の権利侵害行為により損害を受けた消費者が民事訴訟法第119条の規定に基づいて訴訟提起した場合，原告，被告の何れも挙証・証明する必要はない。但し，当事者が当該事実に異議があり，かつそれを覆すに足りる反対証拠を有する場合を除く。

2　効力を生じた消費者民事公益訴訟の裁判が事業者の違法行為の存在を認定し，同一の権利侵害行為により損害を受けた消費者が民事訴訟法第119条の規定により提訴し，原告がその適用を主張する場合，人民法院はそれを支持することができる。但し，被告がそれを覆すに足りる反対証拠を有する場合を除く。被告が自己に有利な認定の直接適用を主張する場合は，人民法院はそれを支持せず，被告は依然として相応する挙証証明の責任を負わなければならない。」

司法アクセスの視点から見た中国の民事訴訟

韓　寧

はじめに

　中国において，司法体制確立の歩みは1978年から始まった。1978年の共産党第11期中央委員会第3回全体会議における「民主と法制」の方針の発表から，1997年の「法によって国を治める」理念の提出まで，中国はおよそ30年をかけて，社会主義の特色ある現代司法体系を全面的に確立させた。確かに，司法体系の確立が中国の経済改革及び社会の発展に有力な保障を与えていると言える。しかしながら，実務において一部の司法制度は機能を十分に果たしていない。また，十分国民のニーズに応じきれない等の問題も存在している。しかも，経済の発展と社会情勢の変化に伴い，これらの問題は，ますます深刻化する傾向がある。したがって，司法制度の健全化と効率化を図り，国民にハイレベルな司法サービスを提供するために，司法制度に対して全面的な改革を行う必要がある。

　実は，2002年，共産党の第16回大会で，司法体制改革の推進という戦略的な方策が既に提出されていた。それ以降，中国では一連の司法改革に関する政策と措置を打ち出し，訴訟制度，訴訟費用制度，検察監督体制等の分野で改革を始めた。

　現在，司法改革の展開に伴い，中国国民の権利意識，民主意識は絶えず強まっており，何か起きたら，「法律に照らし合わせ」，「納得するまで問いかける」現象はますます一般的になってきた。多くの紛争が事件の形で司法の分野に集まり，司法手段は社会関係を調節する主な手段となっている。また，実体としての公正を求めるだけではなく，手続の公正をも求めている。そして，知る権利，意思表示権の享有を求めるだけではなく，参画権，監督権の享有をも求めている。このような国民の司法に対するニーズの増加に伴い，いかに社会の公平と正義を実現し，国民の司法上の権益を保護するか，いかに司法の公正性及び効率を高め

るか，さらに，いかに司法能力を制約する体制的，構造的，保障上の障害を取り除き，国民の司法へのアクセスを最大限に実現するかは，司法改革の深化段階における重要な課題になってきている[1]。

本稿では，司法民主化及び司法アクセスの大前提から出発し，中国民事訴訟に焦点を合わせて，民事訴訟における司法アクセスに関わる諸制度について考察を行い，また，これらの制度の実務状況及び問題点について分析と検討を行いたいと思う。

一　民事訴訟への国民参加──人民陪審

近年，司法への国民参加が中国でよく議論されている。2011年に，最高人民法院院長王勝俊は全国人民代表大会での工作報告の中で，司法民主化の重要性を強調し，司法民主化を推進することが社会主義司法建設の必然な選択であることを指摘した[2] 中国における司法への国民参加に関して，最近，最も注目すべき動向は人民陪審制度の復活である。人民陪審制度とは，民間人である人民陪審員が裁判に参加し，プロである裁判官と一緒に合議体を組織し，事件を審理し，判決を下す制度である。中国では民事訴訟，行政訴訟，刑事訴訟のいずれについても人民陪審制度を採用することができるが，この中で，一番よく利用されるのが民事陪審である[3] なお，人民陪審は民事訴訟，行政訴訟，刑事訴訟の中において，それぞれ民事陪審，行政陪審，刑事陪審と呼ばれている。

1　人民陪審の盛衰

人民陪審は人民の司法参加の一環として，1930年代，既に中国共産党の革命根拠地，辺区，解放区の審判実務において実行され始めた[4]。中華人民共和国建国後の1951年，「中華人民共和国人民法院暫定組織条例」が公布され，初めて法

---

1) 中国の司法改革は，2004年から初期段階に入り，2008年から展開段階に入り，2014年から深化段階に入ったと言われている。李轩・沈念祖・杨晓菲「三个时代的三轮司改」经济观察报2014年4月4日。
2) 2011年最高人民法院工作报告を参照。
3) 搜狐新闻「揭秘中国人民陪审员制度现状：陪而不审」(http://news.sohu.com/20140327/n397285260.shtml)。
4) 「人民陪审员制度：人民参与审判」(http://news.sina.com.cn/c/2008-03-11/174215125217.shtml)。

の形で人民陪審制度が定められた。その後，1954年憲法の中でも，「人民法院が事件を審理する際に，法によって人民陪審制度を実行する」(75条) ことが定められた。

1950年代，人民陪審制度が活発に利用され，人民陪審員の数も非常に多かった。1956年に至って，人民陪審員の数が20万人を超えた。ところが，50年代末期になると，政治運動と群衆運動の影響によって人民陪審制度の民主的な色彩及び司法上の役割が弱体化し始めた。また，60年代になってから，人民陪審の利用が急激に減少し始め，さらに，「文化大革命」時期に入ってからは，この制度の実行が完全に停止してしまった。そのため，文革憲法と呼ばれる1975年憲法の中で，人民陪審に関する条文が一度削除されることになった。

「文化大革命」終結後，崩壊した司法体系の再建が始められ，人民陪審制度の再建に関しては，1978年憲法の中で「人民法院が事件を審理する際に，群衆代表陪審の制度を実行する」(41条2項) との規定が設けられた。また，1979年「刑事訴訟法」と1979年「人民法院組織法」の中においても，人民陪審制度に関する規定が設けられた。実務においても，人民陪審はある程度まで回復された。ところが，1982年憲法 (現行憲法) の中では，一転して人民陪審の条文が設けられていないのである[5]。

民事陪審について，1982年「民事訴訟法 (試行)」35条では，「人民法院が第一審民事事件を審理するとき，裁判官と陪審員によって共に合議体を組織し，又は裁判官によって合議体を組織する」，「陪審員は陪審の職務を遂行する際，裁判官と同等の権利及び義務を有する」との条文が定められ，これが民事陪審に法的根拠を与えていた。また，1991年民事訴訟法の中でも同じような規定が設けられている[6]。

人民法院組織法と民事訴訟法，刑事訴訟法，行政訴訟法は人民陪審制度について原則的な規定を設けているものの，陪審事件の範囲，人民陪審員の資格及び選

---

5) その理由は，①憲法126条「人民法院が法によって独立に審判権を行使し，行政機関，社会団体及び個人からの干渉を受けてはならない」という審判権の独立性を強調する条文に合わせるために，②昔のような群衆運動による司法への干渉を防ぐために，③現在，人民陪審制度自体が憲法レベル上に定められる必要性はなくなった，とのことにあると言われている。韩大元「论中国陪审制度的宪法基础」法学杂志2010年10期。

6) 2007年に改正された中華人民共和国民事訴訟法40条及び2012年に改正された中華人民共和国民事訴訟法39条も同じような内容が定められている。

出方法，人民陪審員の権利義務などの具体的な事項に関する定めがないため，各地の人民陪審の実行状況はそれほど理想的ではないと言える。しかも，90年代末期に至って，多くの人民法院では，裁判官のみの合議体で事件の審理が行われ，人民陪審はほとんど利用されなくなっていた。人民陪審制度形骸化の理由は次のように考えられる。①多くの人民陪審員は自分が法律の素人であることを考慮し，できるだけ法廷での発言を控える傾向がある。実務では，陪審員が法廷審理に参加したにもかかわらず，自分なりの意見を述べず，職権を行使しない，いわゆる「陪席しても審理しない［陪而不審］」現象が極めて一般的である。②多くの裁判官は，裁判官のみの合議体の方が審理しやすく，迅速であると思うので，人民陪審に対して消極的な態度をとっている。③人民陪審員の手当てが少ないため，多くの仕事を持った人は時間やコストの関係で，人民陪審員になりたくないと考えている。

　人民陪審の低迷状況を改善し，かつ，人民陪審員制度の活性化を図るために，最高人民法院は1999年「人民法院5年間改革綱要」の中で，人民陪審員制度に対して改革を行う方針を示した。また，各地人民法院に呼びかけ，積極的に人民陪審制を推進するようになった。その後，2004年，全国人民代表大会常務委員会が「人民陪審員制度を健全化する決定［关于完善人民陪审员制度的决定］」（以下，2004年決定と略称する）を公布し，また，2009年，最高人民法院が「人民陪審員の裁判活動への参加に関する若干の問題に関する規定［关于人民陪审员参加审判活动若干问题的规定］」（以下，2009年規定と略称する）を公布した。この二つの規定は人民陪審員の資格，選任，職権，研修及び陪審員の参加できる事件の類型などについて具体的な規定を設けており，人民陪審員制度の改革に法的根拠を提供している。

　実務では，国の人民陪審を推進する施策の下で，各地の人民法院が再び人民陪審を重視し始め，人民陪審の利用率も徐々に上がっている。2004年から2012年にかけて，人民陪審員が参加した事件は全国で合計628.9万件で，そのうち，民事事件は429.8万件にのぼり，全体の約7割を占めている[7]。また，全国人民法院の第一審通常手続の中で，人民陪審の利用率は，2013年において7割を超えている[8]。なお，全国人民陪審員の数も増えつつあり，2009年は5万5千人で

---

7) 2013年10月22日に最高人民法院院長周強が第12回全国人民代表大会常務委員会第5次会議で行った人民陪審員の活動状況に関する報告による。

あったが，2014 年には 21 万人に増加している[9]。

2 民事陪審の在り方

　民事陪審は，人民法院が民事事件を審理する際，人民陪審員が訴訟に参加し，裁判官と一緒に合議体を組織し，事件を審理する手続である。群体利益又は公共利益に係る事件，強く国民の関心を引く事件，及び社会的影響の大きい事件は，第一審で通常手続によって審理を行うとき，民事陪審を採用することができる。第一審簡易手続及び上訴審は，陪審を適用しない（2009 年規定 1 条）。

　中華人民共和国の公民は，満 23 歳以上で，憲法を擁護し，品行が正しく，身体が健康である場合，職場や戸籍所在地の基層組織の推薦または自らの申請によって，人民陪審員の候補者になることができる。しかし，犯罪で刑事処罰を受けた人及び公職から懲戒解雇された人は人民陪審員を担当することができない。また，人民代表大会常務委員会の構成員，人民法院，人民検察院，公安機関，国家安全機関及び司法行政機関の公務員，弁護士も人民陪審員を担当することができない（2004 年決定 5 条，6 条）。候補者が決まった後，基層人民法院は同級の司法行政機関と共に候補者に対して審査を行い，人民陪審員の人選を行う。その後，同級の人民代表大会常務委員会によって人民陪審員を任命する。人民陪審員の任期は 5 年とする（2004 年決定 4 条，8 条，9 条）[10]。

　民事訴訟において，通常手続で審理を行うことを決めた後，人民法院は当事者に人民陪審を申し立てる権利を有することを告知しなければならない。当事者は告知の日から 5 日以内に人民陪審を申し立てることができる。また，人民法院は自ら人民陪審を決めることもできる（2009 年規定 2 条，3 条）。開廷審理の 7 日前までに，人民法院はパソコンを使いランダムな方式で人民陪審員名簿から当該事件の陪審員の人選を行わなければならない（2009 年規定 4 条）。選ばれた陪審員が正当な事由で審理に参加できない場合，または当事者が人民陪審員の忌避を申し立て，かつ人民法院の審査によって忌避の事由が成立した場合，人民法院は早速陪審員を改選しなければならない（2009 年規定 7 条）。

　人民陪審員は陪審の職務を遂行する際，裁判官と同等の権利及び義務を有する

8）　2014 年最高人民法院工作報告による。
9）　2015 年最高人民法院工作報告による。
10）　人民陪審員の任期について，一部の学者はその任期が長すぎると指摘した。何家弘「陪審制度纵横论」法学家 1999 年第 3 期参照。

(中国民訴39条3項)。事件について評議を行うとき，人民陪審員は事実認定及び法の適用について意見を発表し，理由を陳述し，表決権を行使することができる(2009年規定7条)。合議体が事件について評議を行うとき，多数決を採るので，人民陪審員の意見とその他の合議体構成員の間で意見の相違が生じた場合，人民陪審員が合議体に対し，当該事件を法院の院長に上程するよう要求することができる。ただし，上程の理由を説明しなければならない。上程された事件について，法院の院長は審査を行い，審判委員会の最終的な決定を求めるか否かを判断する (2004年決定11条，2009年規定9条)。

なお，人民陪審員が陪審に参加した場合，人民法院は，固定所得のある人に交通費と日当を支給し，固定所得のない人にはさらに地元平均基準の日給を支給する (2004年決定9条，18条)。

3 民事陪審の役割及びその問題点

民事訴訟において，人民陪審員は審理手続だけでなく，執行手続にも参加することができる。しかも，多くの人民陪審員が教師，医師，村の幹部など地元の有識者である。彼らは声望があり，豊富な社会経験を持ち，優れた交渉力と説得力があるので，法院調停を行うとき，重要な役割を果たしている。実は，人民陪審員の参加した事件はほぼ8割が法院調停によって解決されたと言われている[11]。

また，2009年規定の5条によれば，ある専門分野の事件を審理するとき，人民法院は専門知識を有する人民陪審員の参加が必要であると認める場合，当該分野の専門知識を有する人民陪審員の名簿から，ランダムな方式で人民陪審員を選び，事件の審理に参加させることができる。すなわち，専門分野に係る事件の審理に当たっては，社会的影響の大きくない事件でも，人民陪審を利用することができる。実務において，専門家陪審員を利用した事件のほとんどは，医療，建築，知的財産権，ITに係る分野である。これらの事件では，人民陪審員がプロパー裁判官の補佐的機能を果たしている。言うまでもなく，事件審理の当初から専門家としての冷静かつ適正な判断が加われば，裁判の信頼性のみならず，迅速化などの効果も期待されるだろう。

確かに，人民陪審員制度が裁判や裁判官を支える制度として，国民が適切な形で司法に参加することにより，司法に多元的な価値観や専門知識を取り入れ，裁

---

11) 2007年最高人民法院院長肖揚の第1回全国人民陪審員工作会議での報告による。

判や裁判官の機能をチェックすることで，司法の公正性と透明度を高めることができる。ところが，実務において，この制度には下記のような問題が存在している。

　1）一般国民を広く登用すると言っているにもかかわらず，人民陪審員を業種別に見ると，人数が一番多いのは共産党組織，行政機関及び町・村の幹部であり，次は教師，医師など専門職である。「平民化」ではなく「エリート化」の傾向が強く，国民の普遍的な司法参加とは言い難いのではないかと思われる[12]。2014 年からより多くの人民法院が推薦ではなく公開募集の方式で人民陪審員を採用し始めており，この問題の改善が期待されている。

　2）人民陪審員の待遇に関する統一の基準がないため，地域間の格差が大きい。とりわけ内陸地域の日当が低すぎるので，一部の陪審員は不満を持っているようである[13]。国の財政から出費し，全国統一基準の待遇を設定する必要があると思われる。

　3）法律は陪審が国民の責務であることを定めていないため，一部の兼職陪審員が，事件に当たる時に何らかの理由で陪審を断った場合，人民法院は改選以外に対応策を採ることができない。また，正当な理由なく陪審を拒絶しても，人民法院は懲戒措置等を採ることができない。

　4）一部の人民陪審員は自分の能力に対する自信が足りないため，陪審のとき，個人的な意見を出さず，全部裁判官の意見に従う。いわゆる「陪席しても審理をしない」の添え物現象が依然として存在している[14]。そこで，最近，各地の人民法院は陪審員に対する研修を行い始めて，以上のような添え物現象の改善を目指している。人員育成と研修の強化，待遇の引き上げ等の措置は，確かに人民陪審員の素質及び参加意欲の向上に役に立つと思われる。それ以外にも，国民全体の

　12）　たとえば，李文斌裁判官のある基層人民法院に対する調査によれば，当該人民法院の人民陪審員の中で，行政機関，町，村の幹部が 54％を占め，教師，医師など専門職の人が 28％を占めている（李文斌「浅议人民陪审员的职责定位及价值实现」北大法律信息网 http://article.chinalawinfo.com/Article_Detail.asp?ArticleID=56236 参照）。

　　　また，廖永安教授，劉方勇裁判官の調査によれば，湖南省湘東地区の人民陪審員の中で，行政機関，町，村の幹部が 70％を占め，学校など事業組織の人が 11％を占めている（廖永安・刘方勇「人民陪审员制度目标之异化及其反思」法商研究 2014 年第 1 期，中国法学创新网 http://www.lawinnovation.com/html/cxwx/1326086.shtml 参照）。

　13）　潘从武「忙闲不均待遇不同补助微薄」法制日报 2014 年 2 月 12 日参照。

　14）　徐霄桐「人民陪审员如何走出"陪而不审"」中国青年报 2014 年 3 月 27 日第 3 面参照。

司法参加意識の向上，及び司法参加しやすい環境作りも決して軽視できないだろう。

二　民事訴訟における便宜と迅速性の向上

　国民のアクセスしやすい民事裁判を実現するために，中国は多くの人民法廷又は派出法廷を設置している。また，裁判所の審理の迅速化を図るために，民事訴訟の中で審理期限を定めている。さらに，審理の便宜と迅速性の両方を向上させるために，引き続き簡易手続を活用する以外に，少額訴訟手続を新設した。

1　人民法廷の普及

　中国の裁判機関は最高人民法院，地方各級人民法院及び専門人民法院に大別される。また，地方各級人民法院は等級によって高級人民法院，中級人民法院，基層人民法院に分けられ，専門人民法院は，軍事法院，海事法院，鉄道運輸法院，森林法院などに分けられている。さらに，当事者の提訴及び人民法院の審理の便宜を高めるために，地方各級人民法院及び専門人民法院は各地の状況及び需要に従い，派出法廷を設置することができる（人民法院組織法2条）。その中で，基層人民法院の設置した派出法廷は，通常人民法廷と称される（人民法院組織法19条）。

（1）　人民法廷の変遷

　人民法廷設置の歴史は1930年代にまで遡ることができる。当時，中国共産党の根拠地と解放区では，提訴及び審理の便宜を図るために，巡回法廷と専門法廷が設置されていた[15]。このような伝統が中華人民共和国建国後も継承され，1954年制定の人民法院組織法17条は，「基層人民法院が地区，人口及び事件の状況に従い，人民法廷を設置することができる。人民法廷は基層人民法院の一部であり，その判決と裁定が基層人民法院の判決と裁定である」と定めている[16]。

　人民法廷の設置は50年代から始まった。その後，80年代から行政区画の区分

---

15)　呉英姿「基層法庭民事糾紛解決机制研究」2011年12月，复旦发展研究院 ウェブサイト（http://fddi.fudan.edu.cn/index.php?c=research&a=show&rid=67 参照）。

16)　この条文は1979年の人民法院組織法，1983年，1986年，2006年の改正された人民法院組織法の中でも援用されている。

及び「一郷鎮一廷」[17]の基準に従い、全国で数万か所の人民法廷が設置されるようになった。しかしながら、90年代に至って、人民法院は下記の理由で「一郷鎮一廷」の基準を「三～五の郷鎮に一つの人民法廷を設置する」という基準に改めて、人民法廷に対する統合改革を行ってきた[18]。その理由は、①一般道及び高速道路が多く建設され、交通が便利になっている、②人民法廷の数が多すぎるため、その運営コストが嵩んでいる、③「一郷鎮一廷」の構造が人民法廷と地元の郷鎮人民政府の繋がりを緊密にし、事件を審理する際、地元の役所の影響を受けやすくなっている、とのことにある。その後、人民法廷の数が急速に減少し、現在、全国に残っている人民法廷は、10,023か所となっている[19]。

(2) 人民法廷の仕組み

1990年代の末期から、訴訟事件の大幅な増加という課題を緩和するために、最高人民法院は再び人民法廷の役割を重視し始め、1999年に「人民法廷の若干の問題に関する規定［关于人民法庭若干问题的规定］」（以下、人民法廷規定と略称する）を公布した。当該規定の中で、人民法廷の設置基準、解決できる事件の範囲、事件審理の方式などを具体的に定めている。

まず、人民法廷の設置にあたって、当事者の訴訟追行と人民法院の審理の便宜を考慮する上では、地域の面積、人口、事件の数量及び経済の発展状況も考慮しなければならない（人民法廷規定2条、3条）。かつ、人民法廷の設置は行政区画の区分に限らない。通常、人民法廷は少なくとも三名以上の裁判官と一名以上の書記官によって構成され、条件を備えた地域では人民法廷に司法警察を配置することもできる（人民法廷規定9条1項）。そして、人民法廷は法廷以外に必要な付属施設、事務室、事務用設備、通信設備、交通手段などの基本的な施設を具備しなければならない（人民法廷規定9条2項）。

次に、人民法廷は民事事件と刑事自訴事件を審理することができる（人民法廷規定6条1項）が、実務において、人民法廷で審理された事件の9割以上が民事

---

17) 郷と鎮は末端の行政区画であり、日本の町に相当する。全国にある郷・鎮の数は約4万である。
18) 呉・前掲注15) 参照。
19) 2013年の統計数字による。陈智伦「关于适当提高人民法庭法官职级的建议」民进中央宣传部2013年8月1日、中国民主促进会ウェブサイト（http://www.mj.org.cn/mjzt/2010nzt/2010lh/jyxc/kjfz/201003/t20100311_81226.htm）。

事件である[20]。民事事件と刑事自訴事件の審理以外に,人民法廷は当該法廷の審理した事件の民事執行を取り扱っており,しかも,地元の人民調停委員会の活動に対する指導も行っている(人民法廷規定6条2項,3項)。

また,人民法廷は事件を審理するとき,通常手続を適用することができると同時に,簡易手続及び少額手続を適用することもできる(中国民訴157条,162条)。実務において,人民法廷の処理した事件のほとんどが簡単な民事事件であるので,簡易手続及び少額手続はより多く利用されているようである。しかも,事件が法院調停で解決された事例も相当多い。

なお,地理的な司法アクセスの障害を克服するために,人民法廷は巡回審理,現地開廷などの方式を採って審理を行うことができる(人民法廷規定18条)。たとえば,当事者の所在した町又は村から場所を借りて,開廷審理を行う場合がある[21]。

人民法廷で審理された事件の既済数が全国人民法院の事件既済総数の4分の1を占めていることから,人民法廷の紛争処理における役割は非常に重要であると言えよう[22]。その一方,人民法廷は,①地域への依存が強い,②組織管理が緩い,③運営コストが高い,④人数が少ないという理由から,裁判官が一部の事務的な仕事を担当しなければならないといった問題点が存在している。「能動的な司法」及び「司法民主化」という理想を実現するために,人民法廷の更なる整備と健全化が必要になると思われる。

2 審理期限の設定

裁判の迅速化を図り,訴訟の遅延を防止するため,中国民事訴訟法には審理期限が定められている。

民事訴訟法149条,161条によれば,通常手続の審理期限は,事件の受理された日から6か月以内であり,簡易手続の審理期限は,事件の受理された日から3か月以内となっている。また,通常手続の審理期限は,特殊な事情で延長する必要がある場合,当該法院の院長の批准を経て6か月間延長することができる。た

---

20) 最近,紛争解決のニーズに応じて,一部の地域では専門的な派出法廷を設置した。たとえば,広東省珠海市中級人民法院が高新区で知的財産権法廷を設置している。
21) 邱福生「永清法院:"989"熱線咨询"进,访,议"就地結案」人民法院報2010年12月15日。
22) 2013年の統計数字による。陳・前掲注19)。

だし，更に延長する必要がある場合，上級人民法院の批准を得なければならない（中国民訴149条）。一方，簡易手続の審理期限は，延長してはならない。期限内に事件の審理を終結できなければ，通常手続に改めるものとする（中国民訴163条）。全国では，審理期限内に終結した事件の比率は98％以上に達している[23]。

3 簡易手続の活用と少額手続の創設

(1) 簡易手続の活用

基層人民法院及びその派出法廷は，事実が明らかで，かつ権利義務関係が明確で，見解の相違が激しくない簡単な民事事件を審理するとき，簡易手続を適用するものとする（中国民訴157条）。2015年最高人民法院「『中華人民共和国民事訴訟法』適用に関する解釈」（以下，民訴解釈と略称する）256条によって，「事実が明らか」とは，当事者の係争の事実についての陳述が基本的に一致し，当事者が相応の証拠を提供でき，事実を究明するために人民法院が証拠を調査・収集する必要がないことを言い，「権利・義務関係が明確」とは，誰が責任の負担者か，誰が権利の享受者かを明らかに区別できることを言い，「見解の相違が激しくない」とは，当事者が事件の是非，責任の負担，係争物をめぐる確執について原則上の意見の分岐がないことを言うのである[24]。

簡単な民事事件については，原告は口頭で訴えを提起することができる（中国民訴158条1項）。原告が口頭提訴を行う場合，人民法院は，当事者の氏名，性別，勤務先，住所，連絡先等の基本情報，訴訟上の請求，事実及び理由等を調書に正確に記入しなければならない。原告が誤りのないことを確かめた後，調書に署名又は捺印を行う（民訴解釈265条）。

当事者双方が一緒に基層人民法院又は人民法廷に出て紛争の解決を求めるとき，基層人民法院又はその派出法廷はその場で事件を受理し，その日に審理を行うことができる（中国民訴158条2項）。

簡易手続は，伝言，電話，携帯電話のショートメッセージ，ファックス，電子

---

23) 2011年最高人民法院工作報告による。
24) 但し，民訴解釈257条によれば，①提訴時に被告が行方不明である事件，②原審に差し戻された事件，③一方当事者の人数が多い事件，④裁判監督手続が適用される事件，⑤国益，社会公共の利益に関わる事件，⑥第三者が既に法的効力が生じた判決，決定，調停合意の変更又は取消しを請求する事件，⑦簡易手続の適用が望ましくないその他事件については，簡易手続を適用しないとのことである。

メール等の簡易な方式で双方当事者の召喚，証人への通知，裁判文書以外の訴訟文書の送達を行うことができる（中国民訴 159 条，民訴解釈 261 条）。通常，裁判官一人の単独制を採用し，簡易な方式で審理前の準備を行い，かつ簡便な方式で事件を審理することができる（中国民訴 159 条，160 条，民訴解釈 267 条）。

なお，当事者双方は，開廷方法について人民法院に申し立てることができ，このとき，人民法院がそれを許可するか否かを決定する。また，双方当事者の同意を得て，映像通信技術等を使用して開廷することができる（民訴解釈 259 条）。

簡易手続は簡便，迅速な方法であるので，実務においてよく利用されている。各地基層人民法院及び人民法廷の第一審民事事件のうち，5 割〜8 割以上が，簡易手続によって処理されたと言われている[25]。

(2) 少額訴訟手続の新設

近年，訴訟事件の増加に伴い，人民法院の負担がますます重くなっている。審理のより一層の便宜と迅速化を図るために，2012 年民事訴訟法改正の際，簡易手続の中に少額訴訟手続が導入された。

簡易手続を適用できる簡単な民事事件において，訴訟物の金額が各省，自治区，直轄市の前年度就業者年間平均賃金の 30％以下である場合，少額訴訟手続を適用することができる（中国民訴 162 条）。国家統計局の統計によると，2013 年の全国就業者の年間平均賃金が 45,676 人民元であるので，この数字に基づいて計算すれば，2014 年の少額訴訟の金額は全国平均で 13,703 元（日本円で 22.5 万円に相当する）になる[26]。しかし，賃金の地域格差の影響を受け，各省，自治区，直轄市の少額訴訟金額は同じではない[27]。各地の高級人民法院が，当該省，自治区，直轄市の少額訴訟の金額を決めるのである。

少額手続の適用範囲は，金銭の給付に係る事件に限定されている。具体的に言えば，①売買契約，借入契約，賃貸借契約に関する事件，②身分関係が明らかで，給付の金額，時間，方式に関してのみ見解の相違がある扶助料，養育費，扶

---

25) 章武生「我国民事簡易手続的反思与発展進路」現代法学 2012 年第 2 期，2014 年四川省高級人民法院工作報告による。
26) 「国家統計局：2013 年不同岗位平均工資情況」国家統計局ウェブサイト（http://www.stats.gov.cn/tjsj/zxfb/201405/t20140527_558611.html）。
27) たとえば，2014 年，上海の少額訴訟金額は 1.6 万元，天津は 1.8 万元，江西省，河南省，広西自治区は 1 万元，新疆ウイグル自治区は 1.2 万元，黒龍江省は 0.93 万元である。

養料に関する事件，③責任が明らかで，給付の金額，時間，方式に関してのみ見解の相違がある交通事故の損害賠償及びその他の人身損害賠償に関する事件，④水道，電気，ガス，熱の供給使用契約に関する事件，⑤キャッシュカードに関する事件，⑥労働関係が明らかで，労働報酬，労災医療費，経済補償金若しくは賠償金の給付金額，時間，方式においてのみ見解の相違がある労働契約に関する事件，⑦労務関係が明らかで，労務報酬の給付金額，時間，方式においてのみ見解の相違がある労働契約に関する事件，⑧不動産管理，電気通信等の役務提供契約に関する事件，⑨その他金銭給付に関する事件は，少額手続を適用することができる（民訴解釈274条）。

ほかに，通常の二審終審制を採らず，一審終審制を実行することも，少額訴訟手続の特徴である（中国民訴162条）。すなわち，少額手続によって審理した事件は，その判決が終審判決になるので，当事者は不服があっても上訴できず，再審しか申し立てることはできない。

少額訴訟手続は新設の制度として，実務において未だ期待通りに活用されてはいないようである。その原因は下記のように考えられる。

1）少額手続が設立される前に，多くの人民法院が審理の迅速化を求めるために，簡易手続を改良し，より簡便かつ迅速な速裁手続（迅速裁決手続）を考案した。民事訴訟法上の規定はないものの，訴訟目的物の金額が少ない簡単な民事事件においては，実務の中で速裁手続を利用する場合が少なくない。一方，改正された民事訴訟法は少額手続を定めているものの，その審理方式について特別な規定を設けていないため，少額手続を利用すれば，簡易手続又は速裁手続の審理方式しか援用できない。裁判の迅速化を図るために設けた制度と言われているが，実際には，今までの簡易手続又は速裁手続より審理のスピードが上がっていないのである。

2）最高人民法院の少額手続に関する司法解釈が制定される以前は，実務において一部の裁判官は，少額訴訟の事件類型及び訴訟物金額の計算は把握しにくいとの理由で少額手続を敬遠する傾向があった[28]。しかし，民訴解釈の発布に伴い，少額訴訟の適用範囲が明確になったため，今後少額訴訟の利用頻度は以前より高くなるだろうと思われる。

---

28) 黒小兵「小額訴訟程序适用的现实困境与突破」法律教育网（http://www.chinalawedu.com/web/23183/wa201404170953168164520 4.shtml）参照。

3）通常の民事訴訟は二審終審制を採っている。その目的は，公正で慎重な裁判を行い裁判の誤りを防ぎ，当事者の訴権を守ることにある。ところが，少額手続は一審終審制を採っている。上訴審なしということで，時間の節約ができるという発想から一審終審制を設計したのだろう。しかしながら，一審終審制を実行することで，当事者の上訴権利が剥奪されるため，当事者訴権保護の視点から見れば，デメリットも少なくないと思う。なぜならば，裁判に誤りがある場合，少額訴訟の当事者は再審の申立てを選択できるものの，実務において再審の申立てが認容され難いという「再審難」の問題が存在するため，当事者は不服があっても救済を受けられない窮境に陥る可能性が高いからである。したがって，一部の当事者は上訴権利が剥奪されるということで，少額手続の利用を拒否し，一部の裁判官は裁判に誤りがもたらされるリスクを避けるために，少額手続に慎重な態度をとっている[29]。

三　民事訴訟に係る司法アクセスの経済的な障害の克服

訴訟コストが高いということは，国民が訴訟を敬遠する要因の一つである。そこで，当事者の訴訟によってもたらされる経済的な負担を軽減するために，司法改革の一環として，中国では，訴訟費用改革が行われ，訴訟のコストが全面的に軽減されるようになった。また，資力のない当事者にも平等に司法アクセスのチャンスを与えるために，司法救助制度及び法律援助制度が設けられるようになった。

1　民事訴訟費用の改革

2006年に国務院が「訴訟費用納付弁法［诉讼费用交纳办法］」（以下，費用弁法と略称する）を公布し，訴訟費用について改革を行った[30]。新しい「訴訟費用納付弁法」によると，民事訴訟に係る費用軽減の措置は下記の通りである。
1) 財産に係る民事事件の費用徴収比率の起算点が，以前の訴訟目的物の金額の4％から2.5％に引き下げられている。

---

29) 黒・前掲注28），张勤・徐倩「关于小额诉讼案件的调查研究」江苏省吴江区人民法院ウェブサイト（http://wjsfy.chinacourt.org/article/detail/2014/05/id/1290475.shtml）参照。
30) 「訴訟費用納付弁法」は2007年から施行された。

2）民事執行で実際に支出した費用は徴収しないようになっている。また，強制執行申立費は，執行された後で納付し，倒産事件の申立費は倒産清算の後で納付するようになっている。

3）離婚事件において財産分割を求める場合，「財産が1万元以上である場合に別途の費用を徴収する」ことを「財産が20万元以上である場合に別途の費用を徴収する」ことに改めている。

4）当事者が訴えを取り下げた場合，人民法院が法院調停で事件を終結した場合，又は人民法院が簡易手続によって事件を審理した場合，事件受理費の半分は当事者に返すことになっている。

5）財産に係る事件について上訴を提起した場合，事件の訴訟物金額ではなく不服部分の上訴請求の金額によって，事件の受理費を徴収するように改めている。

2006年の訴訟費用改革を経て，当事者の訴訟費用の負担が大幅に減少した。この影響を受けて，2007年から，人民法院第一審民事事件の新受件数が大幅に増加し始めたのである[31]。

2　司法救助の拡大

2006年納付方法の中には，司法救助の制度も設けられている。自然人の当事者は訴訟費用の納付に確かに困難がある場合，人民法院に訴訟費用の猶予，減額又は免除の司法救助を申し立てることができる（費用弁法44条）。

下記の場合，当事者は訴訟費用免除の司法救助を申し立てることができる（費用弁法45条）。

1）障害者である，又は安定した収入がない場合。

2）扶養費，養育費，弔慰補償金を請求する場合。

3）最低生活保障の対象者，農村の定期貧困救済の対象者，農村の政府扶養救済の対象者，及び失業保険金で生活している場合。

4）他人を危難な状況から救出し，又は社会公共利益を保護するために，自己の合法的な権益に損害をもたらし，かつ本人又はその近い親族が損害賠償又は補償を請求する場合。

31）　全国人民法院第一審民事事件の新受件数は，2006年は438.5万件であったが，2008年は541万件になり，2010年は609万件になった。

5）確かに免除が必要であるその他の場合。

また，下記の場合，当事者は訴訟費用減額の司法救助を申し立てることができる（費用弁法 46 条）。人民法院は事件の状況に基づき，その減額率を決めることができる。ただし，減額の割合は 30％より低くしてはならない。

1）自然災害等不可抗力で生活が困難になり，社会的救済を受けている場合，又は自然災害等不可抗力で家計を支える生産及び経営が困難な状況に陥り，家計を維持し難い場合。

2）傷痍軍人，戦没者遺族等国家の規則によって特別援護や待遇を受けている場合。

3）当事者が社会福利機構又は救助管理組織である場合。

4）確かに免除が必要であるその他の場合。

なお，下記の場合，当事者は訴訟費用猶予の司法救助を申し立てることができる（費用弁法 47 条）。

1）社会保険金，経済補償金を請求する事件の場合。

2）海上事故，交通事故，医療事故，労災事故，製造物責任事故又はその他の人身傷害事故に遭い，損害賠償を求める被害者側である場合。

3）関係部門の法律援助を受けている場合。

4）確かに猶予が必要であるその他の場合。

経済的な困難に直面した当事者に平等な司法アクセスのチャンスを与えるために，国は更に司法救助を拡大していく方針を採っている。司法救助の予算が逐年増加しており，2013 年，各級人民法院が司法救助のために免除及び減額した訴訟費用は 1.8 億人民元（日本円で約 35.3 億円に相当する）を超えた[32]。

3　民事法律援助の推進

法律援助とは，資力のない当事者の合法的な権益を保障するために，法律援助センターによって無償の法的サービスを提供するものである。中国は 1994 年に法律援助制度を設立した。その後，1996 年の「中華人民共和国刑事訴訟法」，「中華人民共和国弁護士法」及び「高齢者権益保護法」では，当事者に法律援助を提供することが定められている。

1997 年，司法部法律援助センターが設立され，その後，全国各地で多くの法

32）2015 年最高人民法院工作報告による。

律援助センターが相次いで設立された。また，各地の法律援助センターの中では，司法局が設立した法律援助センターが一番多い。ほかに，事業組織又は社会団体が設立した法律援助センター[33]や，大学の設立した法律援助センター[34]もある。なお，各地の法律援助センターは司法部法律援助センターによって一括管理されている。

また，法律援助は刑事法律援助，民事法律援助，行政訴訟法律援助に分かれているが，実務上における3分の2以上の事件は民事法律援助に属すると言われている[35]。

2003年の「法律援助条例」は，法律援助の性格，組織，範囲，手続等制度の在り方について規定している。また，民事法律援助の範囲と条件については，「社会保険金又は最低生活保障金請求事件，扶養費及び養育費支払請求事件，労働報酬支払請求事件，又は他人を危難な状況から救出したことに伴う民事権益を請求する事件にあたって，当事者は代理人を委任する資力がない場合，法律援助機構に法律援助を申し立てることができる」と定めている（法律援助条例10条）。

無資力の認定基準は各地で異なっている。法律援助センターは当事者の申立てを受けてから，その資力について審査をしたうえで，当該当事者に法律援助を与えるか否かを決める。法律援助を与えると決めた場合，法律援助センターは弁護士事務所に弁護士を指定させ，又は直接当該法律援助センターの弁護士若しくは法律援助工作者を指定し，当事者に無償で法的サービスを提供する（法律援助条例21条）。

また，民事法律援助の内容は，民事訴訟の代理に限らず，法律相談，法律文書の作成，公証事項及び非訟事務に係る法的サービスも含んでいる。しかも，法律援助サービスの提供は，弁護士以外に，公証人及び末端の法律活動関係者もできる。なお，法律援助を提供する弁護士は二種類に分けられる。一つは，普通の法律事務所に勤めており，本務の法律事務所の指定によってある事件の法律援助を受ける当事者に訴訟代理等の無料の法的サービスを提供する弁護士であり，いま一つは，法律援助センター又はその他の政府機構に勤め法律職業資格証書又は弁護士執業資格証書を有し，法律援助活動に従事する者である。後者は公職弁護士

---

33) たとえば，婦女連合会が設立した婦女児童権益保護法律援助センター，労働組合が設立した法律援助センターがある。

34) たとえば，湘潭大学法律援助センターがある。

35) 李松・黄杰「我国刑事法律援助远低于民事」法制日報2012年6月14日参照。

又は援助専職弁護士と呼ばれ，公務員又は事業組織の職員に属し，かつ国からの給料をもらう。

中国法律援助の大きな特徴は，無資力の当事者に無料で法的サービスを提供することにある。その資金は主に国家の財政から支出されている。たとえば，2013年，国の法律援助に要した経費は 16.28 億元（日本円で 322.77 億円に相当する）である[36]。また，中国法律援助基金会，北京法律援助基金会等財団法人は，募金の形式で法律援助事業に資金的支援を与えている。そのほか，一部の法律事務所及び一部の大学の法学部は，ボランティアの形で法律援助サービスを提供している。

四　民事訴訟代理制度の充実

1　法律専門職代理の拡大と国民代理の縮小

中国では，弁護士強制主義を採用していないため，当事者本人が自ら民事訴訟を追行することができる。また，訴訟追行の時間及び能力上の障害を克服するために，当事者は代理人に委任することもできる。

また，中国では民事訴訟における弁護士代理の原則は存在せず，一方で一般国民代理というものがある。一般国民代理とは，弁護士でない一般の国民が民事訴訟の代理を行うことを指す。改正前の民事訴訟法 58 条は，「弁護士，当事者に近い親族，関係を有する社会団体或いは勤める職場が推薦した人，及び人民法院の許可を得たその他の国民は，いずれも訴訟代理人として委任を受けることができる」と定めていた。弁護士人数が少ない中国で，一般国民代理制度は，弁護士過疎地域の当事者，又は弁護士費用を負担できない当事者の訴訟追行サポートの点において，重要な役割を果たしていたと言える。しかし一方，実務において，法律専門職の人ではないにもかかわらず，ずっと訴訟代理人の名義で多くの当事者から訴訟代理を引き受け，かつこれを自分の職業とする人が存在しているようである。この人たちの代理活動を認めれば，司法試験が無意味になるのではないかと弁護士側は強く批判している。また，これらの人の中で，当事者をそそのかして訴訟を提起させ，濫訴をもたらした人もいると言われている[37]。このような理

---

36)　司法協助交流中心「中国法律援助情況介紹」环球法律资讯 2014 年第 3 期参照。

37)　单丽雪・邢震・毛淑玲・李琳・宋振玲編著『中华人民共和国民事诉讼法配套解读』（法

由で，2012年民事訴訟法改正の際に，「人民法院によって許可されたその他の国民」という条文が削除され，また，訴訟代理人を担当できる国民の範囲も限定されるようになった。

改正された民事訴訟法58条によれば，当事者，法定代理人は下記の人から一乃至二人の訴訟代理人を委任することができる。

1) 弁護士，基層法的サービス工作者[38]。
2) 当事者の近い親族あるいはその従業員[39]。
3) 当事者の所在するコミュニティ，職場及び関連する社会団体[40]が推薦した人。

上記の規定から，今回の訴訟代理制度改革の二つの特徴が見える。

(1) 法律専門職代理の拡大

基層法的サービス業務は，1980年代中期から徐々に展開してきた法的サービス所を通じて，一般国民に便利かつ低コストの法的サービスを提供する業務である。この法的サービス業務に従事する者は，基層法的サービス工作者である。2000年，司法部は「基層法律サービス工作者管理弁法」を制定し，全国統一の基層法律サービス工作者資格試験を開始した。「基層法律サービス工作者管理弁法」6条と8条によれば，高校を卒業した一般国民が，基層法的サービス工作者資格試験に合格すれば，基層法律サービス工作者の資格を取得することができる[41]。また，大学法学部を卒業した者，あるいは短大を卒業し5年以上の審判業務，検察業務，司法行政業務並びに人民代表大会と政府の法制業務のいずれかに従事した経験を有する者は，基層法的サービス業務に専職できれば，本人の申立て及び司法行政機関の審査を経て，基層法的サービス工作者の資格を取得するこ

律出版社・2012年）71頁。

38) 基層法的サービス工作者とは，「基層法律サービス工作者管理弁法」に規定する法的サービスに従事する条件に合致し，業務登記を経て，「法律サービス工作者資格証」を得て，基層法的サービス所において業務を行い，社会のために法的サービスを提供する者である。

39) 当事者が法人又はその他の組織である場合，その従業員は訴訟代理人となることができる。

40) 関連する社会団体は，当事者とある特定の関係を持ち，若しくはある種の保護責任を負い，若しくは当事者の業務と一定の関連を持つ社会団体を指す。たとえば，労働組合，婦人連合会，消費者協会及び文芸，学術及び宗教団体等。

41) 基層法的サービス工作者資格試験は司法試験と比べて，比較的容易である。

とができる。

以前，基層法的サービス工作者は一般国民代理の身分で民事訴訟代理を行っていたが，今回の改正民事訴訟法では，基層法的サービス工作者に弁護士と同等の地位を付与し，その訴訟代理を法律専門職代理として認めるようになった。確かに，基層法的サービス工作者の存在は，弁護士の人数が足りない問題，及び弁護士の地域偏在化問題等の解消に対して，重要な役割を果たしているのである。

(2) 国民代理の縮小

国民代理の範囲は，一般国民の中で当事者と直接関連を持つ者（当事者に近い親族あるいは従業員），又は間接関連を持つ者（当事者の所在のコミュニティ，職場及び関連する社会団体が推薦した人）に限定されるようになった。また，今後，国民代理の質の向上が期待されている。

2 弁護士制度の充実と健全化

民事訴訟代理人の中で，弁護士の果たす役割は非常に重要である。中国における司法アクセス向上の切口は，司法サービスの担い手である弁護士人口の増加と弁護士制度の充実と強化にあると言っても過言ではない。中国の弁護士制度は曲折な道程を経て，現在，新たな発展段階を迎えている。

(1) 中国弁護士制度の発展過程

1950年に，国民党時代の弁護士制度が廃止され，1955年から，中華人民共和国の弁護士制度が発足した。1957年6月までに，全国で19か所の弁護士協会及び800余りの法律顧問所が設立され，弁護士人数は2,800人を超えていた[42]。ところが，政治運動の下で，1959年司法部廃部の影響を受け，発足したばかりの弁護士制度が間もなく夭折し，その後20年間，中国は弁護士制度なしの時代に陥ったのである。

弁護士制度の再建作業が1979年の後半から始まり，1980年「中華人民共和国弁護士暫行条例」が公布され，新たな弁護士制度が発足した。「弁護士暫行条例」は初めての弁護士法として，弁護士の性格，任務，職責，権利，義務，資格要件及びその事務機構について原則的規定を設けている。

---

42) 董必武『董必武政治法律文集』（法律出版社・1986年）349頁。

1990年代に入ってから，弁護士人口の増加と弁護士業務の拡大に伴い，「弁護士暫行条例」の実務のニーズに応えられない一面が顕出し，弁護士制度の改革が喫緊の課題になった。そこで，1996年5月に，「中華人民共和国弁護士法」が第8回全国人民代表大会第19次会議で採択された。「弁護士法」は，「弁護士暫行条例」の規定を拡充し，その不足点を改善したうえで，弁護士の性格，弁護士の執業要件，弁護士事務所，弁護士の業務，執業弁護士の権利と義務，弁護士による法律扶助，弁護士協会の在り方，弁護士の法律責任などについて詳細な規定を設けており，弁護士制度の健全化と発展を促進する役割を果たしている。

(2) 弁護士人口の拡大と司法試験

1986年，中華全国弁護士協会が設立され，同年，司法試験の前身である弁護士国家統一試験も始まった。当時の弁護士試験は2年に一回行われ，1993年からは年一回行われるようになっている。弁護士試験の合格者には弁護士資格証書が発給される。ただし，弁護士業務に従事するために，弁護士資格証書の所持者は法律事務所で1年間の実習を行い，弁護士執業登録をしなければならない。

1986年に弁護士試験が実施されて以来，中国の弁護士の人数は大幅に増えている。1990年の弁護士人数は全国で5.1万人であった。1994年に8.3万人に増加し，1998年になると，10万人を超えた。2002年，弁護士試験と検察官試験，裁判官試験は国家司法試験に統合され，司法試験の合格者は，法律職業資格証書を取得し，弁護士，裁判官又は検察官の仕事に従事する資格を有することになった。また，弁護士人数の不足，弁護士の地域偏在化などの問題を解決するために，司法部は司法試験制度についてさらに大胆な改革を行った。

司法試験は600点満点[43]で，通常の合格点が360点である。国は試験問題の難易度によって，毎年の合格率を調整することができる。弁護士人数を増やすために，2007〜2009年，国は意図的に問題の難易度を下げることで，合格率を22〜25％に引き上げたと言われている。国が弁護士増員政策の推進を続けたことにより，2014年に中国の弁護士人数は27万人を超えた。

ところが，中国は人口が多いため，社会の需要に対して，弁護士人数が依然と

---

43) 国家司法試験の内容は，理論法学，応用法学，現行法律規定，法律実務及び法律職業道徳の五つの分野を含んでいる。また，試験科目は四つ（総合知識，刑事と行政法律制度，民事・商事法律制度及び案件分析）あり，一つの科目は150点満点である。

して不足している。また，弁護士人口が大都市に集中した問題も深刻である[44]。弁護士地域偏在化の問題を解決するために，国は経済レベルの低い地域及び過疎地域を特別地域[45]に指定し，その地域の受験生は申立てによって司法試験の受験資格と合格点を一段引き下げる優遇を受けることができる。ただし，優遇を受けた司法試験の合格者は，特別地域でしか弁護士活動ができない。このような施策の実行によって，弁護士不足及び弁護士偏在化の問題をある程度解決できるのではないかと思われる。

結　び

　中国の民事訴訟制度は水面に浮かび出た氷山の一角のように見える。これに対して，民事訴訟実務はまるで氷山の水中に沈んだ部分のようなものである。民事訴訟法の規定は，簡単，明白で，国民に分かりやすい特徴があるのに対して，民事訴訟実務は，潜在的な影響要素が多い，状況が複雑で把握しにくい，各地のやり方がアンバランスで統一されていないといった特徴がある。したがって，中国民事訴訟の全体像を描くとき，その着目点を民事訴訟法のみに置けず，民事訴訟実務全体の状況と動きにも注目する必要がある。また，民事訴訟実務を考察するとき，民事訴訟法上の諸制度ばかりではなく，民事訴訟実務に大きな影響を与えた民事訴訟に係る諸司法制度も考察すべきではないかと思う。そもそも民事訴訟は刑事訴訟及び行政訴訟と比べてより国民に身近な存在であると言えよう。したがって，国民の司法アクセスの側面から民事訴訟上の諸制度及び民事訴訟に係るその他の諸制度に対する考察と分析は，より開放的視野から中国の民事訴訟を理解し，民事訴訟実務における問題点を解明し，またその改善策を探り出すことに役立つだろうと思う。
　ここ数年，中国は司法の公正維持を目標とし，司法職権の最適配置，人権保障の強化，司法能力の向上，国民のための司法を重点課題とし，積極的に司法体制

---

44) たとえば，北京と上海両都市のみで，弁護士人数が4万人を超えている。
45) 内モンゴル自治区，広西省，甘粛省，四川省，雲南省，新疆ウイグル自治区，寧夏回族自治区，貴州省，青海省，チベット自治区の全域は，優遇政策を与える特別地域である。北京，上海，天津，江蘇省，福建省，山東省，河北省の全域は優遇政策を与えない一般地域である。それ以外の省，自治区及び直轄市は一部の地域が特別地域に属しており，一部の地域が一般地域に属している。

と業務システムの改革を推し進めている。また，司法の民主化，司法の公開を進め，司法の公正を保障することで，中国の特色ある司法制度をさらに充実させ，国民の司法へのアクセスを拡充させ，経済の発展と社会の調和と安定に有力な司法上の保障を与えているのである[46]。このような全面的な司法改革の潮流の下で，今後，国民の司法への期待に応える国民により身近で開かれた民事訴訟，また社会の多元的なニーズに応えるより公平，公正，効率的民事訴訟を実現するために，我々は民事訴訟の関連諸制度及び実務上における不足点を改善すると同時に，日本における制度の在り方及び実務上の経験を参考にすべきであると思われる。

---

46) 2004年より，中国は統一的に計画配置し組織的に実施される大規模な司法改革を起動した。民衆からの批判が特に突出している問題や司法の公正に悪影響を与えている核心部分から着手し，公正な司法と厳格な法執行の要求に照らし，司法の規律と特色に立脚し，司法機関の機構設置，職権区分，管理制度を整備し，権限・責任が明確で，相互連携，相互チェック，運用効率の高い司法システムを整備してきた。中国の司法改革は全体を統一的に計画し，整然と推進する段階に向かっている。

2008年より，中国は新しい司法改革を起動し，司法改革は重点深化，系統推進の新たな段階に入った。この改革は大衆の司法に対する需要を出発点とし，人民の共通利益を守ることを根本として，社会の調和を促進することを主線とし，権力への監督チェックを強めることに重点を置き，司法の公正に悪影響をもたらし，司法能力を牽制している核心部分をつかみ取り，体制，しくみ，保障への障害を解消し，司法職権の配置の最適化，寛容と厳罰を同時に重んじる刑事政策の遂行，司法隊伍の養成強化，司法経費保障，など四つの方面から具体的な改革任務を提起した。現在，この司法改革の任務はほぼ完了し，関連法の改正や整備にそれが反映されている。中国の経済・社会のたえまない進歩・発展とともに，中国の司法改革もさらに深化していく。『中国的司法改革』〔白書〕（国務院新聞辦公室発布・2012年10月）による。

第2編

各　論

第1章　基本原則

第一節　基本原則の概要

一　基本原則の概念

民事訴訟法の基本原則は，民事訴訟の全過程の重要な段階で[1]指導的役割を果たす規範である[2]。民事訴訟の目的・基本原理・内在的法則・手続的価値を反映し，民事訴訟法の制定・解釈・適用の根拠となり，人民法院，当事者およびその他の訴訟参与者が民事訴訟を行うにあたって従わなければならない根本的規則である。

二　基本原則の機能

民事訴訟法の制定にあたっては立法目的を反映しなければならないが，立法目的自体は抽象的にすぎるため，具体的手続規則への橋渡しが必要であり，民事訴訟の基本原則がその使命を担う。基本原則の連結により，具体的手続規則は立法目的を中心とする有機的統一体となる。

また，民事訴訟法規範体系における重要な構成要素として，民事訴訟法の基本原則は，当事者，裁判所およびその他の訴訟参与者が民事訴訟を行う基本的行為規範であり，基本原則に反する訴訟行為は無効である。しかし，基本原則は高度に概括的，抽象的であり，行為規範として働く場面は限られる。訴訟手続上の問題について，手続規則を欠いている，あるいは規定はあるが曖昧である，相互に矛盾するといった場合にその役割を果たすことになる。民事訴訟において，裁判所が裁判にあたって依拠する手続法の根拠は民事訴訟法の具体的な制度と手続規

---

1) このように考える見解によれば，後述，基本原則の体系の説明のように，単に一部の手続段階にのみ適用されるものは，基本原則には含まれないと解される。
2) 江偉・肖建国主編『民事訴訟法〔第7版〕』（中国人民大学出版社・2015年）47頁参照。

則でなければならず，民事訴訟法の基本原則を直接適用すべきではない。しかし，民事訴訟の複雑性と立法の限界から，立法に遺漏，曖昧さ，相互矛盾が生ずることは否めず，裁判官は現行の具体的制度と手続規則に従い判断することができず，あるいは判断できても公平と正義の観念に明らかに反する結果となり得る。このような場合には，裁判官は裁量権を行使し，基本原則の解釈により，基本原則を直接裁判の根拠とし，立法の不備を補うことができる。基本原則は，裁判官の創造的司法機能を指導すると考えられる。しかしながら，民事実体法と異なり，当事者の訴訟行為に対する裁判官の評価は，往々にして裁判所の利益に関わるので，基本原則を適用し具体的手続規範を回避することにより当事者の訴訟上の権利を不当に侵害する結果をもたらし得ることから，基本原則のこの機能は，厳格に制限されなければならないと指摘される[3]。

三　基本原則の体系

「民事訴訟法」第1章は，「任務・適用範囲及び基本原則」を定めており，任務と適用範囲を除く5条から16条には，議論はあるが[4]，基本原則以外の一般原則と基本的制度も含まれていると解される。

その説明は一様ではないが，たとえば，合議・回避・公開裁判・二審終審の原則（10条）は民事裁判の基本的制度であり，基本原則の範疇には含まれない。訴えの提起支持の原則（15条）は，訴えの提起前に機能するものであり，厳密にいえば民事訴訟活動とは直接の関係はない。訴訟上の権利義務同等の原則と対等の原則（5条）は，渉外民事訴訟にのみ適用されるものであり，やはり基本原則とすべきではない。民族自治地方の適宜または補充的規定制定の原則（16条）は，立法授権規範であり，基本原則の属性を有さない。自由意思・合法調停の原則（9条）は，法院調停の基本原則の規定であり，法院調停手続の中で機能するが，民事訴訟の基本原則とするには相応しくないと解される[5]。

民事訴訟の基本原則としては，当事者平等の原則（8条），弁論の原則（12条），信義誠実の原則（13条），処分の原則（13条）が挙げられることに争いはない。しかし，民事裁判権人民法院行使の原則（6条），人民法院の民事事件に対す

---

[3]　江・肖主編・前掲注2）48頁参照。
[4]　たとえば，李浩『民事訴訟法学〔第2版〕』（法律出版社・2014年）29頁は，12条すべてを基本原則と捉えている。
[5]　江・肖主編・前掲注2）48・49頁参照。

る独立審判の原則（6条），事実を根拠とし法律を準拠とする原則（7条），各民族の言語・文字により訴訟を行う原則（11条），人民検察院の民事訴訟に対する法律監督の原則（14条）については議論がある。肯定する見解は，これらは「憲法」と「人民法院組織法」の規定に基づき，民事訴訟，刑事訴訟，行政訴訟に共通して適用される原則ではあるが，これも民事訴訟の基本原則であるとする[6]。

第二節　当事者平等の原則

一　当事者平等の原則の意義

　民事訴訟法8条は，「民事訴訟の当事者は，平等な訴訟上の権利を有する。人民法院は，民事事件の審理にあたって，当事者の訴訟上の権利行使を保障し，便しなければならず，当事者に対し法の適用において平等でなければならない。」と定める。当事者平等の原則は，立法には当事者の訴訟上の権利に対する平等な分配を，司法には当事者の訴訟上の権利行使の平等な保障を求める。当事者平等の原則は，民事訴訟法の基本原則体系の中で基礎的な地位にあり，重要な役割を有する。

二　当事者平等の原則の内容

1　当事者の訴訟上の地位の平等

　当事者の訴訟上の地位の平等は，当事者が訴訟において平等な訴訟上の権利を有し，義務を負うことに体現される。

　双方当事者は，1) 訴訟代理人に委任し，回避を申し立て，証拠を収集・提供し，弁論を行い，調停を求め，あるいは自ら進んで和解し，上訴・再審・執行を申し立てる等，同等の訴訟上の権利を有し，2) 訴訟上攻撃防御を行う相対立する地位にあることから，一方は訴え提起の権利を有し，相手方は反訴を提起し，答弁を行う権利を有するというように，対等な訴訟上の権利を有し，3) 平等に訴訟上の義務を負う。

2　人民法院の当事者の訴訟上の権利行使に対する平等な保障

　当事者の訴訟上の地位の平等は，立法上の平等だけでなく，司法上の保

---

6)　江・肖主編・前掲注2) 49頁，李・前掲注4) 28頁参照。

障を要し，人民法院は，民事事件の審理にあたって，当事者の訴訟上の権利行使を平等に保障しなければならない。平等の保障とは，扱いに差異を設けないことであり，裁判所は，1）訴訟手続進行中，双方当事者に平等な機会，便宜および手段を与えなければならず，2）当事者双方の主張と証拠を平等に重視し，裁判に際し双方の見解を等しく考慮しなければならない。

ただし，平等の保障とはいっても，合理的立法目的に基づく扱いの差異を否定するものではない。明らかに弱者である当事者には，訴訟費用の減免，法的援助を行うなど，積極的に援助し，実質的な平等を図らなければならない。

三　当事者平等の原則の根拠

民事訴訟法に定められた当事者平等の原則は，第一に，法の前の平等という憲法原則の民事訴訟の領域における体現であり，第二に，民事訴訟手続に求められる重要な価値目標である手続的公正の基本的要求であり，当事者の平等な対論，公平な参与の機会を保障するものであり，公正な裁判の前提条件である。また，民事訴訟は，平等な民事主体間で，司法により民事紛争を解決する過程であるが，民事実体法の領域における民事主体平等の原則は，民事紛争解決の領域にも体現されるとの見解もある[7]。

第三節　弁論の原則

一　弁論の原則の意義

弁論の原則とは，民事訴訟の当事者が，争いある事実上・法律上の問題につき，裁判所の主宰の下，各自主張し，意見を陳述し，互いに反駁・答弁し，もって自己の合法的権益を保護する原則をいう。民事訴訟法12条は，「人民法院の民事事件の審理にあたって，当事者は弁論を行う権利を有する。」と定める。弁論の原則の法律上の根拠である。

弁論権の民事訴訟における重要な意義の一つは，当事者は弁論権を行使し，主張・反駁することにより，裁判所が事件事実を明らかにし，正しく法を適用するための基礎を提供することができることにある。他方で，弁論権は手続的正義の

---

[7]　江・肖主編・前掲注2）50頁，赵刚・占善刚・刘学在『民事訴訟法〔第3版〕』（武漢大学出版社・2015年）39頁参照。

内在的要求でもある。双方当事者は弁駁により，訴訟手続に積極的に参与し，裁判結果に影響を与え，当事者の手続主体としての地位を体現することになる。

二　弁論の原則の内容

　第一に，弁論の原則は，第一審手続，第二審手続，再審手続を含め，民事訴訟の全過程に広く適用される。開廷審理における法廷調査と法廷弁論のみならず，訴えの提起，受理，審理前の準備にも弁論の原則は貫かれる。

　また，請求原因たる事実が真実であるか否か，認定された事実にいかに法を適用し当事者間の権利義務を確定するかといった実体的問題のみならず，裁判所に管轄権があるか，裁判官を回避すべきかどうか，当事者適格があるか等の手続上の問題にも当事者の弁論は不可欠である。争いなき事実に弁論は要せず，そのまま裁判の基礎とすることができるが，争いある限り，実体的問題にも手続的問題にも弁論の原則は適用される。

　方式としては，法廷調査と法廷弁論は，主として口頭によることになろうが，口頭によることも書面によることもできる。訴状も答弁書も書面による弁論である。

　当事者に弁論権を十分に行使させることは人民法院の職責である。人民法院は双方当事者に十分な弁論権行使の時間と対等な機会を与えなければならず，訴訟指揮権を行使し，発問し，釈明する等して，弁論権の実現を確保しなければならない。また，当事者の弁論の結果は，裁判所の裁判を拘束し，当事者の弁論に表れた事実と証拠のみが裁判の基礎となる。

三　日本の弁論主義との比較

　中国の弁論の原則は，当事者と裁判所の役割分担といった視点からは捉えられていない。計画経済体制が敷かれた中国においては，実体法における私的自治の原則は排除され，建国後初の1982年民事訴訟法（試行）では，私的自治の延長としての当事者自治の原則は採用されず，弱者保護を謳い，自己責任を否定したことからすれば，市場経済への転換後の中国の民事訴訟においても，弁論の原則が自由主義思潮を反映した弁論主義とは異なるものとなることは理解しやすい。中国の民事訴訟は職権主義から当事者主義へと転換が図られたが，現行法は，当事者の訴訟資料に対する支配を認め，裁判所の関与を否定するのではなく，むしろ裁判所には当事者と協力して事案解明に臨むことが期待される。

また，裁判を可能とするためには，結果責任としての主張・立証責任は職権探知主義の下でも必要であることに変わりないが，当初の民事訴訟法では，事案が解明されないままに当事者の不利益となる結果を認めることをよしとしなかった。しかし，その後の幾度かの改正を経て，中国の現行民事訴訟法は，結果責任としての主張責任，証明責任を認めるに至り，その分配も定めている。最終的に事実が明らかにならなかったときには，その事実が認められると有利となる当事者にとっては，その事実を認定してもらえないという不利益を受ける。

　証拠の収集・提出についても，その義務と責任は裁判官から当事者へと移された。裁判所の証拠の調査・収集についても，証拠に対する当事者の支配ということではなく，司法の公正の見地から制限された（中国民訴 64 条 2 項，民訴解釈 94・96 条）[8]。

第四節　信義誠実の原則

一　信義誠実の原則の意義

　信義誠実の原則（誠実信用原則）は，裁判所，当事者およびその他の訴訟参与者は，民事事件を審理し，民事訴訟を行うときは，公正，誠実，善意でなければならないことをいう。民事訴訟法 13 条 1 項は，「民事訴訟は，信義誠実の原則を守らなければならない。」と定める。

　信義誠実の原則は，ローマ法に起源を発する民事実体法の重要な原則であり，取引においては，信用を重んじ，約束を実行し，誠実に欺かず，他人や社会の利益を侵さないことを前提として自己の利益を追求するよう求められる。民事訴訟では，手続の安定が重んじられ，明確性と画一性が求められ，訴訟行為の評価にあたっても，当事者の訴訟行為は法律の規定に合致さえすれば，期待される法的効果を生ずるのが原則である。しかし，当事者が信義に反し，誠実に訴訟を行わない場合には，裁判官がその行為を法規範の要件を充足するものとして認めるなら，実質的公正を損なうおそれがある。信義誠実の原則は，このような場合に，

---

8) 中国も近代化の過程で大陸法系の民事訴訟制度を移植したが，新中国成立後も様々な原因により，その核心的内容を放棄したとの説明もあり，核心的内容として弁論主義の三つのテーゼが挙げられている（趙ほか・前掲注 7）45 頁）。また，証拠規定公布以前は，当事者の弁論の結果の法院に対する拘束力はなく，中国の学者はこの形式的な弁論の原則を「被拘束性弁論の原則」というと説明する（江・肖主編・前掲注 2）52 頁）。

当事者の不当な訴訟行為に対し裁判官が否定的評価をする権限を認め，当事者間の利益および当事者の利益と社会の利益との均衡を図り，実質的正義を実現するものである。

二　信義誠実の原則の根拠

日本も含め諸国において，信義誠実の原則は，立法により民事訴訟の各手続に浸透されている。中国では，1991年に公布された民事訴訟法には信義誠実の原則の規定はなかったが，その後の司法解釈に信義誠実の原則の精神を見ることができる。例としては，第二審手続における新たな証拠の提出に伴う訴訟費用負担の規定（裁判方式改革規定39条），証拠を所持する当事者が正当な理由なく提出を拒んだ場合の相手方主張の成立推定の規定（裁判方式改革規定30条）が挙げられ，また，証拠規定7条には，信義誠実の原則という概念を用いた挙証責任の規定がある。そして，2012年の民事訴訟法には信義誠実の原則が定められた。

三　信義誠実の原則の適用

信義誠実の原則は，行為規範であるのみならず，訴訟行為の効力を否定し，不適法として却下を導く機能も有する。

当事者に対する信義誠実の原則の適用場面としては，訴訟状態の不当形成の排除，矛盾行為の禁止，訴訟引延し目的の回避申立て等，訴訟上の権利濫用の禁止，虚偽の陳述の禁止，長期間行使しなかった場合の相手方の信頼を保護するための訴訟上の権利の失効が挙げられる。また，当事者以外の訴訟参与者にも適用される。たとえば，信義誠実の原則により，訴訟代理人は代理権を濫用してはならず，証人は虚偽の証言をしてはならない。

しかし，信義誠実の原則の適用における裁判官の裁量権の濫用を防ぐため，信義誠実の原則の補充性が強調される。可能な限り，立法により信義誠実の原則の適用場面を具体化し，具体的規定がない場合にはじめて，裁判官は慎重に信義誠実の原則により当事者の訴訟行為を評価するのでなければならない。また，不利な判断を受ける当事者の手続保障に配慮しなければならないとの指摘もなされている[9]。

裁判所に対しては，実体的問題と手続問題，両面における裁判官の裁量権の濫

---

9)　江・肖主編・前掲注2) 56頁参照。

用は信義誠実の原則により禁止される。たとえば，裁判官の証拠の採否の判断は，公正になされなければならず，恣意的な採否が許されるものではない。また，奇襲裁判，すなわち，十分な攻撃防御の機会を当事者に与えずに下される裁判もこの原則により禁止される。奇襲裁判を回避するためには，裁判所は，適宜心証を開示し，当事者に十分な攻撃防御の機会を保障しなければならない。

第五節　処分の原則

一　処分の原則の意義

処分の原則とは，民事訴訟の当事者が，法律の定める範囲で自己の民事上の権利と訴訟上の権利を自由に支配，処分する原則である（中国民訴13条2項）。

処分の原則は，民事上の権利の性質により決定づけられるものである。民事上の権利は私権であり，国家，社会公共の利益とは直接の関連はなく，国家の関与は要せず，平等な民事主体には自己の民事上の権利に対する支配が認められるが，このような実体法の領域における処分権は，民事紛争の司法による解決の過程に延長されると考えられる。よって，処分の原則は，当事者間の民事上の権益に関わる紛争にのみ適用され，公益に関わる人事訴訟手続や非訟手続には適用されない。

また，訴訟における民事上の権利に対する処分は訴訟上の権利の処分によってなされ，当事者の訴訟上の権利に対する支配なくして民事実体権の支配はあり得ない。民事訴訟における民事上の権利と訴訟上の権利の処分は分かちがたいものである。

二　処分の原則の内容

処分の原則は，裁判から執行までのすべての訴訟過程に貫かれ，訴訟の進行に重要な影響を及ぼす。当事者の処分は，訴えの提起，執行の申立て等の作為による積極的処分と，上訴しない，回避を申し立てない等，不作為による消極的処分とがある。

処分の原則の内容は以下のようである。1）民事訴訟手続を開始するかどうかは，当事者が決定する。当事者の訴えの提起なくして訴訟手続は開始しない。2）当事者は訴え提起の際に，損害の全額を請求するのか一部を請求するのかといった保護の範囲と，目的物の返還を求めるのか賠償を求めるのかといった保護の方

法を選択する権利を有する。人民法院は当事者の選択を尊重しなければならず，当事者の同意なく増加・変更することはできない。3）訴訟の開始後，原告は訴えの取下げにより訴訟手続を終了させることができ，被告は反訴の提起により自己の民事上の権利を保護することができる。4）訴訟の中で，原告は訴訟上の請求を放棄することができ，被告は相手方の訴訟上の請求の全部または一部を認諾することができる。5）訴訟の中で，原告は訴訟上の請求を変更することができる。6）訴訟の中で，当事者は調停への同意，調停の合意の成立，または和解の決定権限を有する。7）当事者は上訴の提起，再審の申立て，強制執行の申立て等を行うかどうか選択することができる。

三 処分権と裁判権

当事者の処分権は，裁判所の裁判権運用の起点，範囲，終点を決定づける。裁判権は当事者の訴えの提起によって始動する。裁判権の範囲は当事者の訴訟上の請求と提出した事実，証拠による制約を受ける。裁判権は当事者の訴えの取下げ，請求の放棄，和解等によって停止する。しかし，このような処分権の裁判権に対する制約，当事者の支配は，訴えの提起，上訴の提起，執行の申立て等のように絶対的なものばかりではない。たとえば，訴えの取下げには裁判所の承認を要し，承認を得てはじめて訴訟上の効果を生ずる。

また，裁判権は当事者の処分権を監督する役割を有する。当事者の処分行為は法律の禁止規定に反してはならないし，国家の利益，社会公共の利益，および他人の合法的権益を損なってはならない。そのような場合には，人民法院は国家を代表して関与し，裁判により当事者の処分行為を無効とする。

さらに，裁判権は当事者の処分権行使を保障する。当事者の訴訟上の権利行使の保護は，中国の民事訴訟の主要な任務である（中国民訴2条）。当事者が十分に処分権を行使することができるか否かは，裁判権による保障に関わる。弁護士のいない当事者には，訴訟の進行に従い，どのように処分権を行使するのか，処分権行使の法的効果について，必要な注意，説明を行わなければならない。しかし，裁判権が当事者の自由に処分すべき領域を不当に侵すことがあってはならない。一部の裁判官に見られる自由意思の原則に反し，当事者に調停の成立を強いるなどのやり方は，処分権の重大な侵害である。処分権が不当に侵された当事者に救済の途を開くべきであるとの指摘もなされている[10]。

第六節　検察監督の原則

一　検察監督の原則の意義

　検察監督の原則とは，人民検察院は民事訴訟に対し法律監督を行う権限を有することをいう。民事訴訟法14条はこれを定める。

　人民検察院は法律監督機関であり，検察機関の民事訴訟監督の意義は，法制の統一を護り，人民法院の裁判権の正しい行使を保障し，当事者の合法的権益を保護することにある。

二　検察監督の原則の範囲と方式

　検察監督の対象は，民事裁判と民事執行であり，具体的には，第一に，人民法院の判決・裁定・調停書に対する監督がある。法定の要件と手続に基づき抗訴の提起または再審の検察建議（中国民訴208条1項・2項）を行う。第二に，裁判官等の民事裁判における違法行為に対する監督がある。同級の人民法院に検察建議を行う。第三に，民事執行に対する監督がある（中国民訴235条）。主として検察建議を行うことによる。

　検察監督の原則の改正は，2012年の民事訴訟法改正の重要な内容の一つであった。第一の改正点は，民事裁判活動のみに対する監督から，裁判と執行を含む民事訴訟全体の監督へと監督の範囲を拡大したことである。また，調停書も抗訴の対象とされた。第二に，監督の方式としては，旧法では抗訴のみであったが，新法では検察建議を新たに加えた。第三に，旧法では確定した裁判に対する抗訴という事後監督のみであったが，新法では検察建議の方式により，裁判と執行の過程における違法行為に対しても監督を行うことになった。第四に，監督の手段を強化し，検察機関は，検察建議と抗訴のため，当事者または第三者に関連状況を調査確認することができるようになった（中国民訴210条）[11]。

（小嶋明美）

---

10)　江・肖主編・前掲注2) 58頁参照。
11)　2012年の改正では，総じて検察監督は強化されている。裁判の独立の見地から懸念を表明する見解もあるが，より拡大，充実すべきであると監督のあり方について様々な提言がなされている（趙ほか・前掲注7) 52頁参照）。

第1章　基本原則に関するコメント

一　中国法の改正前後の比較

　評価の基軸は，二つある。一つは日本法との比較。今一つは，中国法の改正前後の異同比較それ自体。こうした二つのアプローチによって，中国改正法が目指そうとする新たな方向性を評価することができよう[1]。後者の観点で，基本原則に係る変更はほとんど見られないが，いくつかの興味深い変化がある。

　①民事訴訟においては，信義誠実の原則を遵守しなければならない（新13条1項）

　②人民調解委員会による調解前置主義の廃止（旧16条の削除）

　この点については，改正法が調解と訴訟の相互連携を改善している面があり，たとえば，「調解先行規定」（新122条）を新設し，「当事者が人民法院に提訴した民事紛争について，調解に適する場合には，先に調解を行うものとする。ただし，当事者が調解を拒んだ場合はこの限りでない。」とする旨の新規定が導入されているほか，他方で，調解合意司法確認事件（新194条以下，日本法の即決和解に相応する制度のようである）が新たに導入されるなど，こうした点を踏まえて，慎重に検討する必要がある。裁判所外の調解合意について，中立な第三者調解組織主宰の下に合意されたものに限定はされるが，強制執行が認められるようになっている。これには，当事者のみの和解は含まれない。

---

1)　なお，中国民事訴訟法改正の概略につき，白出博之「中国民事訴訟法修正案（草案）について」国際商事法務40巻2号（2012年），中国民訴法の主要な改正点につき，全人代法律委員会での審議報告書をベースにして作成したものとして，同「中国民事訴訟法の改正について」国際商事法務40巻11号（2012年），その他，同「中国民事訴訟法の改正条文について」ICD NEWS 53・54・56号（2012年・2013年）参照。2012年8月成立の新民訴法以前の中国民事訴訟法につき，小嶋明美『現代中国の民事裁判』（成文堂・2006年）。改正前の論稿ではあるが，下記論稿が極めて有益である。張衛平「中国民事訴訟法の特徴」（同「中国民事訴訟法の現状と改正課題」（国際民商事法センター等主催による講演）平成21（2009）年3月16日付が公表されている）。

③裁判を受ける権利の保障の明記（新123条）
④検察官による裁判監視権限

　人民検察院は，民事訴訟に対して法的監督を行う権限を有する帰結として，旧法以来，裁判所の判決に再審事由がある場合に抗訴（再審提起）できる（新208条）といった監督権限を有する。新法でも，検察官権限規定はほぼ従前どおりであるものの（14条〔人民検察院による監督〕），この監督範囲が，旧法では，「人民検察院は，民事裁判活動に対して法的監督を行う権限を有する。」とされていたもので，このたび，民事執行，民事調解を含む「民事訴訟」分野全般に拡大されている。また，前述の抗訴制度が存置され，検察建議（新208条2項）がこれを補完するものとして，改正法により新設されており，検察官による裁判監視権限は強化されたとも評価しうる。

二　中国法と日本法の比較

　以下では，民事訴訟の基本原則等（主として5条から16条）につき，主として日本法との比較からコメントする。法的三段論法によって具体的事案を司法判断する営みに両国の差異はないが，「比較」となると必ずしも容易ではない。用語の真の意味を理解するには，言語の持つ文化的背景や意味内容の沿革など，押さえておくべきことは多いが，ここではほぼ漢語表現の形式レベルで基本原則をどう受け止めたかを指摘することでその責めをふさぎたい。

　「人治から法治へ」との急速な法制度整備を目指す中央政府の基本方針，他方では，地方保護主義がなお根強く見られる実務。そのはざまで，現に様々な矛盾が紛争として顕在化する社会への対処として，行政救済から司法救済をも含めたシステムへの転換を目指そうとする方向性が一つ見えてきたと全体評価できる。以下，基本原則について，コメントする[2]。

1　訴訟上の権利平等の原則

　民事訴訟法の基本原則は，憲法の原則を具体化する。8条によれば，「民事訴訟の当事者は平等な訴訟上の権利を有する。人民法院は民事事件の審理にあたっ

---

[2]　北浜法律事務所中国プラクティス・チーム「中国民事訴訟法《条文・日中比較・要点解説》〔1〕」国際商事法務43巻4号（2015年）504頁以下参照。

ては，当事者の訴訟上の権利行使を保障し，便宜を図らなければならず，当事者に対し法の適用において一律に平等でなければならない。」とする。双方審尋主義（当事者対等の原則，武器平等の原則）に相応し，また憲法33条2項における法の下の平等原則の具体化とする指摘は，日本やドイツでの「適用された憲法」論と同じものと理解しうる。

2 職権主義

社会主義を標榜することとの関係で，事案の真相解明は最大の価値を有するものと思われる（2条）。日本法は当事者主義（処分権主義，弁論主義）を基調とするのに比して，ここでは人民法院による真実発見が法の目的とされており，職権主義的色彩が強く，職権証拠取調べの規定も存在する（64条）。また，人民検察院による民事訴訟に対する監督権限が定められていて（14条），旧法以来，人民検察院は，裁判所の判決に再審事由がある場合に抗訴（再審提起）できる（208条）との監督権限を有する。

日本においては，かつて，フランス法・ドイツ法等の影響を受け，民事裁判手続における検察官の関与を当然のこととしてビルトインした沿革がある。個別事案との関係で検察官に期待される役割はそう大きくはなく，その公益的役割は，むしろ立法改正へのセンサー機能にあったようである（なお今日でも，検察官の役割が例外的な位置付けではあるものの，人事訴訟法23条〔検察官の関与〕，死後認知訴訟につき同法42条1項。明治立法以来の「残滓」ともいえる）。検察官による司法チェックは，社会の在り方とも密接に関係する。国柄や貧困の現実での社会正義実現システムとして，検察制度の健全性が担保されている限りにおいて，過重な当事者の手続負担を巧みに回避している面がある。

3 司法権の独立

日本法とは異なる。基本的に，中国共産党の下にある最高人民法院が定める「司法解釈」は，有権解釈の権限に基づくもので，下級人民法院を拘束する。

4 調解先行主義

「調解」とは，訴訟上の和解のことである。「調解」は，日本法の「民事調停法」にいう調停ではない。最近の中国の実務では，日本と同様に調解が多用される。9条は，「人民法院は民事事件の審理にあたっては，自由意思と合法の原則

に基づき調停を行わなければならず，調停が成立しない場合には，速やかに判決しなければならない。」とする。自由意思，合法調停の原則についてコメントすることは軽々にはできないが，当事者の自由意思が尊重される点は明らかである。ただ，人民法院が調解できると認め，当事者が調解手続に同意する場合との留保付きでの「調解先行主義」を定めているとすれば，日本法の和解の勧試（89条）とも異なる。

5　弁論の原則

12条は，手続権の中核ともいうべき弁論権を保障し，裁判所との関係での「拘束的弁論の原則」（真の弁論主義）の確立への方向にあるのだとすれば，裁判所による職権的要素を弱めることとなろう。2002年12月に最高人民法院が採択した「民事訴訟証拠に関する若干の規定」に，「拘束的弁論の原則」はすでにほぼその原型ができている（証拠規定8条「訴訟過程において，一方当事者が相手方当事者の陳述した事件事実についてはっきりと認めたときは，相手方当事者は挙証する必要はない。ただし身分関係に関わる事件を除く」，16条「本規定15条に定める場合のほか，人民法院の証拠の調査・収集は当事者の申立てによらなければならない」）との指摘は重要である。そうとすれば，日中の理解での接近とも位置付けられよう。ただ現実は，なお「非拘束的弁論の原則」とされるなか，こうした「弁論の原則」が，「空虚なスローガン」との指摘もあり，当事者権の保障（手続保障）のほか，当事者主義や弁論主義とも距離があり，接近しているとはいえず，職権主義を基調とすることに変わりない。たとえば，弁論主義の例外ないし補完としての職権探知（64条2項は，「当事者およびその訴訟代理人が客観的事由により自ら収集することができない証拠または人民法院が事件の審理に必要であると認める証拠については，人民法院は，調査・収集しなければならない。」とされるほか，なお，証拠規定15条1項）規定などがその証左である。

6　処分の原則

13条2項は，「当事者は法律に定める範囲内で自己の民事上の権利と訴訟上の権利を処分する権利を有する。」と定めており，ほぼ処分権主義といえる。請求の放棄・認諾もある。ただし，旧ソ連系の民訴理論や事実探知絶対化の受入れから，処分権制限へのベクトルは強く，その保障は脆弱なもののようである。「処

分の原則」と処分権主義には，明らかな異同がある。たとえば，訴え取下げについては，日本法とは異なり，「判決言渡し前に，原告が訴えの取下げを申し立てたときは，認めるか否かは人民法院が裁定する。人民法院は訴えの取下げを認めない裁定をする場合に，原告が呼出状による召喚に正当な理由なく出頭を拒むときは，欠席のまま判決することができる。」(145条)との国家関与規定となっている。さらに，裁判監督(再審)の局面においてもそうである。処分権主義が徹底する日本法では当事者申立てのみであるが，中国法においては，再審手続は当事者の申立てによるだけでなく，人民法院が自ら再審決定することもでき，また人民検察院は確定判決・裁定に誤りを指摘し，抗訴の提起により再審手続を開始させうる。職権による手続開始といえる。

7　信義誠実の原則

13条1項は，「民事訴訟は，信義誠実の原則に従わなければならない。」と定める。訴訟当事者やその他の訴訟関与者に適用されることはもちろん，人民法院にも適用されるとすれば，当事者平等原則の保障とも関係しよう。日本法2条とも，ニュアンスの点はともかく，価値観として共通する部分がある。

また，同条2項で，「当事者は，法律に定める範囲内で，自己の民事上の権利および訴訟上の権利を処分する権利を有する。」とし，処分権主義に匹敵する処分の原則を定める。もっとも，中国法においては，たとえば，再審手続は当事者の申立てによってのみ開始するわけではなく，人民法院が確定判決・裁定に誤りが判明したときは自ら再審を決定することもでき，人民検察院が確定判決・裁定に誤りを指摘して抗訴を提起し，再審手続を開始させることともなっている。こうした職権的な色彩に特徴がある。

8　裁判の公開と二審制

10条は，「人民法院が民事事件を審理する場合には，法律の規定に従い合議，回避，公開裁判および二審制を実施する。」とする。

9　法廷言語

11条は，少数民族への権利保障を掲げる。「各民族の公民は，すべからく当該民族の言語，文字を使用し民事訴訟を行う権利を有する。少数民族が集合して居住し，または多民族が共同して居住する地区においては，人民法院は，現地の民

族に通用する言語および文字を使用し審理を行い，法律文書を公布しなければならない。人民法院は，現地の民族に通用する言語および文字に精通しない訴訟参与者に対して，通訳を提供しなければならない。」とする。日本・裁判所法74条で日本語と指定されていることと比較すると，特徴は明らかである。実際に，同時通訳ブース備付の法廷も用意されている。

なお，多民族国家であることの反映として，16条は，民族自治地方におけるローカルルールの自主設定を可能とするもののようである。

10　相互主義──同等の原則と対等の原則

5条は，「外国人，無国籍者，外国企業および組織は，人民法院に訴えを提起し応訴するにあたっては，中華人民共和国公民，法人およびその他の組織と同等の訴訟上の権利義務を有する。外国裁判所が中華人民共和国公民，法人およびその他の組織の民事訴訟上の権利に対し制限をするときは，中華人民共和国人民法院は当該国家の公民，企業および組織の民事訴訟上の権利に対し，対等の原則を実行する。」と定める。渉外民事訴訟手続の基本原則とされる同等の原則と対等の原則の区別は分かりにくい。あわせて内外人平等主義のことと理解しうるし，しかも相互（保証）主義を前提とするものとも受け止めうる。なお，日中間に確定判決の相互承認ルールはまだない（日本法118条4号）。なお，仲裁判断に関するニューヨーク条約には，日中ともに加盟している。

なお，中国法では確定判決を履行しない場合，人民法院は，出国制限措置を取り得るし，信用調査システムに記録し，メディアを介しての公開措置も可能となっている（255条，旧231条）。日本法には存在しない規定である。相互主義の枠組みの下では一応の理解は可能であるものの，国際的な観点からは検討を要する。

　　　　　　　　　　　　　　　　　　　　　　　　　　　　　（池田辰夫）

第2章　裁判所制度

第一節　合議制

一　合議制の意義

　合議制とは，三名以上の裁判官等［审判人员］[1]により裁判集団を構成し，人民法院を代表して裁判権を行使し，事件を審理し裁判する制度をいう。

　合議制は，単独制［独任制］に相対する裁判組織形態［审判組織形式］であり，法律に別段の定めがあるほかは合議制による。単独制は一名の裁判官［审判員］が単独で民事事件を審理し裁判する制度であり，簡易手続により審理される事件（中国民訴39条）は単独制による。また，特別手続により審理される事件も単独制によるが，有権者資格事件または重大・難解な事件は合議制により（中国民訴178条），担保物権実行事件は裁判官が単独で審理の任に当たるが，担保財産の価額が基層人民法院の管轄の範囲を超える場合には，合議体により審査しなければならない（民訴解釈369条）。督促手続により審理される事件は単独制による（民訴解釈430条）。公示催告手続により審理される事件は単独制によるが，手形の無効を宣告する判決をする場合には，合議体により審理しなければならない（民訴解釈454条）。

二　合議体の構成

　合議体には，裁判官と参審員により構成するものと裁判官のみで構成するものと二種類ある。「合議体の更なる職責強化に関する若干の規定」（2010年。以下，合議体職責規定と略称する）2条に基づき，合議体は，裁判官，裁判官補佐または人民陪審員（参審員）により状況に応じて構成する。合議体の構成員が固定的で

---

[1]　裁判を担当する人員を指す。具体的には，裁判官および参審員を含む。

ある場合には，定期的に交換しなければならない。人民陪審員が合議体に参加する場合には，人民陪審員名簿から無作為に抽出しなければならない。

合議体の構成員は三名以上の奇数でなければならず（中国民訴 39・40 条），具体的人数は法院が審理の事情を斟酌し決定する。

1　第一審合議体の構成

第一審民事事件の審理は，裁判官と参審員により，あるいは裁判官のみで合議体は構成される（中国民訴 39 条）。

裁判官と参審員とで合議体を構成する場合には，参審員は裁判官と同等の権利義務を有する。

通常手続では，参審員の参加なしに裁判官のみで合議体を構成する。特別手続のうち，有権者資格事件および重大・難解な事件を審理するときは，裁判官のみで合議体を構成しなければならない。

2　第二審合議体の構成

第一審と異なり，第二審民事事件の審理は，裁判官により合議体を構成しなければならず，参審員の参加は認められない（中国民訴 40 条）。これは役割の違いによる。第二審では，事実認定と法適用のみならず，第一審裁判所の裁判に対する監督の機能も担うため，裁判官のみで構成するに適する。

3　差戻審・再審の合議体の構成

第二審法院により差し戻された事件は，原審法院は第一審手続に従い改めて合議体を構成する（中国民訴 40 条）。差戻審は，原判決が合議体によるものか否かに関わらず，合議体によらなければならない。また，差戻審では改めて合議体を構成しなければならず，原審合議体の構成員または単独制の裁判官は差戻し後の合議体に関与することはできない。差戻し後の合議体は差戻し前の合議体の構成の制約を受けず，差戻し前は参審員が参加していたとしても，改めて合議体を構成するにあたっては，必ずしも参審員の参加を要しない。

裁判監督手続に基づき再審理を行う事件は，原訴訟手続が第一審である場合には，第一審手続に従い改めて合議体を構成する。原訴訟手続が第二審である場合または上級裁判所が再審理をする［提審］場合には，第二審手続に従い改めて合議体を構成する（中国民訴 40 条）。再審事件の審理には，原訴訟手続に関与した

裁判官は関与できず，改めて合議体を構成しなければならない。第一審手続に従い再審理を行う場合には，原訴訟手続が単独制を採っていても，再審理にあたっては合議体に改めなければならない。上級人民法院が再審理をする場合には，原訴訟手続が第一審手続でも第二審手続でも，再審理にあたっては第二審手続に従い改めて合議体を構成しなければならない。

三　合議体の活動規則

1　裁判長の職責

裁判長は，院長または廷長が裁判官の一人を指定し担当させる。院長または廷長が構成員となるときは，院長または廷長が担当する（中国民訴41条）。参審員は裁判長となることはできない。裁判長は，合議体において特定の事件の審理を主宰する裁判官であり，常設の職務でも行政職でもないが，最高人民法院の「人民法院裁判長選任弁法（試行）」(2000年)では，裁判長の職責について常設の職位であるとしており，41条と合致せず，検討に値すると指摘されている[2]。

裁判長の職責は，1）裁判補助要員を指導，配置し，開廷審理前の調停・準備およびその他の裁判準備の補助的業務を行い，2）事件審理計画・開廷審理提要を確定し，合議体構成員の開廷審理における分担の調整，必要な準備を行い，3）法廷審理を指揮し，4）合議体の裁判の評議を主宰し，5）関係規定に従い事件を裁判委員会の討議・決定に委ねるよう院長に具申し，6）裁判文書を作成し，合議体の構成員が作成した裁判文書を審査し，7）規定の権限に従い法律文書を発行し，8）院長または廷長の申立てに基づき合議体の事件に対する再議を主宰し，9）合議体の審理期限制度の遵守状況に対し責任を負い，10）裁判に関するその他の事項を処理することである。

裁判長の職責は主宰することにあり，裁判の過程では，全構成員は平等に審理，評議，裁判を行わなければならず，事実認定と法適用に対しては共同で責任を負う（「人民法院合議体業務に関する若干の規定」（以下，合議規定と略称する）4条，合議体職責規定1条）。

2　事件担当裁判官の確定と職責

合議体は事件を受けた後，関係規定に基づき事件担当裁判官を確定，あるいは

---

[2] 江伟・肖建国主編『民事诉讼法〔第7版〕』（中国人民大学出版社・2015年）63頁参照。

裁判長が担当裁判官を指定しなければならない（合議規定 7 条，合議体職責規定 3 条）。担当裁判官の職責は，1）主宰あるいは裁判補助要員を指導し，開廷前の調停・証拠交換等の開廷審理前の準備業務を行い，2）開廷審理提要を起草，閲覧記録を作成し，3）裁判長に協力して法廷審理を計画し，4）規定の期限内に速やかに審理報告を作成し，5）事件につき裁判委員会の検討を要する場合には，裁判長の任命派遣により裁判委員会に報告し，6）裁判文書を作成して合議体の審査に付し，7）裁判に関するその他の事項を処理することである。

事件担当裁判官を定め，合議体の各裁判官に担当事件にある程度力を注がせることにより，開廷審理前の必要な準備活動と開廷後の関連業務を達成し，また，合議体の構成員全員をこれらの活動に従事させることによる不必要な人力の投入を避け，よって，人民法院のコスト支出を下げ，裁判効率を高めることができると考えられる。

3　合議体の職責

合議体は下記の職責を担う。1）当事者の申立てまたは具体的状況に基づき，財産保全・証拠保全・先行執行等の裁定をすることができ，2）評価・鑑定の委託等の事項を確定し，3）法に従い，第一審，第二審および再審事件を開廷審理し，4）事件を評議し，5）事件を裁判委員会の検討決定に付すよう院長に具申し，6）権限に従い，事件と関連する手続的事項に対し裁判をし，あるいは裁判意見を提出し，7）裁判文書を作成し，8）裁判委員会の決定を執行し，9）裁判に関するその他の事項を処理する（合議規定 5 条）。

4　合議体の評議規則

民事訴訟法 42 条および合議規定と合議体職責規定により，合議体の事件の評議は，開廷審理終結後 5 業務日以内に行わなければならず，合議体構成員はみな事件の評議に参加しなければならない。事件の評議に際し，合議体構成員は，証拠の採否，事実認定，法適用，裁判結果および訴訟手続等の問題に対し十分に意見を発表しなければならず，必要なときは，書面により評議意見を提出することもできる。評議の順序は，まず，担当裁判官が事実認定，証拠が確かで十分か否かおよび法適用等について意見を発表し，裁判長が最後に意見を発表する。裁判長が担当裁判官である場合には，最後に意見を発表する。事件の裁判結果について評議を行うときも，裁判長が最後に意見を発表する。裁判長は評議の状況に基

づき合議体の評議の結論的意見を総括しなければならない。合議体の評議に際しては，各合議体構成員は，真摯に，責任をもって，十分に意見を述べ，評決権を独立して行使しなければならず，意見の陳述を拒んではならず，また，単に同意または否定するのみであってはならず，他人の意見に同意するときは，事実的，法的根拠を示し，分析，論証しなければならない。評議において，意見が分かれるときは，多数者の意見に従い決定しなければならないが，少数者の意見を記録に留めなければならない。評議記録は書記官が作成し，合議体構成員が署名する。自己の偽りない意見を十分に陳述することを保障するため，合議体構成員は評議に際する意見の発表により追及されることはない。

四　合議体と裁判委員会，院長，廷長との関係

　合議体と裁判委員会，院長，廷長との関係の処理原則は，組織強化を指導し，かつ，裁判組織の相対的独立性も保持することである。

　裁判委員会は，人民法院内部の裁判業務の集団指導組織であり，その任務は裁判を総括し，重大または難解な事件およびその他の裁判に関する問題を検討することである。裁判委員会と合議体は，指導する側とされる側，監督する側とされる側の関係にある。一方で，合議体の職権を確固たるものとし，その職責を強化し，合議体に裁判機能を真に担わせなければならないことから，合議体は規定の権限に従い，評議の結果，意見の一致を見た事件，または多数意見が形成された事件については，速やかに判決または裁定をしなければならない。他方で，公正な審理を保障するため，合議体は裁判委員会の指導と監督から完全に離れることはできない。1）合議体の意見が大きく分かれ，決定しがたい事件，2）法律の規定が不明確で，法適用に難解な問題がある事件，3）事件処理結果により重大な社会的影響を生じ得る事件，4）裁判業務に対し指導的意義を有する新たな類型の事件，5）その他，裁判委員会の検討を要する難解・複雑・重大な事件については，合議体は裁判委員会の検討に付すよう院長に具申することができる（「人民法院裁判委員会制度の改革と整備に関する実施意見」11 条）。

　また，合議体より裁判委員会の検討の具申はなくとも，院長，主管副院長または廷長が必要であると認めるときは，裁判委員会に検討を具申しなければならない。さらに，院長，副院長が合議体の評議に参加したときに，多数意見と院長，副院長の意見とが一致しない場合には，事件を裁判委員会の検討に付すことを決定することができる（「院長，副院長，廷長，副廷長が合議体の事件審理に参与する

制度に関する若干の意見」5条)。

　合議体は裁判委員会の決定を執行しなければならず，裁判委員会の決定に対し異議ある場合には，裁判委員会の再議に付す決定をするよう院長に求めることができる（合議規定5・13条)。

　院長（副院長)，廷長（副廷長）の役割は，法院行政事務の計画，指導および指揮等である。院長，廷長は合議体の構成員として裁判も行うが，具体的事件の裁判は合議体（単独制の場合は裁判官）が行うのであって，院長，廷長が具体的事件についていかに裁判すべきかを合議体に命ずることはできない。院長，廷長は，合議体の評議意見および作成した裁判文書に対し審査することができるが，合議体の評議結果を変えることはできない。合議体の評議意見および裁判文書の審査において，評議結果に異議ある場合には，合議体に再議を申し立てることができるが，再議を求める問題と理由について書面により意見を提出しなければならない。合議体の再議の後，廷長に未だ異議ある場合には，院長に審査を申し立て，院長は裁判委員会の検討，決定に付すことができる（合議規定16・17条)。

第二節　回避制度

一　回避制度の概念と意義

　回避制度とは，裁判官等およびその他の関係者が，法律に定める事情があるときに，事件の審理活動から退く制度をいう。回避制度の目的は，事件の公正な処理を保障することであり，第一に，裁判の実体的公正の保障であり，事件と利害関係のある裁判官等およびその他の関係者が私情にとらわれ裁判の不公正を招くことを避けることができる。また，手続の公正の体現でもあり，当事者の疑惑を取り除き，当事者の法院の公正に対する信頼を高めることができる。

二　回避の原因と適用対象

1　回避の法定原因

　下記の場合には，裁判官等は自ら回避しなければならず，当事者もまた回避を申し立てる権利を有する。

　1) 本案の当事者または当事者・訴訟代理人の近親である場合（中国民訴44条1項1号)。本案の当事者は事件と直接の法律上の利害関係を有するため，本案の裁判官等を担当することはできない。当事者の近親または訴訟代理人の近親は，

当事者または訴訟代理人と密接な感情の結付きがあるのが通常であり，やはり裁判の公正に影響を与え得るからである。近親とは，裁判官等の配偶者，直系血族，三代以内の傍系血族および近い姻戚関係の親族を含む（「裁判管等の訴訟活動における回避制度執行の若干の問題に関する規定」（以下，回避規定と略称する）1条2項）。

2) 本案と利害関係を有する場合[3]（中国民訴44条1項2号）。

本案と利害関係を有する場合とは，裁判官等の関係者が事件の処理結果に直接的もしくは間接的に経済上の利益または人身上の利益を有する場合をいう。

3) 本案の当事者・訴訟代理人とその他の関係[4]にあり，事件の公正な審理に影響を与え得る場合（中国民訴44条1項3号）。ここにいうその他の関係とは，同窓，先生と学生，同僚，戦友，近隣関係等，上記以外の親密な関係または恩讐関係をいう。これらの関係があり，かつ，本案の公正な審理に影響を与え得るときは，関係者は回避しなければならない。

また，裁判官等が当事者・訴訟代理人の接待・進物を受け，または規定に反して当事者・訴訟代理人と面会した場合には，当事者は回避を求める権利を有し，裁判官等にこれらの行為がある場合には，法的責任を追及しなければならない（中国民訴44条2・3項）。回避の事由は，司法解釈により以下のようにさらに具体化されている。

1) 裁判官等に次の事情があるときは，自ら回避しなければならず，当事者は回避を申し立てる権利を有する。①本案の当事者または当事者の近親である場合，②本人またはその近親が本案と利害関係を有する場合，③本案の証人，鑑定人，弁護人，訴訟代理人，通訳人を担当したことがある場合，④本案の訴訟代理人の近親である場合，⑤本人またはその近親が，非上場会社である当事者の株式または株主権を有する場合，⑥本案の当事者または訴訟代理人とその他の利害関係を有し，公正な審理に影響を与え得る場合（民訴解釈43条）。

2) 裁判官等に次の事情があるときは，当事者は回避を申し立てる権利を有する。①本案の当事者およびその受託者の宴席への招待を受け，または費用の支払われた催しに参加した場合，②本案の当事者およびその受託者に財物またはその

---

3) 後述のように，民訴解釈43条2号では，裁判官等のみならず，その近親が利害関係を有する場合も含められている。

4) 後述のように，民訴解釈43条6号では，その他の利害関係となっている。

他の利益を請求し，受け取った場合，③規定に反し，当事者・訴訟代理人と面会した場合，④本案の当事者に訴訟代理人を推薦，紹介し，または弁護士，その他の要員に本案の代理を仲介した場合，⑤本案の当事者とその受託者から金員・物品を借用した場合，⑥その他不正な行為があり，公正な審理に影響を与え得る場合（民訴解釈44条）。

3）一つの裁判手続において本案の裁判業務に関与したことがある裁判官等は，当該事件のその他の手続の裁判に関与することはできない。しかし，差戻事件では，一審法院の裁判後に第二審手続に入る場合には，差戻し前の第二審手続の合議体構成員はこの規定の制約を受けない（民訴解釈45条）。

2 回避の適用対象

回避制度は，裁判官等，書記官，通訳人，鑑定人，検証者，執行官に適用される（中国民訴44条，民訴解釈49条）。ここにいう裁判官等には，本案審理に関与する院長，副院長，裁判委員会委員，廷長，副廷長，裁判官，裁判官補佐および人民陪審員を含む（民訴解釈48条）。また，調停を主宰する裁判官等およびその他の調停業務関与者についても当事者は回避を申し立てることができる（回避規定6条）。人民検察院の民事訴訟監督事件の処理において，検察官等および書記官，通訳人，鑑定人，検証者等も，民事訴訟法44条の回避原因があるときは，自ら回避しなければならず，当事者は回避を申し立てる権利を有する（人民検察院民事訴訟監督規則（試行））。

三 回避の方式と手続

回避には，回避原因があると認めるときに，1）回避の適用対象となる者が自ら本案の審理に関与しないことを要求する，2）当事者およびその法定代理人が口頭または書面により回避の申立てをする，3）回避対象となる者が自ら回避せず，当事者およびその法定代理人も回避の申立てをしない場合に，法院が職権により回避の決定をする[5]という方式がある。

また，人民法院の上級幹部および裁判・執行職務裁判官は，その配偶者，子女がその在職する法院の管轄区内で弁護士業に従事する場合には，在職回避をしなければならない（最高人民法院「配偶者・子女が弁護士業に従事する法院上級幹部及

5）この三番目は民訴解釈46条で明らかにされた。

び裁判執行職務裁判官に対し在職回避を行うことに関する規定（試行）」2011 年）。

　当事者は回避の申立てにあたっては，理由を説明しなければならない。回避の申立ては審理開始時になされねばならないが，審理開始後に回避事由を知った場合には，法定弁論終結前であれば申し立てることができる（中国民訴 45 条 1 項）。回避申立権の保障のため，人民法院は，合議体の構成員・単独制の裁判官および書記官等の要員に対し回避を申し立てる権利があることを当事者に告知しなければならない（民訴解釈 47 条）。

　回避の決定は，裁判官等の回避は院長が行い，その他の要員の回避は裁判長が行う。院長が裁判長を担当する場合の回避は裁判委員会が行う（中国民訴 46 条）。検察官等の回避は検察長が決定し，検察長の回避は，検察委員会が決定し，一級上の人民検察院に報告し記録に留める。

　回避を申し立てられた者は，回避の決定前は，緊急の措置を除き，本案の業務への関与を停止しなければならない（中国民訴 45 条 2 項）。

　人民法院は，当事者の回避の申立てに対し，申立てより 3 日以内に口頭または書面により決定しなければならない。申立人は決定を不服とする場合には，再議を一度申し立てることができる。再議の間は，回避を申し立てられた者は，本案の業務への関与を停止しなければならない。人民法院は，再議の申立てに対し，3 日以内に再議の決定をし，かつ再議申立人に通知しなければならない（中国民訴 47 条）。

第三節　公開裁判制度

一　公開裁判制度の意義

　公開裁判制度の意義は，第一に，司法の公正の保障にある。裁判を公衆の監督の下に置き，裁判の透明性を高めることは，司法の専断を防ぎ，司法の不公正を発見し，取り除くための重要な技術的措置である。裁判の公開は，裁判官等の法による事件処理の意識を高め，責任感を強化し，裁判権の正しい行使を促すに資する。また，裁判の公開は公衆とマスメディアに裁判過程を理解させ，公衆とマスメディアが裁判官等の行為を有効に監督するための重要なルートとなる。

　第二に，司法・裁判の信頼性を高める。裁判の公開は裁判の公正を高めるのみならず，公正を顕現化することができ，制度上，手続上，当事者が司法・裁判を受け入れるための心理的基礎を築き，よって，司法・裁判の信頼性を高めること

ができる。

　第三に，当事者とその他の訴訟参与者が訴訟上の権利を正しく行使し，訴訟上の義務を履行するに資する。裁判を公開して行うことは，当事者とその他の訴訟参与者の訴訟行為に対し，一定の拘束作用を有し，ありのままに事実を述べ，証拠を提出するよう促し，訴訟秩序を自覚的に守り，民事訴訟を妨害する行為の発生を防止することができる。

　第四に，法制宣伝教育に資する。裁判の公開，事件の傍聴とマスメディアの報道により，公衆は，事件がいかに審理，裁判されるか直接間接に体験することができ，よって，生き生きとしたイメージの法制教育を受けることになり，法制観念は強化され，自覚的に法を運用し自己の行為を律すると考えられる[6]。

二　公開裁判制度の内容

　第一に，裁判主体，すなわち事件の審理に当たる裁判官等および事件結果の決定に関与する者と記録者は，公開されなければならない。

　第二に，公開の対象は当事者と社会である。当事者への公開とは，法院の裁判活動，特に，証拠の調査・認定等は，当事者の関与の下で行わなければならないということである。これは，たとえば，当事者の過失なくして欠席のまま裁判をしてはならないというように，訴訟手続の多くの場面で具体化されている。社会に対する公開とは，開廷審理と判決の言渡しについては公衆の傍聴を認め，事件審理の状況に対するマスメディアによる取材・報道・事件内容の公開を認めることである。公衆の傍聴とマスメディアの取材・報道のため，公開審理される事件については，人民法院は開廷3日前に事件の要旨，当事者の姓名または名称，開廷の時間および場所を公告しなければならない。

　しかし，マスメディアによる裁判に対する取材・報道，すなわちメディアという世論の監督，言論の自由があってこそ，公衆の知る権利は保障されるのであるが，司法・裁判の独立と公正に影響を与えるものであってはならない。よって，報道にあたっては，マスメディアはありのままに審理の過程を報道しなければならず，また，裁判が下される前に，憶測とその判断に基づき，事件の事実，性

---

[6]　江・肖主編・前掲注2）67・68頁参照。1982年の民事訴訟法（試行）制定時，また，その後も長い間，教育的意義がとりわけ強調されていたが，第四に，他の意義と並列的に置かれている。

質，法適用等の問題について，マスメディアがほしいままに結論を下し，報道するようなことがあってはならない。そのような報道は，裁判官等の事件に対する正常な判断に影響を与え得るものであり，法廷の独立と裁判権の公正な行使を妨げるものであると考えられる。

　第三に，裁判の公開とは，法廷審理だけでなく，合議体の事件評議を除く裁判の全過程の公開をいう。裁判官の裁判活動は法廷上に限られず，法廷審理の前後一連の活動として展開されるため，審理前の準備の段階および判決の言渡しのような法廷審理終結後の裁判活動も公開の範囲に含まれる。裁判文書の内容もまた公開しなければならないのが原則である。社会公衆は，原則として確定した裁判文書を閲覧する権利を有する（中国民訴 156 条）。また，裁判の公開は執行手続にも延長される。執行業務の透明性を高め，当事者の知る権利と監督権を保障し，執行の公正を確保するため，執行活動において，人民法院は執行の過程と執行手続を公開しなければならない（「人民法院の執行の公開に関する若干の規定」）。

　第四に，裁判の公開は審理を公開する，公衆の傍聴を認めるといった形式上の公開だけでなく，実質的なものでなければならない。よって，事実は公開の法廷で調査せずには認定してはならず，証明不要な事実を除き，事実を証明する証拠は公開の法廷で挙証，質証せずに証拠原因としてはならない（「公開裁判制度の厳格な執行に関する若干の規定」（1999 年。以下，公開裁判規定と略称する））。しかし，国家機密，商業上の秘密および個人のプライバシーに関わる証拠または法律により秘密を保持しなければならないとされた証拠は，質証を公開してはならない（民訴解釈 103 条 3 項）。裁判文書では，証拠の採否・事実認定の理由および法的根拠を説明，論証しなければならない。

　第五に，公開の方式は，法院の掲示板などに通知，公告するという伝統的な方式によることも，新聞，テレビなどのマスメディアで公開することも，さらにはインターネットを通じて公開することもできる。司法の公開をさらに進め，司法に対する公衆の理解と信頼と監督をいっそう強化するため，最高人民法院は，2013 年に「司法公開推進の三大土台建設に関する若干の意見」を公布し，現代情報技術を用いて，三大土台である裁判の工程・裁判文書・執行情報の公開を推進するよう各級法院に求め，同時に，「人民法院の裁判文書インターネット公布に関する規定」を公布し，裁判文書のインターネットにおける公布の範囲，手続および関連条件について具体的処置をし，最高人民法院がインターネット上に「中国裁判文書サイト」を開き，各級人民法院の裁判文書を統一的に公表するこ

ととした。

公開裁判制度に反し、1）当事者が上訴した場合には、第二審人民法院は裁定で判決を取り消し、差し戻さなければならず、2）当事者が再審を申し立てた場合には、人民法院は再審を決定することができ、3）人民検察院が裁判監督手続に従い抗訴を提起した場合には、人民法院は再審を決定しなければならない。なお、この場合の差戻審または再審が決定された事件は公開審理しなければならない（公開裁判規定7条）。

三 公開審理の例外

事件の性質の特殊性により、法律が審理の非公開を定めている場合は以下のようである。

1）国家機密に関わる事件。国家機密とは、国家の安全と利益に関わり、法定の手続に従い確定される一定の時間、一定の範囲の者のみが知る事項をいう。国家機密に関わる事件の審理を非公開とするその目的は、国家の政治、経済的利益および社会公共の利益の保護にある。2）個人のプライバシーに関わる事件。個人のプライバシーとは、公民の私生活に関わり、外部に公開するに適さない事項をいう。3）離婚事件および商業上の秘密に関わる事件は、当事者が審理の非公開を申し立てた場合には、審理を非公開とすることができる。離婚事件は、夫婦間の感情に関わる問題であり、当事者のプライバシーに関わり得る問題であり、矛盾を激化させず、婚姻紛争を円満に解決するには、双方当事者の意向により審理を公開するかどうかを決定すべきである。商業上の秘密とは、生産加工技術、調整・調合方法、取引関係、購入・販売ルートなど、当事者が公開を望まない技術上の秘密、商業上の情報をいう。商業上の秘密自体に経済的価値があり、審理を公開した場合、当事者の合法的経済的利益に損害を与え得るため、こうした事件については、当事者が申し立てたときには、審理を非公開とすることができる。4）法院調停は、原則として非公開で行う。調停の過程は、一方あるいは双方の当事者の互譲を伴い、相手方に対し誤りを認め、謝罪をするような場合、当事者は公開を望まないこともあり得るため、当事者が公開に同意しない限り調停の過程は公開されない。調停合意の内容は非公開であるが、国家の利益、社会公共の利益、他人の合法的権益を保護するために法院が公開を必要と認めるときはこの限りではない。5）法律に別段の定めある事件（中国民訴134条、民訴解釈146条）。

なお，審理を公開する事件も非公開とする事件も，判決の言渡しは公開しなければならない（中国民訴148条）。

第四節　二審終審制度

一　二審終審制度の意義と展開

　二審終審制度とは，一つの民事事件につき二審級の法院の裁判を経て終結を言い渡す制度をいい，第一審の裁判後，当事者は不服とする場合には，法に従い一級上の人民法院に上訴を提起する権利を有し，当該第二審法院の判決・裁定は終審判決・裁定であり，さらに上訴することはできない。

　抗日戦争の時期の革命根拠地では三審終審制であったが，各根拠地すべてが同じではなく，三級二審制，二級二審制，場合により三級三審制のところもあった。1951年に公布施行された人民法院組織条例では，三級二審制となり，県級人民法院を第一審，省級人民法院を第二審とし，通常は二審制であるが，特別の事情の下では，三審制または一審制も認められた。1954年に制定された人民法院組織法では，法院組織は，三級から四級となり，審級制度もそれに応じて四級二審制に改められ，現行の人民法院組織法と民事訴訟法に引き継がれている。

　民事訴訟法では，以下の事件は上訴が認められず，一審制である。1）最高人民法院が直接受理し裁判する第一審民事事件，2）特別手続に従い審理する事件，3）督促手続および公示催告手続に従い審理する事件，4）民事訴訟法162条に従い審理される少額訴訟事件。また，企業破産手続では，破産申立てを受理しない裁定および破産申立却下の裁定に対しては上訴できるが，その他の裁定に対しては上訴は認められない（破産法）。婚姻無効宣告申立事件では，婚姻の効力に関する判決は一度なされれば確定し，上訴の提起は認められない（「『中華人民共和国婚姻法』適用の若干の問題に関する解釈（一）」2001年）。

二　二審終審制採用理由

　中国で二審制が採られた理由は，以下のように考えられた。第一に，経済，文化発展水準が低いため，二審制は訴訟の煩を軽減させ，当事者にとって便利である。中国の領土は広大であるが，当時，多くの地方は交通の便が悪く，審級が多くなり裁判が長引けば，民事関係は長期にわたり不安定な状態に置かれ，当事者の人力・財力・時間の浪費となると考えられた。第二に，二審制は高級人民法院

と最高人民法院を上訴事件の審理の負担から解放し，裁判業務の指導・監督に精力を注ぐことを可能とする。第三に，二審制で十分に裁判の質は保障できるのであって，過多の審級は不要である。第四に，裁判監督手続が審級の不足を補う。確定した判決・裁定に誤りがあるときは，裁判監督手続で正すことができ，審級の不足は補われる。

三 審級制度の問題とその解決

前述のように経済発展水準が低く，事件もその類型も少なかった国情には二審制は適合し，その不備を露呈することもなかった。しかし，経済，文化の発展に伴い，民事事件は激増し，複雑になり，法適用は難度を増し，人々の法意識，司法・裁判の公正に対する要求と期待も高まってくると，法適用の誤りや司法の不公正といった二審制の弊害が顕著となる。学者からは，二審制により，終審法院の審級が低いことが一連の問題を引き起こしていると指摘される。すなわち，第一に，多数の法院が終審を担当するということは，各法院の法解釈の違いにより，法適用の統一の妨げとなる。第二に，審級の低い法院の中には裁判水準が低く，第一審の裁判が不当でも上訴審での是正ができないこともある。第三に，終審法院の審級が低いと，その所在地から地方政府の影響を受け，地方保護主義の弊害が生じやすくなり，また，当事者とのつながりは訴訟に情実を交え，事件の公正な処理に影響を与えることにもなる。

これらの問題に対する改革の筋道としては，合理的な審級制度を構築することが重要であると学者達は指摘する。司法の統一のために終審法院の数を少なくし，各級法院は職能を分担すべきであり，最高法院は法律審のみとし，権利性上訴と裁量性上訴に分けるべきである。また，司法・裁判の正確性をいかに保障し，その効率性を高め，その終局性と権威を保持するかにも考慮する必要がある。審級制度を多元化し，二審制を原則とするが，場合により三審制または一審制とする。第三審は法律審のみとし，最高人民法院のみが担当し，第一審は基層法院と中級法院のみが管轄すべきこと，再審の適用要件と手続を整備すること等が建議されている[7]。

---

7) 江・肖主編・前掲注 2) 71・72 頁参照。

第五節　陪審制度

一　陪審制度の意義

　中国の人民陪審制度は，公民である陪審員が裁判官と共に合議体を構成し，陪審員は事件事実の審理と認定にも，法適用の過程にも関与し，裁判官と同等の権利義務を有するものであり，参審制である。
　陪審制度の意義として次のことが挙げられる。第一に，陪審制は，一般の公民が国家の司法活動に直接参与し，一般の公民と裁判官とが共に裁判権を行使することにより，司法と民事裁判の民主性を体現する。第二に，一般の公民の裁判への関与は，裁判官の裁判活動に対する監督として機能し，職業裁判官層が官僚主義に陥るのを防ぎ，また，司法腐敗を防ぎ，司法の公正な運営を保護する。第三に，陪審員は，社会生活の各分野の豊富な経験を有し，また，中には専門知識や技術を有している者もおり，異なる角度から事件を分析し，意見を述べることができ，職業裁判官の知識，経験および能力の不足を補う。第四に，法知識の普及に資する。一般の公民が陪審員として裁判活動に参加し，具体的事件の審理裁判の過程を直接理解することは，公民の法知識と法意識の向上を促す。

二　中国における陪審制度の内容

　陪審制は，革命根拠地の時代から行われており，後の人民法院組織法と民事訴訟法もそれを継承したが，裁判組織の構成形態として簡単な規定しか置かれていなかった。陪審員の要件，選任，参加する事件の範囲等については，2005年より施行された「全国人民代表大会常務委員会の人民陪審員制度の完備に関する決定」（以下，陪審決定と略称する）に規定された。
　陪審員を担当するための要件は，以下のようである。1）中華人民共和国憲法を擁護すること，2）年齢満23歳以上，3）品行方正であること，4）健康であること，5）高等専門学校以上の文化程度であること。ただし，1）人民代表大会常務委員会の構成員，人民法院・人民検察院・公安機関・国家安全機関・司法行政機関の職員，2）犯罪により刑事処罰を受けたことのある者，公職を免職された者は陪審員にはなれない。
　陪審員の要件を充足する公民は，その所属機関または戸籍所在地の基層組織が基層人民法院に推薦し，あるいは本人が申請し，基層人民法院が同級の人民政府

司法行政機関と共同で審査し，基層人民法院院長が陪審員候補者を同級の人民代表大会常務委員会に提出して任命を求める。陪審員の任期は5年である。

　民事訴訟において，簡易手続による事件と法律に別段の定めがある場合を除き，1）社会的影響の大きい事件，2）原告または被告が人民陪審員の合議体への参加を申し立てた事件は，人民陪審員と裁判官とで合議体を構成する。この場合，合議体における人民陪審員の占める割合は，3分の1より少なくてはならない。

　基層人民法院の事件に陪審員が参加する場合には，人民陪審員名簿から無作為に抽出して確定する。中級人民法院，高級人民法院の事件では，その所在する都市の基層人民法院の人民陪審員名簿から無作為に抽出して確定する。

　陪審員は裁判長は担当できないが，独立して意見を発表し，独立して表決権を行使する等，裁判官と同等の権限を有する。陪審決定には，人民陪審員が職責を履行するにあたっての経費の保障についても規定が置かれている。人民陪審員が裁判活動に参加するために支出した交通・食事等の費用は，人民法院が補助する。勤務先のある人民陪審員が裁判活動に参加する期間は，所属先はどのような形でもその賃金，奨励金および福利待遇の上前をはねてはならない。また，固定収入がない人民陪審員が裁判活動に参加する期間は，人民法院が当地の職員・労働者の前年度の平均貨幣賃金水準に照らして，実際の業務日により補助する。人民陪審員が裁判活動に参加することにより受けるべき補助，人民法院と司法行政機関が陪審制度を実施するために必要な費用は，人民法院と司法行政機関の業務経費に組み込まれ，同級の政府財政によって保障される。

　　　　　　　　　　　　　　　　　　　　　　　　　　　　（小嶋明美）

第3章　管　　轄

第一節　法院の主管

一　法院の主管と確定基準

1　法院の主管

　主管とは一般に国家機関の職権範囲を指し，法院の主管とは，民事訴訟法を適用して，裁判方式により紛争を解決する法院の権限の範囲である。換言すれば，法院がどの範囲で審理判断権を有し，民事訴訟法によって事件を処理することが許されるのか問題であるが，これは人民法院とその他の国家機関や社会団体との間で民事紛争解決をどのように分担するかを確定することでもある[1]。

2　確定基準

　法院の主管の確定基準については，民事訴訟法の適用範囲に関する中国民訴3条の規定，すなわち「人民法院は，公民相互間，法人相互間，その他組織相互間およびそれら相互の間で財産関係および身分関係について提起される民事訴訟を受理し，この法律の規定を適用する。」に基づき，主に二つの基準が指摘される。

　1）主体基準としては，①民事訴訟の提起主体が公民，法人，その他の組織であること（ここには外国籍の公民，企業，組織，無国籍人を含む）[2]，および②各主体間の法律上の地位は完全に平等であって相互に隷属関係はなく，各自が自

---

[1]　小嶋明美『現代中国の民事裁判』（成文堂・2006年）121頁，肖建国編『民事訴訟法』（中国人民大学出版社・2013年）45頁参照。このほか，従来から一般に用いられている「法院の主管」概念ではなく，「受案範囲」を民事裁判権の作用する範囲または民事裁判権の範囲と定義して論を進めるもの（江偉・肖建国主編『民事訴訟法〔第7版〕』（中国人民大学出版社・2015年）76頁以下），端的に「民事裁判権の範囲」として立論するもの（張卫平『民事訴訟法〔第3版〕』（中国人民大学出版社・2015年）61頁以下）がある。

らの欲するところを自由に表明できること，である。

2) 内容基準としては，民事法律関係に関する紛争，すなわち，紛争の内容が民事領域の財産関係および身分関係に関連して生じたものであることが必要である。

このように，中国民訴3条は，紛争を生じた実体法上の法律関係が，民事関係に属するかどうかを基準として法院による民事訴訟の主管範囲を画しているが，その理由としては，民事訴訟法が，民法の実施を保障する手続法であることから，民事法律関係について生じた紛争を対象とするのは当然である，と説明されている[3]。

二　法院主管にかかる民事訴訟の範囲

法院主管にかかる民事訴訟の範囲は以下のとおりである。
1) 民法によって調整される財産関係および身分関係から発生した紛争。
2) 婚姻法，相続法，養子法等によって調整される婚姻家庭関係，相続関係，養親子関係から発生した紛争。
3) 商法によって調整される商事法律関係から発生した紛争。
4) 経済法によって調整される経済法律関係[4] から発生した紛争。
5) 労働法によって調整される労働法律関係から発生した紛争。ただし，この類型の紛争には，仲裁前置原則が実施されている（労働法79条，労働紛争調停仲

---

2) 中国民訴3条所定の「公民」は，本来は中華人民共和国の国籍を持つ自然人を指す概念である。もっとも，改革開放の絶え間ない進展および中国の社会主義市場経済の急速な発展に伴い，外国人および無国籍者が中国で民事訴訟に参加するケースが次第に増加していることから，中国民事訴訟法は，中国で民事訴訟に参加する外国人，無国籍者にも適用すると拡大解釈されている（全国人民代表大会常務委員会法制工作委員会民法室編『中华人民共和国民事诉讼法』〔2012年修訂版〕（北京大学出版社・2012年）4頁参照）。中国の民事実体法についていえば，1987年施行の民法通則では「公民」という政治的用語が用いられていたところ，1999年施行の契約法では「自然人」概念が採用され，外国人，無国籍人も含まれる方向に変化している（高見澤磨・鈴木賢・宇田川幸則『現代中国法入門〔第7版〕』（有斐閣・2016年）148頁参照）。
3) 李浩『民事诉讼法学〔第3版〕』（法律出版社・2016年）47頁，小嶋・前掲注1）121頁参照。他方，平等な民事主体間において民事法律関係に関わる民事紛争の性質を有するものであっても，立法政策その他の原因により，法院主管の民事訴訟から排除される紛争類型が存在することにつき，赵刚・占善刚・刘学在『民事诉讼法〔第3版〕』（武汉大学出版社・2015年）73～74頁参照。

裁法47条)。

6) 法律が，人民法院が民事訴訟法を適用して解決すると規定するその他の紛争（たとえば中国民訴第15章「特別手続」，第17章「督促手続」，第18章「公示催告手続」の各事件等）である。

三 人民法院による民事訴訟とその他国家機関等による紛争処理との関係

1 人民法院と人民調停委員会主管の民事紛争の関係[5]

人民調停委員会は，大衆性の自治組織であり，その任務は民間の一般民事紛争の調停であるが，性質が重要，事案が複雑，影響が重大な民事案件については人民調停委員会の調停範囲には属さない。法院主管にかかる民事事件の範囲は，人民調停委員会が取り扱える紛争の範囲よりも広いが，両者が受理する紛争の範囲はかなり重複している。

人民調停は民事訴訟の前置手続ではなく，人民調停を行うかどうかは当事者自身が決定できるところ，法院および人民調停委員会がいずれも処理権限を有する紛争については，双方当事者が人民調停委員会による調停に同意すれば，同委員会により調停することができる[6]。

当事者の一方が，人民調停員会に調停を申し立て，他方当事者が人民法院に訴えを提起する場合には法院が主管することになる。調停が不成立または調停合意後に翻意して当事者が人民法院に訴えを提起した場合，法院が主管する。

2 人民法院と郷（鎮）人民政府主管の民事紛争の関係

民間紛争の調停活動の空隙を補い，また正しい調停合意を支持し，誤ったものは正し，人民調停委員会の活動を指導していくために，基層人民政府による行政

---

4) 国家が特定の経済関係を調整する法律の総称が「経済法」であり，中国では1) 市場の障害を排除し，市場の規制を目的とするもの（反独占法，反不正競争法等）以外に，2) 国家が直接的に参与，投資，経営する経済関係の調節に関するもの（国家投資法，国有企業法等），3) マクロ経済の調整に関するもの（計画法，財政法，税法，金融法，価格法等）を含むとされている（浦法仁編『応用法律詞典』（社会科学文献出版社・2015年）431頁参照）。

5) 李・前掲注3) 48〜49頁参照。

6) 人民調停において当事者が調停合意に達した場合，法的拘束力が発生するが，さらに司法確認手続を経ることによって執行力を具備することができる（調停合意司法確認制度につき，本書第2編第16章参照）。

型の民事紛争処理制度が設けられており，公民間の身分，財産権益その他日常生活において発生した紛争を対象とする[7]。これにより大多数の郷（鎮）人民政府では司法所が設置され，司法助理員が配備されているが，その身分は基層人民政府の司法行政業務職員であり，民事紛争の調停処理に責任を負う。基層人民政府による民事紛争処理は，政府が主に社会事務の管理を目的として社会紛争の解決に関与することから出発しており，調停不成立の場合に処理決定を行うことができ，執行措置も採ることができる等，一定の主導性と強制性を具える。

もっとも，法院主管との関係では，1）法院主管の範囲の方が基層人民政府のそれよりも広く，2）法院主管が，基層人民政府の主管よりも優先する。3）紛争が基層人民政府による処理を経た後，当事者が法院に訴訟提起した場合，当該民事事件は法院主管となる。

3　人民法院と仲裁機関主管の民事紛争の関係

1995年施行「仲裁法」により，平等主体間の契約紛争およびその他財産関係を原因とする紛争について（同法2条）[8]，民間の紛争解決機関たる仲裁委員会による仲裁方式での解決が認められており，その主管紛争の類型・範囲は，商事仲裁と民事仲裁が交錯しているが，法院による民事訴訟の主管よりも狭い。

平等主体間の契約紛争およびその他財産関係を原因とする紛争は，仲裁委員会の主管に属し，かつ法院による主管でもあるが（共同主管），紛争解決ルートの選択権は当事者が有している。そして当事者間に仲裁合意が成立した場合には，仲裁委員会がこれを受理し，法院の主管は排除される[9]。逆に当事者間の仲裁合意が不成立，または仲裁合意が無効の場合には，法院の主管となる。

他方，労働争議仲裁については，民事訴訟の前置手続とされているため（労働

7）1990年司法部「民間紛争処理弁法」，1993年最高人民法院「郷（鎮）人民政府が調停により処理した民間紛争をいかに処理するかに関する通知」。地方政府による行政型の民間紛争処理制度については，小嶋・前掲注1）82～84頁，斉樹潔主編『民事訴訟法〔第4版〕』（中国人民大学出版社・2015年）80頁，李・前掲注3）49頁参照。

8）仲裁法3条は適用除外紛争として1）婚姻，養子縁組，後見，扶養，相続に関わるもの，2）法により行政機関が処理すべき行政紛争，を定めることから，これらは法院の単独主管に属する（李・前掲注3）49頁）。

9）仲裁法は一審終局制を採用しており（9条），仲裁判断がなされると直ちに法的効力が生じて当事者の上訴・不服申立ては認められない。もっとも，仲裁法第5章所定の仲裁判断の取消裁定，民訴法237条2項による不執行裁定を得て，新たに仲裁合意を締結していない場合には法院に提訴可能である（李・前掲注3）49頁）。

争議調停仲裁法 47 条），当事者はまず仲裁申立てを行うことが必要であり，仲裁判断に対して不服のある場合に人民法院に対して訴えを提起できる。

4 人民法院とその他行政機関主管の民事紛争の関係

上述した郷（鎮）人民政府以外の行政機関において，社会事務に対する管理職能を履行するとき，その職権の範囲内において民事権益紛争に関する処理を行うことができるため，これが法院主管と並行，交錯する問題，さらには行政訴訟主管と民事訴訟主管との区分の問題が生じる。

この処理については，

1）一方当事者が行政機関に処理を請求し，他方当事者が人民法院に訴えを提起する場合は，人民法院が主管する。

2）双方当事者が行政機関に対して民事紛争の処理を請求する場合，行政機関が主管する。もっとも，行政機関の処理に対して司法による最終的解決を要するとの原則により，その結果に不服がある場合，当事者に訴訟提起を認める必要がある。すなわち，①行政機関による民事紛争の処理行為が行政行為の性質を有する場合（行政裁決），当事者がこれを不服として人民法院に訴えを提起する場合，行政訴訟主管の範囲に属する。他方，②行政機関の処理行為が非行政行為に属する場合（調停，仲裁），当事者がこれを不服として人民法院に訴えを提起する場合は，民事訴訟主管の範囲に属する[10]。

第二節　管轄概説

一　管轄の意義

民事訴訟の管轄とは，各級の人民法院間および同級の人民法院間において，受理した第一審民事事件に関する業務分担および権限である[11]。管轄は，人民法院

---

10)　李・前掲注 3) 50 頁，肖編・前掲注 1) 47 頁参照。
11)　江・肖主編・前掲注 1) 86 頁参照。前述した法院の主管と管轄は民事訴訟において密接な関係を有する概念である。すなわち，主管は管轄に先立って発生し，訴訟事件の管轄法院を確定する前提である。他方，管轄は法院の民事訴訟の主管範囲に属する事件について具体的に確定するものであり，両者は異なる概念である。主管は，民事裁判権の範囲を確定し，いかなる紛争を民事訴訟で受理するかという問題を解決するのに対し，管轄は，具体的な民事訴訟事件をどの法院で受理するかという問題を解決する（齐主編・前掲注 7) 81～82 頁参照）。

内部において民事裁判権を具体的に確定する制度として重要な意義を有する。

中国の人民法院は四級に分かれ，最高人民法院以外の各級人民法院は多くの法院を有することから[12]，第一にある紛争が民事訴訟の主管範囲の問題に属することを解決し，第二に事件を管轄制度によって各法院に具体的に分配する。事件の分配は二つに大別され，1）異なる級別の法院間で行われ，四級法院のそれぞれが第一審事件として受理する業務分担および権限が明確にされる。2）同級の法院間で行われ，事件は同級の各具体的な法院に分配される。管轄制度は，まさにこのような分配を通じて民事裁判権を具体的に確定するものである。

二　管轄確定の要素・原則[13]

民事訴訟法は次の要素と原則に基づき，人民法院相互間の業務分担および権限を確定し，管轄範囲を明確にしている。すなわち，1）当事者による訴訟追行の便宜（たとえば大多数の事件が基層人民法院の管轄とされる点），2）人民法院による裁判権行使（事件審理および執行）の便宜。3）各級人民法院の業務上の負担を均衡させること（たとえば審級が高いほど，第一審事件の管轄は少ない），4）事件の公正な審理判断を保証すること，5）原則的規定による確定性と柔軟性のある規定の結合（たとえば管轄権の移転），6）国家主権を守ること（たとえば合理的範囲内で中国の人民法院の渉外民事事件に対する管轄権を及ぼす），等である。

三　管轄恒定[14]

管轄恒定は，管轄固定とも称され，一定の状況下において，訴えの提起時を基準として管轄を確定し，その後に訴訟中に管轄の根拠に変化が生じても，すでに確定された受訴法院の当該事件に対する管轄権に影響しないことである。管轄恒定は，訴訟の安定性に役立ち，訴訟経済の要求に適合するとともに，訴訟要件の

---

12) 最高人民法院によれば，2015年末時点で，中国には32の高級人民法院（解放軍軍事法院を含む），413の中級人民法院（専門人民法院を含む），3,129の基層人民法院（専門人民法院を含む）が存在している。裁判官は全国に21.1万人，うち高級人民法院に0.7万人，中級人民法院に4万人，基層人民法院に16.4万人が配属されている（最高人民法院『中華人民共和国最高人民法院』（2015年）36頁）。
13) 江・肖主編・前掲注1）86～87頁参照。
14) 江・肖主編・前掲注1）87～88頁，張・前掲注1）67～69頁参照。

一つである管轄要件を訴えの提起時において確定し，管轄変動によってもたらされる訴訟遅延や司法資源の浪費を防止でき，さらに当事者が複数の法院において訴訟負担を負うことを回避できる。

管轄恒定には，級別管轄の恒定と地域管轄の恒定を含む。前者は，主に級別管轄が訴え提起時の訴訟物価額により確定された後，訴訟過程における訴訟物価額の増減・変動に影響を受けないことである[15]。後者は，地域管轄が訴えの提起時を基準として確定された後，訴訟過程における管轄確定の要素の変動によって影響を受けないことである[16]。

四　管轄の分類[17]

1　法律上の分類

中国民事訴訟法第1編第2章は「管轄」を級別管轄，地域管轄，移送管轄，指定管轄の四つに分けて規定しており，このうち地域管轄の内容は，さらに一般地域管轄，特殊地域管轄，合意管轄，専属管轄，併合管轄，選択管轄とに分類される。

---

15) 1996年5月最高人民法院「事件の級別管轄に関するいくつかの問題に関する回答」では「当事者が訴訟中において訴訟請求を追加し，それにより訴訟物の価額が増加し，訴訟物価額が受訴法院の級別管轄の権限を超過した場合，原則として管轄は変動しない。ただし，当事者が故意に関連する級別管轄等の規定を回避する場合を除く。」と定める。この点，地方保護主義を背景に自己に有利な裁判を得るため，本来は中級法院の管轄とされる訴訟請求を減額して基層法院に一部分を請求し，基層法院の受理後に残部請求を追加することによって級別管轄を潜脱するケースについて，上記「回答」は一定の合理性を有するが，しかし，但書の故意による級別管轄規定の回避については，多くの学説からその判断が困難と批判され，むしろ訴訟請求追加後の訴額に基づき改めて管轄法院を確定すべしと指摘されていた。そこで最高人民法院は，2009年「民事級別管轄権異議事件の審理の若干の問題に関する規定」を公布してこの問題に対応し，さらに民訴解釈39条では「当事者の故意による規定の回避」という主観要件を削除し，訴訟請求の追加・変更の場合も管轄恒定原則を維持しながら，級別管轄規定に違反する場合を除外している（江・肖主編・前掲注1）87〜88頁，張・前掲注1）68頁参照）。
16) 民訴解釈では管轄確定の後の被告住所地の変更（37条），行政区域の変更（38条），当事者の反訴提起，訴訟請求の追加・変更等（39条）により受訴裁判所の管轄権が影響を受けないことが明確にされている（本書巻末資料参照）。
17) 江・肖主編・前掲注1）88頁，張・前掲注1）69頁，李・前掲注3）54〜55頁参照。

2 理論上の分類

民事訴訟理論上，一般に管轄は次の三つの角度から分類されている。

(1) 法定管轄と裁定管轄

管轄の確定根拠が，法律規定によるものか，法院の裁定を基準とするかによる分類である。法律によって直接規定された管轄である法定管轄は，級別管轄と地域管轄とに区分でき，具体的状況を根拠に法院の裁定によって確定される裁定管轄は，管轄の移送，管轄の指定，管轄権移転に分けられる。両者の関係についていえば，法定管轄が原則で裁定管轄は例外であるが，両者が補い合うことにより，管轄の確定性と柔軟性が結合した原則を体現している。

(2) 強制的管轄と任意的管轄[18]

管轄の法律規範が，強制性を具えるかどうかを基準とした分類である。強制的管轄は，法律規定がある種類の事件を特定法院だけに管轄権を認め，その他の法院には管轄権を認めないものであり，当事者も合意方式によって変更できないものである（たとえば級別管轄，専属管轄）。任意的管轄は，管轄規定が強行的規範ではなく，授権規範または指導規範である場合であり，当事者の一方または双方がその他の管轄法院を選択できる（たとえば選択管轄，合意管轄）。

(3) 共同管轄と併合管轄

訴訟主体，訴訟客体および法院の管轄区域等の訴訟関係を基準とした管轄の分類であり，まず，二つまたはそれ以上の人民法院が同一事件の管轄権を有する場合を共同管轄という[19]。併合管轄は，牽連管轄・連帯管轄とも称され，ある事件（甲）の管轄権を有する人民法院が，別事件（乙）の管轄権を有しない場合に，これらの事件間に牽連関係が存在することによって別事件（乙）の管轄権を取得し，これらの事件を一括して管轄・審理する場合である[20]。

---

18) 肖編・前掲注1) 47頁参照。
19) 共同管轄が生じる場合として，たとえば被告の住所地が複数の法院管轄区内に存する場合や，訴訟目的物たる不動産が複数の法院管轄区域に跨がって存する場合がある。もっとも共同管轄は，一つの事件について複数法院による共同審理を認めるものではなく，一つの民事事件は一つの法院だけが審理することができ，一つの判決をすることだけが許される［一案一判］。二つ以上の法院が管轄権を有する事件については，先に立案した法院が管轄することにつき，民訴解釈36条参照（斉主編・前掲注7) 83～84頁参照）。
20) 張・前掲注1) 70頁参照。原告による訴訟請求の追加，被告による反訴の提出，独立請求権を有する第三者による参加の訴えと本訴の併合管轄について，中国民訴140条参照。

第三節 級別管轄

一 級別管轄の意義[21]

級別管轄（審級管轄）とは，一定の基準に基づいて上級，下級の人民法院間における第一審民事事件を受理する際の業務分担および権限を区分することである。人民法院組織法の関連規定によれば，中国の人民法院は，基層人民法院，中級人民法院，高級人民法院および最高人民法院の四級に分かれ，これら人民法院はそれぞれ一定範囲で第一審民事事件を受理・審理する権限を有する。もっとも四級の人民法院はそれぞれ職能や業務分担が異なるため，第一審民事事件に対する受理権限の範囲を区分する必要がある。

級別管轄は，法院内部系列における各級法院の業務分担および権限に対するいわば縦方向での区分であり，どのような第一審事件についてどの級の人民法院が管轄すべきかの問題を解決するものである。

二 級別管轄確定の基準

中国民事訴訟法の関連規定および司法実務によれば，級別管轄の区分は，主に以下の四つの基準に依拠している。

1）事件の性質。事件の性質の違いによって審理の難易度も異なり，また事件審理を担当する法院に対する要求も異なる。たとえば専門性の強い特許事件および海事，海商事件は一般事件とは異なり，重大な渉外事件は一般渉外事件とは異なる等，これらの特殊な性質を有する事件は，級別レベルの比較的高い法院の管轄とする必要がある。

2）事件の繁簡の程度。事件の状況が複雑であるほど，審理の難度も高くなることから，事件の級別管轄を確定するに際して事件の繁簡（難易）の程度を考慮する必要があり，事件の状況が単純であれば級別レベルの低い法院に，事件の状況が複雑であれば級別レベルの比較的高い法院の管轄とする必要がある。

3）事件の影響範囲。事件の影響する範囲が大きくなるほど，社会の注目度も高くなり，司法の公正さと効率に対する要求もより高くなることから，級別管轄を確定する際には，事件の影響する範囲を考慮する必要があり，影響範囲の大き

---

21) 江・肖主編・前掲注1) 89頁，張・前掲注1) 70頁，法工委編・前掲注2) 25頁参照。

な事件は級別レベルの比較的高い法院の管轄とする。
　4）訴額の大小。この点，民事訴訟法は事件の訴訟物価額を級別管轄の確定基準として規定していないが，最高人民法院発布にかかる関連司法解釈により，実際上は訴訟物価額が，級別管轄の確定基準とされている[22]。

三　各級人民法院管轄の第一審民事事件

　中国民事訴訟法第2章第1節「級別管轄」の規定に基づく，各級人民法院管轄の第一審民事事件の業務分担は以下のとおりである。

1　基層人民法院

　本法に別段の定めがある場合を除き，第一審民事事件は原則として基層人民法院が管轄する（中国民訴17条）。つまり，中級人民法院，高級人民法院および最高人民法院が管轄する第一審民事事件以外のすべての第一審民事事件は，基層人民法院が管轄する。当事者の訴訟参与および人民法院の事件審理の便宜を図る趣旨である。

2　中級人民法院

　中級人民法院が管轄する第一審民事事件は次の三種類である（中国民訴18条）。
　1）重大な渉外事件（民訴解釈1条によれば，訴額の大きな事件，事案が複雑な事件，または一方当事者の人数が多数等の重大な影響を有する事件を含む）。この点，渉外民商事事件の正確な審理を実現し，法により当事者の合法的権益を

---

[22]　最高人民法院発布の関連司法解釈としては，1）2008年「全国各省，自治区，直轄市の高級人民法院及び中級人民法院の管轄する第一審民商事事件基準の調整に関する通知」では四級人民法院の第一審管轄の訴訟物価額基準がさらに規範化され，具体的には高級人民法院，中級人民法院の第一審民商事事件の訴額が大幅に引き上げられ，かつ婚姻，相続，家庭，不動産サービス，人身侵害賠償，交通事故，労働紛争，集団性紛争事件が一般に基層人民法院の管轄とした。2）2015年4月「高級人民法院及び中級人民法院の管轄する第一審民商事事件基準の調整に関する通知」では高級・中級人民法院の級別管轄の訴額基準が再び引き上げられている（李・前掲注3）55〜56頁参照）。これらの背景には，かつて大量の一審事件を高級人民法院が審理したため，最高人民法院の上訴事件審理が増加し，最高人民法院と高級人民法院の法適用統一・司法解釈等の職能に影響していたことがある。経済社会の発展と民事訴訟の需要に応え，新法の級別管轄規定を正確に適用して四級法院の民商事事件の裁判職能を合理的に配置することが2015年通知の目的である（斉主編・前掲注7）86・97頁参照）。

保護するため，最高人民法院は 2002 年「渉外民商事事件訴訟管轄の若干の問題に関する規定」を発布し，一部の渉外民商事事件について集中管轄を実施している[23]。

2) 当該管轄区内に重大な影響を及ぼす事件（事件自体および事件の処理結果の影響が基層人民法院管轄区の範囲を超えるものであり，中級人民法院の管轄区内に重大な影響を与える事件である）。

3) 最高人民法院が中級人民法院による管轄を確定した事件（事件の特殊性に基づき，最高人民法院が指定する中級人民法院が管轄する事件としては，①海事・海商事件，②特許紛争事件（民訴解釈 2 条）[24]，③著作権紛争事件，④著名商標［馳名商標］認定民事紛争事件，⑤会社の強制清算事件，⑥証券虚偽陳述民事賠償事件，⑦反独占民事紛争事件，⑧公益訴訟事件（民訴解釈 285 条），⑨香港，マカオ，台湾に関連する重大な事件，⑩訴訟物価額が大きいまたは訴訟単位が省，自治区，直轄市以上に属する経済紛争事件等がある）[25]。

---

23) 最高人民法院「渉外民商事事件訴訟管轄の若干の問題に関する規定」によれば，その適用範囲は，1) 渉外契約および権利侵害紛争に関する事件，2) 信用状（L/C）に関する事件，3) 国際仲裁判断の取消し，承認および強制執行の申立てに関する事件，4) 渉外民商事仲裁条項の効力審査に関する事件，5) 外国の裁判所の民商事の判決または裁定の承認および強制執行の申立てに関する事件の五類型の渉外事件である（同 3 条）。また管轄法院は，①国務院が認可して設立した経済技術開発区人民法院，②省，自治区，直轄市の政府所在地の中級人民法院，③経済特区および計画単列市の中級人民法院，④最高人民法院が指定するその他の中級人民法院，⑤高級人民法院であり，上述の中級人民法院の管轄区域範囲は，所在地の高級人民法院が確定する（同 1 条）。本規定は，実際上渉外民商事事件の級別管轄と地域管轄を部分的に変更するものであり，すなわち，国務院が認可して設立した経済技術開発区人民法院以外のその他の基層人民法院は，すでに上記 1)〜5) 類型の渉外民商事事件の管轄権を失い，さらに多くの中級人民法院もまた当該管轄区域内で発生した渉外民商事事件の管轄権を失い，それらの事件は上記少数の中級人民法院に集中されている（江・肖主編・前掲注 1) 90〜91 頁，張・前掲注 1) 71 頁参照）。

24) 2014 年 8 月全国人民代表大会常務委員会の決定に基づき，同年 11〜12 月に北京，上海，広州に知的財産権法院［知识产权法院］が設立されている（以下，知財法院と略称する）。2014 年 11 月最高人民法院「北京，上海，広州知的財産権法院の事件管轄に関する規定」により，知財法院の管轄範囲は，1) 一審民事・行政事件（①特許，植物新品種，集積回路配置設計，技術秘密，コンピューターソフトウェアにかかる民事および行政事件，②国務院部門または県級以上の地方人民政府の行った著作権，商標，不正競争等にかかる行政行為に対して訴訟を提起した行政事件，③著名商標の認定にかかる民事事件），さらに北京知財法院は，国務院部門の出した知的財産権の付与，権利確定にかかるその他行政行為を不服とする事件も管轄する。2) 行政区域を跨がる管轄を実施する。3) 二審事件（知財法院所在市の基層法院が出した第一審の著作権，商標，技術契約，不正競争等の

3 高級人民法院

　高級人民法院が管轄する第一審民事事件は，当該管轄区内に重大な影響を及ぼす事件である（中国民訴19条）。高級人民法院は，各省，直轄市および自治区の政府所在地に設置されており，その主要な任務は，当該管轄区内の中級人民法院および基層人民法院の裁判活動に対する指導，監督，および中級人民法院の判決・裁定を不服とした上訴事件の裁判である。それゆえ第一審民事事件を多数審理することは高級人民法院の職能要求に照らし相応しくないと指摘されている。中国民訴19条の「重大な影響を及ぼす事件」についても，実務においては訴訟物価額が最も重要な考慮要素とされ，高級人民法院が管轄する第一審民事事件の数量が非常に少ない所以である[26]。

4 最高人民法院

　最高人民法院が管轄する第一審民事事件は，1）全国において重大な影響がある事件，および2）自らが審理すべきであると認める事件である（中国民訴20条）[27]。

　　知的財産権にかかる民事および行政判決，裁定に対する上訴事件は，知財法院が審理する）。なお，知財法院による第一審判決，裁定への上訴は知財法院所在地の高級法院が審理する。このように知財法院の管轄権の特徴は，第一に行政区域を跨がる管轄を実施する点（地方保護主義による司法への干渉排除が目的），第二に第一審および第二審事件の受理権限を有する点を指摘でき，級別管轄の観点からは知財法院は中級人民法院に類似したものといえる（斉主編・前掲注7）85～86頁，張卫平『民事訴訟法〔第4版〕』（法律出版社・2016年）73～74頁参照）。

25)　江・肖主編・前掲注1）91～92頁，張・前掲注1）72頁参照。
26)　江・肖主編・前掲注1）93頁，張・前掲注1）72頁参照。
27)　最高人民法院は，大衆の訴訟に便宜を図り，地方保護主義を防止・克服し，裁判業務の主要部分を下級に移すこと等を目的として，2015年1月「巡回法廷審理事件の若干の問題に関する規定」に基づき，広東省深圳市および遼寧省瀋陽市に巡回法廷を設け，それぞれ広東，広西，海南の三省（自治区）と遼寧，吉林，黒竜江の三省の行政区域に跨がり，全国範囲の重大複雑な第一審行政事件および全国に重大な影響のある第一審民商事件等の管轄を認め，現地において紛争解決を行っている。最高人民法院の巡回法廷は，最高人民法院が地方に配備する常設の裁判機関であり，そこでなされる判決，裁定，決定はすなわち最高人民法院の判決，裁定，決定である。二つの巡回法廷は主席裁判官および合議体による事件処理責任制を率先して実行し，巡回裁判制度を深く掘り下げて推進し，裁判官による「事件に基づく法律の解釈」制度を実行し，人民法院司法改革における「試験田」ないし「先兵」とされている（最高人民法院『中国法院的司法改革』（人民法院出版社・2016年）10頁，斉主編・前掲注7）87頁参照）。

参考 2015年4月最高人民法院「高級人民法院及び中級人民法院の管轄する第一審民商事事件基準の調整に関する通知」による当事者住所地と管轄訴額等

当事者住所地	管轄訴額		分 類
	中級法院	高級法院	
北京,上海,江蘇,浙江,広東	1億元以上5億元未満	5億元以上	双方当事者の住所地が受理法院の所在する省級行政管轄区内にある第一審民商事事件
天津,河北,山西,内蒙古,遼寧,安徽,福建,山東,河南,湖北,湖南,広西,海南,四川,重慶	3,000万元以上3億元未満	3億元以上	
吉林,黒竜江,江西,雲南,陝西,新疆	1,000万元以上2億元未満	2億元以上	
貴州,チベット,甘粛,青海,寧夏	500万元以上1億元未満	1億元以上	
北京,上海,江蘇,浙江,広東	5,000万元以上3億元未満	3億元以上	一方当事者の住所地が受理法院の所在する省級行政管轄区内にない第一審民商事事件
天津,河北,山西,内蒙古,遼寧,安徽,福建,山東,河南,湖北,湖南,広西,海南,四川,重慶	2,000万元以上1億元未満	1億元以上	
吉林,黒竜江,江西,雲南,陝西,新疆	1,000万元以上5,000万元未満	5,000万元以上	
貴州,チベット,甘粛,青海,寧夏	500万元以上2,000万元未満	2,000万元以上	

第四節　地域管轄

一　地域管轄概説

1　地域管轄の意義

　地域管轄は，土地管轄，区域管轄とも称され，人民法院の管轄区および事件の関係に基づいて区分・確定される訴訟管轄であり，同級の人民法院間において，各自区域内で受理する第一審民事事件の業務分担と権限を確定する[28]。

　地域管轄は，事件の級別管轄が確定した後に，どの地域の人民法院が管轄する

かをさらに確定するものであり，主として同級の人民法院の間において，どの法院が事件を管轄するかという問題を解決する（いわば横方向での裁判の業務分担）。それゆえ，級別管轄が地域管轄の前提ないし基礎であるのに対し，地域管轄は級別管轄の具体化ないし実現であり，両者相まって管轄制度の核心的内容を構成する。

2 地域管轄の確定基準[29]

この点，諸外国の地域管轄の確定基準としては，第一に訴訟当事者の所在地（特に被告の住所地）と法院管轄区との関係，第二に訴訟対象とされる訴訟物・法律事実と法院管轄区との関係が用いられ，中国民事訴訟法もこの確定基準を採用している。また，中国の法院管轄区は行政区域の区分を基準とし，これと一致して設定されている[30]。よって，当事者の所在地，訴訟物等がある行政区域内に存在する場合，訴訟は当該行政区域内に存在する人民法院によって管轄される。このうち，依拠すべき管轄確定基準の第一が一般地域管轄であり，第二が特殊地域管轄である。

二 一般地域管轄

1 原則規定：被告所在地人民法院管轄

一般地域管轄は普通管轄とも称され，当事者の住所地と人民法院の管轄区域との関係により確定する管轄である。

一般地域管轄の原則は，「原告就被告［原告就被告］（原告は被告の法廷に従う）」であり，中国民訴21条1項は「公民に対して提起される民事訴訟は，被告の住

---

28) 江・肖主編・前掲注1) 93〜94頁，李・前掲注3) 57頁参照。
29) 江・肖主編・前掲注1) 94頁参照。
30) 中国の司法改革の一環として行政区画に跨がる人民法院の設立がある。行政区画に跨がる事件が地方的要因による影響を受けやすい問題等に焦点を合わせ，司法権の地方化問題と司法の公正さの衝突という問題の克服を目的として，全国人民代表大会常務委員会の承認を経て，2014年12月に北京市第四中級人民法院，上海市第三中級人民法院が行政区画に跨がる人民法院のモデルケースとしてそれぞれ設立された。二つの法院は地域に跨がる行政訴訟事件，重大な民商事事件，重大な環境資源保護事件，重大な食品・医薬品安全事件および一部の重大な刑事事件の審理を担当し，地方利益に関わる事件の公正な処理を保障し，一般事件は行政区画の法院で審理し，特殊事件は行政区画に跨がる法院で審理するという新たな形式の訴訟構造の構築が模索されている（最高人民法院・前掲注27) 11頁，斉主編・前掲注7) 97〜98頁参照）。

所地の人民法院が管轄し，被告の住所地と常居所地が不一致の場合は，常居所地の人民法院が管轄する。」，同2項は「法人，その他組織に対して提起される民事訴訟は，被告の住所地の人民法院が管轄する。」と定め，「原告就被告」原則を採用している。この趣旨は，人民法院が証拠調べ，事実確認を行い，迅速に事件の状況を明らかにして正確に民事紛争を処理するのに役立ち，被告の呼出しと出廷応訴に便利であり，さらに先行執行による財産保全はもとより本執行の実施にも有利であり，同時に原告が訴権を濫用して被告に損害を与えることを防止する点にある[31]。

被告である公民の「住所地」とは，公民の戸籍所在地を指し，「常居所地」とは，公民が住所地を離れて提訴するまでの間に連続して1年以上居住した場所を指す[32]。

被告である法人・その他の組織の「住所地」とは，まず，その主たる事務機構の所在地であり，それが確定できない場合はその登録地または登記地を住所地とする[33]。

2 例外規定：原告所在地人民法院管轄

一般地域管轄の「原告就被告」原則は，ある特殊な状況下では適用できない，またはその適用後に原告や人民法院にとって極めて不便な場合がある。そこで中国民訴22条では四つの例外的状況について原告住所地人民法院の管轄を認める[34]。すなわち，1) 中華人民共和国の領域内に居住していない者に対して提起された身分関係訴訟[35]，2) 行方不明または失踪宣告を受けた者に対して提起された身分関係訴訟，3) 強制的教育措置を受けている者に対して提起された訴訟，4) 被拘禁者に対して提起された訴訟，である。

さらに最高人民法院は司法実務の必要性に基づき，一般地域管轄の例外につき補充規定を定める。すなわち，1) 被告が戸籍を抹消された場合（民訴解釈6条前段），2) 扶養料，養育費，扶助料の請求事件において，複数被告の住所地が同一管轄区内にない場合（同9条），3) 夫婦の一方が住所地を離れて1年を超え，他

---

31) 法工委編・前掲注2) 29頁参照。
32) 「住所地」について民訴解釈3条，「常居所地」について同4条を参照。
33) 民訴解釈3条1項後段，2項参照。
34) 法工委編・前掲注2) 30～31頁参照。
35) 民訴解釈14～17条では渉外離婚事件の管轄に関する特別規定が整備されている。

方が離婚を提訴した事件（同12条1項），では原告住所地の人民法院が管轄する。

三　特殊地域管轄

特殊地域管轄は，特別管轄とも称され，訴訟物の所在地または民事法律関係の発生，変更，消滅をもたらす法律事実の所在地を基準として確定する管轄であり，中国民訴23条から32条に八種類の適用状況に関する関連規定が置かれている。

特殊地域管轄は，一般地域管轄に相対するものであり，法律中で特別類型の事件に対する訴訟管轄について定めるものである。同時にこれらの特殊地域管轄の状況は，一般地域管轄の適用を排除しない。つまり，これら特殊状況の場合には，当事者の住所地に基づき確定する一般地域管轄と法律事実所在地，訴訟物所在地に基づき確定する特殊地域管轄とを共に適用し，複数の人民法院が同一事件に対して共同管轄権を有することが認められている[36]。

1　一般契約紛争

契約紛争について提起される訴訟は，被告住所地または契約履行地の人民法院が管轄する（中国民訴23条）。契約に関して発生する紛争には，契約の成立・変更・履行等に関する紛争があるところ，これらの契約紛争を原因とする訴訟を被告住所地または契約履行地の人民法院の管轄とする趣旨は，人民法院が事件の状況を明らかにし，必要時には速やかに財産保全等の措置を採り，契約紛争を正確に解決するのに有利であることに基づく[37]。本条は一般契約紛争訴訟の管轄確定の準則規定であり，民訴法に特段の管轄準則がない契約紛争については，本条が等しく適用される。

「契約履行地」とは，契約が定める義務を履行し当該義務履行を受ける場所を指し，主に契約目的物の引渡しを行う場所を指す[38]。最高人民法院の司法解釈で

---

36) 江必新主編『新民事訴訟法理解適用与実務指南〔修訂版〕』（法律出版社・2015年）97頁参照。
37) 法工委編・前掲注2) 32～33頁参照。
38) 「契約履行地」は，一般に契約条項中において双方当事者が約定するが（中国契約法12条），履行地の約定が不明確な場合は，当事者が「協議して補足し，補充合意ができない場合は，契約の関連条項または取引慣行に従って定め」（同61条），それでも確定できない場合には「金銭を給付する場合，金銭を受領する当事者の所在地にて履行する。不動産を引き渡す場合，不動産の所在地にて履行する。その他の目的物の場合は，義務を履行す

は「契約履行地」について詳細な規定を置いており，以下のように整理できる。
 1）契約において履行地を約定した場合，約定した履行地を「契約履行地」とする。
 2）契約において履行地の約定がない，または約定が不明確であり，係争目的物が貨幣の給付である場合は貨幣を受け取る一方の所在地を，不動産の引渡しである場合は不動産所在地を，その他係争事項の場合は義務を履行する一方の所在地を，即時決済契約では取引行為地を，それぞれ「契約履行地」とする。
 3）契約が実際に履行されず，双方当事者の住所地がいずれも契約で約定された履行地にない場合，被告住所地の人民法院が管轄する（民訴解釈18条）。
 4）財産の賃貸借契約，ファイナンスリース契約では，履行地について約定がある場合を除き，賃貸目的物の使用地を契約履行地とする（同19条）。
 5）情報ネットワークを利用して締結された売買契約について，履行地について約定がある場合を除き，情報ネットワークを通じて目的物を引き渡す場合，購入者住所地を契約履行地とし，その他の方式で目的物を引き渡す場合は，商品受領地を契約履行地とする（同20条）。

2　保険契約紛争

　保険契約紛争について提起された訴訟は，被告住所地または保険目的物所在地の人民法院が管轄する（中国民訴24条）。本条に基づき，当事者は，保険契約紛争について提起された訴訟について，被告住所地，保険目的物の所在地の人民法院のいずれかを選択することができる（このほか民訴解釈21条参照）。保険契約紛争が，往々にして被告の契約義務不履行および保険目的物自体に関連していることから，法院の調査および証拠収集と速やかな裁判を目的とする趣旨である[39]。

3　手形小切手紛争

　手形紛争について提起された訴訟は，手形の支払地または被告住所地の人民法院が管轄する（中国民訴25条）。被告住所地に加えて手形の支払地の人民法院が

　　　る当事者の所在地にて履行する。」とされている（同62条3号）。本文記載の民訴解釈は，上記契約法の関連規定を基礎として，その不足を補い，新類型の契約紛争に対応するものである。
 39）法工委編・前掲注2）33～34頁参照。

管轄することは，当事者による訴訟進行，および人民法院が事実を明らかにし，速やかに裁判および執行を行うのにも便宜であることに基づく[40]。

ここに手形［票据］とは振出人が発行し，一定の日時場所において本人または指定した他人が手形上に記載された文面に従い，受取人に対して無条件で一定金額を支払うことが明記された有価証券を指し，約束手形，為替手形および小切手の三種類を含む。

手形の支払地とは，手形上に明記された支払地を指し，手形に支払地が明記されていない場合は，手形支払人（代理支払人を含む）の住所地または主な営業所の所在地を手形の支払地とし，原告はその中から人民法院を1ヶ所選択して提訴できる[41]。

4 会社設立，株主資格確認，利益配当，解散等の会社紛争

会社設立，株主資格確認，利益配当，解散等の紛争について提起された訴訟は，会社住所地の人民法院が管轄する（中国民訴26条）[42]。会社は，その主たる事務機構の所在地が住所とされるが（会社法10条），それが不明確な場合はその登録地の人民法院が管轄する（法26条例示以外の紛争につき民訴解釈22条参照）。

---

40) 法工委編・前掲注2) 34頁参照。
41) 江主編・前掲注36) 102頁。また2000年最高人民法院「手形紛争事件の審理に関する若干の問題に関する規定」6条が，約束手形，為替手形，小切手の支払地について詳細に規定している。
42) 2012年法改正以前は，会社設立，株主資格確認，利益配当，解散等の紛争により提起された訴訟には一般地域管轄が適用され，被告住所地の人民法院が管轄していた。しかし，実務において，人民法院が会社訴訟事件を処理する際，通常，会社の登録・登記資料およびその他紛争に関連する保存書類・資料，会社の財務会計資料，会社の会議決議等を取り寄せて閲読する必要があり，一部事件では会社の株主会，董事会の決議・意見等を待つ場合もある。会社が原告であり，被告が他の土地にいる場合，事件は被告住所地の人民法院が管轄するため，当該人民法院は事件審理にあたり，会社所在地に赴いて関係資料を調査閲読する必要があり不便である。加えて，会社訴訟の大部分が会社組織法の性質に関するものであり，会社組織に関わる利害関係人が多数存在し，勝訴判決には対世効も認められるため，同一事実について矛盾した裁判が発生する状況を回避する必要もある。かかる会社訴訟の特殊性を考慮し，訴訟追行の便宜を図り，訴訟効率を高めるため，会社設立，株主資格確認，利益配当，解散等の紛争事件を，会社住所地の人民法院において管轄する必要があり，2012年改正で新26条が追加されたものである（法工委編・前掲注2) 35~38頁，江・肖主編・前掲注1) 96~97頁参照）。

第3章 管　　轄

5　運送契約紛争

　鉄道，道路，水上，航空輸送および複合運送契約にかかる紛争について提起された訴訟は，運送始発地，目的地または被告住所地の人民法院が管轄する（中国民訴27条）。かかる特殊地域管轄は，当事者による訴訟進行に便宜であり，人民法院が事件の状況を理解し，調査と証拠収集にも便宜であり，紛争の迅速な解決を図る趣旨である[43]。

6　権利侵害行為紛争

　権利侵害行為（不法行為）について提起された訴訟は，権利侵害行為地または被告住所地の人民法院が管轄する（中国民訴28条）。権利侵害行為紛争では，侵害行為の証拠調査および損害の確認に多くが関わるところ，権利侵害行為地または被告住所地の人民法院に管轄を認めることは，人民法院の証拠収集と事実の解明，および迅速な審理に有利であり，被害者による訴え提起にも便宜を図る趣旨である[44]。

　本条の「権利侵害行為地」には，侵害行為の実施地および権利侵害結果の発生地が含まれるが（民訴解釈24条）[45]，紛争の特徴を反映した以下の特則がある。

　1）インターネットによる権利侵害行為の実施地には，当該行為を実施したコンピューター等の情報設備の所在地を含み，結果発生地には，被害者の住所地を含む（民訴解釈25条）。

　2）製品・役務の質が規格に適合せず，他人の財産，人身に損害を与えたことについて提起された訴訟は，製品の製造地・販売地，役務の提供地，権利侵害行為地および被告住所地にある人民法院がいずれも管轄権を有する（民訴解釈26条）。

　また知的財産権の権利侵害事件の特殊性に対応するため，最高人民法院は以下の規定を置いている[46]。

---

43) 法工委編・前掲注2) 38頁参照。
44) 法工委編・前掲注2) 39~40頁参照。
45) 一般の状況下では，権利侵害行為の実施地と権利侵害結果の発生地は一致するが，これらが不一致となる場合には，権利侵害行為に対する提訴可能な管轄人民法院として，被告住所地，権利侵害行為の実施地および権利侵害結果の発生地の3ヶ所が認められる（江・肖主編・前掲注1) 97頁参照)。
46) 江・肖主編・前掲注1) 97~98頁，張・前掲注1) 77~78頁参照。

3) 特許権［专利権］侵害行為について提起された訴訟は，権利侵害行為地または被告住所地の人民法院が管轄する。①権利侵害行為地には，侵害を訴えられている発明，および実用新案特許権に関係する製品の製造，使用，販売の申出，販売および輸入等の行為の実施地。②特許方法の使用行為の実施地は，当該特許方法により直接得た製品の使用，販売の申出，販売および輸入等の行為の実施地による。③意匠特許製品の製造，販売の申出，販売および輸入等の行為の実施地。④他人の特許冒用行為の実施地。⑤上記の権利侵害行為による権利侵害結果の発生地を含む（2001年最高人民法院「特許紛争事件の審理における法律適用の問題に関する若干の規定」5条）。原告が，権利を侵害した製品製造者のみを提訴し，販売者に対する訴訟を提起せず，権利侵害製品の製造地と販売地が一致しない場合，製造地の人民法院が管轄権を有する。製造者と販売者を共同被告として訴訟を提起する場合，販売地の人民法院が管轄権を有する。販売者が製造者の支店等で，原告が販売地において権利侵害製品製造者の製造および販売行為を提訴する場合，販売地の人民法院が管轄権を有する（同規定6条）。

4) 登録商標専用権の侵害行為について提起された民事訴訟は，商標法13条および52条に規定する侵害行為の実施地，権利侵害商品の保管地または差押地もしくは被告住所地の人民法院が管轄する。権利侵害商品の保管地とは，大量にまたは恒常的に権利侵害商品を保管し，または隠匿する場所をいう。差押地とは，税関または工商等の行政機関が，法に基づき権利侵害製品を差し押さえた場所をいう（2002年最高人民法院「商標民事紛争事件の審理における法律適用の若干の問題に関する解釈」6条）。

5) 著作権の侵害行為について提起された民事訴訟は，著作権法47条，48条に定める権利侵害行為の実施地，権利侵害複製品の保管地もしくは差押地または被告住所地の人民法院が管轄する。権利侵害複製品の保管地とは，権利侵害複製品を大量または恒常的に保管，隠匿する場所を指す。差押地とは，税関，版権，工商等の行政機関が法に基づき権利侵害複製品を封印または差し押さえる場所を指す（2002年最高人民法院「著作権民事紛争の審理における法律適用の若干の問題に関する解釈」4条）。

6) ドメインネームに関する権利侵害事件は，権利侵害行為または被告住所地の人民法院が管轄する。権利侵害行為地および被告住所地を確定することが困難な場合，原告が当該ドメインネームを発見したコンピューター端末等の設備所在地を権利侵害行為地とみなすことができる（2001年最高人民法院「インターネット

ドメインネームに関わる民事紛争事件の審理における法律適用の若干の問題に関する解釈」2条1項)。

7 交通事故損害賠償紛争

鉄道，道路，水上および航空事故による損害賠償請求について提起された訴訟は，事故発生地または車輛船舶の最初の到着地，航空機の最初の着陸地または被告住所地の人民法院が管轄する（中国民訴 29 条)。その趣旨は人民法院が事故原因，発生した損害の程度および負担すべき民事責任等の状況を明らかにするのに役立ち，かつ速やかに裁判および賠償を進めるにも有利であることに基づき，権利侵害紛争のさらなる特則を定めたものである[47]。

8 海事・海商紛争

船舶の衝突その他の海事損害事故の損害賠償請求について提起される訴訟は，衝突発生地，衝突船舶の最初の到達地，加害船舶の被差押地または被告住所地の人民法院が管轄する（中国民訴 30 条)。海難救助費用について提起される訴訟は，救助地または被救助船舶の最初の到達地の人民法院が管轄する（同 31 条)。共同海損について提起される訴訟は，船舶の最初の到達地，共同海損精算地または航程終了地の人民法院が管轄する（同 32 条)。その他の海事・海商紛争訴訟の管轄は，中国海事訴訟特別手続法の規定によって規律される。

四 専属管轄

1 専属管轄の意義

専属管轄は，ある特別類型の事件については特定の人民法院だけが管轄権を行使できると法律が規定するものである[48]。専属管轄は排他的な管轄であり，いかなる外国法院の訴訟管轄権も，訴訟当事者が合意方式で選択した国内のその他の法院の管轄をも排除する。専属管轄の法律規範は，その性質上，強行的規範に属する。それゆえ，専属管轄規定に違反することは許されず，当事者の合意または人民法院の裁定方式で改変することも認められず，専属管轄違反の裁判は上級法院により取り消される。法律適用において，およそ法律が専属管轄の訴訟と規定

---

47) 法工委編・前掲注2) 40〜41 頁参照。
48) 江・肖キ編・前掲注1) 98〜99 頁，肖編・前掲注1) 54〜55 頁参照。

する場合は専属管轄を優先的に適用し，一般地域管轄および特殊地域管轄を適用することはできない。

2　専属管轄の適用事件

まず中国民訴33条が，以下の三種類の専属管轄適用事件を規定している。

(1)　不動産紛争

不動産紛争について提起された訴訟は，不動産所在地の人民法院が管轄する（中国民訴33条1号）。「不動産紛争」とは，不動産の権利確認，分割，相隣関係等によって引き起こされた物権紛争であるところ，さらに厳密には不動産紛争に属しない農村土地請負経営契約紛争，不動産賃貸借契約紛争，建設工事施工契約紛争，優遇措置適用対象となる住宅の売買契約紛争も不動産紛争の専属管轄によって確定される（民訴解釈28条1項，2項）。この種の訴訟実務では，現場検証を行う必要が高く，不動産所在地の法院が管轄することは，証拠収集と事件審理，および不動産に対する保全・執行においても便宜であること，土地については国家領土の組成部分として国家主権にも関連することから，不動産紛争により提起された訴訟は専属管轄とされている[49]。

「不動産所在地」は，不動産が登記済みである場合は不動産登記簿に記載された所在地を，不動産が未登記の場合には不動産の実際の所在地を基準とする（民訴解釈28条3項）。

(2)　港湾作業紛争

港湾作業中に発生した紛争について提起された訴訟は，港湾所在地の人民法院が管轄する（中国民訴33条2号）。港湾作業紛争としては，第一に港湾での荷役，はしけによる運搬，保管等の作業中に発生する紛争，第二に船舶が港湾で作業中に，規則違反の操作により他人の人身・財産を侵害した場合の権利侵害紛争である。最高人民法院「海事法院の事件受理範囲に関する若干の規定」によれば，港湾作業紛争は海事・海商事件に属し，当該港湾所在地の海事法院が管轄しなければならない[50]。

(3)　遺産相続紛争

遺産相続紛争について提起された訴訟は，被相続人の死亡時の住所地または主

---

49)　法工委編・前掲注2) 43〜44頁，江・肖主編・前掲注1) 99頁参照。
50)　海事法院の専属管轄に属する事件につき，海事訴訟特別手続法7条参照。

な遺産の所在地の人民法院が管轄する（中国民訴33条3号）。

被相続人の死亡時の住所地と主な遺産の所在地が一致する場合，当該土地の人民法院に管轄権がある。両者が一致しない場合は，これら二つの地域の人民法院が共に管轄権を有し，当事者はその中の1ヶ所の人民法院を選択し提訴できる。遺産が複数の人民法院の管轄区域に分散している場合，遺産の数量および価値の高さによって主な遺産の所在地を確定し，それに基づき管轄する人民法院を確定する。

五 共同管轄と選択管轄

共同管轄とは，人民法院の角度からいえば，法律規定に基づき2ヶ所以上の人民法院が同一の訴訟事件に対して管轄権を有する場合であり，選択管轄とは，当事者の角度からいえば，2ヶ所以上の人民法院が同一の訴訟事件について管轄権を有する場合に当事者がその中から1ヶ所の人民法院を選択して訴訟を提起できることである[51]。

同一の訴訟事件について複数の人民法院の管轄権が競合・衝突する場合につき，中国民訴35条は，「二つ以上の人民法院がともに管轄権を有する訴訟については，原告は，そのうちの一つの人民法院に対して訴えを提起することができる。原告が二つ以上の管轄権を有する人民法院に対して訴えを提起した場合は，最初に立案した人民法院が管轄する。」と定めて，この問題の解決を図っている[52]。

六 合意管轄

1 合意管轄の意義

合意管轄は，協議管轄，約定管轄とも称され，双方当事者が，紛争の発生前，または発生後に，明示または黙示の方式で第一審民事事件の管轄法院を約定する

---

51) 張・前掲注1) 80頁，李・前掲注3) 61〜62頁参照。
52) さらに民訴解釈36条では，1) 先に立案した人民法院は，管轄権を有する他の人民法院に当該事件を移送してはならないこと，2) 人民法院が立案前に管轄権を有する他の人民法院が先に立案したことを発見した場合，重複立案してはならず，3) 立案後に管轄権を有する他の人民法院が先に立案したことを発見した場合は，事件を先に立案した人民法院に移送する旨裁定する，として，原告の選択を尊重するとともに，法院による立案受理の先後に起因する管轄紛争を防止している。

ことである。

2 明示的合意管轄

中国民訴34条によれば明示的合意管轄には，以下の要件が必要である[53]。

1) 契約またはその他の財産権益紛争にのみ適用される[54]（身分関係事件を除外）。

2) 契約またはその他の財産権益紛争の第一審事件にのみ適用される（第二審事件，再審事件を除外）。

3) 約定した管轄法院は，法律規定範囲内の法院，すなわち被告住所地，契約履行地，契約締結地，原告住所地，目的物所在地など，紛争と実際の関連性のある地点の法院を明確に約定すること（管轄法院の明確な約定とは，当事者が上記五つの法院中から一つを具体的に選択することであり，二つ以上を選択することは許されない）[55]。

4) 管轄の合意が，級別管轄および専属管轄の規定に違反しないこと。

5) 管轄の合意が書面形式によること（口頭での約定は無効。書面合意の意義につき民訴解釈29条，事業者が標準約款を使用して消費者と管轄合意をした場合につき同31条を参照）。

---

53) 江・肖主編・前掲注1) 101頁，斉主編・前掲注7) 93頁，張・前掲注1) 81～82頁参照。

54) 2012年改正前の旧25条は，合意により管轄法院を選択できる主体は，契約に係る紛争の当事者のみに限って規定し，旧242条による渉外民事訴訟では国内民事訴訟における合意管轄主体よりも広く，渉外契約の当事者のほか，渉外財産権益に係る紛争当事者も含んでいた。当事者の意思自治の尊重を体現するため，2012年改正では，国内と渉外民事訴訟における合意管轄の適用範囲を統一し，1) 適用範囲につき「契約」に係る紛争を踏まえて「その他の財産権益に係る紛争」を追加し，2) 管轄人民法院の選択地につき，原規定の「被告の住所地，契約履行地，契約締結地，原告の住所地，目的物の所在地」を踏まえて「等の紛争と実際に関係がある場所」を追加し選択範囲を適度に拡大した。これにより国内民事訴訟，渉外民事訴訟に関わらず，契約またはその他の財産権益に係る紛争の当事者はいずれも，合意によって管轄人民法院を選択することができることとされた（法工委編・前掲注2) 47頁参照）。

55) 合意管轄の適用につき民訴解釈30条，管轄合意締結後に当事者の住所地変更があった場合の管轄につき同32条，契約譲受人に対する管轄合意の効力につき同33条を参照。

3 黙示的合意管轄

　黙示的合意管轄は，応訴管轄とも称され，原告が管轄権のない法院に訴えを提起し，法院の受理後に被告が管轄権に対して異議を提出せずに応訴答弁をした場合に，双方当事者が当該法院による管轄を同意したと推断するものであり，中国民訴127条2項は「当事者が管轄権異議を提出せずに応訴答弁をしている場合，受訴人民法院が管轄権を有するものとみなす。但し，級別管轄と専属管轄の規定に違反する場合を除く。」との規定を置いている[56]。

　上記規定によれば，黙示的合意管轄は，前述した明示的合意管轄の要件1) 2) 4)の三要件のほか，さらに以下の要件を具える必要がある。

　1) 人民法院がすでに事件を受理していること。

　2) 当事者が受訴法院の管轄権に対して管轄権異議を提出していないこと。

　3) 当事者が応訴答弁行為を実施したこと，である。「応訴答弁」の意義については，当事者が答弁書中または出廷した口頭弁論において，本案の実体問題について答弁することである[57]（民訴解釈223条2項参照）。

---

56) 2012年改正前の民訴法は，渉外民事訴訟に黙示的合意管轄（応訴管轄）の規定を置き，国内民事訴訟には明示的合意管轄の規定だけを置いていた。しかし実務では，いくつかの法院が管轄権なき事件を受理した後，被告が答弁期限内に管轄権異議を未提出であることにより，被告が受訴人民法院の管轄にすでに同意したと認めて法院が管轄権を取得する場合があり，公民の法律意識の低さを背景に，原告といくつかの法院が地方保護主義の道具として応訴管轄を利用し，被告の合法的権益保護に明らかに不利な状況が存在した。このため改正過程では地方保護主義を抑制・除去する観点から国内民事事件に応訴管轄規定を置くことに反対意見も有力であった（江・肖主編・前掲注1) 101頁参照）。2012年改正では応訴管轄を渉外民事事件から国内民事事件に拡大することは，当事者の訴訟負担を軽減し，法院の管轄に正当な法的根拠を付与し，司法資源の節約，公正・効率の体現につながるとして新127条2項が追加された（法工委編・前掲注2) 212頁参照）。もっとも，同条の適用については，改正前の状況をも考慮し，ドイツ民訴法を手がかりとして，受訴人民法院は管轄権の誤りについて当事者に告知すべき義務を負担するとし，法院に管轄権がない事実を当事者に告知してもなお，当事者が管轄権異議を主張しない場合に限って，応訴管轄の効果を生じるとする実務上の試みも提唱されている（江主編・前掲注36) 512頁参照）。

57) 肖編・前掲注1) 56頁は，「応訴答弁」の意義につき「当事者が本案の実体問題について口頭弁論を行うこと」と狭義に解するのは狭きに失し，応訴管轄の成立を困難ならしめること，他方で「当事者の答弁書提出行為」と広義に解するのは広きに失し，容易に根拠なき合意管轄を認める結果になると指摘する。

第五節　裁定管轄

　裁定管轄とは，人民法院の裁定によって訴訟の管轄法院を確定することである。法律上，裁定管轄制度が認められるのは，主に法定管轄を補充する必要性に基づき，民事訴訟実務における特殊状況の需要に適応するものである。中国民事訴訟法が規定する裁定管轄には管轄の移送，管轄の指定，管轄権移転がある[58]。

一　管轄の移送[59]

1　意義

　管轄の移送とは，人民法院が民事事件を受理した後，当該事件について管轄権がないことが判明した場合に，法に基づき当該事件を，管轄権を有する人民法院に移送して審理することである。管轄の移送は，法院の事件受理に誤りがあった場合に採るべき一種の救済措置であり，その実質は事件の引渡しであって，事件の法定管轄権を改変するものではない。訴訟実務上では，管轄の移送は，一般に同級人民法院の間で発生し（特に地域管轄の誤り），あるいは上下級の人民法院で行われることもある。

2　要件

　中国民訴36条は「人民法院は，受理した事件が当該法院の管轄に属しないことを発見した場合，管轄権を有する法院に移送しなければならず，移送を受けた人民法院は受理しなければならない。移送を受けた人民法院は，移送を受けた事件が規定により当該法院の管轄に属しないと認める場合は，上級人民法院に報告して管轄の指定を求めなければならず，再度自ら移送してはならない。」と定める。これによれば管轄の移送には次の三つの要件を具備する必要がある。すなわち，1）人民法院がすでに事件を受理していること，2）事件を移送する人民法院に当該事件の管轄権がないこと，3）移送を受ける人民法院に当該事件の管轄権があること，である。

---

58)　江・肖主編・前掲注1）102頁。
59)　江・肖主編・前掲注1）102頁，張・前掲注1）82～83頁，李・前掲注3）64～65頁参照。

3　適用

上記三要件を具備する事件について，人民法院はこれを移送しなければならない[60]。ただし，以下の場合に移送は許されない。

1）移送を受けた人民法院が，当該事件が規定により当該法院の管轄に属さないと判断する場合，自ら当該事件をその他の人民法院に移送してはならず，一級上の人民法院に報告の上，管轄の指定を申請することしかできない。

2）管轄権を有する人民法院が事件を受理した後，管轄恒定原則に基づき，行政区域の変更，当事者の住所地，居住地に変化があった場合にも変更の影響を受けず，したがって上述の理由により管轄を移送してはならない。

3）2ヶ所以上の人民法院が事件の管轄権を有する場合，先に立案した人民法院が管轄権を具体的に行使しなければならず，当該事件をその他の管轄権ある人民法院に移送してはならない（民訴解釈36条参照）。

二　管轄の指定[61]

1　意義

管轄の指定とは，上級人民法院が，裁定方式によりその管轄区内の下級人民法院に対して，ある事件の管轄権行使を指定することである。

2　適用状況

中国民訴36条，37条によれば，管轄の指定には以下の三種類の場合がある。

1）移送を受けた人民法院が，移送された事件につき自己の管轄権がないと認める場合，上級人民法院に報告の上，管轄の指定を申請しなければならない。

2）管轄権を有する人民法院が特殊な原因により，管轄権を行使できない場合，上級人民法院に報告の上，管轄の指定を申請しなければならない。

3）人民法院間で管轄権につき紛争が発生し，双方が協議の上解決できない場合（管轄権に関する争いの具体的処理につき民訴解釈40条参照）。

上級人民法院に管轄指定を求める事件について，下級人民法院はその審理を停止しなければならない。管轄指定の裁定前に，下級人民法院が事件について判

60）　管轄の移送の期限について民訴解釈35条参照。
61）　江・肖主編・前掲注1）102〜103頁，張・前掲注1）83頁，斉主編・前掲注7）94〜95頁参照。

決・裁定を行う場合，上級人民法院は，管轄指定の裁定と同時に下級人民法院の判決・裁定を併せて取り消さなければならない（民訴解釈41条2項）。

上級の人民法院が管轄を指定する場合，報告を行った人民法院および指定された人民法院に書面で通知しなければならない。報告を行った人民法院は通知を受領後，速やかに当事者に告知しなければならない。

三　管轄権移転

1　意義

管轄権移転（譲渡）とは，上級人民法院の決定または同意に基づき，事件の管轄権をもとの管轄権を有する人民法院から管轄権のない人民法院に移転することであり，管轄権のない人民法院に管轄権を取得させるものである[62]。管轄権移転の主要な目的は，上下級法院の業務分担と裁判の力量の強弱などの要素に基づき，上下級法院の間での級別管轄の調整を行い，級別管轄の硬直性を一定程度緩和する点にある[63]。

中国民訴38条によれば管轄権移転には，次の二つの場合がある。

2　上級法院に対する移転

事件の管轄権を下級人民法院から上級人民法院に移転することを指し，二つの状況に大別できる。すなわち，1) 上級人民法院が，下級人民法院が管轄する第一審民事事件を自らが審理すべきと認める場合，「上級人民法院は下級人民法院管轄の第一審民事事件を審理する権限を有する。」（中国民訴38条1項前段）の規定を根拠に事件を引き上げて自ら審理する。2)「下級人民法院が，その管轄する一審事件について，上級人民法院による審理が必要であると認める場合，上級人民法院に報告し，審理を申請することができる」（同条2項）の規定を根拠に，上級人民法院に対し報告，申請する場合である。1)の場合は，上級人民法院の決定後に管轄権移転の効果が発生し，2)の場合は，必須である上級人民法院の同意後に管轄権移転の効果が発生する。

---

62) 江・肖主編・前掲注1) 103頁，張・前掲注1) 84頁，斉主編・前掲注7) 95頁参照。
63) 肖編・前掲注1) 57～58頁参照。

3　下級法院に対する移転

　上級人民法院が自己の管轄する第一審事件を下級人民法院に移転して審理させる場合である。一般には，管轄権の下級法院に対する移転は，上級人民法院が事件の受理後，当該事件の状況が比較的簡単である，または集団的紛争事件に属する場合，下級人民法院による審理が当事者の訴訟参与にとって便宜であること，および事件状況を調査するのに便利である等の状況が現れたとき，「その法院管轄の第一審民事事件を下級人民法院に委ねて審理させることが確かに必要である場合は，その上級人民法院の承認を得なければならない。」（中国民訴 38 条 1 項後段）[64]の規定を根拠として，事件を下級人民法院に移転して審理させることができる。

　管轄権移転手続を規範化し，法院による地方保護および管轄権移転制度の濫用を防止するため，民訴解釈 42 条 1 項では，開廷前に下級法院に対する移転可能な第一審事件として，1）破産手続中の債務者に関わる訴訟事件，2）当事者の人数が多数で，かつ訴訟に支障がある事件，3）最高人民法院が確定するその他の類型の事件，の三類型に限定しており，同 2 項では，「人民法院は，下級人民法院に移転して審理する前に，その上級人民法院に報告し承認を求めなければならない。上級人民法院の承認後，人民法院は，事件を下級人民法院に移転して審理する旨の裁定を下さなければならない。」としてより厳格な条件と手続的制限の遵守が要求されている[65]。

第六節　管轄権異議

一　管轄権異議の概念

　管轄権異議とは，当事者が，受訴人民法院に対し，当該法院に事件の管轄権がなく，当該事件の裁判権を行使することができない旨の主張を提出することであ

---

64) 下級人民法院に対する管轄権移転の要件が不明確であり，実務では級別管轄規定の潜脱に利用されていたことから，2012 年改正では中国民訴 38 条 1 項後段に「確かに必要がある場合」および「上級人民法院による承認」の要件が追加された。すなわち，原則として下級法院に対する管轄権移転を認めるべきではなく，移転が必要な特殊な状況において，その上級法院に対して報告して承認を得た場合に限定する趣旨である（张・前掲注 1) 84 頁，李・前掲注 3) 66 頁参照)。

65) 齐主編・前掲注 7) 95 頁参照。

り[66]，これに対して法院が審査・処理を行う手続である。管轄権異議制度の目的は，当事者の訴訟上の権利，および人民法院の管轄権の正確な行使を保障し，手続上，事件審理の正当性を体現することにある。

二 管轄権異議

1 管轄権異議の要件

中国民訴127条1項によれば，次の要件が必要である[67]。

1）異議提出主体が「本案の当事者」であること。一般には被告であるが，原告については争いがある。多数の学説は，①原告が管轄権のない法院に訴えを提起した後，その誤りに気づいた場合，②訴訟開始後に追加された共同原告が，受訴法院に管轄権がないと認める場合，③受訴法院が被告提出の管轄権異議の成立を認めた，または自らに管轄権がないと認めて職権により事件をその他の法院に移送した場合に，法院の移送裁定に対して原告に異議があるとき，等の例外的場面では原告に異議の提出を認めている[68]。また，最高人民法院の司法解釈によれば独立請求権を有する第三者，独立請求権のない第三者は，管轄権異議の主体と認められない[69]。

2）異議の客体が第一審民事事件の地域管轄権であること。第二審民事事件に対する管轄権異議は認められない。

3）異議の提出が，答弁書の提出期間内になされること。

2 管轄権異議の処理

受訴法院が当事者提出の異議を受領した後，これについて審査を行わなければならない。審査の結果，異議が成立する場合，管轄権を有する人民法院に事件を移送して審理する裁定をする。当該事件が共同管轄に属する場合，移送前に原告の意見を求めなければならない。異議が不成立と認める場合，異議を却下する裁

---

66) 肖編・前掲注1) 58頁参照。
67) 中国民訴127条1項は地域管轄権異議に関する規定であるが，2009年最高人民法院「民事級別管轄権異議事件の審理の若干の問題に関する規定」により級別管轄権異議に関する要件・処理等が規定されている（肖編・前掲注1) 59〜60頁参照）。
68) 李・前掲注3) 67頁，江主編・前掲注36) 511頁参照。
69) 1990年最高人民法院「第三者が管轄権異議を提出できるかどうかの問題に関する回答」により独立請求権ある第三者の管轄権異議の提出は否定され，民訴解釈82条により独立請求権なき第三者の管轄権異議も否定されている（江・肖主編・前掲注1) 105頁参照）。

定をしなければならない。裁定は双方当事者に対して送達しなければならず，当事者が不服の場合，10日以内に一つ上級の法院に上訴を提起できる。当事者が上訴未提出または上訴却下の場合，受訴法院は，当事者に訴訟参加を通知しなければならない。

(白出博之)

第2・3章 裁判所制度・管轄に関するコメント

一 裁判所制度

1 憲法に見る司法

中国の裁判制度は，中国憲法の第3章「国家機構」の最後の節（第7節）に，人民検察院とともに，その基本構造が規定されている。三権分立制度が確立している国家における憲法とは異なり，行政機関である検察とともに，裁判所の規定が設けられている点に，社会主義法としての基本的な特徴がある。

まず，人民法院は，国家の裁判機関であり（中国憲法123条），最高人民法院が，最高の裁判機関である（同127条1項）。

憲法上，中華人民共和国に，最高人民法院および地方各級人民法院ならびに軍事法院その他の専門人民法院を置き，最高人民法院院長の毎期の任期は，全国人民代表大会の毎期の任期と同一とし，2期を超えて連続して就任することはできないことが規定されている（同124条1項・2項）。人民法院の組織は，法律で定められることとされており（同124条3項），この規定を受けて，人民法院組織法が制定されている[1]。

憲法上は，公開原則が規定されている。つまり，人民法院における事件の審理は，法律の定める特別の場合を除いて，すべて公開で行われる（同125条。なお，同条には，被告人は，弁護を受ける権利を有することも，規定されている）。しかし，この公開原則も，法律の規定によって，非公開とすることができることから，必ずしも盤石なものではない。

また，憲法上，「司法権の独立」に関する規定も置かれている。すなわち，人民法院は，法律の定めるところにより，独立して裁判権を行使し，行政機関，社会団体および個人による干渉を受けない（同126条）が，しかし，その独立の程

---

1) これについては，たとえば，西村峯裕「中国人民法院組織法改正をめぐる諸問題（5）」産大法学21巻3号（1987年）69頁などを参照。

度も，同じく憲法上，最高人民法院は，全国人民代表大会および全国人民代表大会常務委員会に対して責任を負う。地方各級人民法院は，それを組織した国家権力機関に対して責任を負うと規定されていることから（同 126 条），脆弱さを免れない。

2 裁判所の種類と「四級二審制度」

中国にも様々な種類の裁判所があり，基本的に，「四級二審制」が採用されている[2]。

まず，中国の裁判所は，各級人民法院と専門法院からなる。

前者の各級人民法院は，地方各級人民法院および最高人民法院から構成され，地方各級人民法院は，基層人民法院，中級人民法院および高級人民法院に分かれる。このような四審級の階層の裁判所組織が設けられているが，後述のように二審制度が採用されている。なお，後者の専門法院は，軍事裁判所，海事裁判所，鉄道裁判所等の特殊裁判所である。

①基層人民法院は，県，自治県，区の設置されない市および市直轄区に設けられている。法律により，中級人民法院，高級人民法院および最高人民法院が第一審管轄を有するとされる事件以外の第一審事件を取り扱う（中国民訴 17 条）。

②中級人民法院は，省，自治区内の各地区，中央直轄市，省・自治区直轄市および自治州に設置されている。そこでは，重大な渉外事件，当該管轄において重大な影響がある事件，および，最高人民法院が中級人民法院の管轄とする事件等の第一審事件を取り扱い，また，基層法院の裁判に対して不服が申し立てられた場合には，上訴審裁判所としての役割を果たしている（中国民訴 18 条）。

③高級人民法院は，省，自治区および中央直轄市に設置されている。法律が定める重大かつ複雑な第一審事件を取り扱い，また下級人民法院の裁判，および，海事法院所在地の高級法院については海事法院の裁判に対して不服が申し立てられた場合に，上訴審としての役割を果たす。民事事件については，当該管轄区内において重大な影響がある第一審民事事件を管轄する（中国民訴 19 条）。

④最高人民法院は，国家最高の裁判機関であり（中国憲法 127 条 1 項），首都北京に置かれている。そこでは，全国において重大な影響を与える第一審事件を取

2）　小嶋明美『現代中国の民事裁判』（成文堂・2006 年），樊紀偉「中国における裁判制度の改革と課題」同志社法学 63 巻 2 号（2011 年）1458 頁などを参照。

り扱い（中国民訴20条1号），自己が審理すべきであると認める事件（中国民訴20条2号），および，高級法院，専門法院の裁判に対して不服が申し立てられた場合に，上訴審としての役割を果たしている。なお，最高人民法院が第一審として事件審理を担当する場合は，一審制であり，その判決は終局判決となる。

確かに，最高人民法院は，裁判を行うが，その主たる職責は，地方各級人民法院と専門法院の裁判活動を監督することにある。監督方法としては，たとえば，全国の各級人民法院と専門法院が裁判を行った個別事件が誤っている場合にその裁判を是正すること，司法解釈および指示が求められた個々の事件に対する回答を与えることなどである。

中国の審級制度で特徴的なことは，各級人民法院が，いずれも第一審事件を取り扱う点にある。しかし，実際には，基層人民法院が，多くの第一審民事事件を担当しているようである。それは，そもそも中国は国土が広大で，交通の便が悪い地域も少なくなく，中級人民法院以上の上級の人民法院は，上訴事件の審理，下級法院の裁判監督と業務指導の役割も有する（人民法院組織法17条2項）ことから，基層人民法院が，多くの第一審民事事件を担当しているのである。基層法院の管轄が，地方の行政区域と一致することから，後述のような地方保護主義の考え方につながる。

ところで，中国で二審制がとられたのは，できる限り早期に紛争を解決したいと考えたためであるとされている。しかし，二審制により，下級裁判所すなわち狭い範囲の土地管轄の中で裁判が行われ，それが確定することは，地元の当事者に有利に訴訟を運ぶ地方保護主義をはじめとする司法腐敗の条件を作り出すことにもなっていることが指摘されている[3]。また，上述の上級法院の下級法院に対するコントロールは極めて強く，コントロールの手段として上訴審と裁判監督の手続が広く用いられただけでなく，実務においては裁判前に下級法院が上級法院に指示を求め報告を行う制度が常用され，二審制は事実上一審制となっているとも指摘されている[4]。しかしこれでは，裁判官の独立はなく，実質的には審級制度も機能しないようにも思われる。司法権の独立だけではなく，裁判所および裁判官の独立が強く要請されるゆえんである。

---

3) 小嶋・前掲注2) 120頁。
4) 小嶋・前掲注2) 119〜120頁。

二　民事裁判権と管轄

1　審理判断権の範囲としての「主管」の問題

　日本では，裁判所の審理判断権限が及ぶ範囲を，裁判権といい，民事裁判所のそれを，民事裁判権と呼ぶが（最近では，審判権という用語が用いられることがあるが），中国では，「民事訴訟法を適用して裁判の方式により紛争を解決する法院の権限の範囲」は，「主管」と呼ばれている[5]。

　この問題について，中国民事訴訟法上，「人民法院が審理判断権を有する事件は，公民間，法人間，その他の組織間及びそれら相互の間で財産関係及び身分関係について生じた事件である」（中国民訴3条）ことが，明記されている。日本の民事訴訟法には存在しない規定であるが，民事裁判権と刑事裁判権を包括的に規定し，司法の領分を明示した日本裁判所法3条1項の規定（「一切の法律上の争訟」を裁判権の対象とする規定)[6]よりも，より限定的である。このような民事裁判権を限定する考え方は，中国では，三権分立制度が採用されておらず，行政機関も裁判機関も，人民代表大会に対し責任を負い，その監督を受ける存在にすぎず，計画経済体制の下では経済は行政的手段によって，多くの民事紛争が行政的手段により解決されることによると分析されている。

　しかし，法院は中国民事訴訟法3条の基準に基づいて，民事事件の受理範囲を次第に拡大してきたとされている。たとえば，従来は受理されなかった証券市場における虚偽の陳述により生じた損害賠償請求事件や，企業制度改革の過程で生じた民事事件等が現在では受理されるようになっているという。

　確かに，中国において，経済改革が進展するにつれて司法の役割は見直されるようになり，裁判所に持ち込まれる民事紛争が激増した。しかし，裁判所は，依然として地方政府の一部分とされており，予算も施設設備等も，同じレベルの人民政府，財務部門より支出されていたと指摘されている。それゆえに，司法権の独立，裁判官の独立が強く望まれる。

　なお，中国民事訴訟法は，その目的として，「中華人民共和国民事訴訟法の任

---

[5]　以下，小嶋・前掲注2）121頁による。
[6]　「法律上の争訟」については，たとえば，川嶋四郎『民事訴訟法』（日本評論社・2013年）136頁参照。

務は，当事者が訴訟上の権利を行使することを保護し，人民法院が事実を調査の上明らかにし，是非を明らかにし，法律を正確に適用し，速やかに民事事件を審理し，民事上の権利義務関係を確認し，民事上の違法行為を制裁し，当事者の適法な権益を保護し，公民が自覚的に法律を遵守するよう教育し，社会秩序及び経済秩序を維持保護し，社会主義建設事業の順調な進行を保障することである」（中国民訴2条）と規定している。「社会主義建設事業の順調な進行を保障する」ことは，中国国家の政治体制からの目標であり帰結であるが，興味深いのは，社会主義国の民事訴訟法に見られがちな「訴訟法の教育的機能」の明記である。次に述べる地方保護主義とあいまって，政府による「公民が自覚的に法律を遵守するよう教育」を行うことが，中国民事裁判の基底に存在するように思われる。

2 地方保護主義と土地管轄

先に見たように，中国では，地方の裁判所の司法行政府への依存性が強いため，「裁判所は地方政府の一部分である」と指摘されている[7]。中国では，裁判官を含む裁判所要員の任免，賃金，福利，住宅，法院の設備，執務環境等は，すべて地方党政にかかっており，法院，法官の経済的利益と地方の経済的利益とは一体となっており，そこから，「地方保護主義」と呼ばれる腐敗も生じてきた。裁判官が，地方の利益と個人的利益に配慮し，地元の当事者に有利な判断を行うことをいう。

この地方保護主義により，人民法院は，自己の管轄に属しない事件については管轄を争い，受理しなければならない事件について口実をつけ責任逃れをするといった事態が生じていた。そこで，中国民事訴訟法は，人民法院が，管轄権を有しない事件については受理してはならず，管轄権を有する法院に訴えを提起するよう原告に告知しなければならないと規定した（中国民訴111条4号）。しかし，現実には，地方保護主義等を背景とした管轄をめぐる人民法院間の争いを解決する手続が，不可避的に要請されることとなった。そこで，後述する「指定管轄」の規定が置かれることとなった。

3 管轄制度の概要

中国民事訴訟法には，その第1編「総則」の第2章に「管轄」の規定がある。

---

7) 以下，小嶋・前掲注2) 121頁による。

その規律は,「審級管轄」,「土地管轄」および「移送管轄・指定管轄」からなる。日本法とは異なり,民事訴訟法中に,国際裁判管轄（直接管轄）の規定は存在しない。

(1) 審級管轄

これについては,先に述べた（→一の2）。

(2) 土地管轄（専属管轄と合意管轄も含む）

土地管轄は,所在地の異なる同種の裁判所間における事件分担をどのように行うかに関する管轄の定めである。中国全土の裁判所には,それぞれが裁判等の職務を行うための地域的な限界を意味する管轄区域が定められている。特定の事件と管轄区域とを結び付ける要素を,裁判籍と呼ぶが,この裁判籍が存在する地の裁判所が,事件について管轄権を行使するのである。この裁判籍は,日本民事訴訟では,普通裁判籍と特別裁判籍に区分することができる[8]が,中国民事訴訟法も,実質的に見て普通裁判籍と特別裁判籍の規律がなされている。

まず,普通裁判籍は,自然人と法人に分けて,次のように規定されている。

自然人である公民に対し提起される民事訴訟は,被告の住所地の人民法院が管轄し,被告の住所地が経常的居住地と一致しない場合には,経常的居住地の人民法院が管轄する（中国民訴21条1項）。同一の訴訟における複数の被告の住所地または経常的居住地が二つ以上の人民法院の管轄区にある場合には,当該各人民法院は,いずれも管轄権を有する（中国民訴21条3項）。また,中華人民共和国の領域内に居住していない者に対し提起される身分関係に関する民事訴訟,行方が不明であり,または失踪を宣告された者に対し提起される身分関係に関する民事訴訟,強制的教育措置を受けている者に対する提訴,および,拘禁されている者に対し提起される民事訴訟は,原告の住所地の人民法院が管轄し,原告の住所地が経常的居住地と一致しない場合には,原告の経常的居住地の人民法院が管轄する（中国民訴22条）。

法人その他組織に対し提起される民事訴訟は,被告の住所地の人民法院が管轄する（中国民訴21条2項）。

次に,特別裁判籍の規律としては,次のような規定がある。

---

8) 川嶋・前掲注6) 150頁参照。

契約紛争により提起される訴訟は，被告の住所地または契約履行地の人民法院が管轄する（中国民訴23条）。なお，保険契約に係る紛争により提起される訴訟は，被告の住所地または保険の目的物の所在地の人民法院が管轄する（中国民訴24条）。手形・小切手に係る紛争により提起される訴訟は，手形・小切手の支払地または被告の住所地の人民法院が管轄する（中国民訴25条）。会社設立，株主資格確認，利益分配，解散等の紛争のために提起された訴訟については，会社所在地の人民法院が管轄する（中国民訴26条）。鉄道運送，公共道路運送，水上運送，航空運送および複合運送契約に係る紛争により提起される訴訟は，運送の開始地もしくは目的地または被告の住所地の人民法院が管轄する（中国民訴27条）。

以上は，契約関係に起因する訴訟の管轄に関する定めであるが，権利侵害行為により提起される訴訟は，権利侵害行為地または被告の住所地の人民法院が管轄する（中国民訴28条）。日本の民事訴訟法の場合には，不法行為に関する訴えは，不法行為地に管轄がある旨の規定があるが（日本民訴5条9号），それが不法行為と私的権利利益が侵害される場合の規定のように読まれかねない限定的な表現で規定されている。そのため，日本では，不法行為地に関する管轄規定の射程が，問題となったが，判例（最一小決平成16年4月8日（民集58巻4号825頁））は，物権，人格権，特許権，著作権，商標権，実用新案権または意匠権等に基づく妨害排除請求訴訟（差止請求訴訟）が，これに該当するとの立場に立つ[9]（渉外事件に関する判例として，最一小判平成26年4月24日（民集68巻4号429頁）も参照）。

鉄道事故，公共道路事故，水上事故および航空事故の損害賠償を求めて提起される訴訟は，事故発生地，車両もしくは船舶の最初の到達地，航空機の最初の着陸地または被告の住所地の人民法院が管轄する（中国民訴29条）。船舶の衝突その他の海事損害事故の損害賠償請求により提起される訴訟は，衝突発生地，衝突船舶の最初の到達地，加害船舶の被差押地または被告の住所地の人民法院が管轄する（中国民訴30条）。海難救助費用により提起される訴訟は，救助地または被救助船舶の最初の到達地の人民法院が管轄する（中国民訴31条）。また，共同海損により提起される訴訟は，船舶の最初の到達地，共同海損精算地または航程終了地の人民法院が管轄する（中国民訴32条）。

また，専属管轄に関する規定も，土地管轄の規定の中に定められている。すなわち，不動産に係る紛争により提起される訴訟，港湾作業中に発生した紛争によ

---

9) 川嶋・前掲注6) 152頁参照。

り提起される訴訟、および、遺産相続に係る紛争により提起される訴訟について、それぞれ、不動産所在地の人民法院、港湾所在地の人民法院、および、被相続人の死亡時の住所地または主たる遺産の所在地の人民法院が、専属的に管轄する（中国民訴 33 条）。

さらに、合意に関する規定もある。すなわち、契約またはその他の財産権益をめぐる紛争の当事者は、審級管轄および専属管轄の規定に違反しない限り、書面による合意により被告住所地、契約履行地、契約締結地、原告住所地、目的物所在地など、紛争と実際に関係する場所を管轄する人民法院を選択することができる（中国民訴 34 条）。

なお、以上の規定から、土地管轄については、複数の裁判籍が生じる可能性があるが、二つ以上の人民法院がともに管轄権を有する訴訟については、原告は、そのうちの一つの人民法院に対し訴えを提起することができ、原告が二つ以上の管轄権を有する人民法院に対し訴えを提起した場合には、最初に立件した人民法院が管轄する（中国民訴 35 条）。

(3) 移送と指定管轄

中国民事訴訟法では、興味深いことに、指定管轄と同じ節に、「移送」に関する規定がある。これは、上級の裁判所による管轄の指定と、同じ審級における裁判所間での移送（移送裁判所によるいわば管轄の指定）が、同列に扱われていることを意味するようである。

まず、人民法院は受理した事件が当該法院の管轄に属しないことを発見した場合には、管轄権を有する法院に移送しなければならず、移送を受けた人民法院は受理しなければならず、移送を受けた人民法院は、移送を受けた事件が規定により当該法院の管轄に属しないと認める場合には、上級の人民法院に報告して管轄の指定を求めなければならず、再度自ら移送してはならない（中国民訴 36 条）。地方保護主義を背景に、どの裁判所が土地管轄を有するかは、デリケートな問題であるが、中国民事訴訟法は、このように規定し、事件が受理された後に当該事件について管轄権を有しないことが判明した場合には移送しなければならないが、事件の盥（たらい）回しによる訴訟遅延を回避するために、移送を受けた人民法院が不服とするときは、やはり共通する上級法院に管轄の指定を求めなければならないと規定されたのである。日本の場合には、再移送が禁止される局面であるが、中国の場合には、それさえも上級裁判所に伺いを立てる方式を選択している。な

お，移送の裁定や管轄に対する当事者の異議を却下する裁定についての不服申立ては上訴による（中国民訴 154 条 1 項 2 号）。また，管轄権を有する人民法院が特段の事由により，管轄権を行使することができない場合には，上級の人民法院が管轄を指定する（中国民訴 37 条 1 項）。人民法院相互間において，管轄権に起因して紛争が発生した場合には，紛争に係る双方が協議により解決し，協議による解決が不調である場合には，それらに共通する上級の人民法院（「直近上級裁判所」）に報告して管轄の指定を求める（中国民訴 37 条 2 項）。これも，地方保護主義等を背景とした裁判所間の管轄争いを解決するための規定である。

上級人民法院は，下級人民法院管轄の第一審民事事件を審理する権限を有する。その法院管轄の第一審民事事件を下級人民法院で審理させる明確な必要がある場合には，その上級人民法院の承認を得なければならない（中国民訴 38 条 1 項）。また，下級の人民法院は，自己が管轄する第一審民事事件について，上級の人民法院が審理する必要があると認める場合には，上級の人民法院に報告して審理を求めることができる（中国民訴 38 条 2 項）。

人民法院が事件を受理した後において，当事者は，管轄権に対し異議がある場合には，答弁書を提出する期間内に提出しなければならない。それを受け，人民法院は，当事者が提出した異議について，審査しなければならず，異議が成立する場合には，管轄権を有する人民法院に事件を移送する旨を裁定し，異議が成立しない場合には，却下する旨を裁定する（中国民訴 127 条 1 項）。当事者が，管轄権異議を提出せずに応訴答弁をしている場合には，審級管轄と専属管轄の規定に違反する場合を除いて，訴訟を受理した人民法院に管轄権を有するものとみなす（中国民訴 127 条 2 項）。応訴管轄の規定である。

一般に，国家が民事訴訟法を制定して，管轄をどのように規定するかは，当事者の視点から見れば，法的救済を得ることができる「対論の土俵」が，どこで作られるかに関わる[10]。国家の視点からだけではなく，私的自治を基本とする民事紛争解決の場では，当事者の利益に配慮した管轄規整も望まれる。

なお，中国民事訴訟法とその実務は，周辺の社会主義国にとっても，参照すべきモデル法的な意味あいをもつことから，「公正な裁判」を確保し実現できる諸規律とその運用が望まれる。

(川嶋四郎)

---

10) 川嶋・前掲注 6) 146 頁参照。

第4章　訴訟当事者

第一節　当事者概説

一　当事者の概念

　中国民事訴訟理論の伝統的見解によれば，当事者とは，自己の名をもって訴訟を行い，法院の裁判の拘束を受け，事件と直接利害関係を有する者をいう。訴え提起時に事件との直接の利害関係を要するということは，訴えに対し実質的審査を行ってから受理する[1]という訴訟観を反映するものである。また，このように当事者概念を狭く解すれば，民事上の法律関係の実現，救済の幅も狭めることになる。

　これを修正し，より広く捉える見解は，当事者とは，自己の名をもって訴訟を行い，民事上の権益を保護するために，民事訴訟手続の発生，変更または消滅を生じさせることができる者であるとする。当事者概念は，自己の民事上の権益保護のために訴訟を行う者のみならず，他人の民事上の権益を保護するために訴訟を行う者も包含し，争いある民事上の権利に対し管理処分権を有する者は，事件と直接利害関係を有さなくても当事者として訴え，訴えられることができるとする[2]。他人の権利に対し管理処分権を行使する者が当事者となり，他人の訴権と訴訟上の権利を担う訴訟担当を認めることになる。

　いずれにせよ，両見解ともに当事者概念を実体法上の法律関係と結びつけて考える。当事者概念は，当事者適格，また，本案の問題とは区別されていない。しかし，訴えまたは訴えられる者が民事上の権利・法律関係の主体であるかどうか

---

1) 中国の受理審査は形式的審査にとどまらない内容を有してきた（小嶋明美「中国民事訴訟の手続構造と訴訟運営の規律（1）」創価法学42巻1・2合併号（2012年）95頁参照）。
2) たとえば，趙剛・占善剛・刘学在『民事訴訟法〔第3版〕』（武漢大学出版社・2015年）93・95頁では，この見解が採られている。

は審理によって明らかになるものであって，不明のまま当事者たる地位は認められ，審理は進められる。それゆえ，近年，中国でも以下のように形式的当事者概念（手続的当事者概念）を採る見解が有力である。

当事者とは，民事訴訟において，自己の名で，訴え，訴えられる者をいい，訴える者を原告，訴えられる者を被告という。当事者は，1）自己の名をもって訴え，訴えられ，訴訟活動を行う。訴訟上の権利義務の担当者である。2）法院に私権またはその他の民事上の権益の確定を求める者とその相手方である。3）訴状に原告または被告と明記されている者は，民事上の権利または法律関係の主体であるかどうか，訴訟物に対し訴訟追行権を有するかどうかを問わず，当事者である。

形式的当事者概念の下では，訴え提起時に法院が実体審査を行うことはない。

民事訴訟においては，原告と被告，二当事者が対立する手続構造が採られている。民事訴訟は，原告と被告の間の民事上の権利義務関係の争いを解決するためにあり，原告と被告の存在が訴訟の発生，継続の前提条件である。よって，訴訟の進行中に原告または被告を欠くことになれば，訴訟継続の必要はなくなり終結する。なお，一つの訴訟の中で三方が相対立する三面訴訟も認められている。

二　当事者の確定

特定の訴訟について，原告，被告が不明確であるなら，裁判所は訴訟手続を進めることはできない。管轄，回避，訴訟の同一性，訴訟能力の有無等，手続上の問題も当事者を基準に考えられる。何人が当事者であるのかは訴訟の始めから，通常は原告の訴え提起時に確定されていなければならない。

では，何を基準として当事者を確定するのか。当事者確定の基準は，当事者概念の捉え方によって異なってくる。実体的当事者概念によれば，実体法または当事者適格を基準とすることになり，形式的当事者概念によれば，訴状および答弁書の当事者の記載を基準として確定することになる[3]。

以下の場合は，特別な扱いがなされる。原告が名義を捏造して訴えを提起した場合には，その捏造された名義の当事者が存在しないときは，訴えは主体を欠き

---

[3]　江偉・肖建国主編『民事诉讼法〔第7版〕』（中国人民大学出版社・2015年）109頁参照。日本では形式的当事者概念が採られていてもこの点については議論がある。趙ほか・前掲注2）95頁では，意思説，表示説，行動説等の学説があることを紹介のうえ，表示説を例に挙げて説明されている。

不適法となり，法院は不受理の裁定[4]をしなければならない。原告が他人の名義を冒用して訴訟を提起し，その他人は存在するが，争いの主体ではない場合には，法院は当事者適格を欠くとして不受理の裁定をする[5]。

なお，他人の名義を冒用して訴訟を提起し，また，訴訟に参加した者に対しては，情状の軽重に基づき過料，勾留を科し，犯罪が成立する場合には，刑事責任を追及する（中国民訴111条，民訴解釈189条1項）。

三 当事者能力

当事者能力とは，訴訟権利能力ともいい，民事訴訟の当事者となるために具備しなければならない資格をいう。当事者能力は，抽象的に民事訴訟上の権利を有し，義務を負うことができる資格であり，私権の紛争主体が訴えの提起，応訴およびその他の訴訟行為を行うのに必要な前提条件である。

民事権利能力を有する者は当事者能力を有する。なぜなら，民事上の権利主体がその権益を侵害されまたはその権益につき紛争が生じたときに，裁判の保護を受ける資格を有さないとすれば，民事上の権利主体としての意義は失われるからである。しかし，民事権利能力は民法上の概念であり，当事者能力は民事訴訟法上の概念であり，両者は異なった法律により規律され，その基礎も目的も異なることから，その範囲は完全に一致するわけではない。例外的に，民事権利能力がなくても当事者能力を有し，反対に，民事権利能力はあっても当事者能力はない場合もある。

当事者能力を有するのは，自然人，法人およびその他の組織である（中国民訴48条1項，263条）。

1 自然人

自然人の民事権利能力は出生に始まり，死亡により終わる（民法通則9条）。よって，自然人の当事者能力も出生に始まり，死亡時に終わると解される。

出生前の胎児については，民事実体法が胎児の権利能力を認めていれば当事者能力も有することになるが，胎児の民事権利能力について定めた規定は民事実体法にはなく，民事訴訟法にもその当事者能力の規定はない。司法解釈および実務

 4）　この場合，江・肖主編・前掲注3）は，受理後の想定と思われるが不適法却下とする。
 5）　趙ほか・前掲注2）95頁参照。

においても，出生前の胎児の民事権利能力，当事者能力は認められていない。しかし，相続法28条は，遺産分割にあたっては，胎児の相続分を留保しなければならず，胎児が出生時に死体である場合には，保留された相続分は法定相続に従い処理すると定めている。胎児の財産相続における民事権利能力，さらには当該法益が侵害されたときに民事訴訟の原告たる資格を認めたようである。しかし，その立法趣旨は，将来胎児の出生後に法が付与した権益を有することができるようにするものであって，胎児自体の民事権利能力，さらには当事者能力を認めたと解することはできないとする見解[6]もあるが，出生時の生存を条件として，出生前の民事権利能力を認めたものであるとする見解[7]もあり，争いあるところである。後者の見解によれば，相続権に関わる訴訟では，胎児は当事者能力を有し，「〇〇〇（母親の名）の胎児」という名において訴訟当事者となると解される。

権利能力と当事者能力が一致しない場合もある。たとえば，著作権法20条とその実施条例15条は，著作権は作者死亡後も存続し，作者の相続人または受遺者が保護するものと定めている。死者は当事者能力を有さないが，実務では，死者の著作権に関わる紛争については，死者の相続人または受遺者が原告として訴訟を提起する。また，民訴解釈69条は，死者の遺体・遺骨および姓名・肖像・名誉・プライバシー等を侵害する行為に対し訴訟を提起する場合には，死者の近親が当事者となると定めている。

2 法人，その他の組織

法人は，構成員の財産から独立した財産を有し，その財産をもって民事責任を負うことから民事権利能力を有し，それに応じて当事者能力も有する。法人の当事者能力と民事権利能力も一致し，成立に始まり消滅に終わる。しかし，現行民事実体法の枠組みの下では，法人の民事権利能力は法律と定款による制限を受ける。たとえば，民法通則42条の「企業法人は審査・許可登記の範囲内で経営に従事する」との規定，会社法25条および81条の有限責任会社および株式会社の定款の「記載されなければならない事項」には，会社の経営範囲を含まなければならないという規定がその例である。しかし，だからといって当事者能力も制限

---

6) 趙ほか・前掲注2) 96頁参照。
7) 江・肖主編・前掲注3) 111頁参照。

を受けなければならないわけではない。通説によれば，法人の当事者能力はあるかないかのどちらかであって，制限することはできない。法人の当事者能力を抽象的に捉えることにより，法人の経営範囲外の行為により被る損害を十分に救済し，国家の法人に対する管理をより実現することが可能となるからである。

法人でない組織も特定の範囲内で当事者能力が認められる。

当事者能力が認められるその他の組織とは，合法的に成立し，一定の組織機構と財産を有するが，法人格のない組織をいう。法に従い登記し営業許可証を得た個人単独出資企業・パートナーシップ企業[8]・中外共同経営企業・外資企業，法に従い成立した社会団体の支所・代表機関，法に従い設立し，営業許可証を得た法人の支所・商業銀行・政策性銀行および非銀行金融機関の支所・郷鎮企業・町工場等がある（民訴解釈52条）。

民法通則にはパートナーシップ組織，個人商工業者および農村請負経営者については民事主体としての地位の規定はあるが，その他の組織についてはない。しかし，現行民事訴訟法では法人でない組織の当事者能力が認められている。その根拠は，民事権利能力があるからではなく，民事紛争解決の便宜を考慮したものである。市場経済の発展に伴い，市場経済活動に参与する利益主体は複雑化，多様化しているが，その中で大量の民事主体としての資格をもたない非法人団体が民事活動に参加している。それらに当事者能力を認めなければ，紛争が生じたときに，自身も相手方も訴訟により合法的利益を保護するに不便である。また，法人でなくても十分な組織と独立して訴え応訴する能力を有し，独立した財産をもって裁判で確定された義務を履行することができるからである。

3 外国人

民事訴訟法は外国人の当事者能力について規定していないが，第1編「総則」には，「外国人，無国籍者，外国企業及び組織は，人民法院に訴えを提起し応訴するにあたっては，中華人民共和国公民，法人及びその他の組織と同等の訴訟上の権利義務を有する」と同等の原則が規定されていることから，中国民事訴訟においても当事者能力を有するものと解される。

---

[8] これに対し，法に従い登記し営業許可証を得ていないパートナーシップは当事者能力を有さず，訴訟にあたっては，パートナー全員が共同訴訟人となるが，代表者を選任することもできる（民訴解釈60条）。

四　訴訟能力

1　訴訟能力の概念

　訴訟能力は，民事訴訟行為能力ともいい，自己の行為をもって独立して訴訟行為をなし，相手方当事者の訴訟行為により生ずる訴訟法上の効果を受ける資格をいう。訴訟能力のない者の訴訟行為は無効である。

2　自然人

　訴訟能力と民事行為能力は対応する。民事行為能力者は訴訟能力を有するが，制限的民事行為能力者および民事行為無能力者は訴訟能力を有さない。民事実体法には完全民事行為能力，制限的民事行為能力，民事行為無能力の三種類あるが，訴訟能力はあるかないかである。訴訟行為は，高度の技術性を有するものであるため，制限民事行為能力者の思考力では，訴訟行為の任に堪えがたい。また，民事訴訟手続においても，制限的民事行為能力者は制限的訴訟能力を有するとし，民法の制限的民事行為能力者のなす法律行為は効力が未確定であるという原理を認めるならば，制限的民事行為能力者の訴訟行為も効力が不確定の状態にあることになり，訴訟手続の安定，公益を損ない得るからである。

　民法通則および関係司法解釈の規定によれば，中国の民事行為無能力者と制限的民事行為能力者には，18歳未満の未成年者（16歳以上18歳未満で，自己の労働収入をもって主要な生活源とする者を除く）および精神病者が含まれる。

　また，外国人も当事者能力を有することから，訴訟能力も有する。外国人の民事行為能力は本国法によるが，外国人が中国領域内で民事活動を行うにあたっては，その本国法によれば民事行為能力はないが，中国法によれば民事行為能力を有するならば，民事行為能力はあるものとされる（最高人民法院「『中華人民共和国民法通則』の貫徹執行の若干の問題に関する意見」（2006年。以下，民法通則意見と略称する）180条）。外国人の訴訟能力にもこの規定を準用する。

3　法人，法人でないその他の組織

　法人の訴訟能力と民事行為能力も対応する。法人は人または財産の集合体であり，それ自体訴訟行為をすることができないので，法人の一切の訴訟行為はその法定代表者が行う（中国民訴48条2項）。

　法人の法定代表者は，法律に別段の定めがあるほかは，登記を基準とし，登記

を要さない法人はその正の職位の責任者を代表者とし，正の職位の責任者がいないときは，業務を主宰する副の職位の責任者を法定代表者とする。法定代表者が変更しているが，登記が成されておらず，変更後の法定代表者が法人を代表し訴訟に参加することを求めるときは，法院は認めなければならない（民訴解釈50条）。訴訟中，法人の法定代表者に変更あるときは，新たな法定代表者が訴訟を継続し，法院に新たな法定代表者の身分証明書を提出しなければならない。旧代表者が行った訴訟行為は，当該法人に対し効力を生ずる（民訴解釈51条）。

外国法人は，通常，その登記した国家の法を本国法とし，当該外国法人の民事行為能力はその本国法により確定する。外国法人の訴訟能力もこれに従う。

法人でないその他の組織の訴訟能力も法人と同じであり，成立に始まり解散に終わる。法人でないその他の組織を当事者とするときは，その主たる責任者が訴訟行為を行う。法人でないその他の組織の訴訟能力に関する規律は法人の規律を準用する。

五　当事者適格

1　当事者適格の概念

当事者適格とは，正当な当事者ともいい，特定の訴訟において原告または被告として訴え，応訴し，本案判決の拘束を受ける法律上の権能または資格をいい，抽象的な当事者能力の特定の訴訟における具体化である。正当な当事者が訴えを提起し，応訴し，訴訟行為を行い，裁判が正当な当事者に下されてこそ，訴訟は実質的意義あるものとなる。

また，当事者適格は，実質的正当な当事者と形式的正当な当事者とに分類される。実質的正当な当事者とは，当事者本人が争われる実体的権利義務の主体であることをいい，形式的正当な当事者とは，争いある実体的権利義務の主体ではないが，訴訟物に対する管理処分権を有する者であり，訴訟担当がこれに当たる。

2　当事者適格の基準

原告は法院に訴えを提起し，法院に訴訟物について裁判するよう求めるが，その訴権行使の根拠は通常は訴訟物に対し実体法上の利害関係を有すること，すなわち，訴訟物に対し実体法上の処分権を有することである。一般的には，当事者が正当な当事者であるか否かを判断する基準は，当該当事者が争われる民事実体法律関係の主体であるか否かである。例外として，当事者は争われる民事法律関

係の主体ではなくとも，訴訟物たる民事法律関係について管理処分権を有すれば，正当な当事者として認められる。

具体的には，給付訴訟では，義務者に対し，給付請求権を有する者が正当な原告であり，実体法上の給付義務を負う者が正当な被告である。

形成訴訟では，形成権を有し，訴訟の提起により形成権を行使できる者が正当な原告であり，当該形成権の意思表示の相手方が正当な被告である。

確認訴訟では，争われる民事実体法律関係に対し確認の利益を有する者が正当な当事者である。

3 正当な当事者の法定

民訴解釈は，当事者適格について以下のような規定を置いている。1) 法人の法に従い設立していない支所または法に従い設立しているが営業許可証を得ていない支所は，当該支所を設立した法人を当事者とする (53条)。2) 法人またはその他の組織の職員が業務執行により他人に損害を与えたときは，当該法人またはその他の組織を当事者とする (56条)。3) 労働を提供する側が労務により他人に損害を与え，被害者が訴訟を提起する場合には，労務を受ける側を被告とする (57条)。4) 労務派遣期間に，派遣された職員が業務執行により他人に損害を与えたときは，労務派遣を受けた雇用機関を当事者とする。当事者が労務派遣機関の責任を主張するときは，当該労務派遣機関を共同被告とする (58条)。5) 個人商工業者は営業許可証に登記された経営者を当事者とする (59条)。6) 法人またはその他の組織がなすべき登記をせず，行為者が法人またはその他の組織の名において民事活動を行った場合には，行為者を当事者とする (62条1号)。法人またはその他の組織が消滅後，行為者がその名において民事活動を行った場合には，行為者を当事者とする (62条3号)。7) 行為者が代理権を有さず，代理権を超えてまたは代理権消滅後に，被代理人の名において民事活動を行った場合には，行為者を当事者とするが，相手方に行為者に代理権があったことを信ずる理由があるときはその限りではない (62条2号)。8) 村民委員会または村民小組[9]が他者と民事紛争を生じたときは，村民委員会または独立した財産を有する村民小組を当事者とする (68条)。9) 死者の遺体，遺骨および姓名，肖像，名誉，栄誉，プライバシー等を侵害する行為に対し訴訟を提起するときは，死者の近親を

---

9) もとは人民公社の生産隊。現在は形骸化している。

当事者とする (69条)。

　また，企業グループは，登記主管機関の登記審査・許可，企業グループ登記証の公布により成立する（国家工商行政管理局「企業グループ登記管理暫定規定」1998年）が，企業グループは法人の連合体であり，法人格を有さず，各グループの構成員が自己の名で経営し，民事責任を独立して負う。企業グループの名称は，宣伝と公告に使用できるが，企業グループの名で経済契約を締結し，経営活動に従事することはできない。ゆえに，企業グループは当事者能力を有さず，契約紛争が生じた場合には，契約を締結した特定のグループ構成員を当事者とし，契約を締結した特定のグループ構成員を確定できない場合には，親会社（グループ中核企業）を当事者とする。

　商品取引市場の開設機関は，商品取引市場の経営管理者であり，工商行政管理局で市場登記証を取得し開設許可を得る。商品取引市場は開設機関の経営場所であり，民事責任を独立して負う能力を有さない。よって，商品取引市場は当事者能力を有さず，商品取引市場に関連する紛争は，開設機関を当事者としなければならない（工商行政管理局「商品取引市場登記管理便法」1996年制定，現在は失効）。

　関係部門の承認を経て成立した各種組織委員会は解散にあたって，その存続期間の債権債務を清算しなければならない。清算せずに解散した場合に，債権者は引受人の一部または全部に訴えを提起できる。当事者となる引受人は，まず，組織委員会の存続期間の債権債務について清算の責任を負い，清算された組織委員会の財産をもって民事責任を負う。清算された財産が債務を返済するに足りない場合または組織委員会自体に財産がない場合には，組織委員会の各引受人は債務について約定あるときは，約定に従い責任を負う。約定がないときは，連帯責任を負う。また，各種組織委員会に法人格がある場合，たとえば，第29回オリンピック運動会組織委員会（北京オリンピック組織委員会）は，当事者能力を有する。

　農業・工業・商業本社，郷鎮企業本社，管理委員会等の組織体は，法人営業許可証，政府関係部門の許可文書がある場合には，当該機関が当事者となる。営業許可証も許可文書もない場合には，当該機関を設立した政府部門が当事者となる。

　有限責任会社設立中の設立準備委員会は，独立の財産を有さず，独立して民事責任を負うことができず，当事者となることはできない。会社設立準備委員会の行為により生じた民事訴訟は，会社が成立した場合には，会社を当事者とし，会社が成立していない場合には，成立・組織の責任を負う設立準備委員会の創設者

または発起人を当事者とする。

審査・許可，登記を経て社会団体法人格を得た職員持株会は当事者能力を有する。登記を経ていないのに職員持株会の名において資金集め，出資を行った場合には，発起人を当事者とする。

4　訴訟担当

訴訟担当とは，実体法上の権利主体または法律関係の主体以外の第三者が，自己の名において，他人の利益のためにまたは他人の利益を代表して，正当な当事者の地位をもって訴訟を提起し，他人の権利を主張しまたは他人間の法律関係に生じた争いを解決するよう訴求し，法院の判決の効力が権利主体に及ぶものをいう。

訴訟担当には，法律の規定に基づき，第三者が他人の実体的権利を訴訟物とし，自己の名において訴訟を行う法定訴訟担当と，民事上の権利主体が自己の意思表示により，担当者に訴訟追行権を与えることにより，当該担当者が自己の名において訴訟を行う任意的訴訟担当とがある。

(1)　法定訴訟担当

法定訴訟担当には，以下のものがある。

1) 財産管理権を有する者。破産管理人等，清算主体（破産法20・20～29条，会社法181～191条），失踪者の財産管理人（民法通則21条，民法通則意見30～32・34条），遺産管理人，遺言執行者，船長，執行財産管理人等がある。

2) 実体的権利義務の帰属主体の一部。連帯・不真正連帯責任者（権利侵害責任法43・59・68・83条，製品品質法43条，保険法60・61条，海商法252・254条，消費者権益保護法35条，国家賠償法10条，「人身損害賠償事件の審理における法律適用の若干の問題に関する解釈」6・9・11・12条），法院が指定する訴訟代表者（中国民訴54条2項，民訴解釈77条）等がある。

3) 実体的権利義務の利害関係人。例としては，代位権者（契約法73条，「『中華人民共和国契約法』適用の若干の問題に関する解釈（一）」（以下，契約法解釈一と略称する）11～22条，会社法152条，「『中華人民共和国会社法』適用の若干の問題に関する規定（一）」（以下，会社法解釈一と略称する）4条，「『中華人民共和国会社法』適用の若干の問題に関する規定（二）」（以下，会社法解釈二と略称する）1条，保険法60～63条，海事訴訟法特別手続法93～97条，「『中華人民共和国会社法』適用の若干の問題に関する規定（三）」（以下，会社法解釈三と略称する）12・14・15・19条），ライ

センシー(「商標民事紛争事件の審理における法律適用の若干の問題に関する解釈」4条,「植物新品種紛争事件審理の若干の問題に関する解釈」1条,「不正競争民事事件の審理における法律応用の若干の問題に関する解釈」15条,「訴訟前の特許権侵害行為の停止における法律適用の問題に関する若干の規定」1条2項,「訴訟前の登録商標専用権侵害行為の停止及び証拠保全における法律適用の問題に関する解釈」1条,「商標権侵害紛争における登録商標排他使用許可契約の被許可人は単独で訴訟を提起する権利を有するか否かの問題に関する書簡」)等が挙げられる。

4) 訴訟中の実体的権利義務の特定承継における譲渡人。中国の民事訴訟は当事者恒定主義を採っており,譲渡人は譲受人の法定訴訟担当者となると解される。

訴訟中に争われる民事上の権利義務の移転がある場合,譲渡人の訴訟上の資格・地位に影響はなく,その確定判決・裁定は譲受人に対して拘束力を有する。譲受人が独立した請求権のない第三者の身分で訴訟への参加を申し立てたときは,法院は認めることができる。譲受人が当事者に代わって訴訟を引き受けることを申し立てたときは,法院は事件の具体的状況に基づき認めるか否かを決定することができ,認めない場合には,独立した請求権のない第三者として追加することができる(民訴解釈249条)。法院は譲受人が当事者に代わって訴訟を引き受けることを認めるときは,当事者の変更の裁定をする。当事者の変更後,訴訟手続は譲受人を当事者として続行し,旧当事者は訴訟から脱退しなければならない。旧当事者が行った訴訟行為は,譲受人に対しても拘束力を有する(民訴解釈250条)。

5) 公益訴訟における社会公共の利益の担当主体。民事訴訟法55条の公益訴訟の原告適格は,法定訴訟担当であると解されている。

6) 実体的権利義務の帰属者の近親。死者の近親による法定訴訟担当(権利侵害責任法18条1項,「名誉権事件審理の若干の問題に関する解答」5条,「人身損害賠償事件の審理における法律適用の若干の問題に関する解釈」1条,「民事権利侵害精神損害賠償責任確定の若干の問題に関する解釈」3・7条,「渉外会場人身死傷事件の損害賠償審理に関する具体規定(試行)」1条,「未成年の権利侵害者死亡の場合にその父母を後見人として訴訟主体とすることができるか否かに関する返書」等),婚姻当事者の近親による訴訟担当(「『中華人民共和国婚姻法』適用の若干の問題に関する解釈(一)」7条,同(二)5・6条),未成年者の父母による訴訟担当(養子縁組法26条)。

(2) 任意的訴訟担当

任意的訴訟担当には,以下のものがある。

1) 当事者が訴訟代表者を選任したときは,訴訟代表者は任意的訴訟担当者となる(中国民訴53・54条)。

2) 著作財産権,商標権,特許権,植物新品種特許権,商業上の秘密として保護する権利または利益の主体は,契約により,他者にこれら権利について独占的,排他的または通常実施権を与えることができ,また,法定許可または強制許可により立法機関または行政機関が他者に通常実施権を直接付与する例外的場合もある。そのうち,独占的許可を受けたものは単独の(並列的)訴訟追行権,排他的許可を受けた者は補充的訴訟追行権を有するが,通常許可を受けた者は,許可者の特別の授権によって訴訟追行権を得ることができ,任意的訴訟担当者となる。

3) 全パートナーの授権に基づき,パートナーシップ責任者またはパートナーシップ企業執行者が訴訟担当者となる(パートナーシップ企業法26条2項)。

4) 著作権または著作権と関連する権利行使の権限を付与された著作権集団管理組織(著作権法8条1項,著作権集団管理条例2条)。

5) 所有者大会の決定(全所有者の授権)に基づき,所有者委員会が所有者の共同の権益について訴訟追行権を有する訴訟担当者となる(不動産管理条例15条。ただし,4項までは法定訴訟担当の規定である)。

5 当事者適格の拡張

一般的には,民事訴訟において,当事者適格の有無は,訴訟物について管理処分権を有するか否かによって判断する。しかし,民事訴訟法55条は,「環境汚染,多数消費者の合法的権益を侵害する等,社会公共の利益を損なう行為については,法律が定める機関及び関係組織が人民法院に訴訟を提起することができる。」と定めている。ここにいう法律が定める機関および関係組織は,訴訟物に対し管理処分権を有するものではないが,正当な原告として民事訴訟を提起することができる。このような訴訟を公益訴訟という。

環境法58条によれば,環境汚染,生態破壊により社会公共の利益を損なう事件における正当な原告は,1) 法に従い区の設置された市レベル以上の人民政府民政部門に登記し,2) 環境保護公益活動に5年以上継続してもっぱら従事し,かつ違法記録がない組織でなければならない。また,消費者権益保護法47条は,中国消費者協会および省,自治区,直轄市に設立された消費者協会は,多数の消

費者の合法的権益を侵害する事件において正当な原告となることができると定めている。

六　当事者の変更と追加

　中国の民事訴訟では，当事者適格は実質的に捉えられている。正当な当事者は，特定の訴訟物と事実上または法律上の関係を有し，当該訴訟物たる権利または法律関係の主体であり，また，訴訟担当者として，当該訴訟について訴訟追行権を有する者である。

　当事者適格を欠く正当でない当事者は，当事者としての訴訟上の権利義務を有しても手続上の当事者にすぎず，訴えを理由なしとして請求を棄却し，また，訴えを不適法として却下または変更することができるだけでなく，当事者の変更が認められる。

　当事者の変更とは，訴訟の過程で，原告・被告が当事者としての要件を満たしていない，また訴訟に参加すべき当事者が参加していないことが判明した場合に，法院が要件を満たす当事者に訴訟に参加するよう通知し，要件を満たさない当事者を訴訟から脱退させることをいう。

　1982年の民事訴訟法（試行）90条は，訴え，応訴した者が当事者としての要件を満たさないときは，法院は要件を満たす当事者に訴訟に参加するよう通知し，要件を満たさない当事者を変更しなければならないと定めた。最高人民法院の司法解釈は，この規定に基づき，訴訟の進行中，当事者が要件を満たさないことが判明したときは，変更しなければならず，変更の通知後，要件を満たさない原告が訴訟から脱退しないときは，訴え却下の裁定をし，要件を満たす原告が訴訟に参加しないときは，審理を終結することができ，また，被告が要件を満たさず，原告が変更に同意しないときは，訴え却下の裁定をするとした。

　1991年以降の民事訴訟法は，正当でない当事者の変更に関する規定を削除し，法院が職権により当事者を追加し必要的共同訴訟とすることができるという規定を残した。民事訴訟の開始後，本案の訴訟物と直接の利害関係ある者が訴訟に参加していないことが判明し，かつ，これらの者が訴訟に参加しないことが事件事実を明らかにし，紛争を解決するに不利であるときは，法院はその者に訴訟へ参加するよう通知し，当事者として追加しなければならない。また，当事者本人も法院に申し立て，当該当事者を追加し訴訟に参加させるよう求めることができる。法院は，当事者の追加申立てについて審査しなければならず，審査の結果，

当事者の要件を満たさず，申立てに理由なきときは，却下の裁定をし，理由あるときは，追加されるものに訴訟への参加を速やかに書面により通知しなければならない（民訴解釈73条）。追加される当事者は，原告側に参加し共同原告となることも，被告側に参加し共同被告となることもできる。法院は共同訴訟の当事者を追加するに際しては，他の当事者に通知しなければならない。追加しなければならない原告が実体的権利放棄の意思表示をしたときは，追加しないことができる。訴訟への参加を望まず，実体的権利の放棄もしないときは，共同原告として追加しなければならず，訴訟に参加しなくても事件の審理と判決に影響しない。追加される当事者が訴訟に参加しなければならない共同被告である場合には，訴訟への参加の通知を受けた被告は，法院の通知に従い訴訟に参加しなければならない（民訴解釈74条）。

当事者の追加は第一審手続中でも，第二審手続中でも行うことができる。第二審手続中に当事者を追加するときは，第二審法院は先に調停を行わなければならず，調停が成立しない場合には，追加当事者の審級の利益保護のために，事件を第一審法院に差し戻さなければならない。

正当でない当事者を変更するということについては，民事訴訟法学者からは反対された。理由としては，原告が当事者とした者が当事者適格を有するか否かは実体的審理により結論を得るべきこと，被告が原告の不適格を証明することができれば，法院は職権により変更し，敗訴すべき原告が敗訴を免れるというのは，被告の利益を害すること，また，職権による変更は，裁判官の裁量により異なった処理がなされ得ること，他方で，変更の職責を果たすために正当な当事者を探し出し，変更後の当事者に対し証明しなければならないこと等が挙げられた。

だが，実務では依然として当事者の変更という方法が採られており，当事者の変更理論を支持する学者もいる。訴訟承継を認め，必要的共同訴訟として当事者を追加するという制度の合理性，必要性は認めた上で，正当でない当事者の変更に以下のような積極的意義を認める。第一に，被告が訴訟上の請求に対し責任を負う者ではなく，または権利侵害者が誰なのか原告に明らかでなく，法院の審理により責任を負うべき正当な被告が明らかになった場合に，原告の同意を得て被告を変更することは被害者の救済に資するものである。第二に，一つの訴訟で関連する紛争をできる限り解決するためには，訴え却下の裁定または請求棄却の判決だけでなく，正当な当事者が明らかであり，当事者を変更できる場合には，当事者を変更し，正当な当事者を訴訟に引き入れなければならない。第三に，正当

でない当事者の変更の方式は，法的安定性を保護するのみならず，関係当事者の意思をも考慮するものである。正当でない当事者の変更に相手方当事者の同意を要するのは，訴訟から脱退する当事者は，通常は実体的法律関係と法律上の利害関係がないことを表明することになり，同意は実体的権利に対する処分に関わるからである。また，正当でない当事者の変更にあたって法院の裁定を要するのは，裁定は正当でない当事者の訴訟追行権を否定するものだからである。さらに，正当でない当事者の変更に対する裁定は一事不再理の効果を生じ，変更された当事者が再度同一の訴訟物に対し訴えを提起しても受理されない。

七　訴訟承継（当然承継）

　訴訟承継とは，訴訟上の権利義務の承継であり，民事上の権利義務の移転に基づき生ずるものである。中国の民事訴訟においては，民事上の権利義務の主体は同時に訴訟上の権利義務の主体でもある。当事者の民事上の権利義務が承継人に包括的に移転した場合には，訴訟上の権利義務もまたそれに伴い承継人に移転し，このとき承継人は元の民事上の権利義務の主体に代わり訴訟上の地位を得て，新たな訴訟当事者となり，訴訟上の権利義務を承継し，元の当事者がすでに行った訴訟行為は，訴訟を承継した新たな当事者に対しても有効である。

　訴訟承継における旧権利義務の承継人は一般承継人に限られ，特定承継人は含まれない。一般承継人とは，当事者の一切の権利義務を包括的に承継した者をいい，当事者たる自然人の死亡後の相続人・受遺者，当事者たる法人の分割または合併後に存続する法人，当事者たる非法人組織の投資者または設立機関等が含まれる。一般承継人は訴訟において当事者と同一の法的地位にある。一方当事者が死亡し，相続人が訴訟を承継する場合には，相続人が当事者として訴訟を続行する（中国民訴150条）。訴訟に参加するか否か相続人が明らかにすることを待たねばならない場合には，訴訟を停止する。一方当事者たる法人またはその他の組織が消滅した場合には，その権利義務の承継人が訴訟を引き受ける。権利義務の承継人が確定しない場合には，訴訟を停止する。ここにいう相続人，権利義務の承継人が一般承継人である。

　五の4で述べたように，特定承継人については，当事者恒定原則が適用され，訴訟承継は例外となる。訴訟中に争われる権利義務の移転があっても，当事者の訴訟上の資格・地位に影響は及ばず，譲渡人が訴訟の当事者であり，譲受人にもその判決の既判力が及ぶのが原則である。例外として，譲受人が当事者に代わっ

て訴訟を引き受けることを申し立て，法院がそれを認め，当事者の変更の裁定をした場合に，旧当事者は訴訟から脱退し，旧当事者の訴訟行為は譲受人を拘束し，譲受人を当事者として訴訟は続行される（民訴解釈249・250条）。

第二節　共同訴訟

一　共同訴訟の概念

共同訴訟とは，原告または被告の一方または原告，被告の双方の人数が二人以上の訴訟をいう。共同訴訟は訴えの主観的併合，当事者の併合であり，通常共同訴訟と必要的共同訴訟に分類される。この制度により，多数当事者に渉る紛争を一挙に解決し，訴訟手続を簡易化し，人力・物資・財力を節し，法院の同一の事件または同種の事件における裁判の抵触を避けることができる。

二　通常共同訴訟

1　通常共同訴訟の意義

通常共同訴訟とは，当事者の一方または双方が二人以上であり，その訴訟物が同種であり，法院が併合審理できると認め，当事者の同意を得て併合審理する共同訴訟をいう（中国民訴52条）。通常共同訴訟には，二つの基本的な形態がある。一つは，たとえば，原告甲が消費貸借による貸金返還を求め，被告乙，丙にそれぞれ別に訴えを提起するような場合である。この二つの訴訟は，二つの独立した消費貸借契約に起因するが，同種の民事法律関係であり，訴訟物は同種であるといえ，法院に両訴とも管轄がある限り，法院は，訴訟経済の要請から，当事者の同意を得て両訴を併合し共同訴訟として審理することができ，被告乙と丙は共同訴訟人となる。もう一つは，たとえば，原告甲，乙はともに家屋賃貸人である丙の借家人であり，天井板が落ちて負傷したことにより，丙に訴えを提起するような場合である。同一の事実から引き起こされた共同訴訟であり，原告甲と乙は共同訴訟人となる。

通常共同訴訟の訴訟物には合一確定は要請されないため，当事者の意思を尊重しなければならず，その成立には，当事者の同意が前提条件となる。

2　通常共同訴訟人の独立性

通常共同訴訟は可分の訴えであり，通常共同訴訟人の間には共通の権利義務関

係はなく，共同訴訟として併合審理することも，それぞれ独立した訴訟として別に審理することもできる。また，たとえ併合審理したとしても，判決は各自別々にしなければならない。共同訴訟人の訴訟上の権利と義務は個別に訴訟を行う場合とまったく同じである。それゆえ，各共同訴訟人は以下のように独立した訴訟上の地位を有する。

1) 各共同訴訟人は訴訟を行うにあたって，他の共同訴訟人に牽制されず，独自に自白，訴えの取下げ，和解，上訴することができ，共同訴訟人の一人の自白の効力は他の共同訴訟人に及ばない。

2) 共同訴訟人の相手方当事者は，各共同訴訟人に対し，異なる，ひいては対立する訴訟行為をすることができる。たとえば，共同訴訟人の一人と和解し，他の共同訴訟人との和解を拒絶する等である。

3) 各共同訴訟人は個別に訴訟代理人に委任することができる。

4) 各共同訴訟人が適格要件を有するか否かについては個別に審査しなければならず，一人につき適格要件を欠いても，その一人の訴えのみ受理しないことができ，他の共同訴訟人には影響しない。

5) 訴訟進行中に弁論の併合が訴訟経済の要請に沿わないことが判明したときは，法院は訴訟を分離することができる。

6) 共同訴訟人の一人に生じた訴訟の停止，終了事由は，他の共同訴訟人の訴訟の続行に影響を与えない。

3　通常共同訴訟人の牽連性

共同訴訟人間には独立の原則が適用されるが，この原則に制限がないなら，共同訴訟人の訴訟行為は互いに孤立し，共同訴訟が追求する訴訟経済という目的は実現しがたい。ゆえに，独立の原則の適用には限界があり，共同訴訟人は以下のように牽連性も有する。

1) 主張共通の原則。共同訴訟人の一人の主張は，他の共同訴訟人に有利であるときは，他の共同訴訟人が反対しない限り，他の共同訴訟人に対してもその効力は及ぶ。

2) 証拠共通の原則。共同訴訟人の一人が提出した証拠は，他の共同訴訟人が主張した事実についても証拠とすることができ，当該証拠は共同訴訟人共通の証拠とすることができる。

三 必要的共同訴訟

1 必要的共同訴訟の意義と分類

　必要的共同訴訟とは，当事者の一方または双方が二人以上であり，その訴訟物が共通の訴訟をいう（中国民訴52条）。必要的共同訴訟人は共通の権利または義務を有することから不可分の訴えであり，法院は併合して審理し判決をしなければならない。

　しかし，実務では，訴訟物が共通な訴訟を必要的共同訴訟とするのみならず，訴訟物と密接に関連する訴訟も訴訟物が共通な訴訟として処理されている。たとえば，同一の事実から引き起こされた権利侵害訴訟において，権利侵害者の一人が訴えを提起されない場合には，法院は職権をもってその者を追加し訴訟に参加させている。

　中国の民事訴訟には，かつて固有必要的共同訴訟と類似必要的共同訴訟の区別はなく，すべての必要的共同訴訟を不可分の共同訴訟とみなし，共同訴訟人の中に参加していない者がいれば，当事者に追加の申立てをさせ，または法院が追加の通知をして訴訟に参加させた。この職権による追加は，あらゆる必要的共同訴訟に対するものであり，類似必要的共同訴訟の分類がなされないために，実務には職権の濫用による追加も見られ，本来訴訟物の共通に属さない訴訟を無理に併合し，強制的に共同訴訟として処理し，共同訴訟人として濫りに連帯責任を負わせた[10]。

　現行法では，二つの類型の類似必要的共同訴訟が認められている。

　1）連帯保証人は訴訟において必要的共同訴訟人となる（民訴解釈66条）。連帯保証責任訴訟においては，債権者が債務者または保証人を被告として選択して訴訟を提起することが認められ，また，債務者と保証人を共同被告として訴訟を提起することも認められる（「『中華人民共和国担保法』適用の若干の問題に関する解釈」126条）。そして，民訴解釈は，保証契約紛争により提起する訴訟は，債権者が保証人と被保証人に共に権利を主張する場合には，保証人と被保証人を共同被告としなければならないと定めた（民訴解釈66条）。この規定から，連帯保証訴訟においては，原告は保証人または被保証人を選択して訴えを提起することも，両者共に訴えを提起することもできることが前提とされており，保証人と被保証

---

10)　江・肖主編・前掲注3) 132頁参照。

人を共に訴えた場合には，類似必要的共同訴訟となる。

2）原告が被代理人と代理人に訴えを提起し，連帯責任を求める場合には，被代理人と代理人は共同被告となる（民訴解釈71条）。被代理人と代理人に連帯責任を求める訴訟においては，原告は被代理人または代理人を選択することも，両者共に訴えを提起することもできることが前提とされており，保証人と被保証人を共に訴えた場合には類似必要的共同訴訟となる。

民訴解釈では，必要的共同訴訟として，以下の場合が挙げられている。

1）他者名義で民事活動に従事し，当事者が名義借人と名義人に民事責任を求めるときは，当該名義借人と名義人は共同訴訟人となる（民訴解釈54条）。

2）労務派遣期間に，派遣された職員が業務上の任務の執行により損害を与えた場合には，労務派遣を受けた雇用機関を当事者とする。当事者が労務派遣機関の責任を主張するときは，当該労務派遣機関を共同被告とする（民訴解釈58条）。

3）営業許可証に登記された経営者と実際の経営者が異なる場合には，登記された経営者と実際の経営者を共同訴訟人とする（民訴解釈59条2項）。

4）訴訟において，未登記で営業許可証を得ていない個人パートナーシップの全パートナーは共同訴訟人となる（民訴解釈60条）。

5）企業法人が分割した場合には，分割前の民事活動により生じた紛争は，分割後の企業を共同訴訟人とする（民訴解釈63条）。

6）業務紹介状，契約専用印，捺印のある白地の契約書または銀行口座を借用した場合には，貸与機関と借用者を共同訴訟人とする（民訴解釈65条）。

7）民事行為無能力者，制限民事行為能力者が他人に損害を与えた場合には，民事行為無能力者，制限民事行為能力者とその後見人を共同被告とする（民訴解釈67条）。

8）遺産相続の訴訟において，相続人の一部が訴えを提起した場合には，法院は他の相続人に共同原告として訴訟に参加するよう他の相続人に通知しなければならない。通知を受けた相続人が訴訟への参加を望まず，実体的権利放棄の意思表示をもしない場合には，法院はその者を共同原告とする（民訴解釈70条）。

9）共有財産権に侵害を受け，共有権者の一部が訴えを提起した場合には，他の共有者は共同訴訟人となる（民訴解釈72条）。

民訴解釈以外にも必要的共同訴訟の規定がある。たとえば，賠償権利者が宿泊，飲食，娯楽等の経営活動，その他の社会活動に従事する安全保護[11]義務者に訴えを提起する場合には，権利侵害者を共同被告としなければならない。旧雇

用機関が新たな雇用機関と労働者の共同権利侵害を理由として法院に訴えを提起した場合には，新たな雇用機関と労働者を共同被告としなければならない。道路交通事故損害賠償訴訟において，権利侵害者と交通事故強制保険を引き受ける保険会社は共同被告とされなければならないが，当該保険会社が交通事故強制保険責任限度額の範囲内で賠償をし，当事者に異義なき場合はこの限りではない。当事者が商業自賠責保険を引き受ける保険会社を共同被告とすることを求める場合には，法院は認めなければならない（「道路交通事故損害賠償事件の審理における法律適用の若干の問題に関する解釈」25条）等である。

　共同して訴訟を行わなければならない当事者が訴訟に参加しない場合には，法院は参加するよう通知しなければならず（中国民訴132条），当事者も法院に申し立てることができる。法院は，当事者の申立てについて審査しなければならず，申立てに理由なきときは，却下の裁定をし，理由あるときは，追加される当事者に訴訟に参加するよう書面により通知しなければならない（民訴解釈73条）。追加しなければならない原告が実体的権利放棄の意思表示をしたときは，追加しないことができる。訴訟への参加を望まず，実体的権利の放棄もしないときは，共同原告として追加しなければならず，訴訟に参加しなくても事件の審理と判決に影響しない（民訴解釈74条）。

2　必要的共同訴訟人間の関係

　大陸法系の立法例によれば，必要的共同訴訟人の一人の訴訟行為の効力が他の共同訴訟人に及ぶか否かは，当該訴訟行為が共同訴訟人全体に有利か否かを判断基準とする。共同訴訟人の一人の訴訟行為は，有利な訴訟行為は共同訴訟人全体に効力を生じ，不利な訴訟行為の効力は共同訴訟人全体には（行為者本人も含め）及ばない。また，当該訴訟行為が他の共同訴訟人に有利か否かは形式的に判断しなければならず，当該行為の結果から判断するのではない。

　中国では，必要的共同訴訟人の一部の訴訟行為は，有利不利にかかわらず，他の共同訴訟人の同意により，他の共同訴訟人に対し効力を生ずる（中国民訴52条2項）。しかし，共同訴訟人全体の同意を得なければならないとすることは煩瑣であり，時間を要することにもなる。それゆえ，実務では，一人の訴訟行為に他

---

11)　消費者権益保護法に規定されている消費者の権利を安全保護権といい，消費者の人身，財産の安全を守ることを内容とする。

の共同訴訟人が反対の意思表示をしない限り，全体に対し有利な行為は全体に効力を生ずるものと柔軟な取扱いがなされている。民事訴訟法の規定としては，一人の共同訴訟人の訴訟行為は全体に対し有利なものは全体に対し効力を生ずることを原則とし，訴えの取下げ，和解，請求の認諾等，共同訴訟人の重大な利益に関わる行為については他の共同訴訟人の同意を得なければならないとし，類似必要的共同訴訟の場合には，全体の同意を得ずとも行為者についてのみ有効であり他の共同訴訟人には効力を生じないとすべきであるとの指摘がなされている。

　また，中国では，前述のように当事者適格を実質的に捉えることからすれば，理論的には，まず，形式的，抽象的に審査される当事者能力，訴訟能力について判断し，一部の者が訴訟能力，当事者能力を欠き，補正できないときは，当該当事者の訴えは不受理または不適法として却下され，他の共同訴訟人の訴えは当事者適格を欠く訴えとなる（類似必要的共同訴訟では，他の共同訴訟人は影響を受けない）。次に，抽象的な当事者能力，訴訟能力を有することを前提として，当事者適格の審査をする。当事者適格の審査は具体的な本案の状況に基づき行われる実質審査である。当事者適格を欠く場合には，請求を棄却することができ，その後の正当な原告の訴えは妨げられないと解される。だが，民事訴訟法には訴訟成立要件と当事者適格の審査の順序についての規定はなく，実務ではまとめて審査されている。法院は職権により当事者適格を有すると認める原告，被告に訴訟に参加するよう通知することができ，また，訴訟能力を欠く当事者に対しては後見人を指定してから法定訴訟代理人を確定し，訴訟への参加を通知することができる。法院は関連する手続上の障害を自ら解決し，手続を進行させる権限を有している[12]。

第三節　訴訟代表者

一　訴訟代表者制度の概要

1　訴訟代表者制度の意義

　集団紛争は当事者が多数であり，全当事者が出廷し訴訟行為を行うのは不可能ではないが，手続は煩瑣なものとなり，滞りかねず，不便である。集団紛争については伝統的な共同訴訟の方式では有効な解決は得がたく，相応の訴訟形態が必

---

12) 江・肖主編・前掲注3) 135頁参照。

要となる。中国の現行法は，集団紛争の有効な解決のために訴訟代表者制度を定めている（中国民訴53・54条）。

代表者訴訟とは，伝統的な共同訴訟では共同訴訟人全員が自ら，また代理人を通じて訴訟を行うのに対し，当事者の選出，法院と当事者との協議または法院の指定により訴訟追行を委ねられた代表者のみが全当事者を代表して訴え，応訴，その他の訴訟行為を行い，その判決の効力は代表者だけでなく全当事者に対して及ぶ訴訟形態である。

訴訟代表者制度の意義としては，当事者からすれば，人力，財力，物質等の訴訟コストの節約にあり，法院からすれば，多数の当事者の民事紛争を一つの訴訟手続で併合審理，判決することができ，有限の司法資源を合理的に利用し，訴訟効率を高めることができるだけでなく，同一または同種の民事訴訟に対し共通の事実認定の上に相矛盾する裁判をすることを免れ，裁判の威信を守ることにある。また，社会的には，集団紛争においては，個人の私益の保護，訴訟代表者制度は公益的色彩を帯び，裁判結果は広範な社会の反響を呼ぶ。さらに，集団紛争は一般には専門性，技術性の高い領域や業種で発生し，加害者と被害者の力量，挙証能力等は均衡を欠くが，代表者訴訟は，力量の不均衡な双方当事者に攻防の均衡を保たせ，武器平等の原則を貫くことに資する。

2 代表者訴訟の要件

民事訴訟法119条の要件のほか，代表者訴訟で満たさなければならない要件としては，第一に，当事者の一方が多数でなければならない。ここで多数とは，十人以上をいう（民訴解釈75条）。また，その人数は不確定でもよい（中国民訴54条）。

第二に，多数の当事者間に共通の法律上または事実上の利益がなければならない。すなわち共同訴訟成立の客観的要件を満たさなければならない。共通の法律上の利益とは，訴訟物が共通であるか同種である場合であり，共通の事実上の利益とは，多数の当事者が同一または同種の事件により同様または類似の損害を受け，ゆえに訴訟上の攻撃防御方法が同一または同種である場合である。当事者の人数が訴え提起時に不確定な場合は，その内部関係は通常共同訴訟人の関係であり，その訴訟物は同種でなければならない（中国民訴54条）。

代表者訴訟の管轄についての規定はなく，民事訴訟法の管轄の原則的規定と実務に従い，事物管轄については，事件内容が複雑でなく，影響が小さく，訴訟物

の額が大きくない事件は基層法院が管轄し，関係する主体が多数であり，訴訟物の額が大きく，影響の大きい事件は中級法院が管轄する。土地管轄については，一般の権利侵害紛争または契約紛争においては，代表者が原告として訴えを提起する場合には，民事訴訟法の債権または契約紛争管轄の規定に従う。

3　訴訟代表者

　訴訟代表者とは，多数の当事者の中から代表者として選出され，全当事者を代表して訴訟を行う者をいう。訴訟代表者は，本案の共同訴訟人であり，代表者は本案の共同訴訟の当事者の中から選出しなければならない。訴訟代表者自身が当事者であるため，全当事者の共同の利益を保護することは自身の合法的権益をも保護することになり，その訴訟の結果を訴訟代表者と代表される当事者とが共同して負うことを決定づける。代表者は自己の意思に基づき単独で訴訟行為を行うことができ，その効力はその代表する当事者に及ぶが，集団の利益を保障するために，請求の変更・放棄・認諾，和解等，訴訟物の処分に関する行為を行うにあたっては，慎重を期し，被代表者たる当事者の同意を得なければならないとされる（中国民訴 53 条）。

　訴訟代表者は訴訟能力を有し，相応の法律知識を有し，陳述・挙証・質証・弁論の能力を有してこそ全当事者を代表し訴訟を十分に追行することができる。訴訟代表者は報酬の有無にかかわらず，訴訟進行中善良な管理者の注意義務を尽くさなければならないと解され，この義務を尽くさずまたは任務を怠り当事者に損害を与えたときは，当事者は民法上の委任契約により訴訟代表者に損害賠償を請求することができる。

　訴訟代表者の人数は二人ないし五人とし，各代表者は一人ないし二人の訴訟代理人に委任することができる（民訴解釈 78 条）。

　訴訟の進行中に，訴訟代表者の死亡，訴訟行為能力の喪失，代表としての職責を尽くすことができない事情が生じたときは，代表者を選出した当事者は新たな代表者を選出し交代させ訴訟行為を継続することができる。旧代表者の訴訟行為の効力は交代後も有効である。

二　代表者訴訟の種類

1　人数の確定した代表者訴訟

　人数の確定した代表者訴訟とは，訴え提起時に共同訴訟の一方の当事者の人数

が多数であり，かつ確定しており，当事者がその中の一部の構成員を選出し，全当事者を代表して訴訟行為を行い，裁判の効力が全当事者に及ぶ代表者訴訟をいう。その内部関係は，必要的共同訴訟人の関係の場合も，通常共同訴訟人の関係の場合もあり，代表者の選任と裁判の効力の範囲以外には共同訴訟の規律が適用される。

全当事者が共通の訴訟代表者を選出することも，一部の当事者が各自の訴訟代表者を選出することもでき，また，代表者を選出しない当事者は，自ら訴訟追行することも，通常共同訴訟においては個別に訴えを提起することもできる（民訴解釈76条）。多数であるときは常に代表者訴訟によらなければならないわけではない。

2 人数の不確定な代表者訴訟

人数の不確定な代表訴訟とは，当事者の一方が多数であり，かつ訴え提起ないし判決の段階に人数が確定せず，法院に登記した権利者による選出，法院と権利者との協議または法院の指定による代表者が，当事者を代表して訴訟行為を行う訴訟形態をいう。人数の確定した代表者訴訟と比べ，各当事者の訴訟物の牽連関係は緩く，特別規定がある。

(1) 公告

人数が多数の一方当事者が訴えを提起するときに，その人数が不確定である場合には，代表者を選出し共に訴訟を行うことができるように，法院は受理後に公告をし，訴えを提起していない利害関係人に事件の状況と訴訟上の請求を説明し，権利者に法院に登記をするよう通知することができる。公告期間は法院が事件の具体的状況に基づき確定するが，30日より少なくてはならない。法院の公告の方式は，事件により異なり，住所不明の当事者の所在地の範囲により，法院の掲示板に公告を張り出し，当事者所在地域にも公告を張り出すことも，また公開出版される刊行物に公告を登載することもできる（中国民訴54条，民訴解釈79条）。

(2) 登記

法院は事件について実体審理を行う前に，当事者の人数を確定し，権利者に法院に登記するよう通知することができる。法院に登記する権利者は，相手方当事者との法律関係および受けた損害を証明しなければならない。証明できないときは，登記しないが，権利者は個別に訴えを提起することができる。権利者が正当

な理由なく法院が指定した期間内に登記しないときは，権利者は訴訟上の権利行使を放棄したものとみなすが，その実体的権利には影響しない（中国民訴54条，民訴解釈79・80条）。

（3） 訴訟代表者の確定

当事者の人数が不確定な代表者訴訟の訴訟代表者の確定には，三つの方式がある。1）当事者による選出。法院に登記した権利者が訴訟代表者に訴訟追行権を委ねる。2）協議による確定。権利者による代表者の選出が困難であるときに，受訴法院は法院に登記した権利者との協議により代表者を確定することができる。3）法院の指定。訴訟代表者の確定の協議が調わないとき，法院は職権により訴えを提起した当事者の中から代表者を指定することができる（中国民訴54条，民訴解釈77条）。

（4） 判決の効力

人数が不確定な代表者訴訟において，法院の判決の効力は登記した全当事者に及び，登記に参加した全当事者は裁判の内容に従い権利を行使し，義務を負わなければならず，また，再度訴えを提起することはできない。多数当事者に対し，法院が作成する法律文書は，訴訟代表者のみを記載することができ，その他の当事者は法律文書に添付された登記名簿に入れる。法律文書は登記した人に送達し，登記していない権利者には訴訟の終結を知ることができるよう公告しなければならない。登記していない権利者は訴訟時効の期間内に法院に訴訟を提起することができ，審査の結果，法院が請求の成立を認めるときは，実体審理をせずに，直接すでになされた判決・裁定を適用するとの裁定をすることができる（中国民訴54条，民訴解釈80条）。

第四節　訴訟上の第三者

一　第三者の意義

民事訴訟における第三者とは，すでに開始された訴訟の原被告間の訴訟物に対し独立の請求権を主張し，また，独立の請求権はないが，事件の処理結果に法律上の利害関係を有し，自己の権益のために訴訟に参加する者をいう。第三者は自己の名で訴訟行為を行う独立した主体である。

第三者が訴訟に参加したときは，本訴（もとの当事者間の訴訟）と第三者の訴えとは併合審理されるため，当事者間の紛争を一挙に解決し，同一の事件に対し

矛盾した判決を避けることができる。第三者の訴訟参加は，訴訟経済の要請に沿い，時間と費用を抑え，訴訟手続を簡略化する。

第三者は独立の請求権を有する第三者と独立の請求権のない第三者の二つに分けられる（中国民訴56条）。

二　独立の請求権を有する第三者

1　独立の請求権を有する第三者の成立要件とその訴訟上の地位

当事者以外の者が，独立の請求権を有する第三者としてすでに開始されている訴訟に参加するにあたっては，当該訴訟の原被告間の訴訟物に対し独立の請求権を有さなければならない（中国民訴56条1項）。原被告間の訴訟物に対し独立の請求権を有するとは，原被告間の訴訟の争いの目的たる物または権利を自己のために請求することであり，その全部か一部かは問わない。

独立の請求権を有する第三者は，原被告の一方または双方に対し独立の参加の訴えを提起するのであり，この参加の訴えでは，第三者が原告であり，本訴の原被告の一方または双方が被告となる。独立の請求権を有する第三者は，法院に訴訟上の請求および事実・理由を提出する権利を有し，当事者となり（民訴解釈81条1項），法院の呼出状による呼出しを経て，正当な理由なく出廷を拒むとき，または法廷の許可なく途中退廷したときは，民事訴訟法143条の規定に照らして訴えの取下げの規定に従い処理される（民訴解釈236条）。独立の請求権を有する第三者は当事者，原告の地位に位置づけられており，民事訴訟法の原告に関する規律は，独立の請求権を有する第三者に適用される。

独立の請求権を有する第三者が参加する訴訟は，もとの原被告間の本訴と，第三者ともとの当事者の間の新たな訴えの併合であるが，この併合は共同訴訟とは異なり，三方の訴訟主体の訴えの複合的併合である。

第三者が参加する訴訟は，本訴係属中であれば，第一審でも第二審でもよい（民訴解釈81条2項）。しかし，第二審で参加の申立てがなされた場合には審級の利益が損なわれる。それゆえ，第一審手続で参加していない場合には，第二審法院は調停を行うことができ，調停が成立しないときは，差し戻される（民訴解釈327条）。

2　独立の請求権を有する第三者が参加する訴訟の審理と裁判

独立の請求権を有する第三者は参加の訴えを提起することにより訴訟に参加す

るが，参加の訴えと本訴との裁判の抵触を避けるため，参加の訴えと原被告間の本訴は通常は併合審理されなければならない（中国民訴140条）。また，審理は併合してなされても，判決は個別にしなければならないが，本訴の原告と参加の訴えを提起した第三者とが同一物の所有権を互いに主張して本訴の被告に返還請求するように，参加の訴えの訴訟物と本訴の訴訟物が両立しない場合には，紛争の速やかな解決のため，参加の訴えを先に審理・判決し，これを前提として本訴の審理・判決をすることができる。

三　独立の請求権のない第三者

1　独立の請求権のない第三者の成立要件

独立の請求権のない第三者の成立は，原被告間の訴訟の裁判結果に対し法律上の利害関係を有することを基礎とする。法律上の利害関係とは，本訴原告か被告の一方が敗訴した場合に，第三者の権利主体としての地位が否定もしくは揺るがされる，または第三者が敗訴した被告に求償訴訟を提起されるおそれがあることをいう。たとえば，XがYに対する債権に対しZのために質権を設定した後，YがXに対する債務不存在確認の訴えを提起した場合，この訴訟に質権者Zは独立の請求権のない第三者として訴訟に参加することができる。仮にXのYに対する債権が存在しないことが確認されれば，当該債権に対する質権は成立の余地がなく，質権者Zの権利者としての地位は否定されるからである。また，債権者の連帯保証人に対する債務返還訴訟に，主たる債務者は独立の請求権のない第三者として参加して被告たる連帯保証人の訴訟行為を補助することができる。連帯保証人が敗訴すれば，主たる債務者を被告として求償訴訟を提起することができるからである。

独立の請求権のない第三者の成立の基礎となる利害関係は，原被告間の訴訟の結果に対する法律上の利害関係でなければならず，経済的，感情的関係のような事実上の利害関係では足りない（中国民訴56条2項）。

また，独立の請求権のない第三者が訴訟に参加する方式には，第三者による参加の申立てと受訴法院による参加の通知との二種類がある（中国民訴56条2項）が，私的自治の本旨からすれば，第三者による申立てを原則とし，法院の職権による通知を例外とすべきである。法院が理由なく不当に事件の処理結果と利害関係のない者を独立の請求権のない第三者として訴訟への参加の通知をすることを防ぎ，利害関係人の正当な利益を保護するため，最高人民法院の「経済裁判にお

ける『中華人民共和国民事訴訟法』の厳格な執行に関する若干の規定」には，独立の請求権のない第三者として受訴法院が通知してはならない場合が以下のように定められている。

1) 原被告双方の争われる訴訟物に対し直接の関係がなく，返還または賠償等の義務を負わない者，および原告または被告と仲裁または管轄の合意をした第三者，または専属管轄事件の一方当事者（9条）。

2) 製品品質紛争事件の審理において，原被告間の法律関係以外の者に対し，契約約定のもしくは法律の規定に合致する製品を提供したことを証拠により証明した場合，事件の当事者が規定の品質異議期間内に異議を申し立てていない場合，または製品受取側が当該製品の品質を認めた場合（10条）。

3) すでに義務を履行し，または法に従い一方当事者の財産を取得し，かつ相応の対価を支払った原被告間の法律関係以外の者（11条）。

この他，最高人民法院「『中華人民共和国契約法』適用の若干の問題に関する解釈（一）」に，代位権訴訟，取消権訴訟，契約譲渡により生じた訴訟における独立の請求権のない第三者について規定がある。

1) 債権者が第三債務者を被告として法院に代位権訴訟を提起するときは，債務者は独立の請求権のない第三者となる。債権者が訴え提起に際し，債務者を第三者に入れていない場合には，法院は債務者を第三者とすることができる（16条）。

2) 債務者が期限の到来した債権を放棄し，または財産を無償もしくは不合理な低価格で譲渡し，債権者に損害を与えた場合には，債権者は法院に債務者の行為の取消しを請求することができ，この訴訟を取消権訴訟という。債権者が取消権訴訟を提起するに際し，債務者を被告とし，受益者または譲受人を第三者に入れていない場合には，法院は当該受益者または譲受人を独立の請求権のない第三者として追加することができる（24条）。

3) 債権者が契約上の権利を譲渡し，債務者と譲受人の間で契約の履行につき紛争が生じ法院に訴えが提起され，債務者が債権者の権利に対し抗弁を提出した場合には，債権者を第三者とすることができる（27条）。債権者の同意を得て，債務者が契約上の義務を移転した後，引受人と債権者の間で契約の履行につき紛争が生じ訴えが提起され，引受人が債権者の権利に対し抗弁を提出した場合には，債務者を第三者とすることができる（28条）。契約当事者の一方が相手方の同意を得て，その契約中の権利義務をすべて譲受人に譲渡し，相手方と譲受人に契約の履行につき紛争が生じ訴えが提起され，相手方が契約上の権利義務に対し

抗弁を提出した場合には，譲渡人を第三者とすることができる（29条）。

2 独立の請求権のない第三者の訴訟上の地位

民事訴訟において，独立の請求権のない第三者は，原被告の一方を補助するために訴訟に参加するのであるが独立の訴訟主体であり，よって，訴訟行為をなすには自己の名義をもってしなければならない。また，独立の請求権のない第三者は，原被告間の訴訟物に対し独立の請求権を有さないため，その参加する訴訟において，訴訟物の処分に関する訴訟行為を行うことはできない（民訴解釈82条）。また，独立の請求権のない第三者は当事者の訴訟行為と矛盾する訴訟行為をすることはできず，たとえ行ったとしても無効となる。

3 独立の請求権のない第三者の裁判

独立の請求権を有する第三者の訴訟参加が訴えの併合となるのと異なり，独立の請求権のない第三者の訴訟参加により新たな訴えは成立しない。ゆえに，受訴法院は原告の申し立てた訴訟上の請求に対し，その範囲内で判決をしなければならず，当該第三者に対し判決をすることはできない。

しかし，民事訴訟法56条2項は，「人民法院の判決により民事責任を負う第三者は，当事者の訴訟上の権利義務を有する。」と規定しており，独立の請求権のない第三者が被告を補助し訴訟行為を行い被告が敗訴した場合には，受訴法院は独立の請求権のない第三者に対し直接判決することができる。同一の法院により原被告間の民事紛争と被告と当該独立の請求権のない第三者の間の民事紛争について一回的解決を図ることができ，訴訟経済に適い，事実上，判決の矛盾も避けることができる。これは，「訴えなければ裁判なし」の民事訴訟の原理に反し，法院による濫りな独立の請求権のない第三者としての追加を招き，利害関係人の正当な利益を損なうとして，補助参加人制度と判決の参加的効力を参考とし，独立の請求権のない第三者の規律を改める必要があるとの指摘がある[13]。

四 第三者取消しの訴え

帰責事由なくして訴訟に参加できない第三者の利益を保護するため，第三者が本人に帰すことのできない事由により訴訟に参加していないが，確定した判決・

---

13) 趙ほか・前掲注2) 117・118頁参照。

裁定・調停書の一部または全部の内容に誤りがあり，民事上の権益に損害を与えたことを明らかにする証拠がある場合には，損害を受けたことを知りまたは知り得べき日から6ヶ月以内に，判決・裁定・調停書を作出した法院に訴訟を提起することができる。審理の結果，訴訟上の請求が成立する場合には，原判決・裁定・調停書を変更または取り消さなければならない。訴訟上の請求が成立しない場合には棄却する（中国民訴56条3項）。「本人に帰すことのできない事由により訴訟に参加していない」とは，訴訟に参加できないことに過失または明白な過失がないことをいい，1）訴訟を知らずに参加していない場合，2）参加を申し立てたが認められなかった場合，3）訴訟を知っていたが，客観的原因により参加できなかった場合，4）その他本人に帰すことのできない事由により訴訟に参加していない場合が含まれる（民訴解釈295条）。「確定した判決・裁定・調停書の一部又は全部の内容に誤りがある」とは，判決・裁定の主文および調停書の当事者の民事上の権利義務の処理結果に誤りがあることをいう（民訴解釈296条）。

　法院は第三者取消しの訴えの審理にあたっては，以下の点に注意しなければならない。

　1）法院は訴状および関係証拠を受け取った日から5日以内に相手方当事者に送付しなければならず，相手方当事者は訴状を受け取った日から10日以内に書面による意見を提出することができる。法院は第三者が提出した訴状，証拠および相手方当事者の書面による意見に対し審査を行わなければならない。必要なときには双方当事者に審尋することができる。審査の結果，訴え提起の要件を満たすときは，法院は訴状を受け取った日から30日以内に立案しなければならない。訴え提起の要件を満たさないときは，訴状を受け取った日から30日以内に不受理の裁定をしなければならない（民訴解釈293条）。

　2）第三者取消しの訴え事件については合議体により開廷審理しなければならない（民訴解釈294条）。

　3）特別手続・督促手続・公示催告手続・破産手続等の非訟手続により処理する事件，婚姻無効・取消または婚姻関係の解消等の身分関係の内容に関わる事件に対し第三者が取消しの訴えを提起する場合には，法院は不受理の裁定をしなければならない。登記に参加していない権利者が代表者訴訟事件の裁判に対し，被害者が公益訴訟事件の裁判に対し取消しの訴えを提起する場合にも，法院は不受理の裁定をしなければならない（民訴解釈297条）。

　4）第三者取消しの訴えは，当該第三者を原告とし，判決・裁定・調停書の当

事者を被告としなければならないが，判決・裁定・調停書の責任を負わない独立の請求権のない第三者は第三者とする（民訴解釈298条）。

5）第三者取消訴訟事件を受理後，原告が相応の担保を提供し，執行の中止を申し立てるときは，法院は認めることができる（民訴解釈299条）。

6）第三者取消しの訴えに対し，法院は審理し，以下の事情によりそれぞれ処理する。①請求が成立し，かつその民事上の権利確認の主張の全部または一部が成立する場合には，原判決・裁定・調停書の内容の誤った部分を変更する。②請求は成立するが，その全部または一部の民事上の権利確認の主張が成立しない場合，または民事上の権利の確認請求をしていない場合には，原判決・裁定・調停書の内容の誤った部分を取り消す。③請求が成立しない場合には，請求を棄却する（民訴解釈300条）。

7）第三者取消訴訟事件の審理期間に，法院が判決・裁定・調停書に対し再審の裁定をした場合には，第三者取消しの訴えを審理する法院は，第三者の訴訟上の請求を再審手続に併合するとの裁定をしなければならない。ただし，原審の当事者間で通謀により第三者の合法的権益に損害を与えたことを明らかにする証拠があるときは，法院は第三者取消訴訟事件の審理を先行させ，再審訴訟停止の裁定をしなければならない（民訴解釈301条）。第三者の訴訟上の請求は，再審手続に併合して審理する場合には，以下の事情によりそれぞれ処理する。①第一審手続により審理する場合には，法院は第三者の訴訟上の請求について併合審理しなければならず，その判決には上訴できる。②第二審手続により審理する場合には，法院は調停をすることができ，調停が成立しない場合には，原判決・裁定・調停書を取り消し，一審法院に差し戻すとの裁定をしなければならず，再審理に際しては第三者を入れなければならない（民訴解釈302条）。

（小嶋明美）

第 5 章　訴訟代理人

第一節　訴訟代理人の意義と特徴

　訴訟代理人とは，代理権に基づき，当事者の名において訴訟行為を行い，または受領し，当事者の利益を保護する訴訟参与者をいう。訴訟代理人が当事者を代理して訴訟活動を行う権限を訴訟代理権という。民事行為を代理することができるのと同じように，訴訟行為も他人が代わって行うことができる。訴訟代理人制度により，当事者の能力を補充，拡張することができ，訴訟手続の円滑な進行に資し，当事者の訴訟上の利益を保護する。

　訴訟代理人は以下の特徴を有する。1）訴訟能力を有さなければならない。これは訴訟代理人が代理の職責を果たす前提である。訴訟進行中に代理人が訴訟能力を失えば，その代理資格も失われる。2）代理権の範囲内で訴訟活動を行わなければならない。訴訟代理権は代理行為の根拠であり，代理権なく，代理権を超えてなされた場合には，訴訟代理の法的効果は生じない。3）被代理人の名において訴訟活動を行わなければならない。訴訟代理人は事件の当事者ではなく，事件と直接の利害関係もなく，訴訟行為を行い，受領する目的は被代理人の合法的権益の保護にある。4）訴訟代理の法的効果は被代理人に直接帰属する。5）当事者の一方のみを代理し，双方代理は禁じられる。当事者双方の利益は対立するものであり，一人で双方を代理にして訴訟を行うならば，被代理人の利益を保護しがたく，訴訟代理制度はその存在価値を失うことになるからである。6）独立した訴訟参与者である。訴訟代理は代理権と被代理人の意思による制約を受けるが，これは訴訟代理人が被代理人に全面的に従属するということではない。代理権の範囲内で，訴訟代理人は被代理人の利益保護のために，独立して意思表示を行い，受領し，訴訟行為の内容と方式を決定することができ，また，自身の訴訟上の権利と義務を有する。

代理権発生の根拠を基準として，訴訟代理人は法定訴訟代理人と委任訴訟代理人の二種類に分けられる。

第二節　法定訴訟代理人

一　法定訴訟代理人の意義と特徴

法定訴訟代理人とは，法律の規定に基づき，訴訟能力のない当事者を代理して民事訴訟活動を行う者をいう。法律が法定訴訟代理人に付与する権限を法定訴訟代理権という。法定訴訟代理は訴訟無能力者のために法律により設けられた代理制度である。

法定訴訟代理人は以下の特徴を有する。1) 法定訴訟代理人の代理権は法律の規定に基づく。法定訴訟代理制度は，法律の規定により生じ，当事者の授権を要さず，当事者の意思による制約を受けない。2) 法定訴訟代理人の代理の対象は訴訟無能力者のみである。法定訴訟代理制度の目的はもっぱら訴訟無能力者の法的救済にある。3) 法定訴訟代理人は，当事者に対し親権および監護権を有する者に限られる。親権者と後見人［監護人］については，民法通則に規定があり，法律が定める以外の者は法定代理人となることはできない。4) 法定訴訟代理人の代理権は権利でもあり義務でもある。訴訟無能力者の訴訟に関わるにあたっては，親権者または後見人は法定代理人の身分で訴訟に参与するが，これは法律が付与した権利である。他方で，当事者の合法的権益を保護するために，法律は親権者または後見人が代わって訴訟を行わなければならないとするが，これは彼らの被代理人に対する義務であり，社会に対し尽くさなければならない義務でもある。5) 後見人と訴訟能力のない被後見人が共同被告となるときは，後見人は被告でもあり，被後見人の法定訴訟代理人も担当する二重の訴訟上の地位を有する（民訴解釈67条）。

二　法定訴訟代理権の取得と消滅

法定訴訟代理権は，民事実体法が定める親権と監護権に基づく。法定訴訟代理権は，後見人の監護権または監護の職責の一部である（民法通則18条，最高人民法院「『中華人民共和国民法通則』の貫徹執行の若干の問題に関する意見（試行）」10条）。

訴訟無能力者が訴訟を行うにあたっては，その後見人が法定訴訟代理人として

訴訟を代理する（中国民訴57条前段）。訴訟無能力者の法定訴訟代理人と民事実体法における民事行為無能力者，民事制限行為能力者の後見人の範囲とは一致する。

未成年者については，未成年者の父母が後見人となる。父母が死亡している場合，または監護能力を有さない場合には，1）祖父母，2）兄，姉，3）関係の密接なその他の親族・友人で，監護責任を負うことを希望し，未成年者の父，母の所属組織または未成年者の住所地の住民委員会，村民委員会の同意を経た者のうち，監護能力を有する者が後見人を担任する。以上の後見人がいないときは，未成年者の父，母の所属組織，未成年者の住所地の住民委員会，村民委員会または民政部門が後見人を担任する。後見人の担任につき争いがあるときは，未成年者の父，母の所属組織または未成年者の住所地の住民委員会，村民委員会が近親の中から指定する。指定を不服として訴えを提起した場合には，人民法院が裁決する（民法通則16条）。

民事行為能力のない，または民事行為能力を制限される精神病者については，1）配偶者，2）父母，3）成年の子女，4）その他の近親，5）関係の密接なその他の親族・友人で監護責任を負うことを希望し，精神病者の所属組織またはその住所地の住民委員会，村民委員会の同意を経た者が後見人を担任する。後見人の担任につき争いがあるときは，未成年者の場合と同様である。1）～5）に定める後見人がいないときは，精神病者の所属組織，住所地の住民委員会，村民委員会または民政部門が後見人を担任する（民法通則17条）。

法定訴訟代理人が訴訟を代理するにあたっては，代理される訴訟無能力者との間の後見関係の存在を法院に証明しなければならない。法院も，職権により法定代理権の有無を審査しなければならない。

法定訴訟代理権の消滅原因には，1）法定訴訟代理人の死亡または訴訟能力の喪失，2）被代理人たる当事者の訴訟能力の取得または回復（たとえば，未成年の当事者が成年になり，精神病を患う当事者が全快する等），3）法定訴訟代理人の当事者に対する親権または監護権の喪失（たとえば，婚姻関係に基づき生じた監護権が婚姻関係の解消により消滅した場合，法定訴訟代理人が監護資格を法院に取り消された場合等），4）被代理人たる当事者の死亡がある。

三　法定訴訟代理人の代理権と訴訟上の地位

訴訟無能力者はいかなる訴訟行為も独立して行うことはできないため，法定訴

訟代理人は，被代理人の有する訴訟上の権利はすべて代わって行使する権限を有し，被代理人が果たさなければならない訴訟上の義務はすべて代わって果たさなければならない。法定訴訟代理人は，訴えの提起，上訴・反訴の提起等，当事者の訴訟上の権利を代わって処分する権限を有し，また，請求の認諾・放棄，和解の合意等，当事者の実体的権利を代わって処分する権限も有する。しかし，法定訴訟代理権はいかなる制限も受けないというわけではなく，法定訴訟代理人が行い，または受領する訴訟行為は当事者の合法的権益を害さないことを前提としなければならず，そうでなければ相応の法的責任を負う。

また，民法通則に定める後見人が法定訴訟代理人となるということは，法定訴訟代理人は一人に限られない。民事訴訟法には共同代理なのか単独代理なのかについて規定はないが，実務では共同代理として扱われており，訴訟無能力者の保護を重視する立場からは肯定される。共同代理と解すれば，法定代理人が二人以上であるときは，共同してなされた訴訟行為のみ有効となる。この場合，必要的共同訴訟における規定（中国民訴52条2項）を類推適用し，法定代理人の一人の当事者の名で行った訴訟行為は，他の法定代理人の同意を得て有効となると解すべきだと指摘される[1]。

民事訴訟において，法定訴訟代理人は当事者と類似した訴訟上の地位にある。被代理人の一切の訴訟行為は，法定訴訟代理人が代わって行い，法院と相手方当事者の訴訟行為を代わって受領する。その訴訟行為はすべて当事者の行為とみなされ，当事者の訴訟行為と同等の法的効力を有する。しかし，法定訴訟代理人はやはり当事者ではない。法定訴訟代理人は実体的な権利者でも義務者でもなく，自己の名で訴訟を行うことはできず，訴訟の法的効果も受けない。また，訴訟進行中に法定訴訟代理人が死亡した場合または代理権を行使できない場合には，訴訟は中断（中止）するが，終了しない。

四　法定訴訟代理人の確定

後見人が確定していない場合には，後見の資格を有する者が協議により確定する。協議が調わないときは，人民法院がその中から法定代理人を指定する。未成年者については，後見人となる祖父母，兄，姉がいない場合には，未成年者の

---

1) 趙剛・占善剛・劉学在『民事訴訟法〔第3版〕』（武漢大学出版社・2015年）124頁参照。

父，母の所属組織，未成年者の住所地の住民委員会，村民委員会または民政部門を，民事行為能力のない，または民事行為能力を制限される精神病者については，後見人となる配偶者がいない場合には，精神病者の所属組織，住所地の住民委員会，村民委員会または民政部門をそれぞれ指定し，後見人を担任させることができる（民訴解釈83条）。

また，法定代理人間で代理の責任を押しつけあう場合には，人民法院がその中の一人を指定して訴訟を代理させる（中国民訴57条後段）。

第三節　委任訴訟代理人

一　委任訴訟代理人の意義と特徴

委任訴訟代理人とは，当事者，法定代理人，訴訟代表者，法定代表者またはその他の組織の責任者の授権・委任を受け，代わって訴訟活動を行う者をいう。

委任訴訟代理人は，法定訴訟代理人との比較において，以下の特徴を有する。1）委任訴訟代理権の発生は委任者の代理権授与の意思表示に基づく。委任訴訟代理人の代理権取得の証明書として，委任者は代理権の授与に際し，署名または捺印のある授権委任状を交付しなければならない。2）代理事項と代理権限は通常は委任者が自ら決定する。ただし，特別な場合には法律は委任者の授権に対し適当な制限をしている。たとえば，離婚事件において，離婚するか否かについての意見を代理人に代わって述べるよう授権することはできず，当事者自ら法院に表明しなければならない。3）委任者と受任者は訴訟能力を有さなければならない。当事者は，民事行為無能力者，制限民事行為能力者およびその他法により訴訟代理人となることのできない訴訟無能力者を訴訟代理人として委任することはできない（民訴解釈84条）。

二　委任訴訟代理人の範囲

当事者の委任を受け訴訟代理人となることができる者について，各国の法律の規定は異なっている。弁護士強制主義を採る国もあれば，日本のように本人訴訟も認めるが委任訴訟代理人を弁護士に限る国，また，弁護士でない者にも委任訴訟代理人となることを認める国もある。中国民事訴訟法は，その実情に基づき，委任訴訟代理人の資格について制限せず，以下のように広く認めている（中国民訴58条2項）。

1）弁護士。弁護士は，豊富な法律知識，訴訟経験および一定の訴訟技術を有し，当事者の正しい訴訟上の権利行使，義務の履行，適切な訴訟行為の選択を助けることができる。弁護士は訴訟代理にあたっては，法院に弁護士営業証，弁護士事務所証明書類を提出しなければならない。

2）基層法律サービス業務従事者。基層法律サービス業務従事者とは，司法部が2000年に公布した「基層法律サービス業務従事者管理弁法」が定める開業要件を満たし，基層法律サービス所で業務を行い，社会に法律サービスを提供する者をいう。基層法律サービス業務従事者は，訴訟の代理に際し，法律サービス業務従事者開業証明書，基層法律サービス所の紹介状および当事者の一方が当該管轄区にいることの証明書類を法院に提出しなければならない（民訴解釈88条2号）。当事者の一方とは，代理する当事者も相手方当事者も含み，当該管轄区とは，基層法律サービス所設立時にサービスする町［街道］と村［郷鎮］であり，区，県でサービスする場合には，区・県を管轄区とする。現在，全国には基層法律サービス所は1.9万ヶ所，基層法律サービス業務従事者は7万人余りいる。基層法律サービス業務従事者は，一定の証拠調査収集権を有し，労務報酬および保険・福利厚生は，基層法律サービス所との任用契約により定める。

3）当事者の近親。当事者の近親には，当事者と夫婦・直系血族・三親等内の傍系血族・近い姻戚関係および扶養の関係にある親族を含む（民訴解釈85条）。当事者との関係が密接であり，信頼もあり，事件についても理解していることが多いことから，訴訟代理人として当事者の合法的権益を保護することができると考えられた。代理にあたっては，法院に身分証と近親関係にあることの証明書類を提出しなければならない。

4）当事者の職員。当事者が組織であるときは，当事者と合法的労働人事関係にある従業員は委任訴訟代理人となることができる（民訴解釈86条）。多くの組織は従業員に訴訟の代理を委任している。ここにいう職員とは，使用者である組織の性質により判断しなければならない。企業法人についていえば，当該企業と労働関係にある者をいい，事業組織についていえば，当該組織と事業関係または労働関係にある人員をいう。代理にあたっては，法院に身分証と合法的労働人事関係にあることの証明書類を提出しなければならない。

5）当事者の地域社会［社区］・所属先および関係社会団体より推薦された公民。当事者の地域社会・所属先および関係社会団体より推薦された公民による訴訟代理は，特殊な類型の事件の公正，速やかな解決に資すると考えられている。

地域社会は，当該地域社会に居住する当事者のために訴訟代理人を推薦することができる。推薦される公民は当該地域社会の住民または当該地域社会・所属先の職員でもよいし，当該地域社会・所属先以外の人でもよい。代理にあたっては，法院に身分証，推薦書類および当事者が当該地域社会・所属先に属する証明書類を提出しなければならない。

　関係社会団体とは，その職責または業務が事件と関係のある社会団体をいう。たとえば，婦人連合会はその職員を推薦して婦人の権益に関わる紛争事件の訴訟を代理させることができる。関係社会団体が公民を推薦して訴訟代理人とするにあたっては，以下の要件を満たさなければならない。1）社会団体は法により登記し，または登記を免除されて設立された非営利法人組織であること，2）被代理人が当該社会団体の構成員であるか，または当事者の一方の住所地が当該社会団体の活動地域にあること，3）代理業務が当該社会団体の規約に明記された業務範囲に含まれること，4）推薦される公民は社会団体の責任者または当該社会団体と合法的労働人事関係のある職員であること（民訴解釈87条1項）。代理にあたっては，法院に身分証および上記要件を満たす証明書類を提出しなければならない。

　関係社会団体による推薦が新法においても残されたのは，関係社会団体として中華全国特許代理人協会が特許代理人を推薦し特許訴訟を代理させるための法的根拠が必要だと考えた国家知的財産権局と中華全国特許代理人協会の提言による。特許代理人資格試験に通っても，営業許可証を得，司法試験に通った者は少ないことから，特許代理人は公民代理の身分をもって特許訴訟を代理してきており，特許代理人と企業の間には数十年に及ぶ信頼関係が築かれてきた。現段階では，この特許代理人による訴訟代理の道を断ち，弁護士に対し特許代理人の経営の領域に道を開いても，企業の要求を満たすことはできないと考えられたからである。これを受けて民訴解釈も，特許代理人は中華全国特許代理人協会の推薦を得て，特許紛争事件において訴訟代理人となることができると定めた（87条2項）[2]。

　委任訴訟代理人の人数は一人ないし二人である（中国民訴58条）。実務では，二人の代理人に委任する場合には代理活動の円滑な進行のため，委任状に各訴訟

2）　江伟・肖建国主編『民事訴訟法〔第7版〕』（中国人民大学出版社・2015年）125～127頁参照。

代理人の代理事項と権限をそれぞれ明記しなければならないとされている。

三 委任訴訟代理人の代理権限と訴訟上の地位

　委任訴訟代理の代理事項と代理権限の範囲は委任者の授権によって決まる。委任訴訟代理人は当事者の授権の範囲で訴訟行為をなし，代理権を超えた訴訟行為は被代理人の追認がない限り無効であり，代理人自らが相応の法的効果を負う。

　委任者が実体的権利を処分する訴訟上の権利を訴訟代理人に授けているか否かにより，委任訴訟代理権は一般授権と特別授権に分類される。一般授権では，回避の申立て，管轄権についての異議，証人の出廷の申立て，事件内容の陳述，証拠の提出，質証，弁論等の一般的訴訟行為のみを代理することができる。委任状には，通常，これら一般的訴訟行為のみの授権が記載されており，請求の認諾・放棄・変更，和解，反訴の提起，上訴については特別の授権を要する（中国民訴59条2項）。特別の授権を行うときは，授権事項と権限を委任状に明記しなければならず，記載なきときは代理できない。また，全権代理とのみあり具体的授権がないときは，一般授権とみなされる（民訴解釈89条1項）。

　委任訴訟代理人の代理行為は授権の範囲においてのみ，被代理人が行った訴訟行為と同等の法的効力を有し，その法的効果は直接被代理人に帰属する。また，委任者は訴訟代理人の代理権限を変更することも，委任契約を随時解除することもできる。しかし，委任訴訟代理人は，1）委任権限の範囲内で独立して意思表示をする権利を有し，意思表示をするか否か，どのような意思表示をするか，他人の意思表示を受領するか否か，どのように受領するかを自ら決定する権限を有し，自己の意思と行為をもって代理業務を成し，2）委任者の無理な要求を拒絶する権限を有し，必要なときは訴訟代理関係を終了することができる。特に，弁護士が訴訟代理人となる場合には，当事者の合法的権益を保護するほかに，事実を根拠とし，法律に準拠しなければならず，憲法と法律を遵守し，弁護士の職業道徳と営業規律を厳守しなければならず，3）委任者から授けられた権利のほかに，証拠を調査・収集し，当該事件の関係資料を調べる権利（中国民訴61条）のように，法律により付与された固有の権利を有し，4）法院は，訴訟過程において，委任訴訟代理人に対し行わなければならない訴訟行為を被代理人に行うことにより代えることはできない。たとえば，法院は，被代理人に開廷呼出状を送達するときは，委任訴訟代理人に開廷通知書を送達しなければならない。

　事件事実について委任者と訴訟代理人の法廷における陳述が一致しないとき

は，当事者の陳述を基準とし，被代理人は法廷に訴訟代理人の陳述の変更または撤回を求めることもできる[3]。

四　委任訴訟代理権の取得，変更および消滅

委任訴訟代理権は委任者の授権に基づき生ずるが，授権委任は法定の書面の方式により行わなければならず，開廷審理前に法廷に送付しなければならない。

訴訟の代理を委任するにあたっては，法院に委任者の署名捺印のある授権委任状を提出しなければならない（中国民訴59条1項）。授権委任状の真正を保障するため，国外に居留する中華人民共和国公民が，国外から送付または委託して提出された授権委任状については，中国の当該国家駐在大・公使館，領事館の証明を経なければならず，大・公使館，領事館なきときは，中国と外交関係のある第三国の当該国家駐在大・公使館，領事館が証明し，さらに中国の当該第三国駐在大・公使館，領事館または当地の愛国華僑団体が証明する（中国民訴59条3項）。授権委任状は開廷審理前に法院に提出し，法院は審査しなければならず，法院の認可により受任者は訴訟代理権を取得する。ただし，簡易手続においては，双方当事者が出廷し直ちに開廷審理を行うときは，その場で口頭で訴訟代理人に委任し，法院は記録に記載することができる（民訴解釈89条）。

委任訴訟代理関係は，被代理人と代理人との信頼関係に基づくものであることから，一身専属性を有し，原則として復委任は認められないが，授権委任状に復任権が明記されている場合には，原代理権の範囲内で復委任することができると解される。中国民事訴訟法には委任訴訟代理において復代理を認める規定はないが，民法通則68条は，民事代理における復代理を定めており，実務では，委任訴訟代理の復代理が行われている[4]。この場合，当事者または委任訴訟代理人は法院に復代理の授権委任状を提出しなければならず，法院は復委任が成立するか否か審査し，相手方当事者に通知しなければならない。復代理についてあらかじめ被代理人の同意を得ていない場合には，委任訴訟代理人は事後速やかに被代理人に告知しなければならず，被代理人が同意しないときは，委任訴訟代理人は復委任した者が行った訴訟行為に対し自ら責任を負わなければならない。ただし，

---

3) 証拠規定8条3項後段は，「当事者が在廷し，その代理人の自白に対し否認しない場合には，当事者の自白とみなす。」と定めており，これを当事者本人の更正権の根拠とする（趙ほか・前掲注1）128頁参照）。

4) 江・肖主編・前掲注2）128頁参照。

緊急の場合に，委任訴訟代理人は被代理人の利益保護のために復委任したときは，被代理人の事前の同意を経ていなくても，被代理人に訴訟代理の法的効果は帰属する。緊急の場合およびその場合に復委任が成立するか否かは，法院が具体的事情に基づき審査，確定する。

　委任者は訴訟代理人との協議で訴訟代理権について変更することができる。

　委任訴訟代理権の消滅原因は以下のようである。1）訴訟代理人の死亡または訴訟能力の喪失，2）委任者による委任の解除または代理人の辞任，3）委任期間の満了，4）訴訟の終了，代理人の代理任務の完了。

　訴訟代理人の権限の変更または解除は，当事者が書面により法院に告知し，法院は相手方当事者に通知しなければならない（中国民訴 60 条）。通知前の代理行為は有効である。

五　離婚事件の委任訴訟代理の特別規定

　離婚事件の訴訟代理については特別規定が置かれ，訴訟代理人がいるときも，本人は意思を表示できない場合を除き出廷しなければならず，特別の事情により出廷できない場合には，法院に書面により意見を提出しなければならない（中国民訴 62 条）。委任訴訟代理においては必ずしも当事者の出廷は要しないが，離婚事件は身分関係に関わり，離婚するか否かは当事者双方の関係が破綻しているかどうかによって決まり，当事者双方の出廷の下でなければその判断は難しい。また，調停前置主義が採られており，法院はできる限り調停に努めなければならないが，それには双方当事者の出廷が望ましいと考えられたことによる。

（小嶋明美）

第4・5章　訴訟当事者・訴訟代理人に関するコメント

はじめに

　ここでは，中国民事訴訟法における当事者および訴訟上の代理の規律についてコメントを行う。ただし，筆者は，中国法の専門家ではないため，体系的あるいは網羅的な検討を行う能力はない。さらに，中国民事訴訟法における当事者および訴訟上の代理に関しては，最近の法改正前の状況についてではあるが，小嶋明美教授による紹介とコメントがすでに存在する[1]。また，最近の法改正により新設された「公益訴訟」（中国民訴55条）については，本書の第1編において白出博之弁護士により検討されている。したがって，以下では，これまであまり詳細には紹介されていなかった多数当事者訴訟に関して[2]，コメントを行う。

一　既判力の範囲に関する規定の不存在―「暫定的対世効」？

　中国民事訴訟法には，既判力に関する規定が存在しない。したがって，そもそも確定判決に既判力が生じるかどうか，それが生じるとしてもどの事項について誰に対して及ぶのかは，明文の規定から明らかにならない。しかし，再審の規定は存在するし，学説においても既判力の概念は存在するので[3]，中国民事訴訟法においても既判力は存在するといえるであろう。

　ただし，中国法においては，法的安定性よりも実体的真実が重視されるため，既判力の観念は希薄である，とされる[4]。その証左として，中国民訴法は，再審事由として，新証拠がある場合や事実認定や法適用の誤りがある場合を挙げており（中国民訴200条1号ないし5号）日本法よりもかなり広く再審事由を認めてい

---

1) 小嶋明美『現代中国の民事裁判』（成文堂・2006年）132〜141頁。
2) ただし，小嶋・前掲注1) 144頁注4に若干言及がある。
3) 小嶋明美「職権探知主義の規整（3）」山形大学法政論叢46号（2009年）20頁。
4) 小嶋明美「再審についての一考察」山形大学法政論叢49号（2010年）4頁。

ること，および，当事者の申立てのみならず職権によっても再審を開始することができること（中国民訴198条）が挙げられる[5]。さらに，近時の立法により，「当事者の双方の訴訟の目的について，独立請求権を持つ第三者」（中国民訴56条1項）のみならず，「当事者双方の訴訟の目的について，独立請求権を有しないが，事件の処理結果と自己との間に法律上の利害関係がある場合」の第三者（中国民訴56条2項）は，「本人の責に帰さない事由のために訴訟に参加しなかったが，法的効力が生じた判決，裁定，調停書の一部または全部の内容に誤りがあってその民事権益が侵害されることを証明する証拠がある場合に」当該判決等の取消しの訴えを提起できるとされた（中国民訴56条3項）。ここでの第三者は，前者は日本における独立当事者参加人に相応し，後者は補助参加人に相応するため，日本法によれば当然には既判力が及ばない第三者にも再審に類似する取消しの訴えを提起する権能が付与されたことからも，中国民訴法が，法的安定性よりも実体的真実を重視していることを看取することができる。

　もっとも，再審の訴えの当事者適格および再審事由が広く認められていることから，中国では既判力は存在しないと評価する必要はないと思われる。なぜなら，実体的真実に合致しない判決が確定しているにもかかわらず，それが確定判決であるがゆえに裁判所，当事者および第三者を拘束しているという実態があるからこそ，その通用力を失わせるために，再審の訴えを提起する必要性があるとも考えられるからである。このように考えることが許されるならば，中国民訴法においては，財産関係訴訟・人事訴訟を問わず，既判力は，暫定的であれ，対世的にすなわち万人に及ぶことが前提となっていると解することができるであろう[6]。以下では，このような仮説を立てて，中国民事訴訟法の規律を整理してみたい。

---

[5]　小嶋・前掲注4）13頁以下も参照。
[6]　同様に，第三者による取消しの訴えとの関係で，中国民訴法では既判力相対効の原則がとられていないのではないかと指摘するものとして，上原敏夫・江藤美紀音・金春・白出博之・三木浩一「特別座談会　中国への法整備支援事業の現状と課題」論究ジュリスト5号（2013年）226頁〔三木浩一〕。なお，フランスにおける「暫定的対世効」については，高田裕成「身分訴訟における対世効論のゆくえ」新堂幸司編著『特別講義民事訴訟法』（有斐閣・1988年）364頁。

二 共同訴訟の規律について

1 必要的共同訴訟と当事者の追加

　中国民訴法においては、日本民訴法と同様に、通常共同訴訟と必要的共同訴訟という二種類の共同訴訟類型が存在する。しかし、その成立要件は日本法と異なる。すなわち、中国民訴52条1項によれば、「訴訟の目的が共通であり、又は訴訟の目的が同一であり、人民法院が併合して審理できると認め、かつ、当事者の同意を経たとき」に共同訴訟が成立し、この場合には原則として、共同訴訟人独立の原則が妥当するが（中国民訴52条2項後段）、「訴訟の目的について共通の権利・義務を有する場合」には、共同訴訟人の一人の訴訟行為は、それを承認した他の共同訴訟人にも効力を生じさせる（中国民訴52条2項前段）。

　このように、中国法では、「訴訟の目的について共通の権利・義務を有する場合」に共同訴訟人独立の原則が修正される。その例として、主債務者と保証人、本人と代理人が共同訴訟人となる場合が挙げられており、この規律は、日本法における必要的共同訴訟の範囲より明らかに広い。

　中国では、主債務者と保証人、本人と代理人が共同訴訟人となる場合には、日本法における類似必要的共同訴訟に相応するものに該当し、日本法におけるそれの範囲よりも広い。さらに、中国民訴法では、共同訴訟人となるべき者全員が共同訴訟人になることが必要な共同訴訟、すなわち、日本法における固有必要的共同訴訟に相応するものも、広く認められている。

　しかも、中国民訴法によれば、固有必要的共同訴訟となるべき場合には、「当事者の追加」により共同訴訟人となるべき者全員を強制的に訴訟に関与させることができるとされている。当事者の追加とは、事件の受理後、必要的共同訴訟人となるべき者が訴訟に参加していないことが発覚した場合に、申立てまたは職権により、人民法院がその者に訴訟参加を通知することである。共同被告となるべきことの通知を受けた者は、共同被告となるべきことを強制され、共同原告となるべきとの通知を受けた者も、当該訴訟の対象となっている権利を放棄しない限り、この訴訟の共同原告とならなければならないとされる。

　以上の規律により、中国法は、比較的広い範囲で必要的共同訴訟の成立を認め、かつ、当事者の追加制度を用いて共同訴訟人となるべき者全員を強制的に一つの訴訟に関与させるという態度をとっていると評価することができよう。すな

わち，中国法は，共同訴訟に関しては，関連紛争を関連当事者全員が関与した一回の訴訟で一挙に解決することを志向していると評価できる。

もっとも，このような立法態度に対しては，必要的共同訴訟の成立範囲を広くしているにもかかわらず，共同訴訟人全員を強制的に訴訟に関与させる仕組みは，裁判所に過剰な負担を課しているのではないかという疑念が生じうる。仮に「暫定的対世効」の存在のために，関係人全員に手続関与の機会を与える必要があるとしても，すべての関係人を共同訴訟人にすることを強制する必要まではないように思われる。

2 必要的共同訴訟の手続規律

前述のとおり，共同訴訟人の一人の訴訟行為は，それを承認した他の共同訴訟人にも効力を生じさせる（中国民訴52条2項前段）。しかし，共同訴訟人間での協議の結果，後者が前者の訴訟行為を承認しなかった場合に，当該訴訟行為の効果をどのように扱うのかについては，明文の規定がない。文言どおりに解釈すると，承認がなければ，共同訴訟人間で矛盾する訴訟行為が行われたことになる。しかし，それでは，共同訴訟人ごとにまちまちの内容の判決が下される可能性があり，その結果，当該事件を必要的共同訴訟とした意味がなくなってしまうであろう。中国民訴法が実体的真実発見を志向し，職権探知主義を採用するので[7]，この場合は，裁判所の裁量により統一的な判決内容が形成されるのであろうか。実務では，共同訴訟人全員にとって有利な行為は全員にとって効力が生じるとされているようであるが，そのための正当化根拠が必要であると思われる。

三 訴訟代表者について

中国民訴53条および54条は，多数の共同訴訟人から選任された代表者による訴訟追行を許す。これは，日本民訴30条に基づく選定当事者に類似する制度である。ただし，訴訟代表者が，請求の変更，請求の放棄・認諾，または，訴訟上の和解をする場合には，被代表者の同意を要するとされているので（中国民訴53条，54条3項），被代表者から代表者に完全な訴訟追行権が授与されたわけではない。この点が選定当事者と異なる。この点に着目して，訴訟代表者は，任意的

---

7) この具体的内容と問題点については，本書第2編第6章コメントを参照。

訴訟担当よりも任意代理（訴訟代理）に近接すると指摘される[8]。中国では弁護士代理の原則が採用されていないことも（中国民訴58条2項2号および3号），これを裏付けると思われる。

中国民訴53条が，共同訴訟人の人数が確定している場合の訴訟代表者を規律するのに対し，中国民訴54条は，当事者の人数が確定していない場合にも訴訟代表者を選任することを許している。後者の場合，裁判所は，事件の状況と請求について公告し，権利者に一定期間内に裁判所に登記することを通知することができ（中国民訴54条1項），登記した者だけが代表者を選任することができる（中国民訴54条2項）。このように，中国民訴法では，日本法では平成8 (1996) 年改正の際に導入されなかった公告および通知の制度が取り入れられている。

さらに特徴的であるのは，中国民訴54条4項が，その第一文において「人民法院がする判決又は裁定は，登記に参加した権利者全員に対して効力を生ずる」としているにもかかわらず，その第二文において「登記に参加していない権利者が訴訟時効期間内に訴えを提起した場合には，当該判決又は裁定を適用する」としていることである。すなわち，中国民訴54条による訴訟代表者は，登記に参加した権利者のみによって代表されていたにもかかわらず，登記に参加していない権利者も，訴訟代表者の追行した訴訟に対する判決を，自己の有利に援用することができるのである。ここでも，判決効の人的範囲をできるだけ広く認めていこうとする立法態度が見て取れる。このような規律が妥当であるかについては検討を要するものの，中国の訴訟代表者の制度には，日本の選定当事者制度よりも斬新な規律が導入されていることには違いないと思われる。

四　第三者の訴訟参加について

1　第三者の訴訟参加の制度趣旨

中国民訴法の学説によれば，第三者の訴訟参加の制度目的は，まず「事件外の利害関係人の法的利益の保護」にあり，次いで，矛盾判決の防止，および，訴訟経済・司法資源の節約にあるとされる。しかし，これらの制度目的を理解することは，中国民訴法において既判力が存在しないことを前提にすると非常に困難である。そこで，前述の「暫定的対世効」があることを前提にすると，次のように

---

8)　小嶋・前掲注1) 136頁。

説明することが可能である。すなわち，まず，訴訟においては，当該事件の訴訟物についての判断が第三者の権利の存否に影響を及ぼすことがあり，当該事件の判決が確定すると，その判断について，第三者との関係でも暫定的であれ既判力が生じ，第三者の法的利益の行使に影響をもたらすことになる。このような事態を防ぐために当該事件に第三者が参加することを許している。判決効を受ける第三者の権利救済のために参加が認められれば，一つの訴訟手続において，当事者のみならず第三者との関係での紛争も解決できるため，重複訴訟や矛盾判決を防止できるし，訴訟経済にもかなうこととなる。

このように，矛盾判決を未然に防止するために，関連する紛争を関係人全員で一回的に解決することが，第三者の参加制度の目的であると考えることができる。

なお，近時の立法により「本人の責に帰さない事由のために訴訟に参加しなかった」第三者が，確定判決等の取消しの訴えを提起できるとされたのは（中国民訴56条3項），訴訟当事者以外の第三者は，訴訟参加の要件を満たしているならば，通常は，訴訟当事者間の訴訟に参加する機会が与えられており，その場合には，当該訴訟の確定判決の内容を争うことは許されないことが前提となっているためであると考えられる。このことも，第三者の訴訟参加制度の目的が，紛争の一回的一挙的解決にあることを裏付けていると思われる。

2 独立請求権を有しない第三者への職権通知

このように考えると，中国民訴56条2項が，訴訟告知に関する日本民訴52条とは異なり，独立請求権を有しない第三者の訴訟参加の通知を，当事者の申立てのみならず職権により行うことができるとされていることも首肯できる。むしろ，紛争の一回的解決を志向するのであれば，裁判所は職権による第三者の訴訟参加の通知を積極的に行うべきものと解されていたと推測される。

しかし，職権による通知を広い範囲で行えば行うほど，訴訟経済に反するのは目に見えている。そこで，人民法院は，訴訟の結果と利害関係のない第三者による訴訟への介入を防ぐために，職権による通知をすることができる第三者の範囲を限定するための規定を制定したと考えることができよう[9]。

---

[9] 1994年12月22日に公布された「経済裁判における『中華人民共和国民事訴訟法』の厳格な執行に関する若干の規定」を参照。

なお，日本法においても，人事訴訟においては対世効が生じるため（日本人事訴訟法24条1項），訴訟当事者となれない者に対する手続保障が問題となる。そこで，日本人事訴訟法15条1項に「検察官を被告とする人事訴訟において，訴訟の結果により相続権を害される第三者を当該人事訴訟に参加させることが必要であると認めるときは，裁判所は，被告を補助するために，決定で，その利害関係人を当該人事訴訟に参加させることができる。」との規定が新設され，判決効の及ぶ第三者に対して裁判所が職権で訴訟参加命令をすることができるようになった。

3 訴訟参加した第三者の訴訟上の地位

独立請求権を有する第三者が訴訟参加した場合に当該訴訟においてどのような地位を取得するのかについての規律は，中国民訴56条1項には記載されていない。したがって，独立請求権を有する第三者が訴訟参加した場合に，三者間の請求について矛盾のない判断がなされるために，たとえば，三者のうち二者で行われた訴訟行為の効果が残りの者にも及ぶのか，などの問題をどのように解決しているのかは，法律の文言からは明らかにならない[10]。必要的共同訴訟の場合と同様に，裁判所の裁量に委ねられると解すべきであろうか。

これに対して，独立請求権を有しない第三者が訴訟参加した場合には，民訴解釈82条によれば，当該第三者は訴訟において当事者としての訴訟上の権利と義務を有するとされ，単独で上訴を提起することもできるとされる。ただし，当該第三者は，他人の訴訟を追行するから，請求の放棄，変更や訴えの取下げ等をすることはできないとされる。

このような中国法の規律には，参加人の被参加人に対する従属的地位に関するものは存在しないため[11]，この規律は，日本における共同訴訟的補助参加の規律に近いといえるであろう[12]。中国民訴法においては，「暫定的対世効」が及ぶことを前提に，第三者に訴訟関与の機会が与えられていると仮定すれば，参加人の訴訟上の地位を強化する立法態度は理に適っているといえよう。

---

10) 日本の独立当事者参加については，日本民訴法47条4項により，必要的共同訴訟の規律である40条1項ないし3項を準用する。
11) 日本民訴法における通常の補助参加人の従属性については，日本民訴45条2項を参照。
12) たとえば，日本人事訴訟法15条3項は日本民訴45条2項の適用を除外している。

おわりに

　以上でコメントを終える。中国民訴法は，明文の規定がなくとも，財産関係訴訟・人事訴訟を区別することなく「暫定的対世効」が生じていると仮定すると，中国民訴法における多数当事者訴訟に関する規律の目的を比較的容易に理解できるようになった。すなわち，中国民訴法は，「暫定的対世効」が及ぶからこそ，多数当事者訴訟を一回の訴訟で一挙に解決することを志向し，そのために，裁判所が職権で共同訴訟人や参加人に対して手続関与の機会を保障し，訴訟当事者たる地位を有しない参加人にも強い訴訟上の権能を付与しているのである。

　しかし，すべての事件類型について，対世効を前提に，裁判所が関係人を強制的に参加させ，職権探知による事実認定を行って，関連するすべての紛争を一つの訴訟で一回的にかつ画一的に解決するという職権主義的な立法態度は，当事者や参加人に対する手続が十分に保障されていたとしても，裁判所にとって過度の負担となり，訴訟遅延の原因となるのではなかろうか。筆者は，少なくとも財産関係事件では，既判力の相対効を原則とした当事者主義的な規律を導入すべきだと考えるが，これは民事訴訟制度の理念に関わる問題であるので，これ以上は立ち入らない。

（鶴田　滋）

第6章　証　　拠

第一節　証拠の概説

一　民事訴訟の証拠の概念

　民事訴訟の証拠とは，民事事件の真実の状況を証明する各種の事実材料をいう。

　「証拠材料」とは，民事訴訟の当事者が法院に提出する，または法院が職権により収集する事件事実を証明する各種の材料をいう。また，当事者の質証を経て法院に事件事実を認定する根拠として採用された証拠材料を「定案証拠」，「裁判証拠」または単に「証拠」という。定案証拠は証拠材料から生まれ，証拠材料は定案証拠の原形態である。

　民事訴訟法においては，「証拠」という用語は「証拠材料」を意味することも（中国民訴64・68条），「定案証拠」を意味することも（中国民訴200条）ある。また，未だ審査，認定されていない「証拠」について，「証拠材料」という概念を用いて判断の根拠となる「証拠」と区別している場合（証拠規定1・14・34条）もある。しかし，立法も理論も実務もそれらを区別せずに「証拠」という用語を用いている。

二　民事訴訟の証拠の属性

　民事訴訟の証拠の属性とは，民事訴訟の証拠として具備しなければならない性質と要件をいい，判決の根拠とする民事訴訟の証拠は，客観性，関連性，合法性の三つの基本的属性を有すると解される。

1　客観性

　客観性とは，証拠は客観的に存在する事実であり，憶測や虚構ではないことを

いい，証拠の客観的真実性ともいう。客観性には二つの面があり，一つは，証拠は人証であれ物証であれ，形式上，客観的に存在する実体であること，もう一つは，証拠の内容は事件の関係事実に対する客観的記録，反映であり，客観的に存在する事実であって主観的想像や憶測による事実ではないことである。証拠の客観性を保障するために，当事者とその他の訴訟参与者は，法院に真実の証拠を提出しなければならず，証拠を偽造，改ざんしてはならない。また，法院は，証拠の調査・収集および審査・確認にあたって，客観的・全面的でなければならず，先入観にとらわれ，片面的に局部的現象に基づき全体を推論し，誤った結論を出してはならない。

民事訴訟の証拠の客観性を強調することは，証拠の提出，運用が主観的側面を有することを否定するものではない。しかし，主観的認識，主観的判断と客観的状況を最大限に一致させなければならない。

2　関連性

関連性とは，相関性ともいい，民事訴訟の証拠が要証事実と一定の客観的関連を有さなければならないことをいう。要証事実と無関係であれば，たとえ客観的事実であったとしても，事実認定の証拠とすることはできない。証拠と要証事実との関連性が強ければ強いほど，その証明力も高くなり，関連性が弱まれば低くなる。

証拠の関連性を理解するにあたっては，以下の点に注意しなければならない。

1) 関連性は客観的に存在するものであり，根拠のない憶測ではない。証拠と事件事実の関連性は，訴訟主体の認識，法官の主観的判断を要するが，客観的なものでなければならず，主観的臆断であってはならない。たとえば，原告が，被告には他の事案でもしばしば故意の違約があったという事実をもって，当該事件の被告の違約行為の存在を証明しようとするときには，このような関連性は実証不能な推測にすぎず，関連に客観性はなく，法官は両者の間の関連性を認定することはできない。

2) 関連性は直接的関連でも間接的関連でもよい。たとえば，契約書は契約法律関係の存在を直接証明するものであり，一方当事者の業務計画書に相手方と契約締結の計画があることは間接的に証明するものである。

3) 関連性は肯定的関連でも否定的関連でもよい。たとえば，親子関係確認訴訟において，原告が提出した「子供は夫婦関係の存続期間に出生した」という証

拠は，要証事実に対し肯定的役割を有するが，被告が提出した妊娠中の原告には第三者と性関係があったという証拠は否定的役割を果たす。

3　適法性

適法性とは，証拠は法定の手続に従い収集・提出されなければならず，法律が定める要件を満たさなければならないことをいう。適法性には以下の二つの意義がある。

1) 証拠の調査・収集，審査，認定は法定の手続によらなければならない。当事者，訴訟代理人および法院は，証拠の調査・収集にあたっては法律の要求を満たさなければならず，法律の規定に違反してはならない。たとえば，当事者は法律の禁止規定に違反する方法により証拠を収集してはならない（民訴解釈106条）。法院は，証拠の調査・収集にあたっては，二人以上で共同して行わなければならない（民訴解釈97条）。また，法院は，証拠の審査・認定について法律の要件を満たさなければならない。たとえば，証拠を最終的「定案証拠」とするには，法律に定める質証手続を経なければならず，当事者が提出した証拠であれ，法院が調査・収集した証拠であれ，質証を経ずに法院の事実認定の根拠としてはならない（中国民訴66条，民訴解釈103条）。

2) 証拠の形式は適法でなければならない。たとえば，代書遺言は二人以上の証人同席の下，その中の一人が代書し，年月日を明記し，代書者，その他の証人および遺言者が署名しなければならない（相続法17条）と定められているため，代書遺言は遺言者の真実の意思表示をありのままに反映するのみならず，二人以上の証人が同席し，遺言に署名することが不可欠の要件であり，この形式的要件を欠く場合には，証拠として用いることはできない。

三　証拠能力

証拠能力とは，一定の事実材料を訴訟の証拠とする法的資格，証拠が法院に採用され，事件事実の認定の根拠とするのに具備しなければならない法的資格をいう。

中国の民事訴訟法学と証拠法学は「客観性」，「関連性」，「適法性」といった概念により証拠の基本的属性を説明するが，これらと証拠能力とは密接な関係を有する。証拠が証拠能力を有するか否かは，証拠と要証事実に関連性があるか否か，および証拠自体が真実性，適法性を有するか否かによって決まる。事件事実

と関連性のない事実資料は証拠として用いることができず，証拠能力を有さない。証拠が客観的真実性を有さず，主観的想像，憶測の事実であるなら，証拠能力を有さない。また，たとえば，拷問して自白させる方法をもって取得した証拠等は，関連性，真実性を有し，要証事実に対し一定の説得力を有しても，法律が保護するより大きな利益に損害を与え，また，訴訟手続の公正な進行を破壊し得るため，やはり証拠体系の外に排除され，証拠能力を有さない。

　証拠能力の具体的規則については，中国の現行法の規定は大陸法系に近く，英米法系国家に比べ制限は少ない。

四　証拠の証明力

　証拠の証明力とは，証拠価値，証拠力ともいい，事件事実の証明に対する証拠の作用の大小（強弱）をいう。証拠は客観性を有し，かつ要証事実との間に関連性がありさえすれば一定の証明力を持つが，それぞれの証拠は，その証明力の大小が異なる。証拠の証明力の差異は，客観的に存在し，それぞれの証拠の特性と要証事実との関係により決定されるものである。

　証明力と証拠能力は相関連し，また，異なる二つの概念である。証拠能力とは，証拠が事件事実を証明する資格を有するか否かをいい，証明力は，証拠がどの程度事件事実に対し証明の機能を果たすかをいう。事件事実認定の根拠として，証拠は証拠能力も証明力も有さなければならない。証明力を有さない事実材料は，事件事実の証明にとって意義を有さず，証拠能力を授ける必要はない。事件事実に対し証明力を有する事実材料は，証拠能力を有さなければ，事件事実認定の証拠とすることはできない。また，両者の間には実質的な違いもあり，証拠の証明力が重視するのは証拠の自然的属性であり，証拠と要証事実の間の論理的関係によるが，証拠能力が重視するのは証拠の法律的属性であり，要証事実証明の根拠として採用することを法律により認められているか否かによる。証拠能力は法律が事前に定めるものであり，証明力は法官が訴訟の中で判断する。証拠能力を有する証拠材料の証明力の大小には違いがある。

　中国民事訴訟法は，自由心証主義を明確に規定していないが，実際には，法官は審理の中で得られた証拠および法定調査と弁論の全状況に基づき，関係規定に従い，事件事実に対する確信を形成し，それに基づき事件事実を認定しており，民訴解釈105条は，「人民法院は法定の手続に従い，全面的，客観的に証拠を審査し，法律の規定に従い，論理的推理と日常生活上の経験則を用いて証拠の証明

力の有無，大小について判断し，判断の理由と結果を公開しなければならない。」と規定している。ここから，中国の実務では，自由心証主義が採られていると解されるが，他方で，後述（たとえば，第八節三の6）のように，証明力の大小については規則がある。中国の自由心証証拠制度は法定証拠制度を全面的に否定するものではなく，法定証拠制度により補われている。

第二節　証拠の理論的分類

一　本証と反証

　証拠と証明責任の関係により，証拠は本証と反証に分けることができる。本証は，要証事実に対し証明責任を負う当事者が提出し，当該事実を証明する証拠をいい，反証は，証明責任を負わない当事者が当該事実の不存在または不実を証明するための証拠である。

　反証の目的は本証の証明力を揺るがすことにある。それゆえ，証明責任を負う当事者が本証を提出し，相手方当事者に事実認定において不利な変化を生じさせたときに相手方当事者に反証の必要が生ずる。反証の提出は，通常，本証の提出の後である。

　本証と反証，両者は証明度が異なり，本証は証明責任を負う当事者が提出するものであるから，法官に当該事実の存在を確信させる程度に達しなければならない。それに対し反証は，法官の要証事実に対する確信を揺るがせば足り，要証事実を真偽不明に陥らせれば立証は成功である。

　確信の形成については次のように説明される。法院は本証と反証の証明力の大小を衡量し，事実を認定する。本証の証明力が反証の証明力より明らかに大きければ，本証が証明しようとする事実は認定されなければならない[1]。これに対し，反証の証明力が本証の証明力より明らかに大きければ，本証が証明しようとする事実は認定してはならない。本証と反証の証明力が相当し，要証事実の存在について判断しがたいときは，証明責任の分配規則により本証の側が不利な法律効果を負わなければならない。本証と反証とがともに提出されている場合には，法官は本証を先に調査しなければならず，本証の証明力が弱く，明らかに証明度

---

1) 本証には確信を要し，反証は確信を動揺せしめれば足りるとしながら，本証の証明力と反証の証明力を比較して決するようである。

に達しないときは，反証について調査する必要はない。

二　原始証拠と伝来証拠

　証拠の源の違いにより，証拠を原始証拠と伝来証拠に分けることができる。原始証拠とは，たとえば，物証，書証，視聴覚資料の原物，事件事実を直接目にし耳にした証人の証言等，事件事実に直接源を発し，中間段階の伝播を経ずに事件事実の発生，発展および消滅の過程で直接に形成された証拠，「直接的証拠材料」をいう。伝来証拠は，また，派生証拠ともいい，原始証拠から派生した証拠をいい，たとえば，書証の複写，AV 資料の複製品，他人が見た事件事実を伝聞する証人等，事件事実から直接生じたものではなく，複製，伝聞等の中間段階を経て形成された証拠であり，「間接的材料」である。

　原始証拠と伝来証拠，両者の信憑性，証明力には違いがある。一般的に，原始証拠は伝来証拠に比べてより信頼でき，より高い証明力を有する。それゆえ，訴訟においては可能な限り原始証拠を提出し，また，用いなければならない（中国民訴 70 条，証拠規定 10・22・49・77 条）。また，伝来証拠により事件事実の認定を行うにあたっては，格別に慎重でなければならない。

三　直接証拠と間接証拠

　証拠と要証事実との関係により，直接証拠と間接証拠に分けることができる。直接証拠は要証事実と直接関係があり，要証事実を単独で直接証明することができる証拠をいう。たとえば，結婚証書は婚姻関係の存在を，契約書は契約関係の存在を，借用証書は貸借関係を直接証明することができる。これに対し，間接証拠は，要証事実との関係は間接的であり，また，単独では要証事実を直接証明することができず，その他の証拠と合わせて証明することができる。一つの間接証拠によっては事件事実を直接証明することはできないが，直接証拠を見つけ出すことができないときに，いくつかの関連する間接証拠により事件事実を認定することができる。

　証拠が直接証拠なのか間接証拠なのかは，それと要証事実との関係による。同一の証拠が甲事実については直接証拠であり，乙事実については間接証拠となり得る。

四　間接本証と間接反証

　証拠と証明責任との関係および要証事実との関係により，証拠を間接本証と間接反証に分けることができる。主要事実について証明責任を負う当事者が，直接証拠を提出して当該事実を証明することができない場合には，間接証拠を提出して間接事実を証明することにより，経験則に従い間接事実から証明を要する主要事実の存在を推認させる。このような挙証を間接本証という。また，相手方当事者は主要事実が推定されることによる不利な結果を免れるために，別の間接事実を証明し，間接事実から経験則に従い主要事実の不存在を推認させる。このような挙証を間接反証という。前者は当事者が証明を要する主要事実について証明責任を負うため，その間接事実に対する挙証は間接本証といい，後者は証明責任を負わないため，その別の間接事実に対する挙証は間接反証という。これに対し，証明を要する主要事実に対し証明責任を負わない当事者が証拠を提出し別の間接事実を証明するのではなく，相手方が主張する間接事実の不存在または不実を立証するのは直接反証であり，間接反証ではない。

　間接本証と間接反証の趣旨は双方当事者の挙証上の困難を緩和することにあるが，双方当事者はその提出する間接事実の証明については，法官に真実であると確信を抱かせる程度に達しなければならない。そうでなければ，法官は間接事実に基づき経験則に従い事実上の推定を行うことはできない。

第三節　証拠の種類

　証拠は以下の八種類に分類される（中国民訴63条）。

一　当事者の陳述

　当事者の陳述とは，当事者が本案と関連する事実状況について法院になす陳述をいう。広義では，当事者の法院に対する陳述は，訴訟上の請求に関する陳述，訴訟上の請求について支持または反駁の根拠とする事実に関する陳述，事件事実と関連するその他の事実に関する陳述，書証または物証等の証拠およびその出所に関する陳述，法適用に関する陳述等々多岐にわたるが，そのうち，事件事実に関する陳述のみが証拠の範疇に属する。

　当事者の陳述は，すべてが証拠として扱われるわけではない。訴訟において，

当事者は，訴訟主体としての地位と証拠方法としての地位，二重の地位を有する。当事者が証拠方法としての地位に基づきなす事実上の陳述は，事実主張について証明する証拠資料であり，「当事者尋問」とは，法官が申立てまたは職権により当事者を尋問し，当事者に事件事実について陳述させ，当事者本人の陳述により，争いある事実について判断することである。当事者尋問より得られた事実上の陳述は証拠とみなされなければならない。

　当事者の陳述の顕著な特徴は，真実性と虚偽性が往々にして併存することであり，とりわけ自己に有利な事実の陳述はそうである。当事者は事件事実に対し他者より知っていると考えられることから，事件の真実の状況を法院に提供し得るが，他方で，当事者は訴訟の結果と直接の利害関係を有することから，勝訴するために，自己に有利な事実は多く述べ，さらには誇張し，自己に不利な事実は控えめに覆い隠し，さらには偽計を弄し，虚構し得る。それゆえ，当事者の陳述の証拠力については，本案のその他の証拠と合わせ，事実認定の根拠とすることができるか否かを確定し（中国民訴75条），当事者本人の陳述のみでその他の証拠を提出できないときは，相手方当事者の同意なき限り，その主張は支持されない（証拠規定76条）。

二　書証

1　書証の概念と特徴

　書証とは，文字，符号，図案等に記載され表された思想内容により事件事実を証明する証拠をいい，例として，契約書，借用証書，不動産登記済権利証等が挙げられる。

　書証の特徴は以下の点にある。

　1）紙であろうと皮であろうとどのような物体に記載されるかに関わらず，その記載され表された思想内容により事件事実に対し証明の役割を果たす。

　2）具体的，明確な思想内容を有し，往々にして当事者が民事行為を行う過程で作成されるものであり，民事法律関係の発生，変更または消滅の過程が記載されることから，通常，要証事実を直接証明することができ，強い証明力を有する。

　3）形式において，固定され，安定性が強く，時間の影響を受けずに長期保存しやすい。書証の伝達手段としての物質的材料自体が棄損されなければ，長い時間が経過しても，その特定の思想内容は，文字，符号または図案等により，事件

事実に対しあるべき証明の役割を果たす。

2 書証の分類

(1) 公文書と私文書

作成主体による分類であり，公文書とは，国家機関および公務員がその職権の範囲内で作成した文書をいう。例としては，結婚証，不動産登記済権利証，営業許可証，公正証書等が挙げられる。その他，中国では，会計事務所が作成する資産調査報告，医院が作成する死亡証明，大学が作成する学位証明等，事業体，社会団体または関係組織がその権限の範囲内で作成した文書も公文書という。私文書とは，借用証，領収証，契約書等，公民個人，企業が作成した文書をいう。

公文書は証明力が強いため，そこに記載された事項は真実と推定され，必要なときは，法院は文書作成機関または組織に文書の真実性について説明を求めることができる（民訴解釈114条）。

(2) 処分証書と報告証書

書証の内容とその法律効果による分類であり，処分証書とは，契約書，遺言書，授権委任状等，民事法律関係の発生，変更または消滅を内容とする書証である。報告証書とは，会議記録，会計帳簿，商業帳簿，日記等，記載された内容が法律効果の発生を目的とせず，法律的意義を有する事実を報告する書証をいう。

(3) 普通書証と特別書証

書証の作成に特定の形式，または特定の手続を要するか否かによる分類であり，普通書証とは，借用証，領収書等，一定の事実が記載されていればよく，特定の形式や手続を要せずに成立する書証である。特別書証は，不動産登記済権利証，営業許可証，公証または認証しなければならない契約書等，特定の形式，手続により成立する書証である。

三 物証

1 物証の概念と特徴

物証とは，たとえば，売買契約における目的物，所有権の争われる物品，損壊された物品または受傷した身体等，その存在する外形，重量，質量，規格，損壊の程度等および特徴により要証事実を証明する物品または痕跡をいう。

物証は以下の特徴を有する。1）実体たる物の属性，特徴または存在状況により事件事実を証明するものであり，これは，物証と証人の証言・当事者の陳述等

の言詞証拠との重要な違いである。2) 強い安定性と信憑性を有する。物証は，速やかに収集し，科学的方法により抽出・固定し，かつ適切に保存すれば，通常は，強い安定性と信憑性を有するものである。3) 通常は，間接証拠として示される。単一の物証は，往々にして事件の主要事実を証明することができず，その他の証拠と合わせてはじめて主要事実について認定することができる。

2 物証と書証の区別

物証と書証の存在は，いずれも一定の形態の物品として示されるが，両者は以下のように異なる。1) 書証は，物品に記載された思想内容により事件事実を証明するが，物証は，その存在の特徴により事件事実を証明する。2) 書証には，法律が特定の形式を具備することを要求するものがあるが，物証については，そうした特別な要求はない。3) 書証の内容は作成者の主観的思想を反映し，主観的属性を有するが，物証は人の主観的思想を反映せず，客観的属性を有する。

しかし，ある場合には，物証は書証とも，物証ともなり得る。それは，どのような角度から事件事実を証明するかにより，物品に記載された内容により事件事実を証明するときは書証であり，物品の外部的特徴により証明するときには物証である。

四 視聴覚資料

1 視聴覚資料の概念と特徴

視聴覚資料とは，録音，録画等の設備により蓄えた情報により事件の真実の状況を証明する証拠をいう。視聴覚資料は，一般には，書証の特殊な表現形式として扱われる（日本民訴231条）が，中国の民事訴訟法は独立した証拠の形式として規定している。

視聴覚資料は，現代の科学技術を利用し，法的事件と法律行為を記録したものであり，伝統的なその他の証拠形式と比べ以下の特徴を有する。1) 情報量が大きく，イメージが真に迫る。法律行為または法的事件が発生したときの画像，音声等を磁気，電子，光学等により蓄え，事件発生の全過程を記録し再現することができるからである。2) 高度な正確性と証明力を有する。現代の科学技術と設備により事件事実を記録する資料であり，偽造，変造または操作ミスなき限り，事件事実の反映は，正確で信頼できるものであり，証明力は強い。3) その使用は利便性に優れる。視聴覚資料という証拠は，体積は小さく，重量は軽く，保存

しやすく適切に保管しさえすれば，長時間経たとしても当時のように事件の真実の状況を明晰に再現できるため，利便性は非常に高い。4) 変造，偽造しやすい。技術的手段により作成されたものであるが，磁気の消去，編集等により録音，録画された内容を改変することができる等，技術的手段による改ざん，偽造が容易である。ゆえに，法院は，視聴覚資料については，真偽を弁別し，本案のその他の証拠と合わせて事実認定の根拠とすることができるか否かを審査，確定しなければならない（中国民訴 71 条）。疑義のある視聴覚資料は，単独で事件事実認定の根拠とすることはできない（証拠規定 69 条）。

2　視聴覚資料と書証の違い

　視聴覚資料と書証はいずれもその記録内容により事件事実を証明するものではあるが，両者は以下のように異なる．1) 視聴覚資料は音響，映像等の内容により事件事実を証明するが，書証は文字，符号，図形等の内容により証明するものである。2) 視聴覚資料の作成には専門的科学的器具，設備を要するが，書証の作成には通常，専門的器具，設備は要しない。3) 視聴覚資料に記録された音声，映像等の内容は，特定の器具設備と技術的手段により再現できるものであるが，書証に記載された文字，符号等は，通常，専門的器具設備によらずに直接肉眼により観察できるものである。4) 視聴覚資料の要証事実に対する証明は動態的であるが，書証に記載された内容は要証事実に対し静態的である。

五　電子データ

　電子データとは，電子メール，電子データ交換，ネットチャット記録，ブログ，マイクロブログ，携帯メール，電子署名，ドメイン名等により電子メディアに形成または蓄えられた情報をいう。現代の科学技術の発展に伴い，録音および映像資料は電子メディアに蓄えられるので，これらの証拠は視聴覚資料証拠なのか電子データ証拠なのかという疑問が生ずる。そのため，民訴解釈 116 条 3 項は，「電子メディアに蓄えられた録音資料と映像資料には，電子データの規定を適用する」とした。電子データがどのような形式の証拠に属するのかという問題については，視聴覚資料説，書証説，物証説，鑑定意見説，混合証拠説，独立した証拠種類説等の見解があったが，2012 年の民事訴訟法は，電子証拠を独立した証拠の類型として規定した。立法者は，電子証拠はその他の証拠が有さない独特の表現形式を有し，当該証拠は調査・収集，質証，認定等の段階でその特殊性

を有し，書証，物証，視聴覚資料，証人の証言，当事者の陳述，鑑定意見，検証記録のいかなるものに分類すること，また，異なる証拠類型に分けて分類することも相応しくないと考えたからである。

しかし，契約法は，「書面の形式とは，契約書，書簡及びデータ電文（電報，電送，テレックス，ファクス，電子データ交換及び電子メールを含む）等，内容を有形に表すことができる形式をいう。」と定めており（11条），データ電文を書面契約の範疇に入れており，データ電文といった電子証拠を書証として扱っているようである。また，電子署名法も電子署名，データ電文を書面文書の範疇に入れ，書証として扱っている（2・3・4条）。民訴法は，電子データを独立した証拠類型として規定したが，契約法，電子署名法の関係規定との調整を要する。

六　証人の証言

1　証人の証言の概念と特徴

証人の証言とは，証人が理解している事件の状況について，口頭または書面の形式により法院になす陳述をいう。また，証人とは，事件事実を知り法院に証言する人をいう。

証人の証言は次の特徴を有する。1）事件事実との関係は特定のものであるため，証人および証人の証言は代替できないものである。2）証人の証言は証人が知る事件事実についての陳述にすぎず，それらの事実に対する評価も，事件に関する法律問題に対し表明する見解も含まない。3）証人の証言の真実性，信憑性は主観的，客観的要素の影響を受けやすい。

2　証人の範囲

正しく意思を表現し伝えることができない人のほか，およそ事件の状況を知る組織または個人は，出廷し証言する義務を有する（中国民訴72条）。証人は事件の状況を知る人でなければならず，証人は相応の証言能力，すなわち正しく感知し，記憶し，表現し伝える能力を有さなければならない。ただし，要証事実とその年齢，知力または精神，健康状況が相適応する民事行為無能力者および制限民事行為能力者は証人となることができる（証拠規定53条）。

組織が証人となるにあたって法院に提出する証明材料は，組織の責任者および証明材料作成メンバーの署名または捺印，および組織の印章を要する。法院は組織が作成した証明材料につき組織および証明材料作成メンバーに調査，確認す

る。必要なときには，証明材料作成メンバーに出廷し証言するよう求めることができる。組織および証明材料作成メンバーが法院の調査，確認を拒むとき，または証明材料作成メンバーが正当な理由なく出廷し証言することを拒むときは，当該証明材料は事件事実認定の根拠とすることはできない（民訴解釈115条）。

　民事訴訟法は組織を証人の範囲に入れたが，検討を要する。出廷，交互尋問，相応の法的効果等，証人の権利義務は自然人にこそ意義があり，理論的には，証人は自然人に限られる。組織は，事件事実を感知することも陳述することもできないものであり，出廷も，双方当事者の質証や法官の尋問を受けることもできないと指摘される。

3　証人の権利および義務
(1)　証人の権利

　証人は以下の権利を有する。1）当該民族の言語文字を用いて証言する権利。2）証言を閲覧審査し，補充・更正を求める権利。証人が証言するときは，法院は証人の陳述した内容をありのままに調書に記入しなければならない。法院が記録した証言について，証人はその読上げまたは自ら閲覧審査することを求める権利を有し，調書に誤記または記入漏れがあるときは，更正または補充するよう求める権利を有する。3）費用補償権。証人は出廷により支出した交通費・宿泊費・生活費等の合理的費用については補償を求める権利を有し，また，休業手当を求める権利を有する。これらは敗訴当事者が負担するが，当事者が証人を申請した場合には，当該当事者が立て替え，法院が申請を認めるときは，申請者に証人の出廷，証言費用を予納するよう通知しなければならない。当事者の申請なく，法院が証人に証言を通知する場合には，法院が立て替える。交通費，宿泊費等の必要な費用は，機関事業組織職員出張旅費および手当基準に従い計算する。休業手当は，国家の前年度の従業員の平均賃金を基準として計算する（中国民訴74条，民訴解釈118条）。4）保護を得る権利。証人が証言により自己の身体，財産の安全を脅かされ，または損害を受けた場合には，法院に保護を求める権利を有する。

(2)　証人の義務

　証人は以下の義務を有する。

　1）出廷し証言する義務。証人は法廷に出席し，双方当事者の質証と法院の尋問を受けてこそ，その証言の真実性，信憑性および証明力の審査に資するため，

一般に，出廷，証言は証人の義務とされ，中国民事訴訟法72条も，「およそ事件の状況を知る組織又は個人は，出廷し証言する義務を有する。」と定めている。当事者は証人の出廷，証言を申請するときは，挙証期間満了前にしなければならない。民訴解釈96条1項は，法院が調査・収集しなければならない，法院が事件の審理に必要であると認める証拠（中国民訴64条2項）について定めているが，そこに定める要件を満たすときは，法院は職権により証人に出廷し，証言するよう通知することができる。法院の通知を経ずに，証人は出廷，証言できないが，双方当事者が同意し，法院の承認を経たときはこの限りではない（民訴解釈117条）。

出廷義務には次の例外がある。第一に，証人は，健康上の理由，道程が遠く，交通の便が悪い，自然災害等の不可抗力，その他正当な理由により出廷できないときは，法院の承認を経て書面，視聴覚電送技術または視聴覚資料等の方式により証言をすることができる（中国民訴73条）。第二に，証人は法院が双方当事者の証拠交換を行った際に出席し証言した場合には，出廷し証言したものとみなすことができる（証拠規定55条）。以上のほか，証人が出廷せずに提出した証言の証拠能力と証明力については，単独で事件事実認定の根拠とすることはできない（証拠規定69条）。

しかし，証人が出廷を望まず，拒む場合に，出廷，証言を強制することができるか，制裁を加えることができるかについては，民事訴訟法には規定がない。

2）ありのままに証言する義務。証人は，出廷し証言するときも，その他書面等によるときも，ありのままに証言する義務を負う。法院は，民事行為無能力者および制限行為能力者でない限り，証人が出廷し証言する前に，ありのままに証言する義務および偽証した場合の法的効果を告知し，宣誓書に署名させなければならない。宣誓書には，事実に基づき陳述し，虚偽の陳述があるときは，処罰を受ける等の内容を明記しなければならず，証人が宣誓書への署名を拒むときは，証言することはできず，関係費用を負担する（民訴解釈119・120条）。証人が聾啞者であるときは，他の表現方法により証言することができる。

3）法廷規律および訴訟秩序を遵守する義務。

七　鑑定意見

1　鑑定意見の概念と特徴

鑑定意見とは，鑑定人が自己の専門知識と技能を用い，民事事件の専門性を有

する問題に対し分析を行い，鑑定後に作成した書面による意見をいう。医学鑑定，製品品質鑑定，技術鑑定，文書鑑定，工事品質鑑定，会計鑑定等がある。

　鑑定意見の特徴は，1）鑑定意見は，訴訟において明らかにされなければならない事実について作成される。鑑定の過程で法律問題に関わったとしても，それは鑑定人の職務ではない。2）鑑定意見は，専門性を有する事実に対しなされる分析・判断としての意見であり，専門家が専門知識・技能により，または現代科学技術手段を用いて鑑定対象に対し分析し，鑑定後に提出する判断としての意見である。

　中国民事訴訟立法と理論も，大陸法系国家と同様に，専門的知識の要不要，代替性の有無，回避制度の適用等において，鑑定人と証人を区別している。

　また，証拠規定は専門家補助人制度を規定し（61条），2012年の民事訴訟法も，当事者は，法院に専門知識を有する人に出廷するよう通知し，鑑定人が作成した鑑定意見または専門的問題について意見を提出するよう申し立てることができると定めている（79条）。当事者は，民事訴訟法79条の規定に従い，挙証期間満了前に一名ないし二名の専門知識を有する人が出廷し，当事者を代表して鑑定意見に対し質証を行い，または事件事実に関する専門的問題に対し意見を提出するよう申し立てることができる。専門知識を有する人が法廷で専門的問題について提出した意見は，当事者の陳述とみなす。法院が当事者の申立てを認めるときは，関係費用は申し立てた当事者が負担する（民訴解釈122条）。法院は出廷した専門知識を有する人に尋問することができる。法廷の許可を経て，当事者は出廷した専門知識を有する人に尋問することができ，当事者が各自申し立てた専門知識を有する人は，事件における関連問題について対質を行うことができる。専門知識を有する人は専門的問題以外の法廷審理活動には関与することはできない（民訴解釈123条）。

　この専門家補助人と鑑定人も次の点で異なる。1）専門家補助人は当事者が申し立て，法院が認めることにより，通常は，双方当事者がそれぞれ自己の専門家補助人を招聘するが，鑑定人は双方の協議により，協議が調わないときは，法院が指定する。よって，鑑定人は本案の鑑定人であって，一方当事者の鑑定人ではない。2）鑑定人の役割は，専門知識・技能を用いて専門的問題に対し分析，鑑別を行い，結論意見を提供することにあり，鑑定人が作成した鑑定意見は，民事訴訟法63条1項に定める証拠の一種であるが，専門家補助人の役割は，当事者を助け専門的問題に対し解釈，説明を行い，または当事者に助力し質証を行うこ

とにあり，専門家補助人の意見は独立の証拠ではなく，当事者の陳述とみなされる。

2 鑑定の手続
(1) 手続の開始

鑑定手続は，当事者の申立てにより開始する場合と法院の職権により開始する場合とがあるが，当事者の申立てによる場合が主である。なぜなら，鑑定意見は証拠の一種であり，鑑定の申立ては当事者の挙証責任の履行に他ならず，鑑定意見により自己の事実主張を証明しなければならないときには，鑑定を申し立てるべきであるからである。

当事者の鑑定の申立ては，挙証期間満了前に行わなければならない。鑑定申立事項が要証事実と関係を有さず，または要証事実にとって意義がないときは，法院は認めてはならない。法院は当事者の鑑定申立てを認めるときは，双方当事者の協議により相応の資格を有する鑑定人を確定しなければならず，当事者の協議が調わないときは，法院が指定する。当事者は鑑定を申し立てないが，法院が鑑定を必要と認め，かつ民訴解釈96条が定める職権による証拠の調査・収集の要件を満たすときは，法院は職権により鑑定を委託しなければならず，当事者の意見を聞いて，相応の資格を有する鑑定人を指定する（中国民訴76条，民訴解釈121条）。また，鑑定を要する事項について挙証責任を負う当事者が，法院が指定した期間内に正当な理由なく鑑定の申立てをせず，鑑定費用を予納せず，または関係材料を提供せず，事件の争いある事実について鑑定意見により認定できなくした場合には，当該事実について挙証不能の法律効果を負わなければならない（証拠規定25条2項）。

(2) 鑑定機関

法院と司法行政部門は鑑定機関を設立してはならず，捜査機関が捜査の必要に基づき設立した鑑定機関は司法鑑定の委託を受けてはならない。各鑑定機関の間には隷属関係はなく，鑑定機関は司法鑑定の委託を受けるにあたって，地域的制限を受けない。鑑定人は一つの鑑定機関で司法鑑定に従事しなければならない。鑑定人が司法鑑定に従事するにあたっては，所属鑑定機関が統一して委託を受け，個人で委託を受けてはならない（全国人民代表大会常務委員会「司法鑑定管理問題に関する決定」2005年)[2]。

(3) 鑑定書の作成

司法鑑定は鑑定人責任制度が採られている。鑑定人は独立して鑑定を行わなければならず，鑑定意見に対し法に従い鑑定書を作成する責任を負う。多数人が参加する鑑定は，鑑定人の意見が異なるときは明記しなければならない。裁判官等は鑑定人が作成した鑑定書について，1) 委託者の氏名または名称，鑑定委託の内容，2) 鑑定委託の材料，3) 鑑定の根拠および使用する科学技術手段，4) 鑑定過程についての説明，5) 明確な鑑定意見，6) 鑑定人の鑑定資格についての説明，7) 鑑定人および鑑定機関の署名捺印を審査しなければならない。

(4) 再鑑定の申立て

当事者が法院が委託した鑑定部門が作成した鑑定意見に対し異議があり，再鑑定を申し立て，次の事情の一つがあることを証拠により証明するときは，法院は認めなければならない。1) 鑑定機関または鑑定人が鑑定資格を有さないとき，2) 鑑定手続に重大な違法があるとき，3) 鑑定意見が明らかに根拠を欠くとき，4) 質証を経て，証拠として使用できないその他の事情が認められるとき。瑕疵のある鑑定意見について，補充鑑定，再質証または補充質証等により解決できる場合には，再鑑定は行わない。

また，一方当事者が自ら関係部門に委託して作成した鑑定意見は，他方当事者が反駁に足る証拠を有し，再鑑定を申し立てるときは，法院は認めなければならない。

(5) 鑑定人の権利義務

鑑定人は，1) 鑑定を行うに必要な事件材料を理解する権利を有し，必要なときは当事者，証人を審尋することができ（中国民訴 77 条 1 項），2) 出廷に伴う交通費，宿泊費，生活費および休業手当の補償を求める権利を有する。

また，1) 鑑定人は書面による鑑定意見を提出する義務を有する。鑑定人は鑑定後，鑑定結果の如何に関わらず，法に従い書面による鑑定意見を提出しなければならず，鑑定書には署名または捺印しなければならない（中国民訴 77 条）。2) 鑑定人は出廷し証言する義務を有する。しかし，2012 年の民事訴訟法改正前においては，鑑定人の出廷証言率は低く，当事者は鑑定意見に対し質証を行うことができず，手続保障を欠き，法院が鑑定意見に対し正確な認定をすることを難し

---

2) 2005 年には，「司法鑑定人登記管理弁法」および「司法鑑定機構登記管理弁法」も公布されている。

くした。改正後は，この点につき，当事者は鑑定意見に対し異議あるとき，または法院が鑑定人の出廷を要すると認めるときは，鑑定人は出廷しなければならないとして，鑑定人が出廷しなければならない場合を明らかにし，また，鑑定人が出廷・証言しない場合の法的効果を規定し，法院が通知し，鑑定人が出廷・証言をしない場合には，鑑定意見は事実認定の根拠としてはならず，鑑定費用を支払った当事者は鑑定費用の返還を要求できるとした（中国民訴78条）。

八　検証記録

検証記録とは，事件事実を明らかにするために，法院が事件と関係ある物証または現場に対し，調査，検査した後に作成する記録をいう。検証記録は独立した証拠であり，証拠を固定し，保全する方法でもある。

法院は必要と認めるときは，当事者の申立てまたは職権により物証または現場に対し検証することができる（民訴解釈124条1項前段）。検証にあたっては，検証者は法院の身分証を提示し，当地の基層組織および当事者の所属機関に参加するよう派遣を招請しなければならない。当事者または当事者の成年家族は立ち会わなければならないが，立会いを拒んだ場合も，検証の実施に影響しない。関係機関と個人は法院の通知に基づき，現場を保護し，検証に協力する義務を負う（中国民訴80条1・2項）。検証時には他者のプライバシーと尊厳を保護しなければならない（民訴解釈124条1項後段）。法院は鑑定人に検証への参加を求めることができ，必要なときは鑑定人に検証中に鑑定するよう求めることができる（民訴解釈124条2項）。法院は物証または現場に対し検証を行うときは，記録を作成しなければならず，検証の時間，場所，検証者，立会人，検証の経過・結果を記録し，検証者，立会人が署名または捺印しなければならない（中国民訴80条3項）。現場の図には描いた時間，法院，描いた人の氏名，身分等の内容を明記しなければならない。

第四節　証明の対象

一　証明の対象

1　実体法的事実

実体法的事実は，主要事実，間接事実，補助事実に分けることができる。主要事実とは，法規の構成要件に関する事実，すなわち，実体法規範が規定する特定

の権利義務関係の基本的要素をなす事実であり，要件事実ともいう。原則として，請求原因事実は原告の利益に関わり，原告が主張，立証しなければならない。抗弁事実は被告の利益に関わり，被告が主張，立証の責任を負う。

間接事実とは経験則・理論的原理の助けを借りて，主要事実の存否を推認することができる事実をいう。訴訟において，主要事実の存否を直接証明するに足りる証拠を得がたい場合には，証拠により当該主要事実と関係のある別の事実を証明し，これらの事実に基づき主要事実を推認しなければならない。この主要事実の存否を推認させる事実が間接事実である。

補助事実とは，証拠の証拠能力および証明力を明らかにする事実である。

2　手続法的事実

手続法的事実とは，訴訟手続上の問題の解決にとって法的意義を有する事実，訴訟法律関係の発生・変更・消滅等の効果を生じさせることのできる事実をいう。手続法的事実は一般には実体的問題に直接関わるものではないが，証明できなければ訴訟手続の円滑な進行に影響し得る。当事者適格，裁判権，訴訟能力，訴訟代理権，回避原因等，手続法的事実の多くは，法院が職権により調査しなければならない事項であり，当事者の主張がなくとも，法院は主導的に明らかにしなければならない。しかし，手続法的事実には，仲裁の合意または管轄の合意の存在に関する事実等，当事者が法院に主張してはじめて調査を要する事実もある。

3　法院が知らない地方性法規，慣習，外国法規

法官は本国の法律を知っていなければならず，本国法は通常は証明の対象とはならないが，地方性法規や民事慣習，外国法は，法官が知ることができず，証明の対象とすることを要する場合がある。地方性法規についていえば，数も多く，変化も早いため，外地で制定された地方性法規を完全には理解していないことはあり得る。また，地方の民事慣習も当地の人は知っていても，事件の審理にあたる法官が外地の人であれば知らないであろう。外国法は通常，法官の職務上知っていなければならない範囲には属さない。よって，地方性法規，慣習および外国法は，証明の対象としなければならない場合がある。

4 経験則

経験則とは，人類が経験をもって帰納的に得た事物の因果関係や性質状態に関する法則または知識をいう。一般人が誰もが知っている経験則は証明を要しないが，専門的経験則であって一般人が知らない場合には，証明の必要がある[3]。

二 証明を要しない事実

1 訴訟上自白された事実

当事者の一方が法廷審理，または訴状，答弁書等の書面において，自己に不利な事実に対し，明確に認めた場合には，他方当事者は証明を要しない（民訴解釈92条1項）。

(1) 訴訟上の自白の構成要件

1) 自白の対象は事件事実である。法律の解釈と適用に関する陳述は自白の対象とはならない。どのように法律を解釈し，適用するかは法官が判断すべきであり，法官の職権の範囲に属し，当事者の自白に法院は拘束されない。

請求の認諾も請求の根拠となる事実について証明を不要とする効果を生じさせるが，次の点で異なる。①認諾の対象は法律効果に関する主張であり，②その主体は双方当事者ではなく被告に限られ，③自白の効果は相手方の当該事実に対する挙証責任を免除するものではあるが，抗弁事実を提出することで，自白者は必ずしも敗訴しない。これに対し，認諾の効果は被告の敗訴判決となる。④自白の理論的基礎は主として弁論主義（弁論の原則）であるが，認諾の基礎は処分権主義（処分の原則）である。

2) 自白は相手方当事者が主張する事件事実と一致する陳述でなければならない。

3) 自白は法廷審理，または訴状，答弁書等の書面においてなされなければならない。

4) 自白は，財産関係に関する事実の陳述に適用されるが，身分関係，国家の利益，社会公共の利益等，法院が職権により調査しなければならない事実には適用されない（民訴解釈92条2項）。身分関係とは，婚姻関係，父母子女の関係をいい，身分関係は社会公共の利益に関わり，法律の強行規定に属するため，自白の規定は適用されない。

---

[3] 証拠についても，証明の対象となるか否かについて中国では議論がある。

5）自白は，自己に不利な陳述であり，自己に不利な陳述とは，自白者の相手方当事者が証明責任を負う事実についての陳述である。

(2) 訴訟上の自白の分類

1）完全な自白と制限付自白。完全な自白とは，一方が他方に主張する事実の全部について自白することをいい，制限付自白とは，一方当事者が相手方の主張する事実を一定の制限条件を付して認めることをいう。

2）明示の自白と黙示の自白。明示の自白とは，当事者の一方が相手方が主張する事実について，口頭または書面で明確に認める場合をいい，黙示の自白とは，擬制自白ともいい，当事者の一方が相手方が主張する事実について明確に自白も否認もしないが，法律が自白とみなすと定めている場合である（証拠規定8条1・2項）。

3）当事者の自白と訴訟代理人の自白。法定訴訟代理人は当事者を代理して自白する権限を有する。委任訴訟代理人も当事者を代理して自白することができる。ただし，特別の授権を経ていない代理人の事実についての自白が相手方の訴訟上の請求を直接認めることになる場合はこの限りではないが，当事者またはその法定代理人がその場で否認しない場合には，当事者の自白とみなす（証拠規定8条3項）。

(3) 訴訟上の自白の効力

当事者に対する効力としては，訴訟上の自白は，一方で，相手方当事者の挙証責任を免除する効力を有し，当該事実を主張した相手方当事者は当該事実を立証する必要がなくなる（民訴解釈92条1項）。他方で，自白をした当事者は，自白の拘束を受け，法律が定める場合のほかは任意に撤回することはできない。

法院に対する効力としては，原則として訴訟上の自白は法院を拘束し，法院は自白された事実を裁判の基礎としなければならない。しかし，たとえば，双方当事者が共謀して虚偽訴訟を行う等，当事者が法律を回避するため，またはその他不法な目的のために共謀して自白をしたとの疑いを法院が抱くときは，自白を顧慮せずに事実について調査を続けることができると解される[4]。また，自白された事実と調査の結果明らかになった事実が符合しないときは，法院は認めない（民訴解釈92条3項）。自由心証主義に反することが理由とされ，法院が真実と認めなければ判決の基礎としなくてもよいと弁論主義の第二テーゼは排除されてい

---

[4] 李浩『民事訴訟法学〔第2版〕』（法律出版社・2014年）214頁参照。

る。
　そのほか，理論上の例外として，①共同訴訟人の一人の自白が明らかに共同訴訟人全体にとって不利益であるときは，事前に特別の授権を得た，または事後に追認されたのでない限り，自白の効力は生じない。②法院の裁判は明らかに真実に反し，または虚偽の自白事実を基礎としてはならないとして，自白された事実が，周知の事実，自然法則，経験則等，後述の証明を要しない事実，または根本的に不可能な事実である場合には自白は無効としなければならないと解される。

　(4)　自白の撤回
　当事者は，訴訟の中で自白をした後，随意に撤回することはできない。自白者の随意の撤回を認めるならば，法院の事件事実の認定の負担を増すばかりでなく，相手方当事者の攻撃防御の円滑な展開を難しくし得ると同時に，訴訟手続の安定を損ない，訴訟遅延を招き得ることを理由とする。ただし，当事者に十分で正当な理由がある場合には撤回を認めなければならない。法廷弁論終結前に自白を撤回し，相手方当事者の同意を経た場合，または自白が脅迫もしくは重大な錯誤により，かつ，事実と符合しないことを証明する十分な証拠があるときは，相手方当事者の挙証責任を免除することはできない（証拠規定8条4項）。

2　自然法則および定理・定律（民訴解釈93条1項1号）

　自然法則および定理・定律は客観性と必然性を有し，その真実性と正確性はすでに科学的に証明されているため，不要証事実としなければならない。自然法則および定理・定律には，誰もが知っているものもあり，後述の「周知の事実」とも重なるが，周知の事実ではなく，特定の領域に従事する専門家のみが知っているものもある。公知であるかどうかに関わらず，自然法則および定理・定律は訴訟において証明不要である。それらはすでに繰返し科学的験証を経ているので，反駁不可能である。当事者の自白，証人の証言，専門家の意見等が一致しないときは，法院は自然法則および定理・定律の効力を認め，その他の証拠を排除しなければならない。

3　周知の事実（民訴解釈93条1項2号）

　周知の事実とは，一定の区域内で通常人がみな知っている事実をいい，自然現象，常識，一般的経験，習俗および政治・経済・文化における重大事件等が含まれる。周知の事実が証明を要しないのは，当該事実は当地の人に普遍的に知られ

ており，事件の審理にあたる法官は当該地域の成員として，やはりこの事実を知っていることが理由とされる。周知の事実は一般人に公知の事実であり，各人が当該事実を知っていることは必要条件ではない。

周知の事実は，当該事実を主張する当事者の挙証責任を免除するが，当事者が反駁に足る相反する証拠を有するときはこの限りではない。

4 推定される事実（民訴解釈93条1項3・4号）

推定される事実とは，法律の規定または経験則により，既知の事実から推認される別の事実をいう。そのうち，推論の前提となる既知の事実を「基礎事実」または「前提事実」といい，推定から得られる結果としての事実を，「結論事実」または「推定事実」という。基礎事実と結論事実の橋渡しをする推論関係は，法律規則でも経験則でもよい。

(1) 推定の分類

1) 法律上の推定。法律上の推定とは，ある既知の事実の存在に基づき別の事実の存在を認定しなければならないと法律が規定しているものをいう。例としては，民法通則23条の失踪者死亡の推定，最高人民法院の「『中華人民共和国相続法』の貫徹執行の若干の問題に関する意見」2条の相続関係にある数人の同一事件における死亡の時間，順序の推定，著作権法11条の作者の推定が挙げられる。

2) 事実上の推定。事実上の推定とは，法院が既知の客観的事実と日常生活の経験則に基づき，別の事実の存在を推認することをいう。例としては，契約関係の存在を主張する当事者が契約締結の事実を証明できないが，契約履行の事実により，法院は契約の存在を推定するに足ることが挙げられる。この場合，他方当事者は随意に契約の存在を否定することは認められない。法院が既知の事実に基づき別の事実の真偽を推認する場合として，①両事実間に因果関係がある場合，②両事実間には主従の関係がある場合，③両事実が相容れない場合がある。

(2) 推定の効力

推定は推定事実を主張する当事者の挙証責任を免除する法律効力を有する。しかし，この効力の理解にあたっては，第一に，推定事実の前提事実が不明の状態にあるとき，推定事実を主張する当事者は推定事実を証明する必要はないが，前提事実の存在については証明しなければならない。第二に，推定事実は争うことのできない事実ではない。法律上の推定も事実上の推定も推定事実に反駁に足る相反する証拠を提出することを当事者に認める。当事者が提出する相反する証拠

が推定事実を覆すに足るときは，推定事実は証明の対象となる。

　証明の対象としては，推定事実は証明を要しない事実と見ることができるが，事実認定としては，推定は，事実認定方法であると同時に，証明責任分配に関わる規則でもある。たとえば，法律上の推定についていえば，推定事実の不存在の証明責任を相手方当事者に負わせるものである。

5　事前に決定された事実（民訴解釈93条1項5・6号）

　事前に決定された事実とは，すでに法院の確定した裁判で認定された事実または仲裁機関の判断で認定された事実をいう。当該事実がその後の事件で認定を要する事実となった場合には，事前に決定された事実として，証明を要しない。その意義は，1) 法院が異なる事件の判決において同一の事実について前後矛盾した認定をすることを防ぐことができ，2) すでに判決，仲裁判断で認定された事実について再度証明することを免れ，訴訟コストを省き，訴訟効率を高めることができることにある。

　事前に決定された事実は証明を要しないが，当事者が当該事実はすでに確定した裁判または仲裁判断で認定されていることを主張するときは，当該事実はすでに確定した裁判または仲裁判断の認定を経ているという事実について証明責任を負わなければならない。当事者は当該法律文書を提供しなければならず，正当な理由なく提供できない場合には，当該事実について挙証責任を負う[5]。また，当事者が確定した裁判または仲裁判断で認定された事実を覆すに足る証拠を有する場合には，相手方当事者は当該裁判で認定された事実について挙証責任を負う。

　証明を要しないとされる事実の範囲については，判決等の既判力と同様に，主文で認定された事実[6]に限られ，また，その効力が及ぶ主体についても同様である。

　刑事判決で認定された事実も後続の民事訴訟について事前に決定された事実と

---

[5]　最高人民法院民事審判第一庭『民事訴訟証拠司法解釈的理解与适用』（中国法制出版社・2002年）87頁参照。
[6]　中国の教科書等では，既判力の客観的範囲は，判決主文中の判断事項に限られ，ここに判決主文中の判断事項とは，訴訟物に対する判断を指す（本書第2編第12章第六節三3および5参照）とされるが，主文で認定された事実というのは理解の難しいところである。既判力とは異なり，不要証事項として扱われるにすぎず，覆すことは可能とされるが，訴訟物の判断に必要とされる事実ということになれば，請求原因事実の存否のみならず，抗弁事実，再抗弁事実の存否にまで広がりかねない。

しての効力を有し，有罪判決の場合には，後続の民事損害賠償判決についてこの効力が認められるが，無罪判決の場合にはこの効力は働かない。これは刑事訴訟と民事訴訟との証明度が異なることを理由とする[7]。

6 公証された事実（民訴解釈93条1項7号）

公証された事実とは，有効な公証文書によって証明された事実をいう。法定の手続により公証された法律事実および文書は，法院は事実認定の根拠としなければならないが，公証を覆すに足る証拠があるときはこの限りではない（中国民訴69条）。有効な公証文書によって証明された事実は証明を要しない。

第五節　証明責任

一　証明責任の意義

証明責任の定義としては，行為責任説，二重意義説，危険負担説がある。行為責任説は，当事者の証拠提出行為という視点から証明責任を定義づけ，当該事実が最終的に真偽不明の状態に至ったときにいかに処理すべきかという問題には関わらない。行為としての証明責任は形式的証明責任，主観的証明責任，証拠提出責任ともいう。

二重意義説は，証明責任には，行為としての意義の証明責任と結果としての意義の証明責任と両方の意義があると解する。結果としての証明責任とは，実質的証明責任，客観的証明責任，説得責任ともいい，要証事実の存否が最終的に真偽不明の状態に至ったときに，それにより生ずる不利な法律効果を負わなければならない責任をいう。二重意義説は，訴訟においては事実を明らかにできないという現実があり，そのような場合にも法官は裁判を拒むことはできないため，証明責任には結果責任としての証明責任が含まれなければならないのだと解する。民訴解釈90条も，「当事者は自己の訴訟上の請求が根拠とする事実または相手方の訴訟上の請求への反駁の根拠とする事実について証拠を提出し証明しなければならない」（1項）と行為としての証明責任を規定するとともに，「判決前に，当事者が証拠を提出できず，又は証拠がその事実主張を証明するに足りないときは，証明責任を負う当事者が不利な結果を負う」（2項）と結果としての証明責任を規

---

[7] 江偉主編『民事訴訟法〔第3版〕』（高等教育出版社・2007年）176頁。

定している。

　危険負担説は，敗訴リスク説，結果責任説ともいい，証明責任は事件事実が真偽不明のときに当事者の一方が負う敗訴リスクであると解する。危険負担説は，前述の結果としての意義の証明責任と一致するが，二重意義説の行為としての意義の証明責任を証明責任の意義から排除し，証明責任と証拠を提出する責任とは二つの異なる概念であり，区別しなければならないと解する。

　中国では危険負担説が多数説となっているが，実務は，二重意義説による。民訴解釈は，これまでの立法，司法解釈における[8]「挙証責任」という概念を用いておらず，民事訴訟法学理論で用いられている「証明責任」という概念も用いておらず，「挙証証明責任」という概念を用いている[9]。これは，客観的証明責任およびそれと向きを同じくする主観的証明責任という二重の意義を含むと解される。ただし，理論でも実務でも，挙証責任も証明責任もそれぞれどちらの意義も二重の意義で用いられており，具体的状況に基づきどの意味で用いられているのかを理解しなければならない。

二　中国民事訴訟における証明責任の分配

　証明責任の分配，帰属は，実体法により定めるべきものであるが，実体法と関係司法解釈に規定がある場合[10]は少ないため，公平に，合理的に証明責任を分配するために，民事訴訟法等の法律および民訴解釈，証拠規定等の司法解釈は，証明責任の分配の原則あるいは一般的基準，特別の分配規則を定めている。

1　証明責任分配の一般的規定

(1)　民事訴訟法の原則

「当事者は自己の主張について証拠を提出する責任を有する。」との規定（中国

---

8)　侵権責任法66条，最高人民法院「『中華人民共和国婚姻法』適用の若干の問題に関する解釈（一）」18条，最高人民法院「『中華人民共和国契約法』適用の若干の問題に関する解釈（二）」6条，最高人民法院「民事訴訟証拠に関する若干の規定」参照。

9)　90・91条参照。

10)　民法通則123・126条，契約法68・118・152・302・311・374・402条，物権法17・142条。侵害責任法6・38・66・70～73・75・78・85・87・88・90・91条，著作権法52条，海商法51・52・54・58・59・114・115・120・162・196・251条，最高人民法院「『中華人民共和国婚姻法』適用の若干の問題に関する解釈（一）」18条，最高人民法院「『中華人民共和国婚姻法』適用の若干の問題に関する解釈（二）」23・24条等。

民訴64条1項）は，証明責任分配の原則と解されてきた。しかし，この基準は，行為としての意義の証明責任にすぎず，結果としての意義の証明責任，真偽不明の場合の裁判基準を提示するものではない。また，基準としては漠然としており，同一の事項について，一方が肯定する事実を主張し，他方が否定する事実を主張する場合には判断することができない。

(2) 民訴解釈の規定

証明責任の一般的基準は法律要件分類説であり，他の学説により部分的に修正，補充するというのが中国の民事訴訟法学の通説的見解である。民訴解釈はこの考え方の下に，「人民法院は以下の原則に従い挙証証明責任の負担を確定するが，法律に別段の定めがある場合はこの限りではない。1）法律関係の存在を主張する当事者は，当該法律関係発生の基本的事実について挙証証明責任を負わなければならない。2）法律関係の変更・消滅または権利が妨げられたことを主張する当事者は，法律関係の変更・消滅又は権利の妨げとなる基本的事実について挙証証明責任を負わなければならない。」（91条）と定めている。

法律関係の存在を主張するとは，当該法律関係発生の実体法規範の適用を主張することであり，主張者は，当該規範を適用するのに具備しなければならない基本的事実（要件事実）について挙証の責任を負わなければならない。法律関係の変更・消滅または権利が妨げられたことを主張する場合，すなわち法律関係を変更・消滅させ，または権利を妨げることができる実体法規範の適用を主張する場合には，主張者は，これらの実体法規範の適用にあたって具備しなければならない基本的事実について挙証の責任を負わなければならない。

また，証拠規定は，契約紛争事件の証明責任の分配規則について，法律要件分類説の基本原理により，契約紛争事件においては，契約関係の成立と効力の発生を主張する当事者は契約の締結と効力発生の事実について挙証責任を負う。契約関係の変更・解除・終了・取消しを主張する当事者は契約関係の変動を生じさせる事実について挙証責任を負う。契約の履行の有無について争いあるときは，履行義務を負う当事者が挙証責任を負う。代理権の発生につき争いあるときは，代理権を主張する当事者が挙証責任を負うと規定している（5条）。

2 権益侵害事件の特別規定

権益侵害事件における特定の事実の証明責任の分配については，証拠規定と権益侵害法は特別規定を置いている。法律要件分類説によれば，被告の過失，被告

の違法行為と原告が受けた損害との因果関係は損害賠償請求権発生の要件事実であり，賠償請求権を主張する原告が証明責任を負うが，以下のように証明責任の転換がなされている。

(1) 特許権侵害訴訟

新製品製造方法発明特許につき生じた特許権侵害訴訟は，同様の製品を製造した組織または個人がその製品の製造方法が特許の方法と異なることについて挙証責任を負う（証拠規定4条1項1号）。

(2) 高度の危険作業により人身損害に至った権益侵害訴訟

高度の危険作業により人身損害に至った権益侵害訴訟は，被害者が故意に損害をもたらした事実につき加害者が挙証責任を負う（証拠規定4条1項2号）。権益侵害法は，さらに具体的に，民用核施設の事故による場合，民用航空機による場合，燃えやすい，爆発しやすい，劇毒，放射性等の高度な危険物の占有または使用による場合，高空，高圧，地下掘削活動への従事または高速軌道運送手段の使用による場合，高度な危険物の不法占有による場合，許可なく高度な危険活動区域または高度な危険物の保存区域に進入した場合についての証明責任について規定している。

(3) 環境汚染により人身損害に至った権益侵害訴訟

環境汚染により生じた損害賠償訴訟は，加害者が法律が規定する免責事由およびその行為と損害結果の間の因果関係の不存在につき挙証責任を負う（証拠規定4条1項3号）。権益侵害法も66条に規定を置いている。

(4) 建築物等により人身損害に至った権益侵害訴訟

建築物またはその他の施設および建築物上の放置物，吊り下げられた物の倒壊，脱落，墜落により人身損害に至った権益侵害訴訟は，所有者または管理人がその無過失につき挙証責任を負う（証拠規定4条1項4号）。権益侵害法は，より詳細な規定を置き，加害者にはより重い責任が課されている。

(5) 飼育動物により人身損害に至った権益侵害訴訟

飼育動物により人身損害に至った訴訟は，動物の飼育者または管理者が被害者の過失または第三者の過失につき挙証責任を負う（証拠規定4条1項5号）。飼育される動物が他人に損害をもたらしたときは，動物の飼育者または管理者は民事責任を負わなければならない。被害者の過失により損害をもたらしたときは，動物の飼育者または管理者は民事責任を負わない。第三者の過失により損害をもたらしたときは，第三者が民事責任を負わなければならない（民法通則127条）。権

益侵害法は，より詳細な規定を置いている（78・83・81条参照）。

(6) 欠陥製品により人身損害に至った権益侵害訴訟

欠陥製品により人身損害に至った権益侵害訴訟は，製品の生産者が法律に定める免責事由につき挙証責任を負う（証拠規定4条1項6号）。

(7) 共同危険行為により人身損害に至った権益侵害訴訟

共同危険行為により人身損害に至った権益侵害訴訟は，危険行為を行った者がその行為と損害結果との間の因果関係の不存在につき挙証責任を負う（証拠規定4条1項7号）。また，共同危険行為者が損害結果はその行為によりもたらされたものでないことを証明できた場合には，賠償責任を負わない（最高人民法院「人身損害賠償事件における法律適用の若干の問題に関する解釈」4条）。よって，共同危険行為の場合には，危険行為者の一人が自己の行為と損害の結果との間の因果関係の不存在を証明することができれば，賠償責任を負わないことになる。しかし，権益侵害法はこの規則を改め，二人以上で他人の人身，財産の安全に危害を及ぼす行為を行い，その中の一人または数人の行為が他人に損害をもたらし，具体的な権益侵害者を確定できる場合には，権益侵害者が責任を負い，具体的な権益侵害者を確定できない場合には，行為者が連帯責任を負うとした（権益侵害法10条）。よって，危険行為者の一人が自己の行為と損害の結果との間の因果関係の不存在を証明することができたとしても，免責されず，誰の行為が実際の損害をもたらしたのかを挙証証明できたときのみ，免責することができる。

(8) 医療行為によって生じた権益侵害訴訟

医療行為によって生じた権益侵害訴訟は，医療機関が医療行為と損害結果との間の因果関係の不存在および医療上の過失の不存在につき挙証責任を負う（証拠規定4条1項8号）。しかし，権益侵害法の施行により，この規定は次のように部分的に適用される。①過失の証明については，権益侵害法によれば，医療損害責任には通常の場合には過失責任の原則が適用されるが，特殊な場合には過失推定の原則が適用され，通常の場合には，患者またはその相続人が医療の過失につき挙証責任を負うが，権益侵害法58に定める特定の要件の下では，医療機関がその無過失につき挙証責任を負う。②医療行為と損害結果の間の因果関係の証明については，権益侵害法は挙証責任の分配につき規定していないので，上述の証拠規定による。

3 労働争議事件の特別規定

労働争議紛争事件において，雇用先が解雇，除名，辞職，労働契約の解除，労働報酬の減少，労働者業務年限の計算等の決定をしたことにより労働争議を生じた場合には，雇用先が挙証責任を負う（証拠規定6条）。その趣旨は，労働者と雇用先との労働法律関係においては，通常，労働者は弱者，被管理者の地位にあり，その権利は侵されやすく，法の保護を要し，しかも，雇用先は上述の労働者の権益に関わる決定をする際には，本来法的根拠と事実的根拠がなければならないと解される。よって，雇用先が証明責任を負うものとした。

4 法院の裁量的規定

民事事件の証明の問題は錯綜し複雑であり，新型の紛争が絶えず生じており，既存の実体法と司法解釈のみでは証明責任の分配の問題を完全には解決できないが，法官は裁判を拒否することはできない。そのため，法官に一定の要件のもとに証明責任の分配に対する自由裁量権を与える必要がある。よって，法律に具体的規定がなく，証拠規定とその他の司法解釈により挙証責任の負担を確定できないときは，法院は公平の原則と誠実信用の原則に基づき，当事者の挙証能力等の要素を総合して挙証責任の負担を確定することができるとした（証拠規定7条）。

第六節　証明基準

一　証明基準の概念

証明基準とは，訴訟において証明責任を負う当事者の主要事実の証明について，法院がその真偽を認定するのに要求される達しなければならない程度をいう。要証事実の証明が証明基準に達したときは，法院は当該事実を裁判の基礎としなければならず，証明基準に達しないときは，当該事実は真偽不明の状態にあることになる。

二　中国民事訴訟の証明基準

中国では，長きにわたり，三大訴訟法（民事，刑事，行政）の証明基準は一元化され，いずれも客観的真実を明らかにしなければならず，「事件事実がはっきりとしており，証拠が確実で十分である」という程度に達しなければならなかった。これを客観的真実説といい，あらゆる事件の結論を，確実で十分な証拠によ

る証明と還元された客観的真実の基礎に築くことを求めるものであり，最高の理想を追求するものではあるが，近年では民事訴訟の基準としては高すぎるとの批判がなされ，民事訴訟と刑事訴訟を区別せずに両者に同様の証明基準を適用することも，科学的でなく合理性も有さないとして広く検討がなされた[11]。

　これを受けて，民訴解釈は，場合により証明基準をそれぞれ分けて定め，高度の蓋然性を主とするが，多様な証明基準により構成される証明基準体系を築いた。

　通常の民事事件には，高度の蓋然性の証明基準が適用される。挙証証明責任を負う当事者が提出した証拠について，法院は，審査の結果，関連事実と合わせ，要証事実の存在が高度の可能性を有すると確信した場合には，当該事実の存在を認定しなければならない。挙証証明責任を負う当事者の主張事実に反駁するために相手方当事者が提出した証拠について，法院は，審査の結果，関連事実と合わせ，要証事実を真偽不明と認めた場合には，当該事実の不存在を認定しなければならない（民訴解釈108条1・2項）。絶対的確信を要しないことで，司法救済を得やすく，訴訟効率を向上させた。

　特殊な要証事実については，「合理的疑念排除」の証明基準が適用される。証明責任を負う当事者は，次の場合には法官に当該事実の存在の可能性に合理的疑念を排除できることを確信させなければならないとして，高度の蓋然性より高い証明基準を立てている。すなわち，当事者の詐欺，脅迫，共謀の事実および口頭による遺言または贈与の事実についての証明は，法院が当該要証事実の存在の可能性に合理的疑念を排除できることを確信する場合には，当該事実の存在を認定しなければならない（民訴解釈109条）。

　なお，要証事実が達しなければならない証明基準について法に別段の定めあるときは，その規定に従う（民訴解釈108条3項）。たとえば，最高人民法院「食品薬品紛争事件の審理における法律適用の若干の問題に関する規定」は，消費者が食品の食用または薬品の使用により損害を受けたことを挙証するにあたって，損害と食品の食用または薬品の使用に因果関係が存在することを一応証明し，食品・薬品の生産者・販売者の権益侵害の責任を請求する場合には，法院は支持しなければならない。ただし，食品・薬品の生産者・販売者が，損害は製品が品質

---

11) 赵刚・占善刚・刘学在『民事诉讼法〔第3版〕』（武汉大学出版社・2015年）174頁，张卫平『民事诉讼法〔第2版〕』（中国人民大学出版社・2013年）172頁参照。

基準を満たさないために生じたのではないことを証明できるときはこの限りではないとする（5条2項）。消費者等の因果関係についての証明は，一応の証明の程度に達すれば，法院は当該因果関係の存在を認定し，消費者の請求を認めなければならないとしているが，一応の証明とは，証明基準としては，民訴解釈が通常の民事事件の証明基準とする高度の蓋然性より低い，おおよその可能性，比較的大きい可能性，あるいは蓋然的優越性で足りるとするものである。

第七節　証拠の収集と保全

一　証拠の収集

1　当事者の証拠の収集，提出と法院の証拠の調査・収集の関係

中国の民事訴訟においては，法院の証拠の調査，取得を強調し，当事者の証拠の提出と法院の証拠の調査，取得を結びつける方針が採られてきた。民事訴訟法（試行）では，当事者は自己の主張について証拠を提出する責任を有するとしながらも，法院は法定の手続に従い全面的，客観的に証拠を収集および調査しなければならない（56条）というように，この特徴が顕著に表れている。

しかし，現行民事訴訟法は，証拠提出の責任の主体を当事者とし，法院に全面的な証拠の収集，調査を求めず，法院の証明における主要な任務は証拠の審査確認となった（64条1・3項）。当事者およびその訴訟代理人が客観的原因により自ら証拠を収集できないとき，または法院が事件審理のため証拠の調査，取得を必要であると認めるとき，法院の職権による証拠の調査・収集がはじめて求められる（64条2項）。証拠の収集と提出の主体は当事者となった。

また，証拠規定，民訴解釈等の司法解釈は，民事訴訟法64条2項に規定される当事者の証拠の収集，提出と法院の証拠の調査・収集の関係について，以下のように境界を定めた。

当事者およびその訴訟代理人が客観的原因により自ら収集できない証拠を，1）証拠を国家関係部門が保存し，当事者およびその訴訟代理人が取り調べる権限を有しない証拠，2）国家機密，商業上の秘密あるいは個人のプライバシーに関わる証拠，3）当事者およびその訴訟代理人が客観的原因により自ら収集できないその他の証拠であるとし，これらの証拠は，当事者およびその訴訟代理人が挙証期間満了前に書面により法院に調査・収集を申し立てることができる（民訴解釈94条）。申立書には，被調査者の氏名または組織の名称，住所地等の基本的状

況，調査・収集を要する証拠の内容，法院による証拠の調査・収集を要する原因およびその要証事実を記載しなければならない（証拠規定18条）。当事者が調査・収集を申し立てた証拠が要証事実と関係がなく，要証事実の証明について意義を有さず，またはその他調査・収集の必要がないときは，法院は認めない（民訴解釈95条）。法院は当事者およびその訴訟代理人の申立てを認めないときは，当事者またはその訴訟代理人に通知書を送達しなければならない。当事者およびその訴訟代理人は通知書を受領した翌日から3日以内に，申立てを受理した法院に書面により再議を一度申し立てることができる。法院は再議の申立てを受けた日から5日以内に回答しなければならない（証拠規定19条2項）。

　法院が事件審理に必要であると認める証拠には，1) 国家の利益，社会公共の利益に損害を与えるおそれがある場合の証拠，2) 身分関係に関わる証拠，3) 民訴法55条に定める訴訟（公益訴訟）に関わる証拠，4) 当事者が共謀して他人の合法的権益に損害を与えるおそれがある場合の証拠，5) 職権による当事者の追加，訴訟の中止，訴訟の終結，回避等，手続的事項に関わる証拠が含まれる。法院は，以上の証拠は職権により調査・収集することができるが，それ以外の証拠を調査・収集するには当事者の申立てを要する（民訴解釈96条）。

2　証拠の収集，提出の手続

　当事者は，法院に証拠を提出するにあたっては，原本または原物を提出しなければならない。自らが証拠の原本または原物を保存する必要がある，または原物を提出することに確かに困難がある場合には，法院の照合を経てその複製品を提出することができる（中国民訴70条）。書証の原本の提出に確かに困難がある場合とは，1) 書証原本を遺失，消滅または毀損したとき，2) 原本が相手方当事者の支配下にあり，適法な通知を経ても提出を拒むとき，3) 原本が他人の支配下にあり，提出しない権限を有するとき，4) 原本は紙幅または体積が過大であり，提出に不都合であるとき，5) 挙証証明責任を負う当事者の法院への調査・収集の申立てまたはその他の方式により書証原本を得ることができないときをいう。以上の場合には，法院はその他の証拠および事件の具体的状況を考慮し，書証の複製品等を事件事実認定の根拠とすることができるか否か審査，判断しなければならない（民訴解釈111条）。

　当事者が法院に提出する証拠が国外にあるときは，当該証拠は所在国公証機関の証明を経て，当該国駐在中国大・公使館，領事館の認証を経るか，または中国

と当該所属国が締結した条約に定める証明手続を踏まなければならない。証拠が香港，マカオ，台湾地区にあるときは，関係証明手続を踏まなければならない（証拠規定11条）。当事者は，人民法院に外交文書または外国語による説明資料を提出するときは，中国語訳文を付さなければならない（中国民訴70条2項，証拠規定12条）。

法院に証拠を提出するときは，当事者は提出する証拠材料に分類番号を付し，証拠材料の出所，証明の対象および内容について簡単に説明し，署名捺印し，提出日を明記し，相手方の人数分の副本を提出しなければならない。法院は，当事者が提出した証拠材料を受領するにあたっては，受取証を交付し，証拠の名称，頁数，部数，原本か複写かおよび受領時間等を明記し，担当者が署名または捺印しなければならない（中国民訴66条）。

法院は，証拠の調査・収集にあたっては，二人以上で共同して行わなければならない。調査材料は調査者，被調査者，記録者が署名または捺印しなければならない（民訴解釈97条）。調査者が調査・収集する書証は，原本でも，照合により相違ない複製品でもよい。副本または複製品であるときは，調査記録に出所および取得状況を説明しなければならない（証拠規定20条）。被調査者は原物の提出に確かに困難があるときは，複製品または写真を提出することができる。複製品または写真を提出する場合には，調査記録に取得状況を説明しなければならない（証拠規定21条）。調査員は電子データまたは録音・映像等の視聴覚資料を調査・収集する場合には，被調査者に関係資料の原始媒体の提出を求めなければならない。原始媒体の提出に確かに困難があるときは，複製品を提出することができる。複製品を提出する場合には，調査員は調査記録にその出所と作成経過を説明しなければならない（証拠規定22条）。

3　文書提出命令

文書提出命令とは，書証を相手方当事者または第三者が所持しているときに，挙証責任を負う当事者が，法院に所持者に対し命令を発し，当該書証の提出を命ずるよう申し立てることができる制度をいう。文書提出命令は，当事者の証拠収集の重要な手段である。

中国の民事訴訟法には文書提出命令についての規定はないが，司法解釈は，書証が相手方当事者の支配下にあるときは，挙証責任を負う当事者が，挙証期間満了前に書面により法院に相手方当事者に提出を命ずるよう申し立てることができ

ると規定した（民訴解釈112条1項）。また，効果として，申立てに理由があるときは，法院は相手方当事者に提出を命じなければならず，書証の提出による費用は申立人が負担する。相手方当事者が正当な理由なく提出を拒むときは，法院は申立人の主張する書面の内容を真実と認めることができる（民訴解釈112条2項）とした。

　この制度の意義としては，当事者の証拠収集能力の向上，合法的権益の保護，法院の事件事実の正しい認定，事件の速やかな審理に資することが挙げられる。しかし，制度の不十分な点として，被申立人が刑事責任を追及されるおそれがある等，被申立人が提出命令を拒む権限を有する特別な場合についての規定および第三者に対する文書提出命令の規定を欠くこと，また，文書提出命令に従わなかった場合の効果につき，申立人の主張する書証の内容を真実と認めることができるとの規定はあるが，さらに，直接的に，一定の要件の下に当該文書で証明しなければならない事実の主張を真実と認める規定を置くべきであると指摘されている[12]。

二　挙証期限

1　挙証期限の意義

　挙証期限とは，民事訴訟の当事者が法院に証拠を提出する時間的制限をいう。当事者が法院に証拠を提出するにあたって時間的制限を有するかどうかという問題については，証拠随時提出主義と証拠適時提出主義とがあり，随時提出主義は証拠を提出する当事者の利益保護に厚いが，随時に提出できるということは争点の早期の確定を妨げ，開廷時間を延ばし，回数を増やすことになり，訴訟の効率とコストに影響を与える。また，随時に提出できるということは，相手方当事者に不意打ちとなり，有効な質証をできなくさせ得る。さらに，裁判の安定も害する。これに対し，適時提出主義は，訴訟進行中の適切な時期に証拠を提出しなければならないとすることから，集中審理を促進し，訴訟効率を向上させる。証拠期限制度はこの証拠適時提出主義を具現するものである。

2　挙証期限の確定方式

　当事者は，自己の主張に対し速やかに証拠を提出しなければならず，法院は，

---

[12]　趙ほか・前掲注11) 179頁参照。

当事者の主張と事件審理の状況に基づき，当事者が提出しなければならない証拠とその期限を確定する（中国民訴65条2項前段）。

　挙証期限確定の方法には，法院が当事者の主張と事件審理の状況に基づき指定するほかに，当事者が協議し，法院の承認を経る方法もある。当事者の協議による確定を認めるのは，当事者の意思，手続選択権を尊重するものであり，法院は，あまりに長く，訴訟遅延をもたらすのでない限り，当事者が協議により定めた挙証期限を認めなければならない。また，法院が指定する場合も，当事者の協議による場合も審理前の準備段階に確定しなければならない（民訴解釈99条1項）。

　第一審通常手続を適用して審理する事件については，法院が挙証期限を確定するにあたっては，15日未満であってはならない（民訴解釈99条2項）。挙証期間満了後に，すでに提出された証拠について，反駁する証拠の提出を申し立て，または証拠の出所，形式等の瑕疵について補正をする場合には，法院は事情を斟酌して再度挙証期限を確定することができ，その期限は15日未満であってはならないとの制限を受けない（民訴解釈99条3項）。

　簡易手続を適用して審理する事件については，挙証期限は法院が確定し，また，当事者が合意し法院の承認を経ることもできるが，15日を超えてはならない。法院は挙証期限と開廷期日を双方当事者に告知し，当事者に期限を超えた挙証および出廷を拒んだ場合の法的効果を説明し，双方当事者は記録および開廷呼出状の送達受領証に署名または捺印しなければならない。また，当事者双方が挙証期限を不要とするときは，法院は直ちに開廷審理をし，または開廷期日を確定することができる（民訴解釈266条）。

　少額訴訟事件の挙証期限については，法院が確定し，また，当事者が合意し法院の承認を経ることもできるが，7日を超えてはならない。当事者が出廷後に挙証期限を不要とするときは，法院は直ちに開廷審理をすることができる（民訴解釈277条）。

　第二審手続における新たな証拠の挙証期限については，法院が確定するが，10日未満であってはならない（民訴解釈99条2項）。挙証期間満了後，すでに提出された証拠について，反駁する証拠の提出を申し立て，または証拠の出所，形式等の瑕疵について補正をする場合には，法院は事情を斟酌して再度挙証期限を確定することができ，その期限は10日未満であってはならないとの制限を受けない（民訴解釈99条3項）。

3 挙証期限の延長

当事者は挙証期限内に証拠を提出することに確かに困難があるときは，法院に期限の延長を申し立てることができ，法院は当事者の申立てに基づき，適切に延長する（中国民訴65条2項中段）。当事者は挙証期限の延長を申し立てるときは，挙証期間満了前に法院に書面により申し立て，その他の当事者に通知しなければならない。延長された挙証期限はその他の当事者に適用される。申立理由が成立しないときは，法院は承認せず，申立人に通知する（民訴解釈100条）。

4 挙証期限徒過の法的効果

2012年の民事訴訟法改正前の司法解釈によれば，挙証期限確定後，当事者は当該期限内に法院に証拠を提出しなければならず，期限内に提出しない場合には，挙証の権利を放棄したものとみなされる。当事者が期限を徒過して提出した証拠については，相手方の同意なき限り，法院は審理に際し質証を行わない（証拠規定34条）。また，質証を経ない証拠は，事件事実認定の根拠とすることはできない（証拠規定47条）。つまりは，期限を徒過して提出された証拠は，相手方当事者の質証への同意が得られない限り，証拠として用いることはできないことになる。これに対しては，真実の発見，実体的公正の実現ということからすればマイナスであり，厳しすぎるとの批判があった。

改正後は，この点に鑑み，事件の具体的状況に応じ，当該事件における証拠の役割，当事者の過失の有無，期限を徒過したことによる損害等を考慮し，以下のように処理しなければならないものとした。

当事者が期限を徒過して証拠を提出したときは，法院は理由の説明を命じなければならない。理由の説明を拒み，または理由が成立しないときは，法院は状況により当該証拠を採用しない，または採用するが訓戒，過料とすることができるとした（中国民訴65条2項後段）。さらに，司法解釈は以下のように具体化した。1) 当事者が期限を徒過して証拠を提出するときは，法院は理由の説明を命じなければならず，必要なときは相応の証拠の提出を求めることができる。2) 当事者が客観的原因により期限を徒過して証拠を提出した場合，または期限を徒過して証拠を提出したことに相手方当事者に異議なき場合には，期限を徒過していないものとみなす（民訴解釈101条）。この場合には，人民法院は当事者が期限を徒過して提出した証拠を採用しなければならず，当該当事者について訓戒，過料としてはならない。3) 当事者が故意または重大な過失により期限を徒過して提出

した証拠は，法院は採用しない。ただし，当該証拠が事件の基本的事実と関係を有するときは採用し，民事訴訟法65条，115条1項の規定に従い訓戒，過料としなければならない。4）当事者が故意または重大な過失なく期限を徒過して提出した証拠は，法院は採用し，当事者に対し訓戒としなければならない。5）当事者の一方が相手方に期限を徒過した証拠の提出により増加した交通，宿泊，食事，休業，証人の出廷・証言等の費用の賠償を求めるときは，法院は支持することができる（民訴解釈102条）。さらに，再審申立人が提出する新たな証拠が原判決・裁定が認定した基本的事実または裁判結果が誤りであることを証明できる場合には，民訴法200条1項に定める再審事由（新たな証拠があり，原判決・裁定を覆すに足りる場合）を認めなければならず，当該証拠については，法院は再審申立人に期限を徒過して証拠を提出した理由の説明を命じなければならず，理由の説明を拒み，または理由が成立しないときは，民事訴訟法65条2項と民訴解釈102条の規定に従い処理する（民訴解釈387条）。

5 新たな証拠

当事者は法廷で新たな証拠を提出することができる（中国民訴139条1項）が，司法解釈では，次のように制限的に解される。新たな証拠とは，一審手続においては，当事者が一審の挙証期間満了後に新たに発見した証拠，当事者が客観的原因により挙証期限内に提出できず，法院の承認を経て，延長された期限内にも提出できなかった証拠であり，二審手続では，一審の法廷審理終結後に新たに発見した証拠，当事者が一審の挙証期間満了前に法院に調査，取得を申し立てたが認められず，二審法院が審査の結果認めるべきであるとして当事者の申立てに従い調査し取得した証拠であり（証拠規定41条），一審手続で新たな証拠を提出するときは，一審開廷審理前または開廷審理時に提出しなければならない。二審手続で新たな証拠を提出するときは，二審開廷審理前または開廷審理時に提出しなければならず，二審が開廷審理を不要とするときは，法院が指定する期限内に提出しなければならない（証拠規定42条）。また，当事者が法院の承認を経て挙証を延期されたが，客観的原因により認められた期限内に提出できず，かつ，当該証拠を審理しなければ，裁判は明らかに不公正なものとなる場合には，提出された証拠は新たな証拠とみなすことができる（証拠規定43条2項）。

また，上述のように，新たな証拠があり，原判決・裁定を覆すに足りるものである場合は再審事由として再審の申立てをすることができる（中国民訴200条1号）

が，この新たな証拠については，次のように解される。1) 原審の法廷審理終結前に存在し，客観的原因により法廷審理終結後に発見されたとき，2) 原審の法廷審理終結前に発見されていたが，客観的原因により取得できず，または規定の期限内に提出できなかったとき，3) 原審の法廷審理終結後に形成され，それに基づき別訴を提起することができないとき，4) 再審申立人が提出する証拠が原審においてすでに提出され，原審法院が質証をせずに裁判の根拠としなかったとき。ただし，原審法院が民訴法65条により採用しない場合はその限りではない（民訴解釈388条）。

三　証拠交換

証拠交換制度とは，開廷審理の前に，双方当事者が裁判官等の主宰の下に，それぞれが所持する証拠を交換する制度をいう。証拠交換は審理前の準備手続の重要な内容であり，開廷審理を要するときは，証拠交換等により争点を明らかにする（中国民訴133条）。

証拠交換の意義は，1) 相手方当事者が所持する証拠を互いに理解できるようにすることにより不意打ちを防止し，もって訴訟の公正を実現すること，2) 争点を早期に確定することにより開廷審理の円滑な進行の準備とし，もって訴訟効率を向上させることにある。

証拠交換の手続については，司法解釈により具体化されている。証拠交換を要するのは次の場合である。1) 当事者が証拠交換を申し立てる場合には，法院は開廷審理前に証拠交換を行うことができる。2) 証拠が多い，または複雑で難解な事件については，法院は答弁期間満了後，開廷審理の前に証拠交換を行わなければならない（証拠規定37条）。

証拠交換は開廷審理の前に行う（証拠規定37条）。証拠交換の具体的な時間は，当事者の合意と法院の承認によることも，法院の指定によることもできる。証拠交換を行うときは，証拠交換の日に挙証期間は満了となる。当事者が挙証の延期を申し立て，法院が認めるときは，証拠交換の日は順延する（証拠規定38条）。当事者が相手方の証拠を受領後，反駁し新たな証拠を提出するときは，法院は，指定する時間に交換を行うことを当事者に通知しなければならない（証拠規定40条1項）。

証拠交換は裁判官等の主宰の下に行わなければならない。証拠交換の過程で，裁判官等は当事者に異議のない事実・証拠については文書に記録しなければなら

ない。異議のある証拠については，証明を要する事実ごとに文書に記録し，異議の理由を記載しなければならない。証拠交換により，双方当事者に争いある主要な問題を確定する（証拠規定39条）。証拠交換は通常二度を超えないが，重大で難解な事件，特別に複雑な事件は，法院がさらに証拠交換を行う必要があると認めるときはこの限りではない（証拠規定40条2項）。

四 証拠保全

証拠保全とは，証拠滅失のおそれがある，または以後取得が難しくなる場合に，訴訟参与者もしくは利害関係人の申立てまたは職権により，証拠を固定および保護する制度をいう。

証拠保全には，訴訟中の証拠保全と訴訟前の証拠保全がある。改正前の法には訴訟前の保全の規定はなく，訴訟前に証拠保全を要するときは，公証機関に申し立てなければならなかったが，後に関係する法律または司法解釈[13]により，特定の類型の事件について訴訟前の保全制度が規定された。2012年に改正された現行民事訴訟法は，訴訟前の保全制度を一般的に認める規定を置いた（中国民訴81条2項）。

訴訟中の証拠保全は，当事者の申立てによることも職権によることもできる。訴訟中，当事者が法院に証拠の保全を申し立てるときは，挙証期間満了前に書面により提出することができる（民訴解釈98条1項）。訴訟前の証拠保全は，利害関係人の申立てある場合に限られる。

法院は，証拠保全を行うときは，当事者または訴訟代理人の立会いを求めることができる。証拠保全の方法は，証拠の特徴，すなわち物証，書証，証人の証言等証拠の具体的状況により，差押え，押収，写真撮影，録画，複製，鑑定，検証，記録の作成等の方法を採る（証拠規定24条）。証拠保全により他人に損害をもたらし得るときは，法院は申立人に相応の担保の提供を命じなければならない（民訴解釈98条2項）。

---

13) 海事訴訟特別手続法，著作権法，商標法，特許法およびその司法解釈等。

第八節　証拠の審査および認定

一　証拠の審査と認定の概念

　証拠の審査と認定（判断）とは，法官が法定の手続に従い当事者が提出し，または法院が調査・収集した証拠材料に対し審査・確認し，分析・検討し，その真実性・関連性・合法性を鑑別し，本案の事実認定の証拠とすることができるかどうか，およびその証明力の大小を確定する訴訟活動をいう。法院は，証拠により証明できる事件事実に基づき，法に従い裁判しなければならず（証拠規定63条），証拠の審査と認定は，法院が事件事実を明らかにし，認定するに必要な手段である。

二　証拠の審査と認定の一般規定

1　法官は法に従い独立して証拠を審査，判断する原則

　法院は法定の手続に従い，全面的，客観的に証拠を審査，確認し，法律の規定に従い，論理的推理と日常生活の経験則を用いて，証拠の証明力の有無，大小につき判断し，判断の理由と結果を公開しなければならない（民訴解釈105条）。

　裁判の独立と自由心証制度から，法官は法に従い独立して審査，判断しなければならない。法官の証拠の判断の理由と結果が公開されることにより，当事者はどのように証拠の判断がなされ，事実が認定されたのかを理解することができ，その判断結果は当事者の信頼を得ることができる。法官の証拠の審査判断の心証を公開することにより，司法の権威が守られる。法官の証拠の判断と認定の心証の公開は，判決書の判決理由の公開による。法院は，裁判文書で証拠の採否の理由を明らかにしなければならない（証拠規定79条1項）。ただし，当事者間に争いのない証拠，簡易手続を適用して審理する事件はこの限りではない（証拠規定79条2項・81条）。簡易手続は，事実がはっきりとしており，権利義務関係が明確であり，争いが大きくない簡単な民事事件に適用されるが，その中には，証拠が極めて明確であり，採否の理由を明らかにせずともよいものがあるからである。また，調停により審理終結する事件については，調停書に理由を明らかにすることは求められていない（中国民訴97条1項）。

2 各証拠に対する分析

一つの事件には多くの証拠があり得るのであって，各証拠について，その他の証拠と総合的に認定する前に，以下の点を審査，確認，認定する必要がある（証拠規定65条）。1) 証拠が原本，原物であるか否か。写し，複製品と原本，原物が符合するか。原本，原物は原始証拠であり，写し，複製品は伝来証拠であり，原始証拠の証拠価値と信頼性は一般に伝来証拠より高いため，証拠の審査，認定にあたっては，原本，原物であるか考察しなければならず，写しや複製品であるときは，原本，原物と符合するかどうか審査，認定しなければならない。原本，原物と照合できない写し，複製品は，それのみでは事件事実認定の根拠とすることはできない。2) 証拠と本案の事実と関係があるかどうか，証拠と要証事実との関連性を審査，認定しなければならない。証拠と要証事実の関連性は証拠の証明力に決定的作用を有し，関連の形式と性質が異なれば，証拠の証明力も異なる。3) 証拠の形式，出所が法律の規定を満たしているか。証拠の合法性について審査しなければならない。4) 証拠の内容が真実であるかどうか。判断の根拠とする証拠は，客観性（真実性）を有さなければ証拠として用いることはできない。5) 証人または証拠を提出した人と当事者に利害関係があるか。これは，証人と証人の証言に対し規定された審査内容である。証人が当事者と親族，近隣または怨讐等の利害関係がある場合には，その証言の真実性に影響を及ぼすおそれがあるため，証人または証拠の提出者と当事者に利害関係があるかどうかについて審査する必要がある。

また，一方当事者が提出した以下の証拠は，相手方当事者が異議を提出したが反駁に足る証拠がないときは，法院はその証明力を確認しなければならない。1) 書証の原本または書証の原本と照合し相違ない写し，写真，副本，抄本，2) 物証の原物または原物と照合し相違ない録画資料等，3) その他の証拠があり，かつ合法的手段により取得され，疑わしい点のない視聴覚資料または視聴覚資料と照合し相違ない複製品，4) 一方当事者が法院に申し立て法定の手続に従い作成された物証または現場の検証記録（証拠規定70条）。

3 全証拠に対する総合的分析

各証拠に対する審査の上に，裁判官等は全証拠を総合し，審査判断し，事件事実を認定しなければならない。事件の全証拠に対し，裁判官等は各証拠と事件事実との関連の程度，各証拠間の関係等から総合的に審査，判断し，もって証拠間

の疑問や矛盾を排除し，各証拠の証明力の有無および大小を確定しなければならない（証拠規定66条）。

三 証拠能力の有無の審査，認定の具体的規則

証拠の客観性，関連性，合法性のほか，証拠能力の有無の審査，判断の具体的規則は以下のようである。

1 証人資格

正確に意思を表示できない者は証人となることはできない（中国民訴72条2項）[14]。それゆえ，正確に意思を表示できない者の事件事実についての証言は証拠能力を有さない。

2 違法証拠の排除

違法証拠排除規則とは，法に特別の規定がある場合のほか，法官は違法証拠を事件事実認定の根拠とすることはできず，排除しなければならないことをいう。

民事訴訟においては，違法証拠とは，当事者およびその訴訟代理人が違法な方式，手段により収集した証拠をいう。違法証拠を証拠として採用できるか否かについては，中国では議論のあるところであり，証拠の内容に客観性と関連性があり，真実を反映しているのであれば，証拠としてよいという見解もあれば，取得手段の違法ゆえに排除しなければならないという見解もある。

民事訴訟法には規定はないが，司法解釈によれば，他人の合法的権益を侵害し，または法律の禁止規定に反する方法により取得した証拠は，事件事実認定の根拠としてはならない（証拠規定68条）。しかし，この規定については，他人の権益侵害の程度を問題としないことから，その運用上当事者の証明権の保護に欠けるとの批判があった。それゆえ，後に，司法解釈は，他人の合法的権益を甚だしく侵害し，法律の禁止規定に違反し，または公序良俗に甚だしく反する方法により，形成または取得された証拠については，事件事実認定の根拠としてはならないと改めた（民訴解釈106条）。

---

14) 要証事実とその年齢，知力または精神健康状況が適応する民事行為無能力者および制限民事行為能力者は，証人となることができる（証拠規定53条）。

3　質証

　証拠は法廷に提示し，当事者は互いに質証する。当事者の質証を経ていない証拠は，事件事実認定の根拠としてはならない。当事者が審理前の準備の段階に認めた証拠は，裁判官等の法廷審理における説明を経た上，質証を経た証拠とみなす。国家機密，商業上の秘密，個人のプライバシーに関わる，または法律が機密を保持しなければならないと定める証拠は，公開による質証は認められない（民訴解釈103条）。書証も物証も視聴覚資料も証人の証言も鑑定意見も，例外的場合を除き，あらゆる証拠材料は双方当事者の質証を経なければならず，質証を経なければ証拠能力は認められない。

4　調停，和解における事実の自白

　訴訟において，当事者が調停の合意または和解の合意のために互譲し認めた事実は，後続の訴訟において不利な根拠としてはならない。ただし，法律に別段の規定または当事者の同意ある場合はこの限りではない（民訴解釈107条）。

5　証拠能力の制限

　証拠材料には，一定の要件を満たす場合にのみ証拠能力を有し，そうでなければ事実認定の根拠としてはならないとして，証拠能力に一定の制限を受けるものがある。たとえば，当事者本人の陳述のみでその他の証拠がなく，相手方当事者も認めないときは，当該陳述が真実に合致するか否かに関わらず，事実認定の証拠とすることはできない（証拠規定76条）。また，以下の証拠は単独では事件事実認定の証拠とすることはできない。1）未成年者のその年齢と知力に不相当な証言，2）一方当事者またはその代理人が利害関係を有する証人の証言，3）疑義のある視聴覚資料，4）原本，原物と照合できない複写，複製品，5）正当な理由なく出廷しない証人の証言（証拠規定69条）。

6　証明力の審査，認定

　法官の証拠の審査，判断を指導し，証拠の証明力を正しく認定させるために，司法解釈は証拠の運用と証明力の判断について具体的規定を置いている。

（1）　証明力の有無に関する規則

　特定の場合の証拠の証明力の認定に関する規則である。たとえば，法院が鑑定部門に委託して出された鑑定結論は，当事者に反駁に足る証拠がないときは，そ

の証明力を認定することができる。一方当事者が提出した証拠は，相手方当事者が認め，または提出した証拠が反駁に足りない場合には，法院はその証明力を認めることができる。一方当事者が提出した証拠は，他方の当事者に異議があり，かつ，反駁の証拠を提出し，相手方当事者が反駁の証拠について認める場合には，反駁の証拠の証明力を認めることができる（証拠規定71・72条）。訴訟過程で，当事者の訴状，答弁書，陳述書およびその委任代理人の陳述の中で認めた証拠は，法院は認めなければならないが，当事者が反駁し，かつ，覆すに足る証拠がある場合はこの限りではない（証拠規定74条）。

(2) 証明力の大小に関する規則

異なる証拠の証明力の大小について比較して認定する証拠規則としては，たとえば，次のものがある。法院は数個の証拠の同一事実に対する証明力につき，以下の原則に従い認定する。1）国家機関，社会団体が職権により作成した公文書の証明力は，その他の書証より大きい。2）物証，档案[15]，鑑定結論，検証規則または公証，登記を経た書証の証明力は，一般にその他の書証，視聴覚資料および証人の証言より大きい。3）原始証拠の証明力は一般に伝来証拠より大きい。4）直接証拠の証明力は一般に間接証拠より大きい。5）証人が提供したその親族またはその他密接な関係を有する当事者に有利な証言の証明力は，一般にその他の証人の証言より小さい（証拠規定77条）。双方当事者が同一の事実についてそれぞれ相反する証拠を挙げるが，いずれも相手方の証拠を否定するに足る根拠とならない場合には，法院は事件の状況と合わせ，一方が提出した証拠の証明力が他方が提出した証拠の証明力より明らかに大きいか否かを判断し，証明力の大きい証拠について認めなければならない（証拠規定78条）。

(3) 証明力の優先順序に関する規則

証明力が同等の場合，たとえば，原本と写しの証明力がいずれも確認された場合には，原本を優先して採用しなければならない（中国民訴70条1項）。

7 挙証妨害規則

挙証妨害規則とは，挙証責任を負わない当事者が，故意または過失で作為また

---

[15] 職場，機関等が保管する個人の身上調書。中学入学時から一般的な経歴にとどまらず，細部にわたり記録され，入試・就職・転勤・昇進等にも重要な役割を果たす。人事担当部門が保管し本人は見ることができない。

は不作為により，証拠を滅失，隠匿またはその利用を妨げ，挙証責任を負う当事者が当該証拠を利用できず，その挙証責任を尽くすことをできなくさせたときは，法院は事件審理の状況に基づき，事実認定上，挙証責任を負う当事者に有利な認定をすることができることをいう。その趣旨は，要証事実の証明が十分にできずに当事者の合法的権益が保護されないといったことがないようにし，実体的公正を実現することにある。

　一方当事者が証拠を所持していることを証明する証拠があり，正当な理由なく提出を拒み，相手方当事者が当該証拠の内容が証拠の所持者に不利であることを主張する場合には，当該主張の成立を推定することができる（証拠規定75条）。書証の所持者が文書提出命令に従わないときは，法院は申立人の主張する書証の内容を真実と認定することができる（民訴解釈112条2項）との規定は，証明妨害規則の具現である。書証を所持する当事者が相手方当事者の使用を妨害することを目的として，書証を滅失またはその他使用できなくさせる行為を行った場合には，法院は法により過料，勾留できる（民訴解釈113条）との規定は，挙証妨害行為者に対する処罰措置である。

（小嶋明美）

第 6 章　証拠に関するコメント

はじめに

　本稿では，日中両国の民事訴訟法の中でも，証拠に関係する部分に着目して比較し，若干のコメントを付する。中国の民事訴訟法は，1991 年第 7 期全国人民代表大会で採択されたものが 2007 年に裁判監督手続および執行手続について一部改正がなされた。さらに 2012 年第 11 期全国人民代表大会常務委員会において「『中華人民共和国民事訴訟法』の改正に関する決定」が採択されたことにより大幅な改正が加えられ，2013 年 1 月より施行されている[1]。この一連の中国民事訴訟法の改革では，職権主義から当事者主義への移行が目的の一つに据えられていた。この目的は，証拠に関連する規定において最も明確に表れているということができる。証拠収集・提出についての責任は，従来の中国民事訴訟の審判方式では裁判官が負っていたが，これを当事者主導へと転換することが，増大する法院の負担軽減のために必要とされており，改革の強い動機となっていたからである[2]。

　2012 年に大幅な改正が加えられた中国民事訴訟法では，第 6 章に証拠に関する基本的事項が定められている。さらに裁判実務の運用については，最高人民法院による「民事訴訟証拠に関する若干の規定」[3]（以下，証拠規定と略称する）に定めがあり，これが実質的には民事訴訟法の一部としての役割を果たしている。さ

---

[1] 中国民事訴訟法の改正の経緯については，白出博之「中国民事訴訟法の改正条文等について（1）」ICD NEWS 53 号（2012 年）75 頁以下に詳しい。
[2] 小嶋明美『現代中国の民事裁判』（成文堂・2006 年）150 頁，王亜新「中国民事訴訟の審理構造についての一考察」徳田和幸・田辺誠・山本克己・田原睦夫・中西正編『谷口安平先生古稀祝賀　現代民事司法の諸相』（成文堂・2005 年）261 頁。
[3] 2001 年 12 月 21 日公布 2002 年 4 月 1 日施行。この規定の紹介および邦訳は，村上幸隆「民事訴訟証拠に関する中国最高人民法院の規定〔1〕～〔8・完〕」国際商事法務 30 巻 11 号（2002 年）1548 頁，同 30 巻 12 号 1695 頁，31 巻 1 号（2003 年）72 頁，31 巻 2 号 234 頁，31 巻 3 号 371 頁，31 巻 4 号 521 頁，31 巻 5 号 674 頁，31 巻 6 号 836 頁を参照した。

らに，2015年1月に最高人民法院によって「『中華人民共和国民事訴訟法』適用に関する解釈」(以下，民訴解釈と略称する)が公布され，同年2月から施行されている[4]。この民訴解釈の改正においても，証拠制度の規範化が重要な観点の一つとされていた。

一　証拠方法，証拠の証明力について

　現行の中国民訴法は，証拠方法を従来の七種類から①当事者の陳述，②書証，③物証，④視聴覚資料，⑤電子データ，⑥証人の証言，⑦鑑定意見，⑧検証記録の八種類と規定しており，日本法に比べて細かく分類している(63条)点が注目される。中国民訴法では，情報技術の進展を受けて，2012年の改正の際に63条5号に「電子データ」が独立した証拠の種類として加えられた。こうした情報媒体について，日本においては新種証拠としてくくり，その証拠調べの方式として文書または準文書として書証の手続によるとするのか，あるいは検証物として検証の手続によるのかという点について，見解の対立が見られた[5]。平成8(1996)年に改正された日本の民事訴訟法は，録音テープ等を準文書であると規定したものの，磁気ディスク等については明文の規定を置くことはなされなかった。そのため，その取調べ方法については解釈に委ねられている。現在の日本の民事訴訟においては，磁気ディスク等を録音テープ等と同様に民事訴訟法231条の準文書として，書証の手続で証拠調べをする見解が通説的である。ただし，平成8(1996)年の民事訴訟法改正の前後における新種証拠に関する議論状況を見れば，電子データを証拠の独立した種類として設けた中国民事訴訟法の在り方は，今後の日本法の在り方に参考になる部分があると考える。

　また，中国民訴法には，自由心証主義を定めた明文の規定はないものの，民訴解釈105条から，基本的には自由心証主義が採用されていると解される。ただし，一部については，証拠の証明力の大小についての証拠規定が存在することか

---

[4]　民訴解釈の改正の経緯や内容については，金日華「中国の民事訴訟法司法解釈の改正」国際商事法務43巻4号(2015年)573頁の他，北浜法律事務所・外国法共同事業中国プロジェクト・チーム「中国民事訴訟法《条文・日中比較・要点解説》[1]〜[4]」国際商事法務43巻4号(2015年)504頁，43巻5号698頁，43巻8号1174頁，43巻9号1344頁に詳しい。

[5]　門口正人編『民事証拠法大系』(青林書院・2003年)250頁，加藤新太郎「新種証拠と証拠調べの方式」新堂幸司編『講座民事訴訟法⑤証拠』(弘文堂・1983年)224頁。

ら（本書第 2 編第 6 章第八節三 6 (2)），法定証拠法則によって補完がされている。

二　証拠法における当事者主義の実現について

　中国民訴法は，当事者が自己の提出する主張について証拠提出責任を負うと規定している（64 条 1 項）。ただし，当事者およびその訴訟代理人が客観的事由により自ら収集することができない証拠または人民法院が事件を審理するために必要と認める証拠については，人民法院が調査・収集しなければならないとする（64 条 2 項）。このうち，「当事者およびその訴訟代理人が客観的原因により自ら収集できない証拠」とは，2015 年 2 月に施行された民訴解釈によれば，①国の関係部門が保存し，当事者およびその訴訟代理人が閲覧や取調べの権利を有さない証拠，②国家秘密，営業秘密または個人のプライバシーにかかわる証拠，③当事者およびその訴訟代理人が客観的原因により自ら収集できないその他の証拠である。また，「人民法院が事件を審理するために必要と認める証拠」とは，証拠規定 15 条によれば，①国家的利益，社会公共の利益または他人の合法的権利・利益に損害を与える可能性にかかわる事実，②実体紛争とは関係がない手続的事項を指す[6]。そして，これら以外の場合の法院の事実調査や証拠収集は，当事者による申立てが必要とされている（証拠規定 16 条）。当事者の申出が認められる要件と手続については，証拠規定 17 条から 22 条に規定されている。

　これらの規定からは，証拠の提出を原則として当事者の責任とすることにより，当事者主義の強化という理念の下で，職権証拠調べを制限する意図を読み取ることができる。ただし，職権証拠調べは，上記証拠規定 15 条 1 号および 2 号の証拠について制限的にではあるが依然として認められている（本書第 2 編第 6 章第七節一 1）。このような規定ぶりとなっているのは，中国民事訴訟法が人事訴訟のほか，特別手続としてではあるが，家事事件および非訟事件もその対象領域として含んでいることが理由であると考えられる。すなわち，中国民訴法が通常の財産法的な民事事件に加えて，人事訴訟，家事事件や非訟事件といった公益性の高い手続類型をも対象領域としているため，公益性の高い事件においては職権証拠調べの必要性が高く，これらの手続類型における証拠調べについて柔軟に対応するために，64 条 2 項は証拠についての職権主義と弁論主義が入り混じった

---

[6]　村上・前掲注 3) 31 巻 4 号 521 頁。

規定の仕方にならざるを得なかったと解される。とはいえ，64条2項および証拠規定15条が職権証拠調べの妥当する範囲を制限的に規定してはいるものの，民事事件や人事訴訟，家事事件等のいずれにおいて職権証拠調べが妥当するのかは，規定の文言のみからは必ずしも明らかではない。したがって，本来的には職権証拠調べが制限されるべき場面においても，職権証拠調べがなされるおそれが残されていたと解される。この点について，2015年に施行された民訴解釈では，「人民法院が事件の審理に必要と認める証拠」には，①国家利益，社会公共の利益を損なうおそれがある証拠，②身分関係にかかわる証拠，③民訴法55条に定める訴訟（環境訴訟や多数消費者訴訟等）にかかわる証拠，④当事者が悪意を持った通謀により他者の合法的な権利を損なうおそれがある証拠，⑤手続的事項にかかわる証拠が含まれる旨の規定がなされている（96条）。この規定には，民訴解釈によって，職権証拠調べが妥当する範囲をより具体化し，限定する方針が表れている。これは，証拠規定15条・16条において職権証拠調べが妥当する範囲が明確でないことが法院による調査収集権の濫用を招きやすく，腐敗を発生させる原因の一つともなってきたという従来からの指摘[7]に応える趣旨と捉えることができる。

職権探知の妥当する範囲については，日本においても，家事事件手続法において議論があるが，公益性が強く実体的真実発見の要請がある場合に職権探知が認められるという点については一致しているということができよう。

中国民事訴訟において，法院による安易な調査収集権の濫用を排除し，2002年以降明らかにされた，職権証拠調べの限定による当事者主義を貫徹するためには，職権探知の及ぶ範囲をさらに明らかにすることが求められるように思われる。そのためには，「国家的利益，社会的利益または他人の合法的権利・利益に損害を与える場合」の内容をより一層具体化し，職権証拠調べの妥当する範囲を明確に画することが必要である。また，証拠規定16条における当事者からの申出に基づく法院による証拠の調査・収集の手続についても，当事者の裁判所へのもたれかかりや過度の職権証拠調べを許さず，当事者主義を実現するための厳格な運用が求められることになろう[8]。

以上のように，中国民事訴訟法は，職権証拠調べを制限する規定を設けることにより，多くの場面で当事者主義を強化したことを読み取ることができる。しか

---

[7] 村上・前掲注3) 30巻12号1696頁。

し，その背景には，日本法とは異なる事情も散見される。それは，当事者主義導入の背景である。

すなわち，中国では経済活動の多様化に伴って事件が増加し，裁判所の強い職権の下で証拠収集を行う方法を採用していたことにより増大した法院の負担を，証拠の調査・収集を当事者に担わせることで軽減する必要があった。このような要請が民事裁判方式改革の当初の動機となっていたと解される。このような経緯にかんがみれば，中国民事訴訟における職権主義から当事者主義への審理構造の転換は，あくまで，裁判所が職権を行使することによる後見的な役割を一定程度残す方針と読み取ることができる。

三　証明責任明確化の動き

中国民事訴訟における要証事実の証明責任については，証拠規定2条2項が「証拠がなくまたは証拠が証明するのに不足する当事者の事実主張の場合は，証明責任を負う当事者が不利な結果を負担する」としている。このことから，要証事実の証明において真偽不明に陥った際には，証明責任を負う当事者が要証事実について不利益を負うという客観的証明責任が妥当している。2015年2月に施行された民訴解釈90条と91条，105条および108条においても，要証事実の存否・真偽が不明であると判断した場合の事実認定の規律がより明確にされた。また，要証事実の存在を認めるためには，別段の規定がある場合を除いて[9]，人民法院が「要証事実の存在に高度の可能性があることを確信」する程度が必要であると定められている。証明責任の分配に関しては，証拠規定5条以下および民訴解釈108条2項に規定があり，これによれば，法律要件分類説が採られており，一般的には，客観的証明責任を負う当事者が主観的証明責任も負っていると解することができる。

ただし，権益侵害事件や労働争議事件については，証拠規定に特別規定を置い

---

[8]　2015年2月4日に中国人民法院が「人民法院改革の全面深化に関する意見——人民法院第4回5ヵ年計画（2014〜2018）」において，司法改革の内容の一つとして民事訴訟の証明制度の改善を挙げ，証明過程における当事者の主導的地位の強化や職権による証拠収集の条件・範囲・手続の明確化を掲げていることにつき，金・前掲注4) 576頁。

[9]　2015年2月施行民訴解釈108条3項は，要証事実に達するための証明基準について法律に別段の規定がある場合，当該規定に従うと規定する。

て，証明責任の転換により当事者間の公平が図られている。なお，これ以外の場合について，証拠規定7条は，公平の原則，信義誠実の原則に基づいて，当事者の立証能力などの要素を考慮して判断すると規定する[10]。この点については，中国の民事裁判には社会秩序維持機能も期待されており，裁判官が判決をする際には，単に法的観点から判断するだけでなく，社会的な要素や地方政府との関係なども考慮するなど，証拠規定7条を根拠とした判決段階における裁判所の裁量権が存在する（本書第2編第6章第五節二4）[11]。判決段階においてこのような社会的公正への配慮といった裁判所の裁量が一般的に認められているとすれば，当事者の立証活動の結果のみから判決を導くのではなく，社会的公正への配慮といった別の要素によって判決が導かれる場合が認められることになる。そうであるとすれば，規定としては客観的証明責任を備えていたとしても，これが形骸化するおそれは否定できないのではないだろうか。

四　期限を過ぎて提出された証拠の取扱いについて

中国民訴法65条は，人民法院が証拠提出期限を決定し，当事者がこれを過ぎて証拠を提出した場合には，当事者に理由を説明するよう命じなければならず，当事者がこれを拒否する場合，または理由がない場合には当該証拠が採用されないか，採用されるものの当事者は訓戒，過料に処せられる旨を規定する。2015年施行の民訴解釈は，101条および102条において，証拠提出期限を過ぎて当事者が証拠を提出した場合について，当該証拠を人民法院が採用する基準を新たに規定している。それによれば，当事者が客観的事由により期限に後れて証拠を提出し，相手方がこれに異議を申し立てない場合，期限を過ぎたことが当事者の故意または重大な過失によらない場合，または期限を過ぎたことが当事者の故意または重大な過失によるが，当該証拠が事件の基本事実と関係する場合には，当該証拠を人民法院は採用しなければならない。

このような証拠の取扱いについては，日本においても，時機に後れた攻撃防御

---

[10] 証拠規定7条は「法律に具体的な定めがなく，この規定およびその他の司法解釈により挙証責任の負担を確定することができない場合には，人民法院は，公平の原則および信義誠実の原則に基づき，当事者の挙証能力等の要素を総合して挙証責任の負担を確定することができる」と規定する。

[11] 小林正弘「要件事実論と中国における民事裁判」法律時報84巻9号（2012年）96頁。

方法の却下の要件に関する問題が存在する。ただし，日本においては，時機に後れたことが当事者の故意または重過失によるか否かと訴訟の完結を遅らせるか否かが判断基準となっているのに対して，中国においては，期限に後れたことが当事者の故意または重過失による場合であっても，当該証拠が事件の基本事実と関係する場合には，人民法院は採用しなければならないとする点に特徴がある[12]。この規定は，日本における時機に後れた攻撃防御方法の取扱いに比べて，真実発見の要請を重視する傾向にあると解することができる。

五　中国民事訴訟における真実発見の位置付けについて

　従来の中国民事訴訟が証拠収集の局面において職権探知主義を採ってきた背景には，真実発見が非常に重視されてきたことが一因として挙げられる[13]。たしかに，日本においても，人事訴訟事件や非訟事件において職権探知が妥当する根拠としては，公益性に加えて実体的真実発見の要請が挙げられる。したがって，従来の職権主義に基づく中国民事訴訟法において真実発見が重視されてきたことには一定の説明ができるだろう。しかし，当事者主義への移行が強く意識されている現在の中国民訴法においても，たとえば64条2項の職権証拠調べを一部で義務付ける規定や証拠交換の制度など，真実発見を重視する見解に馴染みやすいものが依然として含まれている。また，2015年に施行された民訴解釈において，相手方当事者の支配下にある証拠書類について，証明責任を負う当事者は提出を命じるよう人民法院に申し立てることができると規定され，相手方当事者が正当な理由なくして提出を拒否した場合の制裁も規定されている。このような証拠収集に関する規定の根拠をどのように捉えるべきか明らかではないが，真実発見の要請を重視する趣旨と捉えることも可能である。

　前述の当事者主義に基づく訴訟構造を目指す改革の方向性は，真実発見を重視する立場とは一部矛盾するようにも思われる。少なくともドイツ法およびドイツ

---

12)　民訴解釈102条1項は，「当事者が故意または重過失により所定の期限を過ぎてから提供された証拠について，人民法院は，これを受け入れない。」と規定する。しかし，同条但書において「当該証拠が事件の基本的事実にかかわる場合，人民法院は，これを受け入れ，民事訴訟法65条，同115条1項の規定により，訓戒処分，過料を科さなければならない。」とする。

13)　王・前掲注2) 275頁。

法を継受する日本法においては，真実発見の要請を直接的な民事訴訟の目的とする見解は採られておらず，審理構造においても真実発見を追求する規定は存在しない。仮に中国の民事訴訟が真実発見を重視し続けているのであれば，中国民事訴訟において真実発見をどのように位置付けるのか，そして，それは当事者主義の実現を図る目的で続けられている中国民事訴訟の改革においてはどのような意味を持つのかという問いに答える必要が生じることになろう。近年，中国においても真実発見を重視する傾向に変化があることも指摘されており[14]，今後の方向性が注目される。

考えられうる方向性としては，真実発見の要請が残る局面を人事訴訟や非訟事件手続のうちの限られた事件類型に限定し，それ以外の類型においては，真実発見を少なくとも直接の目的とはせず，当事者主義を一層推し進め，弁論主義を採用することも可能性の一つといえるのではないだろうか。日本では，人事訴訟に関する議論の中で，事件類型によっては弁論主義を採用することの可能性を論じる議論がある[15]。これは，人事訴訟など通常事件に比べて当事者主義が後退する手続において，どこに職権主義の限界を置くのかをめぐる議論であると位置付けることができる。このような議論状況は，通常の財産関係訴訟に加えて，人事訴訟や非訟事件手続をも広く対象としている中国民訴法にとって参考になりうると考えられ，いずれの国の議論にも通底する問題であるといえそうである。

これに対して，通常の財産関係訴訟において，当事者の公平や手続の適正に基づき，裁判所の職権をできる限り排除したかたちでの当事者主義を志向するのであれば，一般的な場面における真実発見の位置付けも，当然現在の位置付けよりも低くなるものと考えられる。また，裁判所の強い職権を前提とした当事者間の公平や手続の迅速な運用を目指す立場は，日本においても有力な立場として主張されており[16]，中国民訴法がかかる方向を目指すことも考えられる。裁判所の職権の強化と当事者間の公平がいかなる根拠によって理論的に結び付くのかといった問題はいったん措いておくとしても，かかる方向性は，裁判所への高い信頼を前提としてはじめて成立するものである。しかし，中国においては，非常に多数

---

14) 王・前掲注2) 275 頁。
15) 畑瑞穂「弁論主義・職権探知主義（等）」シンポジウム「民事裁判の審理における基本原則の再検討」民事訴訟雑誌 57 号（2011 年）94 頁。
16) たとえば，三木浩一「日本の民事訴訟における裁判官および弁護士の役割と非制裁型スキーム」民事訴訟雑誌 50 巻（2004 年）90 頁。

の裁判官を抱え，その法律知識や能力等に相当の差が存在しているといわれる。さらに地域や各法院の事情によって裁判官の能力にも大きな差があるとされる中国に特有の状況もあり，裁判所あるいは裁判官に対する信頼は必ずしも高くないといわざるを得ない状況が指摘されている[17]。そうであるとすれば，裁判所の強い職権を前提とした制度設計には課題があるように思われる。

　もう一つ，中国では前述のとおり，訴訟の増加に伴う法院の負担軽減が課題の一つと解されていることが影響していると考えることもできよう。すなわち，当事者主義への移行の背景に法院の負担軽減が一連の改革の動機として強調されるとすれば，中国民訴法が行っている改革は，私的自治の尊重と当事者主義の貫徹の要請に基づくものではないことになり，あくまで裁判権を行使する裁判所へのいわば協力義務が当事者にあるという考え方に近くなりそうである。そして，このように解した場合に，当事者主義の徹底を図る中国民訴法の目指す方向性は，日本の民訴法とは当事者主義の意義が異なることになると思われる。

（濱﨑　録）

---

[17]　王・前掲注2) 284頁．

第7章　期間と送達

第一節　期　　間

一　期間の概念と意義

　民事訴訟における期間とは，法院，当事者もしくはその他の訴訟参与者が，各自単独で特定の訴訟行為を行い，または完成する期限をいう。
　期間は，当事者とその他の訴訟参与者に対する訴訟行為の時間的要求であり，法院に対する裁判と執行の時間的要求でもある。民事訴訟法の期間制度の目的は，当事者とその他の訴訟参与者に対しては，その訴訟行為の時間の面での保障であるとともに，速やかに訴訟上の権利を行使し，義務を履行するよう督促する効能にあり，法院に対しては，速やかな民事事件の審理・執行の終結を保障，督促し，裁判と執行の効率を向上させ，当事者の合法的権益を適切に保護することにある。

二　期間の種類

1　法定期間

　法定期間とは，法律に定めがある訴訟期間をいう。民事訴訟法には，立案期間，答弁書提出期間，公示期間，各種事件の審理終結期限，上訴期間等がある。法定期間内であれば，関係する訴訟行為を実施することができ，法定期間に行われ，完成した訴訟行為のみ，相応の訴訟法上の効果を生ずる。
　法定期間は，法律に別段の定めがある場合を除き，法院は職権または当事者，その他の訴訟参与者の申立てにより変更することはできない。よって，法定期間はまた不変期間ともいい，不可変的であり，厳守されなければならない。ここにいう法律の別段の定めとは，法律が訴訟における特別の状況に対し法定期間についてなす調節的な規定をいう。たとえば，次のような規定がある。「人民法院が

通常手続に従い審理する事件は，立案の日から6ヶ月以内に審理を終結しなければならない。延長を要する特殊な事情があるときは，法院院長の許可により，6ヶ月延長することができる。更に延長を要するときは，上級の人民法院に報告し許可を求める。」（中国民訴149条）。

2 指定期間

指定期間とは，法院が事件の審理および執行の具体的状況と実際の必要に基づき，職権をもって当事者もしくは訴訟参与者が特定の訴訟行為を行い，または完成する期間を定めることを法律が授権するものである。また，法律の明確な授権がなく，司法解釈もない場合に，法院が審理および執行の具体的状況と実際の必要に基づき，事情を斟酌して定める期間は，具体的な根拠を欠くものであるが裁判と執行に必要であり，当事者またはその他の訴訟参与者の利益を損なわない限り，合理的で正当な指定期間であると認めなければならない。このような指定期間は立法と司法解釈の制定により減少してはいるが，根本的には消滅することはない[1]。

指定期間は法定期間の補充として必要であり，可変期間である。訴訟秩序を維持し，訴訟効率を向上させ，訴訟を遅延させないためには，期間の指定には慎重を要し，可能な限り一度指定した期間は容易に変えるべきではなく，また，随意に変更できないが，事情に応じ変更，延長が認められる。

3 合意期間

合意期間とは，訴訟法理上は，関係する法律または司法解釈に基づく合意メカニズムであり，当事者が合意し，法院の承認を経た訴訟期間をいう。民事訴訟法には法定期間と指定期間のみで合意期間の定めはない（中国民訴82条）が，司法解釈には規定がある[2]。

三 期間の計算と除去

1 期間の計算

期間開始の時と日は，期間に算入しない（中国民訴82条2項）。よって，期間は時間を単位として計算する場合には，次の時間から，日を単位とするときは翌日から起算する。月または年を単位とする場合にも，同様に翌日から計算し，期

---

1) 趙剛・占善剛・劉学在『民事訴訟法〔第3版〕』（武漢大学出版社・2015年）130頁参照。
2) 民訴解釈99条1項，証拠規定33条2項等参照。

間満了の月の相当する日を期間満了日とする。期間満了の月に相当する日がないときは，当該月の最後の一日を期間満了日とする。

期間満了の最後の一日が祝日・休日であるときは，祝日・休日後の第一日を期間満了の日とする（中国民訴82条3項）。ここにいう祝日・休日とは，国家が法定した全国的祝日・休日であり，元旦，春節，メーデー，国慶節，週末（土曜日，日曜日）および少数民族の伝統的休日等であり，特定の地域または組織が定めた祝日・休日は含まれない。また，祝日・休日が期間内にあるときは，控除されない。

期間には運送時間は含まれず，訴訟文書が期間満了前に郵便に引き渡されたときは，期間徒過とされない（中国民訴82条4項）。訴訟文書引渡しの具体的時間は，郵送地の郵便局の消印による。運送時間を除去したのは，運送時間は予測することはできるがコントロールはできないためである。

2 期間の除去

期間の除去とは，法院が規定に従い，期間の進行中，特定の必要な事項または活動に用いるが正確にコントロールしがたい時間を当該期間に算入しないことをいう。その意義は，訴訟期間の消耗を合理的に減少させ，訴訟期間の十分で有効な利用を保障することにある。民事訴訟法では，前述の運送時間以外には見られないが，民訴解釈129条にも，再審申立事件の審理期限に公示期間，和解期間は算入せずとの規定がある。

四 期間の遅滞と回復

期間の遅滞とは，当事者またはその他の訴訟参与者が，要求された期間内に特定の訴訟行為を行い，または完成することができない状態をいう。このような場合には，当事者等は訴訟上の権利行使の機会を失う可能性があるのみならず，最終的には当事者の合法的権益に損失を与える可能性がある。それゆえ，当事者は，不可抗力またはその他正当な理由により期限を遅滞した場合には，障害が除去された後10日以内に，期限の順延を申し立てることができ，認めるか否かは法院が決定する（中国民訴83条）。ここにいう不可抗力とは，洪水，火災，地震，大規模に突発的に発生した伝染病等の発生により，予定の期間内に特定の訴訟行為を行い，または完成することをできなくさせる等，主観的には当事者が予見できず，客観的には避けがたく克服しがたい状況をいう。その他正当な理由とは，

以上のような不可抗力以外の当事者の故意または過失によらずに期間の遅滞を招くような状況をいう。当事者が自己の故意または過失により期間の遅滞をもたらした場合には，当該当事者はその訴訟行為を行い，または完成する権利を失う。

五　期日

期日とは，法院と当事者等が一堂に会して訴訟活動を行う特定の一日をいう。証拠交換期日，開廷審理期日，判決言渡期日等である。期日は個々の事件の訴訟活動とその過程の実情に基づき具体的に確定するため，事前に立法において一つ一つ手配することはできず，通常は，法院が職権により直接指定し，関係規則が認める特定の場合には，当事者が合意により約定し，法院の承認を経ることができる。期日は期間と異なり，指定期日と合意期日はあるが，法定期日というものはない。

第二節　送　達

一　送達の概念と意義

民事訴訟における送達とは，法院が法定の方式と手続に従い，訴訟文書を当事者とその他の訴訟参与者に交付する行為をいう。

送達は，法院の当事者とその他の訴訟参与者に対する訴訟行為であり，法院の職権でもあり，職責でもある。また，送達は法律と司法解釈に定められた方式と手続に従い行わなければならず，そうでないものは送達の法的効力を生じない。送達によるべき書類は，訴状副本，答弁書副本，反訴状副本，上訴状副本，事件受理通知書・応訴通知書等の各種通知書，呼出状，判決書，裁定書等，当事者とその他の訴訟参与者に交付を要するあらゆる訴訟文書である。

送達の意義は，それに基づき訴訟活動に参加し，訴訟上の権利を行使し，義務を履行することができるように，訴訟文書を当事者とその他の訴訟参与者に交付し，彼らに訴訟文書の内容を理解させるのみならず，送達行為自体が一定の法的効果を有することにある[3]。法院が法定の方式と手続により訴訟文書を送達後，訴訟法上の効力を生じ，受送達者が正当な理由なく訴訟期間を徒過し，または法院の要求に従い一定の訴訟行為をしなければ，それにより訴訟法上の相応の結果

---

3) 趙ほか・前掲注1) 135頁は，前者の手続保障というよりは，後者がより重要だとする。

を引き受けなければならない[4]。

二 送達の方式

1 直接送達

　直接送達とは，法院が特に人を派遣し訴訟文書を受送達者本人または法律に定められた関係者等に直接交付させる送達方式をいう。直接送達が困難である場合にのみ，事情を斟酌してその他の適宜な送達方式を用いることができる。

　補充送達に当たるものも直接送達の範疇である。民事訴訟法85条と民訴解釈によれば，受送達者が公民の場合には，本人が不在であるときは，同居の成年家族に交付し受取りの署名を得なければならない。また，法人またはその他の組織の場合には，法人の法定代表者，その他の組織の主たる責任者または法人，その他の組織の事務室，文書受納発送担当室，当直室等の受納責任者が受取りの署名または押印をしなければならない（民訴解釈130条1項）。訴訟代理人がいる場合には，訴訟代理人に送達することもできる（民訴解釈132条1項）。受送達者が法院に受取代理人を指定した場合には，その受取代理人に交付する。送達受領証に署名された日が送達日となる。

　法院が直接訴訟文書を送達する場合には，当事者に法院へ行き受け取るよう通知することができる。当事者が法院に到着したが送達受領証への署名を拒絶したときは，送達されたものとみなす。裁判官等・書記官は，送達受領証に送達の状況を注記し署名しなければならない。法院は当事者の住所地以外で当事者に直接訴訟文書を送達することもできる。当事者が送達受領証への署名を拒絶した場合には，写真，録画等の方式により送達過程を記録すれば送達されたものとみなす。この場合も，裁判官等・書記官は送達受領証に送達の状況を注記し，署名しなければならない（民訴解釈131条）。

2 差置送達

　差置送達とは，受送達者が送達した訴訟文書の受取りの署名を拒絶したときに，送達者が法により訴訟文書を受送達者の住所に差し置き，相応の手続を履行すれば送達の完成とみなす送達方式をいう。

　受送達者または他の同居の成年家族が訴訟文書の受領を拒絶した場合には，送

---

[4] 中国民訴109・143～145条が例として挙げられる。

達者は関係基層組織または職場の代表[5]を現場に招請し，状況を説明し，送達受領証に受領拒絶事由と日付を明記し，送達者，立会人が署名または押印し，訴訟文書を受送達者の住所に差し置けば送達されたものとみなすことができる。また，訴訟文書を受送達者の住所に差し置き，写真，録画等の方式により送達過程を記録すれば，送達されたものとみなすことができる（中国民訴86条）。法人の法定代表者，その他の組織の主たる責任者またはその事務室，文書受納発送担当室，当直室等の受納責任者が受取りの署名または押印を拒絶した場合には，差置送達を適用する（民訴解釈130条1項）。受送達者が訴訟代理人を受取代理人に指定した場合には，訴訟代理人に送達した際に，受取りの署名を拒絶すれば，差置送達を適用する（民訴解釈132条）。

差置送達は調停書には適用されない。調停書は直接当事者本人に送達しなければならず，当事者本人が事情により受取りの署名ができないときは，その指定した代理人が受け取り，署名することができる（民訴解釈133条）。

3　電子送達

電子送達とは，ファクシミリ，電子メール等の現代技術手段を利用して成す送達をいう。受送達者の同意を経て，法院はファクシミリ，電子メール，移動通信等，即時に受取りを確認できる特定のシステムを送達の媒介とし，この方式により訴訟文書の送達をすることができる。ただし，判決書，裁定書，調停書を除く。このような方式により送達する場合には，ファクシミリ，電子メール等が受送達者の特定のシステムに到達した日をもって送達の日とする。受送達者の特定のシステムに到達した日とは，法院の対応システムが発送が達成されたことを示す日をいうが，しかし，受送達者がその特定のシステムに到達した日と法院の対応システムが発送の達成を示す日が一致しないことを証明する場合には，受送達者がその特定のシステムに到達したことを証明する日とする（中国民訴87条，民訴解釈135条）。

4　委託送達

委託送達とは，遠隔の地である等，受訴法院の訴訟文書の直接の送達に困難が

---

[5] ここにいう代表とは，受送達者住所地の住民委員会，村民委員会の職員および受送達者の職場の職員である（民訴解釈130条2項）。

あるとき，他の法院に送達の代行を委託する送達の方式をいう。他の法院に送達の代行を委託する場合には，委託法院は委託書を交付し，送達を要する訴訟文書と送達受領証を添付しなければならず，受送達者が送達受領証に受取りの署名をした日を送達の日とする。送達を委託する場合には，法院は委託書および関係訴訟文書を受領した日から10日以内に送達を代行しなければならない（中国民訴88条，民訴解釈134条）。

5 郵便送達

郵便送達とは，法院が送達を要する訴訟文書を郵便局を通じて受送達者に郵送する送達方式をいう。郵便送達と委託送達とは同列の選択関係にあり，適用の前提は，ともに受訴法院の訴訟文書の直接の送達に困難があるときである。受訴法院は委託送達を選択することも郵便送達を選択することもできる（中国民訴88条）が，実務では，多くは郵便送達が選択されている[6]。普通書留により訴訟文書を郵便送達する方式は従前送達の速やかな達成を保障しがたく，郵便物の遺失が生じ，当事者等の訴訟上の権利行使に影響を及ぼしたため，2004年に最高人民法院の法院特別郵便規定が公布され，2005年より施行された。

特別郵便によることができないのは，1）受送達者または訴訟代理人，受送達者が指定した受取代理人が指定の期間内に法院に行き送達を受けることに同意した場合，2）受送達者が行方不明である場合，3）法律の規定または中国が締結もしくは加盟する国際条約の約定に特別送達の方式がある場合である。

当事者の訴えの提起または答弁に際しては，法院に自己の正確な送達住所を提供または確認し，送達住所確認書に記入しなければならない。当事者が提供を拒む場合には，法院は送達住所の提供を拒んだ場合の不利な結果を告知し，記録に記入しなければならない。送達住所確認書の内容としては，送達住所の郵便番号，詳細な住所および受送達者の電話連絡先等を含まなければならない。当事者が送達住所確認書の内容の秘密保持を求める場合には，法院は秘密を保持しなければならない。住所に変更あるときは，速やかに書面により法院に届け出なければならない。当事者が自己の送達住所の提供を拒み，法院が告知しても提供しない場合には，自然人はその戸籍登記における住所地または常居住地を送達住所とし，法人またはその他の組織はその工商登記またはその他の登記，主管部門の記

---

6) 趙ほか・前掲注1) 136頁参照。

録における住所地を送達住所とする。

郵政機関は当事者が提供または確認した送達住所に従い送達した場合には，規定の期日に配達証明書を法院に返却しなければならない。郵政機関は当事者が提供または確認した送達住所に従い5日以内に三回以上郵送しても送達できず，電話またはその他の連絡方式によっても受送達者に告知することができない場合には，郵便物を規定の期日に法院に返却し，返却の理由を説明しなければならない。

受送達者が受取代理人を指定した場合には，指定された受取代理人の署名は受送達者本人の署名とみなす。郵政機関は受送達者が提供または確認した送達住所で受送達者に会うことができない場合には，郵便物を受送達者の同居の成年家族に代わって受け取らせることができる。ただし，受取代理人が同一事件における相手方当事者である場合はこの限りではない。受送達者およびその受取代理人は郵便物配達証明書に署名または捺印しなければならない。受送達者およびその受取代理人は署名に際し，有効な身分証を示し，配達証明書に当該証明書の番号を記入しなければならない。受送達者およびその受取代理人が署名を拒む場合には，郵政機関の配達員は状況を明記し，郵便物を法院に返却する。

送達ありとされるのは，1）受送達者が郵便物配達証明書に署名または捺印したとき，2）受送達者が民事行為無能力者または制限行為能力者であり，その法定代理人が署名したとき，3）受送達者が法人またはその他の組織であり，その法人の法定代表者，当該組織の主たる責任者または事務室，文書受納発送担当室，当直室の職員が署名したとき，4）受送達者の訴訟代理人が署名したとき，5）受送達者が指定した受取代理人が署名したとき，6）受送達者の同居の成年家族が署名したときである。

署名者が受送達者本人または受送達者の法定代表者，主たる責任者，法定代理人，訴訟代理人であるときは，署名者はその場で郵便物の内容を照合しなければならない。署名者は郵便物の内容と配達証明書の文書の名称が一致しないときは，その場で郵政機関の配達員に申し出なければならず，配達員は配達証明書に状況を明記し，郵便物を法院に返却する。署名者が受送達者の事務室，文書受納発送担当室，当直室の職員または受送達者の同居の成年家族である場合には，受送達者は郵便物の内容が配達証明書の文書の名称と一致しないときは，郵便物受領後3日以内に当該郵便物を法院に返却し，書面により返却の理由を説明しなければならない。

郵便送達は，配達証明書に注記された受取日を送達期日とする（中国民訴88

条）が，受送達者が自ら提供または確認した送達住所が不正確であり，送達住所の提供を拒み，送達住所の変更後に速やかに法院に届け出ず，受送達者本人または受送達者が指定した受取代理人が署名を拒み，よって訴訟文書が受送達者に実際に受領されない場合には，文書返却の日を送達の日とみなす。ただし，受送達者が自己に送達文書の送達の過程で過失なきことを証明できる場合にはこの限りではない。

法院の特別郵便により民事訴訟文書を送達する場合には，その送達と法院による送達は同等の法的効力を有する。

6 取次送達

取次送達とは，法院が訴訟文書を受送達者の所属部隊または関係組織に交付し，代理受領された後，受送達者に取り次ぎ交付する送達の方式をいう。

取次送達には以下の場合がある。1）受送達者が軍人である場合には，その所属部隊団以上の組織の政治機関により取り次ぐ。2）受送達者が監禁されている場合には，その所在監禁所により取り次ぐ。3）受送達者が強制的教育措置を採られている場合には，その所在する強制的教育機関により取り次ぐ（中国民訴89・90条）。

取次機関・組織は訴訟文書を受領後，直ちに受送達者に交付し署名を得なければならない。受送達者の送達受領証の署名の日を送達日とする（中国民訴91条）。

7 公示送達

公示送達とは，受送達者が行方不明または前述の方法により送達できない場合に採られる特別な送達方式をいう。

公告は法院の公告掲示板，受送達者の原住所地に張り出すことも，新聞，インターネット等のマスメディアに掲載することもできる。公告の日から60日の経過により，送達されたものとみなす。公示送達は，調書に原因と経過を明記しなければならない。公示送達の方式について特別の要求がある場合には，要求される方式により行わなければならない。訴状または上訴状副本を公示送達する場合には，訴えまたは上訴の要点，受送達者の答弁期間および期間徒過の法的効果を説明しなければならない。呼出状を公示送達する場合には，出廷時間および場所，出廷しない場合の法的効果を説明しなければならない。判決書，裁定書を公示送達する場合には，裁判の主要な内容を説明しなければならず，一審の場合には，上訴の権利，上訴期間および上訴法院を説明しなければならない。簡易手続

を適用する事件には，公示送達は適用されない（中国民訴92条。民訴解釈138〜140条）。

三　送達の効力と送達受領証

1　送達の効力

送達の効力とは，法院が訴訟文書を受送達者に送達後に生ずる相応の法的効果をいう。その効力は訴訟文書の種類により異なる。

1）受送達者が訴訟行為を行い，訴訟上の権利を行使し，義務を履行する開始日を確定することができる。たとえば，訴状副本の送達により，被告が答弁書を提出する15日の期間の計算は開始される。

2）受送達者は，送達された訴訟文書を受領後，法律の規定または訴訟文書の要求に従い一定の訴訟行為を行わなければ，手続法上の相応の結果を負う。たとえば，受訴法院は原告に呼出状を送達後，正当な理由なく出廷を拒む場合には，訴えの取下げにより処理することができる。

3）特定の訴訟法律関係の発生または消滅を生じさせる。たとえば，法院の登録立案後，訴状副本を被告に送達した場合には，受訴法院と被告の間には民事訴訟法律関係が発生する。また，訴訟進行中に原告が訴えの取下げを申し立て，受訴法院が取下げを認め，裁定書を関係当事者に送達した場合には，当事者との間の民事訴訟法律関係は終了する。

4）送達は特定の訴訟文書の法的効力発生要件の一つである。たとえば，一審判決書の送達後，双方当事者がいずれも法定期間内に上訴を提起しない場合には，判決書は確定する。また，受訴法院が送達した調停書は，双方当事者の署名の後，法的効力を生ずる。

2　送達受領証

送達受領証とは，法院が統一して作成し，受送達者が法院が送達した訴訟文書を受領したことの証明に用いる証書をいう。法院の訴訟文書の送達には，送達受領証がなければならず，受送達者は送達受領証に受領日を明記し，署名または押印しなければならない。受送達者の送達受領証の署名日が送達日となる（中国民訴84条）。

（小嶋明美）

第7章　期間と送達に関するコメント

一　期間について

　中国民事訴訟法における期間の規律は，不変期間の規律等について若干の違いはあるものの，日本と類似の構造を持つ。また，期間については，2012年中国民事訴訟法改正においても文言に変化がない。また，関連規定である開廷審理の延期（中国民訴146条，旧132条），訴訟の中止および終結（中国民訴150条以下，旧136条以下）についても改正はない。

　今回の中国民訴法改正は，実務上の問題（立案難，再審難，執行難等）を解消するためになされたと言われている。対して，期間に関する総則は技術的な側面が強く，またそれ自体が訴訟審理の迅速化などをもたらすわけではないため，改正がないことは異とするに及ばない。手続の各局面における期間の設定について言えば，訴訟の遅延は，各国で司法政策上の課題となり得るが，中国では，訴え受理後の審理期間の遷延について特段の手当てをしていないことになる。しかし，審理前の準備段階において，法院が当事者に対して和解を強く勧め，なかなか開廷審理に至らないという現象も指摘されている。この問題に対する対応は，期間の問題ではなく，手続の振分けに関する改正（中国民訴122条本文および但書）等に委ねられることになったと言えようか。

　もっとも，上記の中国民訴制度の課題と関連して，期間に関する個別規定に若干の修正があった。当事者が訴えを提起した場合，裁判所がそれを受理（立案）するかどうかの判断基準が不透明であったことが，いわゆる立案難を生じさせ，旧民訴法においても，適法な訴えの提起については，必ずこれを受理しなければならないとの規定があった（旧111条）。これに加えて，2012年改正法では，受理の当否について7日以内に判断を示さなければならないとして，立案難の不安定な状況に置かれた当事者の地位を改善している（中国民訴123条）。

二　送達について

　送達も，期日と同様，専門的・技術的側面が強いが，一方で送達は，原告の権利保護と被告の手続保障との要請を調整するという機能も有する。中国では，当事者による送達書類の受領拒否（当事者が把捉可能な限り，差置送達の対象となることは，日中で同様である）により，訴訟手続の進行が阻害されるという問題が指摘されており，送達制度の改善は，特に原告の権利保護に資するものと推測される[1]。

　中国民訴における差置送達は，日本と比較して，第三者（基層組織または職場の代表者）の立会いを要する点で特色がある。この要件が，受送達者に対する心理的強制を目的としたものか，送達手続の公正を担保するためかは，必ずしも明らかでない。さらに，旧民訴法ではこの第三者立会いの要請が必要的であったのに対し，（条文の訳文からは判断が難しいが）2012 年改正後の中国民訴 86 条では，「要請することができる」に改められ，立会いの要件が緩和された[2]。立会人の立会拒否に対応するための規定とされている。また，2012 年改正で追加された，「写真，録画等の方法で送達の過程を記録することができ」は，第三者立会いが実現されなかった場合の措置と解釈される[3]。

　また，中国は 2012 年改正によって，電子メール等による送達を可能にした（中国民訴 87 条 1 項）。これは，送達コストの低減化を趣旨とするものであり，特に簡易手続における利用が目されているようである（中国民訴 159 条参照）。また，渉外民事訴訟におけるファクシミリ・電子メール等の送達（中国民訴 267 条 7 号）は，最高人民法院の「渉外民事又は商事事件の司法文書送達に関する若干の規定」（2006 年）10 条で規定されていた内容を法律レベルに引き上げたものとされる[4]。日本は紙媒体の送達のみを依然として採用しており，中国の電子送達

---

1) 現行法における送達制度について，村上幸隆「改正中国民事訴訟法における送達に関する規定」JCA ジャーナル 59 巻 12 号（2012 年）72 頁，原潔「民事訴訟法の改正について（下）」国際商事法務 40 巻 12 号（2012 年）1902 頁，遠藤誠「中国の民事訴訟法改正について」NBL 986 号（2012 年）6 頁。
2) 白出博之「中国民事訴訟法の改正条文等について（1）」ICD NEWS 53 号（2012 年）91 頁。
3) 白出・前掲注 2) 92 頁。
4) 村上・前掲注 1) 72 頁，遠藤・前掲注 1) 7 頁。

規定は，日本に多くの示唆を与えるものと思われる。その際，送達の確実性（電子メール等は，誤配やトラフィック過程での消失を完全に防ぐことができない。もっとも，これは紙媒体の喪失も同様であり，アクシデントの性質と対処方法が紙媒体と異なるにとどまる），情報漏洩への対処（電子情報とりわけインターネットを介した送達ではより深刻な問題となり得る），情報の真正の担保（紙媒体であれば，署名押印等が真正を担保する手段として用いられる。これに対して，電子情報は電子署名等によって真正を担保することとなる[5]）などの問題に対して，中国民事訴訟制度がいかに対応しているかが注目される。

　中国における送達手段の簡易化・多様化は，海事訴訟や簡易手続等において実験的に導入がなされ[6]，今回，民事訴訟手続全体にその実績が反映されたようである。ファクシミリ・電子メール等による送達に際しては，受送達者の同意を要するとの点は正当であろうが[7]，これは送達の確実性や受け取ったデータの可読性についての手当てとはなっても，情報漏洩や情報の真正の担保に対する回答とはなっていない。両当事者の同意を要するべきとするのが妥当であろうか。また，判決書・裁定書・調停書は電子的な手段で送達できない（中国民訴87条1項但書）が，これがいかなる趣旨によるものか（当事者に確実な不服申立ての機会を与えるためか，情報の真正を確実に担保するためか等）は，なお検討を要する。

（上田竹志）

---

[5]　問題の詳細および日本・アメリカ・ドイツ等の諸外国における制度整備の現状につき，上田竹志「民事訴訟手続のICT化」法律時報83巻7号（2011年）32頁。
[6]　白出・前掲注2）92頁。
[7]　ところが，渉外民訴における中国民訴267条7号は，文言上，中国国内に住所を有しない当事者へのファクシミリ・電子メール等による訴訟文書（判決書・裁定書・調停書等も含む）を，送達を受ける者の同意なく行えることとなっており，中国国内における受送達者の地位保障との間に看過できない落差があるのみならず，日本企業が中国での訴訟に容易に巻き込まれるおそれも指摘される。村上・前掲注1）73頁，遠藤・前掲注1）7頁。

第 8 章　法院調停

第一節　法院調停の概要

一　法院調停の概念と変遷

　法院調停とは，裁判官等の主宰の下に，双方当事者が民事上の権益紛争につき，自由意思により，平等に協議，互譲し，合意を成立させ，紛争を解決する訴訟活動であり，訴訟終了方式である。

　法院調停には，1991年の民事訴訟法から立法上は大きな変化は見られないが，理論上，実務上，幾多の変遷があった。90年代の衰退から新世紀初頭の復興を経て，近年の隆盛に至るまで，最高人民法院は，法院調停に関する司法解釈および指導意見[1]を次々と公布した[2]。調停と判決の関係について最高人民法院の提唱するところも，「調停できるものは調停し，判決すべきものは判決し，調停と判決を結合し，事件を終結させる」[3]から，現在は，「調停を優先し，調停と判決を結合する」へと変わり，司法政策としては調停を事件処理の主要な選択とすることを表明した。2012年の民訴法改正では，この調停優先の司法政策が反映され，自由意思による合法的調停の原則は残されたが，第一審通常手続に立案前の先行調停（中国民訴122条）と開廷審理前の調停（中国民訴133条2項）の規定が追加され，法院調停は，立案前[4]から立案後開廷前および開廷審理の全訴訟段階

---

1) 制定主体が同じであれば，司法解釈と同等の効力を有する。最高人民法院「司法解釈活動に関する規定」（2007年）によれば，最高人民法院が公布した司法解釈のみが法的効力を有する（5条）。指導意見も司法解釈と解される。
2) 江偉・肖建国主編『民事訴訟法〔第7版〕』（中国人民大学出版社・2015年）214頁参照。
3) 最高人民法院「社会主義和諧社会構築のための司法の保障の提供に関する若干の意見」（2007年）20条。

に貫かれた。

二　法院調停の役割

　法院調停の役割としては，第一に，法院調停の結果は双方当事者の合意であることから，判決と比べて当事者間の対立，わだかまりを緩和し，取り除くのに有益である。また，法院調停は要件事実を超えて双方の衝突の根源を探り，当事者間の紛争を抜本的に解決する。

　第二に，訴訟手続を減少させ，速やかに矛盾を取り除く。裁判手続の全過程で，裁判官等が事件の具体的状況に基づき適時調停を行い，判決を待たずに解決できる事件もあり，速やかな紛争の解決に有益である。法院調停の結果成立した調停の合意と確定判決の効力は同等であり，当事者の別訴も上訴も認められず，たとえ再審を申し立てたとしても厳格な要件により制限されることから，訴訟手続を減少させ，訴訟コストを節減し，訴訟効率を向上させることができる。

　第三に，法制宣伝，紛争の予防に有益である。法院調停の過程は，双方当事者の協議の過程であり，また，法院が道理を説き，法を説く過程でもあることから，当事者および関係する公民に法制教育を行い，是非を弁別し，責任を明らかにし，法制観念を強化し，法律意識を向上させる助けとなり，紛争予防の機能を有する。

第二節　法院調停の原則

　法院調停の原則とは，法院と当事者が法院調停活動において守らなければならない行為準則をいう。民事訴訟法9条は，「自由意思と合法の原則に基づき調停を行う。」と調停により民事紛争を解決するにあたっての総体的指導原則を定め，93条は，「当事者の自由意思の原則に基づき，事実を明らかにすることを基礎とし，是非をはっきりさせ，調停を行う。」と定めている。法院調停にあたっては，以下の原則を守らなければならない。

---

4)　立案前は，訴訟が開始されていないので，厳密には法院調停の定義からすればその範疇には属さない。

一　自由意思の原則

　自由意思の原則とは，民事訴訟において，法院は双方当事者の自由意思を基礎として調停を行わなければならないことをいい，次の二つの内容を含む。

　第一に，法院調停の開始，調停による紛争の解決の選択は，双方当事者の真の意向によらなければならない。よって，法律に定める特殊な事件については職権により開始することができるが，その他の民事事件は双方当事者の同意を経てのみ調停を開始することができる。当事者の一方または双方が調停を望まないときは，法院は速やかに判決をしなければならず，調停を強い，またはいつまでも調停を続け判断しないということはあってはならない（民訴解釈145条1項）。

　第二に，調停の合意の成立および調停の合意の内容は，双方当事者の真の意向によらなければならない（中国民訴96条）。法院調停により成立する合意は，当事者双方の自由な実体的権利処分の結果でなければならず，双方当事者の意向を十分に反映させなければならない。法院調停の主宰者は，調停案を提出できるが，当事者の協議の際の参考に供するにすぎず，自己の事件処理についての意見を当事者に強いてはならない。

　自由意思の原則は，当事者の手続主体としての地位の当然の要求であり，当事者の意思と処分権を尊重するものであり，任意履行を促す役割を期待される。

　調停が自由意思の原則に反した場合には，再審事由となる（中国民訴201条）。

二　事実を明らかにし，是非をはっきりとさせる原則

　この原則は，事実を根拠とし，法律を準拠とする（中国民訴7条）司法原則の法院調停における具現である。事実を明らかにし，責任を明白にしてこそ，当事者に対し理にかない，根拠のある説得，教育を行うことができ，当事者の平等な協議，互譲，自由意思による調停の合意の成立を促すことができる。この原則の下でこそ調停の合意は正当性を有し，当事者に受け入れられ，自発的に履行させることができると考えられる。

　しかし，事実を明らかにし，是非をはっきりとさせることは法院調停の基本原則とすべきではなく，実務でも十分には貫徹されていないとの指摘もある。調停の合意の内容は双方当事者の意向により決定され，事件事実との関係は判決のように緊密ではないことは否定できず，事件事実との間にある程度の距離があるということは，法院調停における事実認定の重要性は低下する。しかし，全体とし

て見れば，調停の結果は事件の基本的事実に背離するものではなく，法院調停も訴訟制度の枠の中の紛争解決制度であり，事実を根拠とし，法律に準拠するという司法原則を守らなければならないとする見解もある。また，事実を明らかにし，是非をはっきりとさせる原則は，法院調停における法官の中立性と当事者の平等に対する基本的要求でもあり，調停を事実がはっきりしない場合に採られる臨機応変なやり方とみなすことは極力避けなければならないと指摘される[5]。

三　合法の原則

　合法の原則とは，人民法院が主宰する調停活動と当事者に成立する調停の合意は法律の規定に従わなければならないことをいう（中国民訴7・96条，民訴解釈145条1項）。

　手続については，法院調停の手続は判決と比べ柔軟であるが，手続保障を欠いてよいわけではない。法院調停も訴訟行為であり，法院の調停権は裁判権の重要な構成部分である。民事訴訟法と司法解釈には，法院調停を主宰する裁判組織，法院調停の適用範囲および法院調停の方式・手続等の定めがある。調停に際してはこれらの規定に従わなければならない。

　また，調停合意の内容は，法律の禁止規定に反してはならず，国家の利益，社会公共の利益および訴外の者の合法的権益を害してはならない。調停の合意内容の法律違反は再審事由となる（中国民訴201条）。しかし，判決は厳格に法を適用しなければならず，裁量の余地は認められないのに対し，調停の合意内容は，双方当事者の実体上の権利処分の結果であることから，法律の禁止性規定に反せず，国家の利益，社会公共の利益および訴外の者の合法的権益を害さない限り，法院は認めなければならない。

四　非公開の原則

　調停は協議により紛争を解決するものであり，非公開で行われる方が合意は成立しやすいと考えられる。よって，当事者が公開に同意しない限り，調停の過程は公開しない。また，調停合意の内容も公開しないが，国家の利益，社会公共の利益，他人の合法的権益のため，法院が公開の必要があると認めるときはこの限りではない（民訴解釈146条1・2項）。

5）　江・肖主編・前掲注2）219頁参照。

第三節　法院調停の手続

　法院調停の具体的手続について，民事訴訟法には原則的規定のみで具体的手続は規定されておらず，2004 年に公布された最高人民法院の「人民法院の民事調停活動の若干の問題に関する規定」（以下，調停規定と略称する）等の司法解釈により補充されている。

一　法院調停の適用範囲

　特別手続，督促手続，公示催告手続の適用される事件，婚姻等身分関係確認事件[6]およびその他事件の性質により調停を行うことができない事件以外は，調停により解決できる可能性のある民事事件については，法院は調停しなければならない（調停規定 2 条，民訴解釈 143 条）。

　「調停により解決できる可能性のある民事事件」とは，事実上および法律上調停の可能性がある事件であって，上記の調停を行うことができない事件以外のあらゆる事件をいうのではない。調停の可能性とは，具体的には当事者間に大同小異の共通の意向が存在し，調整できない利益衝突ではなく，法律関係と事実関係が明らかであり，強行規定に触れない合意処分の可能性がある事件をいう。

　また，「法院は調停しなければならない」とは，当事者の意向に関わらず，職権で調停できるということではなく，当事者の調停の申立てを待って行わなければならないというわけではないというにすぎない。調停手続に入っても，当事者が明確な反対の意思を示さない限り，当事者は調停を受け入れていると認めてよいということである。

　離婚事件の審理にあたっては，調停を行わなければならない（婚姻法 32 条 2 項，民訴解釈 145 条 2 項）。また，簡易手続により審理する婚姻家庭紛争および相続紛争，労働契約紛争，交通事故および労災事故により生じた権利義務関係の明確な損害賠償紛争，宅地および相隣関係紛争，パートナーシップ契約紛争および訴額が小さいその他の紛争については，法院は開廷審理に際し調停を先行しなければならない。ただし，事件の性質と当事者の実際の状況により調停できない，または明らかに調停の必要のない事件は調停を先行させる必要はない（「簡易手

---

　6)　これら事件は公益に関わり当事者による処分を認めるべきでないことを理由とする。

続による民事事件審理に関する若干の規定」14 条)。

このほか,社会の利益に関わり,政府および関係部門の協力を要する事件,人数の多い共同訴訟・集団訴訟(現行民訴法では代表者訴訟),事件が複雑であり当事者間の対立が深刻であり,双方ともに証拠の優勢を成しがたい事件,法律に規定がない,または規定が不明確であり,法の適用に困難がある事件,デリケートな,社会的関心の高い事件,当事者による再審の申立て[申訴]・再審査[復査]事件および再審事件は重点的に調停を行わなければならない(調停意見 5 条)。

二 調停の種類

法院調停は,第一審手続,第二審手続,再審手続のどの段階でも行われ,また,各審級の開廷審理開始前にも行うことができるが,答弁期間満了後裁判を下す前に行うのが原則である(調停規定 1 条前段)。

調停は当事者の申立てにより開始することも,法院の職権により開始することもできるが,職権による場合には,双方当事者に意見を求めなければならず,当事者が同意しないときは,強いてはならない。

1 開廷審理前の調停

(1) 立案後,開廷審理前の調停

開廷審理開始前の調停は,廷前調停,審前調停ともいい,一般には,被告の応訴答弁後,開廷審理の前に行わなければならず,当事者の同意あるときは,答弁期間満了前にも行うことができる(調停規定 1 条)。廷前調停は審理前の準備の段階に開始される。法院は被告が提出した答弁書を受領後,当事者から提出された訴訟資料を審査し,事件事実がはっきりとしており,法律関係が明確であると認めるときは,当事者双方の同意を得て調停手続を開始することができる。このような場合に限られるのは,審理の前であることから,当事者の訴訟上の権利を保障し,法院の調停の質を保たなければならないからである[7]。調停の合意が成立しない場合には,速やかに開廷審理に移らなければならない。答弁期間満了前に調停を行うときは,通常手続を適用して審理する事件は,当事者が調停に同意し

---

7) 李浩『民事訴訟法学〔第 2 版〕』(法律出版社・2014 年)302 頁は,開廷審理前の調停については,厳格に制限しなければならないと指摘する。

た日から15日以内，簡易手続の場合には7日以内に終了する。この期間内に調停の合意が成立しない場合には，それぞれの当事者の同意を経て調停を続行することができ，延長された期間は審理期間に算入しない[8]。

また，立案の段階にも調停を行うことができる。立案後，裁判廷に移送する前に，調停による解決に積極的に導くことが求められる。事実がはっきりとしており，権利義務関係が明確であり，争いが大きくない簡単な民事事件は立案後に速やかに調停を行わなければならない。社会の調和，安定に影響する社会的事件，集団訴訟事件，社会の広範な注目を集めるデリケートな事件は，立案後に可能な限り調停を行わなければならない。立案段階の調停は，効率・迅速を旨とし，立案段階に事件が滞ることのないようにしなければならない。簡易手続を適用する第一審民事事件は，立案段階の調停期限は，原則として立案後10日，通常手続を適用する第一審民事事件は，20日を超えてはならないが，双方当事者の同意を経て，さらに10日延長することができる。延長された調停期間は審理期間に算入しない。

(2) 立案前の調停

立案廷が原告の訴状を受領した後，事件が調停による解決に適すると認める場合には，双方当事者の同意を得て，人民調停委員会等の機関，組織の調停に付し，調停を先行させる（中国民訴122条）。この先行調停は，当事者の訴えの提起後，法院の立案前の調停であり，訴前調停に属し，訴訟中の調停である法院調停とは異なる。立案前の先行調停と訴訟の連携について，民事訴訟法には規定されていないが，この場合の調停の合意の効力については，司法確認の規定（中国民訴194・195条）を適用することも，立案後に調停書を作成することもできると解される。

合意が成立しない場合には，訴えの要件を満たすものは法院は受理しなければならない。立案前の調停については，最長期間を設け，いつまでも調停を続けるということがないようにすべきであるという指摘がある[9]。

2　開廷審理中の調停

開廷審理中の調停は，廷上調停ともいい，開廷審理の過程で行われる調停をい

---

[8]　张卫平『民事訴訟法〔第2版〕』（中国人民大学出版社・2013年）236頁参照。
[9]　江・肖主編・前掲注2) 221頁参照。

う。通常は，法廷弁論終結後，裁判を下す前に行うべきであると解される[10]。なぜなら，法廷調査と法廷弁論を通じ，事件事実は明らかになり，是非責任も明確になっており，調停の基礎が形成されているからである。この場合，法廷弁論終結後に直ちに調停を行うことも，休廷後に行うこともできる。

三　調停の主体

　通常手続を適用して審理する事件は，合議体が主宰することも，裁判長の指名により合議体の成員の一人によることもできる。単独制の簡易手続の場合には，裁判官が担当する（中国民訴94条1項）。このほかに，調停効率の向上と裁判官等の負担の軽減のために，最高人民法院は，専門の廷前調停組織の設置や法官助理等に開廷前の調停を行わせることも提唱している。

　また，裁判官等による調停のほかに，各地の法院で新たな調停モデルが模索されている。人民法院は調停を行うにあたっては，関係組織および個人を招請し助力を求めることができ，招請を受けた組織および個人は助力しなければならない（中国民訴95条）。ここにいう関係機関とは，当事者と特定の関係のある，または事件と一定の関係のある企業事業組織，社会団体またはその他の組織であり，個人とは，専門知識や特定の社会経験を有し，当事者と特定の関係があり，調停を促すに有利な人であると解される（調停規定3条1項）。司法指導意見によれば，事件受理後，裁判を下す前に，当事者の同意を経て，法院は事件の調停による解決に有益な人民調停・行政調停・業界調停等の関係組織または人大代表・政協委員等に調停を委託することも，関係組織または技術専門家・弁護士等に人民法院の調停に助力を求めることもできる。調停者は当事者が共に選定することも，双方当事者の同意を経て，法院が指定することもできる。当事者は協議により調停委託の期限を定めることができるが，通常は30日を超えてはならず，双方当事者の同意によりこの期間は延長することができるが，最長でも60日を超えてはならず，延長された期間は審理期限に算入しない[11]。

　法院が調停を行うときは，双方当事者は出廷しなければならない。判決と異なり，法院調停は当事者の合意を基礎とするものであるから，当事者本人が調停に

---

[10]　中国民訴142条は，判決前に調停をすることができる場合には，調停をすることができると規定している。この規定が根拠とされる（李・前掲注7）303頁参照）。

[11]　江・肖主編・前掲注2）222頁参照。

参加することが，紛争解決過程を理解し受け入れるために有益であると考えられるからである。調停に出廷，参加できない当事者は，その特別の授権を得た委任訴訟代理人が代わって調停に参加することができ，成立した調停の合意には当該委任訴訟代理人が署名することができる。離婚事件の当事者が特殊な状況により調停に出廷，参加できない場合には，本人が意思を表示できない場合を除き，書面による意見を提出しなければならない（民訴解釈147条）。訴訟能力のない当事者は，その法定代理人が調停に出廷，参加しなければならない（民訴解釈148条）。

四　調停の進行

調停の場所は法廷に限られず，事件の具体的状況に基づき，事件の発生地・当事者の所在地に赴き行うこともできる。当事者・証人等の調停への参加の便宜のため，裁判官等は，可能な限り当事者の所在地や紛争の発生地に行き調停を行わなければならない（中国民訴94条1項）。

法院は調停前に当事者に調停を主宰する人員と書記官の氏名，および回避の申立て等，訴訟上の権利義務を告知しなければならない（調停規定5条）。法院調停にも開廷審理の手続を準用することができ，当事者の陳述，証拠の提出，質証も弁論も行われるが，開廷審理前の調停については，双方当事者の同意なき限り，原則として証拠の調査を行ってはならない。心証が形成され，開廷審理が形骸化してはならないからである。

調停時には各当事者は同席しなければならず，必要に基づき，個別に調停することもできる（調停規定7条2項）。同席が原則とされるのは，重要な情報を平等に共有するためである。

調停の過程で，当事者は自ら調停案を提出することができ，調停を主宰する人員も調停案を提出し当事者の協議時の参考に供することができる（調停規定8条）。しかし，当事者は先に手の内を見せて自ら守勢に回ることを恐れ，多くの場合は調停主宰者が調停案を提出している。主宰者の調停案は当事者の協議時の参考にするのであって，法院の調停案の受入れを強いるようなことがあってはならないと指摘される[12]。

調停の合意が成立し，人民法院の審査，確認により，法院調停手続は終了し，

---

12)　江・肖主編・前掲注2) 222頁参照。

訴訟もまた終了する。調停の合意が成立した場合には，裁判官等は，合意の内容について審査し，法律に反しない場合には速やかに確認しなければならない。

調停の合意が成立しなかった場合にも法院調停手続は終了し，審理に戻り判決を下さなければならない。

なお，訴訟中に，当事者が法院調停の合意の成立のために互譲し認めた事実は，法律に別段の規定がある，または当事者がいずれも同意する場合を除き，後続の訴訟において不利な根拠としてはならない（民訴解釈107条）。

第四節　法院調停の効力

一　調停の合意

調停の合意内容が訴訟上の請求を超える場合にも，法院は承認することができる（調停規定9条）。調停の合意において，当事者双方は通常は訴訟上の請求をめぐり各自の権利義務を確定するが，訴訟上の請求の範囲を超えて協議し合意を成立させることもできる。紛争の一回的解決に有益であることを理由とする。

合意の不履行の場合の民事責任を約定する調停の合意については，法院は承認しなければならない（調停規定10条1項）。調停の合意は，当事者双方の紛争の解決，実体的権利処分の合意であり，当事者は合意により確定された義務を自発的に履行しなければならず，調停の合意で確認された権利義務の実現のために，当事者双方が違約責任に同意する場合には，法的保護を受けなければならないと考えられる[13]。この責任の条件が成就し，当事者が執行を申し立てた場合には，法院は執行しなければならない（調停規定19条1項）。

調停の合意で担保の提供を約定し，または訴外の第三者が当事者のために担保の提供に同意した場合には，法院は認めなければならない。訴外第三者が担保を提供する場合には，調停書の作成にあたっては担保者を明記し，調停書を担保者に送付しなければならない。担保者が調停書に署名，受領しない場合にも調停書の効力に影響を及ぼさない（調停規定11条）。担保条項の条件が成就し，当事者

---

13)　江・肖主編・前掲注2) 223頁参照。この点について，調停の合意は民事紛争解決の合意であり，新たな権利義務を付加するものではないため，通常は再び紛争解決手続を設けることはないが，このように違約責任を約定し，新たな権利義務を付加することになれば問題が生じたときの解決手続を欠き，救済に欠けることになり，慎重を要するとの指摘がある（張・前掲注8) 236頁参照）。

が執行を申し立てた場合には,法院は執行しなければならない(調停規定19条1項)。担保の目的も調停合意の履行を保障することであり,法律の禁止規定に反することがなければ,法院は承認しなければならない[14]。

調停の合意は,1)国家の利益,社会公共の利益に反するとき,2)訴外第三者の利益を侵害するとき,3)当事者の真実の意思に反するとき,4)法律,行政法規の禁止規定に反するときには,人民法院は確認しない(調停規定12条)。また,合意が明らかに公平を失する場合については規定もなく検討を要するが,民法通則によれば,公平を明らかに失する民事行為は取り消すことのできる民事行為であり(59条2号),法院がこのような合意を承認することは法院の性質に悖ると考えられる。裁判官等は当事者に指摘し,改めるよう求め,当事者が改めないときは,承認しないものと解される[15]。

二 調停書

1 調停書と調停の合意

調停書は,法院が作成するものであり,当事者間に成立した調停の合意内容を記載した法律文書であり,当事者双方の協議の結果に対する確認であり,法院が当事者の調停の合意を承認した証明でもあり,執行の根拠となるものである。

よって,当事者が調停書と調停の合意が符合しないことを理由として異議を申し立て,法院の審査の結果,異議の成立を認める場合には,調停の合意に基づき調停書の内容補正の裁定を下さなければならない(調停規定16条)。しかし,法院が作成する調停書は,調停の合意をそのまま写し取るのではない。そのままでは不正確なことも多く,法院は調停書の作成に際し,整理し,規範化し,執行しやすくしなければならない。

訴訟費用の負担について当事者に合意が成立しない場合にも,調停の合意の効力に影響を与えない。法院が当事者の訴訟費用負担の割合を決定し,調停書に記入することができる(調停規定14条)。訴訟費用の負担も当事者の訴訟上の請求の構成部分ではあるが,派生的請求であるため,未解決のままでも合意の効力発生の障害とすべきではないと解される。

訴訟上の請求の一部につき調停の合意が成立した場合には,法院は当該一部に

---

14) 前掲注13)と同様の指摘がなされる(張・前掲注8)237頁参照)。
15) 李・前掲注7)304頁参照。

つき先に確認し調停書を作成することができる。また，訴訟上の請求の主たる部分について合意が成立し，当事者が法院に合意が成立しない部分について処理意見を求め，当該処理結果を受け入れる意思を表示した場合には，法院の処理意見は調停合意の内容の一部となり，調停書に記入する（調停規定 17 条）。

調停の合意内容が第三者に関わる場合については，独立の請求権のない第三者が責任を負担しなければならない場合には，法院はその同意を経なければならない。当該第三者が調停書送達前に翻意したときは，法院は速やかに裁判しなければならない（民訴解釈 150 条）。また，調停書が特定の目的物の給付を約定する場合には，調停の合意の成立前に当該目的物上に存在する第三者の物権および優先権は影響を受けず，第三者が執行過程で執行の目的物に対し異議を申し立てる場合には，民事訴訟法 227 条により処理しなければならない（調停規定 20 条）。

2　法院調停の効力

法院は成立した調停の合意について，審査・確認の後，調停書を作成しなければならない。調停書には訴訟上の請求，事件の事実および調停結果を明記しなければならない。調停書には裁判官等および書記官が署名し，人民法院の印章を押し，双方当事者に送達する（中国民訴 97 条 1・2 項）。調停書は，当事者の署名・受領により，法的効力を有し（中国民訴 97 条 3 項），調停書送達前に一方が翻意した場合には，法院は速やかに判決しなければならない（中国民訴 99 条）。しかし，調停書の内容において権利を有さず，義務も負担しない当事者が調停書を署名・受領しない場合には，調停書の効力に影響しない（調停規定 15 条）。

1）調停により和睦した離婚事件，2）調停により扶養関係が維持された事件，3）即時に履行できる事件，4）その他調停書の作成を要しない事件については，調停書を作成しなくてもよい。調停書の作成を要しない合意については，調書に記入し，双方当事者・裁判官等・書記官が署名または捺印しなければならない。これにより調停の合意は法的効力を生ずる（中国民訴 98 条）。また，4）その他調書の作成を要しない事件については，各当事者が調停の合意に署名または捺印することにより法的効力を生ずることに同意する場合には，法院の審査・確認後，調書に記入または調停の合意を添付し，当事者・裁判官等・書記官の署名または捺印により法的効力を生ずる。しかし，この場合に，当事者が調停書の作成を申し立てる場合には，法院は審査・確認後，調停書を作成し当事者に送付することができ，当事者が調停書の受領を拒む場合にも，調停合意の効力に影響しない[16]

(民訴解釈 151 条)。

　法院調停の効力とは，法院が作成した調停書または調停書の作成を要しないときに調停の合意内容を記載した調停調書の効力である。効力の生じた調停書・調停調書の効力は同等であり，確定判決と同等の法的効力を有する。

　当事者が法院の主宰の下に調停の合意を成立させるのは，事実としては一つの行為であるが，二重の性質を有し，実体法と訴訟法両面の法的効力を生ぜしめる。実体法上の効力としては，訴訟前に生じた民事上の権利義務の紛争は調停書または調停調書が効力を生ずることにより解決され，双方当事者間の民事上の権利義務関係は，調停書または調停調書に記載された調停の合意内容により確定される。

　訴訟法上の効力としては，一つは，訴訟手続の終了である。二つ目は，上訴または再訴が認められないことである。調停の合意は当事者の自由意思により成立したものであり，自発性を保障するために，調停書送達前の翻意も認められている（中国民訴 99 条）。手続保障は十分であると考えられ，上訴は認められない。効力の生じた調停書・調停調書は確定判決と同等の法的効力を有し，当事者間の争いを法律上最終的に解決するものであるため，当事者は同一の事実と理由により同一の被告に対し再度訴訟を提起することはできない。

　三つ目は，強制執行の効力である。効力の生じた調停書は確定判決と同様に当事者は履行しなければならず，履行を拒むときは，相手方当事者は調停書を執行の根拠として法院に強制執行を申し立てることができる[17]。

(小嶋明美)

---

16) この場合には調停書送達前の翻意の権利は認められないことになる。当事者の翻意を認めることについては批判がある。調停の合意を新たな契約の締結であるとし，契約の成立により，拘束力が生ずるが，翻意を認めることは，契約法の一般原理に反すると考える。また，当事者をいい加減にし，訴訟効率を低下させるとする。しかし，自由意思の原則に反する調停の強制が実務では突出した問題となっていることからすれば，翻意の権利は自由意思の原則実現の保険として必要だとの見解もある（李・前掲注 7) 306 頁参照）。

17) 李・前掲注 7) 305・306 頁参照。

第8章　法院調停に関するコメント

はじめに

　中国においても日本においても，調停は大別して司法調停，行政調停と民間調停に分けられる。司法調停は裁判所による調停とも称され，具体的にいえば，中国の司法調停は法院調停を意味し，これに対して，日本の司法調停は，民事調停と家事調停を指している。このような調停に関する類型区分の表象から見ると，法院調停は日本の民事調停および家事調停に相当する制度であろうかと推測する人がいるかもしれない。

　確かに，法院調停は，調停者が両当事者の間に入って双方の主張の争点を整理し，両当事者を合意に導く点，および当事者の互譲により紛争の解決を図る点において，日本の司法調停と共通の性格を有している。しかしながら，法院調停の主宰者が一人の裁判官あるいは三人の裁判官合議体である面，法院調停手続が民事訴訟手続の不可分の一部として位置付けられている面から見れば，中国の法院調停と日本の司法調停の間には大きな差異が存在している。

　制度の仕組みから見れば，法院調停は日本流の司法調停よりは，むしろ日本の訴訟上の和解に類似する制度と理解すべきものである。なぜならば，中国の法院調停も日本の訴訟上の和解も訴訟の係属中に行い，裁判官は事件の法的問題の所在を的確に認識した上で，主張と証拠との関係を十分押さえ，さらに事件の背景事情や当事者の個性にまで配慮して調停または和解勧告を行い，交渉・説得，合意調達，条項の確定といった各段階にわたって当事者を紛争解決の合意へと導くからである。また，確定判決と同一の効力を有する点においても，法院調停と訴訟上の和解は同じである（中国民訴法97条，日本民訴法267条）。

　本稿では，社会背景と実務状況の視点から，和解積極論および和解技術論に焦点を絞って，法院調停と訴訟上の和解について比較法的な検討を展開していきたいと思う。

一 和解積極論と法院調停重視論

　日本において，かつての学説・実務の通説的見解は，「和解判事になるなかれ」とか「和解は権道」の言葉が表しているように，判決を主，和解を従とするものであった[1]。しかし，今や民事訴訟の大半が和解で終結するので，訴訟上の和解が判決と並ぶ「民事訴訟解決方法の両輪」といわれるように，民事訴訟実務の現場において，「和解の隆盛」は動かしがたい事実である。確かに，判決によるオール・オア・ナッシングの解決が実質上公平を欠くと思われるような場合，和解条項としての債務の履行確保が図られるようにする場合，または利益調整型紛争である場合，和解が判決による解決以上の実効性を持つのである。このような和解が判決より優れているところから，和解を積極的に推進すべき，民事訴訟手続を主宰する裁判官が積極的に和解成立に向けて動くべきであるとする和解積極論が主流となり，かつ実務の現場に定着してきているようである[2]。

　同じような論調と動きが中国においても存在している。近年，改革開放の進展と経済の発展に伴い，中国の貧富格差，地域格差が拡大しつつあり，社会矛盾も以前より厳しい状況に陥っている。とりわけ，土地収用に関する紛争，労使紛争の激化が目立つようになっており，過激な行動も時に報道されている。これらの紛争が円満に処理されなければ，国民の政府に対する不満が絶えず蓄積し，政権の平穏を脅かすおそれがある。したがって，社会における紛争を適切・円満・徹底的に解決させることは，現時の中国政府において大きな課題となっている。

　もちろん，紛争処理する際に，裁判所は重要な役割を果たしている。しかしながら，裁判所は人的・物的資源に限りがあるので，膨大な紛争を処理するために，一部の紛争を裁判外紛争処理機関に振り分け，一部の紛争を法院調停によっ

---

1) その代表的なものは，那須判事の「謙抑的和解論」である。那須弘平「謙抑的和解論」『木川統一郎先生古稀祝賀記念 民事裁判の充実と促進（上）』（判例タイムズ社・1994年）692頁以下参照。
2) 出井直樹「裁判上の和解をどう考えるか」『小島武司先生古稀祝賀記念 民事司法の法理と政策（上）』（商事法務・2008年）64頁参照。裁判上の和解を積極的に捉えるものとして，草野教授の一連の論稿がある。草野芳朗「裁判上の和解についての裁判官の和解観の変遷とあるべき和解運営の模索」判例タイムズ704号（1989年）28頁以下，同「和解技術論と和解手続論」『新堂幸司先生古稀祝賀 民事訴訟法理論の新たな構築（上）』（有斐閣・2001年）491頁以下，同『和解技術論〔第2版〕』（信山社・2003年）など。

て処理するのは当然のことになるであろう。とりわけ，2003年からの「創建和協社会（和のとれた社会を創建する）」という国の方針の下で，日本の和解積極論と類似する法院調停重視論は中国において再び提唱され，実務において主流になってきている[3]。

司法政策の面から見れば，2003年最高人民法院の「簡易手続による民事事件審理に関する若干の規定［关于适用简易程序审理民事案件的若干规定］」14条によって，人民法院は簡易手続で婚姻家庭および相続に関わる紛争，労働契約紛争，交通事故および労災事故に関わる権利義務関係が明確である損害賠償紛争，宅地および隣人関係に関わる紛争，共同経営契約紛争，少額紛争を審理するときに，調停前置主義を採らなければならない，とされている。また，2010年6月に，最高人民法院は，「調停を優先させ，調停と審判を結び付けるという業務原則を一層強化する若干の意見［关于进一步贯彻调解优先调判结合工作原则的若干意见］」を発布した。最高人民法院はこの意見書の中で，「調停優先，調判結合」という方針を打ち出し，裁判官に調停意識を強化させ，調停を運用する能力を向上させることをも要請し，裁判より調停に重きを置く態度を明らかに示したのである。さらに，2013年1月1日に施行された改正民事訴訟法は，調停について，「当事者が人民法院に提訴した民事紛争について，人民法院は調停で解決するのが適切であると判断した場合，先行調停を行うことができる。」（中国民訴法122条），「開廷前，調停する可能性がある事件について，調停方法を採って早速に紛争を解決するものとする」（中国民訴法133条2号）など新しい条文を設け，国の調停重視の姿勢を表している。

日本と同じように，中国の民事事件の大半は法院調停によって解決される[4]。国家の調停促進政策のほかに，法院調停が重要視される要因は下記のとおりである。

第一に，法院調停は，当事者の合意による解決であり，意思自治の原則に合致

---

3) 中国において，建国初期から80年代末期に至って，法院調停重視論が主流であった。しかし，90年代から，裁判権の強化に伴い，法院調停重視論が批判され，判決を主に，法院調停を従にする見解が強かった。2003年から，法院調停重視論が再び復活し，実務に定着している。時代に伴う法院調停重視論の変遷とその背景および要因についての分析は，韓寧「中国調停制度の新展開」白鷗大学論集27巻2号（2013年）208頁以下参照。
4) たとえば，2010年に，中国全国の民事事件の一審既済件数は611.3万件であり，その中で，判決による既済件数は189.5万件，法院調停による既済件数は237.2万件である（『2011年中国法律年鑑』1052頁の統計数字による）。

する解決方法といえる。調停協議書の内容に基づいた任意履行の場合が多く，事件が終結した後，当事者が強制執行を申し立てる場合は少ないので，実務上の「執行難」という問題を緩和することができるといわれる。第二に，法院調停の場合，実定法には合致しないが実情に合った柔軟な解決，時に実定法の発展を先取りした解決が可能であるので，特に法制度の整備時期において，重要な役割を果たしているといえる。第三に，法院調停による解決は，迅速であり，手間もかからず，経済的である。実は，一部の人民法院では，一審の判決が上訴審の人民法院に棄却自判または棄却差戻しされた場合，原審の裁判官に対して給料または年末ボーナスの減収措置などが採られているので，裁判官の判決を下す際の精神的プレッシャーが軽くないといわれる。逆に，法院調停の場合は上訴がないので，判決を下す際の精神的プレッシャーを回避することができる。第四に，中国裁判所の一審民事事件の新受件数が年々増えつつ，裁判官の負担は想像以上に重い[5]。地域の格差があるものの，裁判官が取り扱う民事事件の数は通常，年間数十件から数百件ある。たとえば，筆者が裁判官との個別面談から得た情報によれば，南京市のある裁判官は年間300件の民事事件を処理しなければならず，広州市のある裁判官は手元にある民事事件が600件を超えるといわれている。このような膨大な量の紛争に直面する裁判官が，省力かつ迅速な法院調停を好むのは理解するに難くはないであろう。

　中国と同じように，日本においても，裁判所の負担を軽減するため，判決の圧力を避けるため，あるいは事件の早期解決のために和解を活用する場合があろうかと思われる。しかしながら，中国のその状況はより深刻になっているようである。確かに，どのように裁判制度を充実させても訴訟社会化に完全に対応することは不可能であることは理解できる。だからといって，裁判所の負担過重の軽減策として法院調停を過度に重要視することは妥当ではない。調停の利用が極端に増加することは，司法の本来的な目的である訴権の保障および法秩序の維持から乖離し，裁判の法形成機能に障害をもたらすおそれがあるからである。したがって，調停または和解の機能を必要以上に過大視してはならない。中国は，これから訴訟制度の根幹である判決手続の効率性，純粋性を損なわない前提の下で，実

---

[5] 中国全国の人民法院の民事事件の新受件数は，2008年541万件，2009年580万件，2010年609万件である（『2009年中国法律年鑑』1001頁，『2010年中国法律年鑑』920頁，『2011年中国法律年鑑』1052頁の統計数字による）。

務上の慣行を改善し，法院調停運用を工夫すべきであると思う。この点について，日本も同じであろうかと思われる。

二　対席方式と交互方式

　法院調停または訴訟上の和解は，裁判所における法的紛争解決方法の一種として，当事者の合意がその前提にある。そこに手続保障が要求されることはいうまでもない。この点に関連して，交互方式あるいは対席方式のいずれかによるべきかは一つの問題とされている。

　日本においては，当然のことながら和解手続は判決手続それ自体ではないため，憲法82条1項の公開原則が適用されない。そのためかつてはほとんどの和解が交互方式で行われていた。これに対して学説上手続の公正，手続保障という見地から和解については対席方式を原則とすべきである旨が提唱されて以降，対席和解が増加しているといわれる[6]。

　中国においては，長期にわたって法院調停は公開原則を適用するとされていたので，訴訟と同じように対席方式を採用する場合が多い[7]。対席方式のメリットは，手続の透明度と公正さを格段に高めることにある。まず，対席方式の場合，双方当事者（代理人）は，裁判官に向かって発言し，これに対する反論も裁判官を通して行う。また，原告と被告（双方代理人）との直接的な意見交換が中心となり，裁判所は議論を整理し，両者の主張がかみ合わない場合に調整する場合もある。さらに，当事者双方および裁判所は，法院調停の場に提供されるすべての情報を共有し，これを基に解決方法を模索し，説得したり説得されたりしながら調停を成立させることができる。訴訟が対席を原則とするものであることを考慮すると，訴訟手続の一部である法院調停も対席方式を採用することは当然であると思われる。

---

[6]　石川明「訴訟上の和解をめぐる若干の論点について」愛知学院大学論叢法学研究51巻3・4号（2000年）80頁。

[7]　2015年以前，中国の法院調停は，公開を原則としていた。ただし，2004年最高人民法院の「人民法院民事調停業務の若干の問題に関する規定」7条1項によれば，当事者は調停を非公開で行うことを申し立てるとき，人民法院はそれを許可しなければならないとされている。また，当該規定7条2項によれば，調停を行うとき，各当事者は同席すべきであり，ただし，需要に従い当事者に対して交互で調停しても構わないとされている。

日本では，訴訟上の和解における交互方式と対席方式についてよく論じられている。交互方式では，裁判官が当事者から上がってくる情報のうち和解を成立させるために有効であると判断する情報のみを取捨選択して相手方に伝えることで，和解が成立しやすくなる[8]。これに対して，対席方式では，当事者は直接相手方と対席して事実問題，法律問題について相手方の主張を聞いて，これらに対して反論することによって，攻撃防御の方法が相互に保障されることになり，手続のフェアネス，簡素化や迅速化が保たれることになる[9]。問題なのはどんな場合に交互方式によって裁判官の中立性を多少緩和して互譲を引き出すのが適切なのか，あるいは，どんな場合に中立性の維持を優先とする対席方式を採って裁判官の権威によって幅のある事実関係の下で互譲を引き出すべきなのかということにある。田中豊氏は，対席方式か交互方式かを事件の類型によるものと主張し，和解の内容が利益調整型である場合は対席方式を採るとされている[10]。

　中国において，実務の中で交互方式がまったく利用されていないとはいえない。しかし，一部の裁判官が当事者側から食事の招待を受けたり，贈賄を受けたりすることが新聞やネット上で報じられたことで，司法体制自体の公正さが問われる中国では，交互方式を採れば，当事者の不信感を招くおそれがあり，互譲をさらに引き出しにくくなる可能性もあると思われる。したがって，中国においては，対席方式を主とし，交互方式を従としているのである。

　2015年，最高人民法院は「『中華人民共和国民事訴訟法』適用に関する解釈［关于适用《中华人民共和国民事诉讼法》的解释］」（以下，民訴解釈と略称する）の中で，外国の立法情報を参考にし，今までの法院調停における公開原則を非公開原則に改めた[11]。これに関連して，今後実務においても外国の経験を参考に，より多く交互方式が試されると思われる。

---

8)　梶村太市「司法型ADRの課題と展望」『小島武司先生古希祝賀　民事司法の法理と政策（上）』（商事法務・2008年）363頁。
9)　石川・前掲注6) 81頁。
10)　田中豊「民事第一審訴訟における和解について」民事訴訟雑誌32号（1982年）150頁。
11)　2015年民訴解釈146条は「人民法院は，民事事件を審理するにあたり，調停プロセスを公開しない。」「調停合意の内容は，公開しない。」「調停を主宰する者及び調停に参加する者は，調停プロセス並びに調停プロセスにおいて知り得た国家機密，営業秘密，個人のプライバシーその他の公開すべきでない情報について，秘密を保持しなければならない。」と規定している。

三　調停または和解勧告の時期

　日本においては，裁判所は訴訟のいかなる程度にあるかを問わず，和解を試みることができると定めている（日本民訴法89条）。実務の中で，和解勧試の時期については大別して三つの基準が考えられる。第一に争点および証拠の整理手続が終了したとき，第二は，重要な争点について有力な証拠調べが終了し裁判官が相当程度の心証を得たとき，第三は，証拠調べが終了し結審できるとき等が挙げられている。上記第一段階で和解が成立する事件が全体の七割程度といわれている[12]。

　中国においても，法院調停は民事訴訟の全過程を通じて，当事者が訴状を提出した後から判決の前までいずれかの段階に行うことができる（中国民訴法122条，142条）。また，調停は第一審だけでなく第二審である上訴法院においても行うことができる（中国民訴法172条）。中国民訴法93条は，人民法院における民事事件の審理は，事実を明白にし，是非をはっきりとさせ，その基礎に立ち調停を行うと定められているので，法院調停を試みる主な時期には，二つの段階がある。第一は，人民法院が事件を受理した後，審査の結果，法律関係が明確で，事実がはっきりとしていると認めるとき，第二は，法廷調査と弁論の結果，事実がはっきりとしている場合である。裁判官は事件受理後の争点および証拠の整理・審査手続が終了すれば，事件の内容について相当程度の心証を得ることができ，またその後の調停手続の中で心証をとることが容易になるから，重大で複雑な事件ではない限り，開廷審理前の法院調停を試すべきであると思われる。改正された中国民事訴訟法は先行調停について新たな条文を設けているので，最近，実務においては，開廷審理前の調停勧試は以前より多く行われているのである[13]。

結　び

　法院調停か訴訟上の和解かについては，日中両国において使われる用語が異なるものの，その背後に隠れた紛争解決文化の面においては相当程度の競合および

---

[12]　田中・前掲注10）140頁，石川・前掲注6）86頁。
[13]　具体例としては，韓・前掲注3）203頁以下参照。

類似性を呈している。いわゆる「情理社会」,「和の社会」である日本と中国においては,「喧嘩両成敗」という思想が人々の意識の中に深く根を下ろしていたので,国民が面子と持続的な人脈関係を維持するために,紛争を処理する際に「一刀両断」裁判より調停,交渉,和解などの手段を選択する傾向が強い。法院調停および訴訟上の和解は,現実に相当高い紛争解決機能を示していることから,多くの学者と実務家はこれを積極的に評価している。将来,この制度を充実させ,合理化の方向に向けて展開していくために,一方で,日中両国が各自の制度の問題点を克服し,改善策を探るのは非常に重要な解決策であろうと思われ,他方で,この制度に関する日中比較を通じて,お互い参考にしながら,不足を補完し制度の実効性を高めることも,有益・有効なルートではないかと思われる。

(韓　寧)

第9章　保全と先行執行

第一節　保全制度

一　保全の概念と意義

　財産保全とは，訴訟の開始後または開始前に法院が裁定をし，当事者の請求の範囲内の財産または本案と関係のある財物に対し採られる各種の強制的保護措置の総称をいう。また，行為保全とは，訴訟の開始後または開始前に法院が裁定をし，当事者に一定の行為を命じ，または禁ずることにより保全の目的を達する各種の強制的保護措置の総称をいう。保全制度の目的は，給付判決確定後の円滑な執行を可能とすることにより，法院の確定判決の権威を護り，勝訴当事者の合法的権益を確実に実現することにある。

二　保全制度の適用範囲

　保全制度は，判決確定後に執行が問題となる財産および行為の給付の内容を有するすべての事件に適用される。しかし，給付の内容を有する事件とは，給付事件に限られるわけではない。確認の訴えと変更（形成）の訴えは財産または行為の給付を請求の直接の内容とするわけではないが，その最終的処理には給付が必要となる場合がある。たとえば，離婚の訴えは変更の訴えであるが，離婚判決後，夫婦共有財産の分割，子女の養育費の負担，監護権等の実現には給付を要し，執行が問題となり，やはり保全措置適用の可能性がある。

三　保全の要件

　法院は，当事者の一方の行為またはその他の原因により判決の執行が困難となる，または当事者にその他の損害をもたらす可能性のある事件については，双方当事者の申立てにより，その財産を保全し，一定の行為を命じ，または禁ずる裁

定をすることができる。当事者が申し立てない場合にも、法院は必要なときは保全措置を裁定することができる（中国民訴100条1項）。

当事者の一方の行為またはその他の原因により、判決の執行が困難となる、または当事者にその他の損害をもたらす可能性のあることが保全措置の前提とされている。ここにいう当事者の一方の行為とは、その占有、管理下にある紛争財産もしくは本案と関係ある財産を悪意により移転、換金、浪費、隠匿、毀損し、または権益侵害行為を継続することにより、相手方当事者にさらなる損害をもたらすことをいう。また、その他の原因とは、当事者の上述の行為以外の人為的または自然の要因をいい、必要な条件を欠く等の客観的原因により、訴訟の目的物の長期保存を不能にし、または長期保存により元の品質もしくは効能を変質、喪失させる可能性があることをいう。どのような原因にせよ、客観的に後の確定判決の執行が困難となる、または当事者に損害をもたらす可能性があれば、保全の要件を満たす。

四　保全の対象と方法

1　保全の対象

保全は、請求の範囲または本案と関係のある財物に限る（中国民訴102条）。請求の範囲に限るとは、保全する財産または行為が、対象または価値において当事者の訴訟上の請求の内容と一致し、または同等でなければならないことをいう。本案と関係のある財物とは、当事者が訴訟上の請求に直接してはいないが、後日の本案確定判決の強制執行と関連する財物である。たとえば、離婚事件において分割しなければならない夫婦共有財産、金銭貸借紛争事件において原告が直接主張していない被告の財産等である。

このほか、保全の対象、特に財産保全の対象として、以下のものがある。1) 抵当物、質物、留置物。ただし、抵当権者、質権者、留置権者の優先弁済権には影響しない（民訴解釈157条）。2) 債務者の期限の到来により得るべき利益については、保全の措置を採り、受取りを制限し、関係組織に執行への協力を通知することができる（民訴解釈158条）。3) 債務者の財産は保全請求を満足させることはできないが、他者に期限の到来した債権を有するときは、債権者の申立てにより、法院は、当該他者は本案の債務者に対し弁済してはならないとの裁定をすることができる。当該他者が弁済を望む場合には、法院は財物または代価を供託する（民訴解釈159条）。

2 保全の方法

　財産保全は，差押え・押収・凍結または法律に定めるその他の方法による。法院は財産保全後，速やかに財産を保全された者に通知しなければならない。財産が差し押さえられ，凍結された場合には，重ねて差し押さえ，凍結してはならない（中国民訴103条）。

　民事訴訟法は原則的な定めのみであるが，司法解釈によれば以下のようである。季節性商品，生きたまま売られる商品，腐乱・変質しやすい物品，その他長期保存に適さない物品については，当事者に速やかに処理を命じ，法院は代価を保存することができる。また，必要なときは，法院が換金し，代価を保存することができる（民訴解釈153条）。法院は財産保全において財産の差押え・押収・凍結の措置を採るときは，差押え・押収・凍結された財産を適切に保管しなければならない。法院の保管に適さない場合には，被保全者に保管の責任を負わせることができる。被保全者の保管に適さない場合には，他者または保全申立人に保管を委託することができる。担保物権者が占有する担保財産を差押え・押収・凍結するにあたっては，一般には担保物権者が保管する。法院が保管する場合には，質権・留置権は保全措置により消滅しない（民訴解釈154条）。法院が被保全者に保管するよう指定する財産は，使用の継続により当該財産の価値に重大な影響がない場合には，被保全者に使用の継続を認めることができる。法院が保管する，または他者・保全申立人に保管を委託された財産は，法院およびその他の保管者は使用してはならない（民訴解釈155条）。

五　保全手続

1　保全の主体

　保全措置は，第一審手続中，第二審手続中，再審手続中，いずれも採ることができる。また，当事者が一審判決を不服として上訴を提起した事件について，第二審法院に送られる前に，当事者に財産の移転・隠匿・売却または毀損等の行為があり，保全措置を採らなければならない場合には，第一審法院が当事者の申立てまたは職権により採ることができる。第一審法院の保全の裁定は，速やかに第二審法院に送らなければならない（民訴解釈161条）。第二審法院が第一審法院の採った保全措置を続行する，または新たな保全措置を採る場合には，自ら行うことも，第一審法院に委託することもできる。再審法院が原保全措置を続行する，または新たな保全措置を採るとの裁定をした場合には，自ら行うことも，原審法

院または執行法院に委託することもできる（民訴解釈162条）。法律文書の効力発生後，執行手続に入る前に，相手方当事者の財産の移転等，緊急の状況のため，保全を申し立てなければ法律文書の執行が不能または困難となる可能性がある場合には，債権者は執行法院に保全措置を採るよう申し立てることができる。債権者が法律文書で指定された履行期間満了後5日以内に執行を申し立てない場合には，法院は保全を解除しなければならない（民訴解釈163条）。

2 保全の手続

(1) 保全の開始

保全措置は，当事者の申立てによるのが通常であるが，法院の職権によることもできる（中国民訴100条1項）。職権によることができるのは，訴訟で争われる財産または関係財産に毀損，滅失等のおそれがある場合，または当事者の一方がその占有，管理下にある財産を隠匿，移転，売却する等の可能性があることを明らかにする証拠がある場合である（「経済裁判における『中華人民共和国民事訴訟法』の厳格な執行に関する若干の規定」（以下，経済裁判規定と略称する）13条）。

(2) 担保の提供

法院は保全措置を採るにあたっては，申立人に担保の提供を命ずることができる。申立人が担保を提供しないときは，申立却下の裁定をする（中国民訴100条2項）。保全の申立ての濫用を防ぐ趣旨であり，申立人は担保の提供により自己の賠償能力を明らかにしなければならない。申立てに誤りがある場合には，申立人は被申立人に保全により被った損失を賠償しなければならない（中国民訴105条）。

担保の提供を命ずるときは，書面により通知しなければならない。また，担保の提供を要するか否か，担保の額は法院が事件の具体的状況に基づき決定する（民訴解釈152条1・3項）。保全申立人または他者が提供した担保財産について，法院は差押え，押収，凍結等の手続をしなければならない（民訴解釈164条）。また，被申立人が担保を提供した場合には，法院は保全解除の裁定をしなければならない（中国民訴104条）。担保の提供により，後日の確定判決の執行が困難になる可能性はなくなり，保全継続の必要がなくなるからである。なお，保全措置の解除は，保全の裁定をした法院の自らの解除またはその上級法院の解除の決定のほかは認められない（民訴解釈165条）。

(3) 保全の裁定と執行

　保全の裁定は迅速になされなければ，補いがたい損失をもたらす可能性があるため，法院は，申立てを受けた後，状況が切迫している場合には，48時間以内に裁定をしなければならず，保全措置を採るとの裁定の場合には，直ちに執行を開始しなければならない（中国民訴100条3項）。

　保全の裁定が取り消され，または解除されることなく執行手続に入った後は，執行における差押え・押収・凍結の措置に自動的に移行し，期限は連続して計算し，執行法院は重ねて裁定書を作成する必要はないが，差押え・押収・凍結期間満了の場合はこの限りではない（民訴解釈168条）。

　当事者は，保全の裁定を不服とするときは，裁定書受領の日から5日以内に裁定をした法院に再議を一度申し立てることができる。再議の期間は裁定の執行を停止しない。保全の裁定を不服として提起した再議の申立てに対し，法院は10日以内に速やかに審査を完了しなければならない。裁定が正しい場合には，当事者の申立てを棄却し，不当な場合には，原裁定を変更または取り消す。利害関係人が保全の裁定に対し不服として再議を申し立てた場合には，裁定をした法院は民事訴訟法108条の規定に従い処理する（中国民訴108条，民訴解釈171・172条）。再議の期間は裁定の執行を停止しないとの規定の趣旨は，保全の時期を失することにより，その効果を減退させないため，再議申立権の濫用を防止することにある。

　当事者，利害関係人，訴外第三者が財産保全の裁定の執行行為に対し異議を申し立てる場合には，執行局が民事訴訟法225条，227条により審査する（「執行権の合理的配置と科学的運用に関する若干の意見」（以下，執行権配置意見と略称する）17条2項）。また，財産保全の裁定にも，その執行行為にも異議あるときは，裁定を下した立案機関または裁判機関が民事訴訟法108条および225条の執行異議，上級法院の再議手続または227条の訴外第三者異議の規定により処理する（執行権配置意見17条3項）。

(4) 保全の解除

　人民法院は，以下の事由ある場合には，保全解除の裁定をしなければならない。1) 保全が誤りであるとき，2) 申立人が保全の申立てを取り下げたとき，3) 申立人の訴えまたは訴訟上の請求が確定した裁判により却下または棄却されたとき，4) 法院が保全を解除しなければならないと認めるその他の場合（民訴解釈166条）。

(5) 保全措置の救済手続

受訴法院院長または上級人民法院は，保全措置の採用に誤りがあることが判明した場合には，裁判監督手続に従い直ちに正さなければならない。

申立ての誤り[1]により被申立人に損失を与えた場合には，申立人が賠償する（中国民訴105条）。申立てに際し担保として保証人を立てた場合には，保証人も賠償責任の主体となる。

法院の職権による保全措置の誤りにより損失をもたらした場合には，法院が法に従い賠償する（経済裁判規定19条，国家賠償法38条）。また，「当事者の財産保全申立ての誤りにより訴外第三者に損失をもたらした場合に賠償責任を負うべきか否かの問題に関する解釈」（2005年）によれば，当事者の保全の申立ての誤りが訴外第三者に損失をもたらした場合にも，法に従い賠償責任を負わなければならない。

六　訴前保全とその特別規定

1　訴前保全の概念

訴前保全とは，訴訟手続の開始前に，緊急の状況の下に，利害関係人の申立てにより，担保の提供を不可欠の前提として法院が行う保全措置をいい，訴前財産保全と訴前行為保全がある。訴訟開始後の保全に比べ，訴前保全はより強い警戒の役割を有する。

2　訴前保全の要件

訴前保全は，緊急の状況が存在しなければならないが，この緊急性は，前述の訴訟開始後の保全における職権による保全が認められる場合に相当する。

3　訴前保全の手続

(1)　訴前保全の開始

訴前保全が適用されるのは，訴訟または仲裁手続開始前であり，訴え提起も仲裁の申立てもされておらず，受訴法院も申立てを受理した仲裁機関も存在しな

---

1) 申立ての誤りの理解について，実務には申立人が全部または一部敗訴した場合であるとする見解もあるが，過失責任という権益侵害法の基本的帰責原則により，保全申立人に過失があるか否かを考慮すべきであると指摘される（江偉・肖建国主編『民事訴訟法〔第7版〕』（中国人民大学出版社・2015年）237頁参照）。

い。訴前保全は，被保全財産の所在地，被申立人の住所地または事件に対し管轄権を有する人民法院に申し立てる。利害関係人の申立てある場合に限られ，職権による訴前保全は認められない（中国民訴101条1項）。

(2) 担保の提供

申立人は，一律に担保を提供しなければならない（中国民訴101条1項，民訴解釈152条2項）。訴訟開始後の保全と同様に，担保の提供を命ずるときは，法院は書面による通知を要し（民訴解釈152条1項），担保を提供しない場合には，申立却下の裁定をする（中国民訴101条1項）。訴前財産保全を申し立てるときは，保全請求額に相当する担保を提供しなければならないが，特別の場合には，法院は事情を斟酌して処理することができる。訴前行為保全における担保の額は，法院が事件の具体的状況に基づき決定する（民訴解釈152条2項）。

(3) 裁定と執行

訴訟開始後の保全と同様に，訴前保全の場合にも，法院は，申立て後48時間以内に裁定をしなければならず，訴前保全措置を採るとの裁定の場合には，直ちに執行を開始しなければならない（中国民訴101条2項）。

(4) 訴訟の提起

申立人が法院の訴前保全の措置後30日以内に訴訟を提起し，または仲裁を申し立てない場合には，法院は保全を解除しなければならない（中国民訴101条3項）。

申立人が訴えを提起する場合には，訴前保全措置を採った法院が，事件に対し管轄権を有する場合には，受理しなければならない。訴前保全の措置を採った法院以外の他の管轄権を有する法院に訴えを提起した場合には，保全措置を採った法院は事件受理法院に保全手続を移送しなければならない。訴前保全の裁定は移送を受けた法院が下した裁定とみなす（民訴解釈160条）。

第二節　先行執行制度

一　先行執行の概念と意義

先行執行とは，法院が事件受理後，終審判決前に，一方当事者の申立てに基づき，相手方当事者の申し立てた当事者に対する一定額の金銭もしくはその他の財物の給付，または行為の実行もしくは停止の裁定をし，直ちに執行に付す手続をいう。

先行執行は，確定判決に基づき行われる強制執行に対していうものである。通常は，債務者の給付義務は判決が確定してから任意履行または強制執行することになるが，裁判は時間がかかるものであることから，確定まで給付の実現を待つことになれば，生活や経営に回復しがたい影響を及ぼし得る。よって，訴訟の間，当事者が最低限度の生活を維持できるようにし，また，経営を停頓させないために応急措置が必要となる。この応急措置が先行執行である。先行執行制度の意義は，当事者の生活，生産経営上の危急を解決することにある。

二　先行執行制度の適用範囲と適用要件

1　適用範囲

先行執行の裁定をすることができるのは，1）親の扶養料，子供の扶養料，養育費，補償金，医療費を請求するとき，2）労働報酬を請求するとき，3）状況の切迫により先行執行を要するときである（中国民訴106条）。

状況の切迫により先行執行を要するとき，この場合の状況の切迫とは，1）直ちに侵害を停止させ，妨害を排除しなければならないとき，2）直ちに特定の行為を制止しなければならないとき，3）生産，経営の回復のために差し迫った必要のある保険金の支払いを請求するとき，4）社会保険金，社会救助資金を直ちに返還しなければならないとき，5）金員を直ちに返還しなければ，権利者の生活と生産経営に重大な影響を及ぼすときである（民訴解釈170条）。

2　適用要件

1の事件であっても，当事者が先行執行の申立てをした場合には，受訴法院は無条件に先行執行の裁定をしなければならないわけではない。法院が先行執行の裁定をするには，以下の要件を満たさなければならない（中国民訴107条1項）。

1）当事者間の権利義務関係が明確であり，先行執行をしなければ申立人の生活または生産経営に重大な影響を及ぼすとき。つまり，事件の基本的事実がはっきりとしており，当事者間の権利義務関係が明確であり，被申立人が給付，返還または賠償義務を負い，先行執行の財産が申立人の生産，生活に差し迫った必要があり，先行執行をしなければ重大な損失をもたらし得る場合にのみ，法院は先行執行の措置を採ることができる。

2）被申立人に履行能力があること。

三　先行執行の手続

1　申立て

　先行執行の裁定は，当事者が書面により申立て，開廷審理後になされなければならない。管轄権が未確定な場合には，先行執行の裁定をしてはならない（経済裁判規定16条）。ここにいう開廷審理とは，当事者の先行執行の申立てに対し行われる開廷審理をいう。
　民事訴訟法が定める先行執行は，事件受理後，終審判決前に行われなければならず，先行執行の申立ての範囲は，訴訟上の請求の範囲に限り，かつ，その生活，生産経営の差し迫った必要を限度としなければならない（民訴解釈169条）。

2　担保の提供

　法院は申立人に担保の提供を命ずることができ，申立人が担保を提供しない場合には，申立てを却下する。申立人が敗訴した場合には，被申立人が先行執行により受けた財産的損失を賠償しなければならない（中国民訴107条2項）。

3　先行執行措置後の訴えの取下げ

　法院が先行執行の措置をとった後，先行執行を申し立てた当事者が訴え取下げの申立てをした場合には，法院は速やかに相手方当事者，第三者または関係する訴外の第三者に通知しなければならず，通知を受けてから訴えの取下げを認める裁定の送達までに，相手方当事者，第三者および関係する訴外の第三者が訴えの取下げに対し異議を申し立てるときは，訴え取下げの申立却下の裁定をしなければならない（経済裁判規定18条）。

4　不服申立て

　当事者は，先行執行の裁定を不服とするときは，裁定書を受領した日から5日以内に裁定をした法院に再議を一度申し立てることができる。再議の期間は裁定の執行を停止しない。当事者が先行執行の裁定を不服とした再議の申立てに対し，法院は，申立後10日以内に速やかに審査を完了しなければならない。裁定が正しい場合には，当事者の申立てを棄却し，裁定が不当であるときは，原裁定を変更または取り消す（中国民訴108条，民訴解釈171条）。利害関係人が先行執行の裁定を不服とし再議を申し立てる場合にも，裁定をした法院に再議を一度

申し立てることができ，再議の期間は裁定の執行を停止しない（中国民訴108条，民訴解釈172条）。

5　先行執行の救済手続

　受訴法院院長または上級人民法院は，先行執行の措置の採用に誤りがあることが判明した場合には，裁判監督手続に従い直ちに正さなければならない。申立ての誤りにより被申立人に損失を与えた場合には，敗訴した申立人が賠償する（中国民訴107条2項）。先行執行後，確定判決に基づき申立人が先行執行により取得した利益を返還しなければならない場合には，法院は取得した利益の返還を命ずる裁定をしなければならず，返還を拒むときは強制執行する（中国民訴233条，民訴解釈173条）。

（小嶋明美）

第9章　保全と先行執行に関するコメント

一　2012年改正

　中国では，日本における民事保全に対応する制度については，中国民事訴訟法のなか，第1編総則に規定されているところ，2012年の同法改正（2013年施行）により，保全制度にも重要な改正が加えられた[1]。

　まず，中国民事訴訟法にはこれまで日本の仮処分，特に仮の地位を定める仮処分に相当するような，作為・不作為を命じる保全が欠けていた。知的財産訴訟等の専門訴訟に関してのみ，著作権法や特許法といった特別法に，当事者に一定の作為・不作為を命じる規定がされていた[2]。上記の改正により，一般的に「行為保全」が民事訴訟法に新設されている（中国民訴100条，101条）[3]。

　保全に関するもう一つの主な改正は，条文上これまでは訴訟の提起前にしか認められていなかった保全の申立てが，仲裁の申立て前にも認められるようになったことである（中国民訴101条1項）。これに伴い，訴え提起前の保全の場合は期間内に本案が提起されないと保全措置は解除されるところ，訴えの提起に加えて仲裁の申立ても，この本案に当たることが明記された（中国民訴101条3項）。従来から，仲裁を申し立てれば，日本における仮差押え，係争物に関する仮処分に相当する「財産保全」は可能であった（中国仲裁28条1項）[4]。とはいえ，当事者

---

[1] 白出博之「中国民事訴訟法の改正について」国際商事法務40巻11号（2012年）1671頁以下，特に1675頁，原潔「民事訴訟法の改正について（上）」国際商事法務40巻11号（2012年）1745頁以下，特に1747頁。

[2] 王勝明「『中華人民共和国民事訴訟法修正案（草案）』に関する説明」ICD NEWS 51号（2012年）159頁，原・前注1）1747頁，白出博之「中国民事訴訟法修正案（草案）について」国際商事法務40巻2号（2012年）186頁。ただし，後出の「先行執行」のなかに仮の地位を定める仮処分に当たるともされる制度があったことについては三で後述する。

[3] 詳細は，白出博之「外国法令紹介・中国民事訴訟法の改正条文等について（1）」ICD NEWS 53号（2012年）93頁参照。なお，旧法下でも財産保全の対象には行為も含まれる，すなわち行為保全も存在するとしていたのは，江偉・李浩・王強義『中国民事訴訟法の理論と実際』（成文堂・1997年）137頁。

がこの保全申立てをすると，仲裁委員会が，民事訴訟法の関係規定に従って当事者の申立てを人民法院（以下，単に裁判所と略称する）に提出しなければならないと規定され（中国仲裁28条2項，中国民訴旧256条，現272条），保全申立てには仲裁機関を介することになっている[5]。上記改正により，当事者による仲裁前の保全申立てが導入されたことは，実務に一定の影響を与えるものと考えられる。

なお，従来からの解釈・運用の明文化といった，その他の改正点は後述する。

中国民事訴訟法における保全制度は，従来から「保全」と「先行執行」に分かれているので，以下ではこれに従いつつ，今回新設された行為保全に重点を置いて検討したい。

二 保　　全

1　行為保全の追加

2012年改正前の中国民事訴訟法においては，「訴訟の保全」といっても将来の執行を確保するための「財産保全」の制度しか存在しなかった[6]。そして従来から，事件を裁判所が受理したのちの訴訟係属中の保全[7]（中国民訴旧92条，現100条）が，訴え提起前の保全[8]（中国民訴旧93条，現101条）より先に規定され，基本に位置づけられてきた[9]。

---

4) 日本語訳は，永井美佐子訳「中華人民共和国仲裁法」立命館法学246号（1996年）716頁参照。

5) ただし，このような規定は当事者にとって不利であるため，旧法も当事者に直接裁判所への保全申立権を授けたと見ていたのは，江ほか・前掲注3）137頁。なお，仲裁判断の執行に関して，民事執行に関する民訴法規定を補う規定につき，江口拓哉「中国における執行に関する新しい規定について（上）」国際商事法務26巻9号（1998年）937頁，田村陽子監訳／張悦訳「人民法院の執行に関する若干の問題についての規定（試行）」立命館法学343号（2012年）830頁参照。

6) 中国の旧民事訴訟法が，民事訴訟法（試行）では「訴訟保全」となっていたのを「財産保全」に改めたことにつき，江偉・趙秀挙「中国民事訴訟法の改訂となお残る主要な不備について」国際商事法務31巻9号（2003年）1292頁，江ほか・前掲注3）131頁参照。

7) 白出・前掲注3）93頁では「訴訟保全」。本書第2編第9章第一節五。

8) 白出・前掲注3）94頁によれば「訴前保全」。本書第2編第9章第一節六。

9) 中国の旧民事訴訟法により，財産保全に訴え提起前の規定が増えたことにつき江・趙・前掲注6）1292頁参照。なお，小嶋明美『現代中国の民事裁判』（成文堂・2006年）227頁注1）は，実際には財産保全が認められないことも多く，訴え提起前の保全はほとんど認められなかったとする。

冒頭に述べた通り，上記改正により当事者に作為・不作為を命じる行為保全が新設されたが，それは財産保全と独立にではなく，従来の財産保全の規定のなかに，それも訴訟係属中の保全の条文に文言を補充する形で規定されている。その結果，改正前の財産保全は包括的に「保全」とされた。依然として訴訟係属中の保全（中国民訴 100 条）が基本であり，それを訴え提起前に申し立てることも可能とする形（中国民訴 101 条）に分けて規定されている。そうして，訴え提起前の保全の場合は当事者の申立ておよびその担保提供を必要とするのに対し，訴訟係属中の保全では当事者の申立てを原則としつつも補充的に職権によっても認められ，申立人の担保提供も裁判所の裁量によるという両者の違いも，従来通り維持されている（2015 年の最高人民法院「『中華人民共和国民事訴訟法』適用に関する解釈」（以下，民訴解釈と略称する）152 条 2 項，3 項参照）。

行為保全は，知財関係等の専門訴訟に関してのみ特別法で規定されてきたのが[10]，現行法で一般化した。訴え提起前の措置こそが肝要な行為保全が，訴え提起前に関して特に厳格・慎重に運用されてきた（財産）保全に加わったことで，どのように運用されていくのか，行為保全の適用範囲や認容の要件については，今後の解釈・運用を待つこととなろう[11]。この点に関しては今のところ，新規定により，当事者はいかなる類型の民事訴訟事件においても行為保全を申し立てることができるとの評価があるが[12]，他方で，保全の適用範囲については「請求する範囲，又は当該事件に関係する財物に限る」とする財産保全に関する旧法の限定的な規定の文言がそのまま維持されている[13]（中国民訴旧 94 条 1 項，現 102 条）。さしあたりは，訴え提起前の保全を申し立てる場合，従来から担保提供が必要であり（中国民訴旧 93 条 1 項，現 101 条 1 項），担保額は保全申立額に相当す

---

10) 知的財産関係，海事関係の特別法に関して詳細は，原・前掲注 1) 1747 頁，1749 頁の注 24，25，江ほか・前掲注 3) 130 頁，村上幸隆「商標権に関する中国最高人民法院の解釈（上）（下）」国際商事法務 30 巻 5 号（2002 年）658 頁，6 号（2002 年）803 頁参照。

11) 原潔「民事訴訟法の改正について（下）」国際商事法務 40 巻 12 号（2012 年）1904 頁は，判決前の禁止命令（訴え提起前の行為保全）の申立条件が具体的に規定されておらず，今後の私法解釈や法令によるさらなる明確化が待たれるとする。

12) 原・前掲注 1) 1747 頁。訴訟係属中の保全に関して条文上は従来「当事者の一方の行為又はその他の事由により，判決の執行が難しくなる事件に対して」財産保全を命じることができるとされていたところ（中国民訴旧 92 条 1 項），これに加え「又は当事者にその他の損害を生じさせる恐れがある事件に対して」との文言が加わった（中国民訴 100 条 1 項）。白出・前掲注 1) 1675 頁参照。

13) 白出・前掲注 3) 95 頁参照。

るとされてきた点が[14]，現行法上も申立人の負担として実務上問題となるだろう。さらには行為保全の導入により，日本において主に仮の地位を定める仮処分に関して論じられてきた審理の長期化，すなわち本案化の現象[15]が生じるかといった問題についても，今後見守りたい。

なお，「執行措置」，すなわち日本で言う執行方法は，基本的には日本と変わらないが[16]，執行の実効性は，とりわけ訴え提起前の行為保全に関して問題となるだろう。執行手続に関しては，金銭執行ですら，かねてより債務者，執行の相手方の財産隠匿・移転行為による「執行難」が問題とされ，法改正が重ねられてきた[17]。

一方，保全（従来は「財産保全」）と並列に規定されてきた「先行執行」にも，仮の地位を定める仮処分に相応するとされる制度が規定されている。これについては，後の三で整理したい。

---

14) 塚本宏明「中国の財産保全制度の概要」国際商事法務 24 巻 12 号（1996 年）1303 頁，小嶋・前掲注 9）228 頁，本書第 2 編第 9 章第一節六 3(2)参照。旧法につき，申立人の負担軽減のため，一律に担保提供を要件とすべきでないとしていたのは，江ほか・前掲注 3）138 頁。なお，民訴解釈 152 条 2 項に拠れば，担保額は人民法院が事件の具体的状況により決定する。

15) 保全の審理につき，人民法院は緊急の状況である場合，申立てを受けてから 48 時間以内に裁定を下さなければならないと規定されているが（中国民訴旧 92 条 3 項，93 条 2 項，現 100 条 3 項，101 条 2 項），塚本・前掲注 14）1303 頁によれば，実際は旧法下で 1，2 週間程度要するとされていた。

16) 財産保全の執行については小嶋・前掲注 9）230 頁，塚本・前掲注 14）1303 頁，本書第 2 編第 9 章第一節四 2。執行手続一般の執行措置につき小嶋・前掲注 9）231 頁，張悦「中国民事執行制度の意義と課題（2・完）」立命館法学 343 号（2012 年）1747 頁参照。ただし，不作為債権の執行，間接強制は日本と違い，まずは説得からはじまり罰金や刑事上の処罰を含むことにつき小嶋・前掲注 9）218 頁，張・前掲 1771 頁（および張悦「中国民事執行制度の意義と課題（1）」立命館法学 341 号（2012 年）490 頁）参照。本書第 2 編第 17 章第十一節二 3 参照。

17) 白出博之「中国民事訴訟法の改正条文について（3・完）」ICD NEWS 56 号（2013 年）30 頁，上原敏夫・江藤美紀音・金春・白出博之・三木浩一「特別座談会 中国への法整備支援事業の現状と課題」論究ジュリスト 5 号（2013 年）219 頁〔白出博之〕，白出・前掲注 1）1682 頁，原・前掲注 11）1902 頁，金順海「中国における民事訴訟法の制定について」国際商事法務 35 巻 12 号（2007 年）1690 頁，江・趙・前掲注 6）1294 頁，郭美松「2007 年中国民事訴訟法改正の内容と今後の課題」日本法学 75 巻 2 号（2009 年）144 頁，増田晋編著『環太平洋諸国（日・韓・中・米・豪）における外国判決の承認・執行の現状』別冊 NBL 145 号（商事法務・2014 年）92 頁〔陳治東〕等参照。

2 その他の改正点および日本との比較

保全におけるその他の改正点は，以下の通りである。

まず，保全全般に関する改正として，保全に関する裁判形式は判決でなく「裁定」であるところ[18]（中国民訴旧140条，現154条），裁判所が保全申立てを却下するときは必ず裁定を下さなければならないとされた[19]。具体的には，保全措置が執られる場合で申立人に担保提供が命じられたのに，申立人が従わないときは裁判所が申立てを却下するが，改正前は「却下する」との文言であったのが，現行法では「却下する旨の裁定を下す」と規定されている（中国民訴旧92条2項，93条1項，現100条2項，101条1項）。

つぎに，訴え提起前の保全に関する改正として，第一に，仲裁前の保全の申立ても認められるようになったことは前述した（中国民訴101条1項）。中国における仲裁の主な対象は従来から経済紛争であり，中国仲裁法においても，国内仲裁の対象は契約紛争およびその他の財産上の権利利益の紛争（中国仲裁2条），渉外仲裁の対象は渉外の経済取引，運送又は海事において生じた紛争とされており（中国仲裁65条）[20]，まずは財産保全の活用が期待されよう。とくに，渉外契約の実務においては訴訟より仲裁が多用されている[21]。敷衍すると，中国にも従来から日本同様（民訴118条），外国判決の承認・執行の規定はあるが（中国民訴旧265条，266条，現281条，282条），日中間には判決承認・執行のための条約も互恵の関係もないため，日本の裁判所の判決は中国国内で承認・執行できず，中国の裁判所の判決も日本国内で承認・執行ができない[22]。これに対し，仲裁機関に

---

18) 小嶋・前掲注9) 178頁，塚本・前掲注14) 1303頁参照。本書第2編第9章第一節五2(3)。

19) 白出・前掲注3) 94頁参照。

20) 中国における仲裁の展開と仲裁法の制定につき小嶋・前掲注9) 86頁，劉栄軍「中国『仲裁法』の制定について」国際商事法務23巻8号（1995年）856頁，村上幸隆「中国仲裁法施行後の仲裁機関の再編と仲裁規則」国際商事法務25巻9号（1997年）987頁，アジア法研究センター編「中国の仲裁法と仲裁制度」立命館法学246号（1996年）691頁参照。

21) 中国において仲裁事件が極めて多いことは，栗津光世「外国仲裁判断の承認・執行に関する中国人民法院の逐級報告制度(2)」産大法学43巻3・4号（2010年）227頁，増田・前掲注17) 87頁，113頁〔陳〕等参照。

22) 増田・前掲注17) 84頁〔陳〕，小嶋・前掲注9) 202頁注9参照。本書第2編第18章第五節三1, 2を参照。

よる判断であれば，中国国内で執行できる（中国民訴旧213条，257条，現237条，273条，中国仲裁62条）。外国仲裁判断の承認・執行についての中国民訴法の条文は，判決の承認・執行と同じであるが，中国は「外国仲裁判断の承認及び執行に関する条約」（ニューヨーク条約）に加盟している（また日中貿易協定を締結している）ので，仲裁判断の執行は可能である[23]。このような理由から，日中間の契約においては仲裁条項が入れられている。だだし，仲裁機関のうちで多用されているのは，中国国際経済貿易仲裁委員会（China International Economic and Trade Arbitration Commission すなわち CIETAC）である[24]。そして，この CIETAC による仲裁においても，前述した法規に対応して，当事者が仲裁申立てをしてはじめて仲裁委員会を介して保全申立てが裁判所に提出される仕組みが規定されている[25]。したがって今後は，とくに渉外契約関係の当事者によって，仲裁前の保全がどのように運用されていくか見守りたい。

　訴え提起前の保全に関する改正の第二は，管轄の明文化である。管轄裁判所は従来から訴訟係属中の保全なら受訴裁判所，訴え提起前の保全では被保全財産の所在地，被申立人の住所地，事件につき管轄権を有する裁判所と解されてきたところ，後者についてのみ明文で規定された（中国民訴101条1項）。第三に，訴え提起前の保全の場合は期間内に本案が提起されないと保全措置は解除されるところ，その期間が延長された。申立人は，保全措置が講じられたのち15日以内に訴訟を提起したり仲裁を申し立てたりしなければ，裁判所から保全を解除されるとされていたが，本案を提起するための期間が30日に延長された（中国民訴旧93条3項，現101条3項）。従来から，渉外事件に関しては本案の提起期間が30日であった（中国民訴旧250条）[26]。渉外事件に関する扱いの方を一般化した結果，渉外事件に関する特則の箇所から財産保全の規定（中国民訴旧249～254条）は削除されている[27]。

---

23) 増田・前掲注17) 93頁，小嶋・前掲注9) 104頁，江口拓哉「中国における執行に関する新しい規定について（下）」国際商事法務26巻10号（1998年）1070頁等参照。本書第2編第18章第五節三3も参照。
24) 小嶋・前掲注9) 104頁，江口・前掲注23) 1069頁，柴裕紅・齋藤彰「中国国際経済貿易仲裁委員会（CIETAC）の仲裁規則の2012年改正について」神戸法学年報28号（2012年）43頁参照。なお，CIETAC の仲裁判断に基づく日本における執行が許可された事例として大阪地決平成23年3月25日（判例時報2122号106頁）。
25) CIETAC 仲裁規則21条1項は，柴・齋藤・前掲注24) 68頁参照。
26) 塚本・前掲注14) 1304頁，小嶋・前掲注9) 228頁も参照。

ただし，中国における本案不提起による保全措置の解除に関しては，日本における本案不提起による保全取消し（民保37条）のように，保全の相手方＝債務者の申立てに基づく起訴命令，起訴命令が遵守されなかった場合の債務者の取消申立といった当事者の関与手続は，従来から規定されていない（中国民訴旧93条3項，現101条3項）。

　さらに，中国では保全執行も，必ずしも当事者の申立てを必要としない。敷衍すると，中国の執行一般は当事者の申立てによるほか，裁判所が執行機関に移送することによって開始するという「執行移送」制度が採られているところ（中国民訴旧212条1項，現236条1項），保全執行の場合は，裁判所が作成する法律文書が法的効力を生じた後，財産保全を担当した裁判所が職権で直接に事件を執行機関に引き渡し，執行手続を開始することができる[28]。

三　先行執行

　中国における「先行執行」とは，訴え提起，事件の受理後，判決確定前に本案の権利の仮の実現を図る制度である。従来から，扶養料や賃金等の仮払い，侵害停止や妨害排除のための作為・不作為を命じることも可能とされている（中国民訴旧97条）。これは，日本における仮執行宣言とも比較されるが[29]，仮執行宣言とは異なり，仮の地位を定める仮処分に対応するとの位置づけ・評価もあった[30]。

　先行執行が適用される事件は，扶養料，損害賠償事件の被害者から加害者に対する医療費等の請求（中国民訴旧97条1号，現106条1号），労働報酬の請求（同

---

27)　白出・前掲注17) 38頁参照。

28)　執行一般につき小嶋・前掲注9) 210頁，田村／張・前掲注5) 829頁の一3，831頁の三19，張・前掲注16) 497頁，本書第2編第17章第四節一2参照。なお，緊急の場合には債権者による申立てが可能なことにつき，民訴解釈163条。

29)　田村／張・前掲注5) 828頁注1。これに対し，江ほか・前掲注3) 129頁は，先行執行制度は仮執行とは異なるとする。本書第2編第9章第二節参照。

30)　塚本宏明「中国の保全制度（先予執行制度の概要）」国際商事法務25巻2号（1997年）168頁，小嶋・前掲注9) 230頁，村上・前掲注10) 5号659頁。なお江ほか・前掲注3) 132頁，144頁は先行執行の対象には行為も含むとし，財産保全の対象にも弁済禁止といった行為も含むとしつつ，先行執行と財産保全につき，日本の仮差押え・仮処分と同様の違いを論じる。

2号,同2号),切迫した事情がある場合(同3号,同3号)の三類型とされている。そして最後の類型に言う「切迫した事情」については,従前からの変更が見られる。すなわち従来,最高人民法院「『中華人民共和国民事訴訟法』適用の若干の問題に関する意見」(以下,適用意見と略称する)によれば,①侵害停止や妨害排除が直ちに必要な場合,②特定の行為の停止が直ちに必要な場合,③生産原料等の購入に充てる金銭の返還が直ちに必要な場合,④生産・経営再開のため直ちに必要な保険金の支払いの四つの場合とされていた(適用意見107条各号)。しかし,民訴解釈170条では,上記①②は維持されているが(同条1号・2号),④が繰り上がり,生産経営活動の復旧のために直ちに必要とする保険の賠償を督促する場合(3号)とされ,③は金員を直ちに返還しなければ権利者の生活,生産経営活動に重大な影響を及ぼす場合(5号)となり,社会保険料,社会救助資金を直ちに返還する必要がある場合(4号)が加わるという変更がなされている。なお,上記①②は作為・不作為を,その他は仮払いを想定したものであろう。ただし,認容の要件は,当事者間の権利義務関係の明確性と先行執行の必要性(先行執行しなければ申立人＝債権者に重大な影響があること),申立ての相手方＝債務者に履行能力(実現可能性)とされ(中国民訴旧98条,現107条),かなり厳格に解され慎重に審理されてきたようである[31]。したがって,先行執行一般に,実務上は仮払いですら限定されてきたと推測され[32],まして作為・不作為を命じる類型は,上記の明文の根拠があるとしても[33],解釈上も消極的にとらえられてきたと考えられる[34]。上記2015年の民訴解釈の変更により,どのような影響が生じるのかも見ていく必要があろう。

さらに,先行執行の「先行」とは判決確定前という意味であり,日本の保全とは異なり,訴え提起前には認められていない。そのために,まず知的財産等の専

---

31) 塚本・前掲注30)169頁,小嶋・前掲注9)231頁参照。
32) 塚本・前掲注30)169頁は,仮払いですら実際どの程度適用されるかは不明としていた。これに対し,江ほか・前掲注3)144頁は実務に濫用傾向が現れているとするが,本来の対象である経済紛争事件に適用されるべきとする。
33) 塚本・前掲注30)168頁は,3号の①に当たる事件類型として商標権等侵害の停止,妨害等の排除を,②に当たるものとして販売・出版等の差止めといった具体例を挙げている。村上・前掲注10)5号659頁は,旧法につき商標権侵害差止めの可能性も理論上はあるが,実際どのような範囲で適用されるかは不明であったとする。
34) 塚本・前掲注30)170頁は,旧法に関して(中国民訴旧249条以下),渉外事件に財産保全は準用されているが,先行執行の準用規定はなかった点も指摘する。

門訴訟に，特別法により訴え提起前の侵害差止めが導入されたのであろうし[35]，2012年改正では先行執行でなく，訴え提起前を適用領域とする財産保全のほうに作為・不作為を命じる類型が行為保全として新設されたのであろう[36]。先行執行に関しては，前記2012年改正で条文数がずれたのみで，内容の変更はない（中国民訴旧97条，98条，現106条，107条）。結局，先行執行は，金銭債権につき仮差押えに相当する財産保全にとどまらず仮払いまで求める場合に，上記の特定類型に限定して用いられるのであり，作為・不作為に関しては行為保全が包括的にカバーする，すなわち日本の仮の地位を定める仮処分のうち仮払いは先行執行だが，それ以外は行為保全という理解でよかろう。

　今後は，仲裁前の保全や行為保全の導入によって訴え提起前の保全が活用されるようになるのかどうか，あるいは逆に保全があまり活用されないことによって，その影響として，先行執行による仮払いがより積極的に申し立てられたり，認容されたりするようになるのかどうか，見守っていく必要があろう。

（安西明子）

---

35) 中国の特許法につき小松岳志「中国における特許法の改正」国際商事法務28巻12号（2000年）1502頁，特に1503頁，商標権に関する差止めにつき村上・前掲注10) 5号658頁，6号803頁参照。WTOの関係により知財関係に臨時措置が要請されたことにつき原・前掲注1) 1749頁注25，村上・前掲注10) 5号660頁。

36) 中国民事訴訟法修正案において，財産保全をベースとして行為保全に関わる規定が追加されたことにつき，王・前掲注2) 159頁，白出・前掲注2) 186頁参照。なお，前掲注30) の通り，すでに旧法下でも財産保全の対象には行為も含まれる，すなわち保全の中に行為保全も存在するとしていたのは，江ほか・前掲注3) 137頁。

第10章　民事訴訟の妨害に対する強制措置

第一節　強制措置の概念と意義

　民事訴訟の妨害に対する強制措置とは，民事訴訟において，法院が訴訟参与者または訴外第三者の民事訴訟に対する妨害を制止することにより，正常な訴訟秩序を維持し，訴訟の円滑な進行を保障するために，妨害者に対し採られる強制的手段の総称である。

　民事訴訟の妨害に対する強制措置の意義は，訴訟秩序と社会主義法制の尊厳を維持し，当事者とその他の訴訟参与者の訴訟上の権利の十分な行使，法院の裁判と執行の任務の円滑な遂行を保障し，公民が法律を自覚的に遵守するよう教育することにある。

　民事訴訟の妨害に対する強制措置は，民事訴訟法規範の重要な構成部分であるが，それ自体は民事訴訟手続ではなく，民事訴訟手続に対する必要な保障である。国家強制力の民事訴訟秩序維持における重要な役割を体現し，民事訴訟を妨害する者に対しては，強制的性質を有する直接的な拘束，教育手段である。

　法的性質としては，民事訴訟の妨害に対する強制措置は，刑事制裁や民事制裁といった法的制裁とは異なる。法的制裁は，実体法の規定に基づき，特定の実体法規範に反する行為に対し採られる法的責任を追及する処罰措置であるが，民事訴訟の妨害に対する強制措置は，手続法の規定に基づき，訴訟の正常な進行のために行為者に対し採られる妨害排除の強制的手段である。

　民事訴訟の妨害に対する強制措置の適用主体は法院のみであり，裁判と執行の段階に適用される。その適用の対象は広く，当事者，訴訟代理人，その他の訴訟参与者，また，事件と関係はないが訴訟に対し現実的な妨害となる訴外第三者でもよい。その効能は，訴訟過程の障害を取り除くことにあるため，適用は妨害行為が実際に発生していることを前提としなければならない。

第二節　民事訴訟を妨害する行為の構成と種類

一　民事訴訟を妨害する行為の構成

　民事訴訟を妨害する行為とは，当事者，その他の参与者または訴外第三者が訴訟の過程で故意に行った民事訴訟手続の進行を妨げる行為をいう。以下の要件を満たす場合には，民事訴訟を妨害する行為を構成する。
　1）行為が実際に発生しており，客観的に訴訟の正常な進行を妨害していなければならない。よって，訴訟妨害の意図にとどまり，行為がないとき，または開始後に自ら中止したため，訴訟妨害の現実的結果が生じなかった場合には，妨害行為と認めることはできない。民事訴訟を妨害する行為には作為によるものと不作為によるものとがあり，前者は，騒ぐ，法廷に乱入する，重要な証拠を偽造，破壊する等，法律が禁止する行為を公然と行うことをいう。後者は，出廷しなければならないのに正当な理由なく出廷を拒む等，法律が要求する行為を拒むことをいう。
　2）訴訟期間に行われた行為でなければならない。ここにいう訴訟期間とは，訴えの受理から執行の終了までの全期間をいい，裁判手続と試行手続の両段階である。この過程において，法廷内でも法廷外でも訴訟秩序と訴訟の進行を妨げる行為は，民事訴訟を妨害する行為を構成する。しかし，訴訟開始前または終結後に行われた場合には，民事訴訟を妨害する行為とは認められず，その他の機関が法に従い処理することになる。
　3）故意によるものでなければならない。民事訴訟を妨害する行為の主観的要件である。過失による場合には，たとえその行為により客観的に民事訴訟の進行に差障りがあり得るとしても，民事訴訟を妨害する行為とは認められない。

二　民事訴訟を妨害する行為の種類

1　出廷，出頭を拒むとき

　出廷しなければならない被告が，二度の呼出状による呼出しを経て，正当な理由なく出廷を拒むとき（中国民訴109条）。この規定の出廷しなければならない被告とは，親の扶養・養育・扶養義務を負い，出廷しなければ事件の状況を明らかにすることができない場合の被告をいう（民訴解釈174条1項）。
　出廷しなければならず，出廷することにより事件の基本的事実を明らかにする

ことができる原告[1]が，二度の呼出状による呼出しを経て，正当な理由なく出廷を拒むとき（民訴解釈174条2項）。

執行手続中に，法院で審尋を受けなければならない被執行者または被執行者の法定代理人もしくは責任者が，二度の呼出状による呼出しを経て，正当な理由なく出頭を拒むとき（最高人民法院「人民法院の執行の若干の問題に関する規定（試行）」（以下，執行規定と略称する）97条）。

二度の呼出状による呼出しとは，法院が相次いで二度，法定の方式により，正式に呼出状を送達し，あらかじめ定められた法的効力を生ずる呼出しをいい，正当な理由がない場合とは，不可抗力，予期せぬ事件等，出廷，出頭できない特別な状況が客観的に存在しないことをいう。

2 法廷秩序を乱す行為

訴訟参与者およびその他の者の法廷規則に違反する行為。騒ぐ，法廷に乱入する，裁判官等を侮辱・誹謗・威嚇・殴打する，法廷秩序を乱す等の行為で，情状の軽い行為である。情状の深刻な行為は，民事訴訟を妨害する行為ではなく，刑事責任を追及しなければならない犯罪行為となる（中国民訴110条）。

また，許可なく録音・録画・撮影したとき，許可なく移動通信等の方式により裁判を現場報道したとき，その他法廷秩序を乱し，裁判の進行を妨害したときも法廷規則に違反する行為として処理される（民訴解釈176条1項）。

3 情状が軽く，犯罪を構成しない訴訟参与者またはその他の者の以下の行為

1）重要な証拠を偽造，毀損し，法院の事件の審理を妨害するとき（中国民訴111条1項1号）。ここにいう重要な証拠とは，事件事実について重要な証明の役割を有する証拠，または事件事実の証明に不可欠な証拠をいう。書証を所持する当事者が，相手方当事者の使用を妨害する目的をもって書証を毀損し，または書証を使用できなくさせるその他の行為も同様に処理される（民訴解釈113条）。

2）暴力・威嚇・賄賂による買収の方法により証人の証言を阻止し，または指図し，賄賂により買収し，脅迫して偽証させるとき（中国民訴111条1項2号）。

3）差し押さえられ，押収された財産，または点検され保管を命じられた財産

---

[1] 反訴被告となっていない場合に，このような措置を認めるべきではなく，処分の原則からすれば，訴えの取下げとして処理するべきであるとの指摘がある（趙剛・占善剛・刘学在『民事訴訟法〔第3版〕』（武汉大学出版社・2015年）217頁参照）。

を隠匿・移転・換金・毀損し，凍結された財産を移転するとき（中国民訴111条1項3号）。

4）司法職員・訴訟参与者・証人・通訳人・鑑定人・検証者・執行協力者に対し，侮辱・誹謗・誣告・殴打または報復するとき（中国民訴111条1項4号）。

5）暴力，威嚇またはその他の方法により司法職員の職務の執行を阻害するとき（中国民訴111条1項5号）。ここにいう司法職員とは，裁判官等・執行官・書記官・司法警察等のほか，検察院が裁判監督手続により抗訴を提起し，法廷へ派遣され，出席する再審事件において，法廷に出席する検察官も含む。また，ここにいう職務の執行とは，およそ民事訴訟の全過程で各自の職務を執行するあらゆる行為をいう。また，暴力，威嚇またはその他の方法により司法職員の職務の執行を阻害する行為とは以下のようである。①法院で騒ぎ，留まって動かず，司法職員の制止を聞かないとき，②法院の法律文書，差押えの標識を故意に毀損・奪取したとき，③騒ぐ，執行公務の現場に乱入する，執行または執行協力公務員を包囲，拘禁したとき，④押収された事件資料，執行公務車輌，その他執行公務機器，執行公務員の服装および執行公務証書を毀損・奪取したとき，⑤暴力，威嚇またはその他の方法により司法職員の尋問，財産の差押え・押収・凍結・振替え・競売・換金を阻害するとき，⑥暴力，威嚇またはその他の方法により司法職員の職務の執行を阻害するその他の行為（民訴解釈187条）。

6）法院の確定した判決，裁定等の法律文書の履行を拒むとき（中国民訴111条1項6号）。法院の確定した判決，裁定の履行を拒む行為とは以下のようである。①法律文書確定後の財産の隠匿，移転，換金，毀損または無償譲渡，明らかに不合理な価格による財産の取引，期限の到来した債権の放棄，無償での他人への担保の提供等，法院に執行できなくさせるとき，②法院に担保提供した財産を隠匿，移転，毀損または法院の許可なく処分したとき，③法院の高額消費制限令に反して消費したとき，④履行能力を有するのに法院の執行通知に従い効力の生じた法律文書で確定された義務の履行を拒むとき，⑤執行協力義務のある個人が法院の執行協力通知書を受領後，執行への協力を拒むとき（民訴解釈188条）。

以上のほか，①他人の名義を冒用して訴えを提起し，または訴訟に参加したとき，②証人が宣誓書に署名後，虚偽の証言をし，法院の事件審理を妨害したとき，③被執行者の履行能力に関する重要な証拠を偽装・隠匿・毀損し，または提出を拒み，法院の被執行者の財産状況の究明を妨害したとき，④法院に凍結され

た財産を無断で解除したとき，⑤法院の執行協力通知書受領後，当事者に情報を漏らし，財産の移転，隠匿を助けたときも，民訴法111条に従い処理される（民訴解釈189条）。

4 犯罪を構成しない以下の行為

当事者間で悪意により通謀し，訴訟・調停等の方式により他人の合法的権益を侵害することを企図する行為で，犯罪を構成しない行為（中国民訴112条）。ここにいう他人の合法的権益とは，訴外第三者の合法的権益，国家の利益，社会公共の利益である。第三者が民訴法56条3項に基づき取消しの訴えを提起し，審査の結果，原案の当事者間で悪意により通謀し虚偽の訴訟を行っていた場合にも，この行為として処理される（民訴解釈190条）。

被執行者が他人と悪意により通謀し，訴訟・仲裁・調停等の方式によって法律文書で確定された義務の履行を免れる行為で，犯罪を構成しない行為（中国民訴113条）。

5 調査，執行への協力義務の履行を拒絶する以下の行為

1）法院の証拠の調査，取得を拒絶または妨害するとき，2）法院の執行協力通知書を受領後，財産の照会，押収，凍結，振替え，時価換算を拒むとき，3）法院の執行協力通知書を受領後，被執行者の収入の差押え，財産権証書の移転手続の処理，有価証券，許可証またはその他の財産の引渡しへの協力を拒むとき，4）その他執行を拒絶するとき（中国民訴114条1項）。また，関係組織が法院の執行協力通知書を受領後，1）被執行者の高額消費を認めるとき，2）被執行者の出国を認めるとき，3）財産権証書の移転手続・権利帰属変更登記・計画許可等の手続の処理の停止を拒むとき，4）内部の支持，内部の許可を要する，内部規定がある等を理由として処理を引き延ばすときも，この行為として処理される（民訴解釈192条）。

第三節 強制措置の種類とその適用

一 勾引

勾引とは，強制的に出廷・出頭させることであり，法院が司法警察を派遣して強制的に訴訟に出廷または出頭させ尋問を受けさせる措置をいう。勾引の対象と

なるのは，出廷しなければならない被告，法定代理人および出頭しなければならない被執行者，被執行者の法定代表者または責任者に限られる。勾引の適用の前提は，二度の呼出状による呼出しを経て正当な理由なく出廷または出頭を拒む妨害行為があることである。また，法院は勾引できるのであって，しなければならないのではない（中国民訴109条）。勾引は院長が許可し，勾引状を発行し，被勾引者に直接送達しなければない。勾引前には被勾引者に出廷または出頭を拒んだ場合の結果を説明しなければならず，意見し教育しても出廷または出頭を拒む場合に勾引して出廷・出頭させることができる（中国民訴116条1・2項，民訴解釈175条）。ただし，被勾引者に対する調査，尋問は24時間を超えてはならず，調査，尋問後は被勾引者の人身の自由を制限してはならない。管轄区域外で勾引措置を採るときは，被勾引者を当地の法院に勾引しなければならず，当地の法院は共助しなければならない（執行規定98・99条）。

二　訓戒

訓戒とは，法院が意見し教育する方式により民事訴訟を妨害する行為者の行為の違法を指摘し，改め，重ねて犯すことのないよう命ずる措置をいう。訓戒措置の強制力はあらゆる措置の中で最も弱いため，それは，訴訟参与者とその他の者が法廷規則に違反するも情状が軽微であり，法廷退出命令・過料・勾留の措置の適用の必要がない者に限り適用される。訓戒措置を適用するにあたっては，合議体または単独制の裁判官が決定する。訓戒の内容は法廷審理記録に記入しなければならない（民訴解釈177条）。

三　法廷退出命令

法廷退出命令とは，法廷規則に反した者に対し，法院の裁判官等が法廷からの退出を要求し，または司法警察に委ねて強制的に退出させ，訴訟妨害行為の継続を阻止する措置をいう。法廷退出命令の強制力は訓戒よりも強く，過料・勾留よりも弱いため，訴訟参与者およびその他の者の法廷規則に違反する行為で，情状が軽微であり，過料・勾留の適用の必要がない者に適用される。法廷退出命令の強制措置の適用は，合議体または単独制の裁判官が決定する。法廷退出を命じられた違法事実は法廷審理記録に記入しなければならない（民訴解釈177条）。

四　過料

　過料とは，法院が民事訴訟の妨害者に対し一定の額の金銭の納付を決定し，それにより行為者を拘束して妨害行為の発生の継続を防止する強制措置をいう。過料措置の強制力は訓戒および法廷退出命令より強いが，通常は勾留よりも弱い。過料措置の適用範囲は以下のようである。1) 訴訟参与者およびその他の者の法廷規則に違反する行為のうち，訓戒，法廷退出命令の適用では妨害者を拘束するに足りないが，勾留措置を適用すべきでない，または適用の必要がないとき，2) 前述第二節二の3・4の行為のうち，情状が軽く，勾留措置を適用する必要がないとき，3) 前述第二節二の5の行為については，法院は妨害者に協力義務の履行を命ずるほか，過料措置を採ることもできる。

　過料措置の適用は，院長の承認を経なければならない。過料は決定書を作成しなければならない（中国民訴116条1・3項）。個人に対する過料額は，10万元以下とする。組織に対する過料額は，5万元以上100万元以下とする（中国民訴115条1項。民訴解釈193条参照）。

　過料は単独で適用することも，勾留と合わせて適用することもできる。同一の民事訴訟を妨害する行為に対する過料は，連続して適用してはならない。ただし，新たな民事訴訟を妨害する行為が生じた場合には，法院は改めて過料を科すことができる（民訴解釈183・184条）。

　決定について不服あるときは，上級法院に再議を一度申し立てることができる。再議の期間は執行を停止しない（中国民訴116条3項）。過料を科せられた者が過料の決定を不服とし再議を申し立てるときは，決定書受領の日から3日以内に申し立てなければならない。上級法院は再議の申立受領後5日以内に決定をし，再議の結果を下級法院と当事者に通知しなければならない。上級法院は再議により過料を不当と認めるときは，決定書を作成し，下級法院の過料の決定を取消しまたは変更しなければならない。状況が切迫している場合には，口頭にて通知後，3日以内に決定書を出すことができる（民訴解釈185・186条）。

　不法に他人を拘禁し，または不法に他人の財産を押収して債務の返還を請求する組織と個人に過料を科す場合（中国民訴117条後段）も同様に処理される。

五　勾留

　勾留とは，一定の期間行為者の人身の自由を法定の場所に制限し，民事訴訟を

妨害する行為の継続を防止する強制措置をいう。民事訴訟の妨害に対するあらゆる強制措置の中で、勾留措置の強制力は最も強い。その適用範囲は以下のようである。

1) 訴訟参与者およびその他の者の法廷規則に違反する行為のうち、訓戒、法廷退出命令、過料措置の適用では妨害者を拘束するに足りないときは、勾留措置を適用しなければならない。

2) 前述第二節二の3・4の行為のうち、情状が重く、過料措置の適用では妨害者を拘束するに足りないときは、勾留措置を適用しなければならない。

勾留措置の適用は、院長の承認を経なければならない。勾留は決定書を作成しなければならない（中国民訴116条1・3項、民訴解釈178条）。勾留期間は、15日以下とする。被勾留者は法院が公安機関の監視に委ねる。司法警察が被勾留者を当地の公安機関の監視に引き渡す。被勾留者が勾留期間に誤りを認め悔い改めるときは、法院は、始末書を命じ、勾留期限前に勾留を解除することができる。期限前の勾留解除は、院長に報告し承認を経た上、期限前勾留解除決定書を作成し、監視の責任を負う公安機関の執行に委ねなければならない（中国民訴115条2・3項、民訴解釈178・182条）。

被勾留者が当該管轄区域にいないときは、勾留の決定をした法院は被勾留者所在地の法院に人を派遣し、当該法院に執行への共助を求めなければならず、委託を受けた法院は速やかに人を派遣し、執行に共助しなければならない。被勾留者が再議を申立て、または勾留期間に誤りを認め改め、期限前に勾留を解除しなければならないときは、受託法院は委託法院に伝達または建議しなければならず、委託法院が審査、決定する（民訴解釈179条）。

法院は被勾留者に対し勾留措置を採った後、24時間以内にその家族に通知しなければならない。時間通りに通知できない、または通知が到達しない場合には、記録に留めなければならない（民訴解釈180条）。

騒ぐ、法廷に乱入する、暴力・威嚇等の方法により公務の執行に抵抗する等、切迫した状況のため、直ちに勾留措置を採らなければならないときは、勾留後、直ちに院長に報告し、承認手続を追ってすることができる。院長が勾留を不当と認めるときは、勾留を解除しなければならない（民訴解釈181条）。

勾留は単独で適用することも、過料と合わせて適用することもできる。同一の民事訴訟を妨害する行為に対する勾留は、連続して適用してはならない。ただし、新たな民事訴訟を妨害する行為が生じた場合には、法院は改めて勾留を科す

ことができる（民訴解釈183・184条）。

　決定について不服あるときは，上級法院に再議を一度申し立てることができる。再議の期間は執行を停止しない（中国民訴116条3項）。勾留を科せられた者が勾留の決定を不服とし再議を申し立てるときは，決定書受領の日から3日以内に申し立てなければならない。上級法院は再議の申立て受領後5日以内に決定をし，再議の結果を下級法院と当事者に通知しなければならない。上級法院は再議により勾留を不当と認めるときは，決定書を作成し，下級法院の勾留の決定を取消しまたは変更しなければならない。状況が切迫している場合には，口頭にて通知後3日以内に決定書を出すことができる（民訴解釈185・186条）。

　不法に他人を拘禁し，または不法に他人の財産を勝手に押収して債務の返還を請求する組織と個人に勾留を科す場合（中国民訴117条）も同様に処理される。

（小嶋明美）

第10章　民事訴訟の妨害に対する強制措置に関するコメント

一　中国における「民事訴訟の妨害に対する強制措置」

　中国の民事訴訟法には,「民事訴訟の妨害に対する強制措置」に関する一群の規定がまとめて置かれている。これは,「妨害訴訟」と呼ばれている。

1　出廷拒絶に関する規定

　「民事訴訟の妨害に対する強制措置」の章の最初に置かれている規定が, 出廷拒絶に関する規定である。

　人民法院は, 必ず出廷すべき被告に対し, 二回の呼出状による呼出しを経ても, 正当な理由なくして出廷を拒絶した場合には, 勾引することができる（中国民訴109条1項）。

　中国民事訴訟法においても, 訴訟代理の制度（中国民訴57条以下）は認められているが, 民事訴訟の目的の中に,「法遵守の教育」（中国民訴2条）が含まれていることから, 当事者本人が公開法廷に出席し, そこで裁判官から直接的な教育を受ける機会を強制する意図も存在すると考えられる。このような訴訟目的観は, 社会主義民事訴訟法の特色であり, 出廷強制もまた, 同様である。社会主義民事訴訟法の中には, 当事者の欠席により, 期日が延期される旨を規定する立法もある。

　日本では, 手続保障の価値が高唱され, そのための手法が様々なかたちで議論されているが, 中国では, この規定の存在が, 結果として手続保障に資することになる。訴訟当事者の主体的・積極的な手続関与の涵養という面では評価できるが, 出廷させ取調べの対象とすることが予定されているとすると疑問も生じる。なお, 中国民事訴訟法では, その総則にも,「中華人民共和国の領域内で民事訴訟をする場合には, 必ずこの法律を遵守しなければならない。」（中国民訴4条）との規定がある。

　これらの規定の存在を, 総合的に考えると, そのように明記する必要性を生じ

させる事態が現実に少なからず生じていることを窺わせる。

　民事訴訟観にもよるが，私的自治が制度の根幹にあると考える限り，「欠席の自由」も認められるべきものと考えられる[1]。

2　訴訟参加人その他の者に対する制裁規定

　これは，(1) 法廷規則違反に関する規律と，(2) その他の規定違反に関する規律に分かれる。

(1)　法廷規則違反に関する規律

　法遵守に関する規定は，1で述べた点に加えて，さらに，訴訟参加人およびその他の者に対する規定をも含む。

　まず，「訴訟参加人その他の者は，法廷規則を遵守しなければならない。」(中国民訴110条1項) と規定され，次に，「人民法院は，法廷規則に違反した者に対し，訓戒を与え，法廷から退出するよう命じ，又は罰金若しくは拘留を科すことができる。」(中国民訴110条2項) と規定する。

　さらに，「人民法院は，多衆で騒ぎ，又は法廷を攻撃し，裁判官を侮辱し，誹謗し，脅迫し，又は殴打し，法廷の秩序を重大に乱した者に対し，法により刑事責任を追及し，ただし，事案が比較的軽微である場合には，罰金又は拘留を科する。」(中国民訴110条3項) 旨の規定が，それぞれ，中国民事訴訟法の中に規定されている。

(2)　その他の規定違反に関する規律

　さらに，人民法院は，訴訟参加人その他の者が，次に掲げる①〜⑥を行った場合には，事案の軽重に応じて過料または拘留を科すことができ，犯罪を構成する場合には，法により刑事責任を追及する旨の規定 (中国民訴111条1項) もある。

　①重要な証拠を偽造し，または毀滅し，人民法院による事件の審理を妨害する行為。

　②暴力，脅迫もしくは買収の方法により，証人が証言することを妨害し，または他人を指図し，買収し，もしくは脅迫して偽証をさせる行為 (中国民訴111条

---

　1)　日本でも，当事者の欠席が「不熱心訴訟追行」などといったレッテルを張られているが，それについては，川嶋四郎『民事訴訟法』(日本評論社・2013年) 362頁。

1項2号)。

③すでに封印され，もしくは差し押さえられている財産もしくはすでに点検され，かつ，自己が保管するように命じられている財産を隠匿し，移転し，換価し，もしくは毀損し，またはすでに凍結されている財産を移転する行為 (中国民訴111条1項3号)。

④司法業務人員，訴訟参加人，証人，通訳・翻訳人員，鑑定人，検証人または執行協力者に対し，侮辱，誹謗，誣告，殴打または打撃・報復をする行為 (中国民訴111条1項4号)。

⑤暴力，脅迫その他の方法により司法業務人員による職務の執行を妨害する行為 (中国民訴111条1項5号)。

⑥すでに法的効力が生じた人民法院の判決または裁定の履行を拒絶する行為 (中国民訴111条1項6号)。

人民法院は，前項に定める行為の一つをした単位について，当該単位の主たる責任者または直接責任者に対し過料または拘留を科すことができる。犯罪を構成する場合には，法により刑事責任を追及する (中国民訴111条2項)。

(3) 当事者の結託による場合

①第三者の権利侵害　当事者が悪意によって結託し，訴訟，調停（調解）等の方式によって，他人の合法的権益の侵害を図る場合には，人民法院はその訴えを却下し，かつその情状の軽重に基づき過料，拘留を科さなければならない。犯罪を構成する場合，法律に基づき刑事責任を追及しなければならない (中国民訴112条)。

②執行妨害　被執行者が他者と悪意により結託し，訴訟，仲裁，調停（調解）等の方式によって，法律文書で確定した履行義務を免れようとする場合，人民法院はその情状の軽重に基づき過料，拘留を科さなければならない。犯罪を構成する場合，法に基づき刑事責任を追及しなければならない (中国民訴113条)。

(4) 調査妨害・執行妨害

さらに，調査・執行協力義務者による訴訟妨害に関する規定が置かれている。

調査または執行に協力する義務を負う単位が，次に掲げる行為の一つをした場合には，人民法院は，当該単位に対し協力義務を履行するように命じるほか，過料を併科することができる (中国民訴114条1項)。

①人民法院が調査して証拠を取得することを，関係する単位が拒絶し，または

妨害する行為（中国民訴114条1項1号）。

②関係のある単位が人民法院による執行協力通知書を受領後，財産に関する調査照会への協力，差押え，凍結，振替え，換価を拒絶する行為（中国民訴114条1項2号）。

③人民法院の執行協力通知書を受領した後に，関係する単位が被執行人（債務者）の収入の差押，関係する財産権証書の移転手続の実施または関係する証票，証書その他の財産の転送・交付に係る協力を拒絶する行為（中国民訴114条1項3号）。

④執行協力を拒絶するその他の行為（中国民訴114条1項4号）。

人民法院は，前項に定める行為の一つをした単位について，その主たる責任者または直接責任者に対して過料を科すことができ，また，協力義務をなお履行しない者に対しては，拘留を科すことができ，かつ，監察機関または関係機関に対し，規律処分をする旨の司法建議を提出することができる（中国民訴114条2項）。

(5) 過料，拘留等の内容と方式

①過料，拘留等の内容と方式　　中国民事訴訟法には，拘留や過料が課される様々な規定があるが，その内容に関する規定も置かれている。

個人に対する過料の金額は，10万人民元以下とされ，単位に対する過料の金額は，5万人民元以上100万人民元以下とされる（中国民訴115条1項）。また，拘留の期間は，15日以下とされ（中国民訴115条2項），拘留の場合に，被拘留者は，人民法院が公安機関に引き渡して監視され，拘留期間において，被拘留者が過ちを承認し，かつ，改めた場合には，人民法院は，期間満了前に拘留を解除する旨を決定することができる（中国民訴115条3項）。

②勾引，過料および拘留の手続　　勾引，過料および拘留については，必ず院長の承認を経なければならない（中国民訴116条1項）。この場合に，勾引については，勾引状を発しなければならない（中国民訴116条2項）。また，過料および拘留については，決定書を用いなければならず，決定に対し不服がある場合には，直近上級裁判所である人民法院に対して，一回に限り，再議を申し立てることができ，再議期間においては，執行は停止しない（中国民訴116条3項）。

(6) 人民法院の決定の必要性

民事訴訟の妨害に対する強制措置を講ずる場合には，必ず人民法院が決定しな

ければならず，いずれかの単位および個人が，不法に他人を拘禁し，または不法かつ密かに他人の財産を差し押さえて債務を弁済するよう請求した場合には，法により刑事責任を追及し，または拘留もしくは過料を科さなければならない（中国民訴117条）。

二　日本における「民事訴訟の妨害に対する強制措置」

1　出廷拒絶に関する規定

(1)　原則

日本民事訴訟法上，原則的な，出廷（法文上は，「出頭」）に関する強制はないが，代理人による訴訟追行が認められているものの，①釈明処分として，裁判所は，訴訟関係を明瞭にするために，当事者本人（またはその法定代理人）に対し，口頭弁論の期日に出頭することを命じることができる旨の規定（日本民訴151条1項1号）が置かれているが，この場合に，仮に出頭しなくても，当事者は特に制裁を受けることはない。また，②少額訴訟における本人出廷命令制度（日本民訴規則224条）も同様である。

ただし，これらの規定は，「民事訴訟の妨害に対する強制措置」としては，位置付けられていない。

(2)　例外

ただし，狭義の民事訴訟ではなく，たとえば，調停などでは，当事者を含む事件の関係人について呼出しの制度があり，それに反した場合には，制裁が規定されている（例，民事調停法34条，民事調停規則8条，家事事件手続法51条・258条1項等を参照）。

当事者本人についていえば，これが，合意型の紛争処理手続における「本人出席主義（本人出頭主義）」である。

たとえば，家事事件手続における本人出席主義の意義は，次の諸点にある。

①まず，家事事件では，通常の民事事件と比較して，親族やそれに準じる者の間の複雑かつ非合理的な人間感情の問題が，事件の背景に潜んでいることが多いので，本人から直接事情を聴かなければ，事件の実相を的確かつ正確に把握し，妥当な判断をすることができないと考えられるからである。これは，家事審判および家事調停の双方について妥当するが，特に，最終的には，本人間の合意によ

る紛争解決手段である家事調停の場合は，本人の出席を確保することによる調停成立の可能性の向上が，図られるべきと考えられるからである。

②次に，離婚離縁等の身分行為は，その性質上，本人自らの意思決定によって行われなければならないからである。これは，本人の意思が合意に反映され，本人の自己決定により合意が実現されるべき家事調停の場合の本人出席主義に妥当するが，家事審判の場合でも，最も利害関係のある本人の欠席の下で，その手続が行われるのは妥当でないと考えられる。

③さらに，家事審判は，法的な保護を必要とする未成年者，精神障害のある者，高齢者等を関係人とした手続が多く，これらの関係人に対して，裁判官が直接に口頭で審問することが重要であるとの考え方に立脚していると考えられる。このことは，民事訴訟において口頭弁論等の期日で主張や陳述をなす能力としての弁論能力が，家事事件手続では，原則的に必要とされていないことを意味する。

④また，家事事件には対世効が存在する。たとえば，身分関係の形成や変更を求める事件など，その結果が当事者以外の第三者に対しても，その効力を生じ（対世効），公共の利益にも影響を与えることがある。それゆえに，家事事件では，実体的真実に基づいた判断を行うべき要請が強く，このような要請を実現するために，裁判所は，当事者の主張に拘束されず，また，当事者の提出した資料に限定されることなく後見的に関与し，職権により事実の調査および証拠調べをし，事実認定を行わなければならない。そのために，たとえば，職権探知主義を採用し（家事事件手続法56条1項），強制参加制度の採用（同41条2項・42条3項）などとともに，家事事件の手続では，本人出頭主義（同51条2項）が採用されていると考えられる[2]。

⑤またさらに，本人が，手続過程に関与することによって，家事審判の内容や家事調停の内容等の受容可能性も増大し，そのことは，家事事件手続の実効性と信頼度の向上につながると考えられる。

(3) 当事者尋問等の場合

日本民事訴訟法の場合，当事者尋問（日本民訴207条以下）では，尋問を命じられた当事者は，証拠調期日に出席して陳述する義務を負う。その当事者が，正当な理由なく出席しなかった場合には，裁判所は，尋問事項に関する相手方の主

---

2) 金子修編『一問一答 家事事件手続法』（商事法務・2012年）54頁参照。

張を真実と認めることができる（日本民訴208条。東京地判平成14年10月15日（判例タイムズ1160号273頁）も参照）。なお，日本民事訴訟法の場合，証人については，証人義務（出席義務（出頭義務），宣誓義務，証言義務）が一般的な公法上の義務とされ，正当な理由（証言拒絶権等）がないにもかかわらずこれを履行しない場合には，一定の制裁が課されることになる。たとえば，欠席の場合（出席義務違反）には，勾引されたり（日本民訴194条），過料が課されたり（日本民訴192条），罰金が科されたりすることになる（日本民訴193条）。

2　各種の妨害に対する制裁規定

日本においても，すべての者が，法や規則を遵守しなければならないことはいうまでもなく，当事者も裁判所も，信義則（日本民訴3条）に服する。しかし，日本の場合には，中国の場合とは異なり，民事訴訟法が，「妨害訴訟」に関する包括的な規定を有していない。ただし，中国民事訴訟法が規律を意図する事項については，日本の場合にはいくつかの法が規定する。

(1)　証明妨害

まず，日本民事訴訟法上，故意の証明妨害について，若干の制裁規定が存在する。たとえば，224条1項・2項（当事者が文書提出命令に従わない場合等の効果），同229条2項・4項（筆跡等の対象による証明の場合の効果），同232条1項（当事者が検証物提示命令に従わない場合等の効果），同208条（当事者尋問における不出頭の効果）等である。上記1と重複する面もある。

さらに，裁判例・学説が，証明妨害の法理を展開させている。これは，自己の主張事実の証明に必要な証拠方法の入手が，相手方の故意・過失による作為または不作為により困難または不可能にされることを理由に，このような場合に，相手方に不利な事実認定を行い，当事者双方の利益調整を図る法理である[3]。このような場合には，証明責任の原則に従い判決を言い渡して証明責任を負う当事者を敗訴させることが，当事者間の関係から不公正と考えられるときに，それを是正し，証明責任を負う者の証明負担の軽減を図った法理として評価することができる。たとえば，相手方が重要な証人を隠匿する場合，公害の原因物質を排出しているとされる企業が，記録・製造工程図等を廃棄したり，製造プラントや貯蔵

---

3)　川嶋・前掲注1) 589頁。

施設等を撤去したりする場合，医師がカルテを廃棄したり，改竄したりする場合等である。

(2) 広義の公務執行妨害罪

日本刑法第2編「罪」第5章「公務の執行を妨害する罪」として，以下の規定が置かれている。

①狭義の公務執行妨害罪　公務員が職務を執行するに当たり，これに対して暴行または脅迫を加えた者は，3年以下の懲役もしくは禁錮または50万円以下の罰金に処せられる（日本刑法95条1項）。また，公務員に，ある処分をさせ，もしくはさせないため，またはその職を辞させるために，暴行または脅迫を加えた者も，同様である（日本刑法95条2項）。

②封印破棄罪　公務員が施した封印もしくは差押えの表示を損壊し，またはその他の方法によりその封印もしくは差押えの表示に係る命令もしくは処分を無効にした者は，3年以下の懲役もしくは250万円以下の罰金に処し，またはこれを併科する（日本刑法96条）。

③強制執行妨害目的財産損壊等　強制執行を妨害する目的で，ⓐ強制執行を受け，もしくは受けるべき財産を隠匿し，損壊し，もしくはその譲渡を仮装し，または債務の負担を仮装する行為，ⓑ強制執行を受け，または受けるべき財産について，その現状を改変して，価格を減損し，または強制執行の費用を増大させる行為，または，ⓒ金銭執行を受けるべき財産について，無償その他の不利益な条件で，譲渡をし，または権利の設定をする行為をした者は，3年以下の懲役もしくは250万円以下の罰金に処し，またはこれを併科される（日本刑法96条の2）。情を知って，ⓒの行為の相手方となった者も，同様とされる（同）。

④強制執行行為妨害等　偽計または威力を用いて，立入り，占有者の確認その他の強制執行の行為を妨害した者は，3年以下の懲役もしくは250万円以下の罰金に処され，またはこれが併科される（日本刑法96条の2第1項）。強制執行の申立てをさせずまたはその申立てを取り下げさせる目的で，申立権者またはその代理人に対して暴行または脅迫を加えた者も，同様である（日本刑法96条の2第2項）。

⑤強制執行関係売却妨害　偽計または威力を用いて，強制執行において行われ，または行われるべき売却の公正を害すべき行為をした者は，3年以下の懲役もしくは250万円以下の罰金に処され，またはこれが併科される（日本刑法96条

⑥加重封印等破棄等　報酬を得，または得させる目的で，人の債務に関して，②〜⑤までの罪を犯した者は，5年以下の懲役もしくは500万円以下の罰金に処され，またはこれが併科される（日本刑法96条の5）。

⑦公契約関係競売等妨害　偽計または威力を用いて，公の競売または入札で契約を締結するためのものの公正を害すべき行為をした者は，3年以下の懲役もしくは250万円以下の罰金に処せられ，またはこれが併科される（日本刑法96条の6第1項）。また，公正な価格を害しまたは不正な利益を得る目的で，談合した者も，同様である（日本刑法96条の6第2項）。

(3) 法廷等秩序維持

①裁判所法　戦後，日本国憲法と同時に制定された裁判所法中には，法廷の秩序維持等に関する規定が置かれている。その規律は以下のとおりである。

まず，法廷における秩序の維持は，裁判長または開廷をした一人の裁判官がこれを行い，裁判長または開廷をした一人の裁判官は，法廷における裁判所の職務の執行を妨げ，または不当な行状をする者に対し，退廷を命じ，その他法廷における秩序を維持するのに必要な事項を命じ，または処置を執ることができる（裁判所法71条）。

また，警察官の派出要求も可能である。つまり，「裁判長又は開廷をした一人の裁判官は，法廷における秩序を維持するため必要があると認めるときは，警視総監又は道府県警察本部長に警察官の派出を要求することができる。法廷における秩序を維持するため特に必要があると認めるときは，開廷前においてもその要求をすることができ，この要求により派出された警察官は，法廷における秩序の維持につき，裁判長又は一人の裁判官の指揮を受ける。」（裁判所法71条の2）。

さらに，法廷外における処分についても規定がある。「裁判所が他の法律の定めるところにより法廷外の場所で職務を行う場合において，裁判長又は一人の裁判官は，裁判所の職務の執行を妨げる者に対し，退去を命じ，その他必要な事項を命じ，又は処置を執ることができる。」（裁判所法72条1項）。この場合に，警察官の派出要求も可能である（同2項）。これらに規定する裁判長の権限は，裁判官が他の法律の定めるところにより法廷外の場所で職務を行う場合において，その裁判官もこれを有する（同3項）。

以上の規定による命令に違反して裁判所または裁判官の職務の執行を妨げた者

は，審判妨害罪として，これを1年以下の懲役もしくは禁錮または1,000円以下の罰金に処する（裁判所法73条）。

②法廷等秩序維持法　その後，第二次世界大戦後，日本では，荒れる法廷などの現象を背景に，1952年に，法廷等秩序維持法が制定された。

まず，この法律は，民主社会における法の権威を確保するため，法廷等の秩序を維持し，裁判の威信を保持することを目的とする（日本法廷等秩序維持法1条）。

次に，制裁の内容として，裁判所または裁判官（以下，裁判所と略称する）が法廷または法廷外で事件につき審判その他の手続をするに際し，その面前その他直接に知ることができる場所で，秩序を維持するため裁判所が命じた事項を行わずもしくは執った措置に従わず，または暴言，暴行，けん騒その他不穏当な言動で裁判所の職務の執行を妨害しもしくは裁判の威信を著しく害した者は，20日以下の監置もしくは3万円以下の過料に処され，またはこれが併科される（日本法廷等秩序維持法2条1項）。監置は，監置場に留置される（同2項）。

さらに，その手続は，以下のように規定されている。

法廷等秩序維持事件の審判について，まず，その制裁は，裁判所が科す旨が規定され（日本法廷等秩序維持法3条1項），法廷等秩序維持法違反にあたる行為（同2条1項）があったときは，裁判所は，その場で直ちに，裁判所職員または警察官に行為者を拘束させることができる（同2項前段）。なお，この場合において，拘束の時から24時間以内に監置に処する裁判がなされないときは，裁判所は，直ちにその拘束を解かなければならない旨も規定されている（同2項後段）。

裁判については，制裁を科する裁判が，決定で行われる旨が規定されている（日本法廷等秩序維持法4条1項）。この裁判は，法廷等秩序維持法違反にあたる行為（同2条1項）が終わった時から1ヶ月を経過した後は，することができない（同4条2項）。裁判所は，裁判にとって必要があるときは，証人尋問その他の証拠調べをすることができるが，この場合には，その性質に反しない限り，民事訴訟法による証拠調べの場合の例による（同3項）。なお，制裁を科する裁判をしたときは，手続に要した費用の全部または一部を本人に負担させることができる（同4項）。

この裁判に対する不服申立てについては，抗告および異議の申立て等の規定が置かれている。

地方裁判所，家庭裁判所もしくは簡易裁判所またはその裁判官のした制裁を科する裁判に対しては，本人は，裁判が告知された日から5日以内に，その裁判が

法令に違反することを理由として，高等裁判所に抗告をすることができる（日本法廷等秩序維持法5条1項）。この抗告をするには，申立書を，原裁判所に提出しなければならず，原裁判所が，抗告を理由があるものと認めるとき，その他原裁判を更正することを適当と認めるときは，その裁判を取り消し，または本人の利益に変更することができる（同2項）。抗告は，裁判の執行を停止する効力を有しないが，ただし，抗告裁判所および原裁判所は，抗告について裁判があるまで，裁判の執行を停止することができる（同2項）。

　高等裁判所またはその裁判官のした制裁を科する裁判に対しては，本人は，その高等裁判所に異議の申立てをすることができるが，異議の申立てには，抗告に関する規定が準用される（日本法廷等秩序維持法5条2項）。

　さらに，抗告または異議の申立てについて高等裁判所のした裁判に対して，本人は，次に述べる①～③の事由があることを理由とする場合に，最高裁判所に特別抗告をすることができる（日本法廷等秩序維持法6条1項）。すなわち，①憲法の違反があること，または憲法の解釈に誤りがあること（同項1号），②最高裁判所の判例と相反する判断をしたこと（同項2号），もしくは，③最高裁判所の判例がない場合に，前条の規定による抗告または異議の申立てについてした高等裁判所の判例と相反する判断をしたこと（同項3号）。特別抗告の提起期間は，5日とされる（同2項）。特別抗告は，裁判の執行を停止する効力を有さないが，異議の申立ては可能である（同3項）。

　制裁の執行については，制裁を科する裁判は，裁判官の命令で執行する旨の規定が置かれている（日本法廷等秩序維持法7条1項）。監置の裁判を執行するため必要があるときは，裁判官は，収容状を発することができるが，収容状は，勾引状と同一の効力を有するものとし，裁判官の指揮によって執行される（同2項）。収容状の執行については，刑事訴訟法中に規定のある勾引状の執行に関する規定が準用されている（同3項）。制裁を科する命令で過料に関するものは，執行力のある債務名義と同一の効力を有する（同4項）。

　過料の裁判の執行は，民事執行法その他強制執行の手続に関する法令の規定に従ってなされるが，執行前に裁判の送達をすることを要しない（日本法廷等秩序維持法7条5項）。日本法廷等秩序維持法7条1項および2項の規定は，4条4項の規定による裁判の執行について準用される（同7条6項）。

　監置の裁判の執行は，当該裁判時から3ヶ月を経過した後は，開始することができない（日本法廷等秩序維持法7条7項）。監置の裁判を受けた者について，当

該裁判の執行によって著しく健康を害するおそれがあるとき，その他重大な事由があるときは，裁判所は，本人の請求または職権により，当該裁判の執行を停止することができる（同8項）。

この法律には，補償に関する規定もある。つまり，制裁を科する裁判につき，その取消しの裁判を受けた者が，すでに当該制裁を科する裁判の執行を受けた場合には，その者は，国に対して，当該制裁を科する裁判の執行による補償を請求することができる（日本法廷等秩序維持法8条1項）。収容状による抑留は，この規定の適用については，監置の裁判の執行とみなされる（同2項）。補償については，無罪の裁判を受けた者の補償に関する刑事補償法の規定が準用され，また，補償決定の公示についても同様である（同3項）。

なお，制裁を科する裁判に関する手続その他の必要な事項は，最高裁判所規則に委ねられている。

ちなみに，日本には，アメリカのような「裁判所侮辱罪（Contempt of Court）」はないが，導入をめぐる議論も学界では行われている。しかし，アメリカとは異なり法曹一元制度を採用しておらず，弁護士界と裁判官との間に少なからず溝が存在する現状に鑑みれば，他の様々な民事手続および実務の努力を通じて，任意的かつ自主的な法の実現を促進させるべきであり，「裁判所侮辱罪」の制度の導入には慎重な姿勢をとるべきであろう。

3 詐害防止参加および詐害再審等

1890年の明治民事訴訟法483条には，詐害再審の規定が存在した。すなわち，①「第三者カ原告及ヒ被告ノ共謀ニ因リ第三者ノ債権ヲ詐害スル目的ヲ以テ判決ヲ為サシメタリト主張シ其判決ニ対シ不服ヲ申立ツルトキハ原状回復ノ訴ニ因レル再審ノ規定ヲ準用ス」「此場合ニ於テハ原告及ヒ被告ヲ共同被告ト為ス」と規定されていたのである。

しかし，この規定は廃止され，1925年の大正民事訴訟法には，独立当事者参加として，詐害防止参加の規定が設けられた[4]。これは，「訴訟ノ結果ニ因リテ権利ヲ害セラルヘキコトヲ主張スル第三者又ハ訴訟ノ目的ノ全部若ハ一部カ自己ノ権利ナルコトヲ主張スル第三者ハ当事者トシテ訴訟ニ参加スルコトヲ得此ノ場合ニ於テハ第62条（必要的共同訴訟の特則）及第65条（参加申出の方式）ノ規定

---

4) 川嶋・前掲注1）824頁。

ヲ準用ス」というものであった。

　なお，民事訴訟法以外の法律中に，詐害再審の規定が存在するものがある[5]。たとえば，①行政事件訴訟法34条，②会社法853条，③特許法172条などである。

　①は，「1　処分又は裁決を取り消す判決により権利を害された第三者で，自己の責めに帰することができない理由により訴訟に参加することができなかつたため判決に影響を及ぼすべき攻撃又は防御の方法を提出することができなかつたものは，これを理由として，確定の終局判決に対し，再審の訴えをもつて，不服の申立てをすることができる。

2　前項の訴えは，確定判決を知つた日から30日以内に提起しなければならない。

3　前項の期間は，不変期間とする。

4　第1項の訴えは，判決が確定した日から1年を経過したときは，提起することができない。」と規定する。

　②は，「1　責任追及等の訴えが提起された場合において，原告及び被告が共謀して責任追及等の訴えに係る訴訟の目的である株式会社の権利を害する目的をもつて判決をさせたときは，株式会社又は株主は，確定した終局判決に対し，再審の訴えをもつて，不服を申し立てることができる。

2　前条の規定は，前項の再審の訴えについて準用する。」と規定する。

　③は，「1　審判の請求人及び被請求人が共謀して第三者の権利又は利益を害する目的をもつて審決をさせたときは，その第三者は，その確定審決に対し再審を請求することができる。

2　前項の再審は，その請求人及び被請求人を共同被請求人として請求しなければならない。」と規定する。

　なお，近時，日本の最高裁判所は，会社の組織法上の訴えにおいて，解釈により，一定の要件で詐害再審を認めたものがある（最一小決平成25年11月21日（民集67巻8号1686頁））。また，日本の学界では，民事訴訟法中に詐害再審の規定を設けることを主張する立法論も展開されている。

（川嶋四郎）

---

[5]　川嶋・前掲注1）112頁。

第11章　訴訟費用と司法救助

第一節　訴訟費用

一　訴訟費用の概念と訴訟費用徴収の意義

1　訴訟費用の概念

　訴訟費用とは，民事訴訟の当事者が，受訴法院に納付する訴訟を行うために必要な費用をいう。

　当事者は民事訴訟を行うにあたって，規定に従い事件受理費を納付しなければならない。財産事件は事件受理費以外に，その他の訴訟費用を納付しなければならない（中国民訴118条1項）。中国における民事訴訟費用に関する基本的運用規範は，国務院より2006年に公布され，2007年より施行され今に至る「訴訟費用納付弁法」[1]（以下，費用弁法と略称する）および最高人民法院が2007年に公布した「『訴訟費用納付弁法』適用に関する通知」（以下，適用通知と略称する）である。また，民訴解釈194条以下に具体的規定がある。

2　訴訟費用徴収の意義

（1）　民事違法行為の制裁

　訴訟費用負担の基本原則は敗訴者負担である。当事者が敗訴するのは，通常は，法律の規定または契約の約定に反し，相手方当事者に損害を与えたからだと考えることによる。この意味で，法院の訴訟費用の徴収は違法行為に対する制裁

---

[1]　訴訟費用規則は訴訟制度の重要な構成部分であり，制定主体は立法機関でなければならず，国務院による制定は立法法に反すると指摘される（江偉・肖建国主編『民事訴訟法〔第7版〕』（中国人民大学出版社・2015年）266頁，趙剛・古善剛・劉学在『民事訴訟法〔第3版〕』（武漢大学出版社・2015年）233頁参照）。

の役割を有することになる。

(2) 納税者の負担と国家財政支出の減少

法院が当事者から費用を徴収するのは，受益者負担の原理に基づく。法院が民事紛争を解決するためには相応の司法コストの支出を要し，そこには一定の費用も含まれるが，現段階の中国では，国家が私権をめぐる紛争の司法的解決を無償で行うことは不可能である。これに対し，当事者は自己の利益を保護するために訴訟を利用するのであって，納税者全体がその費用を負担するというのは合理性を欠く。当事者から一定の訴訟費用を徴収することは必要的であり，合理的でもあり，納税者の負担と国家財政支出の減少に有益である。

(3) 訴権の濫用の防止

現実には，些細なことで理由もなく法院に訴えを提起し，司法資源の明らかな浪費をもたらす者がいる。訴訟費用制度は，訴えの提起時には訴訟が必要なのか否か，訴訟中にはその訴訟行為が妥当か否か慎重な考慮を促し，訴権の濫用に対し相応の抑制作用を果たす。

(4) 国家の主権と経済的利益にとっての利益

中国においても渉外事件は年々増加しているが，多くの国家が訴訟費用を徴収する中で，中国のみが無償訴訟制度を行うことは，国家の主権と経済的利益に対しマイナスの影響を及ぼし得ると同時に，平等互恵の原則にも適しない。

二　訴訟費用の種類

1　事件受理費

事件受理費とは，当事者が訴権を行使し司法的保護を求めるにあたり，法院に納付する国家規定手数料の性質を有する訴訟費用をいう。費用弁法に納めないことができると規定されている事件を除き，事件受理費は納付しなければならない。事件受理費には，1) 第一審事件受理費，2) 第二審事件受理費，3) 再審事件のうち，費用弁法の規定に従い納付しなければならない事件受理費がある（費用弁法7条）。

事件受理費を納付しない事件とは，1) 民事訴訟法に規定される特別手続に従い審理される事件，2) 不受理・訴え却下・上訴却下の裁定がなされた事件，3) 不受理，訴え却下および管轄権の異議の裁定を不服とし，上訴を提起した事件，4) 行政賠償事件がある（費用弁法8条）。

また，民事訴訟法に規定される裁判監督手続に基づき審理される事件について

は，当事者は事件受理費を納付しなくてよいが，1）当事者に新たな証拠があり，判決，裁定を覆すに足りるとして，法院に再審を申し立て，法院が審査の結果，再審の決定をした事件，2）当事者が法院の第一審判決または裁定に対し上訴を提起せず，第一審判決・裁定の確定後，または調停書の効力発生後に再審を申し立て，法院が審査の結果，再審を決定した事件はこの限りではない（費用弁法9条）。この例外となる場合が上述の事件受理費を納付しなければならない再審事件である。

このほか，代表者訴訟で登記に参加していない権利者が訴訟を提起する場合（中国民訴54条4項）には，申立費の納付後，さらに事件受理費を納付しない（費用弁法14条）とすることにより，当事者の訴訟費用の負担を軽減している。また，代表者訴訟により審理する事件は，事件受理費を予納せず，事件終了後に訴訟物の価額に従い敗訴者が納付する（民訴解釈194条）。

2　申立費

申立費とは，当事者が確定した法律文書の執行，財産保全等を申し立てるときに，法院に納付する国家規定手数料の性質を有する訴訟費用をいう。

申立費を納付しなければならないのは，1）法院の確定した判決・裁定・調停書，仲裁機関の判断および調停書，公証機関が強制執行力を付与した債権文書の執行の申立て，2）保全措置の申立て，3）支払命令の申立て，4）公示催告の申立て，5）仲裁判断の取消しまたは仲裁合意の効力の認定の申立て，6）破産の申立て，7）海事強制令，共同海損調停，海事賠償責任制限基金の設立，海事債権登記，船舶優先権の催告の申立て，8）外国裁判所の判決・裁定および外国仲裁機関の判断の承認および執行の申立てである（費用弁法10条）。

3　証人，鑑定人，通訳人，調停員（共同海損調停員等）が法院指定の期日に出廷することにより発生する交通費，宿泊費，生活費および休業補償

交通費，宿泊費，生活費および休業補償以外にも，当事者は，事件ファイルおよび法律文書を複製するときは，実費により法院にコストを納付しなければならない（費用弁法11条）。訴訟の過程で，鑑定・公告・検証・通訳・（資産）評価・競売・換金・倉庫による保管・保管・運輸・船舶管理等につき生じた法により当事者が負担しなければならない費用は，主張した者が負担しなければならないとの原則に基づき，法院は当事者が関係機関または組織に直接支払うことを決定し

なければならず，法院が代理して徴収・支払いをしてはならない（費用弁法12条）。

三　訴訟費用の納付基準

1　事件受理費の納付基準

事件の種類により，訴訟活動にも差異が生ずるので，以下のような基準により事件受理費を納付する。

(1)　財産事件受理費の納付基準

財産事件の受理費は，訴訟上の請求の金額または価額に基づき以下のように納付する。1) 1万元を超えないときは，各事件50元，2) 1万元を超え10万元までの部分は，2.5%，3) 10万元を超え20万元までの部分は，2%，4) 20万元を超え50万元までの部分は，1.5%，5) 50万元を超え100万元までの部分は，1%，6) 100万元を超え200万元までの部分は，0.9%，7) 200万元を超え500万元までの部分は，0.8%，8) 500万元を超え1,000万元までの部分は，0.7%，9) 1,000万元を超え2,000万元までの部分は，0.6%，10) 2,000万元を超える部分は，等しく0.5%とする（費用弁法13条1項1号）。

また，破産手続中の債務者の民事訴訟事件は，財産事件の基準に従い訴訟費用を納付するが，労働事件はこの限りではない。財産上の請求も，非財産的請求もあるときは，財産上の請求の基準に従い訴訟費用を納付する。複数の財産上の請求があるときは，合算して訴訟費用を納付する（民訴解釈200・201条前段）。

(2)　非財産事件受理費の納付基準

非財産事件の受理費は，以下のように納付する。1) 離婚事件は，50元ないし300元。財産分割に及ぶときは，財産総額が20万元を超えないときは，別途納付しない。20万元を超える部分は，0.5%とする。2) 氏名権・名称権・肖像権・名誉権・栄誉権およびその他の人格権を侵害する事件は，各事件100元ないし500元。損害賠償に及ぶときは，賠償金額が5万元を超えないときは，別途納付しない。5万元を超え10万元までの部分は，1%。10万元を超える部分は，0.5%とする。3) その他非財産上の事件は，各事件50元ないし100元とする（費用弁法13条1項2号）。

訴訟上の請求中に複数の非財産的請求があるときは，一件として訴訟費用を納付する（民訴解釈201条後段）。

(3) 知的財産権民事事件受理費の納付基準

知的財産権民事事件は，争われる金額または価額がない場合には，各事件500元ないし1,000元，争われる金額または価額がある場合には，財産事件受理費の基準に従い納付する（費用弁法13条1項3号）。

(4) 労働争議事件受理費の納付基準

各事件10元とする（費用弁法13条1項4号）。

(5) 管轄権異議事件受理費の納付基準

異議が成立しない場合には，各事件50元ないし100元とする（費用弁法13条1項6号）。

以上のほか，行政事件については，1）商標，特許，海事行政事件は，各事件100元，2）その他行政事件は，各事件50元である（費用弁法13条1項5号）。

領土の広さと経済発展水準の格差のため，各省，自治区，直轄市の人民政府は当地の実情とにらみ合わせ，上述の2号，3号，6号に定める範囲で具体的納付基準を制定することができる（費用弁法13条2項）。

訴訟経済と訴訟手続の運用コストから，当事者の訴訟費用を軽減するために，以下の場合には，それぞれ事件受理費を半減しなければならない。1）調停の方式により終了した事件または当事者が訴え取下げを申し立てた事件，2）簡易手続を適用して審理する事件，3）被告が反訴を提起し，独立の請求権を有する第三者が本案と関係のある訴訟上の請求を提出し，法院が本案と併合審理した事件（費用弁法15・16・18条）。なお，法院が事件受理費の半減を決定するときは，一度のみ半減することができる（民訴解釈206条）。

以下の場合には，当事者の請求の額に応じて事件受理費を納付する。1）財産事件に対し上訴を提起するときは，一審判決を不服とする部分の上訴請求額による。2）当事者が法院の第一審判決または裁定に対し上訴を提起せず，第一審判決，裁定の確定後，または調停書の効力発生後に再審を申し立て，法院が審査の結果，再審を決定した事件（費用弁法9条）は，原判決を不服とする部分の再審請求額による（費用弁法17・19条）。訴訟の目的物が家屋・土地・林木・車輌・船舶・文物等の特定物または知的財産権であり，訴え提起時に価値を確定しがたいときは，法院は原告に主張が高すぎるまたは低すぎる訴訟リスクを釈明し，原告が主張する価値をもって訴訟物の金額を確定しなければならず（民訴解釈198条)，これに基づき事件受理費を徴収する。

2 申立費の納付基準

申立費は，以下の基準により納付する（費用弁法14条）。

1) 法院の確定した判決・裁定・調停書，仲裁機関の判断および調停書，公証機関が強制執行力を付与した債権文書の執行，外国裁判所の判決・裁定および外国仲裁機関の判断の承認および執行を法院に申し立てる場合には，①執行金額または価額がないときは，各事件50元ないし500元，②執行金額または価額が1万元を超えないときは，各事件50元，1万元を超え50万元までの部分は，1.5％，50万元を超え500万元までの部分は，1％，500万元を超え1,000万元までの部分は0.5％，1,000万元を超える部分は，等しく0.1％，③代表者訴訟で登記に参加していない権利者が訴訟を提起する場合（中国民訴54条4項）には，上述の基準に従い申立費を納付後は，さらに事件受理費を納付しない。

また，担保財産の競売，換金の裁定後，法院が強制執行をするときは，執行金額に従い執行申立費を納付する（民訴解釈205条）。なお，執行申立費は執行申立人が予納する必要はなく，執行後に法院が直接被執行者から徴収しなければならない。

2) 保全措置を申し立てるときは，保全財産額に基づき，財産額が1,000元を超えない，または財産額に関係しないときは，各事件30元，1,000元を超え10万元までの部分は，1％，10万元を超える部分は，等しく0.5％とするが，当事者の保全措置の申立てにより納付する費用は最高5,000元を超えない。

3) 支払命令を申し立てるときは，財産事件受理費の基準に照らして3分の1とする。

4) 公示催告を申し立てるときは，各事件100元とする。

5) 仲裁判断の取消しまたは仲裁合意の効力の認定を申し立てるときは，各事件400元とする。

6) 破産事件は破産財産総額により計算し，財産事件受理費の基準に照らして半減するが，最高30万元を超えない。

7) 海事事件の申立費は，①海事賠償責任制限基金の設立を申し立てるときは，各事件1,000元ないし1万元，②海事強制令を申し立てるときは，各事件1,000元ないし5,000元，③船舶優先権催告を申し立てるときは，各事件1,000元ないし5,000元，④海事債権登記を申し立てるときは，各事件1,000元，⑤共同海損調停を申し立てるときは，各事件1,000元とする。

四　訴訟費用の納付と返還

　訴訟費用の納付とは，訴訟費用の予納，事前納付である。訴訟費用を予納する当事者は，最終的に訴訟費用を負担するとは限らない。にもかかわらず，訴訟費用を事前に納付するのは，訴訟活動の実際の必要のためであり，また，事後の納付により生じ得る法院の立替えとその後の訴訟費用の紛争を避けるためである。

　訴訟費用の返還とは，特定の事情の発生により，法院が事前に徴収した訴訟費用を予納した当事者に返還することをいう。

　訴訟費用の納付と返還は，以下の規則（費用弁法20～28条）により処理される。

　1）事件受理費は，原告，独立の請求権を有する第三者，上訴人がそれぞれ予納しなければならない。被告が反訴を提起し，費用弁法に従い事件受理費を納付しなければならないときは，被告が予納する。

　原告は，法院の訴訟費用納付通知を受領した日から7日以内に納付しなければならない。反訴事件は反訴を提起した当事者が，反訴提起の翌日から7日以内に納付しなければならない。上訴事件は，上訴人が法院に上訴状を提出するときに予納しなければならず，双方当事者共に上訴を提起するときは，それぞれ予納し，上訴人が上訴期間内に訴訟費用を予納しないときは，法院は，7日以内に予納するよう通知しなければならない。当事者が法院の第一審判決または裁定に対し上訴を提起せず，第一審判決・裁定の確定後，または調停書の効力発生後に再審を申し立て，法院が審査の結果，再審を決定した事件（費用弁法9条）は，再審を申し立てた当事者が予納する。双方当事者共に再審を申し立てたときは，それぞれ予納する。

　しかし，労働報酬を請求する事件の場合には，事件受理費を予納しない。最大限に原告の訴訟負担を軽減し，労働者の合法的権益を保護するためである。

　当事者が訴訟中に訴訟上の請求の額を変更した場合には，事件受理費は，①当事者が訴訟上の請求額を増額した場合には，増額後の訴訟上の請求の額に従い計算し不足分を納める。②当事者が法廷調査終結前に訴訟上の請求の額を減額するときは，減額後の訴訟上の請求の額に従い計算し返還する。

　当事者が期限を徒過して事件受理費を納付せず，司法救助（訴訟救助）の申立てもせず，法院の指定する期間に納付しない場合には，訴えの取下げとして処理される（適用通知2条）。

2）申立費は申立人が予納する。申立人は申立て時または法院が指定する期間に予納しなければならない。しかし，法院の確定した判決・裁定・調停書，仲裁機関の判断および調停書，公証機関が強制執行力を付与した債権文書の執行申立て（費用弁法10条1項）並びに破産の申立て（費用弁法10条6項）については，申立人は予納しない。前者は執行後に，後者は清算後に納付しなければならない（適用通知4条）。申立人の訴訟費用の負担は軽減されている。

申立費の場合も，期限を徒過して納付しない場合には，前述した事件受理費と同様に，申立ての取下げとして処理される（適用通知2条）。

3）国家が定める基準に従い法院が代理徴収する証人・鑑定人・通訳人・調停員（共同海損調停員等）が法院指定の期日に出廷することにより発生する交通費・宿泊費・生活費および休業補償，並びに当事者が事件ファイルおよび法律文書を複製するときに実費により法院に納付しなければならないコスト（費用弁法11条）は，実際に発生した後に納付しなければならない。

当事者が期限を徒過して訴訟費用を納付せず，司法救助の申立てもせず，または司法救助の申立てが認められずに法院の指定する期間に納付しない場合には，法院は関係規定に従い処理する。

4）民事訴訟法の規定に従い移送された事件，引き渡された事件は，原受理法院は当事者が予納した訴訟費用を事件受入法院に引き渡さなければならない。

5）当事者が納付した訴訟費用の返還の要否は，以下のようである。①民事事件の審理の過程で，刑事犯罪の嫌疑がかかり，事件を関係部門に移送し処理する場合には，当事者が納付した事件受理費を返還しなければならない。移送後，民事事件につき審理の継続を要するときは，当事者が納付した事件受理費は返還しない。②訴訟，執行を中止した事件は，納付した事件受理費・申立費は返還しない。訴訟・執行中止の原因が除去され，訴訟・執行を再開したときは，事件受理費・申立費を再度納付しない。③第二審法院が事件の差戻しを決定したときは，上訴人が納付した事件受理費・申立費は返還しなければならない。④第一審人民法院が不受理または訴え却下の裁定をしたときは，当事者が納付した事件受理費を返還しなければならない。当事者が第一審法院の不受理または訴え却下の裁定に対し上訴を提起し，第二審法院が第一審法院の裁定を維持するときも，第一審法院は当事者が納付した事件受理費を返還しなければならない。⑤民事訴訟法151条の規定に従い訴訟を終結する事件は，納付した事件受理費は返還しない。

また，判決後，勝訴した側が予納した負うべきでない訴訟費用は，法院は返還

し，敗訴した側が法院に納付しなければならない。ただし，勝訴した側が自ら進んで負担し，敗訴した側が直接その者に支払うことに同意した場合にはこの限りではない。当事者が訴訟費用の納付を拒むときは，法院は強制執行することができる（民訴解釈207条）。

五　訴訟費用の負担

訴訟費用の負担とは，裁判終了後および執行完了後の当事者の訴訟費用に対する実際の負担である。訴訟費用制度の役割と意義から，中国では，一般原則としては敗訴者負担が原則であるが，補助的に当事者の協議による負担，自己負担等の規則も適用されている。

1　敗訴者負担

訴訟費用は敗訴者が負担するが，勝訴者が自ら負担する場合はこの限りではない（費用弁法29条）。原告が勝訴した場合には，被告が負担し，法院は予納された訴訟費用を原告に返還し，被告から直接徴収するが，原告が自ら負担することを望み，または被告から直接支払いを受けることに同意した場合にはこの限りではない（適用通知3条）。当事者が一部勝訴または敗訴した場合には，法院は事件の具体的状況に基づき各自の負担額を決定しなければならない。共同訴訟の当事者が敗訴した場合には，法院はその訴訟物に対する利害関係に基づき各自の負担額を決定しなければならない（費用弁法29条）。連帯責任を負う当事者が敗訴した場合には，訴訟費用を共同して負担する（民訴解釈203条）。

また，典型的な敗訴ではない場合については以下のようである。

当事者に新たな証拠があり，判決・裁定を覆すに足りるとして再審を申し立てた事件，当事者が法院の第一審判決または裁定に対し上訴を提起せず，第一審判決・裁定の確定後，または調停書の効力発生後に再審を申し立てた事件（費用弁法9条2・3号）については，双方当事者がいずれも再審を申し立てた場合には，費用弁法29条により敗訴者が負担する（費用弁法32条）。

債務者が督促手続に対し異議を申し立てない場合には，申立費用は債務者が負担する。債務者が異議を申し立て督促手続を終結させた場合には，申立人が負担する。申立人が改めて提訴した場合には，申立費用は訴訟上の請求に組み入れることができる（費用弁法36条）。

法院の確定した判決・裁定・調停書，仲裁機関の判断および調停書，公証機関

が強制執行力を付与した債権文書の執行の申立費用，外国裁判所の判決，裁定および外国仲裁機関の判断の承認および執行の申立費用は，被執行者が負担する（費用弁法 38 条 1 項）。

仲裁判断の取消しまたは仲裁合意の効力の認定の申立費用は，費用弁法 29 条により敗訴者が負担する（費用弁法 38 条 4 項）。

訴訟中に，押収された船舶，船舶の積荷，船用燃料油，船用材料の競売，換金につき生じた合理的費用は，申立人が予納し，競売・換金の代価からあらかじめ控除し，申立人に返還する（費用弁法 39 条 3 項）。

法院に破産を申し立てる場合には，訴訟費用は破産財産から支出する（費用弁法 42 条）。

担保物権の実行にあたり，法院が担保財産の競売・換金を裁定する場合には，申立費は債務者・担保権設定者が負担する。法院が申立却下の裁定をした場合には，申立費は申立人が負担する。申立人が改めて提訴した場合には，納付された申立費は事件受理費から控除することができる（民訴解釈 204 条）。

2　当事者の協議による負担

法院調停により合意が成立した事件・離婚事件の訴訟費用，執行中に当事者に和解の合意が成立した場合の申立費については，当事者の協議による負担が認められている。協議が調わないときは，法院が決定する（費用弁法 31 条・33 条・38 条 2 項）。合意で解決した事件には勝訴も敗訴もなく，離婚事件では敗訴側に必ずしも過失があるわけでもないからである[2]。

3　自己負担

自己負担とは，訴訟の結果およびその他いかなる事情にも関わらず，特定の当事者が自ら訴訟費用を負担することをいう。費用を発生させた当事者が相応の費用を負担し，申立人が申立事項の費用を負担する場合，不適切な訴訟行為により発生した費用につき行為者が負担する場合があり，具体的には以下のようである。

当事者に新たな証拠があり，判決・裁定を覆すに足りるとして再審を申し立てた事件，当事者が法院の第一審判決または裁定に対し上訴を提起せず，第一審判

---

2)　李浩『民事訴訟法学〔第 2 版〕』（法律出版社・2014 年）360 頁参照。

決・裁定の確定後，または調停書の効力発生後に再審を申し立てた事件（費用弁法9条2・3号）については，再審を申し立てた当事者が負担する（費用弁法32条）。

原告または上訴人が訴えまたは上訴の取下げを申し立て，法院が認める裁定をした場合には，事件受理費は原告または上訴人が負担する（費用弁法34条1項）。独立の請求権を有する第三者が参加の訴えを取り下げ，または被告が反訴を取り下げた場合にも，同様に自己負担の原則が適用される。

当事者が法廷調査終結後に訴訟上の請求を減額する場合には，減額された部分の受理費は請求の変更をした当事者が負担する（費用弁法35条）。

公示催告の申立費は申立人が負担する（費用弁法37条）。

保全措置の申立てにより納付しなければならない申立費（費用弁法10条2号）は，申立人が負担し，申立人が訴訟を提起した場合には，その申立費を訴訟上の請求に組み入れることができる（費用弁法38条3項）。

海事請求保全，海事強制令を訴訟提起前に申し立てるときは，申立費は申立人が負担し，申立人が訴訟を提起した場合には，申立費を訴訟上の請求に組み入れることができる。海事証拠保全を訴訟提起前に申し立てるときは，申立費は申立人が負担する。海事賠償責任制限基金の設立，海事債権登記および返済，船舶優先権催告事件の申立費は申立人が負担する。海事賠償責任制限基金の設立，船舶優先権催告手続における公告費用は，申立人が負担する（費用弁法39条）。

当事者が自らの原因により挙証期間内に挙証できず，二審または再審期間に新たな証拠を提出することにより訴訟費用の増加が生じたときは，増加した訴訟費用は当該当事者が負担する（費用弁法40条）。

特別手続により審理する事件の公告費は，訴えを提起した者または申立人が負担する（費用弁法41条）。

4　訴訟費用負担の救済メカニズム

訴訟費用の負担自体は，紛争の解決に伴い派生する問題であるため，第二審手続の意味のない開始と司法資源の無駄を防ぐため，訴訟費用の決定のみのために上訴を提起することはできない。しかし，訴訟費用の負担の問題が当事者の経済的利益に直接関わり，当事者間の勝敗に反映されるために，それのみでの救済をしないことが合理的であるとは限らない。よって，当事者は法院の訴訟費用の決定についてのみ異議を有する場合には，決定をした法院院長に再議を申し立てる

ことができる。再議の決定は，当事者の申立て受領後15日以内にしなければならない。法院の訴訟費用の計算の決定に異議あるときは，決定をした法院に再議を申し立てることができ，計算に誤りがあるときは，更正しなければならない（費用弁法43条）。

六　訴訟費用の管理，監督および計算組織

　訴訟費用の厳格な管理と有効な監督は，法院の法に従った費用の徴収，司法の公正に重要な意義を有する。よって，訴訟費用の納付と徴収制度は公示されなければならず，法院の訴訟費用の徴収には，その財務隷属関係に従い国務院財政部門または省級人民政府財政部門の印刷された財政領収書を用い，事件受理費・申立費全額を財政に上納し，予算に納入し，収支両面管理を行う。また，法院は訴訟費用の徴収にあたっては，当事者に費用納入証明書を交付しなければならず，当事者は費用納入証明書により指定代理銀行に費用を支払う。当事者に費用を返還しなければならない場合には，法院は国家関係規定に従い処理しなければならない。訴訟費用の国庫への納入および返還の具体的規則は，国務院財政部門が最高人民法院と協議のうえ別途制定する。また，辺境，水上，交通の不便な地域において，基層巡回法廷が当地で審理をするにあたり，当事者が指定代理銀行に訴訟費用を納付することが困難であるときは，基層巡回法廷は当地で訴訟費用を受領することができ，当事者に省級人民政府財政部門の印刷された財政領収書を交付する。省級人民政府財政部門の印刷された財政領収書を交付しないときは，当事者は納付を拒む権利を有する（費用弁法52条）。

　事件審理終了後，法院は訴訟費用の詳細な明細と当事者が負担しなければならない額を書面により当事者に通知するとともに，判決書，裁定書または調停書に各当事者の負担しなければならない額を明記しなければならない（費用弁法53条）。価格主管部門，財政部門は費用徴収管理の職責の分担に従い，訴訟費用に対し管理と監督を行う。費用弁法の規定に反する徴収行為については，法律，法規および国務院の関係規定に従い処分する（費用弁法54条）。訴訟費用は人民元を計算単位とし，外貨により訴訟費用を納付するときは，法院が事件受理日の国家公布の為替レートにより人民元に換算して決定した計算に従い納付する。上訴事件と再審申立事件の訴訟費用は，第一審法院の事件受理費の国家公布の為替レートにより換算した決定による（費用弁法55条）。

第二節　司法救助

一　司法救助の概念と展開

　司法救助は訴訟救助ともいい，中国の民事訴訟では，法院が訴訟費用の納付が困難である当事者に対し，その申請により訴訟費用を猶予・減免する制度をいう。

　司法救助は法律扶助とは異なる。中国でいう法律扶助とは，各級司法行政部門の監督管理の下，各級弁護士協会の協力の下に，国家が設立した法律扶助機関が職員を配し，または弁護士事務所が派遣した弁護士が，経済的困難な公民と特別の事件の当事者のために法律コンサルティング・代理・刑事弁護等，無償で法的サービスを提供する法律制度である。法律扶助は政府の責任であり，具体的には，各級司法行政部門の監督と管理責任および法律扶助機関自体の計画・実施責任となり，各級弁護士協会も法律扶助について協力の責務を負わなければならない。これに対し，司法救助は法院の責任である。また，法律扶助の対象は，経済的困難な公民と特別な事件における当事者であり，その範囲は司法救助の対象である訴訟費用の納付が困難である当事者より広い。しかし，司法救助と法律扶助とは連携もしており，法律扶助を受けている当事者が訴訟費用の猶予を申請したときは，法院は認めなければならない（費用弁法47条3項）。

　中国では，訴訟費用の猶予・減免については，1984年に，最高人民法院が民事訴訟費用徴収弁法に規定したのに始まり，すでに失効した1989年の人民法院訴訟費用徴収弁法に，また1991年の民訴法にも規定されたが，運用には至らず宣言に留まった。司法救助という概念とその手続は，1999年の「『人民法院訴訟費用徴収弁法』補充規定」に初めて規定された。2000年には，「経済的に困難がある当事者に対する司法救助に関する規定」が最高人民法院より公布，施行され，これにより中国の司法救助制度は重要な役割を発揮することになる。2005年には改正され，「経済的に困難がある当事者に対する司法救助の提供に関する規定」として公布，施行されている。そして，2007年から，訴訟費用徴収弁法の第6章に司法救助についての規定が置かれ，中国の司法救助は新たな段階に入った。

二　司法救助の適用対象と適用場面

1　司法救助の適用対象

　司法救助の適用対象は，訴訟費用の納付が困難な当事者に限られ（費用弁法44条），訴訟費用の免除は，自然人にのみ適用され，猶予・減額は，自然人のほか，法人およびその他の組織にも適用することができる。これについては，訴訟費用徴収の割合は低いので，自然人でなければ費用をまったく免除しなければならないような経済的困難はあり得ないと考える見解もあるが，実際にはそうではなく，また，当事者の訴訟上の地位と権利の平等の基本原則に反するのではとの指摘がある[3]。外国人・無国籍者・外国企業および組織が司法救助を受けることができるか否かについては直接の規定はないが，同等の原則（中国民訴5条1項）に基づき，外国当事者も中国で内国民待遇を有する場合には，訴訟費用の納付が困難であるときには，猶予・減免を申請することができなければならない。ただし，外国裁判所が中国の公民，法人またはその他の組織に対し，その本国の公民，法人またはその他の組織と訴訟費用の納付の上で差別的取扱いをするときは，対等の原則により処理される（中国民訴5条2項，費用弁法5条2項）。

2　司法救助の適用場面

　司法救助の申請に対し，訴訟費用を免除しなければならない場合としては，1) 身体障害者で固定した生計の出所がないとき，2) 親の扶養料・扶養料・養育費・救済金を請求するとき，3) 最低限の生活保障の対象，農村の極貧の定期救済の対象，農村の衣食住，医療，埋葬費等の保障の対象または失業保険金を受け取り，その他の収入のないとき，4) 義勇のため，社会公共の利益のために自身の合法的権益に損害を受け，本人またはその近親が賠償または補償を請求するとき，5) 確かに免除しなければならないその他の場合である（費用弁法45条）。

　訴訟費用を減額しなければならない場合としては，1) 自然災害等，不可抗力により生活の困難が生じ，社会的救済を受けている，または家庭生産経営が継続しがたいとき，2) 国家が規定する軍人の家族としての優遇，生活や就職等斡旋の対象であるとき，3) 社会福利機関およびホームレス収容センター，4) 確かに減額しなければならないその他の場合である。法院は費用の減額を認めるとき

---

3) 趙ほか・前掲注1) 238頁参照。

は，費用の30％を下回ってはならない（費用弁法46条）。

　訴訟費用を猶予しなければならない場合としては，1) 社会保険金・経済補償金を請求するとき，2) 海上事故，交通事故，医療事故，労災事故，製造物責任事故またはその他の人身傷害事故の被害者が賠償を請求するとき，3) 関係部門の法律扶助を受けているとき，4) 確かに猶予しなければならないその他の場合がある（費用弁法46条）。

3　司法救助の申請と審査許可

　司法救助は，当事者の申請を前提としなければならない。司法救助の申請は，訴え提起または上訴時に書面により申請し，経済的困難を証明するに足る証明材料およびその他の関係証明材料を提出しなければならない。生活の困難のため，または基本的生活費を請求するために訴訟費用の減免を申請する場合には，さらに本人とその家庭の経済状況が当地の民政・労働保障等部門が規定する公民経済困難基準を満たすことの証明を提出しなければならない（費用弁法48条1・2項）。

　法院は，申請書面と関係証明材料を審査し，合格したときは認めなければならないが，猶予の申請の場合には，立案の決定前に猶予を認める決定をしなければならない（費用弁法49条）。訴訟費用の減免を認めるときは，その後の法律文書に明記しなければならない（費用弁法51条）。司法救助の申請を認めない場合には，当事者に書面で理由を説明しなければならない（費用弁法48条3項）。

　なお，法院が司法救助をし，相手方当事者が敗訴した場合には，訴訟費用は相手方が負担し，相手方が勝訴したときは，司法救助を申請した当事者の経済的状況を見て，訴訟費用の減免を決定することができる（費用弁法50条）。司法救助は勝訴・敗訴によって変わるものではなく，あくまでもその経済的困難に着目して可否の検討がなされる。これは，前述の訴訟費用徴収の意義からすれば，理由なく争い敗訴した当事者でも司法救助を受けることになり，訴権の濫用につながるのではとの懸念もあるが，社会全体から見れば，そうした場合は少数であり，訴訟費用納付が困難である当事者の訴訟上の権利の行使の保障とその合法的権益の保護に積極的な意義を有するものと解される[4]。

（小嶋明美）

---

4)　趙ほか・前掲注1) 239頁参照。

第 11 章　訴訟費用と司法救助に関するコメント

一　訴訟費用の日中比較

　訴訟費用については，2012 年中国民事訴訟法改正において変更がない。また，費用の具体的な基準は現在，訴訟費用納付弁法（以下，費用弁法と略称する。1989 年に施行された「人民法院訴訟費用徴収弁法」から 2007 年施行の現行法へと法改正した。同改正の意義については韓・本書第 1 編 85 頁以下を参照されたい）が定めるが，こちらも今回の改正では変更がない。そのため，本章に対するコメントは，簡潔なものとならざるを得ない。

　なお，司法アクセスの観点から日中の訴訟費用に関する制度を概観すると，いずれが国民に対して広い司法アクセスを保障しているかは，即断が難しい面がある。

　まず，中国における訴訟費用は，日本と同様のスライド制を採り，訴額に対する割合も，日本に比してやや高額ではあるが，それほど大きな違いはないといえそうである。なお，1989 年に施行された「人民法院訴訟費用徴収弁法」と比べると，事件受理費はおおむね増額傾向にあるが，これは，人民元の貨幣価値の推移に応じたものと理解することも可能であろうか。他方，労働事件の受理費が極端に低額化している（費用弁法 13 条 4 項）のは興味深いが，政策的な改正と推測する。また，財産保全事件，破産事件における手続申立費用には，それぞれ 5,000 元，30 万元のキャップ（申立費用の上限）がかけられている。これも政策的な改正と推測される。個人的には魅力的な制度に映るが，もっとも，日本法における民事保全の際の担保提供や，倒産事件における申立費用の納付などとは問題状況が異なり，直接に対応させることは困難であろう。

　次に，日本における訴訟コストの大部分は，実際は弁護士費用が占めており，これを国民の司法アクセス，特に少額事件における司法救済を阻害する要因として指摘することができる。しかし，中国の弁護士費用は日本に比して低額のようであり，弁護士費用が司法アクセスの障害となることは少ないようである（小嶋

明美教授からの御教示による)。

　さらに，中国における費用弁法は，訴訟費用の猶予・減額・免除を認める。これは，支払猶予しか認めない日本の訴訟救助と比べれば，より利用者の保護に厚いといえる（日本における当事者の経済的支援は，比較法的に見ても極めて遅れていると批判される）。また，法律援助（日本における法律扶助）も，費用の減額・免除を行えるとされているが，その要件となる経済的な困難がどの程度か，定まった解釈がないようである。日本においては，生活保護受給レベルの当事者については，最終的に費用の減免が認められるとされる。

二　少額訴訟制度における訴訟費用

　関連制度を概観すると，今回の改正では，少額訴訟制度が創設されたこと（中国民訴162条）が，訴訟制度利用に際して大きな意味を持とう[1]。中国においては事物管轄の明文規定がないが，運用上，基層人民法院と中級人民法院との管轄に関する訴額基準は，50万～1,000万人民元とされており（日本円にして750万円～1億5,000万円程度），実質上多くの事件が基層人民法院の管轄となる。そこで，旧142条以下でも，受理から3ヶ月以内に審理を終結する簡易手続が設けられた。これは事件の経済規模ではなく，事実関係や権利義務関係が明確であるか否かが手続の利用要件となっていた。

　これに対して，2012年改正で新設された少額訴訟制度は，簡易手続で処理可能な事件の中で，さらに訴額が各省・自治区・直轄市前年度の就業者年平均賃金の100分の30以下の事件について，一審終審で事件を処理することとした。訴額について定額の数値を文言に含めなかったのは，中国国内において地域ごとに経済格差が激しいことによる。

（上田竹志）

---

[1]　以下，上原敏夫・江藤美紀音・金春・白出博之・三木浩一「特別座談会 中国への法整備支援事業の現状と課題」論究ジュリスト5号（2013年）223頁〔金春〕に負うところが大きい。

第12章　第一審通常手続

第一節　第一審通常手続概説

一　第一審通常手続の意義

　第一審通常手続［普通程序］とは，人民法院が第一審民事事件の審理に一般的に適用する手続である。通常手続は，実際の各種訴訟手続において通則的な作用を営み，すべての民事裁判手続の基礎をなすものである[1]。中国民事訴訟法は，その第12章「第一審通常手続」に関連規定を置いているが（中国民訴119条以下），さらに中国の民事裁判実務においては，最高人民法院が制定した通常手続に関する司法解釈が存在しており（民訴解釈208〜255条），これらが一体をなして通常手続における実際の運用を規範化している。

二　第一審通常手続の特徴

　第一審通常手続の特徴として，一般に次の二点が指摘されている。

1　手続の系統性と完全性

　中国民訴法第12章「第一審通常手続」の基本的構成からも明らかなように，通常手続では，訴えの提起と受理，審理前の準備，開廷審理，訴訟停止と終結，判決と裁定という五つの節を含んでいる。これらの各訴訟段階は，順番に連結しており，かつ系統的に完備され合理的科学的に配置され，裁判活動と訴訟活動の基本的な経過と規律を体現している。これらの内容から，通常手続は系統性と完全性を有するとされ，各訴訟段階の具体的内容と必要となる訴訟上の制度につい

---

1) 江伟・肖建国主編『民事诉讼法〔第7版〕』（中国人民大学出版社・2015年）276頁，肖建国編『民事诉讼法』（中国人民大学出版社・2013年）132頁，赵刚・占善刚・刘学在『民事诉讼法〔第3版〕』（武汉大学出版社・2015年）240頁参照。

て定めている。

2 適用範囲における広汎性と通用性

　第一審通常手続は，民事手続の一般規定として，原則としてすべての第一審民事事件に適用されるだけでなく，人民法院が第一審簡易手続や上訴事件を審理する場合においても，各手続の特別規定が優先適用される場面を除き，これが参照適用される[2]。通常手続の適用範囲における広汎性と通用性が指摘される所以である。

第二節　訴えの提起と受理

一　訴えの提起

1 訴え提起の意義

　訴えの提起とは，公民・法人・その他の組織が，その財産関係ないし人身関係等の民事権益に起因して他者と紛争が生じた場合に，その一方が自己名義により人民法院に対し裁判を通じた司法的保護を求める訴訟行為である。

　法律上の性質からいえば，訴えの提起は，公民・法人・その他の組織が自己の合法的権益を保護するために国家裁判機関に対し司法権行使を求めるという重要な訴権行使の具体的発現であり，民事訴訟法律行為の一種として，法定条件に適合することを前提に民事訴訟手続の発生・進行を生じさせる。中国民訴法が不告不理原則を採用することにより，当事者の訴え提起さえあれば民事訴訟手続を開始することができ，当事者の訴え提起が法定条件に適合していれば，法院はこれを受理して訴訟の起点となる。訴えの提起は当事者の一方的訴訟行為であり，これがいったんなされれば，相応する法的効果，すなわち訴えの提起時において法院との間に訴訟法律関係が生じ，当事者の訴えを提起する権利に対応して，法院は当事者の訴え提起につき法に基づき審査を行い，受理するかどうかを決定する義務を負う。

　中国民訴法の規定によれば，原告の訴え提起により発生する法的効果として，1）原告の訴え提起に対して法院が審査を行い，立案するかどうかを決定する。

---

[2]　中国民訴177条が，第15章「特別手続」の章に規定なき場合に民訴法およびその他の法律の関連規定を適用するとの規定には，第一審通常手続の適用を含む（趙ほか・前掲注1) 241頁参照）。

立案決定後には事件は審理前の準備段階に進み，不立案を決定する場合は裁定書面を作成し，当事者は不服申立てが可能となる。2）同一事実，理由による同一訴訟請求を同一被告に対して提起する二重起訴が禁止される。3）原告の訴え提起により開始された手続は，法律が定める場合（訴え提起の条件不適合による不受理や原告の訴え取下げ等）を除き，何人もこれを自由に終了させることはできない[3]。

2　訴え提起の要件

上記のように，原告の訴えの提起行為は，訴訟手続開始の起点であるが，原告の提起した訴えが法院によって立案受理されるためには，法律所定の条件を具備しなければならない。当事者の合法的権益を保護すると同時に，提訴に対する人民法院の審査を行いやすくするために，法律が訴え提起の条件について，一定の規範化を図ることが必要であり，このことは原告が正式に提訴する前に，訴訟目的・訴訟対象・受訴法院等の一連の事項について全面的に考慮を加え，とりとめのない濫訴を防止するのに役立ち，裁判秩序の規範化にも有用であることが考慮されている[4]。

(1)　実質要件（積極要件）

中国民訴 119 条に基づき，訴え提起には次の四要件の具備が必要である。

1）原告が本案と直接利害関係を有する公民・法人・その他の組織であること（同条 1 号）。ここに「本案」とは原告と被告との間に紛争が発生し，法院に裁判を求める民事法律関係を指し，「利害関係」とは原告が当該民事法律関係との直接的な利害関係が必要であることを指す[5]。「原告が本案と直接利害関係を有する」には二つの場合が含まれており，第一に法院に保護を請求する民事権益が原告に属する場合（権利主体当事者），第二に法院に保護を請求する他人の民事権益が原告による管理・保護を受ける場合（非権利主体当事者）である。注意すべ

---

3)　江・肖主編・前掲注 1) 277 頁参照。
4)　全国人民代表大会常務委員会法制工作委員会民法室編『中華人民共和国民事訴訟法〔2012 年修訂版〕』（北京大学出版社・2012 年）200 頁参照。
5)　伝統的民訴法理論による直接的利害関係原則はいかなる民事権益にもその積極的防衛者が存在しており，いったんそれが害されれば権利者は必ず法院に救済を求めるとの仮説を基礎に構築されている。なお 2012 年の民訴法改正過程では，「直接的利害関係」の要求は重すぎるとの意見もあったが，修正には至っていない（趙ほか・前掲注 1) 242 頁参照）。

きは，訴え提起の段階では，原告が直接的利害関係を有するかどうかにつき法院は形式審査を行い，一般には原告の訴状記載が基準とされている[6]。

2) 明確な被告が存在すること（同2号）。すなわち，原告が訴えを提起するに際し，訴状において被告が誰であるかを明確に特定，具体化し，原告が誰との間で紛争が発生し，誰に民事責任負担を請求するのかを明らかにし，法院が被告に対し訴訟への参加を書面通知できるようにしなければならない。この点，民訴解釈209条では「原告が提供した被告の氏名又は名称，住所等の情報が具体的かつ明確で，被告と他者を区別するに足りる場合，明確な被告が存在すると認定できる」とし，「訴状に記載された被告の情報が，明確な被告の存在を認定するに足りない場合，人民法院は原告に訴状の補正を告知することができる。原告が補正した後，なお明確な被告を確定できない場合，人民法院は不受理を裁定する」とされている。

3) 具体的な訴訟上の請求および事実，理由があること（同3号）。具体的な訴訟上の請求とは，原告が当該提訴で解決する必要がある実体上の権利主張を明確に提出しなければならないこと，つまり人民法院に対して自己の民事権益保護の具体的内容を示すべきことを指す。原告が訴訟上の請求を法院に提出する場合，その根拠となる事実と理由を提供しなければならない。原告が提供する事実は主に紛争発生の事実経過と原告被告間の民事法律関係の発生・変更・消滅に関する事実や，原告の実体的権利が侵害を受けたことまたは他人との紛争の発生事実等である。原告は，自己の提出した事実について相応の証拠を提供するとともに，事実を基礎として法律規定に基づき，訴訟上の請求を提出する理由を説明しなければならない。ただし，ここで注意すべきは，訴え提起段階での原告提出の訴訟請求，事実と理由等の証拠資料について，法院は主として形式審査を行い，紛争の存在を説明するのに足りる証拠資料があればよいことである[7]。

4) 人民法院が受理する民事訴訟の範囲と受訴人民法院の管轄に属していること（同4号）。まず①人民法院が受理する民事訴訟の範囲に属するとは，人民法院が民事裁判権を行使できる職権の範囲内にあること，つまり人民法院の主管範

[6) 江必新主編『新民事诉讼法理解适用与实务指南〔修订版〕』（法律出版社・2015年）478頁，李浩『民事诉讼法学〔第3版〕』（法律出版社・2016年）202～203頁参照。

[7) 江主編・前掲注6) 479頁。原告の主張事実が真実かどうか，理由が十分かどうかは審理段階で解決する問題であり，法院は事実でない，理由不十分等を理由として不受理とすることはできない（李・前掲注6) 202頁）。

囲の問題である。これは中国民訴3条に規定する公民間・法人間・その他の組織間およびそれら相互間において，財産関係ないし人身関係に起因して提起される民事訴訟に合致することである。訴訟事項が，人民法院が受理する民事訴訟の範囲に属さない場合，受訴人民法院は提訴者に関係機関に対して解決を申請するよう告知しなければならない。また②受訴人民法院の管轄に属していることが必要である。すなわち，原告が提訴するには，本法第2章の管轄関連規定に基づき，当該事件の管轄権を有する人民法院に対して提起しなければならない。提訴事項が受訴人民法院の管轄に属さない場合，受訴人民法院は当該事件を不受理とし，提訴者に管轄権を有する人民法院に対して提訴するよう告知する[8]。

(2) 訴え提起の消極要件

中国民訴119条の定める訴え提起の条件は，積極要件を定めるだけであり，原告の訴え提起と同時に具備すべき条件である。この他に，訴え提起について法院が受理するには，後述する中国民訴124条所定の要件，およびその他の消極要件（妨訴要件）をクリアすることが必要である[9]。

1) 重複訴訟に属さないこと（民訴解釈247条）[10]。

2) 法律が定める一定の期限または期間内に提訴を禁じられる場合に属さないこと（婚姻法34条参照）。

3) 双方当事者が契約紛争およびその他の財産紛争について書面で仲裁合意をし，仲裁機関に対して仲裁を申立てしていないこと。

4) 前置手続が必要とされている場合に前置手続を経ていないこと。

(3) 訴え提起の形式要件

1) まず中国民訴120条は1項で「訴えの提起については，人民法院に対して

---

[8] 江主編・前掲注6) 479頁参照。

[9] 張卫平『民事訴訟法〔第4版〕』（法律出版社・2016年）293頁，江伟主編・傅郁林副主編『民事訴訟法学〔第3版〕』（北京大学出版社・2015年）80〜81頁参照。

[10] 中国民訴法に欠けていた重複訴訟禁止に関する原則的規定について，民訴解釈247条では初めて重複訴訟の規制対象とその原則的禁止，および重複訴訟の判断基準について明確に規定している（本書巻末資料参照）。

民訴解釈の実施以前における民事訴訟実務では，一般に重複訴訟禁止の内容を「一事不再理」と呼び，司法慣例上，訴え提起または事件受理の消極的要件の一原則とされていた。もっとも，一事不再理は判決の既判力によって発生する効果であるのに対して，民訴解釈247条の規定では判決の効力発生を問題としておらず，また既判力とも関係づけられていない点に注意を要する（張・前掲注9) 293頁参照）。

訴状を提出し，かつ，被告の人数に応じて副本を提出しなければならない。」とし，同2項で「訴状を作成する上で確かに困難が存在する場合[11]には，口頭で訴えを提起することができ，人民法院が記録に記入し，かつ相手方当事者に告知する。」と定める。

2）また中国民訴121条[12]では訴状の記載事項として，①原告の氏名，性別，年齢，民族，職業，勤務先，住所，連絡方法；法人，その他の組織の名称，住所および代表者または主要責任者の氏名，役職，連絡方法，②被告の氏名，性別，勤務先，住所等の情報；法人，その他の組織の名称，住所等の情報，③訴訟上の請求および根拠とする事実と理由，④証拠および証拠の由来，証人の氏名および住所，を要求する。

3）訴状には上記の法定記載事項のほかに，受訴人民法院の正式名称および提訴日を明記した上，原告が署名または押印する。また不意打ち防止のために，原告は被告の人数に応じて副本を提出し，人民法院は被告に送達することを要する。原告の訴え提起が上述の形式要件を具備しないとき，人民法院は一定期限内での補正を命じ，補正がないときは不受理を裁定する[13]。

---

11) 中国民訴120条2項の「訴状を作成する上で確かに困難が存在する」とは，主に原告本人の文化水準または法律知識等の欠如により，自分で訴状を作成する上で確かに困難が存在するという状況を指す。また，原告が訴訟行為能力に欠け，その法定代理人が類似の原因により，訴状を作成する上で確かに困難が存在する場合も含まれる。口頭で提訴する場合，人民法院が法廷記録に記入する。法廷記録には，提訴者が署名または押印しなければならず，訴状と同等の効力を有する。人民法院は録取した原告の口頭による提訴の記録を被告に送達することができ，原告の口頭による提訴の主な内容を口頭で被告に告知してもよい（法工委編・前掲注4）201頁参照）。

12) 訴状の記載事項に関する中国民訴121条1号，2号が2012年に改正されている。まず，原告に関して「連絡方法」が新たに追加された。民事訴訟法制定当初においては，当事者の連絡方法は「住所」が中心だったが，経済・社会の発展に伴い，固定電話，移動電話，電子メール等の新しい連絡方法がすでに普及しており，法制度も時代に即して発展変化すべきとの意見によるものである。

次に，被告に関する同条2号では原告に関する記載事項とは異なり，被告の「連絡方法」を求めておらず，「被告の氏名，性別，勤務先，住所等の情報，法人，その他の組織の名称，住所等の情報」とのみ規定する。これは，原告は訴状提出において，被告の身分を十分に確定し得るその他の情報を提供することで中国民訴119条2号の「明確な被告が存在する」という要件をクリアできるからである。被告の連絡方法は，答弁書提出時に法院に提供する（中国民訴125条）。

13) さらに訴状の訂正につき民訴解釈210条を参照。

3 先行調停

(1) 先行調停の意義

中国民訴122条は先行調停の原則を定める。先行調停とは，当事者が人民法院に訴えを提起した後，法院の立案に至るまでの間に，調停に適する，提訴された民事紛争について先に調停を行い，当事者に合意方式による紛争解決を促すものである。先行調停を行うことは，手続運用の簡易化および民事紛争の解決促進に資するものである[14]。

(2) 先行調停の要件等

1) 先行調停の適用範囲は，当事者が人民法院に訴状を提出または口頭で提訴した後，法院による立案登記または訴え受理前の段階での「民事紛争」である（中国民訴133条2号所定の法院による立案登記または訴え受理後で開廷審理前の段階において行う廷前調停［審前調解］とは区別される）[15]。

2) 当該民事紛争が「調停に適する」と法院が認めることが必要である。「適する」の判断は，当該民事紛争の性質と当事者の実際の状況に基づき，調停方式による解決が相応しいかどうかを具体的に検討する。

3) 先行調停は当事者の申立ておよび法院の職権により開始できるが，その進行は当事者の意思に反してはならず，当事者が先行調停を拒まないことが必要である。当事者が先行調停を拒んだ場合，または協議により決定した時間，指定の時間内に調停合意を達成できない場合，人民法院は法に基づき，速やかに立案しなければならない。

4) 先行調停の具体的方法には，①委託調停方式，すなわち法院から人民調停委員会その他の組織に対する委託調停で行うものと，②事前立案［預立案］方

---

[14] 2012年民訴法改正では以下の提案があった。すなわち，旧法9条の人民法院は民事事件の審理にあたり，自由意思と合法の原則に基づいて調停を行わなければならないとの規定は，開廷審理後に初めて調停を行うことができるという意味に読み取られやすいため，法律で立案前の調停と立案後・審理前の調停を明確に規定し，多元的な調停システムを審理前手続に導入すること。また，2009年最高人民法院「訴訟と非訟がリンクした矛盾・紛争解決機構の構築・整備に関する若干の意見」ではすでに立案前と立案後開廷までの調停について規定を定めており，実務上も良好な効果を上げていることから，司法実務の中で得られた積極的な成果経験を法律レベルまで引き上げること等である。かかる背景に基づき，2012年民訴法改正では先行調停に関する規定が新設されたものである（法工委編・前掲注4）204頁参照）。

[15] 趙ほか・前掲注1）245頁参照。

式，すなわち法院が当該提訴事件を預立案登記後に当事者の意見を聞き，先行調停に同意する場合に法院立案廷の法官等が調停を行うものがある（調停合意に至らなければ正式立案を行い，訴訟手続を進める）[16]。

5）先行調停により当事者の合意が成立したとき，当事者の提訴事実が法定の立案受理条件に合致する場合には，法院は直ちに法に基づき立案登記と提訴受理を行い，法97条，98条に従って調停書を作成し，法に基づき事件は終了する。他方，先行調停によっても当事者に合意が成立しない場合，当事者の提訴事実が法定の立案受理条件に合致するとき，法院は法に基づき立案登記と提訴受理を行い，中国民訴133条による事件分流処理を経て廷前調停または法に基づく開廷審理を行うことになるが，さらに開廷審理の過程でも調停実施は可能である。

二　受理

1　受理の意義と手続

(1)　受理・立案

受理とは，人民法院が提起された訴えについて審査を行い，訴え提起の法定条件に適合する事件に対して，その立案を決定する裁判行為である。また，立案は訴訟手続の発動開始を表明する[17]。

(2)　手続・訴え提起の審査と立案

1）訴え提起の審査業務は，通常法院の立案廷が担当する。原告の訴え提起を受領した後，人民法院は直ちに法に基づき審査を行う。審査は第一に原告の訴え提起が法律の定める積極要件（中国民訴119条）と消極要件について行い，要件を具備する場合は受理しなければならず，具備しない場合は不受理とする。第二に原告の訴え提起手続の適式性（訴状の記載要件，被告人数分の訴状副本等）を審査し，その内容に欠缺があれば期限内の補正を命じる。

2）人民法院は訴えの提起に対する審査を行った後，審査結果に基づいて立案登記をするかどうか，つまり受理するかどうかを決定しなければならない。この点，2012年改正の中国民訴123条[18]は当事者の提訴権保障を強調する観点から，

---

16) 李・前掲注6) 238頁。なお実務では，立案後に法院立案廷が，事件を審判廷に送る以前に先行調停として実施する例もある。

17) 李・前掲注6) 203頁参照。

18) 2012年改正では，当事者の訴訟上の権利保障に重点が置かれ，人民法院に対して119条所定の提訴条件に合致する場合は必ず受理するよう求めると同時に，人民法院の立案行

「人民法院は，当事者が法律の規定に基づき訴えを提起する権利を保障しなければならない。本法119条に適合する訴えの提起は，必ず受理しなければならない。訴えの提起に関する条件に適合する場合，7日以内に立案し，かつ当事者に通知しなければならない。訴えの提起に関する条件に適合しない場合は，7日以内に裁定書を作成し，受理しない。原告が裁定に不服の場合には上訴を提起できる」と規定する。すなわち，法院の審査期限は，人民法院が訴状を受領した翌日から起算して7日以内とされており，訴状に欠缺がある場合には補正後の訴状が法院に交付された翌日から起算される[19]。

3）さらに2015年2月4日発布施行の民訴解釈208条において法院の処理が詳細に定められている[20]。

4）以上の中国民訴法および民訴解釈の規定は，いずれも立案審査制採用を前提としているが，さらに公民・法人・その他の組織の訴権行使を保護し，人民法院の法に基づく速やかな事件受理を実現するため，民訴法を根拠として最高人民法院は「立案登記の若干の問題に関する規定」[21]において，第一審の民事事件提

為のさらなる規範化を図り，原告の訴えを立案しない場合には民事裁定書を作成するものとし，立案手続上から口頭で立案しない旨の裁定を下すという状況が発生するのを防止しており，「立案難」現象を克服する趣旨である（法工委編・前掲注4）205頁参照）。

19）法工委編・前掲注4）204頁参照。

20）民訴解釈208条の注目すべき点として，提訴条件の具備を判定できない場合，提訴資料を受領し，受領日が明記された受領証を発行する点（同条1項後段）が指摘されている。すなわち，これにより，法院に対して法定期間内での立案審査の完成と，法に基づく関連裁定書の作成を促すのに有利であり，さらに裁判実務で法院が一定の事件を不受理とし，または不受理の裁定書を作成しないため，上訴方式による当事者の提訴権保護を困難ならしめている状況を改善でき，「立案難」対策として期待できる（江・肖主編・前掲注1）279頁参照）。

21）2015年4月13日最高人民法院裁判委員会決定，同5月1日施行「立案登記の若干の問題に関する規定」は全20条，すなわち立案登記の範囲その1（1条），現場での立案（2条），訴状モデルの提供等（3条），民事訴状の形式要件（4条），刑事自訴状の形式要件（5条），訴え提起時の提供資料（6条），書面告知（7条），立案期間と事前立案（8条），法律に合致しない訴え提起の処理（9条），立案登記しない場合（10条），訴訟費用納付（11条），立案登記後の事件移送（12条），立案監督（13条），立案服務（14条），多元化紛争解決機構の運用（15条），立案登記秩序の法による擁護（16条），訴え提起と自訴の概念（17条），立案登記の範囲その2（18条），人民法廷の立案登記（19条），施行期日（20条）からなる（その解説書として，景汉朝主編・最高人民法院立案廷編著『最高人民法院关于登记立案司法解释理解与适用』（人民法院出版社・2016年），赵ほか・前掲注1）247〜248頁，江・肖主編・前掲注1）280頁参照）。

訴，行政事件提訴および刑事自訴における立案登記制の一体的適用と，その具体的適用に手配を行っている。すなわち，当事者の訴え提起が形式要件に合致すれば，法院立案廷は直ちに立案登記を行い，これを受理する。その後，当事者適格・事件が法院の主管に属するか・管轄権の有無等の問題審査は，事件の配点を受けた裁判官等によって審査されるとし，これにより当事者に十分な手続保障を与えるものである[22]。

5）立案手続の完成は，人民法院の原告の訴え提起の受理に示されており，民事訴訟手続はここから正式に開始され，民事訴訟法律関係が正式に発生し，訴訟係属もここから確立されることになる。

2 受理の法的効力

人民法院の審査を経て，原告の訴えの提起が立案受理を決定された場合，以下の法的効力が発生する。

(1) 受理の手続法上の効力[23]

1）事件が特定法院に係属し，受訴法院は当該事件の審判権を取得し，他の人民法院が同一事件に審判権を行使することは排除される。同時に法院は法に基づき当該事件に対して審理，裁判を行う職責を負担し，法定の原因がない限り，事件審理を停止することは許されない。また管轄権が恒定され，当初確定された管轄権の要素に変化が生じても，受訴法院の管轄権に影響しない。さらに，中国民訴法上，法院の事件審理に審理期限が規定されている場合，法院の立案受理の日から審理期限は起算される。

2）双方当事者と人民法院との間で民事訴訟法律関係が発生する。双方当事者は原告・被告としての訴訟上の地位を取得し，法が付与した訴訟上の権利を享有し，かつ相応する訴訟上の義務を負担して訴訟行為を実施する。この当事者恒定の効力により，不適格な当事者の変更や当事者の訴訟上の権利義務が変更した場

---

22) 江・肖主編・前掲注1) 280頁。2015年5月1日からの立案登記制度実施により，当事者が形式要件に適合する訴状を提出しさえすれば，人民法院はこれをすべて受理し，法定期間内に法に従って処理することが要求されており，同年5〜12月の全国法院の登記立案件数は994万4,000件で，前年同期に比べて29.54％増加，即日の立案登記率は95％に達しており，このうち民事事件が同26.45％増，行政事件が同66.51％増，刑事自訴事件は同58.66％増である（最高人民法院『中国法院的司法改革』（人民法院出版社・2016年）30頁参照）。

23) 江・肖主編・前掲注1) 280頁，李・前掲注6) 203頁，肖編・前掲注1) 135頁参照。

合に限り当事者の変動が許される。

3）法院の受理立案により，原告の訴訟請求は固定された状態に置かれ（訴訟物の恒定），法に基づく手続を経ずに原告は訴訟請求を自由に追加・変更することはできない。また当事者は，同一の紛争を他の法院に対して提訴できなくなり，その他の法院としても当事者が同一紛争について提起した訴訟を受理することは許されない（重複訴訟の提訴および受理の禁止）。

4）訴訟法律関係の発生時期，それが原告の訴え提起の効果か，法院による受理の効果かについては争いがあり，法院による受理後に初めて訴訟が開始され，訴訟法律関係が発生するというのが一般的な見解である[24]。

(2) 受理の実体法上の効力

訴え提起の受理による実体法上の効果として，訴訟時効の中断（民法通則140条）が認められ，訴訟時効期間は中断時から改めて計算される。法院が不受理裁定をした場合，不受理裁定の効力発生日を起点として訴訟時効は連続して計算されるが，当事者の訴え提起から不受理裁定の効力発生までの間の時間は訴訟時効期間から控除される[25]。

3 特殊な状況の処理

中国民訴法および最高人民法院の司法解釈によれば，当事者の訴え提起に以下の特別な状況があるとき，受理，または不受理の処理を行わなければならない。

---

24) 有力説は，従来の観点のように，法院の訴え提起の受理後に初めて訴訟が開始されるとすれば，原告の訴え提起後に受理がなされない場合は，事件は訴訟状態に置かれていないことになり妥当でないとする。中国の訴え提起制度の「高層化」が相当部分の事件不受理を招いている結果，多くの訴訟法律効果発生に受理が必要と解されているが，たとえ受理されていなくとも，すでに当事者が訴えを提起していれば法院が事件を終結する段階までは訴訟状態が存在して一定の法的効果を生じていること，とりわけ重複訴訟禁止効の発生を強調する（张・前掲注9）297頁）。この見解は，民法通則140条による訴訟時効中断効も，同規定の文言通りに訴え提起の効果と位置づけているが，訴え提起後の不受理，訴え却下，訴え取下げの場合については訴訟時効中断効を否定している（张卫平『民事訴訟法〔第3版〕』（中国人民大学出版社・2015年）250〜251頁参照）。

25) 江・肖主編・前掲注1）280頁。中国民法通則第7章は，社会主義法系の影響により，実体法上の権利の消滅時効ではなく，訴権の消滅に限られる訴訟法上の効力と構成し「訴訟時効」と表現する。（高見澤磨・鈴木賢・宇田川幸則『現代中国法入門〔第7版〕』（有斐閣，2016年）151頁）。他方，中国の民法学説では，訴訟時効（消滅時効）の対象・客体は請求権であり，訴権ではないとの理解が一般的である（张・前掲注9）297頁参照）。

(1) 受理すべき場合

1) 不受理，訴え却下の裁定がされた事件につき原告が再び提訴し，提訴条件を具えかつ中国民訴124条に規定する事由に該当しない場合，人民法院はこれを受理しなければならない（民訴解釈212条）。

2) 原告が訴えを取り下げた，または人民法院が訴え取下げとして処理した後，原告が同一の訴訟請求により再び提訴した場合，人民法院はこれを受理しなければならない（民訴解釈214条1項）。

3) 夫婦の一方が行方不明となり，他方が人民法院に提訴して離婚のみを求め，行方不明者の失踪または死亡の宣告を申し立てない事件につき，人民法院はこれを受理し，行方不明者に対して訴訟文書を公示送達しなければならない（民訴解釈217条）。

4) 扶助料，扶養料，養育費に関する事件について，裁判の法的効力が発生した後，新たな状況，新たな事由により，一方当事者が再び提訴し，費用の増加または低減を求める場合，人民法院は，これを新事件として受理しなければならない（民訴解釈218条）。

5) 当事者が訴訟時効期間の経過後に提訴した場合，人民法院はこれを受理しなければならない。受理後相手方当事者が訴訟時効の抗弁を提出した場合において，人民法院は審理の上で抗弁事由が成立すると認めるとき，原告の訴訟請求を棄却する判決を下す（民訴解釈219条）。

6) 裁判の法的効力が発生した後，新たな事実が発生し，当事者が再び訴訟を提起する場合，人民法院はこれを受理しなければならない（民訴解釈248条）。

(2) 不受理とすべき場合

中国民訴124条および民訴解釈の関連規定により，人民法院は，訴え提起に以下の状況があった場合にはこれを不受理とし，状況別に処理を行う。

1) 行政訴訟法[26]の規定により，行政訴訟の事件受理範囲に属する場合には，原告に行政訴訟を提起するよう告知する（中国民訴124条1号）。民事事件と行政事件とは事件の性質を異にし，異なる訴訟手続を適用すべきだからである。

2) 当事者が書面契約において仲裁条項を合意し，または紛争が発生した後に書面の仲裁合意を締結しており，一方当事者が人民法院に提訴する場合，人民法

---

26) 中国行政訴訟法は1990年10月1日に施行され，さらに2014年11月1日の改正決定では事件受理範囲が拡大されており，新法は2015年5月1日から施行されている。

院は原告に対し仲裁機関に仲裁を申し立てるよう告知しなければならず，当該当事者がなお提訴する場合，不受理を裁定する。ただし，仲裁条項または仲裁合意の不成立，無効，失効，内容の不明確により執行できない場合を除く（中国民訴124条2号，民訴解釈215条）[27]。

3) 法律の規定により，その他の機関が処理すべき紛争については，関係機関に対して解決を申し立てるよう原告に告知する（中国民訴124条3号）。行政不服審査［行政复议］の前置が典型例である。

4) 人民法院の管轄権に属しない事件については，管轄権を有する人民法院に提訴するよう原告に告知する。原告がなおも提訴する場合は不受理を裁定する。立案後に管轄権を有しないことを発見した場合，事件を管轄権のある人民法院に移送しなければならない（中国民訴124条4号，民訴解釈211条）。

5) 判決・裁定・調停書がすでに法的効力が生じている事件で，当事者が再度訴訟提起を行った場合，原告に対して再審の申立てを告知する。ただし，人民法院が訴え取下げを許可した裁定を除く（中国民訴124条5号）[28]。

6) 法律の規定により，一定期間内に訴え提起することができない事件[29]で，訴え提起できない期間内に訴えを提起したものは受理しない（中国民訴124条6

---

27) 仲裁合意の審査につき民訴解釈216条（本書巻末資料参照）。

28) 中国民訴124条5号につき，2012年改正では「調停書」に関する内容を追加するとともに，「原告に上訴に従って処理するよう告知する」を「原告に再審を申し立てるよう告知する」に改めている。当事者がすでに効力が生じている判決，裁定に誤りがあると認める場合は，一つ上級の人民法院に再審を申し立て，再審手続によって解決するしかないが（中国民訴199条），さらにすでに法的効力が生じている調停書については，当事者が，調停が自由意思の原則または調停合意の内容に違反し，法律に違反することを証明する証拠を提出した場合は，再審を申し立てることができる旨の規定が新設されている（中国民訴201条）。そこで法律制度の相互連携に鑑み，本号では「調停書」に関する内容が追加されている。また本号但書では，人民法院の裁定によって訴え取下げが認められた場合に当事者の再度の提訴を認めている。原告による訴え取下げは，その訴訟上の権利に対する処分に過ぎず，実体的権利の放棄を意味するわけではないこと，訴訟手続面からすれば人民法院は裁定方式により原告による訴え取下げを認めたことは，原告による自らの訴訟上の権利に対する処分に同意したことを意味するだけであることから，当事者は同一事実と理由で，同一訴訟物につき再度提訴が可能とされている（法工委編・前掲注4）207頁）。

29) 中国民訴124条6号の「法により一定の期間内に提訴してはならない事件」とは，主に婚姻法34条・婦女権益保障法45条による，女性側が妊娠期間，分娩後1年以内または妊娠終了後6ヶ月以内である場合，男性側は離婚を提起してはならないという女性に対する特別保護規定を指す。女性側が離婚を提起する場合または人民法院が男性側の離婚請求を確かに受理する必要があると認める場合はこの限りでない（法工委編・前掲注4）207頁）。

号)。

7) 判決により離婚を許可せず，および調停により和合した離婚事件並びに判決または調停により養親子関係を維持する事件で，新たな事情または新たな理由なくして，原告が6ヶ月内にさらに訴えを提起したものは受理しない（中国民訴124条7号)[30]。

上記の1) 3) 4)は中国民訴119条4項の要求をさらに明確化したものであるのに対し，その他の2) 5) 6) 7)は，訴え提起の積極要件たる法119条所定の四条件を基礎として，さらに条件を付加して原告が提訴において回避すべき状況を定めており，訴え提起の消極要件ということができる[31]。

第三節　審理前準備

一　審理前準備の意義

審理前準備とは，原告の訴え提起が法院に受理された後，正式な開廷審理までの間に，事件審理の円滑な進行を保障するため，裁判官等と当事者が法に基づいて行う一連の準備作業の総称である。

審理前準備は，通常手続の重要な構成部分であり，正式な開廷審理前における法定の必要な段階である。審理前準備は，法廷審理の質を保証し，法廷審理の効率を高める上で不可欠の基礎であり，民事訴訟活動の円滑な進行を図る上で必須の前提である。この段階の作業が法に従って行われるか否かは，裁判活動の有効性と合法性に密接に関わっており，当事者が訴訟上の権利を十分行使できるよう保護し，その合法的権益を保護する上で，また法院が裁判権を正確に行使することを保障する上でも非常に重要な意義を有している[32]。

中国民訴法は第12章「第一審通常手続」第2節「審理前準備」として専門の節を置いているが，中国の訴訟体制の原因により，審理前準備には，職権関与の

---

[30]　中国民訴124条7号の趣旨は，婚姻関係，引取り・養育関係の基礎が双方の感情であることを前提に，双方に一定の時間を与えて，双方のわだかまりを解き，双方の和睦を促進するためである。ただし，6ヶ月以内に，双方に新たな衝突が生じ，感情がさらに悪化した場合，すなわち新たな状況や理由が存在する場合には，原告がまた訴訟を提起した際に，人民法院はこれを受理しなければならず，また6ヶ月後であれば新たな状況や理由がない提訴も人民法院は受理しなければならない（法工委編・前掲注4) 208頁)。

[31]　趙ほか・前掲注1) 251頁参照。

[32]　江・肖主編・前掲注1) 281頁。法工委編・前掲注4) 208頁。

特徴が反映され，法院の審理前における訴訟資料の審査と事件に対する調査が強調されている。中国における民事裁判方式の改革以来，法院の職権関与の程度は弱められており，これに相応して審理前準備業務も調整されている。中国民訴法改善の観点からは，法廷審理の効率向上を目的とした準備手続の構築が必要であり，2015年民訴解釈においても，法廷審理の効率向上を目指してより豊富な審理前準備事項等が定められている[33]。

二　審理前準備の内容

中国民訴125〜133条の規定および関連司法解釈の規定により，開廷審理前に行うべき準備の内容は以下のとおりである。

1　法定期間内における訴訟文書の送達

人民法院は立案日から5日以内に訴状副本を被告に送付し，被告はその受領日から15日以内に答弁書を提出しなければならない。答弁書には被告の氏名，性別，年齢，民族，職業，勤務先，住所，連絡方法；法人，その他の組織の名称，住所，および代表者または主要責任者の氏名，役職，連絡方法を明記する。人民法院は答弁書の受領日から5日以内にその副本を原告に発送しなければならない（中国民訴125条1項）。被告による答弁書の不提出は，人民法院の審理に影響を及ぼさない（同2項）。原告が口頭で訴え提起した場合も，人民法院は5日以内に記録の複製を被告に送付しなければならないと解されている。

期限を区切って，訴状副本を被告に送付し，答弁書副本を原告に送付することは，原告・被告双方に相手方の訴え提起または答弁の内容を速やかに理解させるためであり，双方当事者が開廷前に法廷審理に向けて準備をし，自らの合法的権益を効果的に保護するのに資する。人民法院にとってこの作業は，双方当事者の争点を理解，把握して，法廷審理活動を正確に指揮し，法廷審理の質を保証し，法廷審理の効率を高める上で有益である[34)35]。

---

33)　張・前掲注9) 303〜304頁。
34)　中国民訴125条1項の「被告は受領の日から15日以内に答弁書を提出しなければならない」とは，答弁書の提出が，被告が必ず履行すべき法定義務であることを意味しないと解するのが多数説である。答弁は被告の訴訟上の権利であり，それを行使するかしないか，どのように行使するかは被告自身が決定でき，何人も強制，制限できないこと，また答弁書不提出の場合も人民法院の審理に影響しないこと（同条2項）がその理由である。

2 訴訟上の権利の告知，合議体の構成

当事者が訴訟上の権利を十分に行使し，自己の合法的権益をよりよい形で守り，同時に訴訟手続の円滑な進行を保障するため，「人民法院は，受理を決定した事件については，事件受理通知書および応訴通知書において，または口頭により，当事者に対し関係する訴訟上の権利・義務を告知しなければならない」（中国民訴126条)[36]。

第一審通常手続により審理する事件につき，人民法院は合議体を構成して審理を行わなければならないが，「合議体の構成人員が確定した後には，3日内に当事者にこれを告知しなければならない」（中国民訴128条）。当事者が合議体構成員に対する回避申立権を有効に行使可能とする趣旨である[37]。

3 訴訟資料の審査，証拠収集が必要な証拠

開廷審理前に，事件の基本的状況を理解するために「裁判官等は，必ず訴訟資料を誠実に審査し，かつ，必要な証拠を調査・収集しなければならない」（中国民訴129条）。訴訟資料の審査とは，事件を担当する裁判官等が原告の訴状，被告の答弁書および双方の提出証拠とその他の訴訟資料に対して審査と確認を行うことを指す。審査を通じて，裁判官等に事件の経緯を一通り理解させ，矛盾紛争の焦点と係争の実質，開廷前調査の必要性，弁論の主要問題等，事件の中心部分

中国の裁判実務において被告が答弁を行わない現象が普遍的に見られることから，期限を過ぎても被告が答弁しない場合，人民法院による事件審理に影響を及ぼさないとする2項の規定は，開廷審理の円滑な進行を保障する趣旨である（江主編・前掲注6）504頁）。

35) 中国民訴125条に関連して，2012年改正過程では答弁失権制度の採否も議論されたが，結論として採用されていない。その主要な考慮は，1）中国では弁護士代理強制制度が採用されていないこと，2）不応訴判決により被告に答弁を強制することは，中国の司法実務で確立されている実体判決には必ず開廷審理を行うという実践に反すること，3）職権主義の伝統の下，実務上行われている先行調停の場において口頭方式の答弁を促すことが可能であること，4）答弁失権を採用した場合に予想される司法実務上の混乱等である（江主編・前掲注6）503頁）。

36) 法工委編・前掲注4）210頁。また証拠規定33条により，人民法院は事件受理通知書および応訴通知書の送達と同時に，当事者に対して証拠の申出通知書を送達しなければならない。証拠の申出通知書には，立証責任の分配原則と要求，人民法院に対して書証収集を申立できる状況，人民法院が事件の状況に基づき指定する証拠の申出期間・期限を経過して証拠提出した場合の法的効果について明記する必要がある。当事者の挙証を指導する趣旨である（江・肖主編・前掲注1）282頁）。

37) 法工委編・前掲注4）213頁。

を把握させることで，事件を速やかに開廷審理段階に進められるか否かを確定できる。

　中国民訴129条により，審理前準備において人民法院がなすべき「必要な証拠の調査・収集」には次の二つの場合がある。第一に，人民法院が当事者の申請に従って，事件に関係する証拠を調査・収集する場合，第二に，人民法院が職権に従って，事件に関係する証拠を自発的に調査・収集する場合であるが，これらの適用条件は異なる。

　当事者主義モデルのもとで，当事者間の訴訟上の地位の平等は「主張する者が挙証する」原則（中国民訴64条1項）に現れており，当事者は自己の提出する訴訟上の請求・事実・主張につき，証拠を提供する責任がある。しかし，裁判実務においては，当事者が自ら収集するのが困難な証拠資料ではあるが，事件の事実を明らかにする上で必要不可欠な証拠資料があり，これらは人民法院が職権により調査・収集する必要がある[38]。

　また当事者主義モデルのもとで，人民法院は裁判における中立的地位にあるとしても，事件事実の調査解明は依然として人民法院の事件審理の主要な任務である。それゆえ，特殊な状況下において，当事者が未だ調査・収集を申請していない証拠につき，人民法院が事件審理に必要と認める場合には自ら職権により調査・収集を行うこともできる[39]。

　司法実務の経験を総括して，民訴解釈96条は人民法院が職権による証拠の調査・収集が必要と認める場合につき，五つの場合を定める（本書巻末資料参照）。

　人民法院による証拠の調査・収集方法には，直接調査と委託調査がある[40]。

4　当事者の追加

　当事者の合法的権益を全面的に保護し，当事者間の紛争を徹底して解決するに

---

[38]　証拠規定17条。詳細は，本書第2編第6章参照。
[39]　証拠規定15条。詳細は，本書第2編第6章参照。
[40]　人民法院が人員を派遣して調査をさせる場合（直接調査）は，被調査人に対し証明書を提示させなければならず，調査記録は，被調査人による校閲を経た後に，被調査人および調査人が署名し，または押印する（中国民訴130条）。他方，人民法院は，他の地方の人民法院に調査を委託することができ（委託調査），調査を委託する際には，必ず明確な項目と要求を提出し，受託人民法院は，自発的に調査を補充することができる。受託人民法院は，委託書の受領後30日内に調査を完了しなければならず，事情により完了できない場合には，当該期間内に書簡により委託人民法院に告知する（中国民訴131条）。

は，必ず共同して訴訟をすべき者を当事者に追加することが必要である。人民法院の審理前準備段階における当事者の追加の範囲は，広義では，必要的共同訴訟（中国民訴52条）の原被告の追加に限らず，独立請求権なき第三者の追加をも含む[41]。

必ず共同して訴訟をなすべき当事者の追加には二つの方法があり，第一に法院の職権による追加であり，人民法院は訴訟資料の審査と審理前の調査によって，必ず共同で訴訟をなすべき当事者が訴訟に参加していないことを発見した場合は，その者に訴訟に参加するよう通知しなければならない（中国民訴132条）。

第二に当事者の申立てによる追加である。人民法院は当事者が提起した申立てに対して，審査を行い，申立てに理由がない場合，棄却の裁定を下し，申立てに理由がある場合は，追加されるべき当事者に書面で通知する。人民法院は法に基づいて共同訴訟の当事者を追加するとき，その他の当事者にも通知しなければならない（民訴解釈73条）。

人民法院は，共同訴訟の当事者を追加するにあたり，その他の当事者にその旨を通知しなければならない。追加すべき原告が，実体的権利の放棄を明らかに表明した場合，当該原告を追加しなくてもよい。訴訟参加を望まないが，実体的権利を放棄しない場合，共同原告として追加しなければならず，当該原告が訴訟に参加しないことは，人民法院による事件審理と法による判決に影響しない（民訴解釈74条）[42]。

5 手続分流

手続分流は，人民法院による民事事件受理の後に，事件の異なる状況に基づい

---

41) 司法実務では，人民法院は当事者の申立てにより，事件の処理結果と法律上の利害関係ある，独立請求権のない第三者を訴訟参加人として追加を認めている。司法解釈222条も，「原告が訴状の中に第三者を直接記入する場合，当該原告が当該第三者を訴訟参加人として追加するよう人民法院に申し立てたものとみなす。第三者に訴訟の参加を通知するか否かは，人民法院が審査の上で決定する。」と規定しているが，法院が職権により独立請求権のない第三者の追加を認める場合には，第三者の利益保護の観点からより慎重な態度と厳格な基準が必要であるとも指摘されている（江・肖主編・前掲注1）283頁）。

42) 追加すべき被告が，法により必ず出頭しなければならない被告である場合で，その者が，人民法院が通知した後に訴訟への参加出頭を拒絶し，二回の呼出状による呼出しを経ても，正当な理由なく出頭を拒絶したときは，その者に対して勾引を実行することができ，その在廷を強制して開廷審理の円滑な活動を保障することができる（江・肖主編・前掲注1）283頁）。

て，適用する具体的手続を決定することであり，中国民訴133条は，「人民法院は，受理した事件につき，状況に応じて以下の処理を行う」と定める。

1) 当事者に争いがなく，督促手続規定の条件に適合する場合には，督促手続（中国民訴214条以下）に入ることができる。

2) 開廷前に調停できる場合，調停方式を採用して速やかに紛争を解決する。すなわち中国民訴122条の定める廷前調停によるものだが，当事者が合意に達しない場合には，速やかに開廷審理を行わなければならない。

3) 事件の状況に基づき，簡易手続または通常手続の適用を確定する。すなわち，「事実が明らかであり，権利義務関係が明確で，争いが大きくない単純な民事事件」であることが事件受理後に判明した場合には，簡易手続（中国民訴157条以下）の適用を確定し，そうでない場合は通常手続の適用を確定する[43]。

6 証拠交換の手配および開廷前会議の招集

中国民訴133条4号は，開廷審理が必要な場合，当事者への証拠交換等の要求を通じて争点を明確にする，と定める[44]。

上述した手続の分流により，一部の事件は開廷審理段階に入る前に終了するが，開廷審理を必要とする事件について，正式な開廷審理の充実と集中的な進行を保障するため，人民法院は答弁期間満了後に，証拠交換を手配し，また開廷前会議の招集等の方式により，審理前準備を行っている。

まず民訴解釈224条は「民訴法133条4号により，人民法院は，答弁期間満了

---

43) 2012年改正により，事件が「事実がはっきりしており，権利義務関係が明確で，争いが大きくない単純な民事事件」に属さなくても，当事者双方が簡易手続適用を合意した場合も，人民法院は簡易手続を採用・審理することができる（中国民訴157条2項）。事件の審理手続は主に事件の性質に基づいて確定すべきであり，たとえ当事者が簡易手続適用を合意したとしても，人民法院は審理過程で，事件に簡易手続を適用すべきでないことを発見した場合は，通常手続に移す裁定をしなければならない（法工委編・前掲注4）219頁）。また訴え提起時に被告が行方不明の事件，差戻事件や裁判監督手続による再審事件も簡易手続審理を適用すべきではない（江主編・前掲注6）534頁）。

44) 開廷前の証拠交換を通じて，争点を明確にして尋問の効果を高めることは，法官の正確な判断と事実認定に役立ち，それにより審理の質が向上し，二審・再審の可能性が減少し，紛争が迅速に処理されることになる。このほか，証拠交換を通じて，当事者双方は所持する証拠および審理結果・勝敗について予想することができ，裁判官が多少促せば，紛争を法廷尋問前の解決できる可能性が高まることが指摘されている（法工委編・前掲注4）219頁）。

後，証拠交換，開廷前会議の招集等の方法を通じて，審理前の準備を着実に行うことができる。」とし，開廷前会議の具体的内容については民訴解釈225条が詳細に定めている（本書巻末資料参照）。

つまり，開廷審理を必要とする事件につき，開廷前会議は，法院の行う審理前準備の主要な方式とされており，審理前準備の主要な任務は開廷前会議を通じて完成される。特に証拠交換[45]と争点のとりまとめは，開廷前会議ないし審理前準備の核心的部分であり，証拠交換の実施を通じて，双方当事者の紛争の焦点と開廷審理に提出すべき証拠を確認し，これを正式な開廷審理における争点として，交換された証拠に対する質証と弁論を行い，もって充実した集中審理を実現するものである。

さらに民訴解釈226条では「人民法院は，当事者の訴訟請求，答弁内容及び証拠交換の状況に基づき，争点を整理し，かつとりまとめた争点について当事者の意見を求めなければならない。」として，開廷前会議の終了以前の，争点の整理確定場面における当事者処分権の尊重が図られている[46][47]。

当事者が，審理前準備の段階で認めた証拠については，裁判官等の在廷審理における説明を経た後，質証を終えたものとみなされる[48]。

第四節　開廷審理

一　開廷審理の意義と形式

1　開廷審理の意義

開廷審理とは，人民法院が確定した期日において，当事者およびその他訴訟参加人の参加の下で，法定の手続と形式により，法廷において民事事件に対する実体的審理を行う訴訟活動である[49]。

---

45) 証拠交換については証拠規定30〜40条がその意義，時期，手続，回数等の内容を定めている。
46) 江必新主編『新民訴法解釈法義精要与实务指引』上冊（法律出版社・2015年）513頁参照。
47) 民訴解釈229条の規定からすると，開廷前会議の範囲は有限であり，その拘束性が弱い面もあるが，失権規定の採用が事実上困難である現状に鑑みれば，同制度運用面での改善によりその効果を発揮させるための工夫・検討が必要と指摘されている。開廷前会議手続の改善につき張・前掲注9）305頁参照。
48) 江・肖主編・前掲注1）284頁参照。

開廷審理は，民事訴訟の全体の中で核心となるポイントであり，さらに通常手続における最も主要な訴訟段階でもあり，民事訴訟の基本原則と基本制度は，すべて開廷審理の中に貫徹，体現されている。同時に，開廷審理は人民法院が行使する裁判権［審判権］と当事者の行使する訴訟上の権利とが最も結集される最重要段階である。開廷審理の主要な任務は，法廷調査と弁論を通じて，証拠を審査，照合し，事件事実を調査解明し，かつこれらを基礎として性格に法律を適用し，当事者間の権利義務関係を確認し，民事違法行為に制裁を加え，当事者の合法的権益を保護する点にある[50]。

2 開廷審理の形式

開廷審理の段階は，人民法院が最終的裁判を行う基礎と根拠を作り出すものである。よって，裁判が正当性を獲得するため，公開審理形式による進行規範が必要とされる。具体的には以下のとおりである。

1) 開廷審理は必ず法廷審理形式を採用しなければならない。すなわち，開廷審理は通常，法院が専門に設置した裁判法廷で行うのが原則であるが，具体的状況に基づき法院の裁判法廷以外の場所で行うことも可能とされている（1999年最高人民法院「公開裁判制度の厳格な執行に関する若干の規定」（以下，公開裁判規定と略称する）8 条は巡回審理における適切な場所の選択と実施を認めており，たとえば講堂・体育館・劇場映画館等である)[51]。

2) 開廷審理の方式は，原則として公開審理である。公開審理は中国の憲法，人民法院組織法，および民事訴訟法において確立された基本原則の一つであり（中国民訴 10 条），司法の公正を守り，当事者の合法的な権益を保護する上で，極めて重要な意義を持つ。公開審理は，司法が社会からの監督を受ける一つの方式であり，司法に対する社会の信頼を向上し，司法の透明度を強化し，司法の恣

---

49) 開廷審理の意義・形式につき江・肖主編・前掲注 1) 284～285 頁，肖編・前掲注 1) 139～140 頁参照。
50) 1998 年最高人民法院「民事経済裁判方式改革の問題に関する若干の規定」（以下，裁判方式改革規定と略称する) 7 条では，通常手続によって審理する事件につき，開廷審理は答弁期間が満了し，かつ必要な準備作業を完了した後に行わなければならない。当事者が答弁書の不提出の意思を明確に示し，または答弁期間が満了する前にすでに答弁を終えている，もしくは答弁期間における開廷に同意している場合に，答弁期間が満了する前に開廷審理を行うことができる，とされている。
51) 趙ほか・前掲注 1) 257 頁参照。

意・腐敗を防止するのに役立つ。開廷審理の公開とは，開廷審理過程の社会に対する公開として大衆に法廷傍聴を許すものであり（中国民訴136条参照），双方当事者およびその他訴訟参加者に対する公開に限られるものではない（一般大衆・メディアに関して公開裁判規定10条，11条参照）。

3）中国民訴134条では，公開審理を原則としつつ，例外的に国家秘密・個人のプライバシーに関わる事件，法律に別段の定めがある事件について非公開審理を認める（同1項）。また離婚事件，営業秘密[52]に関わる事件で，当事者が非公開審理を申し立てた場合，非公開審理とすることができるとする（同2項）。非公開審理とされた事件であっても，判決言渡しは公開で行わなければならない。

3 口頭審理・直接審理

開廷審理では口頭審理［言詞審理］，直接審理の方式を採用しなければならない。口頭審理方式は，書面審理に相対するものであり，開廷審理の全過程において，受訴人民法院のすべての職権行為と双方当事者およびその他訴訟参加人のすべての訴訟行為が，等しく口頭の形式によって行われることが必須であることを指し，これに反して判決の基礎となすことは許されない。直接審理方式は，間接審理に相対するものであり，裁判を行う裁判官は当事者の弁論および証拠調べに直接参与することが必須であることを指し，これに反する判決は無効である。

口頭審理方式・直接審理方式の意義は，いかなる一方当事者も，すべて相手方在廷のうえで質証・反駁の機会を有し，これにより裁判官に予断偏見を抱かせるのを防止し，各当事者に平等に対応することを促すものであり，裁判官が事実を調査解明し，公正な裁判を行うのに資する[53]。

中国民訴法は，口頭審理・直接審理方式の原則につき直接明言する規定を置いていないが，後述する第12章第3節「開廷審理」の各規定からは，各方式の要求が客観的に存在し，貫かれていることが看取される。

二 開廷審理の手続

開廷審理は，開廷準備，法廷調査，法廷弁論，合議体評議および判決の宣告等の五つの段階から構成されている。

---

52) 営業秘密概念につき民訴解釈220条（本書巻末資料参照）。
53) 江・肖主編・前掲注1) 285頁，肖編・前掲注1) 140頁参照。

1 開廷準備

　開廷準備は,「審理前準備」とは異なる開廷審理の予備段階であり,開廷期日が到来して実体審理に入る前において,事件審理の円滑な進行を保障するために,受訴人民法院によってなされるべき準備業務である[54]。開廷審理に向けた必要な準備作業を行い,および法廷審理の開始に影響を及ぼす関連手続面の問題の解決を目的としており,その主要任務は以下のとおりである。

　1) 当事者およびその他訴訟参加人に対して開廷通知を送達する。

　人民法院は開廷の3日前までに当事者その他の訴訟参加人に通知し,公開審理の場合には,当事者の氏名,事件の趣旨並びに開廷の時間および場所を公告しなければならない(中国民訴136条前段。民訴解釈227条参照)[55]。

　2) 開廷審理の公告を発布する(中国民訴136条後段)。

　3) 当事者その他の訴訟参加人の出廷を調査し,法廷規律を宣言する(中国民訴137条1項)。開廷審理前に,書記官が当事者その他の訴訟参加者の出廷状況を調べ,当事者その他の訴訟参加者が出廷しない場合には,その状況を裁判長に速やかに報告するとともに,開廷審理を延期,または訴訟を停止するかを合議体が確定しなければならない。出廷状況を確認した後,書記官は当事者その他訴訟参加人の入廷を宣言し,法廷規律[56]を宣言する。

　4) 当事者を照合し,事件の趣旨,裁判官等と書記官の名簿を宣言し,当事者に関係する訴訟上の権利・義務を告知し,当事者に回避の申立てを提出するか否かを尋ねる(中国民訴137条2項)。関連規定によれば,書記官が法廷規律を宣言

---

54) 趙ほか・前掲注1) 258頁参照。
55) 中国民訴136条前段の規定は人民法院が開廷通知書を遅くとも開廷3日前までに当事者とその他の訴訟参加者に送達するよう要求するものである。開廷通知を早めに発する目的は,当事者とその他の訴訟参加者に充分な時間を与え,期日通りに法廷審理に参加できるようにすることにある。同条後段は,公開審理制度が確実に行われるようにし,大衆による法廷審理の傍聴,記者による取材,報道の便宜を図る趣旨であり,公開審理する事件はすべて開廷3日前までに公告しなければならない(法工委編・前掲注4) 222頁)。
56) 人民法院法廷規則7条,9条,10条によれば,書記官が宣言すべき法廷規律の主要内容は次のとおり。すなわち,訴訟参加者は法廷規則を遵守し,法廷秩序を維持しなければならず,発言等は,必ず裁判長または単独裁判官の許可を得なければならない。傍聴人は録音,録画,撮影をしてはならず(新聞記者は裁判長または単独裁判官の許可を得ずに,法廷審理過程において,録音,録画,撮影してはならない),裁判エリアへの侵入や,発言,質問,拍手,その他の裁判活動を妨害する行為を行ってはならない(趙ほか・前掲注1) 258～259頁参照)。

した後に，全員起立を宣言し，合議体を入廷させる。書記官は裁判長に対して当事者その他訴訟参加人および訴訟代理人の出廷状況を報告し，裁判長は当事者およびその訴訟代理人の身分を確認し，各当事者に相手方出廷者について異議がないかを質問する。当事者の身分等につき間違いがないことを裁判長が審査し，かつ当事者が相手方出廷者に異議がない場合，裁判長は各当事者とその訴訟代理人が法律規定に合致し，本案訴訟に参加できることを宣言する。

その後，裁判長が事件の趣旨および審理の開始を宣言し，不公開審理についてはその理由を説明する。

さらに裁判長は，合議体構成員・書記官の名簿を宣言し，当事者に対して関連する訴訟上の権利義務を告知し，各当事者に回避を申し立てるかどうかを尋ねる。当事者が回避を申し立てた場合，合議体は休廷を宣言し，回避の理由が成立しない場合は裁判長が改めて開廷を宣言して申立てを退け[57]，記録に記載する。回避の理由が成立して回避を決定する場合，裁判長は審理の延期を宣言する[58]。

2 法廷調査

法廷調査とは，人民法院が法定手続に基づき，法廷において当事者その他訴訟参加人に対し，事件事実について調査を行い，各種証拠に対する確認を行う訴訟活動である[59]。法廷調査は開廷審理の中核部分であり，事件が実体審理に入る主たる段階である。法廷調査の主要任務は，双方当事者の争っている事実や証拠と法律適用等の問題に焦点を絞り，双方当事者による質証を基礎として証拠を審査・確認し，一つ一つ事件事実を調査解明し，次段階にある法廷弁論の基礎を定めるものである。

中国民訴法および司法解釈の関連規定により，法廷調査は中国民訴138条1号から5号規定の順序に従って行われる。

(1) 当事者の陳述[60]

裁判官等が法廷調査に入ることを宣言した後，裁判官等は関連問題について，

---

57) 回避申請を退けられた当事者が決定に対し再議［复议］を申し立てても，事件の開廷には影響しない。不服の申立てに対して人民法院は3日以内に再議決定をし，申請者に通知するか，開廷時に申請者に再議決定を告知することもできる（1999年「公開裁判規定」12～18条）。
58) 江・肖主編・前掲注1) 286頁参照。
59) 江・肖主編・前掲注1) 286頁，趙ほか・前掲注1) 259頁参照。

当事者に直接質問するとともに，当事者に陳述させる。当事者の陳述は，原告，被告，そして第三者の順序により行われる。

まず，原告およびその訴訟代理人が，口頭陳述または訴状の朗読により，訴訟上の請求，根拠となる事実と理由を陳述し，関連証拠を提出する。次に，被告およびその訴訟代理人は，口頭陳述または答弁書の朗読により，原告の訴訟上の請求に対して陳述し，異議・反訴を提出する場合は，具体的請求と理由を明らかにし，関連証拠を提出する。事件に第三者が参加する場合，独立請求権を有する第三者は，その訴訟上の請求と理由を陳述し，独立請求権のない第三者では，原告・被告の陳述に焦点を合わせ，承認または否認の答弁意見を提出する。さらに原告または被告が，第三者の陳述に対して答弁することができる。

当事者の陳述の終了後，裁判長は，本案の争点または法廷調査の重点を要約し，当事者に対して意見を求めることができる。

(2) 当事者の証拠提示と交互の質証

中国民訴68条および民訴解釈103条の要求によれば，証拠は法廷において提示し，当事者の質証を行わなければならず，質証を経ない証拠は，事件事実の認定根拠とすることは許されない。法廷調査において，質証は，原告，被告，第三者の順序で行われる。すなわち，まず原告が証拠を提示し，被告・第三者が原告と質証を行う。その後，被告の証拠提示，第三者の証拠提示も同様である。各種類の証拠に対して質証を行う場合，以下の手続が要求される。

1) 証人の権利・義務の告知，証人の証言および不出廷証人の証言の朗読

中国民訴72条1項の規定に基づき，およそ事件の状況を知る組織および個人は，すべて出廷して証言する義務を負う。証人の出廷を当事者が申請する場合，人民法院の許可が必要である。確かな困難があるために証人が出廷できない場合，人民法院の許可を得て，書面証言，視聴覚資料の提出，もしくはビデオリンクシステム等により証言することができる（中国民訴73条）。

証人が出廷して証言する場合，法廷では証人の身分を明らかにし，証人の権利義務（中国民訴138条2号）と偽証した場合の法的責任を告知し，かつ保証書への署名を命じなければならない（民訴解釈119条）。証人が保証書への署名を拒む場合，証言することは許されず，関連費用も自己負担となる（民訴解釈120条）。

証人は自らが知る事件事実を法廷で全面的かつ客観的に陳述しなければならな

---

60) 法工委編・前掲注4) 224頁，江・肖主編・前掲注1) 286〜287頁参照。

い。証人が証言した後に，双方当事者に当該証言に対する意見を求めなければならず，裁判官等と当事者は証人に対し質問することができる。証人が二人以上の場合は，それぞれ別に出廷して証言しなければならず，数人の証人の証言間に矛盾がある場合，法廷で対質して確認することができる[61]。

2) 書証，物証，視聴資料および電子データの提示[62]　事件事実を証明する書証，物証および視聴資料と電子データは，それが当事者提出によるのもの，受訴人民法院が調査収集したものであっても，すべて法廷に提示し（中国民訴138条3号），当事者の質証を経なければならない。国家秘密，営業秘密および個人のプライバシーに関わる証拠は秘密を保持しなければならず，法廷で提示する必要があるものについて，公開開廷時に提示・質証してはならない。

書証，物証，視聴資料および電子データについて質証を行う場合，特殊な状況の場合を除いて[63]，当事者は証拠の原本・原物の提示を要求する権利を有する。

法廷調査で質証された証拠で，即時に認定できる場合は直ちに認定しなければならない。他方，即時に認定できない場合には，休廷合議した後に認定することができる。合議した後に，引き続いて挙証や鑑定，検証等が必要と認める場合，次回開廷して質証した後に認定することも許される[64]。

3) 鑑定意見の朗読[65]　事件中の専門的問題についてすでに鑑定が実施されている場合，鑑定人は出廷した上で当事者からの質問に答えなければならない。鑑定人が出廷した後，鑑定人により鑑定意見が朗読され（中国民訴138条4号），それに対して当事者は意見を発表することができ，法廷の許可を得て，当事者は鑑定人に質問することができる。鑑定人が確かに特別な原因で出廷できない場合，鑑定意見は裁判官等が代読することもでき，人民法院の許可を得て，鑑定人は書面により当事者の質問に回答することができる[66]。

4) 検証記録の朗読[67]　受訴人民法院が開廷前調査において関連する物品または現場について検証を実施した場合，その検証記録も法廷調査において提示し

---

61) 法工委編・前掲注4) 224頁，江・肖主編・前掲注1) 287頁参照。
62) 法工委編・前掲注4) 224〜225頁，江・肖主編・前掲注1) 287頁参照。
63) 証拠規定49条（本書第2編第6章参照）。
64) 趙ほか・前掲注1) 260頁参照。
65) 江・肖主編・前掲注1) 287頁参照。
66) さらに民訴解釈122条・123条，証拠規定61条により鑑定意見に対する質証等が強化されている。
67) 法工委編・前掲注4) 225頁参照。

朗読しなければならない（中国民訴138条5号）。検証記録の関連資料である撮影写真や作成した図表についても，提示が必要である。検証記録の朗読後，双方当事者は意見を発表し，法廷の許可を得て当事者は検証担当者に質問することができる。検証に誤りがあると認識する場合は，改めて検証を行うよう求めることができ，その許否は，人民法院が決定する。

(3) 法廷調査過程の注意点

上記の他，法廷調査過程における注意点として，以下の指摘がある。

1) 当事者は，法廷において新しい証拠を提出することができ，当事者が新たに調査し，鑑定し，または検証することを要求した場合，その許否は，人民法院が決定する（中国民訴139条）。当事者が法廷において提出した新しい証拠が，当事者の故意重過失に基づいて証拠提出期限に遅れた場合には，人民法院はこれを採用せず，または中国民訴65条・115条の規定により訓戒，過料とすることができる。

2) 事件の受理後，法廷弁論の終了までの間に，原告が訴訟上の請求を追加し，被告が反訴を提起し，または第三者が当該事件に関連する訴訟上の請求を提起した場合には，併合して審理することができる（中国民訴140条）。

3) 事件が二個以上の独立した訴訟請求である場合，当事者はそれぞれについて証拠を提示し，質証を行うことができる。法廷調査において，裁判長の許可を得て，当事者は相互に質問することができ，裁判官等も当事者に質問できる。

4) 当事者が法廷審理において，当該当事者が審理準備段階で認めた事実と証拠について異なる意見を提出した場合，人民法院は当該当事者に理由の説明を命じなければならない。必要な場合，当該当事者に相応する証拠の提供を命じることができる。人民法院は，当事者の訴訟能力，証拠，事件の具体的状況を結合して審査を行わなければならない。理由が成立する場合，争点に追加して加えて審理を進めることができる（民訴解釈229条）。

法廷調査を行った後，裁判長は双方当事者による争点と事実を整理し，双方当事者に対して新しい証拠の提出がないか，原告の訴訟請求または被告の反訴請求に変更がないかを確認しなければならない。法廷調査終了前に，裁判長は調査認定事実と当事者の争点の問題について整理し，とりまとめを行わなければならず，その後に法廷調査の終了を宣言する。もっとも，当事者の新証拠の提出要求または合議体が認識した事実が依然として不明確な場合，人民法院は補充調査を行い，証拠収集と新証人の出廷通知等を行い，改めて鑑定・検証を行い，審理の

延期が必要な場合は審理延期を宣言できる。当事者に証拠補充を求める場合は，期限内での提出を告知しなければならない[68]。

3 法廷弁論

法廷弁論とは，法廷調査を基礎として，事件事実の認定と法律適用に関する自己の観点を法院に対して明らかにし，相手方の主張に反駁し，相互に論証と反論を行う活動である[69]。法廷弁論の主要な任務は，当事者およびその訴訟代理人との間での口頭弁論を通じて，事件事実をさらに調査解明し，関連証拠を審査し，その是非と責任を明確にし，最終的な裁判の基礎を定める点にある[70]。法廷弁論は以下の順序により行われる（中国民訴141条1項）。

(1) 原告およびその訴訟代理人の発言

裁判長が法廷弁論の段階に入ることを宣言した後，まず原告が法廷調査の事実と証拠，適用すべき法律について，自らの意見を陳述する。原告が陳述した後，代理人がいる場合には，原告の合法的権益をよりよく擁護するため，代理人は原告の発言に対して補足説明を行う。

(2) 被告およびその訴訟代理人の答弁

原告らの発言が終了した後，被告が法廷調査の事実と証拠，適用すべき法律について意見を発表し，原告の発言に対して答弁を行う。被告に訴訟代理人がいる場合は，被告の合法的権益をよりよく擁護するため，被告発言の終了後に，その訴訟代理人が被告の発言に対して補足説明を行う。

(3) 第三者およびその訴訟代理人の発言または答弁

第三者が訴訟参加する場合，原被告の発言・答弁の後，法廷は第三者に発言または答弁させ，法廷調査の事実と証拠，適用すべき法律，および原被告の発言・答弁について，自己の意見を提出させなければならない。

---

68) 法廷調査過程の注意点につき，江・肖主編・前掲注1) 288頁，趙ほか・前掲注1) 261頁参照。
69) 江・肖主編・前掲注1) 288頁，法工委編・前掲注4) 231頁参照。
70) 中国民訴法の規定は，先に法廷調査を行い，その後に法廷弁論を行うことを予定しているが，その意図は，法廷弁論は事実調査の基礎の上に成り立つものであり，法律問題についての弁論を念頭に置いたものであった。しかし，実際上は事件事実の調査と弁論とは往々にして分離することが困難である。そこで民訴解釈230条は「人民法院は，事件の具体的状況に基づき，当事者の同意を得た上で，法廷調査と法廷弁論を併せて進行することができる。」とし，法廷調査と法廷弁論との手続の調整を図っている（張・前掲注9) 307頁参照）。

(4) 交互弁論［互相辯論］

上述の法廷弁論を経た後，裁判官は双方当事者・第三者に本案の問題について互いに相手側に対して質問させ，相手側の主張に反論させるとともに，自らの意見を詳しく述べさせなければならない。裁判官は必ず双方当事者の弁論の権利を公平に保障しなければならず，当事者も弁論の権利を濫用し，不当に詭弁を弄し，互いに言い争って混乱を起こしてはならない[71]。

(5) 法廷弁論の注意点[72]

1）裁判官等は当事者が交互弁論を行うときに，弁論を事件の解決必須の問題点に集中させなければならず，必要な場合は，当事者を啓発し，導いたりすることができる。当事者およびその訴訟代理人の発言が本案と無関係，または法廷が未認定の事実と重複する場合，裁判官等はそれを制止しなければならない。

2）弁論が一巡した後，当事者が弁論の継続を求める場合，再度順序に従って二巡目の弁論を行うことができるが，裁判官等はすでに弁論済みの内容を繰り返させないようにしなければならない。

3）法廷弁論において，新事実が現れてさらに調査を行う必要がある場合，裁判官等は弁論の停止を宣言して法廷調査に戻し，事実調査を待った後，弁論を再び継続する。

4）人民法院は事件の具体的な状況と当事者の同意に基づいて，法廷調査と法廷弁論とを併せて進行することができる[73]。

5）法廷弁論において，裁判官等は，事件の性質や責任の有無についての意見を述べてはならず，当事者と弁論をしてはならない[74]。

交互弁論が終了した後，裁判長が原告，被告，第三者の順に各当事者の最後の意見を求め（中国民訴141条2項），これにより法廷弁論が終結する。

4 合議体評議

法廷弁論の終結後に裁判長は休廷を宣言し，事件は合議体評議の段階に入る。合議体評議の任務は，まさに法廷調査と法廷弁論の状況を根拠として，事件の性質，事実の認定，法律の適用，是非，責任と処理結果等について評議を行い，結

---

71) 法工委編・前掲注4）231～232頁参照。
72) 江・肖主編・前掲注1）288～289頁参照。
73) 民訴解釈230条参照。
74) 肖編・前掲注1）141頁参照。

論を出すことである[75]。

　合議体評議の結果は，判決方式に基づいて当事者間の権利義務関係を確認するものでなければならない。評議において，事件事実の調査が十分でないことが判明し，当事者に補充証拠を要求し，または人民法院自ら証拠の調査収集を行う必要がある場合，審理の延期を決定することができ，裁判長は継続開廷に際して，審理延期の理由と時間を宣言し，当事者には補充証拠の提出期限を示す。

　事件の合議体評議は秘密を保って進行しなければならない。合議体が事件について評議しているとき，意見発表の順序についても法に基づいて進められる。すなわち，2002年「人民法院の合議工作に関する若干の規定」10条により，事件の合議体評議では，先に担当裁判官が事件の事実認定と法律適用について意見発表し，裁判長が最後に意見を発表する。裁判長が担当裁判官である場合，裁判長が最後に意見を発表する。合議体評議の状況について記録しなければならず，合議体の構成員がこれに署名する。合議体評議は多数決の原則で実行されるが，合議体の少数意見も正確に記録しなければならない。

　裁判方式改革規定31条は，「合議体構成員は，共同で事件審理に参加し，事件の事実，証拠，性質，責任，法律の適用と処理結果等について共同して責任を負担する。」とし，同33条では，「事実がはっきりしており，法律関係が明確であり，是非，責任も明らかであり，合議体の意見が一致している裁判については，裁判長または独任裁判員が法律文書を署名発行することができる。ただし，院長が署名発行すべき場合を除く。」とする。

5　判決の言渡し[76]

　民事裁判は，当該事件の審理が公開，非公開でなされたかにかかわらず，人民法院はすべて公開で言い渡さなければならない（中国民訴148条1項）。

　判決の言渡しは，当該法廷での言渡し［当庭宣判］と，期日を定めての言渡し［定期宣判］の二種類に分けられる。前者は，開廷審理の期日において，合議体評議の後に直ちに判決を言い渡すものであり，10日以内に判決書を送達しなければならない。後者は，開廷審理後に，別の判決言渡期日を指定して行うものであり，言渡し後に直ちに判決書を交付する（同2項）。

---

75)　肖編・前掲注1) 141頁, 江・肖主編・前掲注1) 289頁参照。
76)　江・肖主編・前掲注1) 289頁, 法工委編・前掲注4) 242頁参照。

判決の言渡し時においては，当事者およびその他の訴訟参加人，傍聴人は起立しなければならない。判決言渡しの内容には，認定事実・適用した法律・判決の結果と理由・訴訟費用の負担・当事者の上訴権・上訴期限と上訴法院が含まれる（同3項参照）。また離婚判決を言い渡す場合には，当事者に対して判決の法的効力が生ずる前に別に婚姻することができない旨を必ず告知しなければならない（同4項）。当該離婚判決が変更される可能性が残っているからである。

6 法廷記録

法廷記録は，人民法院の書記官が作成する法廷審理の真実の状況を反映した書面記録である。開廷審理の過程において，書記官は法廷審理のすべての活動を記録しなければならず，裁判官および書記官が署名する（中国民訴147条1項）。法廷記録中の当事者の主張と陳述・証拠の質証・法院の事件事実に対する認定・当事者双方の弁論内容等の記載は，法院の裁判の重要な根拠となるものであり，よってその記録は真実・正確・明確・全面的に作成されなければならない。

法廷記録は，当該法廷において朗読しなければならず，当事者その他の訴訟参加人に対し，当該法廷において，または5日内に閲覧するよう告知することもできる。当事者その他の訴訟参加人は，自己の陳述記録に遺漏または誤りがあると認める場合には，補正を申し立てる権利を有する。人民法院が補正しない場合でも，当該申立てを記録しなければならない（同2項）。法廷記録は，当事者その他の訴訟参加人が署名または押印する。署名押印を拒絶した場合には，事情を記載し記録に付さなければならない（同3項)[77]。

三 審理期限

審理期限とは，法の定める人民法院の民事事件の審理終結までの時間的な制限である。

中国民訴149条は，「人民法院が通常手続を適用して審理する事件は，立案の日から6ヶ月内に審理を終結しなければならない。特段の事由により延長する必要がある場合には，当該法院の院長が承認して，6ヶ月延長することができる。なお延長する必要がある場合には，上級の人民法院に報告して承認を求める。」と規定する。民事事件の審理期限を明確に規定し，人民法院に民事事件の速やか

---

77) 张・前掲注9) 307頁参照。

な審理終結を求めることは，公民・法人・その他の組織の民事上の権益を保護し，経済秩序・社会秩序を擁護する上で重要な意義を有している[78]。

第五節　第一審通常手続中の個別問題

一　訴え取下げ

1　訴え取下げの意義と種類

訴え取下げ［撤诉］とは，狭義では法院が訴え提起を受理した後に，原告が訴え提起を撤回することであり，広義では，当事者が人民法院に対する訴えの請求を撤回し，人民法院に対して事件の審理進行の継続をもはや求めない訴訟行為である[79]。訴え取下げは，当事者の重要な訴訟上の権利であり，当事者が法に基づき処分権を行使すること（中国民訴13条2項）の具体的発現である。

訴え取下げは，当事者の法院に対する意思表示であり，その目的は法院に裁判を停止させ，進行中の訴訟手続を終了させることにある。また，受訴人民法院にとって，訴え取下げは民事事件終了の法定方式の一つであり，訴え取下げの効果が発生した後，人民法院は事件についての審理が継続不能となり，本案訴訟手続は直ちに終了する。このように訴え取下制度の確立と適用は，当事者にとってその訴訟上の権利処分に相応する制度的な保障を与えるだけでなく，人民法院としても当事者の自由意思の尊重を基礎としつつ司法資源を合理的に利用し，かつ無益な訴訟の継続進行を回避することができる。

訴え取下げは，いくつかの基準と観点から分類されている[80]。

(1) 当事者の訴え取下行為の積極的，または消極的形態による分類

当事者が主体的に人民法院に対して訴え取下げを提出する，申立てによる訴え取下げ（中国民訴145条，訴訟上の権利の積極的処分）と，訴え取下げの申立てはないが，受訴人民法院が法律規定に基づいて当事者の一定の行為（その多くは不作為形式）について訴え取下げに準じた処理を行う場合（中国民訴143条，訴訟上の権利の消極的処分とみなす）とに大別される。

---

78)　法工委編・前掲注4) 243頁参照。さらに民訴解釈243条で具体化されている（本書巻末資料参照）。

79)　趙ほか・前掲注1) 267頁参照。広義の訴え取下げには，受理立案前段階での訴え提起の撤回，上訴の撤回，再審申立ての撤回も含まれる。

80)　趙ほか・前掲注1) 267〜268頁，江・肖主編・前掲注1) 290頁参照。

(2) 訴え取下げがなされる審級の差異による分類

訴え取下げがなされる時間，審級の差異により，1）訴え提起の取下げ，2）上訴の取下げ，さらに3）再審の取下げに区別される。1）は第一審手続，第二審手続，再審手続において行われるが，その効果は第一審手続の終了である。第一審手続中に訴え取下げをした場合，当事者は同一請求について再び訴訟提起することができる。第二審，再審手続中に原審原告が訴えを取り下げた場合，再び訴えを提起することは許されない。2）上訴の取下げは第二審手続において行われ，その効果は第二審手続の終了であるが[81]，当事者としては第一審裁判を事実上受け入れることを意味する[82]。また3）再審申立ての取下げは，その取下げが再審申立ての審査期間中の場合は再審審査手続が終了し，法院の再審決定後に再審申立てを取り下げた場合には，再審審理手続は終了し，かつ原判決による執行が復活する[83]。

(3) 訴え取下げの提出主体による分類

訴え取下げは具体的な提出主体の差異により，1）原告の本訴の取下げ，2）被告の反訴の取下げ，3）独立請求権ある第三者の参加訴訟の取下げに分類できる。原告の本訴の取下げは訴訟手続全体の終了をもたらすが，反訴が存在する場合は本訴の取下げは反訴の進行に影響しない（民訴解釈239条）。反訴の取下げも本訴の進行に影響しない。参加訴訟の取下げ後でも，原告被告間の訴訟は継続進行する（民訴解釈237条）[84]。中国民訴法は，第12章「第一審通常手続」の中に，申立てによる訴え取下げと訴え取下げに準じる処理に関する規定を置き，また司法解釈が関連問題につき若干の規定を置く。

2 申立てによる訴え取下げ

申立てによる訴え取下げは，当事者が主体的に人民法院に対して訴え取下げを申し立て，人民法院の事件に対する審理進行の継続をもはや求めない訴訟行為であり，当事者の訴訟上の権利の積極的な処分である。

中国民訴145条1項は「判決の言渡し前に，原告が訴え取下げを申し立てた場

---

81) この例外として民訴解釈338条・339条（本書巻末資料参照）。
82) もちろんすべての上訴の取下げが法院の許可を得られるとは限らない。民訴解釈337条（本書巻末資料参照）。
83) 李・前掲注6) 212頁参照。
84) 李・前掲注6) 213頁参照。

合，許可するか否かは，人民法院が裁定する。」と定めるが，さらに次の要件を具備する必要がある。

　1) 書面または口頭方式により法院に対して明確な申立てを提出すること。一般に当事者は人民法院に対して訴え取下げの申立書を提出しなければならず，申立書の中に訴え取下げの意思が明確であることが必要である。また，開廷審理期日において，口頭で訴え取下げを申し立てることも可能である。

　2) 訴え取下げが当事者の真実の意思表示に基づくこと。訴え取下げは，当事者による自らの訴訟上の権利の処分である以上，当事者の自由意思から出たものであることが必須である。(裁判官等を含む) 何人も，当事者に対して訴え取下げを強迫・説得・働きかけ等してはならない。

　3) 訴え取下げの申立ての目的が，正当，適法であること。処分原則の要求に基づき，当事者の訴訟上の権利の処分は，法律規定の範囲内で行う必要があり，原告の訴え取下げの申立ても正当・適法であることが要求される。訴え取下げ申立ては当然に法的効果を発生させるものではなく，受訴人民法院による審査と許可が必要とされる所以である[85]。

　4) 訴え取下げの申立てが，遅くとも人民法院の判決言渡しの前までに提出されること。この要件は，原告に訴え取下げについて斟酌する時間的余裕を与え，慎重かつ適時な訴え取下げを認め，同時に判決言渡し後の訴え取下げの申立てにより，人民法院の行う判決の厳粛性・権威性が害されることを避ける趣旨である[86]。判決の言渡し後において，たとえその法的効力が未発生であったとしても，人民法院が当事者間の紛争に対してすでに判断・決定済みである以上，法定手続を経ることなく随意にこれを取り消すことは許されず，当事者の訴え取下げも許されない。なお，法廷弁論の終了後，原告が訴え取下げを申し立てた場合，被告がこれに同意しないときには，人民法院は不許可とすることができる (民訴解釈238条2項)[87]。

　5) 訴え取下げが人民法院の審査を経ること。当事者が人民法院に対して訴え

---

85) 趙ほか・前掲注1) 268頁参照。
86) 趙ほか・前掲注1) 268頁参照。
87) 中国民訴145条1項が「判決言渡し前」と定めるのに対し，民訴解釈238条2項では「法廷弁論終了後」から「判決言渡し前」までの間における原告の訴え取下申立ての許否ついて「被告の同意」を新たな要件として付加している (趙ほか・前掲注1) 268頁参照)。

取下げを申し立てた後，人民法院は法に基づき訴え取下げの申立てに対して審査を行い，条件を満たす場合は訴え取下げの許可裁定をしなければならない。審査を経た結果，当事者に法律違反行為があり法に基づき処理する必要がある場合には，人民法院は訴え取下げの不許可裁定をすることができ，訴訟を継続進行する（民訴解釈238条1項）。

3 訴え取下げに準ずる処理

訴え取下げに準ずる処理とは，受訴人民法院が法律規定に基づき，原告等の一定の行為に対して，訴え取下げの申立ての状況にならって事件に対する処理を行う場合であり，その法的効果は，訴え取下げの申立ての法的効果と同様である。中国民訴143条および関連司法解釈によれば，人民法院は民事事件の審理過程において，以下の状況の一つがある場合，訴え取下げに準ずる処理を行うことができる。

1) 原告が呼出状による呼出しを受け，正当な理由なくして出廷を拒絶し，または法廷の許可を経ないで途中で退廷した場合，訴え取下げとして処理することができる（中国民訴143条前段）。その趣旨は，上記二つの状況において，原告がその提起した訴訟につき原告の放棄の意思が明らかに示されており，受訴人民法院としても事件の審理進行を継続する必要がないことに基づく。ただし注意すべきは，法律上の効果は「訴え取下げとして処理することができる」だけであり，「処理すべき」「必ず処理する」とはされていない点である。よって，司法実務では，このような状況があった場合，軽率に訴え取下げの処理を行ってはならず，より慎重に当事者の合法的権益の全面的擁護の観点から訴え取下げとしての処理を行うかどうか具体的に決すべきとされている[88]。

2) 簡易手続を適用して審理する事件を通常手続に変更する場合，原告は，人民法院の訴訟費用納付通知の受領日から起算して7日以内に事件受理費を納めるべきところ，原告が正当な理由なくして期日までに全額を支払わない場合，訴え取下げとして処理し，すでに徴収した訴訟費用の半分を返還する（民訴解釈199条）。

3) 民事行為無能力者たる当事者の法定代理人が呼出状により呼び出され，正当な理由なく出廷を拒否した場合において，当該法定代理人が原告側に属すると

---

88) 趙ほか・前掲注1) 269頁参照。

きは，中国民訴143条の規定にならい訴え取下げとして処理する（民訴解釈235条前段）。

4) 独立請求権を有する第三者が人民法院の呼出状により呼び出され，正当な理由なく出廷を拒否し，または法廷の許可を得ないで中途退廷した場合，中国民訴143条の規定にならい訴え取下げとして処理する（民訴解釈236条）。

5) 法により訴え取下げとして処理できる事件について，当事者に法律違反行為があり，法により処理する必要がある場合，訴え取下げとして処理しないことができる（民訴解釈238条1項）。

4　訴え取下げおよび訴え取下げに準ずる処理の法的効果

(1)　手続法上の効果

1) 本案訴訟手続の終了。人民法院が訴え取下許可を裁定した後，直ちに本案の訴訟手続は終了する。当事者は人民法院に対して原訴訟手続の審理続行を求めることは許されず，人民法院も事件に対する審判権を継続行使する必要がない。2) 提訴していないと同視される。訴え取下げは，当事者の訴訟上の権利の処分を表明するだけで，実体的権利の処分には及んでおらず，人民法院もまた当事者の実体的権利義務関係について確認していない。よって，当事者は訴え取下げの後，同一の訴訟請求を再び提起することができ，人民法院はこれを受理しなければならない（民訴解釈214条1項）。3) 訴訟費用の負担。すなわち，原告が訴え取下げをした場合，事件受理費の半額を負担する。

(2)　実体法上の効果

この点，訴え取下げおよび訴え取下げに準ずる処理のいずれの場合においても，人民法院が訴え取下げの許可裁定をした日から訴訟時効が改めて計算されるとする見解[89]と，訴え取下げの効果として提訴していないと同視される以上は，訴え提起による訴訟時効中断の効果も不発生であり，訴訟時効は継続計算されるとする見解[90]とに分かれている。

---

89)　江・肖主編・前掲注1) 291頁，肖編・前掲注1) 143頁参照。
90)　李・前掲注6) 214頁，張・前掲注24) 251頁，趙ほか・前掲注1) 270頁参照。

二 審理の延期

1 審理の延期の意義[91]

審理の延期とは，人民法院がすでに開廷審理期日を定めた後または訴訟過程において，法定事由の発生により，開廷審理を期日通りに行うことができなくなった場合，もしくはすでに開廷審理が行われている事件を継続進行できなくなった場合に，審理の延期を決定する訴訟制度である。

通常の状況下では，開廷審理がいったん定められれば，人民法院はこれを厳守しなければならず，任意に開廷期日を変更してはならない。また，開廷審理がいったん開始されれば，継続進行しなければならず，任意に延期することはできない。当事者とその他訴訟参加人も時間通りに出廷し訴訟に参加しなければならない。しかし，法定事由が現れて，開廷審理の期日通りの進行や継続進行が不能になった場合，人民法院は審理延期の決定をする必要がある。

2 審理の延期の具体的適用[92]

中国民訴146条によれば，次のいずれかに該当する場合，審理を延期することができる。

1) 必ず出廷しなければならない当事者とその他訴訟参加人が正当な理由により出廷しない場合（同条1号）。必ず出廷しなければならない当事者（たとえば婚姻関係解消事件の当事者等のように，その者が在廷しないと事件事実を解明できなくなる者）とその他訴訟参加人（たとえば重要証人）が，突然病気になった等の確かに正当な理由によって出廷できなくなり，証拠審査・事実認定等を行うことが困難な場合，人民法院の正確な裁判に影響が及ぶこととなるため，審理を延期することができる。

2) 当事者がその場において回避を申し立てた場合（同2号）。民訴法規定に基づき，回避を申し立てられた裁判官等につき，人民法院が回避決定を下すまでの間，本案に関わる活動を一時停止しなければならない。回避を申し立てられた裁判官等が本案の活動に参加しないと，事件審理が一時的に進行不能となる場合，審理を延期することができる。

---

91) 江・肖主編・前掲注1) 291頁参照。
92) 法工委編・前掲注4) 239~240頁，江・肖主編・前掲注1) 292頁参照。

3) 新たな証人に出廷するよう通知し，新たな証拠を調査・収集し，改めて鑑定，現場検証を行う必要がある場合，または補充調査を行う必要がある場合（同3号）。

4) その他の審理を延期すべき状況（同4号）。本号は，人民法院に対し，審判実務において具体的状況を根拠に審理を延期するかどうかの裁量権限を付与する趣旨である。

開廷審理の過程において，上記の状況が現れた場合，人民法院は審理の延期を決定することができる。同時に，当事者も審理の延期を申し立てることができ，その許否は人民法院が決定する。開廷審理の延期を決定した場合は，速やかに当事者とその他訴訟参加者に通知しなければならない。

三 訴訟の停止

1 訴訟の停止の意義[93]

訴訟の停止［訴訟中止］とは，訴訟進行過程において，法定事由の発生により，訴訟活動の継続進行が困難となり，受訴人民法院が本案訴訟手続の暫定的停止を裁定する制度である。通常の状況下において，民事訴訟はいったんその手続が開始された以上，法定手続に従って中断することなく進行され，事件の終結に至らなければならない。しかし訴訟過程において，一定の特殊な状況が発生し，訴訟手続を進行することができなくなった場合，人民法院は訴訟を一時的に停止させ，その原因が止むのを待った後，初めて訴訟手続を再開・続行させることができる。

訴訟の停止は，前述した審理の延期と次の点で区別される。1) 適用場面につき，審理の延期は確定された開廷期日後または開廷審理の過程において発生するが，訴訟の停止は裁判過程のいかなる段階でも発生し得る。2) 適用効果につき，審理の延期は，単なる開廷審理の延期であり，その他の訴訟活動は停止しないが，訴訟の停止はすべての訴訟手続が暫時停止する。3) 適用の前提につき，審理の延期の法定事由は一般に訴訟中に発生し，開廷審理の再開・続行は受訴法院が状況に基づいて確定することができるのに対し，訴訟停止の法定事由は主に訴訟外で発生し，訴訟の再開・続行については予測できず，受訴法院はこれを制御できない。4) 適用する法律文書につき，訴訟の停止は裁定書が用いられ，当事

---

93) 江・肖主編・前掲注1) 292頁，肖編・前掲注1) 143頁参照。

者に送達を要するが，審理の延期では決定書が用いられる[94]。

2 要件

中国民訴150条は，次に掲げる事由がある場合，訴訟を停止しなければならないと定める。

1) 当事者の一方が死亡し，相続人が訴訟に参加するか否かを表明するのを待つ必要があるとき（同条1号）。訴訟進行中に一方当事者が死亡すると，その訴訟権利能力は自然に消滅し，その相続人が訴訟に参加することにより初めて訴訟手続を継続することが可能となる。しかし，相続人確定は往々にして複雑な過程を経て係争が生じることもあり，一定の時間が必要である。相続人が被相続人の訴訟上の権利義務を引き受け，訴訟に参加するか否かの確定に一定の時間が必要な場合，訴訟を停止しなければならない（逆に相続人の訴訟参加を直ちに確定することができる場合は，訴訟を停止しなくともよい）。注意すべきは，相続人を待つ必要がある状況は，財産関係に起因する事件においてのみ発生する点である。たとえば当事者の死亡後，財産権の相続と相応の義務の負担が発生するが，これらはいずれも既存訴訟に参加するか否かにつき相続人による意見表明が要求され，その結果を待つ上で比較的長い時間が必要な場合は，訴訟を停止することができる。他方，身分関係に起因する訴訟で相続人を待つ必要ある状況は発生せず，たとえば離婚事件において一方当事者が死亡すれば婚姻関係は自然に解消される[95]。

2) 当事者の一方が訴訟行為能力を喪失し，法定代理人が未だ確定されていないとき（同2号）。たとえば精神病の発症等，一方当事者が訴訟行為能力を喪失し，自らの意思を表示できない場合，その者は訴訟上の権利を自主的に行使することができず，自ら訴訟上の義務を負うこともできない。この場合，民法通則の規定[96]により，後見人を確定し，後見人が法定代理人として訴訟を行う必要がある。法定代理人の確定が困難であり，比較的長い時間を必要とする場合には，訴訟を停止することができる[97]。

---

[94] 趙ほか・前掲注1) 272頁参照。
[95] 法工委編・前掲注4) 245頁参照。
[96] 民事行為無能力者，制限民事行為能力者の後見人につき民法通則17条，後見人の職責につき同18条参照。
[97] 法工委編・前掲注4) 245頁参照。

3) 当事者の一方である法人，その他の組織が終了し，権利・義務の承継人が未だ確定されていないとき（同3号）。一方当事者たる法人，その他の組織が，合併・分割・取消し・解散等の原因で終了したとき，その訴訟権利能力は消滅し，その訴訟上の権利義務を引き受ける者がいない状態では訴訟を継続することができない。そこで当該権利義務の承継人を確定するのに一定の時間を要する場合，訴訟を停止しなければならない[98]。

4) 当事者の一方が不可抗力事由により，訴訟に参加することができなくなったとき（同4号）。不可抗力の客観的事由，たとえば地震・洪水等の自然災害，戦争等の個人の力では回避できない事情によって当事者の訴訟参加が不能となった場合[99]，人民法院は訴訟停止の裁定をしなければならず，不可抗力事由が止むのを待って訴訟を再開・続行する。

5) 当該事件が別の事件の審理結果を必ず根拠とすべきであるが，当該別の事件の審理が未だ終結していないとき（同5号）。民事事件の中には非常に複雑で，事件の法律関係や事実状況が相互に関連しあっているものがある。ある事件の事実認定や法律の適用について，別の事件の審理結果に依拠する必要がある場合に，別の事件の結審を待たずに裁判を急ぐと，二つの事件事実に矛盾が生じ，法律の適用が妥当性に欠け，矛盾した審理，判決が生じる可能性がある。これは，当事者の合法的権益保護に不利なだけでなく，すでに生じている係争をさらに複雑にし，法院の判決・裁定の厳粛性も害される。そこで，司法の統一性を保障し，実体的正義を実現し，かつ民事紛争の効率的な解決を図るために，この種の状況が発生した場合，訴訟を停止しなければならない[100]。たとえば，他人が主

---

98) 江・肖主編・前掲注1) 293頁参照。
99) 江主編・前掲注6) 600頁は，訴訟過程における当事者の疾病，交通事故等により比較的長期に訴訟参加ができない場合も本号の「不可抗力事由」に該当し得るとする。
100) 本号の趣旨から「別の事件」には刑事事件，行政事件も含まれる。まず実務では刑事手続（捜査段階を含む）を民事訴訟手続に優先して行う「先刑後民」手法が採用されており，被疑者・被告人の適正手続保障が理由とされている。これに対し張・前掲注24) 273頁は，およそ刑事手続があれば原則的に民事訴訟手続に優先させる理解は誤りであり，刑事事件の審理結果が民事事件の本案審理の根拠・前提となり本条所定の状況に該当するかどうかこそがポイントであると指摘されている。また2014年改正行政訴訟法61条では「行政許可，登記，徴収，収用と行政機関が民事紛争に対して行った裁決に関する行政訴訟において，当事者が関連民事紛争を併せて解決することを申し立てた場合，人民法院は，共に審理することができる。」「人民法院は，行政訴訟において，当該事件の審理が民事訴訟の裁判を拠所とする必要があると認める場合，行政訴訟を中断する裁定を下すこと

たる遺産である家屋の所有権に対する訴訟を行っている間に，遺産相続に関する訴訟を審理することはできず，当該家屋所有権の確定を待つ必要がある。かかる場合に遺産相続に関する訴訟を停止することができ，家屋所有権係争事件の結審後に，訴訟を再開・続行する[101]。

6）訴訟を停止すべきその他の事由（同6号）。上述の5項目の状況以外にも，事件の審理手続を継続進行できなくなるその他の場合があり，たとえば，当事者の住所の一時的変動により，その新住所地を一時的に知ることができない場合等である。

3　効果

訴訟過程において，上記の各状況が発生し，訴訟を停止する必要がある場合，人民法院は訴訟停止を裁定しなければならない。訴訟停止の裁定がなされると直ちにその法的効力が発生し，当事者はこれに対して再議を申し立てることはできず，上訴提起も許されない。訴訟停止の裁定後，すでに法に基づく財産保全と先行執行の裁定がなされ，その執行を継続する必要がある場合を除き，人民法院は本案審理を一律停止しなければならない。

訴訟を停止すべき事由が解消した後，当事者の申立てまたは人民法院の職権によって訴訟手続を再開・続行することができる（中国民訴150条2項）。訴訟を再開・続行するとき，原裁定の取消しは不要であり，人民法院からの通知または当事者双方に訴訟進行の継続を許したときから，訴訟停止の裁定は自動的に失効する。停止前になされた訴訟行為は依然として有効であり，新しく出現した訴訟引受人に対して拘束力を有する[102]。

四　訴訟の終了

1　訴訟の終了の意義

訴訟の終了［終結］とは，訴訟進行過程で一定の法定事由が生じ，本案訴訟手続の進行継続が不能またはその必要性がなくなった場合に，受訴人民法院が本案訴訟手続の終了を裁定する制度である。通常の場合，訴訟手続は当事者による訴

　　ができる。」とし，行政事件と民事事件が交錯する場面の処理規定が新設されている。
101)　全国人民代表大会常務委員会法制工作委員会民法室編『中華人民共和国民事訴訟法解読〔2012年最新修訂版〕』（中国法制出版社・2012年）403頁参照。
102)　江・肖主編・前掲注1）293頁，法工委編・前掲注4）246頁参照。

え取下げ，人民法院による裁判および当事者間での調停合意成立により正常に終了するが，中国民訴151条所定の訴訟の終了はいわば非正常的に訴訟手続が終了する場合である。

前述した訴訟停止制度と訴訟終了制度は以下の点で区別される。第一にその法律効果につき，訴訟停止は，訴訟手続の一時的な停止であり，停止事由が解消されれば訴訟手続は回復され継続進行されるが[103]，訴訟終了では訴訟手続が完全に終了し，それが回復される可能性はない。第二に法定の適用場面につき，訴訟停止の法定事由は種々複雑であり受訴人民法院に適用判断の裁量の余地もあるが（中国民訴150条6号），訴訟終了では一方当事者死亡の場面に限定されており概括的規定もない[104]。

2 要件

中国民訴151条によれば，次に掲げる事由がある場合，人民法院は訴訟終了の裁定をしなければならない。

1）原告が死亡し，相続人がなく，または相続人が訴訟上の権利を放棄したとき（同1号）。このような場合には訴訟において実体的権利を主張する者が失われて訴訟を継続することが不可能となること，また相続人の権利処分の意思を尊重する趣旨に基づく。訴訟過程において原告たる法人，その他の組織が終了し，その権利義務承継人が実体的権利を明確に放棄する場合にも，同様に受訴人民法院は訴訟終了の裁定をすべしと解されている[105]。

2）被告が死亡し，遺産がなく，義務を負うべき者がいないとき（同2号）。かかる状況では，たとえ原告に勝訴可能性があったとしても，執行の対象となる遺産および相応する義務者が存在しないため，原告の訴訟請求の目的は達成不能となり，当該訴訟を継続する意義が失われているからである[106]。

3）離婚事件の当事者の一方が死亡したとき（同3号）。離婚事件は当事者間の

---

103) 訴訟停止後に確定された相続人が訴訟上の権利を明確に放棄した場合には人民法院は訴訟の終了裁定を行わなければならず，訴訟停止と訴訟終了とは相互にリンクする関係にある（赵ほか・前掲注1）275頁参照）。
104) 江・肖主編・前掲注1）293頁，赵ほか・前掲注1）275頁参照。訴訟終了は法律上，当事者の訴訟上の権利の行使を排除するものであり，その厳格な適用が要求され，受訴人民法院には裁量的判断の余地がない。
105) 江・肖主編・前掲注1）294頁，赵ほか・前掲注1）276頁参照。
106) 赵ほか・前掲注1）276頁参照。

婚姻関係を解消するためのものであるが，一方当事者の死亡は婚姻関係がそれにより自然消滅することを意味し，訴訟により解決すべき前提と意義が失われている[107]。

4）直系尊属および配偶者に対する扶養費，養育費を請求する事件および養親子関係を解消する事件の当事者の一方が死亡したとき（同4号）。これらの事件はすべて特定の身分関係に起因する紛争であり，当該権利義務関係における双方主体もすべて特定の者で，不可代替的であり，かつこれらの権利義務関係は他の主体に移転不可能である。よって，これら事件の一方当事者が死亡した場合，その実体的権利義務関係はすべて自然消滅するが，かかる状況では訴訟を継続進行する必要性・可能性が失われている[108]。

3　効果

訴訟過程において，以上の状況が現れた場合，人民法院は訴訟終了の裁定をしなければならず，同裁定は直ちに法的効力を生じ，当事者は再議の申立ても，上訴提起も許されない。また訴訟終了の裁定により，本案の訴訟手続は直ちに終了するが，裁定中において事件の実体的関係を確定・処理することは許されない。

第六節　民事裁判

一　民事裁判の意義，特徴

人民法院が民事事件に対する審理の進行過程またはその後において，一般に当事者間の民事権利義務関係および訴訟手続の進行と保障問題に対してなされる公権的性質の判断・判定が必要とされる。この種の判断・判定を民事裁判という。

民事裁判は，以下の特徴を有する[109]。

1）権威性。人民法院は国家の裁判機関であり，人民法院による裁判は，国家を代表して関連する職権を行使するものである。よって，いったん裁判がなされれば，法に基づく相応の法的効果が発生し，その権威性を体現する。

---

107)　法工委編・前掲注4）247頁参照。
108)　趙ほか・前掲注1）276頁参照。
109)　江・肖ヰ編・前掲注1）302頁，肖編・前掲注1）160頁参照。

2）特定性。裁判の特定性は，第一に裁判主体の特定性（人民法院のみがこれを行う），第二に裁判内容の特定性（当事者間の民事権利義務関係および訴訟手続の進行と保障問題を対象とする），第三に裁判形式の特定性（公文書たる裁判文書を媒体とする）に表れる。

3）法定性。人民法院によってなされる裁判は，法律規定を根拠として行われ，関連手続を遵守し，当事者の合法的権益を保護し，法律規定に反してはならない。

4）公開性。裁判公開原則に基づくものであり，主に裁判過程の公開（中国民訴134条），裁判結果と理由の公開（同148条，152条，154条），および裁判文書の公開（同156条）に体現される。

二　民事裁判の分類

1　判決，裁定，決定と命令

裁判内容の違いにより，民事裁判は判決，裁定，決定および命令に分類することができる[110]。すなわち，判決は，人民法院が法に基づき事件審理を行った後，事件の実体問題に対して行う拘束力を有する結論的判定である。裁定は人民法院が訴訟過程において，手続事項および個別の実体事項に対して行う拘束力を有する結論的判定である。決定は，人民法院が，訴訟過程で発生した訴訟の正常円滑な進行に影響のある特殊事項に対して行う拘束力を有する結論的判定である。命令は，人民法院が手続進行事項または争いのない事実問題に対して，法に基づき発出される指令である。

これらの裁判形式のうち，判決は実体問題に対する判断に，裁定は主に手続問題に用いられるが，判決と裁定は，人民法院が訴訟において行う最も多用される主要な裁判方式であることから，中国民訴法は第12章「第一審通常手続」の中に第5節「判決と裁定」を置いている。

2　中間裁判と終局裁判

裁判が終局的な法的効力を生じるかどうかに基づき，裁判は中間裁判と終局裁判とに分けることができる。中間裁判は，人民法院が訴訟過程においてなす訴訟物以外の争点に対する裁判であり，終局裁判は，人民法院が事件審理を終結した後になす，訴訟手続を終了させる裁判である[111]。

---

110)　江・肖主編・前掲注1) 303頁，肖編・前掲注1) 159頁参照。

3 書面裁判と口頭裁判

裁判の表現形式により，人民法院が裁判を書面形式で作成する書面裁判と，人民法院が口頭形式で裁判をなす口頭裁判とに分類される。後者では書面形式は不要だが，一般に法廷記録への記載が要求される。

三 判決

1 判決の意義と特徴

判決とは，人民法院が民事事件の審理を終結した後において，事件事実と法律規定を根拠として，双方当事者間の実体的紛争または一方当事者が提出した実体的権利主張に対して行う法的拘束力ある結論的判定であり[112]，法院による裁判の最も重要な形式である。

判決は以下の特徴を有する[113]。1) 判決は，人民法院の有する裁判権行使の結果であり，人民法院だけが判決を行うことができる。よってその他のいかなる機関・個人とも判決を行うことはできず（判決主体の特定性），かつ人民法院の審理・判決に対して干渉することも許されない。2) 判決は一般に事件の実体問題に関するものであり，当事者間の民事法律関係紛争の解決をその主要内容とする（判決内容の特定性）。3) 判決は法定手続に従った事件審理の後になされることが必要であり，かつ事実根拠と正確な法律根拠の充足が必須不可欠である（判決の法定性）。4) 判決がなされてその効力が発生すれば，法定手続によってのみその変更・取消しが可能となり，判決を行った人民法院，当事者その他の主体は判決に拘束される（判決が有する高度の権威性）。

2 判決の分類

判決は各種の基準・観点から以下のように分類されている。

(1) 訴訟事件判決と非訟事件判決

事件の性質の差異に基づく区別であり，訴訟事件判決は，人民法院が双方当事者の民事権益紛争を内容とする訴訟事件に対して行う判決であるのに対し，非訟事件判決は，人民法院が，民事権益紛争が存在しない非訟事件に対して行う判決

---

111) 江・肖主編・前掲注 1) 303 頁参照。
112) 江・肖主編・前掲注 1) 303 頁，趙ほか・前掲注 1) 298 頁以下参照。
113) 江・肖主編・前掲注 1) 304 頁参照。

であり，たとえば公民の民事行為無能力の認定事件（中国民訴187条以下）に対する判決等がある。

(2) 給付判決，確認判決および形成判決［変更判決］

判決の内容および性質に基づく分類であり，訴えの種類と対応する。給付判決は，原告の請求権存在の認定を基礎として，相手方にその義務履行を命じる判決である。確認判決は，単に当事者間の法律関係の存在または不存在を確認する判決である。形成判決は，現存する法律関係を変動する判決である[114]。形成判決が法的効果を発生すると，強制執行を経ることなく新たな法律状態を生じ，たとえば契約の解除・取消し，婚姻・養子縁組関係の解消等である。形成判決は，形成力を有し，当事者だけでなく第三者に対しても効力が及ぶ点で給付判決・確認判決とは異なる。

(3) 全部判決と一部判決［部分判決］

民事紛争の解決範囲に基づく区別であり，全部判決は，人民法院が当事者のすべての訴訟請求に対して行う判決である。一部判決は，人民法院が，当事者の訴訟請求の一部分に対して判断を行う判決であり，中国民訴153条が「人民法院は，事件を審理する場合において，そのうちの一部の事実が既に明らかとなったときは，当該部分について先行して判決することができる。」と規定することから，先行判決とも称される。もっとも，中国の司法実務で一部判決がなされることは少ないとも指摘されている[115]。

(4) 終局判決と中間判決

判決が訴訟手続に対する拘束力を有するかどうかによる区別であり，終局判決とは，事件審理が終結したときに人民法院が行う訴訟手続を終了させる判決である。中間判決とは，人民法院が訴訟過程中に訴訟物以外の争点（中間争点）に対して行う判決であり，たとえば争いのある独立した攻撃防御方法の提出の適法性，訴え自体や訴えの変更・併合の適法性，自白の撤回等に関する争いである。中間判決では訴訟手続を終了させることはできず，終局判決のための準備をし，終局判決の負担を軽減させるものである[116]。よって中間判決は終局判決に対しては拘束力を有するが，それ自体には終結性や既判力はなく，独立して上訴の対

---

114) 張・前掲注9) 414頁参照。
115) 江・肖主編・前掲注1) 305頁参照。
116) 江・肖主編・前掲注1) 305頁，肖編・前掲注1) 160頁参照。

(5) 対席判決と欠席判決

双方当事者の出廷状況に基づく区別である。対席判決とは，双方当事者がすべて開廷審理手続に参加している前提において，人民法院が法に基づき事件審理を行った後に行う判決である。欠席判決は，一方当事者が正当な理由なく開廷審理への参加を拒み，または許可なく途中で退廷した場合に，人民法院が法に基づき事件審理を行った後に行う判決である[117]。

(6) 原判決と補充判決

判決が本案より以前の判決に対して補充するかどうかによる区別である。すなわち，原判決とは，本案以前のいかなる判決にも基づかずに判決を行う場合をいい，本案以前の判決を補充するためになされるものが補充判決である。人民法院が作成した判決に，記載上の誤り等が判明した場合に，補充判決によってこれを補充更正する必要がある[118]。

(7) 一審判決と二審判決

裁判時に適用する訴訟手続，すなわち第一審手続による審理か第二審手続による審理かの差異に基づく判決の分類である。

(8) 発効判決［生効判決］と未発効判決［未生効判決］

判決がすでに法的効力を発生したかどうかによる分類である。発効判決（効力を発生した判決）は，すでに法的効力が発生している判決である。判決の内容がすでに確定し，当事者の上訴による不服申立手段も尽きている場合であり，大陸

---

117) 欠席判決については，中国民訴143条が「原告が呼出状により呼び出され，正当な理由なく出廷を拒絶し，または法廷の許可を経ないで中途で退廷した場合には，訴え取下げとして処理することができる。被告が反訴した場合には，欠席判決をすることができる。」とし，中国民訴144条は「被告が呼出状により呼び出され，正当な理由なく出廷を拒絶し，または法廷の許可を経ないで中途で退廷した場合には，欠席判決をすることができる。」とする。また中国民訴145条2項では「人民法院が訴え取下げを許可しない旨を裁定した場合において，原告が呼出状により呼び出され，正当な理由なく出廷を拒絶したときは，欠席判決をすることができる。」としてその要件を明記している。

118) 江・肖主編・前掲注1) 305頁参照。補充判決につき中国民訴法は直接的規定を置いていないが，中国民訴154条7号が，「判決書における記載上の誤りの補正」に関する裁定を認めており，民訴解釈245条では「民訴法第154条第1項第7号に規定する記載上の誤りとは，法律文書の書間違い・違算，訴訟費用の記載漏れ・違算及びその他の誤記をいう。」とする。判決中の誤記について人民法院は必ず裁定方式によって補正しなければならず，判決自体を直接的に改めてはならない（趙ほか・前掲注1) 305頁参照）。

法系の国家では「確定判決」と称される[119]。中国の発効判決には，1) 地方各級の法院が通常訴訟手続に基づいて行った一審判決につき，当事者が上訴期間内に上訴を提出しなかった場合，2) 法に基づき上訴できない判決（第二審法院による判決，最高人民法院による判決，特別手続による判決）を含んでいる[120]。

未発効判決とは，すでに判決がなされていても法的効力が未発生の判決をいい，大陸法系の国家では「未確定判決」と称される。通常訴訟手続の第一審人民法院が行った上訴が許される判決につき，上訴期間が満了していない判決がその例である。未発効判決は，法的効力が発生しておらず，その内容も最終的に確定せず，その内容が全部または一部変更される可能性はあるものの，依然として相応の拘束力，すなわち法定手続によることなく変更・取消しをされない効力がある[121]。

3 判決の内容

判決は，判決書の形式によって作成されなければならず，中国民訴152条がその必要的記載事項を定める。判決書は，首部，主文および尾部の三つの部分から構成される[122]。

首部には，標題，事件番号，当事者およびその他訴訟参加人の基本的状況，事

---

119) 一つの判決の効力は，無から有へ，弱から強へ，一部分から完全な効力への過程をたどる以上，判決の効力を単に「発効判決」「未発効判決」に割り切って論ずることはできないと指摘されている（江・肖主編・前掲注1) 308頁）。また中国民訴法では「判決確定」概念を用いずに「法的効力の発生した判決」と規定して「確定判決」とみなしているとも指摘されている（楊建華『大陸民事訴訟法比較与評析』（台北・三民書局・1991年）135頁）。確かに中国の立法精神と学理解釈から見れば中国民訴法で多用されている「法的効力の発生した判決」概念は実際上「判決の確定」の同義語として用いられているが，民訴法の立法用語としての「法的効力の発生」は誤解等を生じやすく，また「判決確定」に代替する用語としても不適切であることから，むしろ判決については「確定判決」「未確定判決」とに区別して規定すべきであり，「発効判決」はそれらの上位概念ないし学理上判決の効果を総括する概念として位置づけるのが妥当との主張である。さらに判決の成立（判決か非判決か），有効な判決か無効判決か，そして有効な判決の効力発生とその内容の問題とを混同すべきでないこと等が指摘されている（江・肖主編・前掲注1) 307～308頁参照）。
120) 李・前掲注6) 247～248頁，趙ほか・前掲注1) 300頁参照。
121) 趙ほか・前掲注1) 300頁参照。
122) 李・前掲注6) 248頁。首部の記載事項がいずれも必要不可欠なものにもかかわらず，中国民訴152条の要求がもっぱら判決書の主文，尾部の記載事項に限られている点は，中国民訴法の重大な欠陥との指摘もある（趙ほか・前掲注1) 302頁参照）。

件の趣旨・由来，事件審理の過程，裁判組織と裁判方式等の記載を含む。

　主文部分に判決書の主要内容が記載される。すなわち，第一に訴訟上の請求（被告の反訴，独立請求権ある第三者による訴訟請求を含む）と係争に係る事実（原告の主張事実とそれに対する被告の反論事実等）およびその理由（双方当事者や第三者が提出した理由等）である（中国民訴152条1号）。

　第二に，判決で認定した事実およびその理由，適用した法律およびその理由である（同2号）。通常，理由部分と呼ばれるが，争いのある事実について法院は必ず判決書中で当該事実の存否または真偽不明を確認しなければならず，その後に関連する法律を適用し，判決結果を導くことができる。

　第三に判決主文である（同3号）。判決主文は法院による判決結果を表明するものであり，原告の訴訟請求を支持ないし一部支持するか，請求を棄却するかを明確に記載しなければならない。判決で被告に義務履行を命じる場合は，義務履行の時間と方式を明確に記載する。また判決主文では訴訟費用の負担についても判示しなければならない[123]。

　判決書の尾部には，上訴できる判決について上訴期限と上訴法院を記載し（同4号）[124]，裁判官等と書記官が署名し，判決作成年月日を記載し，法院の印章を押捺する（中国民訴152条2項）[125]。

　判決書に記載した判決結果の内容と法院がすでに行った判決意思に不一致がある場合，すなわち判決に誤記，違算およびその他の明らかな誤りがある場合には判決の補正・更正を法院に許す必要がある。判決書の補正・更正について中国民訴法は具体的な規定を置いていないが，「判決書における記載上の誤りの補正」は裁定によらなければならない（中国民訴154条1項7号，民訴解釈245条）[126]。

---

123) 李・前掲注6）249頁参照。判決書の作成時には，訴訟費用は一方負担，双方負担のいずれとするのか，双方負担の場合は負担割合と具体的金額を確定しなければならない（趙ほか・前掲注1）302頁参照）。
124) 中国民訴148条3項は「判決を宣告する場合には，必ず当事者に上訴の権利，上訴の期間および上訴する法院を告知しなければならない。」と定める。
125) 李・前掲注6）249頁参照。
126) 前掲注118）参照。すでに送達した判決書に誤りがあることを見つけた場合，法院は当該判決書を随時回収して裁定により補正・更正を行うことができる。当事者が判決書の誤りを見つけた場合も法院に対して補正を求めることができ，法院が補正の要否を判断して，裁定によって補正を行う（張・前掲注9）418頁参照）。

4 判決の効力

民事訴訟制度を設けた目的は，当事者間の訴訟と法院の審理および裁判を通じてその紛争を解決し，合法的な民事権益を保護し，違法な民事行為を制裁する点にあり，かつ法院はこれらの目的を判決方式によって実現する。それゆえ，判決を行った後に，その法律上の効力を発生させることが必要であり，法院と当事者のすべてが判決の結果を尊重すべきであり，当事者は判決の存在を無視してはならず，同一の問題に対して再び争いが生じた場合でも法院は任意に先に言い渡された判決を任意に取り消したり判決内容を任意に変更することは許されない。

判決が真に民事紛争解決の効果を有するために，判決は拘束力・確定力・形成力および執行力のあることが必須不可欠であり，これらはすべて判決それ自体が具有している効力である[127]。

(1) 判決の拘束力

判決の拘束力は，羈束力ともいい，法院自身に対する判決の効力の一種である。判決がいったん言い渡し，または当事者に送達された後，その判決を行った法院は，たとえその判決に誤りがあると認識しても，同一審級内ではそれを任意に取消し，変更してはならないことである[128]。判決が拘束力を有することは，判決の安定性を保証し，法院の威信に影響が及ぶのを避け，また法院に対して慎重に判決するよう促すためでもある[129]。

(2) 確定力

判決の確定力には，形式的確定力と実質的確定力を含む。形式的な確定力は外部確定力ともいい，当事者が上訴の方法によって上級法院に当該判決の廃棄・変更を求めてはならないとする効力である。判決はいったんその効力発生が確定すれば，法律が定める特別手続を経ずして取消し・変更することができない。また，実質的な確定力としての既判力理論については次項で論ずる。

---

127) 李・前掲注6) 249頁参照。
128) 民訴解釈242条の「第一審判決が下された後，原審人民法院が判決に誤りがあることを発見し，当事者が上訴期間内に上訴を提起した場合，原審人民法院は原判決に誤りがあるという意見を提出し，第二審人民法院に報告送付することができ，第二審人民法院が第二審手続によって審理する。当事者が上訴しない場合，裁判監督手続により処理する。」との規定は，判決に拘束力（羈束力）があることを前提にしたものである。
129) 江・肖主編・前掲注1) 309頁，李・前掲注6) 249頁参照。他方，事件の差戻し，再審の提起，当事者が特別手続・非訟手続事件により取消しの訴えを提起した場合には，判決は原審法院に対して拘束力がない。

(3) 形成力

形成力は，変更力・創設力とも呼ばれ，もとの法律関係を変更し，新しい法律関係を発生させる判決の効力であり，一般には形成判決と非訟事件の判決が形成力を有する[130]。

(4) 執行力

執行力は，給付判決のみが有する，執行の根拠として執行を強制できる効力である。給付判決が効力を発生した後，履行義務を負う当事者が履行しない場合，権利を有する当事者は，これを根拠として人民法院に対し強制執行を申し立てることができ，判決によって確定された権利を強制的に実現することができる。

5 既判力理論

既判力は実質的な確定力とも呼ばれ，当事者間で争われた民事法律関係がすでに人民法院の判決によって解決され確定的に判決が法的効果を生じた場合に，これに対して当事者が再び訴訟を提起し，または後行する訴訟において前訴判決と相反する内容を主張することが許されず，人民法院もまた当事者間で争われた民事法律関係に対して再び判決をし，または後行する訴訟において前訴判決と矛盾衝突する判決をすることが許されないとする判決効理論である。

大陸法系の国家では，既判力理論に対する研究がすでに全面的に深く行われており，既判力理論は民事訴訟法学の最も重要な理論の一つとされている。これに対して中国の学会では，長期間にわたり既判力理論に対する研究はあまり重視されずに薄弱な状況に置かれ，また司法実務に対しても有効に指導できず，司法実務に現れた関連問題に対して有効に対応することも困難であった。近年来，既判力理論は中国の法学界の注目を集め，次第に中国の民事訴訟理論に受け入れられてはいるものの，不十分な状況にある[131]。

判決の覊束力と既判力を対比すれば，覊束力は同一訴訟手続中において判決を行う法院自身が受ける判決の拘束力であり，法院は判決を行った後に当該判決を改変できないのに対し，判決の既判力は，その他の訴訟に対して作用するものであり，発効した判決の訴訟以外の訴訟，すなわち後訴が対象である[132]。

---

130) 江・肖主編・前掲注1) 309頁参照。
131) 江・肖主編・前掲注1) 309頁。中国民訴法理論の状況につき小嶋明美『現代中国の民事裁判』(成文堂・2006年) 143～144頁参照。
132) 張・前掲注9) 422頁参照。

前訴判決が効力を発生した後，後訴の訴訟物・訴訟請求と前訴の訴訟物との間では，次の三つの状況が発生する可能性がある。

1) 後訴の訴訟物と前訴の訴訟物とが同じである場合。通常は前訴の敗訴当事者が当該訴訟を再び同一の法院または別の法院に対して提起する場面で発生する。

2) 前訴の訴訟物に関する裁判が，後訴の訴訟物に関する裁判の前提である場合（先決関係）。

3) 後訴の訴訟請求と前訴の判決とが相矛盾する場合（矛盾関係。たとえば前訴で原告Xの不動産所有権が確認された後，被告Yが同一不動産に関する自己の所有権確認の後訴を提起した場合，一物一権主義の原則により，前訴判決と後訴の訴訟請求とは相矛盾する関係にある）。

(1) 既判力の作用

既判力の拘束的作用は，主に後行する訴訟に対して作用するものであるが，以下の二面に整理される。第一に，当事者は後訴において，前訴の既判力ある判断と相反する主張を提出してはならず，後訴法院も前訴の既判力ある判断と相反する判決を行ってはならない（既判力の消極的作用）[133]。既判力は重複した訴訟の提起を禁止し，一事不再理の効力を有するところ，後訴の訴訟物が前訴判決により確定された訴訟物と同一の場合には，法院は既判力との抵触を理由に後訴の却下を裁定しなければならない[134]。

第二に，後訴法院の裁判は，前訴法院の判決内容を前提としなければならない（既判力の積極的作用）。前訴と後訴の訴訟物が異なる場合でも，前訴の既判事項が先決関係や矛盾関係にあるときは，後訴法院は，前訴判決の既判力ある判断を基礎として当該訴訟を処理しなければならず，前訴判決と異なる認定や矛盾した判決を行うことは許されない。

(2) 既判力の客観的範囲

発効した判決中のどの判断事項に既判力が生じるかという，効力の対物的範囲に関する問題である。

---

133) 張・前掲注9) 422頁参照。
134) 趙ほか・前掲注1) 303頁参照。中国民訴124条5号の「判決，裁定，調停書が既に法的効力が生じている事件で，当事者が再度訴えを提起した場合，原告に対して再審の申立てを告知する。但し，人民法院が訴え取下げを許可した裁定を除く。」との規定は，既判力の消極的作用の反映であると指摘される（李・前掲注6) 250頁参照）。

既判力の発生は，原則として判決主文中の判断事項に限られ，ここに判決主文中の判断事項とは，訴訟物に対する判断を指す。

　注意すべき点は，1) 既判力の客観的範囲は，原則としてすでに審理判断された訴訟物の範囲に限られ，したがって訴訟物の識別論と直接関連する。2) 既判力は事実審口頭弁論終結時における訴訟物たる権利義務関係の存否に関する判断に限られる。3) 可分な権利関係の特定部分について訴訟提起された一部請求の場合，その勝訴敗訴に関わらず，既判力は当該特定部分に対して生じ，その他の部分には生じない[135]。4) 既判力は原則として訴訟物に対する判断に対してのみ生じ，判決理由中の判断には及ばない。5) もっとも，判決理由中における相殺の抗弁の成否に関する判断には紛争の蒸返しを防止する観点から例外として既判力が認められる[136]。6) 前訴判決で認定されていなかった後遺症損害に関する後訴請求と既判力との関係について，中国の実務ではあまり問題とされておらず，司法実務の処理も統一されていない。むしろ実務でよく発生している後発性請求事例は，離婚後の子供の養育費に関する判決が発効した後に，物価上昇等の理由から，養育費増額の訴訟請求がなされる場合であるが，中国の民事訴訟実務ではこれら請求はすべて別事件として受理しており，前訴における養育費判決の拘束を受けない取扱いとされている[137]。

---

135) 本文は明示的な一部請求を肯定して当該請求部分についてのみ既判力が生じるとの見解によったものである（趙ほか・前掲注1) 303頁参照）。この点，中国では2001年最高人民法院「民事権利侵害による精神損害賠償責任の確定における若干の問題に関する解釈」6条「当事者は権利侵害訴訟において精神的損害賠償の訴訟請求を提出しない場合，訴訟の終了後に同一の権利侵害事実に基づいて損害賠償請求の訴えを提起するとき，人民法院は不受理とする。」という規定とも関連して見解が対立している。すなわち，上記解釈規定を有利に援用しつつ，一部請求を全面的に否定して再訴を許さないことが被告の応訴の煩や，法院審理の不経済・非効率を回避できるとする見解（張・前掲注9) 426頁)，他方で，上記解釈規定は，当事者に物的損害と精神的損害の賠償請求を合わせて主張するよう求めたものであり，前訴において物的損害賠償を主張した場合に，後訴において精神的損害賠償を主張することを許さない趣旨である。もっとも，この規定は精神的損害賠償を対象とするだけであり，これに基づき最高人民法院がその他の類型の一部請求をすべて許さないとは認められないとする見解（李・前掲注6) 253頁）等がある。

136) 李・前掲注6) 252頁，張・前掲注9) 427頁参照。さらに，判決理由中の判断に拘束力が及ばないことから派生する諸問題に関連し，既判力の客観的範囲拡張論，争点効理論，信義則理論等を紹介するものとして江・肖主編・前掲注1) 310頁，張・前掲注9) 424～426頁参照。

137) 張・前掲注9) 427～428頁参照。張教授は後発損害賠償請求の問題につき，前訴判決が後遺症損害について予測できなかった場合は既判力が及ばず，当事者は後訴で主張可能

(3) 既判力の主観的範囲

発効した判決がいかなる主体に対して既判力を生じるかという，効力の対人的範囲に関する問題である。

まず，1) 既判力は原則として当事者間においてのみ発生し，訴訟物と無関係な訴外人には及ばない（既判力相対性原則）[138]。民事訴訟の目的は特定当事者間の民事紛争の相対的解決にあり，かつ判決は訴訟における当事者の主張内容がその基礎・前提とされているからである。また，当事者以外の者は訴訟に参加して主張等の訴訟活動をしていない以上，その合法的権益を保護するためには，既判力を及ぼすことは許されない。

しかし，2) 特定の状況において，上記相対性原則の例外として，既判力の主観的範囲が当事者以外の者に拡張されることがある。

第一に口頭弁論終結後の承継人である。口頭弁論終結後に発生した原因があり，承継人が当事者の権利義務を承継する必要がある場合，その者に対し確定判決は既判力を生じる。第二に当事者またはその承継人の利益のために訴訟目的物を占有する者（たとえば保管人・資産管理人・受寄者・受託者等）である。これに対して自己の利益のために訴訟目的物を占有する者（たとえば賃借人・質権者等）は既判力による拘束を受けない。第三に訴訟係属後に脱退した当事者の承継人である。訴訟係属後の脱退では，公民の死亡・法人の消滅等の原因により，当事者の実体的権利義務関係の移転を受けた当事者以外の第三者が，当該当事者の実体的な地位を受け継ぐことになり，既判力の拘束を受ける。第四に自己名義で他人の権益のために訴訟を進行して判決を受けた場合，その判決の既判力は当該他人に及ぶ（たとえば遺産管理人・遺言執行者・破産管財人が訴訟を行い，その判決の既判力は遺産相続人・破産者・その他共同の利益を有する者に及ぶ）。第五に形成判決には対世効があり，その既判力も当事者以外の第三者に対して等しく効力が及ぶ[139]。

であるが，前訴において請求が特定されずに漠然と該交通事故の損害賠償請求を提出していた場合には前訴判決は後発的損害賠償に対して拘束力を有するとの見解を示す。

138) 張・前掲注9) 428頁。また同430頁以下では，中国民訴法上には既判力制度や既判力の相対性原則に関する規定が未だ明記されていないにもかかわらず，2012年改正法56条3項に第三者取消しの訴え制度が新設されたことは，逆に既判力の相対性原則との衝突を生じるとして第三者取消しの訴え制度の見直しの必要性を指摘し，さらには次の中国民訴法改正の課題として既判力に関する原則的制度の明文化を主張している（張・前掲注9) 433〜434頁参照）。

(4) 既判力の時的範囲

　発効した判決の権利義務関係に対する判断は，どの時点において当事者を拘束するかという，既判力の作用する時間的限界に関する問題である。判決が関わるのは当事者間に争いのある民事権利義務関係に対する判断であるところ，かかる権利義務関係は不断に変化する。よって判決は一定時点における当事者間の民事権利義務関係について明確にしなければならず，その時点がまさに既判力の時的範囲に関する問題であり，既判力の基準時ないし標準時とも称される。一般に既判力の時間的限界は，事実審口頭弁論終結時とされており，発効した判決は事実審口頭弁論終結時に存在する，または不存在の権利義務関係について既判力を生じる。これに対して，基準時以後に発生した事実または権利義務関係の変動には既判力を生じない[140]。

四　裁定

1　裁定の意義

　裁定とは，人民法院が訴訟過程において手続事項と個別の実体事項を処理するために行う拘束力を有する結論的判定である。裁定は，主として手続事項の解決に用いられている。

2　裁定の適用範囲

　中国民訴154条1項各号によれば，裁定の主な適用範囲は以下のとおりである。すなわち，1) 不受理，2) 管轄権に対する異議，3) 訴え提起の却下，4) 保全および先行執行，5) 訴え取下げの許可または不許可，6) 訴訟の停止または終了，7) 判決書における記載上の誤りの補正，8) 執行の停止または終了，9) 仲裁判断の取消しまたは不執行，10) 公証機関が強制執行の効力を付与した債権文書の不執行，11) 裁定により解決する必要があるその他の事項[141]である。

---

139)　張・前掲注9) 428〜429頁，趙ほか・前掲注1) 303〜304頁，江・肖主編・前掲注1) 310頁参照。

140)　江・肖主編・前掲注1) 310頁，張・前掲注9) 432頁参照。なお民訴解釈248条の規定は，中国の民事訴訟制度に関連する司法解釈において，初めて「裁判発効後の新事実」概念を定めたものであり，かつ既判力の時的範囲を確立したものである（張・前掲注24) 327頁参照）。

141)　民事訴訟の全過程において，裁定により解決を要する手続事項は相当多数存在しているため，中国民訴154条11号では概括的規定を置き，人民法院が具体的状況に基づい

3 内容と効力

裁定は，法律が書面形式とすることを明確にしている場合を除き，口頭形式によることもできる。しかし，司法実務において通常は書面形式，すなわち裁定書が用いられている。裁定書も判決書と同様に，首部・主文・尾部の三つの部分から構成される。

首部には，標題・事件番頭・当事者と訴訟代理人の基本的状況を記載する。主文には，事実，裁定の結果と裁定の理由（手続的事実の認定と手続法の適用）を明記する（中国民訴154条3項）[142]。尾部には，裁判官等と書記官が署名し，人民法院の印章を押捺する。上訴可能な裁定については，上訴期間と上訴法院を明記しなければならない[143]。

裁定と事件の実体問題との関連性の差異に基づき，各裁定の救済方法も一様ではない。一般的にいえば，1）実体問題との関連性が高い場合には上訴が可能，2）その次には再議申立てが可能だが，3）実体問題と直接の関連性がない場合には相応する救済方法がない。1）につき，民訴法は，訴え不受理，管轄権異議の処理，訴え提起の却下の裁定に対して上訴を認めている（中国民訴154条1項1～3号，同2項）。上訴期間は10日であり，上訴期間内に上訴がない場合には上訴期間満了後に法的効力を生じる。2）につき，保全・先行執行（同154条1項4号）および執行行為異議に対する裁定は直ちに法的効力を生じ，上訴は認められないが，当事者・利害関係人は再議を一度申し立てることができる。再議期間において裁定の執行は停止しない。3）につき，その他の裁定は，それがなされると直ちに法的効力を生じ，当事者は上訴・再議を申し立てることはできない。

裁定が法的効果を発生した場合，当事者・法院・裁定に関係する機関および個人に対して法的拘束力を有し，法的手続を経ずにすでに発効した裁定を変更・取り消すことは許されない[144]。

て弾力的に裁定を行えるようにしている。たとえば第二審手続中における第一審判決の取消しや差戻し，当事者の強制執行の申立て，法院の執行行為に対する異議等がある。

142) 旧法では，裁定書の記載内容については規定していなかったが，裁定書作成のさらなる規範化を図り，裁定書の質を高め，裁定書の公開性と説理性を強化し，当事者の訴訟過程における合法的権益を擁護するために，中国民訴154条3項1文に裁定結果と当該裁定の理由を明記すべきことが追加されている（法工委編・前掲注4）255頁参照）。

143) 李・前掲注6）256頁参照。

144) 江・肖主編・前掲注1）311～312頁，李・前掲注6）256頁参照。

五　決定

1　決定の意義

決定とは，人民法院が訴訟過程において発生した訴訟の正常円滑な進行に影響を及ぼす特殊事項に対して行う拘束力のある結論的判定である[145]。

2　決定の適用範囲

民訴法および関連規定により，決定は主に以下の事項に適用される。すなわち，1) 当事者の提出した回避申立てに対する処理（中国民訴47条），2) 当事者による期間の順延申立てに対する処理（同83条），3) 民事訴訟妨害行為に対する強制措置の処理（同117条），4) 当事者による訴訟費用支払いの猶予，軽減，免除の申立てに対する処理（同118条2項），5) 当事者が新たに調査・鑑定・検証を要求した場合の処理（同139条3項），6) 各級の人民法院院長が再審の必要ありと認めた場合の処理（同198条1項），7) 当事者による執行一時猶予の申立てに対する処理（同231条），8) その他人民法院が決定を行う必要がある事項の処理[146]である。

3　決定の効力

決定は，法律上書面形式が要求される場合を除き，口頭形式・書面形式のいずれでも行うことができ，具体的には人民法院が状況を見て判断する。決定書には，人民法院の名称・決定書の種類と事件番号・当事者の基本的状況・決定の根拠となる事実・理由と法律根拠・決定内容・不服申立ての可否・決定のなされた時間を明記し，かつ人民法院の印章を押捺しなければならない。口頭形式での決定では，法廷記録に記載しなければならない。

決定はそれがなされると直ちに法的効力を生じ，当事者の上訴は許されない。当事者に対して比較的大きな影響を与える重要な決定につき，法律は不服のある当事者の再議申立てを一度認めるが（たとえば回避・過料・拘留に関する決定等），決定の効力と執行には影響を及ぼさない[147]。

---

145)　江・肖主編・前掲注1) 312頁，肖編・前掲注1) 163頁参照。
146)　たとえば訴えの変更・追加・併合に関する決定，公示催告期間の決定等がある（江・肖主編・前掲注1) 313頁）。
147)　江・肖主編・前掲注1) 313頁，李・前掲注6) 257頁参照。

六　命令

1　命令の意義

命令とは，人民法院が当事者またはその審理する民事事件の関係者に対して発出する，一定行為の作為または不作為を命じる指示である。

中国民訴法の規定からすると，命令には以下の特徴がある。1) 命令は特定主体に対して一定行為の履行を単純に要求する。2) 命令は一方向のものであり，特定主体が命令を受け取ったときにはそれに従うことが必須である。3) 命令には特定主体に対する保障・救済手続が少なく，かつ命令がなされた後では特定主体にはほとんど救済方法がなく，上訴もおよび再議申立ても許されない。命令は，主に訴訟効率の価値を体現する点と密接に関係している。

2　命令の種類

民事訴訟における主な命令としては，1) 支払命令（督促手続参照），2) 海事差押命令（海事訴訟特別手続法26条），3) 海事強制命令，4) 捜査命令（強制執行手続中に発出する，債務者の住所またはその他被執行財産を隠匿する可能性のある場所について捜査を行う命令），5) 調査命令（人民法院が証拠の協助調査義務のある組織に対して発出する命令），6) 人身保護命令（反家庭暴力法23条），7) 督促命令（中国民訴226条），8) 報告命令，9) 高額消費制限命令がある。

3　命令の効力

命令はそれがなされると直ちに法的効果を発生し，特定主体は必ず履行しなければならない。もし状況に変化が生じた場合には，法院は状況に基づいて原命令を取り消すことができる[148]。

(白出博之)

---

[148] 江・肖主編・前掲注1) 313頁参照。

第12章　第一審通常手続に関するコメント

はじめに

　中国の民事訴訟第一審手続は，条文としては，第2編第12章第1節「訴えの提起及び受理」(119条～124条)，第2節「審理前の準備」(125条～133条)，第3節「開廷審理」(134条～149条)，第4節「訴訟の中止及び終結」(150条～151条)，第5節「判決及び裁定」(152条～156条)によって構成される。通常の民事訴訟の第一審手続は，原告により提起された訴えが人民法院により受理された後，審理前の準備手続を経て，法廷において開廷審理がされ，判決により終了する。人民法院による調解[1]は，手続のどの段階でもすることができ，開廷前（先行調解）にもなされうる。

一　訴えの提起および受理

1　提訴

　訴えの提起は，原告が訴状を人民法院に提出して行う（ただし，中国民訴120条2項により口頭での提訴も例外的に許されている）。訴状には，中国民訴121条にいう必要的記載事項の記載が求められる。原告および被告の氏名，年齢等の属性と連絡方法等を具体的に記載することが要求されている（被告が所在不明な場合にも提訴は可能である）。日本の民事訴訟にいう請求の趣旨・原因に相応するものは，3号において，訴訟上の請求ならびに根拠とする事実および理由として記載が要求されている。また，4号により，訴状の提出の段階で，証拠および証拠の由来ならびに証人の氏名および住所（日本法にいう証拠説明書）といった事項を記載することが求められている。

---

1)　日本の制度と区別しやすいよう，ここでは「調停」ではなく，「調解」とする。

2 受理および立案

　訴訟事件が人民法院によって審理判断されるには，提起された訴訟事件の受理が必要である。受理とは，提訴された訴訟事件がその要件を満たしている場合に，人民法院が，これを立案し審理をすることを決定する行為をいう（審査は裁判廷でなく立案廷が行う）。日本法からみれば特殊な制度であり，受理によって，人民法院ははじめて当該訴訟事件につき審判権を有することになる。訴訟係属による法的効果も受理により生じる。受理がされる場合には，人民法院により立案がされなければならない。立案とは人民法院が訴訟事件として正式に記録することを決定することをいう。立案は提訴が適法である場合のみになしうるが，立案後に不適法であることが判明することもありえ，その場合には訴え却下の裁定がされる。

　受理要件は，中国民訴119条に規定されており，被告が明確であり訴訟上の請求が具体的であることといった，日本法における提訴時の訴状審査における形式審査の対象であるものも含まれるが，それのみならず，日本法にいう訴訟要件が受理に際して審査される。管轄権の存否や，訴訟で争われる権利の帰属主体でない者による訴えの場合にはその者が直接の利害関係を有しているかといった点（日本法での法定訴訟担当の場合に該当する。利害関係を有するというためには失踪者の財産管理人等のように法律上の明文規定が必要である）が審査される。出訴期間の定めのある場合には当該期間を経過した後の提訴は受理されない。人民法院の判決や調解により解決をみた事件は再審により争うことができるものの，再審を経由せずして再訴がされたときは不受理扱いとなる。離婚訴訟の判決や調解により解決をみた離婚事件・養親子関係事件で6ヶ月内に新たな事由なくして提起された訴えも受理されない（124条5ないし7号）。なお，119条からは明らかではないが，運用としては，契約書，領収書等の日本においても訴状に添付される証拠が添付されているかも受理の許否の判断に影響するようである[2]。ただし，消滅時効にかかった請求についての提訴は，不受理の裁決ではなく，受理の後に請求棄却判決をなせば足りるものとされている。なお，中国民訴124条は，行政訴訟事件，仲裁の合意がされている事件につき提訴がされた場合，また

---

2) 小嶋明美『現代中国の民事裁判』（成文堂・2006年）160頁，同「中国民事訴訟の手続構造と訴訟運営の規律（1）」創価法学42巻1・2号（2012年）95頁，98頁。

管轄権のない裁判所に提訴がされた場合には，人民法院は，それぞれ不受理の裁定をする前に，原告に適切な紛争解決機関ないし管轄権を有する法院へ提訴するよう告知をすることを定めている。

人民法院は提訴が要件を満たしている場合には受理しなければならないのが建前であり，適法な提訴事件を受理するか否かが人民法院の裁量にかかっているわけではない。しかしこれまでは，社会的政治的にデリケートな事件など，適法に提訴がされている訴訟事件が受理されないことも多く，あるいは，長期間にわたって受理・不受理の裁定がされないことも少なくなかったようである。また，人民法院は，受理・不受理にかかわらず，訴状の提出を受けた日の翌日から7日以内に立案の裁決をなし当事者に書面による告知をしなければならないところ，不受理の裁定については裁定書が作成されないことも珍しくなかったようである[3]。結果として，人民法院の不受理の裁定に対しては不服申立てが可能でありながら裁定書が作成されないまま，実際は不服申立てできない現象が少なからず起こっていた。そこで，2012年改正民訴法では，このような状況に対処するために，不受理の裁定の場合にも必ず裁定書が作成されなければならないこととされた（123条）[4]。

二　審理前の先行調解および審理前の準備手続

受理された訴訟事件は，開廷審理のための準備手続に付されることになる。

1　審理前の準備手続

①中国民事訴訟法では，日本法にいう口頭弁論手続に該当する審理手続を，開廷審理と呼び，中国民訴第2編第3節に規定がされている。第2節では，その開廷審理のための準備手続が規定されている（125条ないし133条）。準備手続の目的は，争点の早期整理とそれを争うのに必要な証拠の収集を図ること，また状況に応じて判決以外の適切な解決手段を探りやすくさせることにある。

訴訟関係文書の提出について，中国民訴125条1項は，被告に，人民法院から

---

[3]　白出博之「中国民事訴訟法の改正について」国際商事法務40巻11号（2012年）1671頁以下，1672頁。

[4]　上原敏夫・江藤美紀音・金春・白出博之・三木浩一「特別座談会 中国への法整備支援事業の現状と課題」論究ジュリスト5号（2013年）210頁以下，220頁〔金春〕。

訴状の送達を受けた日から15日以内の答弁書の提出を要求しているが，同条2項により不提出にサンクションは伴わないものとされており，実際にも守られることは少なく，このことは問題点として認識されている。

　証拠の提出についても，中国民訴法が随時提出主義を採用していたことから，当事者が遅れて証拠の提出をすることが多くみられ，訴訟遅延を招いていた。これに対する対応として，2001年の「民事訴訟証拠に関する若干の規定」[5]（以下，証拠規定と略称する）により，その33条において証拠の提出期限（立証期限）を定めることができることとされた。同時に，証拠規定では，特に証拠が多く複雑な事件を念頭に置いて証拠交換の制度が導入され，裁判官が当事者に対し期限を定めて当事者が収集した証拠を裁判所に提出することを命じ，各当事者の証拠の副本を交換する手続を採れることとなったが（証拠交換の制度は2012年民訴法改正により中国民訴133条4項に定められている），証拠交換は開廷審理前にされなければならず（証拠規定36条），この証拠交換の期日をもって証拠提出の期限とすることが求められていた（証拠規定38条）。このため，開廷審理前に証拠を提出できなければ失権する結果となっていたところ，このような扱いは厳しすぎるとの批判が向けられていた。2012年改正では，中国民訴65条1項により，適時提出主義の採用が明らかにされ，同条2項により証拠の提出期限が設定されることになった。ただ，証拠の提出期限は開廷審理前に定められることが多いようであり，その点をみれば依然として当事者はそれまでに証拠を提出しなければならない責任を負っていることにはなるが，65条2項では同時に提出の遅れた証拠の扱いが定められ，そこでは失権効について，証拠規定における規律の反省から緩和されるに至っている[6]。すなわち，中国民訴139条にいう法廷での新たな証拠の提出が許される場合を除いて，一律に失権していた期限後の証拠提出を，その理由の陳述とそれに対する質疑の機会を与えた上で，場合により許す扱いがされている。

　なお，中国民訴129条は，「裁判官は，必ず訴訟資料を誠実に審査し，かつ，必要な証拠を調査・収集しなければならない」との定めを置き，また，130条・131条にも人民法院が証拠収集の主体となるかのような定めがされているが，実

---

5) 証拠規定については，村上幸隆「民事訴訟証拠に関する中国最高人民法院の規定(1)〜(8)」国際商事法務30巻11号1548頁，12号1695頁（2002年），31巻1号72頁，2号234頁，3号371頁，4号521頁，5号674頁，6号836頁（2003年）。

6) 上原ほか・前掲注4) 222頁〔金〕。

際に人民法院が証拠を収集する場面は限られるようである（後述三）。

②また，必要的共同訴訟が成立する場合においては，この段階において，人民法院は，原告側被告側のいずれについても，当事者の一部が欠けている場合にはその追加をすることができる（132条）。

2 先行調解等

①中国民訴133条1号は，受理した訴訟事件につき，開廷審理に入る前に，督促手続の要件を満たしている事件で，かつ，当事者が異議を述べない場合には，督促手続に入ることができる旨を定める。また，同条3号は，事件の状況を考慮して手続を簡易手続と普通手続のいずれかに確定することを定めている。

②中国民訴122条は，受理がされた訴訟事件のうち，人民法院が調解に適すると判断したものについては，当事者が同意することを条件として，訴訟に先立って調解を行うことができる旨を規定する。中国民訴133条2号が，そのような場合には開廷前であっても速やかに調解により紛争を解決すべき旨を規定している。このような扱いは，あくまで，人民調解を経ていない事件や人民調解を試みても調解成立をみなかった事件につき，法院調解を試みるためのものであり，調解前置主義が採られているわけではなく，調解先行主義と呼ばれている。背景には，紛争解決手段としての調解制度の重要性が見直されていることがある[7]。

三 開廷審理の手続とその構造

1 開廷審理の進行・原則

(1) 開廷審理

開廷審理とは，訴訟事件の審理・裁判を行う手続であり，ごく大まかにいえば，日本法にいう口頭弁論手続に該当するが，その構造と審理のルールは相当に異なる。

審理手続は，法が求める形式に沿って人民法院によって進められる。また，審理は，口頭によってされなければならない。開廷審理に際しては，中国民訴136条にもとづき，3日前までに当事者には呼出状により，訴訟代理人・証人・鑑定

---

[7] 上原ほか・前掲注3) 222頁〔金〕。小嶋・前掲注2) 創価法学42巻1・2号106頁によれば，調解は立案廷によって，立案前や立案後にもなされるようである。

人・通訳には通知書により，人民法院から通知がされる。

(2) 公開

審理は公開で行われることが原則である。ただし，中国民訴134条は，国家秘密または個人のプライバシーに関わる事件のほか，法律に特別の規定がある事件につき公開を要しないとし，また，離婚事件または商業秘密に関わる事件についても当事者が非公開の申立てをした場合には公開しなくてよい旨を規定する。

(3) 審理延期・審理期限

中国民訴146条は，開廷審理を延期できる場合として，当事者や訴訟参加人が正当な理由なくして出廷しないとき，当事者が回避を申し立てたとき，新たな証拠について取り調べる必要があるとき，などを定めている。

また，2012年改正においては，審理の迅速化を図った1991年の中国民事訴訟法の方向がさらに進められ，立案の日から6ヶ月以内に審理（弁論）が終結されなければならないこととされた（149条）。ただし，法院の院長に事前に許可を得れば，6ヶ月の期限の延長が許されている。

(4) 訴訟停止

中国民訴150条は，訴訟停止とその事由を定める。おおむね，日本法にいう訴訟手続の中断事由に相応するものである。停止事由としては，当事者の死亡，行為能力の喪失，法人である当事者の消滅の場合のほか，当事者の一方が不可抗力により訴訟に参加することができなくなった場合，他の訴訟事件の結果に当該訴訟事件の審理が依存している場合が定められている。

(5) 訴訟終結（終了）

中国民訴151条は，訴訟が続行できなくなった事件に対する措置として，訴訟終結がされる場合を定めている。おおむね，日本法にいう訴訟終了宣言がされる場合に相応するものである。たとえば，当事者が死亡し相続人がいない場合，被告が死亡しその遺産も義務を負担すべき者もいない場合，離婚事件の当事者の一方が死亡した場合，直系尊属および配偶者に対する扶養料・養育費の請求事件および養子縁組解除事件の当事者の一方が死亡した場合である。

2 法廷調査

　開廷審理は法廷調査の手続から始まり，裁判所により，訴状・答弁書の内容に基づいて事実および証拠の調査が行われる（138条）。審理の中心は訴訟物（争われる権利・法律関係）であり，これは具体的に特定されていなければならないが，中国民訴では訴訟物を基礎付ける請求原因事実やそれに対する抗弁事実といった振分けがなされているわけではなく，そうした意味での厳密な特定は要求されていない状況にあるようである。

　この法廷調査の段階では，訴訟物の判断にとって必要な事実に関する証拠調べが審理の中心となる。事実に関わる当事者の陳述がなされるが，それのみでなく，この段階で，証人がいる場合には，証人の出廷と証言がなされることになる（出廷していない証人の証言の朗読も取調べの対象となる）。また，他の証拠方法である，書証，物証，視聴覚資料，電子データについて，取調べがされる。なお，証拠方法の分類のされ方は日本法のそれとは一致しておらず（63条参照），中国法にいう物証とは，日本法にいうそれから書証，視聴覚資料，電子データを除いたものを指すようである。これらに加えて，証拠となる物についての裁判官による検証記録，専門家の意見である鑑定意見も証拠方法となる。法廷調査は，これらの証拠につき，原告の提出した証拠につき被告（および第三者）が質疑し原告が反論する，被告の提出した証拠につき原告（および第三者）が質疑し被告が反論する，また場合により対質を行う，といった，質証により取調べがされる（証拠規定51条）。中国民訴68条1項は，裁判官が自由心証主義のもとで心証を形成するには，原則としてこのような質証を経ていない証拠を用いることはできない旨を規定している。このように，当事者または証人の陳述と，証拠を質すことが法廷調査の主たる目的であり，この手続過程は中国民事訴訟手続の根幹であると評することができる。

　職権探知主義が妥当しているといわれる中国民訴法においては，判決の基礎に置かれる事実につき，人民法院が当事者の主張を待たなければならないという感覚は乏しいようである。事実や法構成を明らかにするのは裁判所の職責で行われており，開廷審理の手続は当事者の陳述からはじめられるものの，主張段階を経ずして証拠調べが開始されその最初に証拠方法としての当事者の陳述がなされる手続が採られている。証拠規定4条ないし6条に置かれる挙証責任の定めからすれば，証明責任の所在とパラレルに決せられる主張責任も妥当していておかしく

はないようにみえるが，訴訟資料と証拠資料の区別にその意義のある弁論主義の第一テーゼは，主張過程と証拠調べとが区別されていない中国民訴手続の下では厳密には妥当していないとみてよい。

自白は，証拠規定8条に定めがあり，審判排除効はともかくとして，少なくとも裁判所および当事者に対する不要証効と不可撤回効といった拘束力を生じる。ただし，主要事実による審理の規律が妥当しておらず，主張責任が曖昧である中国民訴の審理において，自白の対象たる事実が判然としないことがしばしば指摘されている[8]。また，主張過程を手続の構造として有していない中国法では，相手方の陳述を認める当事者の陳述は，当然ながら主張過程においてなされるものではなく，証拠方法としての陳述に自白が成立することにならざるを得ない。自白規定の導入は，職権探知による法院の審理の負担軽減，審理の遅延の回避といった趣旨からなされたようであり，そこに当事者の意思により裁判所の審判を排除するという拘束力まで認められるのかは判然としないが，かかる拘束力は浸透していないように推察される。

弁論主義の第三テーゼについては，中国民訴129条により人民法院（裁判官）による職権証拠調べ（職権による証拠の収集）が許されており，妥当していないようにもみえるが，第一審手続は，第1編総則規定（1条～118条）の規律に服し，総則規定に置かれる64条の適用を受けるがゆえに必ずしもそうはならない。すなわち，当事者が証拠収集の責任を負うのであり（64条1項），人民法院は，客観的理由により当事者が収集できない証拠または人民法院が審理に必要であると認める証拠についてのみ調査収集の責任を負う（同条2項）。後者の場合は，証拠規定15条，16条に定められている場合に限定され[9]，結果として，多くの訴訟事件では，証拠の収集は当事者の負担とするルールが妥当していることになる。

3 法廷弁論

続いて，審理は法廷弁論の段階へ移る。弁論といっても，日本法のように当事者の主張が交わされるのではなく，中国民訴法では，裁判所が明らかにした事実に対し原告被告に反駁する機会が与えられており，これを法廷弁論と呼んでい

---

8) 村上・前掲注5) 30巻11号1551頁。
9) 証拠収集に関する法規定の背景・経緯については，小嶋・前掲注2)『現代中国の民事裁判』150頁以下。

る。この過程を通じて人民法院も事実をより明らかにでき，それを判決の基礎に置くことができる。弁論は，当事者の訴訟法上の権利であり，中国民訴141条によれば，原告の発言の後，被告の答弁（さらには，第三者が存在する場合には第三者の答弁）が交互に行われる。法廷弁論の機会を通じて，裁判所が明らかにした判決の基礎に置かれるべき事実について変更・修正がされることがありうるのであり，実際は稀であるかもしれないが，手続の構造からみれば，むしろそちらの方が原則となるべきものであろう。その機会を担保するための過程が法廷弁論である。

なお，法院は事件の状況に基づいて，当事者双方の同意を得れば，法廷調査と法廷弁論を併せて進行することができるとされている（民訴解釈230条）。

4　弁論終結と判決の言渡し

審理が判決をなしうるまでに至ったときは，人民法院は，法廷弁論を終結して判決を言い渡す（142条）。ただし，弁論終結後においても判決前の調解をなすことは可能である。判決にあたっては，直接主義は採用されていない。

判決書には，主文，事実，理由，適用法令，訴訟費用の負担の裁判が記載され（152条），閲覧に供される（156条）。また，判決がされるときは，合議制の場合には，反対意見を公表することもできる。非公開事件でも判決書は公開される（148条）。判決書には，裁判員（裁判官）のみならず，当事者も署名・捺印することになっている（152条2項）。判決書は，言渡し後10日以内に送達されなければならない。

四　訴訟手続の終了

中国民訴法では，前述の判決による場合の他，以下の場合に手続が終了する。訴訟を処分する当事者の行為により訴訟が終了することも認められており，この意味での処分権主義は基本的に妥当しているとみてよい。

1　訴えの取下げ

中国民訴法は，原告による訴えの取下げを許している（145条）。ただし，取下げには，日本法と異なり，被告の同意が要件とされておらず，原告が人民法院に取下げの申立てをしたときは，人民法院による許可の裁定が必要となる。ただ

し，法廷弁論終結後の取下げには被告の同意を要する（民訴解釈238条2項）。なお，中国民訴法では，終局判決後の訴え取下げについて，再訴禁止効は生じない（124条5号但書）。

2　訴えの取下げの擬制および欠席判決

以上とは別に，中国民訴143条は，訴えの取下げに準じる処理がされる場合として，原告が正当な理由なくして出廷を拒絶したり，法廷の許可なくして審理の中途で退席した場合を定めている。訴えの取下げが擬制される場合であり，効果は訴えの取下げがされたのと同一である。

また，中国民訴144条は，被告が，正当な理由なくして，出廷を拒絶したり，法廷の許可なくして審理の中途で退席した場合には欠席判決をなしうる旨を定める。同様に，143条に該当する原告の欠席がある場合に，被告による反訴がされたときには反訴請求につき欠席判決をなしうる旨を定めている（143条2項）。なお，日本法の規律と異なり，双方が欠席している場合には欠席判決はなしえない。原告欠席の場合には訴え取下げに準じる措置がなせるのみで欠席判決はなしえず，欠席判決は被告欠席の場合のみになしうるものとされている。

3　請求の放棄・認諾

原告による請求の放棄，また，被告による請求の認諾がされることは認められている（51条）。

4　和解

当事者は和解することができ（50条参照），結果として訴えが取り下げられたり，和解の合意内容に従った書面が人民法院により作成され，争いが解決をみることもある。ここでの和解とは，日本法にいう訴訟上の和解とは異なり，和解により解決をみるのは，合意内容が人民法院による関与なくして当事者により自主的に形成される場合（裁判外の和解）である。日本の訴訟上の和解には，むしろ後述する法院調解の方が近い性質を有する。

5　調解

人民法院による調解は，民事訴訟手続のどの段階においても成立しうる。開廷審理前においても先行調解が可能であるし，弁論終結後であっても判決前であれ

ばなしうる。調解は人民法院が提示した案により解決を図るものであるが，調解は，あくまで当事者の合意に基づかなければならない（66 条，93 条，96 条，122 条）。調解が成立した場合には，一定の場合（98 条）を除き，調解書が作成されなければならない（97 条）。

五　民事裁判

人民法院の裁判には主として，判決と裁定がある。前者は内容面（実体面）に関わる判断であり，後者は手続問題に関わる判断である。

1　判決

中国民訴法においても基本的には原告の申立てを対象としてその範囲内で判決がされることになっている。もし判決内容が訴訟上の請求の範囲を超えて出た場合には再審事由となる（200 条 11 号）。ただし，中国における訴訟物の規律が厳格でないことに鑑みれば，判決がされる際のルールとしても，日本民訴法のような厳密な申立事項と判決事項の対応関係が妥当しているかはなお判然としない。

判決の分類としては，日本におけるのと同様に，給付・確認・変更（形成）判決，全部判決・一部判決，対席判決・欠席判決，終局判決・中間判決がある。

確定した判決に生じる効力には，条文の定めはないものの，変更訴訟の認容判決に生じる形成力，給付訴訟の認容判決に生じる執行力，さらには，あらゆる判決に生じる実質的確定力（既判力）が認められている。日本民訴法の規律と変わらないようにみえるが，既判力については，日本法におけるようにその客観的範囲を訴訟物の判断に限定するような議論はいまだ浸透していないようである。また，その主観的範囲についても，通常の事件では相対効が原則であるべきところ，その原則が妥当しているかは曖昧である[10]。たとえば，2012 年改正による第三者による判決取消制度（第三者再審類似の制度）の導入（56 条 3 項）は，原理的には判決効の及びえない第三者の救済を図る趣旨によるものともみることができ，相対性の原則が厳格には妥当していないことを裏打ちしていると評することもできる。

---

[10]　上原ほか・前掲注 4）226 頁〔三木浩一〕。

2 裁定

民事裁判には，判決以外に，手続問題，手続上の争いに対する判断である裁定がある。判断対象からみれば，日本法にいう決定に近い性質を有する裁判であり，中国民訴154条が定めている。民事裁定に対し不服申立てが許されるのは，不受理の裁定，管轄に対する異議の裁定，訴え却下の裁定に限定されている。

3 決定・命令

以上に加えて，決定や命令の形式での裁判がされることがある[11]。決定は，手続事項に関するものであるが，訴訟手続の進行に影響する緊急性のある事項に対する判断である点で裁定と異なる。裁判長による回避決定（46条）などが例として挙げられる。命令は，手続進行事項または当事者間に争いのない事実問題に対し，人民法院が法にもとづき発するものであり，決定の対象事項に比して軽微な事項に対してなされる判断である。

（堀野　出）

---

11) 小嶋・前掲注2)『現代中国の民事裁判』179頁。

第13章　第一審簡易手続

第一節　簡易手続概説

一　簡易手続の意義

　中国の民事訴訟における簡易手続には，訴訟簡易手続と非訟簡易手続があるところ，通常は前者を意味し，それはさらに簡易手続（狭義）と少額訴訟手続を含んでいる。簡易手続（狭義）と少額訴訟手続は，通常手続の付属手続ではなく，通常手続と並んで存在する独立の手続であり，中国民事訴訟法は，第12章「第一審通常手続」とは別個に第13章「簡易手続」（157～163条）を定め，その中に少額訴訟手続の規定を置いている（162条)[1]。

　簡易手続（狭義）は，基層人民法院およびその法廷が，審理事実が明らかであり，権利義務関係が明確であり，争いが大きくない単純な民事事件を審査する上で適用する手続である。ここに「簡易」とは通常手続と相対する概念であり，訴え提起の手続，当事者の呼出方式，審理手続および審理期間等の面でいずれも簡略化が図られていることから，一種の簡略化された通常手続ということもできる[2]。

　中国民事訴訟法が簡易手続を規定する意義については，一般に1）当事者によ

---

[1]　簡易手続は，歴史的には革命根拠地・解放区で行われた，簡易軽便な司法を発展させたものであり，領土が広大で人口も多く，多くの地域は交通の便が悪いのに基層法院の管轄範囲が広く，裁判官も少ないにもかかわらず，民事事件が大幅に増加しているという中国の実情に対応したものである（小嶋明美『現代中国の民事裁判』（成文堂・2006年）187頁参照）。1982年3月「民事訴訟法（試行）」第11章「簡易手続」に4ヶ条，1991年4月「民事訴訟法」第13章に5ヶ条が規定され，簡易手続適用事件の増加に伴い2003年9月には最高人民法院「簡易手続規定」が発布されていた。

[2]　全国人民代表大会常務委員会法制工作委員会民法室編『中華人民共和国民事訴訟法「2012年修訂版」』（北京大学出版社・2012年）261～262頁参照。

る訴訟追行の便宜，および2）人民法院による裁判活動の便宜という「二つの面での便宜の原則［両便原則］」に体現していると説明される。

1）当事者による訴訟追行の便宜は，中国は国土が広大で人口も多く，各地のインフラ・経済の発展水準も一様でないため，広く人民大衆に訴訟による紛争解決を提供するには一定の困難を伴うところ，訴訟効率の高さと費用の相当性を特徴とする簡易手続の適用によって上述の困難を一定程度克服し，人民の紛争解決に便宜，特に訴訟コストの減少と迅速な解決によって当事者の合法的権益をよりよく保護することができる。

2）人民法院による裁判活動の便宜については，経済社会の発展と権利意識の強化に伴い，中国では民事事件の件数が年々増加しているところ，うち相当の部分は比較的簡単な民事事件である。人民法院の裁判官の陣容は拡大されているものの，日々増加する事件に比し，裁判官数は依然として十分でない。そこで簡易手続の適用により，人民法院の事件処理効率を高め，かつ人民法院の業務上のプレッシャーを減じ，大規模事件や複雑な事件の審理に対してより多くの精力を投入して司法資源の有効利用が可能となり，人民法院全体の事件処理の質・量を高めることができる[3]。

二　簡易手続の特徴

通常手続との比較において，簡易手続は主に以下のような特徴を有する。すなわち，1）訴え提起方式の簡便，2）受理手続の簡便，3）当事者・証人の呼出方式の簡便，4）裁判官独任制を実施，5）審理手続の簡便，6）挙証期限および事件の審理期限が短い，7）判決が迅速・簡便等の点である。

以上のように，簡易手続（および少額訴訟手続）の適用場面は，通常手続において保障される当事者の訴訟上の権利を一定程度制限することを通じて当事者および人民法院の便宜・効率等の獲得を目指すものであり，訴訟経済等のメリットと双方当事者の手続権保障の後退とが併存している。それゆえ，まず簡易手続（および少額訴訟手続）自体が最低限度の手続的公正さの保障，すなわち双方当事者の手続参加権を平等に保障することが必須不可欠であり[4]，さらに簡易手続を適用できる事件はその性質上迅速処理に適し，当事者の実体的権利保障に対す

---

[3]　张卫平『民事诉讼法〔第4版〕』（法律出版社・2016年）327頁，全国人民代表大会常务委员会法制工作委员会民法室编『中华人民共和国民事诉讼法解读〔2012年最新修订版〕』（中国法制出版社・2012年）426～427頁参照。

る影響の大きくないことが要求される[5]。

第二節　簡易手続の適用

一　簡易手続を適用する事件

　簡易手続を適用する人民法院は，基層人民法院およびその派出法廷である（中国民訴157条）。この点，現行法の四級二審終審制により，基層人民法院から最高人民法院のそれぞれが第一審民事事件を審理することは可能であるが，中級以上の人民法院が審理する民事事件は，その性質上複雑で，訴訟物価額もより高額であり，当事者の権益に対する影響が相対的に大きい。よって，中級以上の人民法院が審理する第一審民事事件を簡易手続によって審理することは当事者権益保障の点において妥当でなく，中国民訴157条1項が基層人民法院およびその派出法廷の審理する簡単な民事事件に簡易手続適用を限定するのは，かかる趣旨に基づく[6]。

　簡易手続を適用する事件は，「簡単な民事事件」および「双方当事者が簡易手続の適用を約定した通常民事事件」である。

　1）「簡単な民事事件」とは，①事実が明らかであり，②権利義務関係が明確であり，③争いが大きくない事件を指す（中国民訴157条1項）。この基準の具体的内容については民訴解釈256条がさらに明確化している（本書巻末資料参照）[7]。

　2）簡易手続の適用範囲を明確に規定することは，簡易手続の適用範囲が不当に拡大するのを防止し，当事者が通常手続により公正な裁判を獲得する権利を保護する上で重要である。かかる観点から民訴解釈257条は簡易手続を適用しない7つの状況を定める（本書巻末資料参照）[8]。

4）　江伟・肖建国主編『民事訴訟法〔第7版〕』（中国人民大学出版社・2015年）296頁参照。
5）　赵刚・古善刚・刘学在『民事訴訟法〔第3版〕』（武漢大学出版社・2015年）278頁参照。
6）　赵ほか・前掲注5）278頁参照。
7）　上記①ないし③は，相互に関連しあい，相当に弾力性を有するものだが，「簡単な民事事件」判断の重要な要素であり，要するに事件の審理判断に大きな障害が存在しないことを意味する（法工委編・前掲注3）430頁参照）。
8）　江・肖主編・前掲注4）297頁，李浩『民事訴訟法学〔第3版〕』（法律出版社・2016年）223頁参照。

二 簡易手続の適用方式

1 人民法院の法に基づく簡易手続適用

基層人民法院および派出法廷が簡単な民事事件について，法律規定および司法解釈に基づき，簡易手続の手続を決定する。いかなる手続を適用して事件審理を行うかは，人民法院の裁判権の範囲内に属する事項である。よって受理した第一審事件に対して法律規定および司法解釈によって確立した基準に基づき，事件の進行を見きわめ，簡単な民事事件か複雑な民事事件かを区分し，簡易手続または通常手続に分別する。

当事者が事件への簡易手続の適用について異議を提出した場合，人民法院が審査を経て異議が成立するときは，通常手続への変更を裁定し，異議が成立しないときには口頭でその旨を当事者に告知し記録に記載する（民訴解釈269条1項）。通常手続に変更する場合，人民法院は合議体の構成員および関連事項を書面形式で双方当事者に通知しなければならず（同2項），通常手続に変更する前に双方当事者が確認した事実について，挙証，質証を行わないことができる（同3項）。

2 当事者の約定による簡易手続適用

中国民訴157条2項は，「基層人民法院及びその派出法廷が前項規定外の民事事件を審理する場合，双方当事者の合意によっても，簡易手続を適用できる。」と規定し，合意による簡易手続の適用を認める（ただし民訴解釈257条の定める事件を除く）[9]。2012年改正で新設された法157条2項の趣旨は，簡易手続の適用範囲の中に，当事者の手続選択権を追加することにより，当事者が簡易手続と通

---

9) 中国民訴157条2項は簡易手続選択適用の事件類型について規定上何ら制限を加えていないが，このことはあらゆる民事事件に簡易手続を選択適用できることを意味せず，民訴解釈257条所定の事件以外でも，実際の司法実務において人民法院は事件類型の複雑性，多様性等を考慮して妥当な処理を行う必要があり，具体的には法律および司法解釈が簡易手続不適用の場面について明確に規定している事件に準じて判断する（江必新主編『新民訴法解釈法义精要与实务指引』上冊（法律出版社・2015年）608頁参照）。また，差戻事件や裁判監督手続審理事件について当事者が簡易手続を選択する場合の処理については争いがあり，法157条2項に制限がないことを根拠として簡易手続の選択適用可能とする見解もあるが，最高人民法院関係者は，簡易手続では裁判官独任制審理とされることと，中国民訴40条が差戻事件および裁判監督手続審理事件について別途合議体の組成を要求していることの矛盾衝突を理由に，簡易手続の選択適用には消極的見解を示す（江主編・前掲608～609頁参照）。

常手続の利害得失について比較判断した後，能動的に手続に対する選択を行うことを可能にするとともに，簡易手続の適用範囲の拡大により，訴訟効率の向上，司法資源の合理的配置に資する点にある[10]。

双方当事者が簡易手続適用を約定した場合，開廷前に書面方式で提出しなければならず，口頭で提出する場合は，調書に記載し，双方当事者が署名または捺印によって確認する（民訴解釈264条）。当事者が提出した簡易手続適用の申立てについては，人民法院による判断が必要であるが，当該簡易手続適用に関する合意が違法または禁止性規定に反する場合を除き，人民法院は双方当事者の自由意思を尊重すべきである[11]。簡易手続の選択は，裁判手続の変更に関するもので手続的事項に属することから，人民法院は速やかにその許可不許可につき裁定形式で判断すべきである[12]。

3　通常手続への変更

人民法院の審理過程において，事件が簡易手続適用に相応しくないことが判明した場合，通常手続への変更を裁定する（中国民訴163条）[13]。これについて民訴解釈では「簡易手続の審理過程において，人民法院が事件に簡易手続を適用すべきでないことを発見し，又は事件の経緯が複雑で通常手続による審理に変更する

---

10) 中国民訴157条2項は次の内容を含む。1）当事者の手続選択権は基層人民法院およびその派出法廷で審理される民事事件にのみ適用し，中級以上の人民法院が審理する民事事件には適用されない。2）当事者による手続選択権の行使，簡易手続適用は，双方当事者による約定を前提とし，一方当事者のみが簡易手続適用を選択する場合，簡易手続は適用できない。3）当事者の手続選択権は，民事訴訟法に基づき通常手続を適用する民事事件に限られ，当事者はそのメリットデメリットの比較判断を経て，簡易手続の適用について約定することができる（法工委編・前掲注2）261～262頁参照）。
11) 趙ほか・前掲注5）278頁参照。
12) 江主編・前掲注9）609頁参照。
13) 中国民訴163条は2012年改正で新設された規定である。法改正過程における調査によれば，司法実務における簡易手続から通常手続への変更には，主に以下の状況があることが判明した。1）当事者が訴訟上の請求を変更または追加したことにより，事件の内容が複雑化した場合。2）当事者が法に基づき，人民法院に証拠調べを申請し，証人の出廷を申し立てた等の原因によって事件が3ヶ月以内での事件結審が難しくなった場合。3）応訴通知書を直接送達または差置送達できず，公示送達する必要がある場合。4）事件は比較的単純で目的物価額は大きくないものの，同種事件を代表しており，大量の同様・類似事件の審理に影響を及ぼす可能性がある場合。5）事件は比較的単純なものの，基本的生産・生活に関わり，集団的事件を引き起こす可能性がある事件の場合，等である（法工委編・前掲注2）271頁参照）。

必要があることを発見した場合，審理期限の満了前に通常手続に変更する裁定をし，合議体の構成員及び関連事項を書面で双方当事者に通知しなければならない」（民訴解釈258条2項）とし，その審理期限は人民法院が立案した日から起算される（民訴解釈258条3項）と具体的に規定している。逆に，すでに通常手続で審理されている事件の場合は開廷後に簡易手続審理に変更することは許されない（民訴解釈260条）。

第三節　簡易手続の具体的規定

訴訟手続の迅速な遂行を目的として，簡易手続においては，裁判組織・訴え提起の方式・呼出方式・開廷審理の段階・法院調停・判決の言渡しと作成・審理期限等，多くの面において通常手続とは異なる点がある。中国民訴157〜163条，民訴法解釈256〜283条の規定に基づく簡易手続の主要な特則は以下のとおりである。

一　訴えの提起，受理，答弁の簡易化

簡単な民事事件については，原告は，口頭により訴えを提起することができる（中国民訴158条1項）[14]。そして，原告が口頭により訴え提起を行う場合，人民法院は当事者の氏名・性別・勤務先・住所・連絡先等の基本情報，訴訟請求，事実および理由等を調書に正確に記載しなければならず，原告が誤りのないことを確かめた後，署名または捺印を行う。当事者が提出する証拠資料について，受取書を発行しなければならない（民訴解釈265条）。

また，双方当事者は，同時に基層人民法院またはその派出法廷に出頭し，紛争の解決を請求することができる。基層人民法院またはその派出法廷は，即時に審理することができ，また別に期日を定めて審理することもできる（中国民訴158条2項）[15]。双方当事者が出廷した後，被告が口頭答弁に同意する場合，法院は

---

[14] 通常手続による審理事件では，書面による提訴を原則とし，訴状作成が困難な場合のみ，例外的に口頭形式での提訴が許される（中国民訴120条2項）。これに対し，簡易手続を適用して訴えを提起する場合，原告は口頭形式で提訴することができ，法律上いかなる条件も付加されていない（法工委編・前掲注2）262頁）。

[15] 通常手続による審理事件では，原告の訴え提起から7日以内に受理不受理を決し（中国民訴123条），立案日から5日以内に訴状の副本を被告に発送し，被告は訴状の送達後15

直ちに開廷審理を行うことができ，被告が書面答弁を求める場合には，法院は答弁書の提出時期および具体的な開廷期日を当事者に告知し，かつ挙証期限徒過および不出廷の場合の法的効果を当事者に説明しなければならない（簡易手続規定7条）[16]。被告が書面答弁を求めた場合，人民法院はその同意を基礎として答弁期間を合理的に確定することができる（民訴解釈266条1項）。

二 訴訟費用の減額

簡易手続を適用する事件の事件受理費は半減される（訴訟費用納付弁法16条）。また簡易手続の適用事件を通常手続に変更する場合，原告は，人民法院の訴訟費用納付通知の受領日から起算して7日以内に事件受理費を納める。原告が正当な理由なく期日までに全額を支払わない場合には，訴え取下げとして処理し，すでに徴収した訴訟費用の半分を返還する（民訴解釈199条）。

三 訴訟文書の送達，呼出しの簡易化

中国民訴159条は「基層人民法院及びその派出法廷は，簡単な民事案件を審理する場合，簡便な方法で当事者と証人を呼び出し，訴訟文書を送達し，案件を審理することができる」と規定し[17]，具体的には，伝言・電話・携帯電話のショートメッセージ・ファックス・電子メール等の方式で双方当事者の呼出し，証人への通知，裁判文書以外の訴訟文書の送達を行うことができる（民訴解釈261条1項）[18]。

　　日以内に答弁書を提出することが要求される（同125条1項）。これに対し，双方当事者が同時に基層人民法院またはその派出法廷に出頭し，紛争解決を請求できることを認める簡易手続の特則は，訴え提起と受理，答弁の手続が非常にスピーディーに運び，紛争の迅速な解決に資する（法工委編・前掲注2）263頁参照）。

16)　張・前掲注3）329頁参照。
17)　2012年改正では中国民訴159条では旧144条の「随時に当事者及び証人を呼び出すことができる」の表現を改め，かつ「但し当事者に意見陳述する権利を保障しなければならない。」との規定が追加されている。これは2012年改正において簡易手続全体のさらなる簡潔化が進められているが，それは同手続の法定性と当事者の手続権保障を基礎として訴訟効率向上と訴訟コスト減少を図ったものであり，手続公正を犠牲にして効率確保を目指す不当なプラクティスを防止する趣旨である（江必新主編『新民事訴訟法理解適用与実務指南〔修訂版〕』（法律出版社・2015年）635〜636頁参照）。
18)　通常手続による審理事件では，開廷の3日前に呼出状を使用して当事者を呼び出し，訴訟代理人，証人，鑑定人，検証人，通訳人については，通知書を使用して出廷するよう通

もっとも，簡便な方式により送達された開廷通知について，当事者による確認がない，または当事者がすでに受領したことを証明するその他の証拠がない場合，人民法院は欠席判決を下してはならない（民訴解釈261条2項）。

原告提供による被告の送達先またはその他の連絡方法により被告に応訴の通知をできない場合，以下の状況により処理される。1）原告が被告の正確な送達先を提供したが，被告に応訴の通知書を直接送達または差置送達することができない場合，事件を通常手続に移して審理する（簡易手続規定8条1項）。2）原告が被告の正確な送達先を提供できず，法院の調査によっても被告の送達先を確定できない場合，被告不明を理由として訴え却下の裁定をすることができる（同2項）[19]。さらに民訴解釈140条は，簡易手続を適用する事件では，公示送達を適用しないことを明記する。

四　審理前準備の簡易化

1　審理前準備の特則

簡易手続の適用事件では，簡便な方式により審理前準備を行うことができる（民訴解釈267条）。具体的には以下のような特則がある。

1）挙証期限の特則。簡易手続適用事件の挙証期限は，人民法院が確定するか，または当事者が協議の上で一致し人民法院の許可を経る方法も可能であるが，15日を超えてはならない（民訴解釈266条1項）。

2）権利義務の告知等。人民法院は挙証期限と開廷日を双方当事者に告知し，当事者に期限を過ぎてから挙証した場合および出廷拒否の場合の法的責任を説明しなければならず，双方当事者は調書と開廷呼出状の送達証に署名または捺印を行う（民訴解釈266条2項）。双方当事者がいずれも挙証期限，答弁期間が必要ないことを表明する場合，人民法院は直ちに開廷審理を行い，または開廷日を確定することができる（同3項）。

3）簡易手続の適用事件では，双方当事者が同時に出廷して開廷審理を行う場合，その場での訴訟代理人に対する口頭での委任も認められ（中国民訴59条対照），人民法院が事件記録に記載する（民訴解釈263条4号）。

　　知するのが原則である（中国民訴128条，民訴解釈227条）。
19）小嶋・前掲注1）189頁，肖建国編『民事訴訟法』（中国人民大学出版社・2013年）152頁参照。

2 先行調停

以下の事件については，事件の性質と当事者の実情により調停が不能である，または明らかに必要のない場合を除いて，開廷審理に先立ち調停を行わなければならない（簡易手続規定 14 条）。すなわち，1）婚姻過程紛争および相続紛争，2）労働契約紛争，3）交通事故および労働災害による権利義務関係が明らかな損害賠償紛争，4）敷地および相隣関係紛争，5）提携合意紛争，6）訴訟物の額が小さい紛争，である。

調停合意が成立した場合，裁判官の審査を経て，双方当事者の署名または捺印の日から法的効力を生じる。このとき，法院は民事調停書を別途作成しなければならない。当事者が民事調停書と調停合意の本来的意味との不一致を理由として異議を提出した場合，法院が異議の成立を認めるときは，調停書補正の裁定をしなければならない（簡易手続規定 17 条）[20]。

五　開廷審理の簡易化

簡易手続適用事件の審理の簡易化および弾力性については，中国民訴 160 条が「簡単な民事事件は，裁判官一名が単独で審理を担当し，かつ，第 136 条，第 138 条および第 141 条に定める制限を受けない。」と明記するところである。

1　裁判組織の独任制

簡易手続を適用して審理する事件では，その対象事件の性質に鑑み，一名の裁判官が単独で審理を担当する独任制が認められている（中国民訴 39 条 2 項，160 条前段）[21]。訴訟審理においては一名の裁判官が裁判長の権限を行使し，書記官が記録を担当する。

2　開廷審理手続の特則[22]

簡易手続の適用事件では，通常手続における開廷審理手続の制限を受けない。具体的には，1）開廷 3 日前までの当事者その他訴訟参加人に対する通知および

---

20) 小嶋・前掲注 1) 190 頁，江・肖主編・前掲注 4) 298〜299 頁参照。
21) 趙ほか・前掲注 5) 280 頁参照。通常手続による審理事件については中国民訴 39 条 1 項が「人民法院が第一審民事事件を審理する場合には，裁判官及び陪審員が共同して合議体を構成し，又は裁判官が合議体を構成する」と原則を定める。
22) 江・肖主編・前掲注 4) 299 頁，趙ほか・前掲注 5) 281 頁参照。

公告のルール（中国民訴 136 条），2）法廷調査および法廷弁論段階に関する中国民訴 138 条（証拠調査の順序），同 141 条（法廷弁論の順序）に定める進行順序等の制限を受けない[23]。

さらに，3）開廷方式につき，双方当事者の同意を経て，映像通信技術等の方式を採用して開廷することができる（民訴解釈 259 条）。

4）簡易手続適用事件の挙証期限は，人民法院が確定し，または当事者が協議の上で一致し人民法院の許可を経ることもできるが，15 日を超えてはならない。被告が書面答弁を求めた場合，人民法院はその同意を基礎として答弁期間を合理的に確定することができる（民訴解釈 266 条 1 項）。

5）簡易手続の適用事件は往々にして本人訴訟が多いところ，訴訟代理人等のいない当事者につき，人民法院は法廷審理過程において，回避，自白，挙証・証明責任等の内容について該当事者に必要な解説または説明を行い，かつ法廷審理過程において，当事者に対し，正しい訴訟上の権利行使，訴訟上の義務履行について適切に提示することが要請されている（民訴解釈 268 条）。

六　審理期限の短縮

簡易手続の適用事件においては，法院が確かに再度の開廷が必要と認める場合を除き，一回の開廷で審理を終了しなければならない。人民法院は立案日から 3 ヶ月内に審理を終了しなければならない（中国民訴 161 条）。審理期限の延長は原則として認められず，通常手続に変更すべきところ（同 163 条），簡易手続適用事件の審理期限の満了後に，双方当事者が簡易手続の継続適用に同意した場合には，当該法院院長の承認により，審理期限を延長することができるが，延長後の審理期間は累計 6 ヶ月を超えてはならない（民訴解釈 258 条 1 項）[24]。

七　迅速な判決，判決書，裁定書，調停書の簡易化[25]

簡易手続の適用事件において，次に掲げる事由に該当する場合，人民法院は判

---

23) 開廷時，裁判官は当事者の訴訟上の請求と答弁意見に基づいて争点をまとめ，当事者の確認を経た後，当事者は争点を巡って挙証，質証および弁論を行う。要件事実について当事者に争いのない場合，裁判官は法適用について当事者の弁論意見を聴取し，直ちに判決，裁定をすることができる（簡易手続規定 21 条）。
24) 江・肖主編・前掲注 4) 299 頁参照。
25) 李・前掲注 8) 222 頁，江・肖主編・前掲注 4) 299〜300 頁参照。

決書，裁定書，調停書を作成する際，事実認定または判決理由の認定に係る部分について適度に簡略化することができる。すなわち，1) 当事者間で調停合意が成立し，民事調停書を作成する必要がある場合，2) 一方当事者が，相手方の全部または一部の訴訟請求を認めると明らかに表明する場合，3) 営業秘密，個人のプライバシーに関わる事件について，一方当事者が裁判文書における関連内容の簡略化を求め，人民法院がその理由を正当と認める場合，4) 双方当事者が簡略化に合意する場合，である（民訴解釈270条）。

なお人民法廷が作成する判決書，裁定書，調停合意については，必ず基層人民法院の印章により押印し，基層人民法院の印章の代わりに人民法廷の印章を用いてはならない（民訴解釈262条）[26]。

簡易手続の適用事件は，法院がそうすべきでないと認める場合のほかは，当該法廷で直ちに判決を言い渡すのが原則であり（簡易手続規定27条），かつ公開で言い渡さなければならない。1) 当該法廷で判決を言い渡す場合，当事者が郵便による送達を求める場合のほかは，法院は，当事者または訴訟代理人に裁判文書を受け取る期間と場所，および期間を過ぎても受け取らない場合の法的効果を告知しなければならず，上訴期間は法院が指定した裁判文書受取期間満了の翌日より起算する（簡易手続規定28条）。当事者が郵便による送達を求める場合の上訴期間は，配達証明書に明記された受取日，または戻された日の翌日から起算する（同規定29条）。訴え取下げに準ずる処理または欠席判決の場合，法院は，不出廷の当事者に対し，当該当事者自身が提供した送達場所に裁判文書を送達しなければならない。

2) 期日を定めて改めて判決を言い渡す場合，判決言渡日を送達日とする。判決言渡日に，当事者が確かに正当な理由で出廷できず，かつ事前に法院にその旨を告知した場合には，法院は未出廷の当事者に裁判文書を送達することができる

---

[26] 憲法の関連規定によれば，人民法院は国家の裁判機関であり，人民法院だけが法的効力を有する裁判文書を作成することができる。また人民法院組織法19条によれば，人民法廷は，基層人民法院の構成部分であって独立の裁判権を有するものではなく，人民法廷の判決・裁定はまさに基層人民法院の判決・裁定である。よって，派出法廷たる人民法廷は自己名義によって裁判文書を対外的に交付することは許されず，基層人民法院の印章だけを使用すべきである。もっとも実務においては，基層人民法院と人民法廷が遠距離にあること等から，一定の手続性の法律文書に人民法廷の印章が用いられる状況があり，当事者に誤解を与え，法律文書の厳粛性にも影響している。かかる問題を解決して裁判文書の形式要件に適合させるのが民訴解釈262条の趣旨である（江主編・前掲注9) 602頁参照）。

(同規定 31 条)[27]。

八　事件記録

書記官は，簡易手続の適用事件における全活動を訴訟記録に記載しなければならないところ，特に1) 当事者の権利義務に関する裁判官の告知・争点の概要・証拠認定と裁判の言渡し等の重要事項，2) 当事者による回避の申立て・自白・訴えの取下げ・調停等の重要事項，3) 当事者の法廷における陳述とその訴訟上の権利に直接関係するその他の事項については特に詳細な記載が要求される[28]。

また民訴解釈 263 条[29]では，簡易手続適用事件の事件記録中に備えるべき資料として以下に関する記録等が要求されている。すなわち，1) 訴状または口頭提訴，2) 答弁書または口頭答弁，3) 当事者の身分証明資料，4) 訴訟行為の代理を他者に委任したことを証明する委任状または口頭委任，5) 証拠，6) 当事者尋問，7) 審理（調停を含む），8) 判決書，裁定書，調停書または調停合意，9) 送達および判決言渡し，10) 執行状況，11) 訴訟費用の領収書，12) 民訴法第 162 条の規定を適用して審理する場合の関連手続適用に係る書面の告知，である。

第四節　少額訴訟手続

一　少額訴訟手続の概念

少額訴訟手続とは，一定金額以下の簡単な民事事件を専門的に解決する訴訟手続である。中国における少額訴訟手続は，簡易手続の特別類型として位置づけられ，手続としての独立性を具えない。それゆえ，少額訴訟手続に関する特別の定めがある場合を除き，少額訴訟手続には簡易手続の関連規定が準用される[30]。

[27) 小嶋・前掲注1) 191〜192 頁，肖編・前掲注 19) 154 頁参照。
[28) 張・前掲注3) 331 頁参照。
[29) 2015 年民訴解釈では，実務上すでに定着している 3)，実務上増加している口頭での委任に対応するために4)を追加し，さらに少額訴訟の一審終審制の不知に起因するトラブルを防止する観点から 12) がそれぞれ追加されている（江主編・前掲注9) 604〜605 頁参照）。
[30) 肖編・前掲注 19) 154 頁参照。

二 他国の立法例[31]

　海外における少額訴訟立法は，三種類の立法例に整理することができる。すなわち，第一に少額訴訟に関する単行法を制定する例であり，韓国，アメリカがある。第二に民事訴訟法典の中に特別の章を規定する例であり，日本，イギリスがある。第三に民事訴訟法典の中に，簡略な条文規定を設ける例であり，ドイツがあるが，中国民訴法においては第三の類型によるものである。

三 少額訴訟手続新設の意義

　2012年の中国民訴法改正による少額訴訟制度新設の立法理由として，立法起草担当機関たる全人代常務委員会法制工作委員会は，以下の三点を指摘している[32]。

1 人民法院による民事事件裁判の現状

　中国の市場経済の発展と人々の権利意識の増強に伴い，様々な利益主張によって生じる紛争が訴訟という形で大量に司法手続に流入し，人民の司法に対するニーズが日増しに高まっている。この点，2008〜2010年上半期における全国の人民法院の各種民事事件結審件数は年平均で597万5,800件に上り，その前5年間の年平均結審件数に比べて22.82％増加している。事件の大幅な増加により，人々の高まり続ける司法ニーズを満たすことが難しくなり，「案多人少（事件が多く裁判官等が少ない）」という人民法院の抱える矛盾が一層浮かび上がっている。訴訟事件件数の増加により，人民法院に大きな圧力が加わり，事件の放置，訴訟の遅れ，訴訟コストの上昇等，様々な問題がもたらされる一方で，より迅速かつ低コストの訴訟手続に対する人民のニーズが一層差し迫ったものとなっている。

2 海外の民事訴訟手続の新たな発展

　1960年代以降，西側諸国，ひいては世界全体で，民事訴訟制度改革の進展が絶えず加速しており，改革の重点が訴訟効率の向上，訴訟コストの引下げ，訴訟

---

31) 肖編・前掲注19）154頁参照。
32) 法工委編・前掲注2）269〜271頁参照。

当事者への便宜等の面に集中した。多くの国・地域が「正義へのアクセス」「司法の大衆化」といった運動を展開し，事件を複雑なものと単純なものとに分け，単純な事件の裁判手続簡略化が改革の主流となった。その中で採用された主要措置の一つが少額訴訟手続の設置であり，米国，英国，ドイツ，イタリア，フランス，日本，韓国，台湾地区等がいずれも同種訴訟手続の関連規定を設けている。

3 少額訴訟手続の手続的価値

第一に，少額訴訟手続は大衆を司法に近づける。当事者は司法手続を用いて，要求を主張するとき，必然的にコストの問題を考えるが，裁判がいかに完璧に正義を実現しようとも，支払う代価が非常に高ければ，人々は裁判による正義の実現という希望を放棄するしかなくなる。少額訴訟手続の最も核心的な価値は，訴訟手続の簡略化，訴訟効率の向上により，訴訟コスト（経済的・時間的コストを含む）を事件の複雑さに適応させ，当事者に訴訟の利害得失を比較判断させた後に，司法手段によってその要求を実現できるようにし，「人々を利する司法」を体現することにある。

第二に，少額訴訟手続により，司法資源の合理的配置が可能となる。社会全体の司法資源の有限性から，様々な事件に焦点を合わせた司法資源をいかに合理的に配置するかは，手続設計の際に考慮しなければならない問題である。そして広く行われている方法は，事件の複雑さの度合いに基づき，適用手続を区分するという方法であり，各国の民事訴訟制度ではいわゆる「費用相当性の原則」を採用し，事件の金額に基づき，紛争を分類し，それぞれ複雑さ，単純さが異なる手続を適用することで，事件の重要性と訴訟に関する消耗が基本的に同じになるように設計されている。

四 少額訴訟手続の適用範囲

少額訴訟手続について，中国民訴162条は「基層人民法院及びその派出法廷による審理が，本法第157条第1項所定の簡単な民事事件に適合し，訴訟価額が各省，自治区，直轄市前年度の就業者年平均賃金の100分の30以下の場合，一審終審で行う。」と規定する。

1 簡単な民事事件に属すること

まず，中国157条1項所定の「簡単な民事事件」に該当することが必要であ

2 「少額」の意義[33)]

　この点，中国民訴162条は「訴訟価額が各省，自治区，直轄市前年度の就業者年平均賃金の100分の30以下の場合」と定める[34)]。中国は国土が広く地域ごとに経済・社会の発展状況が大きく異なっているため，画一的方式を採用すべきではなく相対額で定める方が実際のニーズにより合致しているとの認識に基づくものである[35)]。すなわち，各省・自治区・直轄市の前年度の就業者の年平均賃金を指標とする一定比率に基づき，少額訴訟事件の適用基準を確定することで，各省の経済発展状況に適応することができる一方，各省・自治区・直轄市の経済発展状況によって，毎年調整を行うことも可能となる[36)]。具体的な適用価額は，最高人民法院が以上の基準に基づき毎年公表される。

3　上記少額事件以外の適用事件類型

　さらに民訴解釈274条により，金銭給付を目的とする一定類型の事件について，少額訴訟手続が適用可能とされている（同1～8号）。同9号の弾力的な包括条項以外の8項目が列挙する事件類型は，いずれも法律関係および事実が単純で，権利義務関係も明確であり，通常は定型約款が用いられる契約類型の事件と

---

33) 江・肖主編・前掲注4) 300頁，李・前掲注8) 224～225頁。
34) この要件の意義につき，民訴解釈272条参照。
35) 少額訴訟の対象価額をいかに確定するかは，2012年改正過程における重要論点の一つであった。立法過程では海外の立法例および中国国内における司法実務で受理された民事事件の目的物価額の状況（2011年4月以降，最高人民法院が各地でモデル試行開始）等について検討が行われたが，最高人民法院がモデル試行状況の報告から見ると，目的物価額が1万元以下の民事事件が一審民事事件に占める比率は2.04％～5.57％であり，「少額」の基準を1万元前後に定めることが比較的適当であると認識され，第1次草案では5,000元以下，さらに第2次草案では1万元以下とする絶対額基準も示されていたが，採用には至らなかった（法工委編・前掲注2) 267～268頁参照）。
36) 国家統計局のデータによれば，2011年の全国都市部における就業者平均年収は41,799元であり，その30％は，全国の大多数の省・自治区・直轄市において12,000元余となる。このうち高額の地域としては2011年の北京市が平均年収75,482元，上海市の平均年収75,591元ではいずれもその30％が22,000元余であり，最も低額の地域としては黒竜江省の平均年収31,302元でその30％は9,300元余となる。よって最終的に少額訴訟手続を適用する価額基準は経済が比較的発達した地域は2万元前後で，大部分の地域が1万元前後となる（法工委編・前掲注2) 268～269頁参照）。

いう共通点が指摘でき，これらの事件については一審終審制の少額訴訟手続に適することが明白である[37]。

4 適用除外類型

他方で民訴解釈275条は，下記事件については少額訴訟手続の適用から除外する。すなわち，1）人身関係，財産の権利帰属の確認に関する紛争，2）渉外民事紛争，3）知的財産権に関わる紛争，4）評価・鑑定を必要とする，または提訴前の評価・鑑定の結果に異議がある紛争，5）一審終審制の適用が望ましくないその他紛争，である。これらの事件はいずれも法律関係および事実認定が相対的に複雑であり，少額訴訟の適用になじまない[38]。

五　簡易手続規定の適用と少額訴訟手続の特則

上述のとおり，中国民訴法の少額訴訟手続は，簡易手続の特則であり，したがって，少額訴訟手続に特別規定がないその他の手続問題については，簡易手続関連の規定が適用される[39]。

簡易手続との対比における，少額訴訟手続の特別規定は以下のものがある。

1）法院の告知義務（民訴解釈267条）。
2）少額訴訟手続適用への異議（民訴解釈281条）。
3）管轄権異議の特則（民訴解釈278条）。
4）訴え却下の特則（民訴解釈279条）。
5）挙証期限と答弁の特則（民訴解釈277条）。
6）訴訟請求の追加，変更，反訴，当事者の追加の特則（民訴解釈280条）。
7）裁判文書の特則（民訴解釈282条）。
8）上訴の特則。人民法院は，少額訴訟事件を審理するにあたり，一審終審制

---

37) 張・前掲注3) 334頁参照。
38) 張・前掲注3) 334頁参照。
39) まず，少額訴訟手続は基層の人民法院およびその派出法廷が審理する民事事件にのみ適用することができる。また，簡易手続のその他の簡易性を体現している規定（口頭提訴可能，即時審理，簡便な方式による当事者および証人の呼出し，訴訟文書の送達，事件の審理，裁判官一人による独任制，法廷調査，法廷弁論手続の制限を受けないこと等）も少額訴訟手続に適用される。本改正では，少額訴訟手続を「簡易手続」の章に置くことで，少額訴訟手続が簡易手続に比べて，より簡易迅速であるという手続上の特徴までは具体的に規定されていない（法工委編・前掲注2) 269頁参照）。

を実施する（中国民訴162条[40]，民訴解釈271条）。したがって少額訴訟事件の判決に対する上訴は許されない。

9）再審の特則[41]。①少額訴訟事件の判決，裁定について，当事者が中国民訴200条所定の事由を理由として人民法院に再審を申し立てた場合，人民法院はこれを受理しなければならない。申し立てた再審事由が成立する場合，再審を裁定しなければならず，合議体を構成して審議を行う。この場合，再審の判決・裁定に対して当事者は上訴できない。②少額訴訟手続の適用によって審理すべきでないことを理由に，当事者が原審人民法院に再審を申し立てた場合，人民法院はこれを受理しなければならない。理由が成立する場合，再審を裁定し，合議体を構成して審理を行う。この場合，再審の判決・裁定に対して当事者は上訴が可能である[42]。

（白出博之）

40）少額訴訟手続は，その迅速・簡便という特徴により，通常手続や簡易手続とは異なる特殊な審級制度が要求され，一審終審制度で行われる。これは少額訴訟対象事件の目的物価額が比較的小さいことを考慮し，民事紛争を迅速に解決するとともに，「案多人少」という法院の矛盾を減らすため，少額訴訟は二審制で行う必要はないこと，少額訴訟を二審制で行えば簡易手続との区別もなくなり，少額訴訟制度を設ける意義も乏しくなることが理由である（法工委編・前掲注2）269頁参照）。
41）少額訴訟に対する救済手段に関し，少額訴訟裁判の公正を保障するために既存の裁判監督手続とリンクさせて，少額訴訟は一審終審制で実行しつつ，当事者に一審判決，裁定に不服がある場合，再審事由に関する民訴法200条所定の状況があれば，当事者は再審申立てが可能と解されている（法工委編・前掲注2）269頁参照）。
42）2012年改正法の少額訴訟手続に対し，さらなる立法改善の必要性を具体的に指摘するものとして，張・前掲注3）336〜337頁参照。

第13章　第一審簡易手続に関するコメント

はじめに

　中国における民事訴訟第一審手続は，通常手続とは別に，簡易手続によっても審判がなされうる。そのために，中国民訴法は，第2編第13章に157条ないし163条を定めている[1]。この中には，2012年中国民訴法改正により創設された，少額訴訟手続の規定（162条）も含まれている。

一　簡易手続の適用範囲

1　管轄

　簡易手続につき管轄権を有するのは基層人民法院のみであり，簡易手続により扱われる事件は第一審に限られる。

2　適用事件

　簡易手続の利用には，訴訟物の価額による一律の扱いがされているわけではなく，利用が可能な訴訟事件につき，中国民訴157条1項は，①事実が明らかであること，②権利義務関係が明確であること，③争いが深刻でないこと，が必要である旨を定めている。

　①にいう事実が明らかである場合とは，訴訟物の存否の判断に必要な事実に関する当事者の陳述が基本的に一致しており，かつ証拠の提出がなされており，改めて証拠を収集する必要がないことを指す。②権利義務関係が明らかなこととは，争いの対象となる権利義務・法律関係がシンプルであることをいうようである。③争いが深刻でないとは，事件の額や是非（請求の当否），事件についての

---

[1]　改正前までの簡易手続の概要については，小嶋明美『現代中国の民事裁判』（成文堂・2006年）187頁以下。

責任の所在につき，当事者間に基本的に相違がないことを指し，必ずしも金額の多寡が関係するわけではない。

なお，被告の行方が不明な事件，上級審からの差戻事件，当事者が複数存在する事件，特別手続（審判監督手続，督促手続，公示催告手続，破産配当手続等）による処理が要求されている事件には，簡易手続は利用できない。

3 普通手続との相互関係

中国民訴 157 条 2 項が，上記の適用事件に該当しないような事件であっても，簡易手続を利用できることを定めている。ただし，その場合には当事者の合意が必要であり，裁判所の裁量により簡易手続を適用することはできない[2]。

簡易手続の利用は法院が判断するところ，当事者は簡易手続を適用する判断（裁定）につき異議を立てることができるが，これが容れられる場合，あるいは，法院が審理の過程で簡易手続の利用に相応しくないと判断した場合には，事件は普通手続に転換（移行）されなければならない。最高人民法院の「簡易手続による民事事件審理に関する若干の規定」（2003 年。以下，簡易手続規定と略称する）3 条が定めるところであるが，人民法院による手続の転換は，2012 年改正に伴い 163 条において定められるに至っている。

二 簡易手続の概要

1 訴えの提起および受理

簡易手続を利用する場合の提訴は，書面によらず口頭によってもなしうる（中国民訴 158 条 1 項）。口頭によることができるのは，原告本人が訴状を記載するのに難があり，他人による代書の委託も困難な場合である。この場合には，人民法院は，口頭での提訴の内容を記録に書き込んだ上でその内容を被告に告知し，被告はこれに口頭で答弁することができる。

立案は，訴えの提起後 7 日以内にされなければならず，不受理の裁定をする場合も提訴から 7 日以内になされなければならない。

---

[2] 上原敏夫・江藤美紀音・金春・白出博之・三木浩一「特別座談会 中国への法整備支援事業の現状と課題」論究ジュリスト 5 号（2013 年）210 頁以下，223 頁〔金春〕。

2 手続の進行

　普通手続では必ず合議体によるのと異なり，簡易手続においては，一人の裁判官が単独で審判をなしうる（中国民訴160条）。

　受理の後，当事者が出廷し被告が口頭による答弁に同意するときは，法院は直ちに審理することができる。すなわち，審理前の準備手続は必ず経なければならないわけではない。直ちに審理することが困難なときは，改めて期日を定めて審理を行うことになる（158条2項）。

　簡易手続においては，当事者あるいは証人を呼び出す方法として，従来から，伝言，電話，ファクシミリ，電子メールなどによる簡易な呼出方法が利用されていたが，2012年改正により中国民訴159条でこの点が明文化され許されるに至った。また，159条は，これに加えて，訴状等の訴訟書類の送達についても，ファクシミリや電子メールによることを許す旨を規定しているところであるが，判決・裁定書等の裁判文書については，簡易な方法によることはできない（民訴解釈261条1項参照）。

3 審理

　中国民訴160条により，簡易手続の審理は136条，138条および141条の定めにかかる制限を受けることなく，柔軟になされる。すなわち，公開による審理がされる事件であっても，当事者の氏名・事件の原因等を公告しなくてもよく，開廷に際し，公開審理をする旨を宣告することで足りる。また，法廷調査と法廷弁論の段階を厳格に区別して審理をすることが緩和され，法廷調査・法廷弁論それぞれの順序も法定のとおりにしなくてもよい。

　審理は，再度の開廷が必要であると法院が判断する場合を別として，一度の開廷で終結されることになっている（簡易手続規定23条）。

　また，中国民訴161条により，審理は立案の日から3ヶ月以内に終結されなければならず，かつ，その審理期間の延長は認められていない。3ヶ月以内に事件の終結が困難になったときは，普通手続への移行を人民法院が裁定し，当事者双方にこれを告知する。ただし，双方当事者が同意したときは，累計審理期間6ヶ月を超えない範囲で，法院は簡易手続の審理期間を延長することができる（民訴解釈258条）。

4 判決

簡易手続の判決は，一度の開廷の際に当該法廷で直ちにすることができる（簡易手続規定27条）。上訴期間は，法院が指定する判決書の受取場所と期間を告知した上で，その期間満了の翌日より進行する（簡易手続規定29条）[3]。

中国の簡易手続においては，日本法にいう起訴前の和解のような制度は存在しないが，当事者が同時に出廷したときは，直ちに開廷し調解[4]をすることができる。また，調解が成立しないときで，かつ新たな事実や証拠の提出がないときは，人民法院は直ちに判決をすることができる。

三　少額訴訟事件手続の創設

中国民訴法は，2012年の改正により，少額訴訟事件のための手続を導入した。簡易手続によっても時間がかかりすぎる事件があるとの状況に対処するために，基層法院において従前から試験的に導入されていた制度を明文化したものである[5]。概要は以下のとおりである。

1 事件の価額

扱う事件の額について，中国民訴162条により，法院の所在する，各省，自治区，直轄市における「前年度の就業者年平均賃金の100分の30以下」とする旨が定められている。改正草案では，絶対的基準額として，5,000ないし1万人民元以下の提案もされていたところであるが[6]，中国全体の多様な経済状況を反映し，額として一律の基準を立てるのは困難であり，各地域の年間平均賃金の30％以下という基準が明文化された。

少額訴訟事件手続利用の前提として，簡易手続の利用を定めた157条1項の要件（上述一の2）を満たす事件である必要がある。

---

[3] 小嶋・前掲注1）191頁。
[4] 日本の制度と区別しやすいよう，ここでは「調停」ではなく，「調解」とする。
[5] 上原ほか・前掲注2）223頁〔金〕。
[6] 白出博之「中国民事訴訟法の改正について」国際商事法務40巻11号（2012年）1671頁以下，1678頁。

2　審理

　少額訴訟事件手続における審理は，簡易手続の審理原則を基本とし，これに少額事件についての特則を設けるかたちを採っている。一期日の開廷で審理が終結するのは簡易手続でも同様であるが，簡易手続と異なり，請求の追加・変更，反訴は許されない。また，簡易手続においては許されている上訴はできず，一審限りで終審する。

3　普通手続への移行

　中国民訴163条は，簡易手続の利用される事件全般について，簡易手続利用が相応しくないことが判明した場合には普通手続に転換（移行）されなければならない旨を定めるが（上述二の3），少額訴訟事件手続も簡易手続に分類される以上は，当該規定の規律に服し，そのような場合には普通手続に転換される。

（堀野　出）

第14章　第二審手続

第一節　第二審手続概説

一　第二審手続の意義

　第二審手続は，民事訴訟の当事者が第一審法院による効力未発生の判決または裁決を不服として，法定手続に基づき法定期間内において一級上の法院に対して上訴を提起し，一級上の法院が事件に対する審理を行う裁判手続である[1]。換言すれば，第二審手続は法院が上訴および上訴事件に対して行う審理手続であることから，上訴審手続と称され，また中国民事訴訟法が二審終審制度を採用することから（中国民訴10条）[2]，終審手続とも称される。

　第二審手続は当事者の上訴提起によって開始されるところ，上訴は，当事者が第一審の効力未発生の判決・裁定に対して，法定手続に基づき法定期限内に不服を唱え，上級人民法院に対して審理進行を要求し，かつ原判決・原裁定の取消しを求める訴訟行為である。この点，三審終審制度を採用する立法例における上訴審手続は，第二審手続と第三審手続とを包括するが，中国のように二審終審制度を採用する立法例では上訴審手続とはまさに第二審手続のみを指すことになり，

---

1)　張卫平『民事訴訟法〔第4版〕』（法律出版社・2016年）351頁，李浩『民事訴訟法学〔第3版〕』（法律出版社・2016年）299頁参照。
2)　新中国成立以前は三審終審制度が実行されていたが，新中国成立以後は，中国の国土の広大さ，人口分布の偏り，交通の不便さ等の実際の状況から出発し，同時に裁判機関の審級監督および裁判の公正を考慮して，中国の特色ある二審終審制度が採用されている（張・前掲注1）64頁。本書第2編第3章参照）。この点，2012年の法改正過程では，三審終審制度を採用して第三審を法律審とする提案もなされていたが（全国人民代表大会常務委員会法制工作委員会民法室編『民事訴訟法立法背景与観点全集』（法律出版社・2012年）21頁以下，また江伟主編『民事訴訟法典専家修改建議稿及立法理由』（法律出版社・2008年）291頁以下を参照），2012年改正法は二審終審制度に変更を加えていない。

中国民事訴訟法第14章が「第二審手続」と規定する所以でもある[3]。

また，当事者が不服の対象とする裁判類型の違いにより，判決に対する上訴と裁定に対する上訴の手続に区別できる。中国の民事訴訟では，法律に別段の定めを置く場合を除き二審終審制を原則とするが，中国民訴第14章「第二審手続」は，判決に対する上訴審手続と裁定に対する上訴審手続とを含み，かつ判決と裁定に対する二種類の異なる上訴審制度が設計されている（中国民訴164条，171条）。

二　第二審手続の目的・機能

1）誤った原裁判から当事者の権利を救済すること。これが第二審手続，上訴審手続が設けられた主要な目的・機能である。民事事件の審理を行う裁判官は，学識や法的専門知識が豊富であってもその追究には終わりがなく，事実認定および法律適用において誤りの存する可能性は否定できない。加えて当事者提供にかかる事実と証拠の影響等に起因して，あらゆる裁判には客観的な誤り・不当な点，あるいは敗訴者の多くが誤り・不当と認識する点があり得るため，これらに相応する救済手続により誤った，不当な裁判を修正し，当事者の権利に十分な保障を与える必要がある[4]。

そこで法律は訴訟手続上の救済権として上訴権を当事者に付与し，当事者はその行使によって人民法院に対し第一審判決・裁定の正確性・適法性に関する審査を要求し，自己の合法的権益が誤った原裁判から害されるのを回避できる。第二審手続は当事者の上訴権を実質的に実現する手続過程である。

2）法律の統一的な解釈適用を保障すること。これも最終審たる第二審手続の重要な目的・機能である。司法の公正さは，同様の事件には同じ法律を適用し，同じ法律には同様の解釈を行うことを法院に対して要求する。もっとも，第一審を担当する法院は，四級ある審級レベル中では一般に低いものであり，かつその

3）したがって三審終審制度を前提とした，判決に対する控訴・上告の概念，決定・命令に対する抗告・再抗告等の概念も中国民訴法には登場しない。他方，中国民訴における二審終審制の不足を実質的に補っている再審の場面では，裁判監督機関としての検察による抗訴があり，これについては本書第2編第15章参照。

4）本文記載の第二審手続の目的・機能1）に関し，上訴人の権利救済面と裁判の誤りの修正面のいずれを重視するか，および中国民事訴訟における処分原則の理解（本書第2編第1章第五節参照）に関連して，第二審審理の具体的処理等に影響が及ぶ場面がある（後掲注44）参照）。

数量もより多く,全国各地に配置されているため,第一審では同内容の訴訟事件に対する法律の解釈適用における不統一ないし相互矛盾の発生が避けられず,その結果,人民は従うべきものを見失い,司法裁判はその威信を喪失するおそれがある。これに対し,第二審を担当する法院は,審級レベルが高くなるほどその数も少なく,最上位にある最高人民法院は唯一の存在であることから,上訴事件の審理を通じて法院による法律の解釈適用をでき得る限り統一することが可能となる[5]。

3) 上級法院が下級法院の裁判活動に対する監督を行うこと。上訴が適法に提起されれば第二審法院は必ず第二審手続を始動しなければならず,上訴事件の審理により一審裁判中の誤りを発見し,是正することを通じて,第一審法院に正確な裁判権の行使を促す。このように,第二審手続は,上訴請求の範囲内において上級法院が下級法院の裁判活動に対して行う審級監督の主要な形式といえる[6]。

第二審手続,上訴手続に関する上記三つの目的・機能に関連し,従来中国では法院の職権関与の理念から出発してもっぱら第二審の監督的機能が強調され,第二審での権利救済が軽視される傾向もあったが,現在では上記1)当事者の権利救済機能を筆頭に掲げるものが主流である[7]。

また,第一審手続との対比でいえば,第一審手続の目的・任務は当事者間の民事権利義務関係を確認し,法律を正確に適用して民事紛争を解決する点にあるが,これらに加えて第二審手続では上訴人の権利救済により比重が置かれており,さらに上記2)法律の解釈適用における統一性保障機能,同3)上級法院の下

---

[5] 二審制が採用された結果,多くの事件が中級法院という比較的低レベルの法院が終審となるため,どこまで法律の解釈適用の統一性保障機能が果たされるかは疑問との指摘(小嶋明美『現代中国の民事裁判』(成文堂・2006年)181頁参照)を自覚しつつ,学説には「でき得るかぎりでの統一」と控えめに表現するものもある(江伟・肖建国主編『民事訴訟法〔第7版〕』(中国人民大学出版社・2015年)316頁参照)。三審終審制度を採用する国家では第三審が性質上法律審とされ,第三審は審級レベルが高い裁判所(いくつかの国家では主に最高裁判所)が担当し,かつ最高裁判所は通常は唯一の存在であることから,二度の上訴を経た上での法の解釈適用の統一が可能とされている。他方,大陸法系の流れを継受して成文法主義を採用し,判例拘束性を認めない中国民事訴訟において,法の解釈適用の統一性を確保することは中国司法改革の重要課題とされており,民事訴訟法における上訴制度および最高人民法院による関連司法解釈を通じての実現(李・前掲注1)300頁参照),さらには2010年最高人民法院「案例指導業務に関する規定」に基づいた指導性案例の公表等による取組み(張・前掲注1)18頁参照)が進められている。

[6] 李・前掲注1)299頁,张卫平『民事訴訟法〔第3版〕』(中国人民大学出版社・2015年)290頁参照。

級法院に対する監督機能はいずれも第二審手続に特有の目的・機能ということができ[8]，後述する第二審手続の特則規定に具体的に反映している。

三　第二審手続の性質論

第二審手続，上訴審手続の性質論としては，第一に手続中の審理対象・内容が事件の法律適用問題に限定されるかどうか（事実審と法律審），第二に第二審手続と第一審手続との関係如何（覆審主義，事後審主義，続審主義）とに分けて論じられている。

1　第二審手続の審理対象

第二審手続においては，下級法院の裁判が行った事実認定問題だけでなく法律適用が正確かどうかに対しても審理を行う必要があり，かつそれらを基礎として裁判を行わなければならない。中国民訴168条「第二審人民法院は，上訴上の請求に関する事実及び適用された法律について審査をしなければならない。」との規定は，まさにかかる趣旨に基づくものであり，このように第二審手続の審理対象が，第一審裁判の事実認定と法律適用との二面とされていることから，中国民事訴訟法の第二審手続はその性質上事実審に属するものであり，専門的な法律審手続ではない[9]。

2　第二審手続の審理モデル

第二審手続と第一審手続との関係から見た第二審手続の構造，あるいは第二審

---

7) 江・肖主編・前掲注5）316頁，肖建国編『民事訴訟法』（中国人民大学出版社・2013年）166頁，赵刚・占善剛・刘学在『民事訴訟法〔第3版〕』（武漢大学出版社・2015年）283頁では本文記載の1）2）のみを指摘するのに対して，李・前掲注1）299頁，齐树洁主編『民事訴訟法〔第4版〕』（中国人民大学出版社・2015年）239頁は同3）も並列して指摘する。他方，1）3）を掲げる張・前掲注6）290頁では，第二審手続の目的意義として本文記載のように従来と現在の実務・学説の傾向の差異を指摘しつつも，なお上訴事件の範囲内に限定された監督機能として3）を留保している。

8) 前掲注7)記載の第二審手続における第一審法院に対する監督機能を指摘する見解は，第一審手続の手続発生根拠が当事者の訴権および人民法院の管轄権であるのに対し，第二審手続のそれは当事者の上訴権および第二審法院が有する裁判上の監督権にあると説明する（張・前掲注6）290頁参照）。

9) 江・肖主編前掲注5）317頁，江伟主編・傅郁林副主編『民事訴訟法学〔第3版〕』（北京大学出版社・2015年）288頁参照）。

手続が果たすべき作用・機能如何の問題に関連して，三つの立法例，すなわち1）覆審主義，2）事後審主義，3）続審主義の審理モデルがある。

　1）覆審主義は，第二審を事件に対する審理のやり直しと捉えるため，第二審法院は新たに収集調査した訴訟資料に基づいて裁判を行い，当事者も新事実・新証拠の提出を制限されない。中国の1982年「民事訴訟法（試行）」が採用していた審理モデルであり，真実発見には資するものの，いわば二度目の第一審に相当し，訴訟経済原則に著しく反するものとして現在は採用されていない。

　2）事後審主義は，第二審は当事者が第一審において提出した訴訟資料・証拠資料だけに依拠して判断し，第二審において当事者に新たな事実主張も，以前主張していた事実に関する新証拠の提出も許さない。訴訟経済には資するが，真実発見の観点からは欠点が指摘される審理モデルである。

　3）続審主義は，第二審を第一審の継続，発展と捉える。すなわち，第二審法院は第一審口頭弁論終結時におけるすべての訴訟資料を基礎とし，さらに第二審において新たに提出された訴訟資料・証拠資料を結合し，当事者が申し立てた不服が妥当かどうかについて裁判を行う。この審理モデルでは，当事者が第一審で行った訴訟行為は第二審においても依然として有効であり，かつ当事者は第二審で新たな訴訟資料を提出し攻撃防御をやり直すことが許される。法院も必要な範囲内で事実認定と法律適用について独立して審理を進め，第一審裁判の結果に誤りがないかどうかを審理できる。続審主義は，覆審主義と事後審主義の立法例を折衷したものであり，理論的にいえば訴訟経済原則と事件の真実発見という目標の貫徹・調和を図るものとして，ドイツ，日本等の多くの国家・地区の民事訴訟法で採用されている[10]。

10）続審主義では，第一審未提出の攻撃防御方法を提出する機会が当事者に認められるが，かかる弁論更新権を無制限に認めるならば，当事者の第一審軽視をもたらし，かつ審理の重点が第二審に移って訴訟遅延を生じ，法院の真実発見を阻害する。そこで，事実審理の重点を第一審手続に置くよう当事者を促すため，弁論更新権に対する合理的な制限が必要となる。大陸法系国家の民事訴訟法において，一般に第二審手続中における当事者の新たな攻撃防御方法提出に対して一定の制限が加えられているのは，第一審の事実審としての機能を十分に発揮させ，続審主義が覆審主義に転じるのを防止する趣旨である（江・肖主編・前掲注5）317〜318頁参照）。中国民事訴訟法における適時提出主義について本書第2編第6章第七節二を参照。

3　中国民事訴訟における第二審手続

まず1982年民事訴訟法（試行）では，第二審手続において当事者に対し，上訴請求部分につき第一審での未提出証拠と新事実主張の提出を許していた（覆審主義）。

次いで1991年中国民訴法125条「当事者は，法廷において新たな証拠を提出することができる」（現139条1項）の規定における「新たな証拠」については，その後，証拠規定41条2項の要求を満たす「新たな証拠」[11]だけがその提出を許されることになり，かかる制限によって証拠の提出と新事実の主張の提出を制限している。

また，第二審法院の審理に関する現行中国民訴170条1項3号は「原判決の認定した基本的事実が明らかでない場合，原判決の取消しを裁定し，原審人民法院に差し戻して審理させ，又は事実を明確にした後に原判決を変更する。」と定め，さらに2015年民訴解釈342条は「当事者が第一審手続において実施した訴訟行為は，第二審手続においてなお当該当事者に拘束力を有する。」「当事者が第一審手続において実施した訴訟行為を覆した場合，人民法院はその理由の説明を命じなければならない。理由が成立しない場合は，これを支持しない。」とする。

以上の各規定を見れば，中国民事訴訟の第二審手続は，続審主義の特徴を具えるものということができる[12]。

第二節　第二審手続の開始・上訴の提起と受理

一　上訴の提起

1　上訴の概念

第二審手続の端緒は第一審当事者による上訴の提起である。中国民事訴訟における上訴は，当事者が地方各級法院による効力未発生の第一審判決・裁定に対し

---

11)「新たな証拠」とは，第二審手続中は，一審の法廷審理終結後に新たに判明した証拠，当事者が一審の挙証期間満了後に法院に調査を申し立てたが同意が得られず，第二審法院の審査の結果認められ当事者の申立てにより調査・収集された証拠である（証拠規定41条2項，江・肖主編・前掲注5) 318頁，張・前掲注6) 194頁参照)。
12) 江・肖主編・前掲注5) 318頁，張・前掲注1) 353頁参照。ただし続審主義のすべての特徴を具えるとまではいえず，中国の第二審実務の状況では，第一審弁論の結果はほとんど問題とされておらず，当事者に対する第一審弁論の結果陳述も要求されていないとの指摘もある（張・前掲注1) 353頁参照)。

て，法定期限内に不服を唱え，一つ上級の人民法院に対し，第二審手続により当該判決・裁定の取消しまたは変更を求める訴訟行為である。上訴提起は，当事者の重要な訴訟上の権利であり，処分原則の下，第二審手続は第一審手続と同様に当事者の上訴提起によってのみ開始され（不告不理原則），第二審法院の職権による手続開始は認められない[13]。

2 上訴の要件

中国民訴 164 条は，「当事者は，地方人民法院の第一審判決，裁定に対して不服がある場合，判決書の送達の日から 15 日内に，一級上の人民法院に対して上訴を提起する権利を有する。」と定めるが，上訴の提起には，訴えの成立に必要な一般的要件以外に，以下のような特別の実質的要件と形式的要件の具備が要求される。

(1) 上訴の実質的要件

1) 上訴の主体が，上訴人と被上訴人の適格を具えること。

上訴人は，効力未発生の第一審裁判に対して不服を唱え，一つ上級の法院に再び裁判の進行を求める当事者であり，その相手方が被上訴人である。上訴人と被上訴人だけが適格な当事者である。原則として上訴人と被上訴人は第一審の当事者，および第一審判決後に法に基づき訴訟当事者を承継すべき者（たとえば一般承継人，遺産管理人，遺言執行者，破産管財人等）である[14]。

一般的にいえば，第一審手続において不利益な裁判を受けた当事者が，上訴提起の権利を有する。第一審の原被告以外の第三者については，①独立請求権を有する第三者は，原告として訴訟に参加することができ，独立した訴訟主体となることから，上訴提起権を有するが，②独立請求権のない第三者は，第一審判決により民事責任を負う場合に限って上訴提起権を有する（中国民訴 56 条 2 項，民訴解釈 82 条）。

当事者の一方が上訴を提起した場合，相手方当事者が被上訴人となる。双方当事者と第三者が上訴を提起した場合は，いずれも上訴人とする。人民法院は職権により第二審手続における当事者の訴訟上の地位を確定することができる（民訴

---

13) 江・肖主編・前掲注 5) 318 頁参照。
14) 江・肖主編・前掲注 5) 318〜319 頁参照。また当事者が民事行為無能力者，制限民事行為能力者である場合は，その法定代理人が上訴を提起することができる（民訴解釈 321 条）。

解釈317条)。

通常共同訴訟においては，共同訴訟人の訴訟行為独立の原則により各共同訴訟人の上訴はその他の共同訴訟人に影響を及ぼさず，したがって通常共同訴訟人の一人または数人が上訴を提起し，または上訴を提起された場合でもその他の者は上訴人・被上訴人には属さない。

他方で，必要的共同訴訟において，必要的共同訴訟人の一人または一部の者が上訴を提起した場合，以下の原則に従って上訴人と被上訴人を確定する（民訴解釈319条）。

①上訴が相手方当事者との間の権利義務の分担に対してのみ意見があり，その他の共同訴訟人の利益に関わらない場合，相手方当事者を被上訴人とし，上訴を提起していない同じ一方当事者は，原審における訴訟上の地位のままである。

②上訴が共同訴訟人間の権利義務分担に対してのみ意見があり，相手方当事者の利益に関わらない場合，上訴を提起していない同じ一方当事者を被上訴人とし，相手方当事者は，原審における訴訟上の地位のままである。

③上訴が双方当事者の間および共同訴訟人の間の権利義務の負担に対して意見がある場合，上訴を提起していないその他の当事者をいずれも被上訴人とする。

上訴事件の当事者が死亡または消滅した場合，人民法院は法に基づきその権利義務承継人に訴訟に参加するよう通知し，訴訟を終結させる必要がある場合には，民訴法151条の規定を適用する（民訴解釈322条）。

第二審手続における当事者の変更につき，当事者たる法人またはその他の組織が分割した場合，人民法院は分割後の法人またはその他の組織を直接，共同訴訟人とすることができ，合併した場合には，合併後の法人またはその他の組織を当事者とする（民訴解釈336条）。

2) 上訴人が上訴の利益を有すること。

上訴の利益とは，当事者が第一審法院の裁判結果に対して不服があり，上訴手続を利用してその不利な結果を除去し，さらに救済を与える必要性を指す。当事者が上訴を提起するには上訴の利益を具えなければならず，それを欠く場合，当該上訴は不適法であり，法院は上訴人が権利保護の利益を欠くことを理由として上訴を却下する。中国民事訴訟法に上訴の利益を要件とする明文規定はないが，解釈上，上訴の適法要件と解されている[15]。

---

15) 江・肖主編・前掲注5) 319頁，肖編・前掲注7) 166頁参照。

上訴の利益の有無については，上訴人が第一審裁判によって不利益を被るかどうかを判断基準とする。第一審裁判が，上訴人に対して不利益かどうかは，原則として形式的基準による衡量，すなわち原判決の結果と原審の請求の趣旨との間に差異があるかどうかによって判断する。具体的にいえば，原告が第一審手続の受訴法院に対して提出した訴訟請求の全部が支持を得た，すなわち訴訟請求と判決主文が完全に一致する場合には，一審原告に上訴の利益はないものとして上訴は許されず，逆に一審被告には上訴の利益がある。原告の訴訟請求の一部を法院が支持し，残部が棄却された場合，双方当事者は当該裁判による不利益があり，いずれも上訴の利益を有する者として上訴が許される。
　上述した形式的基準による上訴の利益の判断は，その基準が明確で判断も容易であるが，この基準だけによって上訴の利益を判断する場合には当事者の利益保護において不足が生じる。そこで，例外的状況では実質的基準によること，すなわち当事者の上訴後に，上級審法院において実体法上原判決よりもさらに有利となる状況が存在する場合には，上訴の利益を肯定する必要がある[16]。

(2) 上訴の形式的要件
1) 上訴の客体が法律上，上訴提起を許す裁判であること。

　上訴の客体・対象が，法定された上訴対象，すなわち法律が当事者に上訴の提起を許す第一審の判決，裁定であることが必要である。

　具体的には，地方各級人民法院の第一審通常手続による判決，基層人民法院の簡易手続による判決（ただし中国民訴162条に基づく少額訴訟手続の判決を除く）は上訴提起が可能である。これに対して，最高人民法院による第一審判決[17]，公示催告手続による除権判決（中国民訴222条），特別手続による，公民の失踪宣告・死亡宣告の判決（同185条2項）および公民の民事行為無能力・制限民事行為能力の認定判決（同189条2項）については上訴が許されない（同178条）。さらに第一審法院による訴訟費用に関する判決だけを不服とした上訴提起

---

[16] 実質的基準による上訴の利益肯定例としては，1) 被告が予備的相殺の抗弁を提出し，第一審判決が該抗弁の成立を認めて全部勝訴した場合，上述の形式的基準によれば一審被告に上訴の利益は認められないが，実質的基準では相殺に供した自働債権の不存在が判決で確定され，当該債権を再び請求できなくなることに着目する。また 2) 訴えの予備的併合において，原告の主位的請求が棄却され，予備的請求を法院が支持した場合等である（江・肖主編・前掲注5) 320頁，趙ほか・前掲注7) 286頁参照）。
[17] 最高人民法院による第一審事件（中国民訴20条）の判決は，その言渡し後に直ちに効力を生じ，上訴は認められない（同155条）。

は許されず，本案判決と共に提起することが必要である（費用弁法43条1項)[18]。

第一審法院による裁定については，その大部分に対して上訴が許されず，不受理裁定，管轄権に対する異議の裁定，訴え提起の却下裁定だけが上訴を許される（中国民訴154条1項1～3号，2項)[19]。

2）上訴が法定期間内に提起されること。

中国民訴164条によれば，判決に対する上訴期間は送達日から15日内，裁定に対する上訴期間は送達日から10日内である。上訴が可能な判決書・裁定書を双方当事者に同時に送達できない場合，上訴期間は，各自が判決書・裁定書の受領日から起算する（民訴解釈244条。中国民訴82条2項の期間の初日不算入原則から，実際には各当事者が裁判文書を受領した日の翌日から起算される)[20]。この理は通常共同訴訟の各共同訴訟人の上訴にも等しく妥当するが，必要的共同訴訟に関する上訴期間は，裁判文書を最後に受領した共同訴訟人の上訴期間をもって期間計算を行う[21]。

3）上訴状の提出によって行われること。

上訴をする場合には，上訴状を提出しなければならない（中国民訴165条）。すなわち，上訴は要式の訴訟行為であり，書面形式によることが必須である。それゆえ，第一審判決言渡し時または判決書・裁定書の送達時において，当事者が上訴を口頭で表明した場合においても，人民法院は当該当事者に対し，必ず法定上訴期間内に上訴状を提出すべきことを告知しなければならず，法定上訴期間内に上訴状の提出がなければ上訴を提起していないものとみなす。上訴状を提出しても，指定期限内に上訴費用を納めない場合には，自ら上訴を取り下げたものとして処理する（民訴解釈320条）。

上訴状の必要的記載事項としては，①当事者の氏名，性別，年齢，民族，職業，勤務先，住所，身分証番号，連絡方法。法人またはその他組織の名称，住所，法定代表者または主要責任者の氏名，職務，連絡方法。②原審法院の名称，

---

18) 趙ほか・前掲注7) 287頁参照。
19) 江・肖主編・前掲注5) 320頁参照。このほか企業破産手続における破産申請の不受理裁定および破産申請の却下裁定に対しても上訴提起が許される（企業破産法12条）。
20) 上訴の法定期間は，いわゆる法定不変期間に属し，受訴法院はいかなる事由によってもこれを延長・短縮できないのが原則だが，不可抗力事由その他正当な理由によって期間を徒過した場合には，障害が解消した後10日以内に，期間の順延を申請することができ，その許否は人民法院が決定する（中国民訴83条）。
21) 張・前掲注1) 354頁，李・前掲注1) 302頁参照。

事件番号および事件名。③上訴の請求および理由，である（中国民訴165条）。
(3) その他の要件

上述した実質的要件および形式的要件以外に，①上訴事件の管轄権の存在，換言すれば一審裁判を行った法院の一つ上級の法院に対して上訴が提起されること（中国民訴166条を対照）や，中国民事訴訟法に明文規定はないが，大陸法系の国家・地区と同様に，②当事者の上訴権未放棄を上訴の要件として位置づける見解もある[22]。

二　上訴の提起から受理の手続

1　上訴状等訴訟文書の提出交付と送達

当事者が上訴を提起する場合，原則として原審法院を通じて上訴状を提出し，かつ相手方当事者または代表者の人数に応じて副本を提出する（中国民訴166条1項）。これは当事者の上訴提出への便宜と原審法院が上訴要件具備の初歩的審査を行い，不足等があれば直ちに当事者に補正を命じることを可能にする趣旨である。つまり，当事者が上訴を提起するとき，訴訟記録は依然として第一審法院に存在するため，第一審法院に該上訴の要件具備の初歩的審査を担当させる方が，より容易に調査解明できるからである[23]。

また当事者が原審法院に対する上訴状提出を望まず，直接第二審人民法院に対して上訴状を提出することも許されるが，第二審人民法院はその受領後5日以内に上訴状を原審法院に送付し（同2項），原審法院が上述の審査等を行う[24]。

原審法院は，上訴状を受領した後，5日以内に上訴状副本を相手方当事者に送達しなければならず，相手方当事者は，その受領日から15日以内に答弁書を提出することができる。人民法院は，答弁書の受領から5日以内にその副本を上訴人に送達しなければならない。なお，相手方当事者が答弁書を不提出であっても，人民法院の審理に影響しない（中国民訴167条1項）[25]。

---

22)　上訴事件の管轄権につき江主編・前掲注9) 289頁，当事者の上訴権未放棄について趙ほか・前掲注7) 288頁，江・肖主編・前掲注5) 321頁参照。
23)　江・肖主編・前掲注5) 321頁参照。
24)　斉主編・前掲注7) 242頁参照。
25)　中国民訴167条1項は，被上訴人による答弁書の提出は訴訟上の権利であり，その提出を望まない場合は提出しなくてもよく，将来の口頭答弁またはその後の書面資料の再提出には影響しないことを前提にしている。また15日以内の答弁書提出という規定は，被上訴人が答弁書の提出を望む場合には15日以内に提出し，15日以内に提出しない場合に

2 訴訟記録と証拠の報告送付

原審法院は，上訴状および答弁書を受領した場合，5日内に事件記録および証拠の全部とともに，第二審人民法院に報告送付しなければならない（中国民訴167条2項）。また，この段階から事件の全部が原審法院の係属から離脱し，第二審法院に移審する[26)27)]。

3 第二審法院の立案

第二審法院は，第一審法院が報告送付した上訴状，上訴答弁書，およびすべての事件資料を受領した後，本案実体審理手続に入る前の段階において，まず上訴人による上訴について法定条件の具備を審査し，かつ相応する処理を行う必要がある[28)]。

第二審法院は第一審法院が送付した上訴資料および事件資料の受領から5日以内に上訴事件を立案しなければならず[29)]，審査の結果，上訴条件を具える場合は，審理立案を決定し，上訴条件を具えない場合には，上訴却下を裁定する。

三 上訴の効力

上訴が法定条件を具備するとき，以下のような訴訟法上の効力が発生する[30)]。

は，原審法院は答弁書の提出をそれ以上待たずに，事件記録・資料を上級人民法院に直接送るという趣旨である（法工委編・前掲注2）279頁参照）。また，民訴解釈318条によれば，中国民訴166条，167条に定める人数分の副本提出を要する「相手方当事者」には，被上訴人と原審における他の当事者が含まれる。

26) 江・肖主編・前掲注5）321頁参照。
27) 第一審と第二審の連携過程に発生しうる問題について民訴解釈は次のように対応する。まず第一審と第二審の連携過程において，保全措置を講ずる必要がある場合は民訴解釈161条，原審法院自身が第一審判決の誤りに気づいた場合の処理につき，民訴解釈242条が対応する。
28) 上述のように，この前段階において第一審法院が上訴要件についてすでに初歩的な審査判断を行っていても，その審査判断には第二審法院に対する拘束力がない。中国民訴166条による第一審法院による上訴状等の審査は，便宜的なものに過ぎず，上訴提起行為自体はあくまで第二審法院に対するものだからである（江・肖主編・前掲注5）321〜322頁参照）。
29) 第二審法院が立案審査の際に上訴事件の資料が不完全なことを見つけた場合は，2日以内に第一審法院に通知しなければならず，第一審法院は第二審法院の通知受領から5日以内にすべての訴訟記録・証拠を送付し，遅くとも10日を超過してはならない（「審理期限制度の厳格な執行に関する若干の規定」6条3項，18条，19条。江・肖主編・前掲注5）322頁参照）。
30) 江・肖主編・前掲注5）322頁，趙ほか・前掲注7）288頁参照。

1 一審裁判の法的効力発生を遮断

この点，中国民訴155条の「最高人民法院の判決・裁定，及び法により上訴が許されず，または上訴期間を経過しても上訴していない判決・裁定は，法的効力が発生した判決・裁定である。」との規定を反対解釈すれば，上訴期間内に適法に上訴された裁判は，法的効力が未発生の裁判に属することとなる。すなわち，当事者が上訴期間内に適法に上訴提起した場合，一審裁判の法的効力の発生（裁判の確定）が遮断され，原裁判は執行力・形成力等の法的効力を発生せず，一審裁判は維持または取消し・変更されるかどうか不確定の状態に置かれる[31]。

また，上訴人がひとたび適法に上訴を提起すれば，上訴効力不可分の原則[32]により，当該上訴が一部または全部上訴かを問わず，原判決全部の効力発生を遮断する（給付訴訟についていえば，勝訴原告は一審裁判中の未上訴部分の強制執行申立ても認められない）。

2 事件全体の第二審法院への移審[33]

上訴効力不可分の原則に基づき，当事者が第一審法院の裁判に対して適法に上訴を提起した後，訴訟事件全体が第一審法院を離れて第二審法院に移審する。これは当事者の上訴が一部または全部上訴かを問わず，事件全体の移審効を発生させるものである。

この理は当事者が同一訴訟手続において複合形態の訴えを提起する場合にも等しく妥当する（たとえば訴えの客観的併合や本訴・反訴請求において，事件の一部についてのみ上訴提起があった場合等）[34]。

---

31) 趙ほか・前掲注7) 288頁，李・前掲注1) 302頁参照。
32) 上訴効力不可分の原則については，「上訴が有する効力，すなわち原裁判の確定を遮断し，事件を上訴法院に移審する効力は，原則として上訴人の不服主張の範囲に限定されず，原裁判所が判断したすべての事項に対するものとして発生すること」を指すが，上訴人未提出の不服申立部分については，当事者は弁論を行う必要がなく，法院も原判決変更の判断をすることは許されないが，当該部分の原判断は独立して確定的効力を具えない，と説明されている（江・肖主編・前掲注5) 322頁）。
33) 移審の有無により，中国民事訴訟法における当事者救済手続である上訴と再議［復議］を区別することができる。本文記載のとおり上訴では事件の移審を生じ，第二審法院が上訴された事件を審査するのに対し，再議申請では移審を生じることはなく，原法院の審級内において審査のやり直しを求めるものである（李・前掲注1) 302頁参照）。
34) 江・肖主編・前掲注5) 322頁，趙ほか・前掲注7) 288頁参照。

第三節　第二審手続の審理と裁判

一　第二審手続の審理

中国民訴174条は，第二審人民法院は，上訴事件を審理する場合，この章の規定によるほか，第一審普通手続を適用すると定める。すなわち，第二審法院が上訴事件を審理する場合，第14章「第二審手続」中に関連規定があればそれを優先的に適用し，第14章に規定がない場合に第12章「第一審通常手続」の規定を適用する趣旨である。

1　審理前準備

第二審法院は，上訴事件を立案受理した後，以下の審理前準備を行う[35]。

1) 合議体の構成。中国民訴40条1項および169条に基づき，上訴事件について第二審法院は合議体を構成して審理し，独任制審理を採用することはできない。また，第二審の審理を行う合議体は，裁判官だけで構成され，第一審手続のように人民陪審員の参加は認められない[36]。

2) 訴訟記録の調査閲覧等。合議体を構成した後，まずすべての上訴資料（上訴状，答弁書，一審事件記録）を調査閲読することにより，上訴請求と上訴の理由を把握し，第一審法院の認定事実が明確か，法律適用が正確か等を審査し，当事者の上訴に理由があるかどうかについて初歩的な判断を行う[37]。

2　上訴事件の審理範囲[38]

民事訴訟の基本原則たる処分原則およびその具体化たる不告不理原則の要求に

---

[35] 李・前掲注1) 304頁，张・前掲注6) 294頁参照。
[36] 第二審法院による上訴事件に対する裁判は，第一審法院による審理の基礎の上に行われるため，必ず法定手続に基づき，第一審法院の事実認定が明確かどうか，法律適用が正確かどうかを審査して明らかにする必要がある。また第二審裁判は当事者の権益に直接関係するだけでなく，下級人民法院の裁判の正確性に対して審査監督する責任を負うことでもあり，かかる審査監督に関する手続は人民法院による統一的な裁判権行使原則の体現であること等が考慮され，第二審では裁判官だけで構成された合議廷審理が要求されている（中国民訴40条につき法工委編・前掲注2) 56頁参照）。
[37] 李・前掲注1) 304頁参照。
[38] 江・肖主編・前掲注5) 323頁参照。この点，本文記載の現行中国民訴168条および

基づき，法院は当事者の訴訟請求に基づいて裁判を行わなければならず，当事者の請求範囲を超える判断は許されないが，これは第一審法院による第一審手続だけでなく，第二審法院が上訴事件を審理判断する場面でも等しく遵守されなければならない。

そして，中国民訴168条は「第二審人民法院は，上訴請求に関する事実及び適用された法律について審査しなければならない。」と定める。すなわち，第二審人民法院による上訴事件の審理範囲は，当事者の上訴請求に関連する事実と法律適用の状況に限定され，上訴請求に関連しない事実認定および法律適用の問題については原則として第二審の審理範囲に入らない。

このほか，上訴請求が第一審裁判と一連の関係をなすことに基づき，第二審法院による上訴事件の審理範囲は，上訴請求の範囲を超えてはならず，かつ第一審裁判事項の範囲を超えることも許されない。つまり第二審法院の審理範囲は，実際上は第一審の行った裁判事項を外的限度とし，また上訴請求をその内的限度とする。もっとも，例外的状況下において，法が当事者に第二審手続中における訴えの変更，追加，または反訴提起を認める場合には，第二審法院の審理範囲が相応に拡張される[39]。

2015年民訴解釈323条の意義等を理解するために，中国民事訴訟における第二審の審理範囲が，全面的審査から限定された審査への歴史的変遷にふれる必要がある。まず1982年「民事訴訟法（試行）」149条では「第二審人民法院は第一審人民法院による認定の事実及び法律の適用について全面的に審査を行わなければならず，上訴範囲による制限を受けない。」とされていた。しかし，かかる全面的審査は，上訴の目的・機能に合致せず，かつ当事者に不服のない部分についても審査を行うため，第二審法院の業務負担を増加させ，当事者にとっても未上訴部分の判断変更等により新たな不満を引き起こした。そこで1991年民訴法151条では第二審における全面的審査を改めて，「第二審人民法院は，上訴上の請求に関する事実及び適用された法律について審査をしなければならない。」との規定が置かれたという経緯がある（李・前掲注1）304頁参照）。

もっとも，1991年民訴法151条の規定について，最高人民法院の1992年「民訴法適用意見」180条では，「上訴事件の審理範囲が受ける，上訴請求の範囲による制限は，絶対的なものではない。」とし，第二審法院が審理中において上訴請求以外にも原判決に誤りがある場合は法に基づきこれを正さなければならず，上訴範囲の制限を受けないとして，法151条を制限解釈していた。

さらに1998年「裁判方式改革規定」35条では，上訴請求以外で第二審法院が正すことができる原判決の誤りにつき，判決が法律の禁止規定に違反し，社会公共の利益または他人の利益を侵害する場合に限ることに変更され，当事者の処分権が強化された（張・前掲注1）356頁，小嶋・前掲注5）182頁参照）。2012年改正では旧151条の内容に変更はなく，そのまま168条とされている。

第二審法院の審理範囲が当事者の上訴請求を超えてはならないとする中国民訴168条の規範からは、さらに理論上、上訴事件の審理範囲に関連する二つの基本原則、すなわち不利益変更禁止原則と利益変更禁止原則が派生する[40]。

(1) 不利益変更禁止原則

不利益変更禁止原則とは、一方当事者が上訴した状況において、第二審法院が一審判決に比較して上訴人に不利な判決をしてはならないことである。換言すれば第二審法院が上訴人に課す最大の不利益は、上訴請求に理由なしと認めて上訴請求を棄却することであり、それ以上の不利益を当事者に課すことはできず、さもなければ同原則違反となる。

不利益変更禁止原則の主な根拠は、1) 処分原則および司法消極原則の内在的要求、および2) 上訴権行使の保障および上訴目的実現からの必然的要求にある。当事者が上訴を行う目的は、第二審法院が原判決中の自己に不利益な部分の判断を改め、有利な二審判決を獲得する点にある。もし二審判決が上訴請求の範囲を超えた判決を許すならば、提起した上訴の結果が、上訴提起しない場合よりもさらに不利益になる場合が生じ、その場合に当事者は上訴をためらい、または上訴を提起せず、法が上訴人救済制度として上訴制度を設けた目的にも反する。

注意すべきは、同原則は、上訴人の相手方当事者が上訴・附帯上訴[41]を提起していない場合に適用される点である。上訴人の相手方当事者が上訴・附帯上訴を提起した場合には第二審法院は双方の上訴請求について等しく審理判断を行わなければならず、その結果、一方当事者が原判決よりも不利な二審判決を受ける可能性がある。また、上訴審判決の主文に影響しない状況下で法院が判決理由を変更しても、禁止される不利益変更には属さない。不利益変更禁止原則が適用さ

---

39) 江・肖主編・前掲注5) 323頁参照。
40) 江・肖主編・前掲注5) 323～324頁、赵ほか・前掲注7) 291頁参照。
41) 中国民事訴訟法には附帯上訴制度の明文規定がないことから、同制度の構築、明文化が提案されている（江主編・前掲注9) 291頁、江・肖主編・前掲注5) 322～323頁参照）。この点、民訴解釈317条の「双方当事者と第三者が上訴を提起した場合、いずれも上訴人とする。人民法院は職権により第二審手続における当事者の訴訟上の地位を確定することができる。」との規定は、大陸法系の民事訴訟法における独立型の附帯上訴の機能を有するとはいえ、双方当事者が上訴提起の条件を具備していることを前提にしており、上訴期間経過後には上訴権が消滅して被上訴人の上訴提起が不能となる結果、非独立型の附帯上訴の機能も実現できず、被上訴人に公平な手続保障と実体的救済を保障することができないとして、上訴期間経過後または上訴権消滅後にも提起可能な附帯上訴制度創設の必要性を上記論者らは指摘している。

れるのは，当事者が処分権を有する私益に関する事項・事件であり，公益に関わる民事事件および訴訟要件事項，訴訟費用負担の裁判について同原則は適用されない[42]。

(2) 利益変更禁止原則

利益変更禁止原則とは，第二審法院の判決が，上訴請求の範囲を超えて上訴人に利益を加えてはならないことである。上訴人についていえば，上訴を通じて得ることができる最大の裁判上の利益は，第二審法院の行う裁判が当該上訴請求の全部を支持することであり，第二審法院は，上訴人の上訴請求以外を判決で支持し，より多くの利益を上訴人に与えてはならない。実際上，利益変更禁止原則は，不利益変更禁止原則とは異なる局面で第二審法院の審理範囲を拘束するものであり，その理論的基礎としては処分原則以外に，当事者による濫用的上訴の防止，および不意打ち裁判防止への考慮を含んでいる[43]。

中国民事訴訟法は，上記二原則に関して明確に表述していない。しかし，第二審法院の審理範囲が当事者の上訴請求を超えてはならないとする中国民訴168条の法意，および「原判決，裁定が訴訟上の請求を遺漏し，又は超えた場合」を当事者申立ての再審事由とする規定（同200条11号）から見れば，上記二原則が貫徹されていると解釈することができる。

さらに民訴解釈323条1項では「第二審人民法院は，当事者の上訴請求をめぐって審理を行わなければならない。」として上記二原則の要求を体現し，さらに同2項は「当事者が請求を提出しない場合，審理を行わない。但し，第一審判決が法律の禁止規定に違反し，又は国家利益，社会公共利益，他者の合法的権益を侵害した場合を除く」と定める。つまり，例外的に第二審法院が上訴請求の範囲を超えて審理判断できる範囲として，原判決が法律の禁止規定に違反し，または国家利益・社会公共利益・他者の合法的権益を侵害する場合という特殊な状況を限定しており，その他の場合は依然として上記二原則の要求が遵守されなければならない[44]。

---

42) 民訴解釈330条は「人民法院が第二審手続により事件を審理し，法により人民法院が受理すべきではないと認める場合，第二審人民法院が直接原裁判の取消しを裁定し，訴えを却下することができる。」と定め，この場面では不利益変更禁止原則が明らかに排除されている（江・肖主編・前掲注5）324頁参照）。

43) 趙ほか・前掲注7）291頁参照。

44) 前掲注38）記載のような上訴審の審判範囲に関する歴史的変遷の到達点たる中国民訴

3 審理方式

上訴事件の審理方式は，原則として開廷審理であり，例外的に不開廷審理が認められる場合がある。

(1) 開廷審理

当事者の手続参与権保障および第二審手続の機能をよりよく発揮させるため，中国民訴 169 条 1 項前段は，「第二審人民法院は，上訴事件について，合議体を構成し，開廷審理しなければならない。」として開廷審理の原則を明記する。開廷審理を決定した場合，開廷場所を確定しなければならないが，開廷審理方式による上訴事件の実際の便宜を考慮し[45]，第二審法院は「当該法院においてすることができ，事件発生地又は原審人民法院の所在地においてすることもできる。」（同条 2 項）。この開廷場所に関する特則を除いて，法廷審理の公開非公開・法廷調査・法定弁論等の遵守すべき手続に関しては第一審通常手続の関連規定が準用される。

---

168 条と民訴解釈 323 条の意義等について，江・肖主編・前掲注 5) 324 頁は本文記載のように説明しているが，これには次のような理論的背景がある。すなわち，中国民事訴訟における処分原則は，当事者の自由処分と国家の関与が結合したものであり，それゆえ上訴法院の審理範囲の制限も絶対的ではなく，原裁判が法律規定に違反した場合，および国家，集団，他人の合法的権益の処分に対しては第二審法院の関与が許され，当事者による上訴範囲の制限を受けないとする理解である（江偉主編『民事訴訟法学』（上海復旦大学出版社・2002 年）400 頁。この積極説によれば民訴解釈 323 条 2 項は利益変更禁止原則の例外的状況を特に限定的に定めたものと解されている）。

　上記積極説に対しては，第二審手続の持つ原裁判の誤りを修正する機能をより重視するものであり，伝統的訴訟観に従って，国家，社会公共利益等の抽象的利益を理由として国家関与を広汎に認める現行法体制と一致するものではあるが，民事訴訟法の基本原則たる処分原則を否定するに等しいものと批判し，むしろ本来あるべき処分原則においては国家関与を排除し，かつ第二審手続の上訴人の権利救済機能を重視すれば，1) 上訴人が上訴しない部分につき第二審法院は審理裁判を行うことはできず，2) 第二審法院は上訴人の相手方に対して第一審よりもさらに不利な判決をすることは許されないとし，上訴範囲の制限を受けない第二審法院による例外的関与に対する消極説がある（張・前掲注 1) 48・356 頁。張・前掲注 6) 291～292 頁参照）。この消極説は，民訴解釈 323 条について，民訴法適用意見 180 条等の従前の誤りを改め，調整を加えたものと評価しつつ，同 2 項についてはなお処分原則違反の可能性を指摘している（張・前掲注 1) 356 頁参照）。

45) 中国民訴 169 条 2 項は，民事裁判実務の経験を総括した規定であり，上訴事件の事案解明および合理的かつ適法な裁判を保障することを前提にして，当事者に対する便宜を図り，法院の審理を行いやすくし，事件の処理効率を高めることを目的とする（法工委編・前掲注 2) 282 頁参照）。

(2) 不開廷審理

他方で，訴訟手続を迅速に遂行し，当事者間の権利義務関係を早期に確定するため，同条1項後段は，「記録の閲覧，調査及び当事者への尋問を経て，新たな事実・証拠又は理由が提出されず，合議法廷が，開廷審理する必要がないと認める場合，開廷審理を行わないことができる。」として，例外的に開廷審理を行わずに直接に裁判を下せる場合を認める（径行裁判［径行裁判］）[46]。また民訴解釈333条は，具体的に1）不受理，管轄権異議，訴え却下の裁定に不服がある場合，2）当事者が提起した上訴請求が明らかに成立不能である場合，3）原判決，裁定の事実認定が明確であるが，法律適用に誤りがある場合，4）原判決が法定手続に著しく違反し，原審に差し戻す必要がある場合，と定めて第二審法院が不開廷審理を行える場合を明確にしている。

注意すべきは，中国民訴169条1項後段の不開廷審理は，諸外国の民事訴訟法が採用する「書面審理」とは異なることである。いわゆる書面審理は，不開廷で，調査や当事者，証人に対する尋問も行わず，もっぱら第一審の訴訟記録・資料によって裁判審理を行う方式である。これに対して中国法の不開廷審理では，裁判官等は必ず当事者と対面し，自ら当事者の陳述を聴取し，かつ当事者に対して質問を行うことが必須とされており，当事者に必要な手続保障を提供した前提があって初めて人民法院は不開廷審理により裁判を行うことができる[47]。

---

[46]「径行裁判」とは，第二審法院が，不開廷の状況において，合議廷による記録の閲読・調査，当事者への質問を経て，事件事実と法律適用の状況が照合により明らかとなった後，直接に裁判を行うことである（李・前掲注1）305頁参照）。

　この点，1991年民事訴訟法152条1項は「第二審人民法院は上訴事件に対して，記録の閲覧・調査，当事者への質問を経て，事実が照合により明らかとなった後に，合議廷は開廷審理を行う必要がないと判断した場合，直接に判決又は裁定を行うことができる。」と定めていたが，実際の民事事件の多くが第二審では開廷審理を行わずに裁判が行われており，同規定では民事事件の第二審で必ず開廷審理を行うべきかどうかが不明瞭なため，第二審における開廷審理条件をより明確化すべしと指摘されていた。

　2012年改正では，第二審の開廷審理条件をより明確化し，当事者の訴訟上の権利と実体的権利のさらなる保障を図るため，第二審法院が上訴事件に対して，開廷審理を行わない決定をするためには，「当事者が新たな事実，証拠又は理由を提出しないこと」を必要とし，この前提下で記録の閲覧・調査，当事者への質問を経て，開廷審理の必要なしと判断されて初めて，不開廷審理が認められると定めた（169条1項後段）。したがって，当事者が上訴した際に新たな事実，証拠または理由を提出した場合には，二審人民法院は必ず開廷審理を行わなければならない（法工委・前掲注2）281～282頁参照）。

[47] 斉主編・前掲注7）243～244頁，江・肖主編・前掲注5）325参照。

二 第二審手続の裁判

1 判決に対する上訴事件の裁判

　第二審法院が上訴事件に対する審理を行った後，裁判方式によって事件に対する終局的な判定を行う必要がある。中国民訴170条[48]および関連司法解釈により，当事者が第一審法院の判決を不服として提起した上訴事件については，第二審法院は審理の後，異なる状況に基づき，以下の裁判方式を採用することができる。

　（1）　上訴請求棄却，原判決維持の判決

　第二審法院は，上訴事件に対する審理を経て，原判決の認定事実が明らかで，法律適用も正確である場合，判決方式で上訴を棄却し，原判決を維持する（中国民訴170条1項1号）。原判決の認定事実が明らかで，法律適用も正確である場合には，原判決に不当な点がなく，上訴人の上訴に理由がないことから，第二審法院は上訴を棄却し原判決を維持しなければならない[49]。

　（2）　法に基づく判決の変更

　法に基づく判決の変更［依法改判］とは，第二審法院が上訴人の請求に対して，法に基づき原一審判決を破棄し，かつ自ら判決を行うことである。これにつき中国民訴170条1項2号，3号は，次の二つの場合を定める。

　1）原判決の認定事実に誤りがある，または法律適用に誤りがある場合には，法に基づき判決を変更する。具体的には次の三つの場合を含む。すなわち，①原判決の認定事実に誤りがある場合（原判決の認定事実に誤りがあるときは，多くの場合，判決に実体上の誤りを生じさせることから，第二審法院は正確な事実認定を基礎として判決を改めなければならない）。②原判決の法律適用に誤りがある場合（法律適用は裁判官の職責であり，第二審法院は審理の後，原判決の事実認定が正確であるが，当該事実に適用した実体法律規範に誤りがあるだけと認識した場合，第二審法院は法に基づき判決を改めなければならない）。さらに③原

[48)] 第二審の裁判に関する中国民訴170条は，2012年改正において旧153条を基礎としつつ，その不足と問題点が修正されている。すなわち，原裁判に対する処理を明確化し，第二審法院が原審法院に反復的に事件を差し戻す現象の防止が図られている（肖編・前掲注7）171頁参照）。

[49)] またいわゆる上訴棄却とは，上訴請求の棄却を意味し，実体法上の棄却であって手続上の棄却を意味しない（江・肖主編・前掲注5）326頁参照）。

判決の認定事実および法律適用の双方に誤りがある場合である[50]。

注意すべきは，民訴解釈334条により，原判決の事実認定または法律適用に瑕疵はあるが，裁判結果は正しい場合には，第二審人民法院は判決において瑕疵を是正した上で，法170条1項1号による上訴棄却，原判決維持判決をできる点である[51]。

2）原判決の認定した基本的事実が明確でない場合，第二審法院は事実を明らかにした後に原判決を変更することができる（中国民訴170条1項3号後段）。ここに基本的事実とは，事件のキーポイントとなる事実，すなわち事件の最終判決の実体的要件事実に影響する可能性のある事実である[52]。

後述するように中国民訴170条1項3号は，事実を明らかにした後の原判決の変更と，原判決取消しおよび原審差戻しという二つの選択肢を第二審法院に認めているが，その選択については，①原判決の認定した基本的事実が明らかでないとき，司法資源節約と訴訟効率向上の観点から，第二審法院が事実を直接明らかにできる場合は，まず事実を明らかにした後に原判決変更の方式を考慮すべきであり，②原審法院が基本的事実を明らかにする方がさらに便利である場合においてのみ，事件の原審差戻しへの考慮が許される[53]。

(3) 原判決の取消しおよび原審差戻しの裁定

次の二つの場合に原判決の取消しおよび原審への差戻しの裁定が認められてい

---

50) 江・肖主編・前掲注5) 326頁参照。2012年改正前の旧153条1項2号は「原判決の法律の適用が誤っている場合には，法により改めて判決する」とだけ規定していたが，新170条1項2号では事実認定に誤りがある場合を追加し，判決の変更内容についても具体的に定めている。

51) 民訴解釈334条の規定は，第二審法院の審理後に得られた結論と原判決主文が完全に一致する場合には，ただ事実認定の理由または法的観点の判断が異なるだけであって，依然として上訴人の上訴請求に理由がない以上はこれを支持すべきでなく，棄却すべしとの考えに基づいている（江・肖主編・前掲注5) 326頁参照）。

52) 肖編・前掲注7) 170頁参照。中国民訴170条1項3号の「基本的事実」の意義につき，民訴解釈335条では，当事者適格，事件の性質，民事上の権利義務等の確定に用いる，原判決，裁定の結果に対して実質的影響のある事実をいうと解されている。

53) 第二審法院が事実を明らかにして判決を変更するのを優先する理論的理由として，第二審手続が続審主義を採用し，当事者に対して第二審手続中に新証拠等の訴訟資料の提出を許していることから，第二審法院は，その審理において双方当事者が第一審および第二審手続において提出したすべての訴訟資料を総合的に考慮し，かつ，それを基礎として事実認定，法律適用をし，裁判を行わなければならず，まさにこの点に第二審法院の裁判職責と第二審手続の訴訟上の機能が存在する，と説明されている（江・肖主編・前掲注5) 326頁）。

る。

　1）原判決の認定した基本事実が明らかでない場合。この場合，第二審法院は，事実を明確にした後に原判決を変更すること（中国民訴170条1項3号後段），または原判決の取消しを裁定し，原審法院に差し戻して審理させることができるが（同号前段），前述したように前者を優先的に考慮し，原判決取消しおよび差戻しは制限的に解されている[54]。

　2）原判決が，当事者を遺脱し，または違法な欠席判決等法定手続に著しく違反している場合（170条1項4号）。この場合，第二審法院は，原判決の取消しを裁定し，原審法院に差し戻して審理させなければならない。注意すべきは，原判決が取消裁定をし，原審に差戻しを行うのは，原判決が法定手続に違反したすべての場合ではなく，第一審法院の行った判決の訴訟手続に重大な瑕疵がある場合に限られている点である[55]。

　また民訴解釈では差戻審理をすべき場合を次のように定める。①当事者が第一審手続においてすでに提起した訴訟請求について，原審法院が審理，判決を行っ

54）2012年改正前の旧153条は，第二審法院が，原審法院に差戻審理を行わせることができる場合として，「原判決の事実認定が誤っており，または原判決の事実認定が明らかでなく，証拠が不足する場合」（同3号），「原判決が法定手続に違反し，事件の正確な判決に影響を及ぼすおそれがある場合」（同4号）を定めていたが，かえって第二審法院に過大な裁量を認める結果を招き（江主編・前掲注9）296頁は担当事件の増加累積による第二審法院裁判官へのプレッシャーや法院に対する外部からの干渉の存在等の背景要因を指摘する），特に第二審法院が事件を原審法院に差し戻すことが多すぎる結果，当事者の訴訟コストが増すだけでなく裁判効率にも影響が生じるという問題もあった。

　そこで2012年改正法は，第二審法院による原審法院への事件の差戻しを制限し，減少させることを原則とし，事実認定の誤りに関する状況を整理し直して170条1項2号ないし4号の規定を修正している。そして上記改正の趣旨に基づき，原判決取消し・原審差戻しの適用場面については，1）第二審法院が事実を明確にし，改めて判決することができる場合は，自ら事実を明確にして改めて判決し，2）基本事実が明確でなく，第二審法院が事実を明確にすることが困難であり，原審法院に差し戻す方が事実を明確にする上で一層有利となる場合に原審法院に差し戻すことができる，と解されている（法工委編・前掲注2）284頁参照，前掲注53）参照）。

55）この点，旧153条1項4号は「原判決が法定の手続に違反し，事件の正確な判決に影響を及ぼすおそれがある場合」と定めていたが，2012年法改正では「事件の正確な判決に影響を及ぼす可能性がある場合」という弾力性ある裁量の余地を削除している（法工委編・前掲注2）285頁参照）。

　民訴法170条1項4号の「法定手続に著しく違反している場合」の意義につき民訴解釈325条参照。

ていない場合，第二審人民法院は当事者の自由意思の原則に基づき調停を行うことができ，調停が成立しないときは，原審に差し戻す（民訴解釈326条）。②訴訟に参加しなければならない当事者または独立請求権を有する第三者が，第一審手続で訴訟に参加しなかった場合，第二審人民法院は当事者の自由意思の原則に基づき調停を行うことができ，調停が成立しない場合，原審に差し戻す（民訴解釈327条）。③第一審判決で離婚を許可しない事件について上訴後，第二審人民法院が離婚判決を下すべきと認める場合，当事者の自由意思の原則に基づき，子供の扶養，財産問題と併合して調停を行うことができ，調停が成立しない場合，原審に差し戻す（民訴解釈329条）。

なお，2012年の中国民訴法改正では第二審法院による不当な事件差戻し現象の発生防止，とりわけ第二審法院が事件の差戻しを反復することを防止するために，170条2項に「原審人民法院が差戻審理の事件に対して判決した後，当事者が上訴した場合，第二審人民法院は再び差戻審理としてはならない。」との規定を追加している。改正前には差戻しの回数に関する規定がなかったので，差戻しの条件と回数に関する制限を明確にしたものである[56]。

(4)　原判決取消し，訴えの却下の裁定

人民法院は民事訴訟の受理範囲に属する事件だけを受理し審理判断することができる。よって，原告の提起した訴えが，人民法院が受理すべきでないと認められる場合には，第二審法院は，直接に原判決を取消す裁定をし，訴えを却下する[57]。

(5)　原判決取消し，管轄移送の裁定

第二審法院の審理過程において，第一審法院の管轄違いが明らかになった場合の処理につき，中国民事訴訟法は規定していないが，民訴法解釈331条では「専属管轄の規定に違反すると認める場合，原裁判の取消しを裁定し，管轄権を有する人民法院に移送しなければならない。」とだけ規定し，その他の管轄規定違反の場合の処理を明らかにしていない。これに対して学説からは，1）級別管轄の規定違反の場合は原判決取消しと管轄移送の裁定をする[58]。2）第一審法院が地

---

56)　法工委編・前掲注2) 285頁参照。
57)　受理すべきでなかった事件の処理につき民訴解釈330条参照。
58)　本文1)の級別管轄については専属管轄と同様の処理ルールが採用されており，合意管轄による変更を許さず，応訴管轄も認められていないこと（中国民訴34条但書，127条2項）等から，専属管轄の規定違反と同様の処理が主張されている（江・肖主編・前掲注

域管轄の規定違反で，一審中に当事者が管轄権の異議を未提出の場合，第二審法院は第一審法院の管轄違いを理由として原判決の取消し・管轄移送の裁定をすることはできない。3) 第一審法院が地域管轄の規定違反で，一審中に当事者が管轄権の異議を提出したが却下され，判決後に当事者が上訴提起した場合，第二審において第一審法院が管轄権を欠いたことを継続主張し，かつ第二審法院が第一審法院の地域管轄規定違反を認める場合には，第二審法院は，第一審法院の管轄違いをもって原判決取消しを裁定し，事件の管轄権を有する第一審法院に移送して審理させる等の主張がある[59]。

2 裁定に対して提起した上訴事件の裁判

この点，中国民訴171条は，「第二審人民法院は，第一審人民法院の裁定に対し不服がある上訴事件の処理については，一律に裁定を用いる」旨を定めるが，第一審裁定を不服として提起した上訴事件は，第二審法院の審理を経て次のように処理する[60]。

(1) 原裁定維持の裁定

第二審法院が審理を経て，原裁定の認定事実が明らかで，適用の法律も正確である場合には，裁定方式で上訴を棄却し，裁定を維持する（中国民訴170条1項1号。また原裁定に瑕疵はあるが裁判結果が正しい場合の処理に関する民訴解釈334条参照）。

(2) 原裁定の取消しまたは変更の裁定

第二審法院が審理を経て，原裁定の認定事実に誤りがある，または適用の法律に誤りがある場合には，裁定の方式により，変更または取消しを行う（同170条1項2号）。具体的にいえば，1) 第一審法院の行った不受理裁定に誤りがあると認める場合，原裁定を取り消し，かつ第一審法院に対して立案受理を命じる（民訴解釈332条前段）。2) 第一審法院の行った訴え却下裁定に誤りがあると認める

---

5) 328頁参照）。
59) 本文2) 3)につき肖編・前掲注7) 171頁参照。
60) 2012年改正以前の旧153条はもっぱら原判決に対する処理についてのみ規定し，原裁定に対する処理については規定がなく，旧154条も原審法院の裁定に不服がある上訴事件の処理については一律裁定を用いると規定するだけであった。他方，人民法院の原裁定に関する処理実務は，いずれも原判決と区別された処理の条文を参考にして実施されていたが，2012年改正によって170条1項1号，2号に原裁定に対する処理が追加されている（法工委編・前掲注2) 284頁参照）。

場合，原裁定を取り消し，同時に第一審法院に対し事件審理を進行するよう命じる（民訴解釈332条後段）。3）管轄権異議の裁定に誤りがある場合，第二審法院が原裁定を取り消す場合の処理について，中国民訴法および民訴解釈331条の規定は明確ではないが，学説は，第二審法院が原裁定を取り消す裁定中において，管轄権を有する法院を明確に記載すべきと主張している[61]。

（3）原裁定取消し，訴え却下の裁定

前述した，第一審法院が受理すべきでなかった事件の処理に関する民訴解釈330条を参照。

3 第二審判決の言渡し

第二審判決の言渡しは，第二審法院が自ら言い渡すことができ，原審法院または当事者所在地の法院に委託して言渡しを代行させることもできる[62]。

三 第二審裁判の法的効力[63]

第二審法院の判決，裁定は，終審の判決，裁定であり（中国民訴175条），ひとたびそれが行われれば直ちに効力を発生する。その効力としては，1）再度の上訴を許さない。すなわち当事者は二審裁判に対し，上訴の方式によって不服を唱えることも，人民法院に対してその変更，取消しを求めることはできない。2）重複提訴を許さない。すなわち双方当事者間の紛争の訴訟物が，第二審法院の審理終結を経ることにより，自ずとその紛争は終了すべきものであり，いかなる当事者も同一訴訟物について重ねて提訴することは許されない。そして3）強制執行の効力，である。

---

61) まず，第一審法院地域管轄権異議に対する裁定についていえば，第一審法院が自ら管轄権を有すると裁定したが，その管轄権を第二審法院が否定する場合，当該事件の管轄権を有する法院に移送して審理を行うよう命じる。一審裁定を行った法院が，自らの管轄権を否定したが，第二審法院が第一審法院の管轄権を肯定する場合には，それに審理進行を命じなければならない。第一審法院の級別管轄権異議に対して行った裁定は，第二審法院は，異なる事件の状況により，事件審理を当該法院から引き取り，または終審裁定において管轄権を有する法院を認定して，審理を命じる（江・肖主編・前掲注5）328頁参照）。

62) 江・肖主編・前掲注5）331頁参照。

63) 张・前掲注1）360頁参照。

四　第二審手続中の法院調停

1　上訴事件と調停

　上訴事件につき，第二審法院は当事者双方の自由意思を基礎として調停を行うことができる（中国民訴172条，9条，93条）。第二審法院が，調停方式を採用して上訴事件を処理する場合，第二審における特殊な状況について柔軟な対応が認められている。すなわち，1）当事者が第一審手続ですでに提起した訴訟請求につき，原審法院が審理・判決を行っていない場合（民訴解釈326条），2）訴訟に参加すべき当事者または独立請求権を有する第三者が第一審手続に参加しなかった場合（同327条），3）第二審手続中に，一審原告が独立の訴訟請求を追加，または一審被告が反訴を提出した場合は追加請求・反訴請求を一括して（同328条），4）第一審判決において離婚を許可しない事件に対する上訴後，第二審人民法院が離婚判決を下すべきと認める場合には子供の扶養，財産問題と一括して（同329条），それぞれ第二審法院は当事者の自由意思の原則に基づき調停を進めることができる[64]。

2　上訴事件の調停書

　調停により合意を達成した場合には，調停書を作成しなければならず，裁判官等，書記官が署名し，人民法院の印章を押捺する。また，調停書が送達された後，原審法院の判決は取り消したものとみなされる（中国民訴172条）。
　このとき，第二審法院の調停書は，実際上は一審判決の事件処理に取って代わり，双方当事者の権利義務関係も調停書に基づいて確定されることになるため，第二審法院としては一審判決を裁定で取り消す必要がない[65]。

---

64) 法院調停規定9条は「調停合意の内容が訴訟請求を超える場合，人民法院はこれを許可することができる。」とし，二審で合意に達した調停合意の内容が，上訴人の上訴請求および第一審原告の訴訟請求の範囲を超えることを認める。これは実際上，一方当事者がその上訴請求・原審訴訟請求の変更を意味し，かつ相手方当事者の同意を得ていることから，当事者の処分権および手続選択権を尊重した結果として許されている（江・肖主編・前掲注5）329頁参照）。

65) 加えて，調停書中において「一審判決を取り消す」等の表現を用いることは許されない。調停書の内容は双方当事者の実体的権利義務および責任平等について協議し，双方が互譲した結果であり，調停合意に達したことおよび調停書の作成は，一審判決の誤り・違法性を表明するものではないこと，さらに「判決の取消し」は，一審判決に誤り・違法性

さらに民訴解釈339条では，「当事者が第二審手続中において（訴訟外の）和解合意を締結した場合，人民法院は当事者の請求に基づき，双方が締結した和解合意を審査した上で調停書を作成し，当事者に送達することができる。和解により訴え取下げを申し立て，審査を経て訴え取下げの条件を具える場合，人民法院はこれを許可しなければならない。」として，訴訟外の和解とリンクした処理を定めている。

五　上訴事件の審理期限

上訴事件の迅速な審理を保障するため，中国民事訴訟法および司法解釈は上訴事件の審理期限について明確な規定を置く。すなわち，1）判決に対する上訴事件については，第二審の立案の日から3ヶ月内に審理を終結しなければならず，特別の状況により延長する必要がある場合は，当該法院の院長が承認する（中国民訴176条1項）。2）裁定に対する上訴事件については，第二審の立案の日から30日内に終審の裁定をしなければならず，特別の状況により延長する必要がある場合は，当該法院の院長が承認する（中国民訴176条2項，民訴解釈341条）。

第四節　第二審手続中における特殊な問題

一　上訴の取下げ

上訴の取下げとは，上訴人が法に基づき上訴を提起した後，第二審法院の判決言渡し前において，第二審法院に対して上訴の撤回，すなわち上訴事件の審理の停止を求める訴訟行為である[66]。中国民事訴訟の基本原則たる処分原則に基づき，第一審で不利益な判決を受けた当事者は上訴を提起するかどうかの決定権を有するところ，同様に上訴提起後に，第二審手続による救済を放棄して上訴を取り下げる権利を有する。

1　上訴の取下げの要件

この点，中国民訴173条「第二審人民法院の判決宣告前に，上訴人が上訴の取

があることを前提とするからである。法172条が，二審調停書の送達後，原審法院の判決を「取り消したものとみなす」と定める所以である（江・肖主編・前掲注5）329頁，李・前掲注1）308頁参照）。
[66]　趙ほか・前掲注7）294頁，江・肖主編・前掲注5）329頁参照。

下げを申し立てた場合には，許可するか否かは，第二審人民法院が裁定する。」との規定，および関連司法解釈からすれば，上訴の取下げの要件は以下のように整理される。すなわち，1) 上訴取下げの主体は上訴人であること，2) 上訴取下げは第二審法院に対して行うこと[67]，3) 上訴取下げの申立てが，第二審法院の判決言渡し前までになされること，4) 上訴取下げを許可するかどうかは，第二審法院の裁定によること[68]，である。

2　上訴の取下げの効果

上訴人の上訴取下げの申立てを第二審法院が許可した後，第二審法院は上訴事件に対する審理を停止し，第二審手続は上訴の取下げによって終了する。

上訴取下げの後，上訴期間中に再び上訴を提起できるかという問題につき，中国民事訴訟法では規定されておらず，学説上争いがある[69]。

3　上訴の取下げの擬制

上訴人が呼出状により呼び出され，正当な理由なくして出廷を拒否し，または法廷の許可を経ないで中途退廷した場合には，上訴の取下げとして処理することができる。民事行為無能力者たる上訴人の法定代理人が呼出状により呼び出され，正当な理由なく出廷を拒否した場合も同様である（中国民訴174条，143条，民訴解釈235条）。また上訴状を提出しても，指定期限内に上訴費用を納めない場

---

67) 要件2)は，適法な上訴提起によって事件全体が第二審法院に係属していることに基づいている。上訴取下げの方式について民事訴訟法は規定していないが故に，上訴人は書面形式，口頭形式のいずれでも第二審法院に対して上訴取下げの意思表示をすることができると解されている（江・肖主編・前掲注5) 329頁参照）。

68) 要件4)に関連し，民訴解釈337条がまた第二審法院が上訴取下げを不許可とする状況を明記する。さらに中国民訴173条が上訴取下げに第二審法院の許可を要求する点，および上記司法解釈規定を理由として，上訴人と被上訴人が上訴取下げの合意を締結しても，直ちに訴訟法上の効力は生じないと解されている（趙ほか・前掲注7) 295頁参照）。

69) この問題については，上訴取下げを上訴請求の撤回と捉え，上訴人は上訴取下げによって上訴権を喪失し，たとえ上訴期間満了前であっても再び上訴することができないとする消極説（現在の通説。張・前掲注1) 355頁，斉主編・前掲注7) 243頁参照）と，上訴の取下げの目的は，第二審法院に対し事件審理の進行を求めない点にあり，上訴人の実体上の上訴請求放棄を意味しないとし，当事者の権利保障をより徹底する立場から，上訴取下げをした上訴人は，上訴期間満了前に再び上訴することができる（上訴期間満了後の上訴であれば原審判決が効力を発生する）とする積極説（江・肖主編・前掲注5) 330頁）がある。

合には，自ら上訴を取り下げたものとして処理する（民訴解釈 320 条)[70]。

二 第二審における訴え取下げ

1 第二審における訴え取下げ

　第二審手続における一審原告の訴えの取下げの問題について，中国民事訴訟法には規定がない。中国民訴 174 条および訴訟法理論からいえば，たとえ事件がすでに第二審法院に係属していたとしても，未だ一審判決がその効力を生じていない以上，処分原則の要求に基づいて一審原告に訴えの取下げを肯定しなければならない。

　民訴解釈 338 条 1 項が，第二審手続において原審原告が訴え取下げを申し立て，その他の当事者の同意を経て，かつ国家利益・社会公共利益・他者の合法的権益を害さない場合，人民法院はこれを許可することができ，許可する場合は，第一審裁判の取消しを併せて裁定しなければならないと定め，また同 339 条では，第二審における訴訟外の和解が成立した場合，和解により訴え取下げを申し立て，審査を経て訴え取下げの条件を具える場合，人民法院はこれを許可しなければならないと定めるのは，上述の理解に基づくものである[71]。

2 第二審における訴え取下げ後の再訴

　一審原告が第二審において訴え取下げをした後，再度，当該事件について訴えを提起できるかという問題もあるが，第一審法院判決の権威を尊重し，一審原告による訴えの取下げの濫用を防止する観点から民訴解釈 338 条 2 項では「原審原告が第二審手続において訴えを取り下げた後に改めて提訴した場合，人民法院はこれを受理しない。」と明確に回答している[72]。

---

70) 江・肖主編・前掲注 5) 330 頁参照。
71) 江・肖主編・前掲注 5) 330 頁，趙ほか・前掲注 7) 295 頁参照。
72) 理論的にいえば，訴え取下げでは訴え提起していないものとみなされ，かつ民訴解釈 214 条 1 項も「原告が訴えを取り下げた，又は人民法院が訴え取下げとして処理した後，原告が同一の訴訟請求により再び提訴した場合，人民法院はこれを受理しなければならない。」と規定するが，これに従って処理すると，第二審中に訴えを取り下げた後，原告の再度の訴え提起を認めることになり，第一審法院の労を無にし，訴訟経済に著しく反する結果となることから，第二審における訴え取下げ後の再訴禁止規定として民訴解釈 338 条 2 項が定められている（江・肖主編・前掲注 5) 331 頁，斉主編・前掲注 7) 243 頁，趙ほか・前掲注 7) 295 頁参照)。

3　第二審における訴えの追加と反訴

　第二審手続において，原審原告が訴えの追加をし，または原審被告が反訴を提起することができるかという問題について，中国民事訴訟法には規定がない。当事者の審級の利益を考慮すれば，訴えの追加および反訴は原則として第一審手続において行われるべきだが，当事者間の関連民事紛争を一体的に解決し，法院裁判の矛盾を防止するために，一定の条件下において二審手続中における原審原告の訴えの追加，原審被告の反訴提起を認める必要がある。

　この場面について民訴解釈328条1項は，「第二審人民法院は当事者の自由意思の原則に基づき，新しく追加された訴訟請求又は反訴について調停を行うことができ，調停が成立しない場合，別途提訴するよう当事者に告知する。」との規定を置く。この規定は，第二審手続中においても原審原告に訴えの追加，原審被告に反訴の提起を認めているが，当事者の審級の利益を保護し，第二審における訴えの追加，反訴の提起の審理が，事実上一審終審制になることを回避すべく，民訴解釈328条所定の状況下においては判決方式での結審を許さず，当事者の自由意思に基づく調停による解決を目指したものである。また調停不成立の場合には，追加された請求，反訴については管轄権を有する第一審法院に対して別訴を提起することで解決を図る。もっとも，双方当事者が第二審法院での一括審理に同意し，かつ追加された訴訟請求および反訴について，双方が自由意思に基づいて審級の利益を放棄する旨を表明するときは，別訴処理をとる必要がなく，第二審法院で一括審理することが許される（民訴解釈328条2項）[73]。

（白出博之）

---

[73]　江・肖主編・前掲注5) 331頁，趙ほか・前掲注7) 296頁参照。

第 15 章　再審手続・裁判監督手続

第一節　再審手続概説

一　再審手続

1　意義

再審手続は，すでに効力を発生した裁判の誤りを是正するために，事件について再度審理を行う手続である。再審手続は，すでに効力を発生し，かつ再審条件に適合した判決・裁定・調停書（以下，裁判等と略称する）について適用される特別な裁判手続である[1]。

2　目的

再審手続の対象は，主に法院のすでに効力を発生した裁判であり，再審手続を始動する目的は，すでに終結した事件（本案事件）について再び新たに訴訟手続を行う点にある。この点，法院の裁判がひとたび法的効力を発生した以上は，訴訟手続がすでに終結していることを表し，当事者間の紛争もすでに法律上は終局的解決を獲得しており，当事者は当該法律関係について再び訴えを提起することも，上訴によって当該裁判を覆すことも許されず，法院もすでに発効した裁判中の判断に拘束され，それを変更，取り消すことは認められない。

他方，たとえ発効した裁判であっても，誤りが存在する可能性があり，かつ誤った裁判でもそれが取り消されるまでは依然有効であり，当事者の権益を侵害し，かつ司法の公正にも影響を及ぼす。そこで，すでに法的効力を発生したが重大な瑕疵がある，または手続に重大な瑕疵がある状況でなされた裁判を除去する

---

[1]　江偉・肖建国主編『民事訴訟法〔第 7 版〕』（中国人民大学出版社・2015 年）333〜334 頁，肖建国編『民事訴訟法』（中国人民大学出版社・2013 年）176 頁参照。

手段を創設することが必要であり、さもなければ、司法の公正さとそれに対する当事者の信頼、当事者の合法的権益が著しく害される。

再審手続は、まさにすでに発効した裁判に確かに誤りがある事件に焦点を絞って設置された特殊な救済手続であり、発効した裁判の法的効力維持による裁判の終局性・安定性・権威性の要求と、確かに誤りがある裁判の是正による裁判の正確性・公正性・真実発見の要求、さらに当事者処分権との間の調和点を追求する制度である[2]。

3 裁判監督手続

すでに発効した裁判に関する特別の救済手続は、各国の民事訴訟法において定められているが、その名称はもとより救済を実施・獲得する手段手続も異なり、大陸法系の民事訴訟法（ドイツ、オーストリア、フランス等）はこれを再審手続、社会主義法系ではこれを裁判監督手続と呼んでいる[3]。

再審手続は大陸法系の再審の訴えを淵源とし、私権保護を目的として設置された特別の救済制度である。誤った裁判により損害を受けた当事者に対する救済の理念から設計され、司法裁判における私人による個別事件の救済の価値を重視し、当事者の再審の訴え提起によってのみ手続が開始される。

これに対して裁判監督手続[4]は、社会主義法系を淵源とし、社会公共利益の保護を目的として設置された特別の抑制的制度で、その指導思想は、法院の裁判活動に対する監督を通じて発効した裁判中の誤りを是正する点にあり、司法裁判の公共的、普遍的、監督指導的価値を重視する。よって裁判監督機関（上級法院、検察機関）が再審始動権限を有するのが原則であり、たとえ当事者に再審申立権を付与していても、裁判監督機関は当事者が再審を申し立てない状況において再

---

2) 李浩『民事訴訟法学〔第3版〕』（法律出版社・2016年）312〜313頁、斉樹潔主編『民事訴訟法〔第4版〕』（中国人民大学出版社・2015年）249頁、江・肖主編・前掲注1）334頁参照。

3) 李・前掲注2）312〜313頁参照。

4) 裁判監督手続は、社会主義法系において三審制を二審終審制に改めて形成されたものである。すなわち、公有制下においては、私権を承認せず、すべてが公共利益に及ぶため、1) 手続始動主体を私人紛争の当事者から公権力の代表である検察院院長・法院院長に改め、2) 手続審査の範囲につき公共利益を内容とする範囲内の法律問題審査から全面的審査に、3) 手続的機能を司法判断統一から司法の誤りの是正に改めている（江偉主編・傳郁林副主編『民事訴訟法学〔第3版〕』（北京大学出版社・2015年）300頁参照）。

審提起を決定できる[5]。

4　裁判監督手続と再審手続の関係

　中国民事訴訟法では，第2編「裁判手続」第16章に「裁判監督手続〔审判监督程序〕」（198～213条）として再審制度を規定しているが，民事訴訟法学理論上も一般に裁判監督手続とはすなわち再審手続を意味するものと認識されており[6]，同義説〔等同说〕が通説である。上述した再審手続と裁判監督手続の沿革・基本理念の差異を踏まえつつも，なお通説的見解が両手続を同義ないし一体のものと表現する背景には次の歴史的経過がある[7]。

　まず，1954年人民法院組織法では，統一的に二審終審制度を構築すると同時に，すでに発効した裁判の誤りを是正する制度として「裁判監督手続」が採用され，同手続は各級法院に適用され，審級の制限はなかった。1982年民事訴訟法（試行）でも法院が唯一の手続始動主体であり，当事者は手続始動主体ではなく，法院その他公権力機関に「申訴〔申诉〕」[8]を提出して職権始動を求めるほかなかった。

　1991年民訴法では「裁判監督手続」が独立の章に規定され，手続始動主体と

---

5)　江・肖主編・前掲注1）333頁は，再審手続の立法モデルを，1）監督型再審と2）救済型再審とに大別し，1）は裁判権の裁判権に対する監督を強調し，裁判の合法性保障を再審手続の核心として構成することから，必然的に国家の職権関与を強調し，当事者処分権を軽視する傾向が見られ，2）では当事者に対する権利保障回復の特別手段の提供を強調し，当事者の主体的地位と処分権を尊重し，国家の職権関与を制限する傾向にあるが，中国の再審手続は典型的な1）監督型再審に属すると指摘する。かかる分析は，裁判監督手続の職権による始動が，民事訴訟の処分原則と衝突することを指摘して，法院による職権再審を削除・制限し（後掲注61）参照），再審制度を当事者・訴外人による再審の訴えを中心とした救済型再審に改める立法論につながる（たとえば江偉主編『民事诉讼法典专家修改建议稿及立法理由』（法律出版社・2008年）301頁，张卫平『民事诉讼法〔第3版〕』（中国人民大学出版社・2015年）334頁参照）。

6)　江・肖主編・前掲注1）333頁。

7)　江主編・前掲注4）300頁，李・前掲注2）314頁参照。

8)　「申訴」は，憲法上の基本的権利として「中華人民共和国の公民は，いかなる国家機関または国家公務員に対しても，批判及び提案を行う権利を有する。いかなる国家機関または国家公務員の違法行為または職務怠慢行為に対しても，関係の国家機関に申訴（不服申立て），告訴または告発をする権利を有する。」と規定されている（憲法41条）。憲法上の申訴は，国家機関・国家公務員の違法・職務怠慢行為に対する制度であり，法院，検察院，党委員会，人民代表大会に対して提出できるが，人民法院およびその職員の違法・職務怠慢行為も例外ではなく，申訴内容を手がかりに法院・検察院の職権による再審始動の可能性がある（孙祥壮『民事再审程序』（法律出版社・2016年）42～43頁参照）。

して当事者の法院に対する「再審申立て」[9]と検察機関による「抗訴［抗诉］」が追加され，かつ司法の誤りの是正と事件紛争の解決がともに重視されるなど，裁判監督手続における司法監督機能から私権救済機能への転化が示された。2007年改正民訴法では「再審難」解決を主な目的として当事者申立ての再審事由などの内容拡充が図られ，私権救済を制度目的とすることが一層明確にされた。この流れを受けて2012年改正民訴法では再審事由，申立ての管轄・期限，当事者再審申立ての優先原則などが整備されている[10]。

以上のように，中国の再審制度は，当初は社会主義法系の裁判監督手続の理念に基づいて採用され，現在も「裁判監督手続」の形式は維持されているが，法院監督権を基礎とした制度から，検察院監督権，さらには当事者による再審申立ての採用と関連規定の拡充により，その実質については司法に対する監督から私権救済機能に比重を置いた再審手続への移行・変化の過程にあるといえる[11]。

5 理論的根拠

再審手続は，すでに発効した裁判に確かに誤りがある事件に焦点を当てて設置された特別の救済手続であり，判決効の正当化根拠を具えない例外的状況下にお

---

9) 裁判監督手続につき，1989年行政訴訟法は2014年改正時に当事者の「申訴」から「再審申立て」に変更しているが，1979年刑事訴訟法（241条以下）では現在も「申訴」概念が使用されている。

10) 法改正に対応して最高人民法院も，2008年11月『「中華人民共和国民事訴訟法」裁判監督手続適用の若干の問題に関する解釈』（以下，裁判監督解釈と略称する），2009年「民事再審申立事件の受理審査に関する若干の意見」（以下，再審審査意見と略称する），2015年『「中華人民共和国民事訴訟法」適用に関する解釈』などの関連司法解釈を公布している。

11) 「中国の現行法律規定上の「裁判監督手続」は，その性質・機能においてはすでに再審手続に属するものということができるが，ただ始動主体については裁判監督手続の公権的色彩を留保している。」との指摘（江主編・前掲注4）299～300頁参照）が，「裁判監督手続すなわち再審手続である」という通説的理解の核心部分ないし到達点を示している。
　両手続の関係に関しては，中国民訴法第16章の条文構造と関連して上述の1) 同義説のほかに，2) 裁判監督手続と再審手続は密接な関係にあり，かつ相前後する二つの異なる手続であり，裁判監督手続は再審手続を始動するだけの前置手続，再審手続は裁判監督手続の後続手続であるとする並存説（赵剛・占善剛・刘学在『民事訴訟法〔第3版〕』（武漢大学出版社・2015年）309頁参照），3) 裁判監督手続は再審手続を包含し，再審手続は再度の審理手続だけを指すとする裁判監督手続大概念説，4) 裁判監督手続は裁判監督権を有する法定機関等による監督権行使のみを指し，それは当事者申立てによる再審と並列して再審手続を始動する方式として再審手続に包含される，とする再審大概念説が主張されている（孙・前掲注8) 4～5頁参照）。

いて発効した終局判決の効力との衝突を許容する制度である（判決効の正当化根拠との関連において大陸法系の再審制度の理論的根拠が論じられる所以である）[12]。

中国の再審制度は，二審終審の基本審級制度の外部に設置された，すでに発効した裁判の誤りに関する特別救済手続としての「裁判監督手続」から出発しており，法院の裁判監督機能が強調された再審始動方式などに，社会主義法系の影響を受けた中国の体制の特色を具えている。そして中国民事訴訟法学ではその理論的根拠として「実事求是，有錯必纠（事実を基礎とし，誤りがあれば必ず正さなければならない）」原則（中国民訴7条参照）の具体的発現であると説明される[13]。つまり，発効した裁判に対して再審を行うべき根拠は，当該裁判が判決効の正当化根拠を欠くことよりも，当該裁判に誤りが存在すること自体に求められ，まさに誤りが存在すれば，たとえすでに発効した裁判であってもそれを改める必要があり，「裁判監督手続」はこのように誤りを是正する手続であると解されている[14]。

二 再審手続の特徴[15]

再審手続は，発効した裁判に重大な瑕疵がある状況下での特別の救済手続として，その始動には慎重さが求められ，他の訴訟手続とは異なる特徴を有する。

---

[12] 张・前掲注5) 332頁，江・肖主編・前掲注1) 333〜334頁参照。

[13] 江・肖主編・前掲注1) 335頁参照。

[14] 张・前掲注5) 333頁参照。誤った裁判を是正するということが，当事者の権利義務関係の安定よりも明らかに重視されているが，これは中国民事法が二審制を採用しているために三審制に比して誤りを正す機会が少ないこと，裁判官のレベルが低く，誤った裁判が行われる可能性が高いことが現実的理由として指摘されている（小嶋明美『現代中国の民事裁判』（成文堂・2006年）183頁参照）。

　再審制度の理論的根拠につき，学説は1)「実事求是」原則に直接的に求めるもの（张・前掲注5) 333頁），2) 同原則と既判力理論を併記するもの（江・肖主編・前掲注1) 333〜335頁），3) 既判力理論も一つの補充的要素にとどまるとして同原則，手続の安定性，裁判の終局性，司法の権威性，当事者の処分権などの多元的要素に求めるもの（齐主編・前掲注2) 249頁）などに分かれる。もっとも「実事求是」原則による客観的真実の追究を強調しすぎることは，すでになされた訴訟行為・審理の重複を招いてその意味を失わせ，訴訟手続による解決の時限性および法院裁判の基礎となる訴訟資料調査収集の有限性，訴訟コストへの考慮等の観点から妥当でないと指摘され，再審手続に関する指導原則としては，「誤りがあれば必ず正す」から，訴訟手続の時限性，訴訟コスト，認識手段・認識主体の能力などを考慮した「法に基づく誤りの是正」に転換する必要性が主張されている（齐主編・前掲注2) 250頁参照）。

[15] 江・肖主編・前掲注1) 334頁，肖編・前掲注1) 177頁参照。

1 再審手続の補充性

再審手続は補充性（二次性）を有する救済方式である。裁判の誤りを生じさせた事由のいくつかは，第一審手続中，すでに存在しており，これについて当事者が上訴，異議提出，再議申立て等の通常方式により救済を求めることが可能である場合，判決発効後における再審提起を待つべきではない。よって，当事者が明らかに上訴等の方式によって異議を提出できるのにこれを適時に提出しない場合は失権の効果を生じ，再審の訴え提起または再審申立ての方式で提出することは許されないと解されている。中国民訴法には，再審手続の補充性に関する明文規定はないが，当事者に対して原手続における救済手段をできるだけ利用することを促し，かつ発効した裁判の安定性を保持する観点から必要な原則と理解されている[16]。

2 手続始動主体の特殊性

再審手続を提起することは，特定の機関および人だけが可能である。すなわち，各級法院の院長，上級法院，最高法院が法定方式に基づき再審を提起でき，検察院は検察建議または抗訴を提起することができる。さらに当事者，訴外人が法定条件に基づいて再審申立てをすることが認められる[17]。

3 再審の提起には法定事由が必須

再審手続が提起されることは，発効した原裁判等の拘束力を受けないことを意味し，それゆえ再審の提起には，法定再審事由を具える必要がある。

4 二段階の手続

再審手続（広義）は，先後継続した二段階に分けることができる。すなわち，再審審査手続と再審審理手続（再度の審理手続，狭義の再審手続）である[18]。再

---

16) 李・前掲注2) 319頁参照。
17) 中国民訴法では，四つの再審始動ルートを定めているが，実施の効果を見ると，再審手続始動の主要なものはやはり当事者申立てによるものであり，法院の職権による再審始動，検察院抗訴による再審も，一般に当事者が法院・検察院に対して申訴を提出したことに起因している（李・前掲注2) 313頁参照）。
18) 二段階説について江・肖主編・前掲注1) 334頁，張・前掲注5) 333頁参照。司法実務では立案受理段階（中国民訴203条），審査段階（同204条），再審審理段階（同207条）に分けて手続内容の明確化を図る三段階説が提唱されている（江必新主編『新民事訴訟法

審審査手続では再審事由の存否をその中心とし，審査手続を経て再審裁定を受けた事件だけが，本案事件の実体的権利義務紛争に関する再度の審理手続に進むことができる。

第二節　再審手続の開始と審査

一　再審始動方式およびその相互間の関係[19]

　民事訴訟法の規定に基づき，再審手続には四種類の始動方式がある。すなわち，法院の職権による再審決定（198条），検察院による再審の始動（208～213条），当事者申立てによる再審（中国民訴199～205条），訴外人による再審申立て（中国民訴227条，民訴解釈423条）である。

　これら四種類の再審始動方式は，並列的関係にはなく，当事者による再審申立優先の原則が実行されなければならない。中国民訴209条が，再審手続始動において当事者の再審申立てが検察監督に優先し，同条所定の三つの状況下において初めて検察監督の介入を認めていることがその根拠である[20]。

二　当事者申立てによる再審

1　意義

　当事者による再審の申立ては，再審の訴えとも称され，当事者がすでに発効した判決・裁定・調停書に対して誤りがあると認めて，法院に対して裁判等の変更・取消しを請求し，法院に対して当該事件の審理のやり直しを求める訴訟行為である（中国民訴199条，201条）[21]。中国民訴法は「再審の訴え」を明確に規定していないが，再審の申立ては，その内容・形式から判断すれば，すでに大陸法

　　理解适用与实务指南〔修訂版〕』（人民法院出版社・2015年）802～803頁，孫・前掲注8）22頁参照）。
19)　江・肖主編・前掲注1）343頁，肖編・前掲注1）178頁参照。
20)　江・肖主編・前掲注1）354頁参照。法209条は2012年改正による新設規定である。改正前においては，発効した裁判に確かに誤りがあると認識した当事者は，法院に対して再審を申し立てるだけでなく，同時に検察院に対する申訴，検察院抗訴を求めるという状況が存在し，司法資源の浪費や法院と検察院との衝突・混乱を生じさせていた。そこで改正法では，第一段階として当事者の法院に対する再審申立てを優先し，検察院への検察建議・抗訴の申立てを第二段階としたものである（李・前掲注2）325頁参照）。
21)　江・肖主編・前掲注1）344頁参照。

系の再審の訴えに接近していると指摘されている[22]。

2 再審申立権の付与

　再審の申立ては，法律が当事者に付与した訴訟上の権利であり，それは当事者が法に基づき享有する訴権の具体的発現である。民訴法が当事者に再審申立権を付与することには，以下の意義が認められる[23]。

　1）憲法の定める申訴権を民事訴訟において貫徹・実現する。当事者の再審申立権を法律上明記した意義は，長い間，当事者は法院に対する申訴だけが可能であり，再審申立てが許されなかった状況を変更し，憲法の定める申訴権を民訴法において貫徹し実現することを保障する意義がある[24]。

　2）実務上見られる「申訴難」「再審難」状況を改め，申訴権の濫用行為を法に基づき抑止する。この点，中国民事訴訟・行政訴訟における課題として，立案難，申訴難，再審難が指摘されるように，本来，訴訟手続によって解決すべき多数の紛争が，投書・陳情［信訪］[25]等の手段に依存することとなり，一部地方では「信訪不信法（投書・陳情に頼って法を信用しない）」状況も指摘されているが，当事者に対する再審申立権の付与と関連制度の整備は，かかる状況を改善するものである[26]。

---

22) 李・前掲注 2) 315～316 頁参照。
23) 江・肖主編・前掲注 1) 344 頁参照。
24) 申訴と民事訴訟法の再審の関係につき，本文では 1) 再審申立ては，憲法上の権利である申訴の民事訴訟法における法定条件化・具体化とする見解（江・肖主編・前掲注 1) 344 頁）を挙げたが，このほか申訴の実情を重視し，2) 再審申立てすなわち申訴であり両者は依然として区別されていないとする見解，3) 申訴はすでに再審・再審の訴えに完全に取って代わられているとする見解，4) 申訴と再審は共存しており，申訴も再審申立ても可能である。当事者が申訴を法院に提出する場合は民事訴訟法 198 条（または検察機関に対する抗訴申請），当事者が再審を申し立てた場合は法 199 条，200 条により処理されるとする見解が主張されている（孫・前掲注 8) 42～43 頁参照）。
25) 中国では公民，法人，その他の組織が手紙，電子メール，ファックス，電話，訪問等の形式により人民政府や関連行政部門に対して状況を報告し，建議・意見・苦情・請求などを提出して法に基づく処理を要求する投書・陳情が認められており（国務院「信訪条例」2 条），人民法院に対しても訴訟関連での投書・陳情［渉訴信訪］が行われ，その中には発効した裁判に対する「申訴」も含まれ，一般に「申訴信訪」「信訪申訴」と称されている（孫・前掲注 8) 41～42 頁，江主編・前掲注 18) 762 頁参照）。
26) 2007 年民訴法改正により当事者の再審申立てが整備されたが，依然として信訪申訴と再審申立ての混同ないし代替使用の状況が続いているため，最高人民法院は，訴訟・訴権的性質を有する再審申立てと非訟・行政的性質を有する申訴信訪とを明確に区別する「訴

3 当事者による再審申立ての要件

民事訴訟法および最高人民法院の司法解釈によれば，当事者の再審申立てには以下の要件が必要である。

(1) 主体要件

1) 再審申立権を有する訴訟主体であること　法199条ないし201条の「当事者」は，原審事件の当事者であることが必要であり（裁判監督解釈41条），具体的には原審の原告，被告，上訴人，被上訴人，必要共同訴訟人，独立請求権のある第三者，判決により民事責任を負担した独立請求権のない第三者である。本来原審で当事者とされるべきであったが当事者とされなかった者も再審申立ての資格を有する（脱漏された必要共同訴訟人につき民訴解釈422条参照）。

原判決・調停書の発効後に当事者が死亡または消滅した場合，その権利義務の承継人は，民訴法理論上の「一般承継人」として原裁判の効力を受けるため，中国民訴199条，201条の「当事者」として再審を申し立てることができる（民訴解釈375条1項）。

他方，原判決・調停書が発効してから，当事者が原判決・調停書で確認する債権を譲渡し，債権譲受人が当該判決・調停書に対する不服を理由として再審を申し立てることは許されない（民訴解釈375条2項）[27]。

2) 再審申立人が再審の利益を具えること　原審において訴訟請求を全部認容された当事者，または判決により実体的権利義務を負担していない当事者は，再審の利益を有しない。訴訟請求を一部認容された当事者は，棄却部分について

訪分離」の促進により，両者の規範化を図っている。すなわち，訴権的性質を具える再審申立てについては，要件の形式審査を通じて立案受理をした後，法定再審事由の具備を審査して再審手続の始動を判断してこれを進行する。他方，すべての再審訴訟手続が終了した事件につき当事者が依然不服の場合には信訪申訴として扱われる。司法実務では，信訪終結に関する規範性意見により大部分の事件は信訪終結として処理されているが，矛盾が比較的突出し，または意義のある少数の事件を選別して法院が審査を行い，原裁判等に確かに誤りがあり再審によって誤りを正す必要がある場合は，法198条により職権で再審を裁定する処理が行われている（江主編・前掲注18）762頁参照）。

27) 譲受人が譲り受けた客体がすでに発効した裁判が確定した権利であり（譲渡以前に債権譲渡人が再審申立可能であったことを含む），債権譲渡無効等の問題は判決発効後の新事由の問題であり再審手続で解決すべき問題ではないこと，法律関係の安定性維持および相手方当事者（債務者）の訴訟に対する信頼利益を重視する多数意見により，民訴解釈375条2項はかかる債権譲受人の再審申立てを否定する（江主編・前掲注18）775頁参照）。

再審の利益を有する。

　実務において双方当事者が発効した裁判に誤りがあると認める場合，双方ともに再審を申し立てることができる。一方当事者が再審を申し立てた後，相手方当事者も再審を申し立てた場合は，法院は相手方当事者を再審申立人に列して，同人提出の再審申立てにつき一括して審査しなければならない（裁判監督解釈22条）。

　(2)　客体要件

　再審を申し立てる対象が，民訴法と司法解釈が再審を許す発効した判決・裁定・調停書であることが必要である（中国民訴199条，201条）。発効した裁判等であっても，再審の客体から除外される主要な類型は以下のとおりである[28]。

　1）法に基づき上訴が許されない事件。特別手続，督促手続，公示催告手続，企業法人破産弁済手続などの事件の裁判には再審申立ては許されない（民訴解釈380条。少額訴訟につき民訴解釈426条対照）。

　2）法に基づき上訴が許されない裁定。

　①裁定に関する中国民訴154条所定の11の場合のうち，上訴が許されない種類の裁定および管轄権異議の裁定（民訴解釈381条対照）[29]。

　②仲裁判断取消裁定および仲裁判断取消申立ての却下裁定。

　③仲裁判断の不執行裁定[30]。

　3）法律の定める救済手段がすでに尽きた事件（民訴解釈383条参照）。

　①再審申立が却下された後，再び再審を申し立てたとき。

　②再審の判決，裁定に対して再審を申し立てたとき。

　③人民検察院が当事者の申立てについて再審検察建議・抗訴の不提出を決定した後，また再審を申し立てたとき。

　4）司法ルートでは救済が得られない事件。すでに法的効力を生じた婚姻関係

---

28)　江主編・前掲注4）305頁参照。

29)　趙ほか・前掲注11）315頁参照。訴えの不受理・却下の裁定に誤りがあると認める場合，当事者は再審を申し立てることができる（民訴解釈381条）。ただし民訴解釈212条が「訴えの不受理・却下の裁定がされた事件について原告が再び提訴し，提訴条件を具えかつ民訴法第124条に規定する事由に該当しない場合，人民法院はこれを受理しなければならない。」と定めるため，当事者は訴えの不受理・却下裁定に対して再審を申し立てる必要はなく，直接の別訴提起が許される（江・肖主編・前掲注1）348頁参照）。

30)　2002年最高人民法院「人民法院の再審立案の規範に関する若干の意見（試行）」（以下，再審立案意見と略称する）14条参照。

解消にかかる判決，調停書（中国民訴 202 条）がこれに当たる。夫婦関係は愛情を基礎とするところ，すでに解消された婚姻関係にある男女を強制的方法により元に戻すことはできず，再審の進行により再審判決と現実の婚姻との衝突など解決できない問題が出現する可能性があるからである（財産分与だけの再審につき立案意見 14 条 3 号但書）。

(3) 事由要件

当事者が再審を申し立てる場合，中国民訴 200 条の定める法定再審事由に適合することが必要であり，法院審査の重点である（内容につき 5 項参照）。

(4) 管轄要件

再審審査または再審審理を担当する法院は，法定の管轄権を有することが必要である。再審審査の管轄権は，原則として原審法院の一級上の法院に属する（中国民訴 199 条前段）。ただし，一方当事者の人数が多い事件または双方当事者が公民である事件は，原審法院に再審を申し立てることもできる（中国民訴 199 条中段，民訴解釈 376 条）[31]。

(5) 時的要件

当事者が再審を申し立てる場合，判決・裁定が法的効力を生じた後 6 ヶ月以内に提出しなければならない。本法 200 条 1 号，3 号，12 号，13 号規定の状況に該当する場合は，それを知りまたは知ることができた日から 6 ヶ月以内に提出しなければならない（中国民訴 205 条，民訴解釈 401 条）[32]。当該期間は，訴訟法上

---

[31] 2012 年改正前 181 条 2 項が当事者の再審申立てを一級上の法院に統一した「上提一級」は，原審よりも公正で信頼性できる上級の法院での再審という当事者ニーズには合致したが，他方で 1) 高級法院・最高法院の再審負担を相当に加重し，また 2) 交通アクセスの不便さなどから一級上の法院での審理を望まず，双方当事者が公民であるときは原審法院での再審を希望する場合があること，3) 発効した裁判に関わる一方当事者が多数である大規模事件につき原審法院が再審にあたれば，事実を的確に調査し，現地での紛争解決・社会の安定に資する点も指摘された。そこで 2012 年改正では法院の再審負担のバランスおよび当事者の再審訴訟の便宜を考慮して調整を行い，一部の再審事件を原審法院に分流して再審を行えるよう改めている（張・前掲注 5）346 頁，孫・前掲注 8) 10 頁，全国人民代表大会常務委員会法制工作委員会民法室編『中華人民共和国民事訴訟法〔2012 年修訂版〕』（北京大学出版社・2012 年）323 頁参照）。

[32] 2012 年改正前 184 条は「2 年後に，原判決又は裁定をする根拠とした法律文書が取消しまたは変更され，あるいは裁判官が当該事件を審理した際に汚職・収賄行為，私利を目的とする不正行為又は法を枉げた裁判行為が発見されたときは，それを知り又は知り得べき日から 3 ヶ月以内に提出しなければならない。」と定めた。しかし同規定に対しては 2 年の申立期限は長すぎて法的安定性を害すること，3 ヶ月以内に再審申立てを行える事由の

の法定不変期間であり停止,中断,延長の規定は適用しない(裁判監督解釈2条)。当事者がすでに発効した調停書に対して再審を申し立てる場合は,その発効から6ヶ月以内である(民訴解釈384条)。

(6) 形式要件

当事者の再審申立ては,法院に対して再審申立書等の資料を提出しなければならず(中国民訴203条),口頭申立ては再審申立ての効力を生じない。

4 再審事由[33]

再審事由は,民訴法の定める再審手続始動の法定理由または根拠である。再審事由は,発効した原裁判の既判力を取り消し,それにより終結した従前の訴訟審理(本案事件)を再審裁判手続においてやり直す理由であるが,必ずしも本案事件について判決を変更する理由になるとは限らない。判決・裁定に対する当事者の再審申立てについては十三種類の法定再審事由[34]がある(中国民訴200条)。

(1) 判決・裁定の実体的再審事由

1) 新たな証拠があり原判決・裁定を覆すに足るものである場合(同条1号)[35]。

範囲が狭すぎると指摘されていた。そこで2012年改正205条では,1)2年間の再審申立期間を6ヶ月に短縮し,2)後日になって発見可能な再審事由を四種まで増加し,3)その事実を知りまたは知り得べき日からの再審申立期間を6ヶ月に延長している(法工委編・前掲注31)335〜336頁参照)。

民訴法が当事者の再審申立てに期限を規定しているのに対して,法院の再審提起および検察院の抗訴提起には期間制限がない。このため実務では多くの当事者が再審申立期限後に,再審を申し立てるのではなく,検察院・法院に対して原裁判の誤りを報告して検察院抗訴および法院による再審始動を企図する場合があり,期限に関する規定の意義を失わせ,かつ法律関係の安定性に影響を与えている(張・前掲注5)336頁参照)。

[33] 江・肖主編・前掲注1)335頁,李・前掲注2)317頁参照。

[34] 2012年改正では再審事由に関する旧法の1)179条1項7号「法律の規定に違反し,管轄に誤りがあった場合。」と2)同条2項「法定の手続に違反し,事件の正確な判決若しくは裁定に影響を及ぼしたおそれがある場合」が削除された。1)につき,管轄問題により事件の誤りが生じた場合,通常,判決・裁定で認定された事実と適用された法律の誤りの形で現れるが,これらの誤りは200条の関連規定に基づき再審可能とされていること,すでに第一審手続において管轄問題に関する異議と上訴によって誤りを是正する仕組みを定めていることが理由である。2)については,実務が示すようにすでに本条1項所定の法定事由により全面的にカバーされていることから,裁判過程において些細な手続的誤りが生じても,再審手続を行う必要はないとの判断に基づく(法工委編・前掲注31)330頁参照)。

[35] 江・肖主編・前掲注1)338頁,齊主編・前掲注2)252頁参照。

「新たな証拠」とは，原審の開廷審理終結後に新たに発見された証拠に限定され，また当事者は再審申立て時にこれを提出しなければならない（証拠規定44条）。「原判決・裁定を覆すに足るものである場合」とは，新たな証拠が，原判決・裁定における基本的事実の認定または裁判結果が誤りであることを証明できる場合をさす（民訴解釈387条1項）。

また中国民訴65条による証拠の適時提出および失権制度との関係から，「新たな証拠」に関して法院は，再審申立人に対して，期限を過ぎてから当該証拠を提出した理由の説明を命じなければならず（民訴解釈387条2項），民訴解釈388条所定の場合に期限後に証拠提供する正当な理由の成立を認めることができる。

他方，再審申立人が理由の説明を拒絶または理由が成立しない場合，民訴法65条2項および民訴解釈102条の規定によって処理される（民訴解釈387条2項但書）。

2）原判決・裁定が認定した基本的事実が証拠による証明を欠いた場合（同2号）。法院は法定手続に基づき，証拠を全面的かつ客観的に審査し，確認しなければならず（中国民訴64条3項），証拠の全面的収集は事件の正確な審理を保障する上での前提条件である。このため，「判決・裁定で認定された基本的事実が証拠による証明を欠くこと」は，法院による事件の審理に対する基本要件に反するものとして再審事由を構成する[36]。

「基本的事実」とは原判決・裁定の結果に対して実質的な影響があり，当事者適格，事件の性質，具体的権利義務および民事責任などの主要な内容の確定に用いる根拠事実である（裁判監督解釈11条）[37]。

3）原判決・裁定が認定した事実の主要証拠が偽造されたものであった場合（同3号）。再審適用範囲の拡大を防止する観点から，「主要証拠」とは，単なる事実の認定証拠ではなく，基本的事実を証明・認定した証拠を指すと解されている[38]。偽造には，虚偽の証言，書証の改ざん，虚偽書証の提出，印章の偽造，実況見分調書の偽変造，鑑定書の偽造等の行為を含む。

4）原判決・裁定の法律適用に確かに誤りがある場合（同6号）。裁判の三段論

---

36) 法工委編・前掲注31）325頁参照。
37) 江・肖主編・前掲注1）338頁は，当事者が他人の違法行為により強迫を受けた状況の場合や，双方当事者が悪意通謀して訴訟の関連事実に虚偽の自白をした場合に，法院を誤導して事実と異なる認定がなされたときは，法200条2号に該当すると指摘する。
38) 张・前掲注5）342頁，江・肖主編・前掲注1）338頁参照。

法において，法律は裁判の大前提に位置づけられ，たとえ事実に対する認定が正確であっても，法適用に誤った判断があれば，裁判の誤りを生じる[39]。本号が予定するのは，原判決・裁定が適用した実体法に確かに誤りがある場合であり，民訴解釈390条では「法律適用に確かに誤りがある場合」について，六つの事由により判決・裁定の結果に誤りを生じた場合であるとするが，それを帰納すれば，第一に適用した法律規範の要件の不具備，第二に適用した法律規範自体に瑕疵が存在すること，第三に自由裁量権および法律解釈権の濫用である[40]。

(2) 判決・裁定の手続的再審事由

1) 原判決・裁定の事実認定にかかる主要証拠が質証を経なかった場合（同4号）。質証を経なかった証拠資料が事実認定の根拠とされた場合，当事者の訴訟上の権利が害され（中国民訴68条，民訴解釈103条参照），かつ原裁判の事実認定の誤りを生じさせる可能性のあることが，再審事由とされる根拠である[41]（民訴解釈389条参照）。再審適用範囲の拡大防止の観点から「原判決・裁定認定の基本的事実の主要証拠が質証を経なかった場合」に限定解釈すべきとの指摘がある[42]。

2) 事件の審理に必要な主要証拠[43]につき，当事者が客観的な理由により自ら収集することができず，書面により法院に調査・収集するよう申立てた場合において，法院が調査・収集しなかった場合（同5号）。法院が主要証拠を調査・収集せずに，当事者の訴訟請求を支持または却下した場合，当該判決・裁定は証拠による証明に欠けていることとなり，手続違反が原判決・裁定の実体的誤りにつながるため再審事由とされている[44]。本号の「事件の審理に必要な主要証拠」とは，「法院が事件の基本的事実を認定する根拠として必須である証拠」と解されている（裁判監督解釈12条）。

---

39) 江・肖主編・前掲注1) 339頁，李・前掲注2) 318頁参照。
40) 江主編・前掲注4) 307頁参照。
41) 李・前掲注2) 318頁参照。
42) 張・前掲注5) 342〜343頁参照。
43) 2012年改正では，旧法の「事件審理にとって必要な証拠」から「事件審理に必要な主要証拠」に変更している。一つ事件に関わる証拠は多数存在するが，事件事実を認定する上で決定的役割を果たす証拠は，一部のこともあるのにすべてを法院に対して調査・収集を求めれば，司法資源が浪費され事件審理にも役立たない。そこで，人民法院が「主要証拠」について調査・収集を行わないことにより，当事者の権利・義務の正確な認定に影響が出ている場合に限って再審事由と認めるものである（法工委編・前掲注31) 326頁参照）。
44) 法工委編・前掲注31) 325〜326頁参照。

3) 裁判組織の構成が適法でなく，または法により回避すべき裁判官が回避しなかった場合（同 7 号）。かかる場合は法院の裁判組織に重大な瑕疵が存在し，当該裁判官が事件に対する裁判権を欠く等の違法があり，これらの瑕疵は当事者および社会大衆の裁判の合法性・公正性に対して重大な疑問を抱かせることが理由である。

4) 訴訟行為無能力者が法定代理人による訴訟代理を経ず，または訴訟に参加すべき当事者が本人もしくはその訴訟代理人の責めに帰すことができない事由により訴訟に参加しなかった場合（同 8 号）。当事者の訴訟手続参加権を剥奪した重大な手続違反であり，かかる状況下でなされた原裁判も適法性，正当性を欠くことが理由である。

5) 法律規定に違反して当事者の弁論権を剥奪した場合（同 9 号）。法に基づく欠席審理と不開廷審理の場合を除き，当事者の弁論権の剥奪は，訴訟手続の重大な違反として再審事由とされる（「弁論権を剥奪した場合」につき民訴解釈 391 条参照）[45]。

6) 呼出状による呼出しを経ないで欠席判決がなされた場合（同 10 号）。

7) 原判決・裁定が訴訟請求を遺漏し，または超えた場合（同 11 号）。民事訴訟の処分原則に反するものであり訴訟手続の重大な違反に属する。本号の「訴訟請求」には，第一審の請求，第二審の上訴請求が含まれるが，当事者が第一審の判決・裁定が遺漏または訴訟請求の範囲を超えたことについて上訴を提起しない場合は除外される（民訴解釈 392 条）[46]。

(3) 原判決・裁定のその他の再審事由

1) 原判決・裁定の基礎となる法律文書が取り消され，または変更された場合（同 12 号）。別の民事事件の判決・裁定・法律文書がその後の法定手続により取消しまたは変更された場合，それを根拠として下された原判決・裁定も根拠を失うため，再審を行う必要がある（本号の「法律文書」の意義につき民訴解釈 393 条

---

[45] 江・肖主編・前掲注 1) 341 頁，李・前掲注 2) 318 頁参照。
[46] 本来上訴権を有する当事者が，遺漏・超過のある第一審の判決・裁定に対して上訴しないことは，すでに紛争がないことの表明であり，仮に紛争が存在しても原裁判を争わずにそれを受け入れることの表明であること。また原裁判による不利益があっても，当事者が上訴せずに当該権利を放棄・処分する以上，法院は当事者の処分を尊重すべきであり，再審手続を認める必要のないことが民訴解釈 392 条後段の趣旨である（江必新主編『新民訴法解釈法義精要与実務指引』下冊（法律出版社・2015 年）911～912 頁参照）。

参照)[47]。

2) 裁判官等が当該事件を審理する際に、汚職・収賄行為、私利を目的とする不正行為、法律を枉げた裁判行為があった場合（同13号）。本号の再審事由は、すでに発効した刑事法律文書・紀律処分決定により確認された場合に限定される（民訴解釈394条）[48]。

(4) 調停書についての再審事由

発効した調停書に対する再審事由は、第一に調停が自由意思の原則に反する場合、第二に調停合意の内容が法律に反する場合である（中国民訴201条）。当事者は、再審申立て時に、上記の再審事由が確実に存在することを証明する証拠提出が要求される。調停合意の発効後に後悔・翻意した当事者が、再審を利用して発効した調停書を覆そうとするのを防止する趣旨である[49]。

三　訴外人による再審申立て[50]

1　訴外人による再審申立ての意義

発効した裁判により訴外人［案外人］の合法的権益が実質的に侵害され、当該裁判がなされる以前に訴外人に手続参加の機会や、弁論・質証など正当な手続保障がなかった場合[51]、訴外人は法律規定に基づき発効した裁判に対する不服を理

---

47) 李・前掲注2) 319頁参照。
48) 江・肖主編・前掲注1) 337〜338頁，李・前掲注2) 319頁参照。
49) 李・前掲注2) 320頁参照。
50) 江・肖主編・前掲注1) 349頁，肖編・前掲注1) 180頁，孫・前掲注8) 164〜165頁参照。
51) 訴外人が再審申立てを行う基礎となる事実，すなわち虚偽訴訟，悪意調停による事例としては，1) 事実ねつ造型（偽造証拠，虚偽の法律関係・法主体を理由とした訴訟により訴外人の利益が害される裁判が行われる場合），2) 事実隠蔽型（当事者の一方・双方が，故意に事実を隠蔽し，すでに変動した法律関係を再び争う等により，法院に誤った裁判を行わせる場合），3) 義務設定型（発効した裁判が訴訟手続に不参加の訴外人に義務を設定する場合であり，特に調停書形式による訴外人の権益侵害事例が多い），4) 無権処分型（処分権を有する訴外人が認めていない処分行為を，当事者が民事訴訟を通じて無権限で行い，発効した裁判により確認を得る場合）などが指摘される（江・肖主編・前掲注1) 342頁参照。虚偽訴訟によって被害を受けた訴外人が，脱漏された必要的共同訴訟人であれば法200条8号で，また執行段階であれば法227条による再審等を利用できるが，それ以外の原審訴訟に未参加の者は上記手続を利用できず，かつすでに法的効力を発生した二審裁判に対する別訴提起に抵抗を示す中国の司法実務の状況がある。2012年改正において56条3項に第三者取消しの訴えが新設された所以である（孫・前掲注8) 165〜169頁参照）。

由として法院に再審を申し立てることができ，これが訴外人による再審申立てである。

訴外人による再審申立ては，最高人民法院が中国民訴227条2文に関する司法解釈制定時に使用した概念であり，「訴外人が新たな訴訟提起により紛争を解決できない」状況において，執行手続によらず直接に再審申立てを許し，訴外人の権益保護を図るものである。民訴法および関連司法解釈の規定に基づき，二種類の訴外人の再審申立てがある。すなわち，第一に執行手続外における訴外人再審の申立て（訴外人の直接再審申立て），第二に執行手続中における訴外人再審の申立てである。

2 訴外人による再審申立ての要件

1) まず執行手続外における訴外人申立ての再審は，裁判監督手続解釈5条1項により以下の四つの要件が必要である。

①訴外人が原判決・裁定・調停書の確定した執行目的物［执行标的物］に対して権利主張すること[52]。

②訴外人が新たな訴訟提起により執行目的物の権利紛争について解決できないこと[53]。

③再審申立てを，原裁判等の効力発生後6ヶ月以内に提出，または利益が害されたことを知りまたは知り得べき日から6ヶ月以内に提出すること。

④再審申立てを，原裁判等を作成した法院の一級上の法院に対して提出すること。

2) 執行手続中の訴外人申立ての再審[54]は，中国民訴227条2文，民訴解釈

---

[52] 実務では訴外人が自己の合法的権益が害されていることを認識するのが，往々にして裁判文書による執行段階であることが訴外人による再審申立制度の基礎にある（杜万華・胡云騰主編『最高人民法院民事訴訟法司法解釈逐条適用解析』（法律出版社・2015年）826頁参照）。また「執行目的物に対する権利主張」という要件から，再審対象となる裁判は給付内容を持つ給付判決に限られ（江・肖主編・前掲注1）352頁），訴外人の債権侵害の場合は適用外と解されている（孫・前掲注8）165頁参照）。

[53] この要件は，再審手続の補充性から，訴外人が執行手続外，すなわち執行手続開始前または執行手続終了後において，新たな訴訟提起により執行目的物をめぐる権利紛争について解決できる場合は，再審申立てではなく別訴提起によるのが直截・妥当であることに基づく（江・肖主編・前掲注1）351頁参照）。

[54] 中国民訴227条，民訴解釈423条における「訴外人」とは，原審訴訟と無関係，または未参加の公民，法人，その他の組織であるが，原審訴訟に未参加の「第三者」（中国民訴

423条，裁判監督手続解釈5条2項に基づき，以下の要件が必要である。

①執行立案から結案までの執行過程中に，訴外人が執行対象［執行标的］に対する権利主張の書面異議を提出し，執行法院が異議理由不成立として却下裁定をしたこと。

②訴外人が裁定を不服とし，原裁判等に誤りがあると認めること。

③執行異議裁定が訴外人に送達されてから6ヶ月以内に再審申立てを提出すること。

④再審申立てを，原裁判等を作出した法院に対して提出すること。

3 訴外人申立てによる再審事由[55]

訴外人申立てによる再審では，訴外人が発効した法律文書が確定した執行目的物・執行対象に対する権利主張がその再審事由である（中国民訴227条，裁判監督解釈5条）。

訴外人が，発効した法律文書が確定する執行目的物・執行対象に対して主張できる権利の類型は，訴外人の執行目的物に対する所有権またはその他目的物の譲渡・交付を阻止する権利であり，訴外人が，発効した裁判等により権利侵害を受け，または強制執行を受任する適法な理由がない場合に，訴外人の再審申立条件を満たせば，その再審申立てが認められる。

56条）および原審で脱漏した必要共同訴訟の原被告は除外される。すなわち，救済手続の有限性から一つの状況には一つの救済手続だけを選択して適用可能との考えに基づき，原審で脱漏した必要共同訴訟の原被告は中国民訴208条8号，民訴解釈422条に基づく再審申立てにより，また原判決により合法的権益を害される「第三者」は中国民訴56条3項の第三者取消し訴えによるべきであり，いずれかの手続終了後に，その他の手続により救済を求めることは許されないと解されている（杜・胡主編・前掲注52）826頁参照）。

また執行手続中における訴外人の再審申立てについては，民訴解釈423条が「訴外人が執行異議申立ての却下裁定に対して不服があり，原判決，裁定，調停書の内容の誤りがその民事上の権益を侵害したと認める場合」と定めて執行根拠となる原判決等に実体的な誤りが存在する場合に限定されているため，執行行為自体の誤りについては訴外人の執行異議の訴え（民訴227条3文，民訴解釈304〜316条）によることとなる（孫・前掲注8）186頁参照）。

55）江・肖主編・前掲注1）342頁参照。

四　当事者・訴外人申立ての再審審査手続

1　再審審査手続の意義[56]

再審審査手続とは，法院が当事者，訴外人の再審申立てに基づき，すでに発効した裁判に対して審査を行い，再審申立てが法律の定める再審事由を具えるかどうかを確定し，かつ再審の提起または却下を決定する手続である。

2　手続の段階

(1)　再審申立ての受理[57]

1) 再審申立ての提出　　当事者，訴外人が法に基づき再審申立書面を提出し，再審申立書および資料を提出し，かつ被申立人および原審のその他の当事者の人数分の再審申立書副本を提出する（申立書記載事項につき民訴解釈378条，提出資料につき同377条参照）。

2) 再審申立ての受理　　再審申立人が提出した再審申立てが，再審申立ての要件に適合する場合，法院は5日以内に受理登記手続を完了し，かつ再審申立人に受理通知書を発送し，同時に被申立人と原審のその他当事者に対して応訴通知書，再審申立書副本，および送達場所確認書を発送しなければならない（民訴解釈385条）。

相手方当事者は，再審申立書副本の受領日から15日内に書面による意見を提出しなければならないが，書面意見の不提出は，法院の審査に影響を及ぼさない。法院は，申立人および相手方当事者に関係資料を補充するよう要求し，関係事項を質問することができる（中国民訴203条）。

3) 再審申立ての不受理　　再審申立てが再審申立ての要件に適合しない場合は，直ちに再審申立人に告知しなければならない。民訴解釈383条が，再審申立ての不受理事由と再審申立ての一回性原則について規定している。

(2)　再審事由の審査[58]

法院は，再審申立事件を受理した後，中国民訴200条，201条，204条などの規定に照らして当事者主張にかかる再審事由について審査を行わなければならな

---

56) 江・肖主編・前掲注1) 356頁，肖編・前掲注1) 183頁参照。
57) 江・肖主編・前掲注1) 358頁，肖編・前掲注1) 184頁参照。
58) 江・肖主編・前掲注1) 359〜360頁，肖編・前掲注1) 185頁参照。

い（民訴解釈386条）。

　1）裁判組織　　法院が再審申立事件を受理した後，合議体を構成して審査を行わなければならない（裁判監督解釈8条）。これは当事者の再審申立権および双方当事者の合法的権益に対して慎重に対応する趣旨である。

　2）審査範囲　　法院が再審申立事件を審査する場合，再審申立事由が成立するかどうかについて審査を行わなければならず，再審申立人が未だ主張していない事由については審査を行わない（再審審査意見11条）。

　3）審査判断の基準　　再審審査手続における再審事由の成否に対する判断基準は，その後の再審審理手続とは異なるものである。前者の判断は，初歩的な審査判断に属するのに対して，再審審理手続では再審事由の成否に対する最終的な実質判断を行う点で両者は区別される。

　4）審査方式　　法院による再審申立事件の審査は，再審申立書および関連資料，原審事件記録の閲覧（再審審査意見16条），当事者に対する質問［询问］（民訴解釈397条，中国民訴203条参照），当事者の説明証言を聞く聴聞［听証］（再審審査意見18条）など四種類の審査方式を単独または組み合わせることが可能である（再審審査意見13条）。実務上，当事者（訴外人）提出の再審申立書および関連資料だけから再審事由の成立・不成立が明らかな場合は直ちに裁定・不裁定を行う「径行裁定」が認められている（裁判監督解釈9条）。

　5）審査期限　　法院は，再審申立ての受理日から3ヶ月以内に審査を完了しなければならない（中国民訴204条）。ただし鑑定期間などは審査期間の計算には参入されない。特別の状況により延長が必要な場合には，当該法院院長に報告して承認を得る。

3　再審審査の結果[59]

　裁判監督解釈，再審審査意見，民訴解釈により，以下の五つの再審審査の結果が定められている。

　(1)　再審の裁定

　審査の結果，当事者が主張する再審事由が成立し，かつ民訴法と民訴解釈に規定する再審申立条件を具える場合，法院は再審の裁定を下さなければならない（民訴解釈395条1項）。

---

59)　江・肖主編・前掲注1）361～363頁，肖編・前掲注1）185～186頁参照。

再審の裁定は以下の効力を有する。1) 原判決の既判力を停止する。2) 原判決の執行力は継続して存在するため，原則として執行を停止する必要がある（なお中国民訴206条につき後述）。3) 本案の再審審理手続を始動する。再審の裁定は，本案について移審効を生じ，管轄権を有する法院により再審審理手続が行われる。

(2) 再審申立ての却下裁定

審査の結果，当事者が主張する再審事由が成立せず，または民訴法および司法解釈に規定する再審申立条件を具えない場合，法院は再審申立ての却下を裁定しなければならない（民訴解釈395条2項）。再審申立ての却下裁定は，送達によって法的効力を生じる（裁判監督解釈24条）。ここに「法的効力」とは再審申立人とその相手方および法院に対する拘束力と確定力を含む。

(3) 再審申立取下げの許可裁定

再審申立ての審査期間に，再審申立人が再審申立てを取り下げる場合，その許否は法院が裁定する（民訴解釈400条1項）。

(4) 再審申立ての取下げに準じる処理

再審申立人が呼出状により呼び出され，正当な理由なく尋問を拒否した場合，再審申立てを取り下げたものとみなすことができる（裁判監督解釈23条2項，民訴解釈400条2項。法院が再審申立ての取下許可・再審申立取下げみなし後の効果につき民訴解釈401条参照）。

(5) 審査手続終結裁定

再審申立審査期間に，以下の事情があった場合，法院は審査手続終結を裁定できる（民訴解釈402条)[60]。すなわち，1) 再審申立人が死亡または消滅し，権利義務承継人がいない，または権利義務承継人が再審申立ての放棄を宣言するとき，2) 給付の訴えにおいて，給付義務を負う被申立人が死亡または消滅し，執行できる財産がなく，義務を負うべき者もいないとき，3) 当事者間で和解合意が成立し，かつすでに履行を完了したとき。ただし，当事者が和解合意の中で再審申立ての権利を放棄しないことを表明する場合を除く。4) 他者が授権を得ずに当事者名義で再審を申し立てたとき，5) 原審または直近上級法院がすでに再

---

[60] 審査手続中に再審申立人，被申立人，原審のその他当事者が自由意思により訴外で和解合意が成立した場合，当事者は人民法院に対し調停書の作成を申し立てることができ，その申立てについて法院が審査を行った後，再審事由が成立し得る場合には，法院は再審を裁定し，かつ調停書を作成しなければならない（李・前掲注2) 321頁参照）。

審の裁定をしたとき，6) 再審申立てが却下された後，再び再審を申し立てた場合である。

五　法院決定による再審

1　意義

法院決定による再審とは，法院が当該法院または下級法院のすでに発効した判決・裁定・調停書に法律の定める再審事由が存在するのを発見した場合に，事件について再び審理を行う行為である。法院は，国家の裁判機関であって，法律監督機関ではないが，その有する民事裁判権，および民事裁判権の正確な行使の保障に関する客観的必要性に基づき，民事裁判活動に対する自己監督権を有している。法院決定による再審は，裁判監督権行使の主要な方式である[61]。

2　法院決定再審の要件

中国民訴198条に基づき法院が再審決定をするためには以下の要件が必要である。

1) 判決・裁定・調停書がすでに法的効力が発生していること。
2) 発効した裁判等に確かに誤りがあること。法院が発効した裁判等について

[61) 李・前掲注2) 322頁，趙ほか・前掲注11) 312頁参照。この点，自ら判決等を形成した法院が，職権により主導的に再審を始動する現行法については，学説から厳しい批判もあり（処分原則への過度の干渉，不告不理原則違反，裁判の中立原則および訴審分離原則の違反，裁判権の過度の拡張と当事者の再審申立権の弱体化，民事訴訟の目的・判決効基本理論の違反，適正手続違反，禁反言，当事者による反復申訴の温床論など），立法論としても当事者の再審申立権の保障強化とともに法院の職権再審方式の削除・制限，検察院抗訴の制限等を内容とした再審始動方式の改革が主張されている（江・肖主編・前掲注1) 343～344頁，江主編・前掲注4) 303～304頁参照）。

しかし，2007年，2012年の民訴法改正のいずれにおいても立法機関は，上述の削除論を採用せず，法院の職権による再審始動方式を維持している。1) 当事者に判決等の誤りの是正についてより多くの救済手段を提供すること，2) 法院の職権による再審始動は，司法の公正実現にとってより有用であること等が主たる理由である（孫・前掲注8) 34～35頁参照）。学説の中には，当事者の訴訟上の権利保障の観点から再審手続制度の改革を進めるとしても，社会条件の転換期にある中国において依然多用されている信訪申訴の救済機能を，当事者の再審申立および検察院抗訴により完全に代替することは現実的でないとし，法院の職権再審には，訴訟外の信訪申訴と訴訟内の再審手続をリンクさせ，信訪申訴に対する訴求救済のスクリーニングを実施して妥当な処理を実現する重要な機能があるとして積極的に位置づける見解もある（王亜新『民事訴訟与法律服務』（法律出版社，2015年）234～235頁，前掲注26) 参照）。

職権で再審を始動する場合につき「確かに誤りがあること」という抽象的概括的な規定を置いている（中国民訴198条）[62]。さらに当事者・検察院ともに事件の再審を始動していない場合も，法院が原裁判等に国家利益，社会公共利益を害するなど確かに誤りがあることを発見した場合は，中国民訴198条の規定に基づき再審を提起しなければならない（裁判監督解釈30条）。

3）法定主体により再審が提起されること。再審の提起主体は，当該級の法院院長，裁判委員会，上級法院および最高法院である。

3　法院による再審提起の手続

(1)　当該法院による再審決定

各級法院の院長は，すでに発効した当該法院の裁判等について，確かに誤りがあることを発見し，再審をする必要があると認める場合，裁判委員会の討議に委ね，裁判委員会[63]が再審について決定を行う［自行再審］（中国民訴198条1項，人民法院組織法13条1項）。

(2)　最高人民法院・上級人民法院による再審決定

国家の最高裁判機関として地方各級法院の裁判活動に対し裁判監督権を有する最高法院は（人民法院組織法29条），地方各級法院のすでに発効した裁判等について，確かに誤りがあることを発見した場合，また上級法院は，その管轄区内の下級法院の発効した裁判等に確かに誤りがあることを発見した場合に，具体的状況を根拠として事件について自ら審理を行うか［上級提審］[64]，または下級法院に

---

[62]　法院の職権による再審始動事由については，1）形式的に文言解釈を徹底して「確かに誤りがあること」自体が再審事由であり，それは法院の職権によって解釈されるとの見解もあるが，2）再審制度の合理的運用の観点から，法院の職権により提起される再審であっても法200条所定の具体的内容に適合することを要するとして，「確かに誤りがあること」という抽象的要件については当事者申立て（および検察抗訴）の再審事由と統一的に解釈されている（張・前掲注5）342頁参照）。

[63]　中国民訴198条1項は，民主集中原則の裁判監督手続における体現として再審決定権を裁判委員会に帰属させたものであり（江偉主編・邵明執行主編『民事訴訟法学〔第3版〕』（復旦大学出版社・2016年）217頁参照），法院院長は討論提起権を有するが，表決では他の構成員同様に一票を有するのみである。

[64]　司法実務において「上級提審」方式による再審事件は，一般に重大で難しい事件，または当該地区の法院において再審を行うことに困難・障碍がある事件であり，それゆえ，「指令再審」と比較してその事件数は相対的に少数であり，多くの事件は下級人民法院に再審を命じて行われている（趙ほか・前掲注11）312頁参照）。

再審を命じるか[指令再審]を決定する（中国民訴 198 条 2 項，人民法院組織法 13 条 2 項）。

六　検察院始動による再審[65]

1　意義

　検察院始動による再審とは，検察院が，法院のすでに発効した判決・裁定に再審始動の法定事由があることを発見した場合，または発効した調停書が国家利益，社会公共利益を害することを発見した場合，法院に対して事件審理のやり直しを求める訴訟活動である（中国民訴 208 条）。検察院は，中国の法律監督機関であり，民事訴訟に対して法律監督を行う権限を有する（中国憲法 129 条，中国民訴 14 条）。具体的監督方式として主要なものは，検察院が法院のすでに発効した裁判，調停書に対して，民訴法，人民法院組織法等の規定に基づき検察建議または抗訴の方式により，法院に再審を行うよう求めることである。

2　検察院始動による再審の方式[66]

(1)　再審検察建議

　再審検察建議とは，検察院が，民事申訴事件に対して抗訴方式を採用せずに再審手続を始動する方式であり（中国民訴 208 条 2 項，3 項），法院に対して検察建議を提出し，法院によって主導的に再審手続が開始され，改めて審理が行われる。この方式は司法資源の節約および司法効率の向上に資するものである。

　検察建議は，抗訴に比較して優越性および独自性を有する。第一に検察建議は抗訴審級の制限を受けず，発効した判決・裁定を行った法院と同級の検察院または上級検察院がすべてこれを提出可能であり，その適用により検察機関の外部監督形式を法院の内部監督形式に転化し，検察院，法院相互に良好な影響を受ける関係を実現できる点である。第二に検察建議は広範な適用範囲を有しており，発効した裁判，調停書に対する再審検察建議提出のほか，訴訟過程における法院の裁判権，自由裁量権の濫用などの違法行為についても訴訟中に監督を実施できる（中国民訴 208 条 3 項）。

---

65)　江・肖主編・前掲注 1) 353 頁，肖編・前掲注 1) 181〜182 頁参照。
66)　江・肖主編・前掲注 1) 353 頁参照。

(2) 抗訴

抗訴は，検察院が，法院が作成したすでに発効した判決・裁定に確かに誤りがある，または調停書が国家利益，社会公共利益を害すると認める場合，法院に対して審理のやり直しを求める訴訟活動である。抗訴は大別して，1) 国家の最高の法律監督機関たる最高検察院が全国各級法院（最高法院を含む）の民事裁判活動に対する監督権の体現として行う場合，および 2) 上級検察院の下級法院に対する監督権の体現として行う場合がある（中国民訴 208 条 1 項，人民法院組織法 13 条 3 項）[67]。

当事者申立てによる再審と異なり，検察院が適法に抗訴した事件について，法院は必ず再審を行わなければならない。このような抗訴と再審との関係に関する民訴法の規律は，まさに国家の裁判機関たる法院と国家の法律監督機関たる検察院との相互抑制関係が体現されている[68]。

民訴法が定める検察建議，抗訴の二種類の監督方式のうち，原則として検察建議を優先適用すべしと解されている。発効した裁判の既判力および発効した法院判定にかかる民事法律関係に対する影響を最小限に抑える監督方式[69]を優先することは，検察監督の謙抑性の内在的要求であり，法治国家の公権力行使において普遍的に遵守すべき比例原則に合致することが理由である。

3 検察院始動による再審の要件[70]

中国民訴 208 条が検察院始動による検察建議・抗訴の実質要件を，同 209 条は

---

67) 上級機関から下級法院に対する監督が，発効した裁判に対する検察監督の原則的形態であり，地方各級人民検察院は同級人民法院のすでに発効した判決・裁定・調停書に対して，直接に抗訴を提出することは許されない。最高人民検察院の最高人民法院に対する抗訴は，検察監督の完全性を保障するための例外的形態である（江・邵主編・前掲注 63) 219 頁参照）。

68) 江・邵主編・前掲注 63) 219 頁参照。

69) 再審検察建議と抗訴を比較すると，1) 検察建議は地方各級検察院が採用する，同級の法院に対する監督方式であり，抗訴は原則として最高検察院，上級検察院が採用する上級検察機関の下級法院に対する監督方式である。2) 適法な抗訴は直接的に法院の再審を始動する効果を有するが，再審検察建議では法院が建議を採用した場合に限られる。3) 検察建議は主に法院の発効した法律文書の監督および裁判監督手続以外のその他の裁判手続中の裁判官等の違法行為の監督にも用いることができるが（実時監督），抗訴はすでに発効した法律文書についてのみ用いることができる（事後監督）などの差異がある（李・前掲注 2) 323 頁参照）。

検察院始動による検察建議・抗訴の手続要件を規定する。当事者が検察院に申訴を提出し，法209条所定の手続要件を満たせば，事件は検察院の実質審査の段階に進み，検察院による実質審査では，抗訴または検察建議を提起できるかどうかを決定するが，その基準がまさに法208条の規定であり，かつ法208条が引用する法200条所定の再審事由が成立するかどうかの問題を含む。

1) 当事者の再審申立てを優先すること。前述したように中国民訴209条が，再審手続始動において当事者の再審申立てが検察監督に優先することを明確にしており，同条所定の三つの状況下において，初めて検察監督の介入が認められる。

2) 法院の裁判等がすでに効力を発生していること。

3) 発効した裁判に法定の再審事由があることを発見したこと。発効した判決・裁定についていえば検察院始動の再審と当事者申立ての再審事由は完全に一致し，中国民訴200条の定める状況の一つに該当する場合，検察院は法定権限の範囲内において，裁判監督手続により再審を始動できる（中国民訴208条1項前段，同2項前段）。また検察院は，調停書が国家利益，社会公共利益を害することを発見した場合，抗訴または検察建議方式により再審を始動する権限を有する（同208条1項後段，同2項中段）[71]。

4 検察院始動による再審の手続

2013年「人民検察院民事訴訟監督規則（試行）」（以下，検察監督規則と略称する）23条によれば，1) 当事者が検察院に検察監督を申し立てる場合，2) 当事者以外の公民・法人・その他の組織が検察院に告訴，告発する場合，3) 検察院が職権で発見する場合があるところ，再審検察監督の主な端緒は，当事者の検察院に対する申訴である[72]。具体的手続は以下のとおり。

---

70) 江・肖主編・前掲注1) 354頁，江主編・前掲注4) 312頁参照。
71) 2012年改正により中国民訴208条1，2項に調停書に対する監督内容が追加されている。調停書が国家利益を害する突出した例が虚偽訴訟・悪意調停の問題であり，原被告が通謀して提訴後すぐに訴外での和解成立を理由に法院に調停書作成を要求し，または法院調停での合意成立など，法院が当事者の事前共謀を発見することは困難である。虚偽訴訟の多数は訴外第三者の利益を害しており，必ずしも国有財産流出や国家の財産的利益を害するとは限らないが，当事者が法院を利用して違法目的を達成するときは国家司法制度の破壊につながり，かかる行為は「調停書が国家利益を損害する場合」と認められる（李・前掲注2) 323～324頁参照）。

1）当事者が検察院に対して検察監督を申し立てる。中国民訴209条1項によれば，以下に該当する場合，当事者は，検察院に対して検察建議または抗訴の申立てを行うことができる。すなわち，①法院が再審の申立てを却下した場合（同1号），②法院が期限を過ぎても再審申立てに対する裁定を下さない場合（同2号），③再審の判決・裁定に明らかな誤りがある場合（同3号）である（例外につき民訴解釈383条2項）。

2）検察院が申立てに対して審査と決定を行う。検察院は，当事者の申立てについて3ヶ月以内に審査し，検察建議または抗訴を提出するか否かの決定を行わなければならない[73]。当事者は，再度，検察院に対して検察建議・抗訴の申立てをすることはできない（中国民訴209条2項）[74]。

3）検察院が事実を調査確認する。検察院は，法律監督の職責履行のために検察建議または抗訴を提出する必要がある場合，当事者または訴外人に対して関連状況の調査，事実確認をすることができる（中国民訴210条）[75]。

4）検察建議または抗訴を提出する。地方各級検察院は同級法院のすでに発効した判決・裁定について中国民訴200条の定める状況の一つがあることを発見した場合，または調停書が国家利益，社会公共利益を害することを発見した場合に，審査を経て検察建議提出を決定したとき，同級法院に対して検察建議を提出し，かつ上級の検察院に報告・届出をする。あるいは上級検察院に同級法院に対する抗訴提出を促すこともできる（中国民訴208条2項）[76]。

---

72) 李・前掲注2）323頁参照。

73) 人民検察院が当事者の申立てを不受理とする場合につき検察監督規則31，32条，人民検察院が職権で監督を行い，再審手続を始動すべき場合につき同41条，申立てに対する審査につき同規則47，50，51条に具体的規定がある（江・肖主編・前掲注1）354～355頁参照）。

74) 実務では，一部当事者が往々にして一つの発効した裁判等にこだわって不服申立て・申訴を繰り返し，「終審不終（終審にして終わらず）」状態が生じているが，裁判監督手続が重複・反復手続となれば，民事訴訟の法目的に反し，当事者の権益擁護にも不利となる。この「終審不終」問題に対処するために，2012年改正209条2項では，当事者は人民検察院に対して再び再審に関する検察建議・抗訴の申立てをできないことが明記されている（法工委編・前掲注31）341～342頁参照）。

75) 法210条の「事実を調査確認するための措置」として人身の自由の制限，財産の封印，差押え，凍結等の強制的措置を採用することは許されず，1）関連証拠資料の照会，調査，複製，2）当事者・訴外人への質問，3）専門的問題について専門業者，関連部門，業界への相談，4）鑑定の委託，評価，検査（訴訟手続中に法院が鑑定委託等を行っている場合を除く），5）検証などが含まれる（江・肖主編・前掲注1）355頁参照）。

最高検察院が各級法院のすでに発効した裁判等に対して，上級検察院が下級法院のすでに発効した裁判等に対して，審査を経て抗訴提出を決定した場合，抗訴を提出できる（抗訴状作成につき中国民訴212条）。地方各級検察院は同級法院のすでに発効した裁判等に対して，直接に抗訴を提出することは許されず，上級の検察院に対して抗訴提出を促せるだけである（中国民訴208条1項，2項）。

5　法院の検察院抗訴・再審検察建議に対する審査

（1）　再審検察建議に対する審査[77]

　地方各級検察院が，当事者の申立てによって，発効した判決・裁定に関して同級法院に再審検察建議を提出する場合，以下の要件が必要である（民訴解釈416条1項）。1）検察院がすでに法院に対して再審検察建議書と原審当事者の申立書および関連証拠資料を提出したこと，2）検察院が再審を建議する対象が，民訴法および民訴解釈の定める再審を行うことができる裁判であること，3）再審検察建議書に当該裁判に中国民訴208条2項所定の状況があることを明記すること，4）中国民訴209条1項1，2号所定の状況に適合すること，5）再審検察建議が当該検察院検察委員会の討論決定を経たこと，である。

　法院は，再審検察建議の受領後，合議体を構成して3ヶ月以内に審査を行い，上記要件を満たし，かつ原裁判等に確かな誤りがあることを発見して再審を行うことが必要な場合は，中国民訴198条に基づき再審裁定を行い，かつ当事者に通知する。審査を経て，不再審を決定する場合，検察院に書面回答しなければならない（民訴解釈419条）。前述の規定に適合しない場合，法院が検察院に補正・撤回を建議することができ，補正・撤回がない場合は，検察院に不受理を書面で知らせなければならない（民訴解釈416条2項）。

（2）　検察院抗訴に対する審査[78]

　検察院は，当事者の申立てにより，発効した判決・裁定に対して抗訴を提出するためには以下の四要件が必要である（民訴解釈417条1項）。すなわち，1）すでに法院に対して抗訴書と原審当事者の申立書および関連証拠資料を提出するこ

---

76)　人民検察院による再審検察建議・抗訴の提出に際して必要な再審検察建議書・抗訴状作成，報告・届出の手続，当事者への通知については検察監督規則88，89，92条に具体的規定がある（江・肖主編・前掲注1）356頁参照）。
77)　江・肖主編・前掲注1）364頁参照。
78)　江・肖主編・前掲注1）363頁参照。

と，2) 抗訴対象は，民訴法および民訴解釈の規定に照らして再審を行うことができる判決・裁定であること（民訴解釈414条参照），3) 抗訴書に，当該判決・裁定に中国民訴208条1項所定の状況があることを明記すること，4) 同209条1項1，2号所定の状況に適合すること，である。

　法院の審査を経て，上記要件を満たす場合，30日以内に再審を裁定しなければならない（中国民訴211条前段）。要件を欠く場合，法院は検察院に対し補正・撤回するよう建議することができ，補正・撤回がない場合は，法院は不受理を裁定することができる（民訴解釈417条2項参照）。

　さらに検察院が，法に基づき国家利益，社会公共利益を害する発効した裁判等に対して再審検察建議・抗訴を提出した場合，および中国民訴209条1項3号所定の明らかな誤りがある再審判決・裁定に再審検察建議・抗訴を提出した場合，法院はこれを受理しなければならない（民訴解釈413条，415条）。

第三節　再審事件の審理手続（狭義の再審手続）

　再審事件の審理は以下の手続によって行われる。

一　再審審理の法院と原法律文書による執行の停止裁定

1　再審審理の法院[79]

　当事者が再審を申し立てて法院が再審を裁定した事件は，中級以上の法院が審理する。ただし，当事者が基層法院に対する再審申立てを選択した場合は，基層法院が審理を担当する（中国民訴204条2項前段）。

　最高法院，高級法院が再審を裁定した事件は，当該法院が再審を行うか，またはその他の法院に移管して再審させることができ，原審法院に再審を行わせることもできる（同条2項後段。その他の法院に移管して再審を行うとき，中級以上の法院でなければならない）。このように再審審理の管轄については，提審，再審指令および再審指定の三種類の形式があり（裁判監督解釈27条），その位置づけは提審を原則とし，再審指令を補充とし，再審指定を例外とする。

（1）　一つ上級法院への提審

　再審審査の責任を負う一つ上級の法院が審査を経て，再審申立事由が成立する

---

[79]　江・肖主編・前掲注1) 364頁，李・前掲注2) 326頁参照。

と認める場合，一般に当該法院が提審を行う[80]。

(2) 再審指令

再審指令は最高法院，高級法院が再審の裁定をした事件を原審法院に移して再審審理に責任を負わせる管轄である。再審指令は次の場合に認められる。1) 中国民訴200条4, 5, 9号に基づき再審を裁定した場合，2) 発効した裁判，調停書が第一審法院により作出された場合，3) 一方当事者が多数，または双方当事者が公民である場合，4) 裁判委員会の討論決定を経たその他の場合である（差戻規定二2条1項）。

(3) 再審指定

再審指定は，最高法院，高級法院が再審裁定をした事件を原審法院と同級のその他の法院に移して再審審理に責任を負わせる管轄である。

以上のように，民訴法は三種類の再審審理の管轄法院を認めるが，一つ上級の法院での再審審理を第一の選択とし，それが不便である，または原審法院と同級のその他法院で審理を行う方がより有利な場合に限り他の二つを選択できる。裁判の権威性と当事者の再審裁判への信服の程度を高め，原審の誤りの是正にも役立つことがその理由である[81]。

2 発効した原文書による執行の停止裁定[82]

再審裁定をした事件では，その立案後に原裁判等の執行につき停止裁定をしなければならないが，例外的に扶養費，扶助料，養育費，補償金，医療費用，労働報酬等の支払いを求める事件は，執行を停止しないことができる（中国民訴206

---

80) 2015年最高人民法院「民事裁判監督手続の再審指令及び差戻審理の厳格な法適用の若干の問題に関する規定」（以下，差戻規定二と略称する）2条，3条が次の場合に一つ上級の法院による再審事件の提審について定める。1) 法院の職権による再審裁定事件は，一律提審とされる。2) 当事者の申立てによる再審裁定事件は，提審を原則とするが，その中で①原判決・裁定が原審人民法院の再審審理後に作出された場合，②原判決・裁定が原審法院裁判委員会の討論により作出された場合，③原審裁判官等が当該事件の審理において，汚職や法を枉げる行為があった場合，④原審人民法院が当該事件について再審管轄権を有しない場合，⑤法律適用または裁量権行使の基準を統一する必要があるなど，原審に対して再審を命じるのが相応しくない場合には，提審とすべきであり，再審指令は許されない。3) 抗訴による再審裁定事件は，抗訴を受けた法院が再審を行う（江・肖主編・前掲注1) 366頁参照）。

81) 江・肖主編・前掲注1) 367頁参照。

82) 江・肖主編・前掲注1) 365頁，肖編・前掲注1) 187頁参照。

条)。再審裁定は，発効した原法律文書の既判力を停止するだけで，執行力を停止できず，再審事件に入った場合，結審後に原法律文書が取消し・変更される可能性があり，履行または強制執行の継続により当事者の合法的権益に損害が生じることを避け，誤った裁判による効果を減少・抑止するためである。また但書の規定は，債権債務関係の明確な事件を執行停止の範囲から除外し，弱者の権益を速やかに実現し，かつ当事者が執行引延しに再審を利用するのを防止する趣旨である（民訴解釈396条参照）。

二 新たな合議体

再審事件の審理では一律に合議制を実施し，原審法院が再審する場合も改めて合議体を構成しなければならず，原合議体の構成員または独任裁判官は，新たな合議体に参与することは許されない。予断を排除し，事件の公正な審理判断を保障する趣旨である（中国民訴207条2項）[83]。

三 再審審理範囲と審理方式[84]

1 再審審理の範囲

中国民訴法は，第二審手続とは異なり（中国民訴168条対照），再審の審理範囲に関する規定はない。まず，再審は，通常は当事者の申立てまたは検察院抗訴により始動されることから，再審審理法院は，当事者の提出した再審請求の範囲内，または検察院抗訴が支持する当事者請求の範囲内[85]において，再審事件の審理を行わなければならない。また，再審が原裁判等の誤りを是正するために行われる手続である以上，再審中の請求も原審の請求に制限され，原審請求の範囲内において再審請求を提出することを要し，原審の範囲を超える場合，再審審理の範囲に属さないのが原則である。

---

[83] かかる趣旨から，原審が独任制による手続であった場合でも，再審審理では第一審普通手続によって合議体を構成し，かつ原審の独任裁判官は当該合議体に参加できない（趙ほか・前掲注11) 318頁参照）。
[84] 江・肖主編・前掲注1) 367頁，李・前掲注2) 326頁参照。
[85] 裁判監督権に基づいて認められる検察院抗訴では，原審裁判の認定事実および法律適用の誤りの有無について全面的審査が認められる以上，法院の再審審理の範囲上も制限を受けないとする立場（斉主編・前掲注2) 259頁）もあるが，裁判監督解釈33条では本文のように抗訴支持を受けた当事者の請求範囲に制限している（江・肖主編・前掲注1) 368頁参照）。

民訴解釈405条1項は上記原則を確認するとともに，1）被申立人と原審のその他当事者が法廷弁論終了前に提起した再審請求が民訴法205条の規定に適合する場合，2）法院が，再審を経て，すでに発効した裁判が国家利益，社会公共利益，他者の合法的権益を害することを発見した場合，法院は併合して審理しなければならないとして，法院の職権再審による例外を認める（同条2項，3項）。

また，法院の再審による原判決取消しと原審差戻しは，すべての訴訟活動を最初からやり直すことを意味せず，原訴訟手続の継続として当事者の原訴訟請求について審理を行うのが原則であるが，民訴解釈252条では四つの特別な状況下につき差戻審での当事者の請求の追加・変更，反訴提起を例外的に認めている。

2 再審審理の方式

法院が再審事件を審理する場合，第一審手続はもとより第二審手続を適用する場合でも，すべて開廷審理を行わなければならない（不開廷審理につき民訴解釈403条参照）。開廷審理では，当事者が，その原審中の訴訟上の地位に基づいて順次意見を発表する（開廷審理の具体的手続につき民訴解釈404条，判決言渡しにつき同425条参照）。

四 再審審理手続[86]

再審審理は独立の審級ではないため，中国民訴法は再審事件に関する単独の審理手続を規定していない。再審事件に適用される手続は以下のとおりである。

1 最高人民法院または上級人民法院への提審手続

この場合，一律，第二審手続に基づいて審理し，その裁判は終審裁判とされ当事者は上訴できない（中国民訴207条1項後段）。

2 原審法院および同級のその他法院による再審指令手続

この場合，発効した原裁判等が第一審法院による場合，再審時には第一審手続を適用して審理し，再審後による判決・裁定には上訴が許される。発効した原裁判等が第二審法院による場合，再審時には第二審手続を適用するが，再審後の判決・裁定は終審裁判とされ，上訴は許されない（中国民訴207条1項前段）。

---

86) 江・肖主編・前掲注1) 368頁，李・前掲注2) 327頁参照。

3 少額訴訟判決・裁定の再審手続 （民訴解釈 426 条参照）

4 検察院抗訴による再審手続[87]

1）検察院抗訴による再審審理を管轄する法院は，抗訴を提起した検察院と同級の法院であり，原則として開廷審理による。

2）検察官等は①抗訴書の朗読，②出廷意見の発表，③法廷審理活動における違法の発見と再審法院に対する建議提出などの任務を負う。そこで法院は開廷3日前に検察院，当事者，その他訴訟参加人に開廷通知を行う（民訴解釈 421 条 1 項）。

3）開廷審理では検察官等が出席して抗訴書を朗読し，抗訴を申し立てた当事者の陳述，被申立人の答弁，その他訴訟参加人の意見発表，検察院が調査確認した事実証拠に対する質証（民訴解釈 421 条 2 項）を行う。

4）検察院の抗訴または検察建議により再審を裁定した事件につき，法院は，当事者の再審申立てについて以前になされた却下裁定の影響を受けない（民訴解釈 420 条）。

五 再審審理の結果[88]

民訴法および関連司法解釈によれば，以下の九種類の再審審理結果がある。

1 原判決・裁定維持の判決

1）法院は，再審の審理を経て，原判決・裁定の事実認定が明確で，法律適用が正しいと認める場合，これを維持しなければならない。2）原判決・裁定の事実認定，法律適用に瑕疵があるが，裁判結果が正しい場合，再審の判決・裁定において瑕疵を是正した上で維持しなければならない（裁判監督解釈 37 条，民訴解釈 407 条 1 項）。

2 原判決・裁定の取消し，差戻しの裁定

法院が第二審手続によって再審事件を審理するとき，原則として自ら裁判を作出しなければならないが，以下の場合は原審裁判取消し，原審差戻しを裁定でき

---

[87] 江・肖主編・前掲注1）369 頁参照。
[88] 江・肖主編・前掲注1）369〜372 頁，李・前掲注2）327〜328 頁参照。

る。すなわち，1）原審が基本的事実について審理を行っていない場合（差戻規定二4条），および2）原審に以下のような重大な法定手続違反がある場合，すなわち，訴訟参加が必要な当事者を脱漏した場合，民訴法200条7～11号の定める手続性の再審事由の一つがある場合である（同5条）。

3 法に基づく判決変更

原判決・裁定の事実認定または法律適用に誤りがあり，裁判結果の誤りを生じた場合，法に基づき原裁判を改め，取消しまたは変更を行わなければならない（民訴解釈407条2項。なお民訴解釈411条参照）。

4 再審申立ての却下裁定

法院が，調停方式で結審した事件について再審を裁定した後，審理を経て，再審申立人の提出した調停が自由意思の原則に反する事由が不成立であることが判明した場合で，かつ調停合意の内容が法律の強制規定に違反しないときは，再審申立ての却下を裁定し，かつ原調停書による執行を再開しなければならない（裁判監督解釈40条）。

5 再審原告の訴え取下げの許可裁定

一審原告が再審審理手続において訴え取下げを申し立て，他の当事者の同意を得て，かつ国家利益，社会公共利益，他者の合法的権益を害さない場合，法院はこれを許可できる。訴え取下げの許可を裁定する場合，併せて原判決を取り消さなければならない（民訴解釈410条）。

6 検察院の抗訴取下げの許可裁定

検察院抗訴による再審事件において検察院が抗訴を取り下げる場合，これを承認しなければならない（裁判監督解釈34条2項）。

7 一審，二審判決の取消し，訴え却下の裁定

第二審手続により再審した事件につき，法院の審理を経て，民訴法所定の提訴条件を具えず，または民訴法124条に規定する不受理事由に該当すると認める場合，一審，二審判決を取消し，訴え却下を裁定しなければならない（民訴解釈408条）。

8 再審手続終結の裁定

再審審理期間において以下の事由があった場合，再審手続終結を裁定することができる（民訴解釈406条）。すなわち，1）再審申立人が再審期間において再審請求を取り下げ，法院が許可するとき。2）再審申立人が呼出状により呼び出され，正当理由なく出廷を拒否し，または法廷の許可を得ずに中途退廷して，再審申立ての取下げに準じて処理されたとき。3）検察院が抗訴を取り下げたとき。4）民訴解釈402条1〜4号に定める事由があるとき。5）検察院の抗訴・再審検察建議により主張された国家利益，社会公共利益を害することにつき理由が不成立のとき，である。

検察院が抗訴を提出して再審を裁定された事件において，抗訴の申立当事者に上述状況の一つがあり，かつ国家利益，社会公共利益または他人の合法的権益を害しない場合，法院は再審手続の終結を裁定しなければならない（同406条2項）。

再審手続終結後，法院が停止裁定をしていた発効した原裁判等の執行は，自動的に再開する。

9 調停合意の成立，再審調停書の作成

当事者は，再審審理中に調停を経て合意が成立した場合，法院は調停書を作成しなければならない。調停書は各当事者の署名後に法的効力を具え，原判決・裁定は取り消されたものとみなされる（裁判監督解釈36条。一部当事者のみ合意の場合につき民訴解釈412条参照）。

六 再審審理の期限と回数[89]

再審事件が第一審手続または第二審手続により審理される場合，民訴法の規定するそれぞれの審理期限に関する規定が適用され（149条，176条），審理期限は再審裁定の翌日から起算される（民訴解釈128条）。

また中国民訴法に再審回数に関する規定はないが，発効した裁判等の安定性への影響を考慮し，2002年最高人民法院「人民法院の民事事件の差戻審理及び再審指令の関連問題に関する規定」によれば，法院の再審提起は一度に限られる（ただし法院および検察院の裁判監督についてはこの制限にかからない）。

（白出博之）

---

89) 江・肖主編・前掲注1) 372頁，张・前掲注5) 335頁，齐主編・前掲注2) 260頁参照。

第14・15章　第二審手続・裁判監督手続（再審手続）に関するコメント

一　第二審手続

1　事後審制

　中国法の新旧比較からは，第二審手続に相応の改善が見られる（新169条，170条）。第二審の開廷審理条件を明記し，差戻審理が必要な場合を明らかにする。第二審手続が終審手続とされる中国法の改正後は，第二審手続は第一審手続とは異なり，いわゆる事後審に近いものといえる（もっとも，新170条1項3号による差戻しの運用の実情次第ではあろう）。審理の対象として，第一審手続においては，事実および法適用が問題となるが，第二審手続においては，第一審の事実認定および法律適用の是非が対象となる（新170条）。事後審主義では，第二審は当事者が第一審において提出した訴訟資料のみを根拠とし，当事者が第二審において新しい訴訟資料を提出することを許さない。かつての中国法は，1982年「民事訴訟法（試行）」においては第一審と第二審の関係は覆審主義とされた。しかしながら，第一審の機能を弱体化させるうえ，実務において上訴事案が少なくなかったため，訴訟促進との観点では問題なしとしなかった。そこで，1991年民事訴訟法がこれを修正し，第二審における新証拠の提出を認めつつも，第一審の判決や裁定について最初から審理することもなく，審理範囲は上訴の範囲に限定されるところとした。すなわち，1991年法ではいわゆる続審主義とされた。今回の改正は，これをさらに踏み込んだものと位置付けられる。

2　二審制

　日中比較からは[1]，中国の二審制が特徴的である。上訴の取下げについても，日本法では，上訴の取下げは上訴人の意思により，被上訴人の同意も要しない

---

[1]　なお，日本法では上訴期間は送達を受けた日から2週間の不変期間につき，中国法では15日である。日本法の即時抗告については，裁判の告知を受けた日から1週間の不変期間のところ，中国法では抗告期間は10日である。

(たとえば，日本民訴法292条2項に261条2項の準用はない。これは控訴の取下げは原判決に影響を及ぼすことはなく，被控訴人の不利とはならないことによる）。これと異なる中国法では，上訴人が上訴を取り下げる権利を有するものの，許容するかどうかは第二審が審査し裁定する（新173条。旧156条と同一内容）。英米法系ほかの法の継受との関係はどうなのであろうか。なお，上訴の取下げを許可する裁定は終審裁定となる。

二　「裁判監督手続」（再審手続）について

1　中国法の概要と意義

中国では再審難，再審乱への対策が急務のなか，「裁判監督手続」（再審手続）において[2]，検察による法律監督の強化策として，抗訴（検察院によるもう一つの再審申立て）に加えて，検察建議（ソフトな是正指摘）の方式（208条2項）を追加する[3]。検察官権限規定（14条）の帰結として，検察院による従来の抗訴制度（法院への再審申立て）は存置され，検察建議（検察院から同級法院への再審発動の促し）がこれを補完するものとして新設された。すなわち，中国法の再

---

2) 改正点として，たとえば，再審申立期限に関する規定（205条）につき，当事者が再審を申し立てる場合に関して，申立期限を2年から6ヶ月に短縮した。再審検察建議または抗訴申立手続の改善（209条）についても，当事者による検察建議または抗訴の申立てに対して，人民検察院は3ヶ月以内に審査をして結論を出さなければならない。また，当事者は再度の申立てをすることができない。再審事件執行停止手続の改善（206条）として，再審の場合，原判決等は原則として執行停止となるが，「扶養費，養育費，補償金，医療費用，労働報酬等の督促の事件」については，執行を停止しないことができるとした。当事者の生存権に配慮する趣旨である。

3) 再審検察建議と抗訴とは大いに異なる。まず，再審検察建議の効力は抗訴に比べると弱い。抗訴では直接再審手続の法律効果を発動させ，法院に対し検察院抗訴を必ず受理しなければならない。再審検察建議では直接再審手続の法律効果を発動させるものではなく，実質上，法院に督促するもので，法院に建議を提出し，法院にさらに深く建議が及ぶ問題について考えさせるもので，最後の決定権は法院にある。

　法律手続上の表現も異なる。地方各級の人民検察院は同級人民法院に対して再審検察建議を提出することができるが（208条2項後段），抗訴についてはただ地方各級人民検察院が上級人民検察院に対して同級人民法院に対する抗訴を促すことができるとされている。

　適用の効果も異なる。検察建議は，検察院と法院で積極的にコミュニケーションをとり，意見を交換させ，その結果，法院内部の監督規制を通じて自らの誤りを正すこともでき，対立緊張関係によることなく，全体として司法環境改善に資することが期待されている。

審事由は日本法に比して広いなか，再審の訴えを提起することができる主体の範囲も，当事者のほか，法律監督権を有する各級人民法院の院長・裁判委員会，上級人民法院，最高人民法院，および最高人民検察院，上級人民検察院（各級人民法院の確定判決等）による抗訴申立て（208条1項）がある。また，地方の各級人民検察院が，同級の人民法院の確定判決等に対して，再審事由が判明したときは，同級の人民法院に検察建議を提出し，かつ上級人民検察院に報告することができる。また上級人民検察院に抗訴を申し立てるよう促すことができる（同条2項）。さらに，各級の人民検察院は裁判監督手続以外のその他の裁判手続の中での裁判人員の違法行為について，同級の人民法院に検察建議を提出する権限を有する（3項）。

そもそも，当事者は，確定判決等に再審事由があると認める場合には，一級上の人民法院に再審を申し立てることとされ（199条前段），一方当事者の人数が多い事件または当事者双方が公民である事件については，原審人民法院において再審ができるようにした（同条後段）。これは，再審当事者の便宜や地元での紛争解決を図る趣旨である。これにより当事者は，原審より一級上の裁判所に再審申立てをするのが原則で，原審法院への申立ては例外となる。こうした再審制度において，検察建議は，抗訴とは異なり，人民法院に再審を促す意見を直接に述べるもので，再審手続を開始するかどうかは人民法院が決める（208条）。このように，明らかに個別事件の適正処理に検察官が果たすべき役割が見られる。この点につき，検察建議または抗訴申立手続の改善として，当事者による検察建議または抗訴の申立てに対して，人民検察院は3ヶ月以内に審査をして結論を出さなければならないとの規定も（209条2項前段），検察官の役割をさらに浮き彫りにする。

国家の法律監督機関である（中国憲法129条）人民検察院による抗訴は，人民法院の裁判活動に対し，事後的な監督権限である。抗訴は，人民検察院が人民法院の法的効力が生じた判決・裁定に確かに誤りがあると判断したときに，人民法院に再審理を求める訴訟活動で，検察院は人民法院のこうした確定判決等につき，抗訴を通じて監督する。1991年民事訴訟法は検察監督につき定めていたし，かつての民事訴訟法（試行）にも，人民検察院の監督職能を定めた抽象的規定はあった。人民法院と人民検察院の協力による民事事件処理の質の保証に資するとの考え方である。監督範囲としても，調解書（和解調書）も対象になる（208条，235条）。さらに，人民検察院は，抗訴や検察建議に必要がある場合には，当事者

等に対して事実関係の確認ができる（210条）。

　中国では，司法の指導的原理として，「実事求是（事実にもとづいて真理を求める）」と「有錯必糾（間違いがあれば必ず正す）」があり，中国再審制度の理念の理解には資する。徹底されれば既判力は観念されないか大幅に後退し，確定判決の拘束力は脆弱化する。改正法により，当事者が人民検察院への抗訴申立てや検察建議を繰り返すことは禁止される（209条2項後段）。法院と国家の法律監督機関である検察院は法律適用に対する内部と外部で監督権を行使する建前のなか，実務では，法院自ら積極的に再審手続を開始することは少なく，当事者の申立てにより，再審請求を正当と認めて，再審を開始する場合が多い。他方，検察機関が職権で調査し，抗訴を申し立てる場合も多くはなく，むしろ，当事者が再審申立てを却下された後に，検察機関に抗訴申立てをするよう求め，検察機関がこれを正当と認めて，法院に抗訴申立てする場合が多いとする。事実上の当事者主義といえるかもしれない。

2　再審手続の日中比較概要

(1)　再審の対象

　日本法では，再審の対象は確定判決である（338条1項）。中国法では，確定判決や裁定を含むだけでなく，和解調書も再審対象とする（新201条）。

(2)　再審の訴えを提起する主体

　中国法が定める再審の訴えを提起することができる主体の範囲は非常に広い（①法律監督権を有する各級人民法院の院長・審判委員会および上級人民法院・最高人民法院，②法律監督権を有する上級人民法院および上級人民検察院，③当事者）。

(3)　再審事由

　中国法の再審事由は広い。法院は裁判監督手続を通して再審を提起する事由につき，中国民事訴訟法の規定により，各級人民法院の院長は，当該法院の法的効力が生じた判決・決定について確かに誤りがあることを発見し，再審理を必要とすると認めるときは，裁判委員会の討議，決定に付さなければならない。最高人民法院は，地方各級人民法院の法的効力が生じた判決・裁定について，上級人民法院は下級人民法院の法的効力が生じた判決・裁定について確かに誤りがあるこ

とを発見したときは，提審または下級人民法院に再審を命ずる権限を有する。したがって，人民法院としては再審を提起する事由は「確かに誤りがあることが判明した」ことである。一般的な考えでは，ここにおける「誤り」には原審人民法院の事実認定の誤りと法律適用の誤りが含まれている。実務では，誤りがあれば必ず正すとの方針が再審事件の範囲の拡大をもたらした。

　また，新たな証拠があるときにも再審を申し立てることができる。「新たな証拠」とは，判決が下された後に出現した証拠のことをいうか，または，第一審・第二審の訴訟中にすでにあったが，当事者が収集していない証拠のことを指すのか，これについて，立法上は明確ではない。

(4)　再審期間

　日本法では二種類。当事者が判決確定後，再審事由を知った日から30日の不変期間内に提起しなければならない（342条1項）。また，判決が確定した日から5年を経過したときは，再審の訴えを提起することができない（同条2項）。中国法では，当事者が再審の訴えを提起するのは，判決・裁定および和解調書が確定した日から6ヶ月以内に提起しなければならない（205条）。人民法院や人民検察院が再審の訴えを提起する場合は，この限りではない。

（池田辰夫）

第16章　特別手続

第一節　特別手続概説

一　特別手続の概念

特別手続は，法院が，実体的権益紛争のない特別類型事件の審理に適用する裁判手続である[1]。特別手続は独立の適用範囲と特徴を有している。通常手続・簡易手続との対比でいえば，特別手続は特定の事件についてのみ適用され，この類型の事件には一般に民事権益紛争が存在せず，利害関係が相対立する双方当事者も存在しない。また，特別手続は単独の一つの手続ではなく，各種異なる類型の特定事件であり，異なる手続が適用され，かつ各手続間には必然的な関係はない。このように特別手続は異なる特別類型の事件に適用される異なる手続を包括したものである。

人民法院が特別事件を審理するとき，まず特別手続中の特別規定を優先的に適用し，特別手続に規定がない場合は，特別事件の法的性質に従う前提の下，民事訴訟法の通常手続規定およびその他の法律の関連規定を適用することができる（中国民訴177条後段）。

二　特別手続の適用範囲

特別手続の適用範囲は，特に指定されたものであり，具体的には以下の二つである。

1) 特別手続の適用法院が特定されている。基層人民法院が特定事件を審理する場合に特別手続を適用することができ，中級以上の人民法院は特別手続を適用

---

[1] 江伟・肖建国主編『民事诉讼法〔第7版〕』（中国人民大学出版社・2015年）381～382頁，肖建国編『民事诉讼法』（中国人民大学出版社・2013年）195頁参照。

せず，その中には管轄権移転による提審を利用できないものを含む。

2) 特別手続を適用審理する事件が特定されており，選挙人資格事件手続と非訟事件[2]に限定される。すなわち，特別手続の適用事件は選挙人資格事件，失踪または死亡宣告事件，公民の民事行為無能力または制限民事行為能力認定事件，無主財産認定事件，調停合意確認事件，担保権実行事件を含む（中国民訴177条前段）。

三　特別手続の特徴[3]

中国民訴法第15章「特別手続」第1節「一般規定」（177〜180条）は，第15章が定める各種事件に適用される特別手続の共通ルールであり，通常手続・簡易手続と異なる特徴を示している。

1　原告・被告が存在しない

通常手続・簡易手続では，事件はすべて原告の訴え提起によるものであり，「民事訴訟の訴え提起制度」の規定が適用され，かつ利害関係の相対立する当事者が存在するのに対し，特別手続を適用審理する事件では，選挙人資格事件を除き，すべて申立人により申立てが提起され，事件内容の違いにより申立ての条件も異なっており，また訴えを提起する者［起訴人］または申立人が存在するだけで，被告は存在しない。

2　特別手続の審理事件は一定の法律事実確認を行う

通常手続・簡易手続において人民法院が事件審理を行うのは，ある民事法律関係の確認をし，かつ双方当事者の権利義務を確定するためである。これに対して特別手続を適用審理する事件では，民事権益の争いおよび利害関係の対立する当

---

2) また中国民法通則が定める後見人の指定・取消事件，失踪者財産管理人の変更申立事件等は，中国民事訴訟法に規定はないが，その性質上非訟事件に属しており，人民法院はこれらの事件についても特別手続の関連規定を参照適用して事件を審理することができる（肖編・前掲注1）195〜196頁，李浩『民事訴訟法学〔第3版〕』（法律出版社・2016年）357頁参照）。

3) 江・肖主編・前掲注1）381〜382頁，肖編・前掲注1）196〜197頁，李・前掲注2）356頁，斉樹潔主編『民事訴訟法〔第4版〕』（中国人民大学出版社・2015年）262〜263頁，张卫平『民事訴訟法〔第3版〕』（中国人民大学出版社・2015年）353頁，赵刚・占善刚・刘学在『民事訴訟法〔第3版〕』（武汉大学出版社・2015年）322〜323頁参照。

事者がともに存在しないが，人民法院が事件審理を行う目的は，一方当事者にある種の民事義務・民事責任の負担を求めるものではなく，一定の法律事実の存在を確認し，それにより一定の法律関係の発生，変更，消滅の法律効果を生じさせる点にある。

なお，人民法院は，特別手続による審理過程において，当該事件が民事権益に関する争いに属することを発見した場合，特別手続の終結を裁定し，かつ利害関係人に対して別に訴え提起が可能であることを告知しなければならない（中国民訴 179 条）。

3　特別手続は原則として裁判官独任制による

通常手続の適用事件において，合議体の構成は必須であり，かつ合議体は裁判官だけでもよいし裁判官および陪審員によることも可能である。これに対して特別手続の適用事件では，選挙人資格事件および重大・困難な事件が裁判官により構成された合議体で審理される以外，その他の事件は裁判官独任制による（中国民訴 178 条中段，後段）。

4　特別手続は一審終審制

通常手続の適用事件では，最高人民法院が行った一審判決，裁定および上訴を許さない裁定を除き，当事者はその第一審判決，再審に対して上訴提起が可能である。これに対して特別手続を適用審理する事件は一審終審であり（中国民訴 178 条前段），判決の言渡しまたは送達によって直ちに法的効力が発生し上訴は許されない。

5　審理期限が比較的短い

この点，通常手続を適用審理する事件は，立案の日から 6 ヶ月内に審理を終結しなければならず（中国民訴 149 条），判決に対する上訴事件は，第二審立案日から 3 ヶ月内に（同 176 条 1 項），簡易手続は立案日から 3 ヶ月内に審理を終結しなければならない（同 161 条）。これに対し，特別手続を適用審理する場合，立案日から 30 日内，または公告期間満了後 30 日に審理を終結しなければならず，特別の状況により延長する必要がある場合，当該法院の院長の承認を得なければならない（同 180 条）。ただし，選挙人資格事件はこの例外とされ，必ず選挙日前に審理を終結しなければならない（同 182 条）。

6　訴訟費用免除

特別手続を適用審理する事件においては（ただし担保物権実行事件の申立費を除く），その提訴者および申立人は事件受理費の納付は不要とされている（訴訟費用納付弁法（以下，費用弁法と略称する）8条）。

7　判決は取消可能性あり

通常手続・簡易手続による事件では，いったん判決が効力を発生すれば，人民法院は再審手続を経ることなく，新たな判決をし，原判決を取り消すことはできない。これに対して，（選挙人資格事件を除く）特別手続による判決につき，新たな状況，新事実が現れた場合は，関係者の申立ておよび人民法院による事実調査を経て，再審手続を適用せずに，法院は特別手続に基づき新たな判決をし，原判決を取り消すことができる（中国民訴186条，190条，193条。さらに特別手続事件の救済手続につき民訴解釈374条参照）。

第二節　選挙人資格事件手続

一　選挙人資格事件の意義[4]

選挙人資格事件とは，公民が，選挙委員会が公表した選挙人名簿に対して異なる意見があり，選挙委員会に不服申立てをした後，選挙委員会が下した処理決定になお不服がある場合に，人民法院に訴えを提起する事件である（中国民訴181条，選挙法28条）。

公民の選挙権・被選挙権は，憲法が中国公民に付与する重要かつ基本的な政治的権利であり，公民が国家事務の管理に参与する上での基礎でもある。公民の選挙権・被選挙権の行使を保障するため，関連法は選挙資格を持つ公民を，選挙人名簿に組み入れる旨規定する。まず，憲法34条によれば，中華人民共和国の満18歳に達した公民は，民族，人種，性別，職業，出身家庭，宗教・信仰，学歴，財産状況および居住期間の区別なく，いずれも選挙権・被選挙権を有するとされ（ただし政治的権利を剥奪された者を除く），選挙人資格は選挙区毎に選挙主宰組織が確認・登録して選挙日の20日前に選挙人名簿上で公表される（選挙法26条，

---

[4]　全国人民代表大会常務委員会法制工作委員会民法室編『中華人民共和国民事訴訟法〔2012年修訂版〕』（北京大学出版社・2012年）295〜296頁，李・前掲注2）357頁，江・肖主編・前掲注1）383〜384頁参照。

27条)。もっとも，選挙人名簿において当該地区または当該組織の選挙権を有する公民が漏れていれば，本来選挙人資格を有する公民は選挙権を失うこととなり，他方で選挙資格のない者（18歳未満の公民，政治的権利を剥奪された者など）を名簿に組み込めば，彼らに選挙人資格を獲得させることになり，選挙という重大な政治活動に対する厳粛さや責任を欠くこととなる。そこで選挙法は，選挙人名簿の公表から5日以内に選挙委員会への不服申立てを認め，申立人が処理決定に不服の場合は選挙日の5日以前に人民法院への訴訟提起を可能とし，法院は選挙日以前に判決を行い，当該判決が最終決定とされる（同28条）。

選挙法が予定する上記手続を実現すべく民事訴訟法第15章「特別手続」に規定された選挙人資格事件[5]は，人民法院が選挙委員会公表にかかる選挙人名簿の誤りの有無を審査して某公民が選挙権・被選挙権を有するかどうかを確認し，選挙人資格を有する公民を追加し，または選挙人資格を持たない公民を排除することにより，選挙活動が法に基づき実施されることを保障するものである。

二 選挙人資格事件の審理手続[6]

1 訴え提起

選挙法28条および中国民訴181条によれば，選挙委員会が公表した選挙人名簿に対して異なる意見がある者は，まず選挙委員会に対して不服申立てを行い，選挙委員会の処理決定になお不服がある場合にのみ，人民法院に提訴することができる。つまり，選挙委員会に対する不服申立ての提出が，選挙人資格事件提訴の前置要件であり，人民法院にとっては事件受理の前提でもある。

民訴法は選挙人資格事件において訴えを提起する公民を「原告」とは定めず，「訴えを提起する者」と表現して特段の制限を加えていないが，これは事件と直接的利害関係ある選挙人自身はもちろんのこと，不服申立てに対する選挙委員会の処理決定に対して不服のあるその他の公民でもよい。また訴えを提起する者は，選挙日の5日前までに人民法院に提訴しなければならない。

---

[5] 選挙人資格事件自体は，いわゆる「民衆訴訟」の範疇に属するものである。もっとも，その内容が犯罪問題や行政法上の権利義務にも関係せず，選挙委員会も行政機関ではないことから，刑事訴訟，行政訴訟による解決は不適当とされ，民事訴訟法の第15章「特別手続」第2節以下に規定されたものである（江・肖主編・前掲注1）384頁参照）。

[6] 江・肖主編・前掲注1）384〜385頁，李・前掲注2）357〜358頁，趙ほか・前掲注3）324〜325頁参照。

2 管轄

選挙人資格事件は，選挙区に所在する基層人民法院の専属管轄である（中国民訴181条）。選挙委員会，訴えを提起する者および関係ある公民の訴訟参加の便宜，および人民法院が速やかに事実調査を行って選挙日以前に事件審理を終結するためである。

3 裁判組織

法廷審理は，裁判官によって構成された合議体によらなければならない（中国民訴178条中段）。公民の政治的権利に関わるという選挙人資格事件の重要性に鑑み，より慎重な審理を要求する趣旨である。

4 審理

選挙人資格事件の審理は，開廷審理の方式により，かつ訴えを提起した者，選挙委員会および関係のある公民（選挙人名簿に記載漏れの公民，または記載されるべきでない公民）に訴訟参加を通知しなければならず，これらの者は必ず審理に参加しなければならない（中国民訴182条2項。ただし当事者ではなく，訴訟参加人としてである）。開廷審理においては，訴訟参加者の意見を十分に聴取した上で，事実が明確で証拠が信頼できる場合には，合議体の評議により判決を行う。公民の選挙権の有効な行使および選挙活動の円滑な進行を保障するため，選挙人資格事件は，必ず選挙日前に審理を終結しなければならない（中国民訴182条1項）。

5 判決[7]

審理の結果，人民法院が選挙人名簿に誤りがなく，不服申立てに対する選挙委員会の処理決定が正しいと認める場合，請求を棄却する。人民法院が選挙人名簿に誤りがあり，選挙委員会の処理決定を正す必要があると認める場合，判決により直接誤りを正し，選挙委員会の処理決定を取り消す。人民法院が判決を行うと同時に確定・発効し，これに対する上訴・再審は認められない。判決書は選挙日

---

[7] 選挙人資格事件において法院調停は適用されない。某公民の選挙権・被選挙権の有無という選挙人資格に関する問題は，法律の具体的規定に基づいてのみ決せられる事柄であり，訴えを提起した者および選挙委員会等の関係主体の意思に影響されないからである（法工委編・前掲注4）297頁参照）。

前に訴えを提起した者，選挙委員会に送達し，関係のある公民に判決内容を通知する（中国民訴182条3項）。当事者，利害関係人が判決に誤りがあると認める場合には，民訴解釈374条1項に基づき，当該判決を行った人民法院に対して異議を提出できる。

第三節　失踪宣告，死亡宣告手続

一　失踪宣告手続

1　失踪宣告手続の意義

失踪宣告手続とは，公民が自己の住所を離れ，行方不明状態が続いて法定期限を経過した場合に，人民法院が利害関係者の申立てにより，法に基づき当該公民の失踪を宣告する事件の審理手続である。民法通則20条以下では，公民が行方不明になってから満2年に達した場合，利害関係者は人民法院にその者の失踪を宣告するよう申し立てることができること，およびその処理に関する規定を置いている。

公民は民事上の権利主体であり，社会生活の中で，必然的に他人と民事法律関係が生じるが，公民が長期間失踪すると，同人の財産について管理する者がないため，滅失毀損するおそれがあり，失踪者と他者の民事法律関係が不安定な状態に置かれる可能性がある。このように失踪宣告制度の目的は，失踪者に関わる民事法律関係の不安定不確定な状態を終了させ，失踪者および利害関係者の利益を保護し，社会・経済秩序の安定を図る点にあるが[8]，民事実体法の定める失踪宣告制度は相応する手続ルールなしには実現できないことから，民事訴訟法の第15章「特別手続」第3節に失踪宣告手続の関連規定が置かれている。

2　失踪宣告事件の審理手続[9]

(1)　申立て

民法通則の関連規定および中国民訴183条によれば，失踪宣告事件の申立てには以下の三要件が必要である。

1) 公民が行方不明になり満2年が経過したこと。ここに「行方不明」とは，

---

8) 法工委編・前掲注4) 299頁参照。
9) 肖編・前掲注1) 198～199頁，趙ほか・前掲注3) 326～327頁，張・前掲注3) 355～356頁参照。

公民が最後の住所地または居住地から離れて行方が不明になり，いかなる音信もないことを指す（ただし，中国台湾地区および国外その他正常に連絡する方法がない場所を除く。民法通則意見26条）。「満2年の経過」とは，行方不明状態が連続して途絶えることなく2年間に達することを指す。通常の状況では，行方不明期間は公民が最後の住所地または居住地を離れた日から起算するが，戦争中に失踪した場合，戦争が終結した日から起算し，不慮の事故で失踪した場合には，事故発生日から起算する。行方不明状態が断続的な場合，最後に行方不明になった日から起算する。

2) 申立人が行方不明となっている公民の利害関係人であること。「利害関係人」とは，行方不明の公民と法律上，身分関係，財産関係がある者を指し，行方不明者の配偶者，父母，成年の子，祖父母，外祖父母，成年の兄弟姉妹，その他民事権利義務関係にある者（債権者，共同経営者など）を含む（民法通則意見24条。多数の利害関係人による申立ての処理につき民訴解釈346条参照）。

3) 書面形式で人民法院に申立てを提出すること。申立書には，行方不明の事実，期間および失踪宣告の請求を記載し，当該公民の行方不明に関する公安機関その他の関係機関による証明書面の添付を要する（中国民訴184条2項）。

(2) 管轄法院

失踪宣告事件は行方不明者の住所地の基層人民法院の管轄である（中国民訴183条1項）。行方不明者の住所地と居住地が不一致の場合は，最後の居住地の基層人民法院が管轄する（民法通則意見28条2項）。

(3) 受理・公告

人民法院は，審査の結果，上述の法定要件を具備する失踪宣告事件を受理した後，行方不明者を捜索する公告を発しなければならず，その公告期間は3ヶ月である（中国民訴185条前段。公告の記載内容につき民訴解釈347条参照）。審理期間において，人民法院は，申立人の請求に基づき，行方不明者の財産を整理し，訴訟期間の財産管理人［財産代管人］を指定して行方不明者の民事権益を保護することができる（民訴解釈343条。事件受理後の申立取下げにつき民訴解釈348条参照）。

(4) 審理・判決

公告期間内に，当該公民が現れ，または行方が判明した場合は，人民法院は申立棄却の判決をし，事件審理を終了する。公告期間の満了後，失踪宣告を申し立てられた公民が依然として行方不明の場合，人民法院は，当該公民の失踪事実の存在を確認し，失踪宣告の判決をしなければならない（中国民訴185条2項）。当

該判決は，言渡しにより直ちに法的効力を発生するところ（救済手続につき民訴解釈374条参照），判決中では，行方不明の公民の失踪日・期間を確定し，判決中で失踪日・期間が未確定の場合は判決言渡日を失踪日とする。判決書は，申立人に送達するほか，失踪宣告を受けた公民の住所地および人民法院所在地で公告しなければならない。

(5) 失踪宣告判決の法的効果

失踪宣告判決の効力は，失踪者の民事権利能力および訴訟能力を消滅させるものではなく，たとえば，失踪者の財産所有権の帰属や身分に関する民事法律関係（婚姻関係，養親子関係，相続関係等）に変化は生じない。

しかし，失踪者の財産関係の不確定・不安定状態を解消し，失踪者および利害関係人の合法的権益を保護するため，人民法院は失踪宣告の判決と同時に，失踪者の財産管理人を指定しなければならない（民法通則21条1項）。すなわち，失踪者の財産は，同人の配偶者，父母，成年の子，または密接な関係にあるその他の親族，友人によって代理管理される。他方で，代理管理に争いがある，または上記規定の者がいない，上記規定の者が代理管理の能力がない，上記規定の者が財産管理人として相応しくない場合は，人民法院は失踪者の財産保護に有利である原則に基づき，公民または関連組織を失踪者の財産管理人として指定することができる（民訴通則意見30条）。

財産管理人の職責は，失踪者の財産を管理・保護する点にあり，財産管理過程においては必要な注意義務を尽くさなければならず，過失により失踪者の財産に損害を与えた場合，その他利害関係人は損害賠償を請求する権限を有する。このほか，財産管理人は，失踪者の財産から失踪者が滞納している税，債務，その他支払うべき費用を支払うことができ（民法通則21条2項），また当事者の身分で失踪者の財産に関する訴訟を提起し，または被告として応訴して紛争を解決することができる。

人民法院の指定後に，財産管理人または利害関係人が代理管理の変更を申し立てた場合の処理につき民訴解釈344条参照。

3 失踪者が現れた場合の処理

失踪宣告を受けた公民が再び現れ，本人または利害関係人の申立てを経た場合，人民法院は，新たな判決をし，原判決を取り消さなければならない（中国民訴186条）[10]。原判決の取消しと同時に，失踪者の財産管理人の職責も終了し，

財産管理人は，その管理する財産およびその収益を，現れた失踪者に返還しなければならないが，財産管理人は，代理管理によって支出した必要費用の支払いを失踪者に請求することができる。

二　死亡宣告手続

1　死亡宣告手続の意義[11]

死亡宣告手続とは，公民が自己の住所または最後の居住地を離れた行方不明状態が続いて法定期限を経過した場合に，人民法院が，利害関係者の申立てにより，法に基づき当該公民の死亡を宣告する事件の審理手続である。

上述した失踪宣告制度により，失踪者の財産管理および債務弁済等の問題を解決することは可能となるが，公民が長期間失踪する状況下では，失踪者の財産帰属や失踪者の身分に関する法律関係を根本的に解決することができない。そこで民法通則23条以下では，公民が行方不明になってから満4年が経過した場合，および不慮の事故により行方不明になって満2年が経過した場合に死亡宣告の申立てを認め，その他関連制度を定めており，もって公民が長期間行方不明であることによって生じる民事法律関係の不安定な状態を終了させ，利害関係人の合法的権益を保護し，かつ正常な社会秩序の維持が図られている。

2　死亡宣告事件の審理手続

(1)　申立て

民法通則23条および中国民訴184条によれば，死亡宣告事件の申立てには次の要件が必要である。すなわち，

1) 某公民の行方不明・生死不明の状況が存在し，その状態が一定期間継続すること。具体的には，①通常の状況では公民が最後に自己の住所地を離れて行方不明状態が連続して満4年を経過した場合。②不慮の事故（たとえば海難等の交通機関の事故，地震，雪崩，洪水等の自然災害）により行方不明となった場合は

---

10)　人民法院による失踪宣告は，法定条件に基づく推定の一種であることから，事実の状況が当該推定と不一致の場合は，人民法院は調査により事実を確認した後，新たな判決，原判決の取消し等の方式により，当該公民の失踪以前の事実および法律状態を回復することができる（張・前掲注3）357頁参照）。

11)　張・前掲注3）357～358頁，李・前掲注2）361～362頁，趙ほか・前掲注3）328～330頁参照。

事故発生日から起算して満2年を経過した場合。③不慮の事故による行方不明の場合，関係機関により当該公民の生存が不可能であると証明される場合は，上記②の時間的制限を受けない（なお「行方不明」の意義および死亡宣告の法定期間の計算方法は，上述した失踪宣告の場合と同様である）。また当該公民に関する失踪宣告は，死亡宣告手続の前提要件ではない（民法通則意見29条。なお失踪宣告と死亡宣告手続の連携につき民訴解釈345条参照）。

2）申立人が行方不明・生死不明となっている公民の利害関係人であること。「利害関係人」の意義・範囲は失踪宣告の場合と同様であるが，死亡宣告では申立順位の制限がある（民法通則意見25条）。すなわち，①配偶者，②父母，子，③兄弟姉妹，祖父母，外祖父母，孫，外孫，④その他民事権利義務を有する者であり，先順位の利害関係人が死亡宣告申立てに同意しない場合には後順位者は原則として申立てが許されない。同一順位の利害関係人間で，死亡宣告の申立てについて意見が分かれる場合は，死亡宣告を行わなければならない（民法通則意見29条）。

3）書面形式で人民法院に申立てを提出すること。失踪宣告申立てと同様に死亡宣告の申立ても要式行為とされている（申立書記載事項，添付資料につき中国民訴184条2項）。

(2) 管轄法院

死亡宣告事件は行方不明者の住所地の基層人民法院の管轄である（中国民訴184条1項）。

(3) 受理・公告

人民法院は，審査の結果，上述の法定要件を具備する死亡宣告事件を受理した後，行方不明者を捜索する公告を発する。死亡宣告の効果の重大性に鑑みてその公告期間は原則として1年とされるが，不慮の事故により行方不明となった公民について関係機関が生存不可能と証明する場合には公告期間は3ヶ月に短縮される（中国民訴185条1項後段。公告の記載内容につき民訴解釈347条。審理期間中の財産管理人につき民訴解釈343条参照）。

(4) 審理・判決

公告期間内に，当該公民が現れ，または生死の状況が判明した場合，人民法院は申立棄却の判決をし，事件審理を終了する。1年または3ヶ月の公告期間の満了後，死亡宣告を申し立てられた公民が依然として行方不明・生死不明の場合，人民法院は，当該公民の死亡事実の存在を確認し，死亡宣告の判決をしなければ

ならない（中国民訴185条2項）。死亡宣告の判決は，言渡しにより直ちに法的効力を発生する（救済手続につき民訴解釈374条参照）。判決中では判決言渡日を当該公民の死亡日とし，判決書は，申立人に送達するほか，死亡宣告を受けた公民の住所地および人民法院所在地で公告しなければならない（民法通則意見36条）。

(5) 死亡宣告判決の法的効果

公民の死亡宣告と自然死亡の法的効果は基本的に同様であり，1）当該公民の民事権利能力は，死亡宣告により終了し，その身分と関係する民事法律関係も終了し，死亡宣告によって相続が開始する。2）当該公民の訴訟権利能力と仲裁権利能力は，死亡宣告によって終了し，訴訟当事者，仲裁当事者としての能力，適格を喪失する。ただし，死亡宣告の法的効果は，当該公民の原住所地または原居住地を中心とした範囲内に限って存在するものである。また，死亡宣告は死亡を法律上推定するものに過ぎないことから，当該公民が異なる場所で生存する場合には，依然として民事権利能力，訴訟権利能力等を有して民事活動を行い，訴訟・仲裁の当事者となることができる[12]。

3 死亡宣告を受けた者が現れた場合の処理[13]

死亡宣告は，死亡を法律上推定するものであり，当該公民がすでに死亡したことを確認したことを意味するものではない。よって死亡宣告を受けた公民が再び現れ，またはその者の生存，行方が判明した場合には，本人または利害関係人の申立てにより，人民法院は，事実を調査確認した上で，新たな判決をし，原判決を取り消さなければならない（中国民訴186条）。

新たな判決が言渡しによって効力を発生した後，当該公民の関係する住所地を中心とする民事権利義務関係が回復される。すなわち，1）財産関係の回復につき，当該公民は，財産返還を請求することができ，同人の財産を相続法によって取得した公民・組織は相続した財産原物を返還し，原物が存在しない場合は適切な補償を与えなければならない（民法通則25条）。2）死亡宣告によって消滅した身分関係の回復につき，死亡宣告が取り消され，①当該公民の原配偶者が再婚していない場合，夫婦関係は死亡宣告の日から自動的に回復する。②原配偶者が再

---

12) 江・肖主編・前掲注1) 387頁参照。
13) 江・肖主編・前掲注1) 387頁，肖編・前掲注1) 201〜202頁，趙ほか・前掲注3) 330頁参照。

婚した場合，新たな婚姻関係は依然有効であり，夫婦関係の自動的回復は認められない（民法通則意見37条参照）。死亡宣告を受けた者の死亡宣告期間中にその子供が他人の養子となった場合，死亡宣告の取消し後も当該養親子関係は依然有効であり，当該公民は養親および養子との合意により養親子関係を解消できるだけである（民法通則意見38条参照）。

第四節　民事行為能力認定手続

一　民事行為能力認定手続の意義

　民事行為能力認定手続とは，人民法院が利害関係人の申立てに基づき，法定手続により公民を民事行為無能力者または制限民事行為能力者として認定・宣告し，かつその者の後見人を指定する事件の手続である。

　民事行為能力とは，自然人たる民事主体が，自己の行為により単独で民事上の権利を行使し，民事上の義務を負担する能力である。民法通則の規定では，まず完全な民事行為能力者として1）満18歳以上の公民を成年者，2）満16歳以上18歳未満の固定労働収入がある公民（民法通則11条）と定める。同時に，制限民事行為能力者として1）満10歳以上18歳未満の公民（同12条1項），2）自己の行為を完全には弁識できない精神病者（同13条2項，たとえば軽度の知的障害者，間歇的な精神病患者，痴呆症患者を含む）とし，さらに民事行為無能力者として1）10歳未満の公民（同12条2項），2）自己の行為を弁識できない精神病者（同13条1項）と規定する[14]。

　このうち，未成年の精神病者は父母が後見監護を行うが，成年の精神病その他疾病を有する者について法は民事行為無能力または制限民事行為能力の認定制度を設け，この種の病状を有する者の合法的権益を保護すると同時に，これらと民事権利義務関係を有する利害関係人の合法的権益をも保護し，民事活動の正常な進行を保障して正常な社会経済秩序を擁護することを目的としている。

---

14)　法工委編・前掲注4）304頁参照。

二 民事行為能力認定事件の審理手続[15]

1 申立て

民法通則の関連規定および中国民訴187条によれば，民事行為能力認定手続の申立てには次の要件が必要である。

1) 被申立人が法定事由を具備すること。すなわち，被申立人がすでに成年または完全民事行為能力を具えているが，その後に精神病またはその他疾病により，民事行為能力を全部または一部喪失していることが必要である。

2) 当該公民の近親族またはその他利害関係人（適法な代理人）が申立てを提出すること[16]。

3) 書面形式で人民法院に申立てを提出すること。申立書には，当該公民の民事行為無能力または制限民事行為能力の事実および根拠を記載し（中国民訴187条2項），医療診断証明および病歴資料その他関連証拠を添付する。

2 管轄

民事行為能力認定事件は，当該公民の住所地の基層人民法院が管轄する（中国民訴187条1項）[17]。

---

15) 江・肖主編・前掲注1) 388〜389頁，張・前掲注3) 359〜360頁，趙ほか・前掲注3) 331〜332頁参照。

16) この点，中国民訴187条では「その近親族又はその他利害関係人」を申立人と定めるのに対し，民法通則19条は申立人を「精神病患者の利害関係人」と定め，「利害関係人」については，後見人に関する民法通則17条が精神病者の近親族以外の精神病者と密接な関係にあるその他の者を含めて規定する。

以上を整理すると次のようになる。1) 当該公民の近親者（配偶者，父母，子供，兄弟姉妹，祖父母，外祖父母，孫，外孫）がいる場合，その近親者が申立権を行使し，2) 近親者がいない場合は，当該公民と密接な関係にあるその他の親族，友人で，かつ当該公民の所属先，または住所地の住民委員会，村民委員会の同意を得た者が申立権を行使する。3) これらの者がいない，または当該公民の所属先，住民委員会，村民委員会がその他の申立人に同意しない場合は，精神病患者の所在地の住民委員会または民政部門が申立権を行使する（法工委編・前掲注4) 305頁参照）。

17) 通常訴訟手続中になされた民事行為無能力者等の認定申立ての処理に関する民訴解釈349条では受訴人民法院によると定めており，中国民訴187条所定の管轄法院の制限を受けない。

3　審理

審査の結果，適法な申立てとして受理した後，まず，被申立人の法定代理人を確定しなければならない。これは被申立人の正当な利益を保護するためであり，当該公民の近親者（申立人を除く）が代理人に就任しなければならず，近親者が相互に責任転嫁する場合は，人民法院がそのうちの一名を指定し，代理人とする。当該公民の健康状況が許す場合には，さらに本人の意見を尋ねなければならない（中国民訴189条。被申立人に近親者がない場合の代理人指定につき民訴解釈352条参照）。

また必要なときは，民事行為無能力または制限民事行為能力の認定を請求された公民に対し，鑑定を行わなければならない（中国民訴188条）。すでに申立人が鑑定意見を提供している場合，鑑定意見について審査を行い，鑑定意見に対して異議がある場合，改めて鑑定を行うことができる。

4　判決

人民法院は，審理を経て申立事実に根拠があると認定する場合，当該公民が民事行為無能力者または制限民事行為能力者であること，および後見人を指定する（民法通則17条1項）旨の判決をし，申立事実に根拠がないと認定する場合は，棄却判決をしなければならない（中国民訴189条2項）。これらの判決は言渡しにより法的効力を発生する（後見人指定に不服がある場合の処理について民訴解釈351条参照）。

三　判決の取消し等[18]

民事行為無能力者，制限民事行為能力者であると認定された者，またはその者の後見人の申立てに基づき，人民法院は，当該公民の民事行為無能力または制限民事行為能力の事由がすでに解消していることが調査により確認された場合には，新たな判決をし，原判決を取り消さなければならない（中国民訴190条）。新たな判決の言渡日から，当該公民は制限民事行為能力，または完全民事行為能力を有することとなる（このほか民事行為能力認定手続中になされた判決，裁定に対する異議申立て等について民訴解釈374条参照）。

---

[18]　江・肖主編・前掲注1）389頁，趙ほか・前掲注3）332～333頁，張・前掲注3）360頁参照。

第五節　無主財産認定手続

一　無主財産認定手続の意義

　無主財産認定手続とは，人民法院が公民，法人，その他の組織の申立てにより，法定手続により所有者が不明または所有者が不存在の財産について判決方式で無主財産と認定し，国家または集団の所有に帰属させる事件の手続である。

　無主財産とは，その所有者が不明または所有者が不存在の財産を指す。財産が無主状態に置かれると，誰もこれを管理しないため，当該財産は容易に滅失毀損し，容易に他人に奪取され，不法に侵害，占有される。また当該財産を最大限有効に活用する方法もなく，その経済的効用を十分発揮することもできない。このように，無主財産の存在は，社会的な富の浪費であり，また社会経済秩序の安定にも不利益となる。

　中国民事訴訟法の特別手続の章に，無主財産認定手続が規定されたのは，無主財産状態を解消し，無主財産を所有者のある財産に転換し，もって，無主財産のもたらすマイナス効果を解消する趣旨である[19]。

二　無主財産認定事件の審理手続

1　申立て

　まず無主財産認定事件の要件[20]としては，1) 認定対象財産が有形財産であること。無形財産または精神的な財産は，無主財産認定事件の対象とすることはできない。2) 当該財産が無主状態にあること。無主状態とは，当該財産の権利主体が不存在または不明の状態であり，たとえば所有者が不明な埋蔵物・隠匿物，誰も引き取らない遺失物・漂流物・はぐれた飼育動物，誰も相続しない財産等である。3) 当該財産の無主状態が一定の期間継続していること，が必要である。

　この点，中国民訴 191 条 1 項は「無主財産であることの認定を申し立てる場

---

19) 李・前掲注 2) 364 頁参照。この点，物権法の規定によれば，遺失物を拾得したがその権利者が不明の場合，これを公安等の関係部門に届け出なければならず，関係部門が遺失物を受領した後においてもその権利者が不明である場合には，直ちに遺失物受領の公告を発布しなければならず，当該公告発布のから6ヶ月内に誰もこれを受領しないとき，当該遺失物は国家の所有に帰属する（物権法 109〜113 条）。

20) 张・前掲注 3) 361 頁参照。

合，公民，法人その他組織が財産の所在地の基層人民法院に対して提出する。」と定め，無主財産認定手続の申立人に特段の制限を設けていないが，同制度の趣旨目的から，ある財産が無主物または所有権帰属が不明であると認識する公民，法人，その他の組織であれば，人民法院に対して無主財産認定を申し立てることができると解されている。

申立ては書面形式によらなければならず，申立書には，財産の種類，数量，所在地および無主財産認定を請求する根拠を記載する（中国民訴191条2項）。

2　管轄法院

無主財産認定事件は，当該財産所在地の基層人民法院が管轄する。

3　公告

人民法院が無主財産認定事件の申立てを受理した後，審査・確認を行い，当該財産に所有者があると認める場合，申立棄却の判決を行う。当該財産の所有者を発見できない場合，財産の確認・受領の公告を発することを要し，その期間は1年である（中国民訴192条前段）。公告期間において，人民法院は当該財産の具体的状況を見て，財産管理人を指定し，または他人に代理管理を委託して，審理期間中に当該財産が損害を被るのを防止しなければならない。

4　判決

公告期間内に財産に対して請求を提出する者がある場合，人民法院は特別手続の終結を裁定し，申立人に別途提訴するよう告知し，その場合は通常手続を適用して審理する（民訴解釈350条）。公告期間から判決前までの間に，財産の所有者が現れた場合，人民法院の調査により事実であることを確認し，人民法院は申立てを棄却する判決をする。公告期間満了後，依然として財産の確認・受領をする者がいない場合には，人民法院は法に基づき当該財産を無主財産と認定し，かつ当該財産を国家または集団の所有に帰属させる判決をすることができる（中国民訴192条後段）。

三　判決の取消し等[21]

無主財産認定の判決後に，原財産所有者または相続人が出現した場合，民法通則に定める訴訟時効期間内において，その者は，財産について請求を提出するこ

とができる。人民法院は、事実に属することを審査した後、新たな判決をし、原判決を取り消さなければならない（中国民訴193条）。財産所有者または相続人は、新判決を根拠として、当該財産を占有する組織に財産の返還を求めることができ、原財産が不存在または原財産の返還が困難な場合には、同類財産による返還あるいは原財産の実際価値を金銭に換算して返還することも許される（無主財産認定手続中になされた判決、裁定に対する異議申立て等について民訴解釈374条参照）。

第六節　調停合意確認手続

一　調停合意確認手続の意義[22]

　調停合意確認手続とは、当事者が人民調停委員会等の調停組織による調停合意について、人民法院に確認を求め、当該調停合意に強制執行力を付与することを申し立てる手続である。

　調停方式による民事紛争解決は、すでに中国では数十年間の歴史があり、調停の役割を充分に発揮し、矛盾・紛争をできる限り基層部や現地で解決することは、迅速な矛盾・紛争の解決および社会の調和・安定の促進において重要な意義を有する。もっとも、人民調停委員会の調停により成立した調停合意は契約の効力を有するが、義務者が調停合意で確定された義務を履行しない場合、権利者は調停合意を根拠として人民法院に対し強制執行を申し立てることができず、このことは紛争解決の徹底性に影響を及ぼし、紛争当事者の調停利用の意欲を低下させていた。この問題を解決するため、2010年制定の「人民調停法」33条では、人民調停委員会の調停により調停合意に達した後、当事者双方が必要と認める場合、調停合意発効日から30日以内に人民法院に司法確認を共同申立てすることができ、人民法院は速やかに調停合意を審査し、法に基づき調停合意の効力を確認すること（同条1項）、人民法院が法に基づき調停合意の有効と確認し、一方当事者が履行を拒み、または全部を履行しない場合、相手方当事者は人民法院に対し強制執行を申し立てることができる（同条2項）と規定した。この調停合意

---

21)　江・肖主編・前掲注1) 390～391頁，張・前掲注3) 361～362頁，趙ほか・前掲注3) 334頁参照。
22)　法工委編・前掲注4) 313～315頁参照。

の司法確認制度は，紛争を簡易迅速かつ経済的に処理できて当事者の訴訟負担を軽減し，司法資源を節約する優位性が認められるものだが，人民調停法および2011年3月最高人民法院「司法確認規定」[23]で同制度が規定されたものの，改正前民訴法には，これに対応して調停合意の司法確認を連携する制度がなかった。そこで，2012年改正法では，特別手続の章に第6節「調停合意確認事件」を追加し，その具体的事項について規定したものである[24]。

調停合意確認手続は，調停当事者が人民法院に対して，調停合意に審査を行いその法的効力を確認することを申し立てる一種の非訟手続である[25]。

調停合意確認手続を設けることの意義[26]は，この手続を通じて双方当事者間の調停合意に司法機関による確認を与え，執行力を獲得させる点にある。この点，人民調停手続で成立した調停合意については，調停員等の素質などの原因から直接的には執行力が認められていないが，それゆえに司法機関による審査とチェックにより調停合意の適法性を確保する必要があり，審査確認を通じて執行力を獲得させることができる。このように，調停合意確認手続は人民調停合意に間接的に執行力を獲得させ，かつその合法性を保障する意義を有する。

二　調停合意確認手続の審理手続

1　調停合意確認手続の申立要件

調停合意確認手続の申立てに関して中国民訴194条は「調停合意の司法確認の申立てをする場合，双方当事者は，人民調停法等の法律に基づき，調停合意の効力が生じた日から30日以内に，共同で調停組織所在地の基層人民法院に提出する。」と定める。中国民事訴訟法および関連司法解釈に基づき，当事者が調停合意確認手続を申し立てる場合，以下の要件が必要である。

---

[23]　最高人民法院2011年3月公布「人民調停合意司法確認手続に関する若干の規定」。
[24]　法工委編・前掲注4) 313～315頁，李・前掲注2) 365頁参照。
[25]　張・前掲注3) 362頁参照。
[26]　張・前掲注3) 362頁参照。このほか調停合意確認手続創設の意義として，人民法院による社会管理と矛盾紛争解決を促進すること，民事紛争における「調停優先原則」を提唱して多元的な紛争解決メカニズムを構築形成することに司法的保障を与えること，大衆に訴訟外での紛争解決の選択肢を提供し，当事者の訴訟コストおよび紛争解決の社会的コストの低減に資すること等が指摘されている（肖編・前掲注1) 205頁，斉主編・前掲注3) 273頁参照)。

(1) 人民法院の調停合意確認事件の範囲に属すること

この点，いかなる調停組織による調停合意が司法確認手続の対象に含まれるかにつき，立法過程では意見対立もあったが，中国民訴 194 条は「双方当事者は人民調停法等の法律に基づき」と規定することにより，法律上の根拠さえあれば，人民調停委員会以外の調停組織主宰による調停合意も司法確認手続の対象とされる余地を認めた趣旨である[27]。

(2) 申立主体の適格

双方当事者は，本人または中国民訴法 58 条の要件を具える代理人であることが必要である（民訴解釈 353 条）。そして当事者は共同して申し立てることが必要である。調停合意当事者の一方が申立てを行い相手方の同意を得た場合も，共同申立てと見なすことができるが，相手方の同意がない場合は当該申立てを受理することは許されない。依然として当事者間に紛争が存在する可能性があるからである[28]。

---

[27] 立法過程では人民調停法に基づく人民調停委員会による調停合意だけを司法確認手続の対象とする見解（狭義説）に対し，実務においては行政機関による治安調停，交通事故賠償調停，医療紛争等の調停があり，さらに中国障害者連合会，中華全国婦女連合会，中国消費者協会等の社会団体による調停，国際商会の商事調停センターによる調停等も実施されており，それゆえ人民調停委員会で成立した調停合意以外にも，その他関連部門の主宰による調停で成立した合意についても，司法確認手続の対象とすべしとする見解（広義説）が主張された。

もっとも，2012 年時点で，調停合意司法確認を規定した法律は人民調停法だけであること，また行政調停，商事調停等の実際の状況も複雑であること等から，調停合意の司法確認に関する規定の必要性について各方面の意見が一致を見なかったため，新法 194 条では人民調停法「等」の法律の規定に基づく場合に限って司法確認の申立てを認めている。

上述のように人民調停法 33 条は，人民調停委員会による調停の司法確認を認めるが，人民調停委員会には，村民委員会，居民委員会によって設立される調停委員会，郷・鎮，町および社会団体，その他組織が必要に応じて人民調停法に基づき設立した人民調停委員会を含む。

中国民訴 194 条は，中国における民事紛争の特徴と人民調停の実情を考慮し，民間紛争の非訟手続による解決と訴訟手続との連携を図り，調停合意確認手続の適用範囲について将来的発展の余地を認めたものであり，今後，実体法でその他組織による調停と訴訟手続の連携について規定された場合，当該法律規定に基づいて実施されることになる（法工委編・前掲注 4）313 頁，斉主編・前掲注 3）273 頁参照）。

なお，2012 年改正後においても学説は狭義説を前提に「人民調停合意司法確認手続」と位置づけるもの（张卫平『民事訴訟法〔第 4 版〕』（法律出版社・2016 年）459 頁）と，広義説を前提に第三者主宰による調停合意を広く対象とするもの（肖編・前掲注 1）205 頁），現行の関連法律および司法解釈が認める行政機関，人民調停組織，商事調停組織，

(3) 申立期限内の申立てであること

調停合意の効力が生じた日から30日以内であることが必要である。調停合意書は，各当事者が署名，指印，押印をし，調停委員が署名し，調停組織の印章を押捺した日からその効力を発生する。口頭による調停合意は，当事者の合意成立日から効力を発生する。

(4) 管轄が適法であること

申立ては調停組織所在地の基層人民法院に対して提出しなければならない。二つ以上の調停組織が調停に参与した場合，各調停組織の所在地にある基層人民法院はいずれも管轄権を有するが，双方当事者は，共同してその中の一つの調停組織所在地にある基層人民法院に申立てできる。双方当事者が共同して二つ以上の調停組織所在地にある基層人民法院に申し立てた場合，最初に立案した人民法院が管轄する（民訴解釈354条）。調停当事者は，書面による調停合意において，当事者の住所地，調停合意履行地，調停合意締結地，目的物所在地などの基層人民法院を選択して管轄法院を定めることもできるが，専属管轄規定に反してはならない[29]。

(5) 申立形式および申立資料が適法であること

調停合意確認の申立ては，書面または口頭形式のいずれでもよく，口頭申立ての場合，人民法院は調書に記載し，当事者が署名，指印，押印をしなければならない。申立資料としては，調停合意，調停組織の調停主宰に関する証明，および調停合意に関わる財産権証明等の資料を提出し，かつ双方当事者の身分，住所，連絡先等の基本情報を提供しなければならない（民訴解釈355条，356条参照）。

なお，調停合意確認事件につき，人民法院は費用を収受しない（司法確認規定11条）。

2　調停合意確認事件の受理

人民法院は調停合意確認事件の申立てを受け取った後，3日以内に受理するかどうかを裁定しなければならない（司法確認規定4条1項）。申立てが上記各要件

業界調停組織その他調停職能を有する組織により成立した調停合意（ただし法院調停，仲裁調停を除く）はすべて調停合意確認の申立対象とするもの（江・肖主編・前掲注1）392頁）に分かれている。

28)　张・前掲注3）362頁参照。
29)　肖編・前掲注1）206頁参照。

を具備しない場合は，申立却下を裁定する。

また，調停合意確認事件の申立てに次の状況がある場合，法院は不受理裁定をしなければならない。すなわち，1）人民法院の受理範囲に属さないこと，2）申立てを受けた人民法院の管轄に属さないこと，3）婚姻関係，親子関係，養子縁組関係等の身分関係の無効，有効の確認または解消を内容とする場合，4）特別手続，公示催告手続，破産手続を適用する審理に関わる場合，5）調停合意の内容が物権，知的財産権の確認に関わる場合，である（民訴解釈357条）。

人民法院が不受理裁定を行った場合，速やかに当事者に対して不受理通知書を送達しなければならず，上記1）の場合，人民法院は当事者に相応する紛争解決手続を告知し，上記2）の場合，人民法院は当事者に管轄権を有する人民法院に申立てを提出するよう告知する。審査の結果，申立てが上記各要件を具備する場合は受理を決定し，「調確字（調停合意司法確認事件の事件名の頭につける略称）」の事件番号を付して立件し，速やかに当事者に対して受理通知書を送達する。双方当事者が同時に法院に司法確認を申し立てた場合，人民法院は直ちに受理することができる。一方当事者だけが司法確認を申し立てた場合，人民法院は当該当事者に対し，他方当事者の同意を得た後に再度確認を申し立てるよう通知しなければならない（同意がなければ不受理を裁定する）。

3　調停合意確認事件の審理（審査）[30]

(1)　審査方式

調停合意確認事件の具体的手続に関する特別規定は置かれていないが，中国民訴第15章「特別規定」第1節「一般規定」が適用され，通常は一名の裁判官が調停合意に対して審査を行う。性質上非訟手続である調停合意確認においては自由証明手続が採用されるが，手続参加原則の考慮に基づき，調停合意確認の審査では，形式審査と限定された実体審査が結合した方式が採用され，書面審査と法廷審査が結合されている。裁判官が，調停合意確認の要件に適合すると認める場合，審査において当事者の申立て，調停合意，関係証明資料を基礎として審査を行い，調停合意の有効性を確認する裁定をすることができる。事件が複雑または関係する訴訟物価額が大きい事件では，双方当事者に通知して法廷で質問を行い，必要な実質的審査と証拠調査を行う必要がある（審査方法について民訴解釈

---

30)　江・肖主編・前掲注1) 393頁，肖編・前掲注1) 207頁参照。

(2) 審査内容

人民法院が行う審査内容は，主に調停合意の適法性に対する審査，すなわち自由意思の原則および適法性原則に適合するかどうかについてである。具体的な審査内容としては，1）調停合意が自由意思の原則に違反していないかどうか（当事者の真意に反する状況下での調停合意，調停合意内容が明らかに不公正，調停組織・調停員が調停を強く迫り，あるいは事件と利害関係がある状況など）。2）調停合意が違法でないかどうか（調停内容が法律，行政法規の強行規定に反する，国家，社会公共利益を害する，第三者の合法的権益を害する，調停組織・調停員に職業道徳準則上の重大な違反行為がある状況など）。3）調停合意の内容が明確かどうか（調停合意確認の主要目的が，調停合意に強制執行力を与える点にあり，内容が不明確ではその目的が達せられないため）。4）調停合意が公序良俗に反しないかどうか，である[31]。

(3) 審査結果

人民法院は，調停合意確認申立ての受理日から15日以内に司法確認をするかどうかの決定をしなければならず，特別の状況により延長する必要がある場合は，法院院長の承認により10日の延長が許される[32]。上述した内容の審査を経て，人民法院は，申立ての却下・棄却または調停合意の有効性を確認する裁定を行う。

この点につき中国民訴195条は「人民法院は申立ての受理後に審査を行い，法律規定に適合する場合，調停合意が有効である旨を裁定する。一方当事者が履行を拒否し，または全部履行を行わない場合には，相手方当事者は人民法院に対して執行の申立てができる。法律規定に適合しない場合には，申立ての却下を裁定し，当事者は調停により，原調停合意の変更または新たな調停合意を締結することができ，また人民法院に提訴することもできる。」と定める。

4　司法確認の効力および救済[33]

人民法院が調停合意を有効であると確認した裁定は，当事者双方に送達された

---

31) 肖編・前掲注1）207頁，江・肖主編・前掲注1）393頁，および本文記載の事由が調停合意確認の申立却下事由とされることにつき民訴解釈360条参照。
32) 張・前掲注3）363頁参照。
33) 肖編・前掲注1）207～208頁，法工委編・前掲注4）316頁，斉主編・前掲注3）275頁

後に法的効力が発生する。当事者の一方が調停合意履行を拒否し，または調停合意で約定した義務をすべて履行しない場合，相手方は人民法院に強制執行を申し立てることができ，その執行管轄人民法院は司法確認裁定を下した基層人民法院または被執行財産所在地の基層人民法院である（民訴解釈462条）。

人民法院に調停合意の効力確認を申し立てた場合の救済手続としては，1）人民法院が司法確認申立てを却下した場合，当事者は調停方式を通じて元の調停合意を変更しまたは新たな調停合意をし，さらには人民法院に訴訟を提起することもできる（中国民訴195条後段）。2）人民法院が調停合意を有効と確認する裁定をしたが，当事者双方が同時に出頭していない，自由意思の原則に反する，裁判官等の不正行為等の誤りの存在を理由とする場合，裁判監督手続に基づき再審を申し立てることができる。3）調停合意確認の裁定に対する当事者の異議申立権（民訴解釈374条）がある。

第七節　担保物権実行手続

一　担保物権実行手続の意義

担保物権実行事件とは，債務者に債務不履行があった場合に，担保物権者およびその他担保物権実行を請求する権利者が，直接人民法院に対して法定手続による担保財産の競売，換価等を申し立て，債権の優先弁済を受ける手続である。

担保物権は，特定財産の交換価値の直接的支配をその内容とし，債権実現の確保をその目的として設定される物権であるが，担保物権の実行方式に関し，中国の法律規定には以下の変遷があった[34]。まず1995年「担保法」53条1項では「抵当権者は債務履行期が満了しても弁済を受けていない場合，抵当者との合意により，抵当物を評価買取し，または当該抵当物を競売，任意売却により得られる代価をもって弁済を受けることができる。合意が成立しない場合，抵当権者は，人民法院に訴訟を提起できる。」と規定されていた（すなわち，抵当権実行の訴えで債務名義を得た上での強制執行申立て）。しかし，この種の事件において，双方当事者はすでに抵当権設定契約において関連事項について明確に約定しているため訴訟において実質的争いはなく，訴訟を通じて抵当権を実行すること

参照。
34）法工委編・前掲注4）318〜319頁，李・前掲注2）367頁，張・前掲注3）364頁参照。

は往々にして債権者の時間とコストを消耗し，貴重な司法資源の浪費でもあった。

かかる担保物権実行方式の問題点に対応すべく，2007年「物権法」195条は「債務者が，履行期が到来しても債務を履行せず，又は当事者の約定した抵当権実行の状況が発生した場合，抵当権者は抵当者との合意により，抵当物を評価買取し，又は当該抵当物を競売，任意売却により得られる代価をもって弁済を受けることができる。」（同1項）に加えて「抵当権者と抵当者が抵当権の実行方式について未だ合意に達しない場合，抵当権者は，人民法院に，抵当財産の競売，任意売却を請求することができる。」と定め（同2項），これにより担保権実行コストと時間が大幅に節約されることとなった[35]。

このように実体法（物権法195条，219条，220条，236条，237条，契約法286条，海商法11条，民間航空法16条等）では，担保物権実行に関して規定されていたが，民事訴訟法にはこれを保障する相応の手続制度がなかった。すなわち，2012年改正前民訴法では，人民法院の執行根拠となる法律文書は，民事判決書，裁定書，調停書，民事制裁決定書，支払命令，人民法院の裁定によって効力が承認された外国法院による確定判決書，裁定書および外国仲裁機関による発効裁決書，刑事付帯民事判決書・裁定書・調停書，行政判決書・裁定書・調停書，およびその他機関・機構によって作成され，かつ法律規定に基づき人民法院により強制執行される法律文書だけであった。また，債権者が有する担保物権自体も，執行根拠とすることができず，人民法院に強制執行を直接申し立てることができなかった。

こうして数年来，民事訴訟法に担保物権実行について連携・接続する規定を盛り込むことが提案され，各方面の意見と裁判実務の需要に基づき，担保物権者の合法的権益をよりよく保護し，司法資源を節約するため，2012年改正において第15章「特別手続」中に第7節「担保物権実行事件」が追加されたものである。

担保物権実行手続においては，まず中国民訴196条，197条と民訴解釈（361～374条）の特別規定が適用され，規定がない場合は中国民訴第15章第1節「一般規定」が適用され，さらに規定がない場合は，民訴法，民訴解釈およびそ

---

35) 物権法の質権，留置権に関する規定においては，質権，留置権の司法的救済に関する規定は置かれていないが，抵当権の司法的救済ルートに関する上記195条2項が準用されると解釈されている（張・前掲注3）364頁参照）。

の他法律および司法解釈関連規定が適用される。

二 担保物権実行手続の適用条件

1 申立人の適格

主な申立人としては，1)「担保物権者」（抵当権者，質権者，留置権者等），2)「その他担保物権実行を請求する権利者」（質権設定者，財産を留置された債務者または所有権者等）[36]，3) 建設工事請負人，である（中国民訴 196 条，民訴解釈 361 条参照）。

2 管轄が適法であること

管轄法院は担保財産所在地または担保物権登記地の基層人民法院である。担保財産所在地の人民法院が担保物権の実行事件を管轄することで，担保財産の封印，差押えが容易になること。また株式，登録商標専用権，特許権，著作権等知的財産権のうちの財産権的権利，売掛金等に質権を設定した場合は，担保物権登記地の基層人民法院が管轄する方がより執行が容易との考慮に基づくものである[37]。

また同一債権のための複数の担保物が異なる場所に存在する場合，それぞれの基層法院が等しく管轄権を有し，申立人がその一つを選択して申立てを提出できる（民訴解釈 364 条参照）。

3 申立形式・申立資料が適法であること

担保物権実行を申し立てる場合，次に掲げる資料を提出しなければならない。すなわち，1) 申立書。申立書には，申立人，被申立人の氏名または名称，連絡先等の基本情報，具体的な請求，事実，理由を明記する。2) 担保物権の存在を

---

36) 質権者，留置権者が権利行使を怠ることによる，質権設定者・債務者等の合法的権益の侵害を防止するため，物権法 220 条は，質権設定者が，質権者に債務履行期間満了後速やかに質権を行使することを要求することができると定める。よって質権者が権利行使しない場合，質権設定者は，人民法院に質入された財産の競売・換金を請求することができる。
　　また同法 237 条によれば，債務者は，留置権者に債務履行期間が満了後，留置権を行使するよう要求でき，留置権者が行使しない場合，債務者は人民法院に留置された財産の競売，換金を請求できる（斉主編・前掲注 3) 275～276 頁参照）。
37) 法工委編・前掲注 4) 317～318 頁参照。権利質権実行事件の管轄法院につき民訴解釈 362 条，海事法院など専門人民法院の管轄に属する場合につき同 363 条参照。

証明する資料。主契約，担保契約，抵当権設定登記証明，他項権利証書，権利質の権利証または質権設定登記証明等を含む。3）担保物権実行条件の成就[38]を証明する資料。4）担保財産の現状の説明。5）人民法院が提出を必要と認めるその他資料，である（民訴解釈367条）。

申立人は費用弁法の関連規定に基づき，申立提出と同時に申立費を納付しなければならない（担保物権実行事件の申立費用につき民訴解釈204条，205条参照）。

三　担保物権実行手続の申立てに対する審査

1　受理

人民法院は担保物権実行の申立てを受領したとき，速やかに受理するかどうかを決定しなければならない。審査の結果，上述した申立要件を欠くと認めた場合，不受理を決定する。補正可能な要件（申立資料等）は，当事者に補正の機会を与える。管轄違いの場合は，申立人に管轄権ある法院を告知しなければならない。

物権法176条の規定に基づき被担保債権に物的担保と人的担保の両方があり，当事者が担保物権を実行する順序を約定しており，担保物権実行の申立てが当該約定に違反する場合，人民法院は不受理を裁定する。約定がない，または約定が不明である場合，人民法院はこれを受理しなければならない（民訴解釈365条）。

人民法院は，申立ての受理後5日以内に被申立人に対して申立書の副本，異議申立権告知書等の文書を送達する。被申立人に異議がある場合，人民法院の通知の受領後5日以内に人民法院に異議を提出すると同時にその理由を説明し，かつ相応の証拠資料を提供しなければならない（民訴解釈368条）。

2　審理

人民法院は申立てを受理した後，担保物権者等の申立てについて審査を行い，審査結果により裁定を行う。

担保物権実行事件は，裁判官一名が単独で審理を担当することができるが，担

---

[38] 担保物権実行条件の成就の状況とは，抵当権・質権につき「債務者が，履行期が到来しても債務を不履行」または「当事者の約定した担保物権実行の状況が発生したこと」（物権法170条，195条1項，219条2項），留置権につき「債務者が，履行期が到来しても債務を不履行」（同231条，236条）である。

保財産の訴額が基層人民法院の管轄範囲を超える場合，合議体を構成して審査しなければならない（民訴解釈369条）。

　審査内容としては，当該担保物権の実行が，法律規定に適合しているかどうか，すなわち，主契約の効力，期限，履行状況，担保物権が有効に成立するか否か，担保物権の範囲，被担保債権の範囲，被担保債権の弁済期到来等の担保物権実行の条件，および他者の合法的権益を侵害するか否か等について審査を行う（民訴解釈371条）。また非訟事件の性質を持つ担保物権実行事件の審理では，自由証明手続が採用されるところ，人民法院は申立人，被申立人，利害関係人に尋問することができ，必要な場合は職権により関連事実を調査することができる（民訴解釈370条）。

　審査後の処理につき，中国民訴197条は「人民法院は申立受理後に審査を行い，法律規定に適合している場合，担保財産の競売，換価を裁定する。当事者はその裁定に基づいて人民法院に執行を申し立てることができる。法律規定に適合しない場合には，申立ての却下を裁定し，当事者は人民法院に提訴することができる。」と定める。すなわち，1）法律規定に適合する場合，担保財産の競売・換価を裁定する（担保物権実行の許可裁定）。2）法律規定に適合しない場合[39]，申立却下を裁定することになる（民訴解釈372条では，争いのない部分の競売・換価裁定を含めた場合分けを行っている）。

　上記1）の担保物権実行の許可裁定は，執行根拠（執行名義）となり，担保物権者は裁定を行った人民法院またはその同級の被執行財産所在地の人民法院に対し，その執行を申し立てることができる。

四　裁定に対する不服

1　申立却下裁定に対する不服

　申立人は，中国民訴197条後段により，管轄権ある人民法院に対して担保物権

---

[39]　中国民訴197条の「法律規定に適合しない場合」とは，債務の履行につき双方当事者に争いがある場合や，抵当権設定契約の関連条項または抵当権の効力について争いが存在する場合等である。これら問題は，実際に担保物権を実行するための前提条件がまだ具備されていないことに起因しており，当事者双方にかかる争いがある限り，担保物権実行の問題を考慮するまでもない。人民法院は，申立てを受理後，審査を経て法律規定に合致しないと判断する場合，申立却下を裁定する。この場合，当事者は，人民法院に訴訟を提起することができる（法工委編・前掲注4）320頁参照）。

関連紛争に関する訴訟，または建設工事請負契約紛争に関する訴訟を提起することができる[40]。

2 担保財産競売，換価裁定に対する不服

当事者は，人民法院が下した担保物権実行の許可の裁定について異議がある場合，裁定の受領日から起算して15日以内に異議を提出しなければならない。利害関係人は，異議がある場合，自らの民事上の権益が侵害を受けたことを知りまたは知り得べき日から起算して6ヶ月以内に異議を提出しなければならない（民訴解釈374条2項）。

第八節　督促手続

一　督促手続の意義

督促手続は，人民法院が債権者の申立てに基づき，支払命令方式をもって，債務者に対し，法定期間内に一定の金銭，有価証券を債権者に給付するよう促した場合に，債務者が法定期間内に義務を履行せず，書面による異議を提出しないとき，債権者が支払命令に基づき人民法院に対して強制執行を申し立てる手続であり[41]，支払命令手続とも称される。

督促手続は，債務者に債務の弁済を促す簡便な手続であり，その主要な目的は簡易迅速に債務者に金銭債務の弁済を促し，もって債権者の金銭債権を実現する点にある。

督促手続の関連規定としては，中国民訴第17章（214～217条），民訴解釈（427～443条）および海事訴訟特別手続法第8章第4節等がある。

督促手続の基本構造は，1）督促手続の開始段階（債権者の申立て，法院受理など），2）督促手続の続行段階（法院審理，支払命令発令，債務者の支払命令に対する異議など），3）督促手続の終結に大別できる。

---

[40]　肖編・前掲注1）211頁，張・前掲注3）366頁参照。
[41]　督促手続の意義，開始，続行段階につき，江・肖主編・前掲注1）397～401頁，肖編・前掲注1）211～214頁，張・前掲注3）366～370頁参照。

二 支払命令の申立てと受理

1 支払命令の申立て

中国民訴214条および民訴解釈429条によれば，債権者が人民法院に対して支払命令を申し立てるには，以下の要件が必要である。

1) 債権者が債務者に対して金銭，有価証券の給付を請求する場合であること。

2) 給付を求める金銭，有価証券が既に期限が到来し，かつ金額が確定していること。

3) 債権者と債務者の間にその他の債務紛争がないこと（とりわけ債権者が対応すべき給付義務を負わないこと）。

4) 支払命令を債務者に送達することができること。送達することができる債務者とは，一般に直接送達，差置送達方式で支払命令を債務者に実際に送達できることを指す（送達の受領拒否の場合につき民訴解釈431条参照）。これに対して債務者が，中国国内に居住していない，または行方不明の場合には，債権者は支払命令を申し立てることはできない。

5) 債務者の住所地または常居所地の基層人民法院[42]に申立書[43]を提出すること。

6) 債権者が人民法院に対して訴前保全を申し立てていないこと（中国民訴101条対照）。

7) 債権者が法に従って申立費用を納付すること。債権者が支払命令の申立てを提出するのと同時に，財産紛争事件の受理費基準の3分の1の申立費を納付しなければならない（費用弁法14条）。債務者が支払命令に対して異議を未提出の場合，申立費用は債務者が負担する。債務者が支払命令に対して異議を提出し，督促手続が終結した場合，申立費用は申立人が負担する。申立人が別に訴訟を提起した場合，申立費用を訴訟請求に組み入れることができる（同36条）。

---

[42] 管轄法院につき民訴解釈23条，427条参照。また同429条3項によれば基層法院が支払命令申立事件を受理する場合，債権金額につき制限を受けない。

[43] 中国民訴214条2項は「申立書には，金銭または有価証券の給付を請求する数量並びに根拠とする事実及び証拠を記載しなければならない。」と定めるが，さらに申立人および被申立人の基本的状況，被申立人の住所地，債権債務関係の適法性，すでに債務の履行期が到来したこと，その他に債務紛争が存在しないこと等の事実と証拠が必要である（江・肖主編・前掲注1）400頁）。

2 受理

中国民訴215条の規定によれば，債権者が申立てを提出した後，人民法院は，5日内に当該申立が法定要件の具備を審査し（形式審査），債権者に受理するか否かを決定し，通知しなければならない。

債権者の申し立てた支払命令が，不適法と認める場合，期限を定めて申立人に補正を命じ（民訴解釈428条），債権者が正当な理由なく期限内に補正をしない，または補正後もなお不適法の場合，不受理とする。管轄違いの場合，法院は申立人に対し管轄権ある法院への申立てを告知し，すでに受理された場合は管轄を移送しなければならない。申立人が法により申立費を納付しない場合，申立ての取下げに準じて処理する。

債権者の申し立てた支払命令が，法定要件を具備する場合，基層人民法院はこれを受理し，かつ支払命令申立書を受領してから5日以内に債権者に通知しなければならない（民訴解釈429条）。

三 支払命令の発令と効力

1 支払命令申立てに対する審査

人民法院が債権者の提出した支払命令申立てを受理した後，一名の裁判官が申立てに対して審査を行う。この段階の審査は受理前の形式審査とは異なり，実質的内容の審査である。審査内容は以下の点を含む。

1）債権債務関係が明確かどうか。すなわち債権債務関係の事実がはっきりしており，双方当事者に実質的な争いがなく，大量の証拠調査収集を行わずに認定することができ，双方当事者にその他の債権債務紛争が存在しないことである。

2）債権債務関係が適法かどうか。すなわち債権債務関係の発生事実および債権債務の内容が現行法律規定と適合しているかどうかの審査であり，適法な債権債務関係でない場合，法院は債権者の申立てを支持しない。

3）債権者提出の請求が依拠する事実および証拠。債権者が提供する事実および証拠に対して審査を行い，証拠により基本的事実が証明できるかどうか，理由が成立するかどうかを審査する。裁判官は通常，債権者提供にかかる事実および証拠について書面審査を行う。事件の事実を明らかにするために，裁判官は口頭方式によって債権者，証人に対して質問を行うこともできる。

2 審査後の処理

人民法院は，申立てを受理した後，債権者が提出した事実および証拠の審査を経て，債権・債務関係が明確かつ適法であるものについては，受理日から15日内に債務者に支払命令を発令しなければならない。申立てが成立しない場合は，却下を裁定する（中国民訴216条）。

人民法院は，債権者の支払命令申立てを受理した後，審査を経て，次の状況の一つがある場合，申立ての却下を裁定しなければならない（民訴解釈430条）。すなわち，1）申立人が当事者適格を欠くとき，2）金銭または有価証券の給付に係る証明文書に，期限を過ぎてから給付する場合の利息または違約金，賠償金に関する約定がないのに，債権者が利息または違約金，賠償金の給付を要求し続けるとき，3）給付を求める金銭または有価証券が違法所得に属するとき，4）給付を求める金銭または有価証券の期限未到来，または金額が不確定であるとき，である。

3 支払命令の発令

(1) 支払命令の内容

法院が発令する支払命令は，以下の内容，事項を明確に記載しなければならない。1）債権者，債務者の基本的状況，2）債務者が給付すべき金銭，有価証券の種類および数量等，3）債務者が債務弁済または異議を提出する期限，4）債務者が法定期間内に異議不提出であった場合の法律効果等。

(2) 支払命令の効力[44]

1）拘束力　支払命令が一旦発令されると，直ちに拘束力［羈束力］が発生し，法院は原則として任意に支払命令を取消し・変更することは許されない。違法または誤った支払命令に対しては，債務者の異議または法院の取消裁定等によって効力を失わせることができる。

2）執行力　債務者が支払命令を受領した日から15日以内に書面異議を提出しない場合または異議が却下された場合，支払命令は執行力を具える（中国民訴216条3項）。

---

[44] 肖編・前掲注1) 213頁, 張・前掲注3) 370頁, 趙ほか・前掲注3) 342頁参照。

四　支払命令異議

1　支払命令異議の意義[45]

　支払命令異議とは，債務者が支払命令を発令した人民法院に対して支払命令が確定した給付義務に不同意を提出する法律行為である。人民法院が支払命令事件を審理するとき，債権者の申立てに対して書面審査を行うだけで債務者に質問することはなく，開廷審理を経ずに直ちに債務者に対して支払命令が発令されるため，債務者の利益を害する可能性があるため，法律は債務者に対して支払命令に対する異議権を付与している。

2　支払命令異議の成立要件

　民事訴訟法は債務者の提出する異議に実体的理由を付することを要求しておらず，ただ人民法院に対し，支払命令に反対する書面による意思表示をすることだけを要求している。支払命令異議は，以下の要件を具えることが必要である。
　1）法定期限内に提出すること。債務者は，支払命令を受領した日から15日以内に人民法院に対して書面による異議を提出しなければならない（中国民訴216条2項）。
　2）書面方式により提出すること。債務者の異議は要式行為とされ，口頭による異議は無効である（民訴解釈438条3項）。
　3）債権債務自体に対する異議であること。債務者は債務自体に対して異議を提出しなければならず，弁済能力の欠如，債務弁済期限の延長，債務弁済方法の変更等についてのみ異議を提出する場合は，支払命令の効力に影響しない（民訴解釈483条1項）。

3　法院審査

　法院は債務者の支払命令異議を受領した後，5日以内に異議が成立するかどうかを書面審査し，受理を決定しなければならない（中国民訴215条参照）。法院は，支払命令異議の審査を行う場合，実体の理由に対する審査は不要であり，支払命令異議が成立要件を具備するかどうかだけを審査する。法院は，成立要件が具備すると認める場合，督促手続の終結裁定を行い，成立要件を具えないと認め

---

45)　肖編・前掲注1) 214頁，江・肖主編・前掲注1) 402頁参照。

る場合は，異議の却下を裁定しなければならない。異議却下の裁定に対して，債務者は異議を提出することは許されない。

　形式審査を経て，債務者提出の異議に次の状況がある場合は，異議が成立すると認め，督促手続の終結を裁定しなければならず，支払命令は自動的に失効する。すなわち，1) 民訴解釈が規定する申立ての不受理事由に該当するとき，2) 同解釈が規定する申立却下の裁定を行う事由に該当するとき，3) 同解釈が規定する督促手続終結を裁定すべき事由に該当するとき，4) 人民法院に支払命令を発する条件の具備につき合理的疑いを生じたとき，である（民訴解釈437条）。

4　支払命令異議成立の効果[46]

　支払命令異議成立の主要な効果は，1) 督促手続終結の裁定であり，2) 支払命令は自動的に失効する（中国民訴217条）。このほかに次の特別な場合に注意すべきである。

　1) 債権者が同一の債権債務関係に基づき，同一の支払命令申立てにおいて債務者に対して複数の支払請求を提出し，債務者がそのうちの一つまたは複数の請求にのみ異議を提出した場合，その他の請求の効力に影響しない（民訴解釈434条）。

　2) 債権者が同一の債権債務関係に基づき，可分な債権について複数の債務者に支払請求を提出し，多くの債務者のうち一人または数人が異議を提出した場合，他の請求の効力に影響しない（民訴解釈435条）。

　3) 担保設定した債務の主債務者に対して発した支払命令は，保証人に対して拘束力を有しない。債権者が担保関係について単独で訴訟提起した場合，支払命令は人民法院が事件を受理した日から失効する（民訴解釈436条）。

五　督促手続の終結[47]

　督促手続の終結には，自然終結と裁定終結の二種類がある。

---

46)　江・肖主編・前掲注1) 402～403頁，张・前掲注3) 371頁，赵ほか・前掲注3) 343頁参照。
47)　张・前掲注3) 372～373頁，李・前掲注2) 378頁参照。

1 自然終結

督促手続の自然終結とは，督促手続が正常に終結する場合である。すなわち，1) 債務者が支払命令を受領した後，法定期間内に異議を提出せず，かつ自発的に債務を支払った場合，2) 債務者が法定期間内に異議を提出せず，自発的に債務を支払わないが，支払命令の強制執行力のもと債務を弁済した場合，があり，督促手続は正常に終結し，債権者・債務者間の債権債務関係も消滅する。

2 裁定終結

法定の状況下において，人民法院が裁定方式により（非正常的に）督促手続を終結させる場合である。すなわち，1) 債務者の提出した異議が成立するとき（中国民訴217条1項および上述の民訴解釈437条参照）。2) 人民法院が支払命令申立てを受理した後，債権者が同一の債権債務関係について再び訴訟を提起するとき，3) 人民法院が支払命令を発した日から起算して30日以内に債務者に送達できないとき，4) 債務者が支払命令を受け取る前に債権者が申立てを取り下げたとき（(2)～(4)につき民訴解釈432条）であり，これらの場合，支払命令は失効する。

六 督促手続から訴訟手続への移行と強制執行

1 訴訟手続への移行

2012年改正で新設された中国民訴217条2項[48]では「支払命令が失効した場合，訴訟手続に移行する。ただし，支払命令申立の一方当事者が訴訟提起に同意しない場合を除く。」とされ，さらに民訴解釈440条，441条がより詳細な規定を置いている。上記各規定は，支払命令失効後の訴訟手続移行に関する規定であるが，上述した裁定終結の2) の場合および民訴解釈436条の場合には移行手続

---

48) この点，2012年改正前は「人民法院は，債務者が提出した書面による異議を受領後に，督促手続を終結する旨を裁定しなければならない。支払命令は自動的に効力を失い，債権者は訴えを提起することができる」と定めていたが（194条），2012年改正では214条1項に「審査の結果，異議が成立した場合」を追加し，さらに訴訟手続移行に関する2項を新設した。改正前では，申立人は督促手続が終結後に被申立人に対して債権を主張する場合，当該債権債務関係について人民法院に訴訟を提起することができ，人民法院は当該訴訟に対して通常手続に基づき審理された。これに対し本条2項では「訴訟手続への移行」，すなわち，支払命令を申し立てた当事者は，別途訴訟提起するまでもなく，通常訴訟手続に直接移行することとされた。これにより，督促手続と訴訟手続が順調に結びつき，当事者が別途訴えを提起する手間が省けることになる（法工委編・前掲注4）350頁参照）。

を適用しないと解されている[49]。

2 発効した支払命令の強制執行

　法的効力を生じた支払命令について，債務者が支払命令の受領日から15日以内に支払命令を履行しない場合，債権者は支払命令を発令した人民法院またはその同級の被執行財産所在地の人民法院に対して強制執行を申し立てることができる（中国民訴216条2項，3項）[50]。

第九節　公示催告手続

一　公示催告手続の意義[51]

　公示催告手続とは，一般的意義では人民法院が申立人の申立てに基づき，公示の方法により，不明な利害関係者に一定期間内に権利届出を行うよう催告し，届出がない，または届出が無効の場合，申立人は当該権利を獲得し，不明な利害関係者は当該権利を喪失する手続である。

　民事訴訟法第18章の定める「公示催告手続」は，主に手形の最終所持人が，その手形に盗難，遺失，滅失があった場合に，人民法院に対し，公示方法を用いて当該手形の不明な利害関係人に一定期間内に当該手形の権利届出を催告するよう請求し，誰からも届出がない，または届出が無効のとき，人民法院は手形の最後の所持人の申立てに基づいて手形の無効を判決し（除権判決），当該手形の最終所持人が当該手形の権利を有し，利害関係人は当該手形の権利を喪失する。

　中国では改革開放以降，手形が頻繁に使用されるようになって急速に流通し，連続的に譲渡される状況も増加しているが，他方で手形の使用過程において，盗難，遺失，滅失といった問題も生じている。この点，手形上の権利と手形の占有は，手形法律関係上では分離できない関係にあるとされるため，盗難等によって手形の占有を失った場合，正当な権利者は支払義務者に対して権利を主張することができず，手形義務者もまた適法に支払いを拒絶することができることとなり，手形を喪失した権利者が損害を被ることは避けられない。

---

49)　江・肖主編・前掲注1) 404頁，なお張・前掲注3) 373頁参照。
50)　発効した支払命令の誤りに関する救済手続につき民訴解釈443条参照。
51)　江・肖主編・前掲注1) 404～405頁，肖編・前掲注1) 215～216頁，法工委編・前掲注4) 354頁参照。

そこで民事訴訟法は第 18 章「公示催告手続」を規定し，手形の盗難，遺失，滅失時に，手形の無効を宣告する行為に法的効力を持たせ，これによって，公民・法人の合法的な権益をより一層保護し，社会・経済秩序の安定を図っている。第 18 章は計 6 条からなり (218~223 条)，公示催告手続の適用範囲，審理手続，公示催告期間の申立人，利害関係人，支払人の権利義務などについて定め，民訴解釈 444~461 条がより詳細な規定を置いている。

公示催告手続が有する特徴として，1) 手続主体の特定性 (手形を盗難・遺失・滅失した所持人であることが必要)，2) 手続目的の特定性 (手形上の権利の消除を目的とする)，3) 適用範囲の特定性 (手形の盗難・遺失・滅失および法律の規定するその他の事項)，4) 手続進行の明確な段階性 (公示催告手続と除権判決の二段階)，5) 公示催告によってなされる判決の除権性 (判決により手形上の権利または法律の規定するその他の事項記載の権利を消除する) が指摘されている。

また公示催告手続の性質としては，①手続の専門性 (上記特徴の 1) 2) 3) 参照)，②非訟性 (明確な相手方当事者がなく，手続中には申立人だけが存在し，原則として不開廷の書面審理)，③手続の簡便性と整理されている。

二　公示催告手続の適用範囲[52]

中国民訴 218 条 1 項は「規定に従い裏書譲渡可能な手形・小切手の所持人は，手形・小切手が盗取され，遺失し，又は滅失した場合には，手形・小切手の支払地の基層人民法院に対して公示催告を申し立てることができる。法律の規定により公示催告を申し立てることができるその他の事項には，この章の規定を適用する。」と定める。

1　規定に従い裏書譲渡が可能な手形

中国における公示催告手続の主要な対象は，裏書譲渡可能な手形 [票据] であり，この種の手形に盗難，遺失，滅失があった後，手形所持人は人民法院に対して公示催告の申立てをすることができる。手形は，一定金額の無条件での支払いを特徴とする有価証券であり，中国手形法 2 条 2 項およびその他法律の関連規定によれば，手形には，「匯票 (為替手形)」，「本票 (約束手形，銀行振出小切手)」，

---

[52]　肖編・前掲注 1) 216~217 頁，趙ほか・前掲注 3) 346 頁参照。

「支票（小切手）」が含まれる。

「裏書譲渡」とは，手形所持人が手形の裏面に署名し，手形の権利を他人に譲渡することを指す（手形法27条4項）。中国の関連法規定から見ると，「裏書譲渡可能な手形」としては主に「匯票」，「本票」，「支票」，の三種であり，これら三種の手形に盗難，遺失，滅失が生じた場合，公示催告を申し立てることができる。

2　法律の規定により公示催告を申し立てることができるその他の事項

すなわち，民事実体法が規定する裏書譲渡可能な手形以外のその他の公示催告申立てが可能な有価証券である（たとえば中国会社法150条では，記名株券の盗難，遺失，滅失があった株主は，民事訴訟法の規定する公示催告手続により，人民法院に対して株券の失効を請求することができる旨を定める）。

三　公示催告の申立てと受理[53]

中国民訴218条，民訴解釈および手形法の関連規定によれば公示催告申立てには以下の要件が必要である。

1　公示催告の申立て

手形の最終所持人が，法律規定に基づき管轄権ある人民法院に対して公示催告の請求を提出し，これにより公示催告手続を開始させる行為である。公示催告の申立てには以下の要件が必要である。

1）公示催告の申立人は，裏書譲渡可能な手形の最終所持人，および法律の規定するその他の者である。その他証券の当事者は，公示催告の申立適格を有しない。

2）公示催告の申立理由および事実根拠は，裏書可能な手形が盗難，遺失，滅失でなければならない。公示催告手続の目的は，利害関係人から権利届出がない状況下において法に基づき手形の無効を宣告することにあるが，手形の盗難，遺失，滅失以外の場合（手形の偽造，変造，更改，抹消等）では相手方が明確であり，手形関係において紛争が生じた場合，当事者は訴訟手続を通じて解決するこ

---

53) 江・肖主編・前掲注1) 405～406頁, 肖編・前掲注1) 217～218頁, 趙ほか・前掲注3) 347～348頁参照。

とができる。

　3）公示催告の申立ては，手形支払地の基層人民法院に対し提出しなければならない。手形支払地とは，手形上に記載された支払人の所在地をいい，手形上に支払地の記載がない場合は手形支払人の住所地または主要な営業地を手形の支払地とする。

　4）人民法院に対して書面で申し立てること（中国民訴218条2項）。申立書の記載事項は，①券面額，②振出人，③所持人，④裏書人，⑤その他手形の主たる内容，⑥申立ての理由および事実（主要なものとして，申立人の手形取得の経緯，支払いの主な用途，手形が盗難，遺失，滅失した時間，場所，経過および証拠資料。同時に公示催告の法的根拠の明示を要する）。

2　公示催告申立ての受理

（1）　受理審査

　人民法院が公示催告の申立てを受領した後，当該申立てが上記要件を具備するかどうかを直ちに審査し，要件を欠く場合は7日以内に申立却下を裁定しなければならない。要件を具備する場合は当該公示催告の申立てを許す。

（2）　支払停止の通知

　手形の盗難，遺失の後，違法な手形所持人が支払人に対して支払いを請求する可能性があるので，これを防止し，公示催告手続の正常な進行を保障するため，人民法院は申立受理と同時に支払人に対して支払停止にかかる通知を発する。支払人が支払停止の通知を受領した場合，その効力は公示催告手続が終結するまで継続し，支払人が自己の判断で当該手形を支払う場合にはそれによって生じる実体法上の責任を負担しなければならず（中国民訴220条参照），手続上，人民法院は民事訴訟法の民事訴訟妨害行為の関連規定により処理することができる（民訴解釈456条参照）。

四　公示催告事件の審理手続

1　裁判組織

　公示催告事件の手続は，裁判官一名による独任制審理であり，除権判決で手形またはその他の事項の無効を宣告する場合は，合議体を構成して審理を行う（民訴解釈454条）。

2　公告

　人民法院は申立受理の決定後，3 日以内に公告を発し，利害関係人に権利の届出を催告しなければならない。公告の内容は，1）申立人の氏名・住所（法人その他の組織では，名称・主要管理機構の所在地），2）盗難・遺失・滅失した手形の種類，番号，額面金額，手形振出人，受取人，裏書人，所持人，支払人，支払日，盗難・遺失・滅失の経緯，3）権利届出期間および期間内に届出をすべき旨の催告，利害関係人が届け出ない場合の法的効果等である（民訴解釈 447 条参照）。公示催告期間（公告期間）は，60 日を下回ってはならず，かつ期間満了日は手形支払日から 15 日後に先んじてはならないとされ（中国民訴 219 条，民訴解釈 449 条），具体的期間は人民法院が具体的状況に基づいて定め，一般に 3ヶ月である。公告は，新聞紙その他の媒体に掲載し，同日に人民法院公告欄内に公布しなければならない。人民法院の所在地に証券取引所がある場合，同日に当該取引所にも公布する（民訴解釈 448 条）。公示催告期間においては，手形・小切手上の権利の譲渡行為は，無効である（中国民訴 220 条 2 項）。

3　権利の届出

　利害関係人（喪失手形の実際の所持人を指し，手形法理論からは手形所持人が権利者である）は，公示催告期間内に人民法院に対して権利を届け出なければならない[54]。権利の届出は書面方式により，同時に人民法院に対して手形を交付する。人民法院は，利害関係人の権利届出および手形を受け取った後，申立人に対して指定期間内に人民法院において当該手形を閲覧するよう通知する（民訴解釈 451 条）。申立人が当該手形を閲覧し，それが確かに盗難・遺失に係る手形であると認める場合，人民法院は公示催告手続の終結を裁定し，申立人および支払人に通知しなければならない。当事者間に争いがある場合，人民法院に対して訴えを提起できる。公示催告手続の目的は，利害関係人から権利届出がない状況下において法に基づき手形の無効を宣告することにあり，誰が手形上の権利者であるかの確認や実体的な権利義務紛争を解決するものではない。利害関係人の権利届出

---

54) 法律の定める公告および権利届出方式は，公示催告申立人の申立事由が真実かどうかを調査し，利害関係人の合法的権益の保護を図るものであり，まさに利害関係人が法に基づいて有する権利届出の機会・手段である。よって，公示催告手続が適用される事件において，利害関係人が第三者取消しの訴えを提起した場合は，法院はこれを支持しない（民訴解釈 297 条参照）（江・肖主編・前掲注 1）407 頁）。

が確認された後，申立人の申立てが真実でない，あるいは申立人と権利届出人の間に実体的権利義務の争いがあっても，これらはいずれも公示催告手続により解決すべき問題ではない。よって人民法院は公示催告手続の終結を裁定した後，申立人または権利届出人は人民法院に対して訴えを提起できる。

五　除権判決[55]

1　除権判決の意義

除権判決とは，公示催告期間の満了後に権利を届け出る者がない，または権利届出が却下された場合，公示催告申立人の申立てに基づき，人民法院が手形または法律の規定するその他の事項が以後法的効力を有しないとする判決である。

2　除権判決の申立要件

中国民訴222条前段および民訴解釈452条によれば，人民法院に対して除権判決を申し立てる要件は，1）権利届出期間または除権判決をなす前に，権利を届け出る者がなく，または権利届出が却下されたこと[56]，2）公示催告申立人は，公示催告期間満了の日から1ヶ月内に除権判決をなすよう申し立てること[57]である。

3　法院の審理

人民法院は，合議体を構成して，上記の除権判決申立要件を審理し，審理の結果，要件を欠くと認める場合，申立却下の裁定をしなければならない。

申立要件を具備すると認める場合は，人民法院は手形無効を宣告する判決をしなければならず，人民法院は判決を公告し，かつ支払人に通知する（中国民訴222条中段）。除権判決の公告は，公示催告の公告と同じ方式による。公告の目的は，公告内容を社会に知らしめ，関係のある公民，法人，その他の組織が，法的効力を失った手形を受け取ることを回避し，経済・金融秩序の安全を保障するた

---

55) 江・肖主編・前掲注1) 408～409頁，肖編・前掲注1) 219～221頁，張・前掲注3) 377～378頁参照。
56) 調査の結果，人民法院に利害関係人から交付された手形と申立人が公示催告を申し立てた手形とが不一致の場合，人民法院は利害関係人の権利届出の却下を裁定する。
57) 申立期限を過ぎても除権判決の申立てがない場合，公示催告手続は終結し，終結裁定とともに申立人および支払人に通知を要する。

めである。同時に権利届出をしなかった利害関係人があった場合，公告を通じて除権判決の内容を知ることにより，訴訟によって自己の合法的権益を守るのに役立つ。

4 除権判決の法的効力

第一に，除権判決公告の日から，当該手形は無効となり，支払いの停止も終了する。申立人は，除権判決に基づき手形義務者に対して手形上の権利を主張し，支払いを請求する権利を有する（中国民訴222条後段，民訴解釈453条）[58]。第二に，公示催告手続は一審終審制であり，除権判決に対する上訴は許されない。

5 除権判決の取消し

利害関係人は，正当な理由[59]により，判決前に人民法院に対して権利を届出ができなかった場合，判決の公告を知った日または知り得べき日から1年内に，除権判決をした人民法院に対して訴えを提起することができる（中国民訴223条）。

除権判決取消しの訴えにおいて，原告たる利害関係人は，公示催告申立人を被告とし，原告所持手形を無効と宣告した判決の取消しと，自己の手形上の権利の回復を請求内容とする。人民法院は訴えを受理した後，別の合議体を構成しなければならず，通常手続によって審理を行う（民訴解釈459条）。法廷弁論を経た後，法院が理由があると認める場合，除権判決を取り消す判決をし，同判決の内容を公告しなければならない（公告方式は除権判決の公告と同じである）[60]。

除権判決の取消判決は，その公告日から，無効を宣告された手形の原効力を回復し，利害関係人は当該手形の権利を回復し，支払人は除権判決申立人に対して支払い済み金員の返還を請求できる。

（白出博之）

---

58) 公示催告申立人は，喪失手形の手形法上の権利を回復する。注意すべきは，人民法院のなす除権判決は，公示催告申立人の手形上の権利を直接確認するものではなく，手形の無効を宣告する方式を通じて申立人が有する手形上の権利を回復する点である（趙ほか・前掲注3）351頁参照）。
59) 中国民訴223条の「正当な理由」の意義につき民訴解釈460条参照。
60) 利害関係人が，自己が適法な所持人であることの確認のみを訴求する場合の処理につき民訴解釈461条2項参照。

第 16 章　特別手続に関するコメント

はじめに

　現行日本民訴法の特徴の一つは，一部を除き判決手続へ特化したことである。旧法時代に内包していた様々な手続は，民事執行法・民事保全法等に分化したほか，以前より家事事件・非訟事件として別個の法律で扱われてきたものもある。

　中国民訴法の「特別手続」は「通常手続」および「簡易手続」に対する概念と紹介されている。その多くが日本法において広義の非訟手続に属するものであるが，督促手続のように民訴法に規定する手続として位置付けられるものもあるほか，日本法には見られない手続もある。以下個別の手続について概観するが，本文に言及のある部分は基本的に省略する。

一　特別手続

　中国民訴法の「特別手続」は，多くが日本法の非訟事件に該当し，そのうち失踪宣告や行為能力に関する事件は，家事事件手続法（以下，家事法と略称する）のうち別表第一に定める事件に相当する。日本法のこれらの規定は，主として，旧家事審判法の甲類審判事件を承継したものである。職権探知主義が適用される家庭裁判所の手続であるが，当事者等の手続保障や使いやすさの向上の観点から現行法（平成23年法律第57号）が制定され，平成25（2013）年より施行された[1]。

　日本法では民訴法とは別個の法律で規定されている手続であるが，家事事件という枠組みの中では各手続間に共通部分が多いことと比較すると，中国法は各手続間の共通性が低く独自性が高いことを指摘できよう。

　特別手続に相当する日本法の規定は，家事法以外にも多くの法律に区分される

---

1) 家事事件手続法における手続保障について考察したものとして，たとえば，金子修「家事事件手続法下の家事審判事件における職権探知と手続保障」判例タイムズ1394号（2014年）5頁参照。

が，以下では中国法の構成を念頭に叙述することとする。紙幅の都合で，割愛した部分もあることをお断りしておく。

1 失踪宣告・死亡宣告

中国法上の失踪宣告は，名称から，日本法においては，民法30条（失踪の宣告）以下に相当するようにも思われるが，実体法上の要件効果の違いには留意すべきである。日本法においては，民法31条により失踪宣告を受けた者は死亡したものとみなされるが，中国法の失踪宣告にこのような効果はない。むしろ，中国法の死亡宣告が日本法の失踪宣告に相当する法律効果を有するものといえよう。中国法の失踪宣告の関連制度は，日本における不在者財産管理人選任手続（民法25条以下）に近いものである。

いずれにせよ，失踪宣告・死亡宣告の手続は性質上訴訟手続には該当しないが，中国法においては民訴法に規定される手続である。

2 民事行為無能力・制限行為能力の認定

日本民法の行為能力に関する規定は，平成11（1999）年民法改正（平成11年法律第149号）等によって「禁治産」「準禁治産」の制度に代わる成年後見制度として設けられたものである。柔軟な制度設計と自己決定の尊重，残存能力の活用，ノーマライゼーションといった新しい理念と従来の本人の保護の理念との調和を図るという理念的要請に応えるため，制度改正が行われた[2]。旧家事審判法もこれに伴い改正がされた（平成11年法律第152号）が，家事法制定においてもおおむねこの規定が引き継がれた。

成年後見（民法7条以下）については，家事法117～127条に規定を置いており，保佐（民法11条以下）については，家事法128～135条。補助（民法15条以下）については，家事法136～144条である。いずれも別表第一に属する事件である。

手続法上の特徴をいくつか挙げると，家事法118条は，後見開始の審判事件等について，成年被後見人となるべき者は，法定代理人によらずに自らが手続行為能力を有する旨規定している。中国法は，被後見人の近親等が代理人になること

---

[2] 小林明彦・大鷹一郎編『わかりやすい新成年後見制度』（有斐閣リブレ・1999年）4～6頁参照。

のみを規定している[3]。家事法では，成年被後見人からの陳述の聴取の制度が整備された（家事法120条）。なお，中国法においては，民事行為無能力等の認定等は判決による（187条・188条）が，日本法においては，審判による。

3 無主財産の認定事件

日本民法239条は，1項で「所有者のない動産は，所有の意思をもって占有することによって，その所有権を取得する。」と規定し，さらに2項で「所有者のない不動産は，国庫に帰属する。」と規定する。しかし，この規定について，司法手続上は，民訴法にも，非訟事件手続法ほかの手続法にも，また不動産登記法上も，これに対応すべき特段の規定は置かれていない。相続人の不存在によって相続財産が国庫に帰属することとなる場合，家事法203～208条（別表第一99～101の項）により審判等がされることになる。

所有者のない動産については，先占により所有権を取得するので，原理的には問題は生じない。埋蔵物についても，基本的には同様の考え方である。所有権が争われる場合は，所有権確認訴訟などを提起して争うことになる。

不動産，特にある土地が過去に無主地であり，これを時効取得したとして自らの所有権を主張する者は，民訴法の手続にのっとり，所有権確認訴訟を提起する方法が考えられる。しかし，二当事者対立構造を前提とすれば，相手方当事者を確定させることができない場合，訴訟での解決は困難である。国が当該不動産の所有権を争っていれば被告適格を有するが，国が自らの所有権を否定している所有者不明の土地の場合は，これらに該当せず，適当な被告を見出すのが困難であり，所有権確認訴訟によってこれを解決することはできない[4]。

このような事案で司法の手続によって，無主地であることが認定されれば，すなわち国庫に帰属することとなり，被告適格を認めることができるほか，これと異なる者が所有者であるということになれば，自らの所有権を確認でき，あるいは被告適格を有する者を確定することができる。

中国民訴法の手続は特定の財産を国庫に組み入れるための手続で，以上の問題

---

[3] 民訴解釈では，351条で選任手続における異議の手続，352条で近親者がいない場合の規定を置いている。

[4] 所有者不明の土地を時効取得したと主張して国に対して提起された所有権確認訴訟に関しては，最判平成23年6月3日（集民237号9頁）も確認の利益を否定して原告の訴えを却下している。

関心とは位相を異にするものであり，そもそも日中間では体制も所有権についての法制度も大きく異なる。しかし，対立当事者を想定できず通常の訴訟では解決困難な事件類型に対して，中国民訴法が非訟手続を用意していることは，非常に興味深い。

4 選挙民資格認定事件

そもそも，選挙権に関する紛争は市民間の紛争とはいいがたいことから，日本法においては，民事実体法にも民事手続法にも中国法に相当する規定がなく，公職選挙法に選挙人名簿の登録に関する異議の申出（24条），異議の申出に対する市町村選挙管理委員会の決定に不服がある場合の訴訟の制度（25条）がある。この訴訟は，当該市町村の選挙管理委員会の所在地を管轄する地方裁判所の専属管轄とする（2項）ほか，この裁判所の判決に不服がある者は，控訴することはできないが，最高裁判所に上告することができる（3項）点が特徴である。

政治体制が大きく異なることも考慮すべきであるが，日本法においては行政訴訟に該当するが，中国では民訴法に規定されていることが最大の特徴であろう。身分関係事件の一種と位置付けられているものといえようか。

5 調停合意司法確認事件

中国民訴法194条および195条の調停合意司法確認事件の規定は，日本民訴法にはこれに該当する規定はない。この規定は，適法性に争いが生じがちな人民調停合意について，その法的効力を司法機関が確認するものであるが，最終的には執行力の確保を目的としている。

日本の民事執行法（以下，民執法と略称する）においては，民事調停法や家事法に基づく調停合意が債務名義となることから，他に特段の規定を設ける必然性はないが（民執法22条7号，民事調停法16条，家事法261条1項以下など参照），問題は民間ADRである。ADR法（裁判外紛争解決手続の利用の促進に関する法律）の制定時に執行力の付与が議論となり，最終的には本法による認証ADR手続の和解に執行力が付与されなかった経緯がある[5]。人民調停を日本法における民間

---

[5] 小林徹『司法制度改革概説7 裁判外紛争解決促進法』（商事法務・2005年）177〜178頁参照。近時の「ADR法に関する検討会報告書」（2014年3月）6頁においても認証ADRによる和解への執行力の付与は「今後も検討を続けるべき将来の課題とする。」として中長期的な課題と位置付けており，近い将来，実現することはないと思われる。

ADRと同様のものと位置付けることはできないが，手続への信頼性に対する疑問などは共通のものである[6]。

なお，日本法において民間による調停やあっせんなどで和解に執行力を持たせたい場合には，訴え提起前の和解（民訴法275条）を利用する方法があり，中国の制度はこれに類似したものとみることもできよう。当事者双方の申立てを要する点や，通常の民事訴訟に移行する余地を残している点が共通している[7]。

6　担保物権実行事件

日本法においては，担保権の実行手続は民執法に規定されている。中国民訴法では，全2ヶ条から成る非常に簡素な規定であり，その分，手続の要件その他について，司法解釈や実体法である物権法によることとなる。

日本法における担保権の実行手続は，民執法制定以前は，民訴法ではなく競売法に規定されていた手続である。債務名義の実現としての強制執行と担保権の実現は，法的性質に着目する限り大きく異なるものであり，別個の法令によりこれらを規定すること自体は，何ら不自然ではない。しかし日本法は，両者の手続的類似性に着目して一個の法律として規定することを選択した。中国法においても，実際の担保権の実行の場面では執行の手続に大きく依拠することとなる。

内容の検討の多くは，執行手続の章に譲るが，書面審理により必要に応じて審尋が行われること，公開法廷による必要がないこと等は認められ[8]，債権者主導で手続が進められる点などは，民訴法にありながら非訟事件としての性質を有すると考えてよかろう。

---

[6] 人民調停制度の歴史的経緯，法的効力に関する問題点，および今次の法改正については，小口彦太・田中信行『現代中国法〔第2版〕』（成文堂・2012年）113～118頁参照。

[7] 裁判等の効力を確認して執行力のある債務名義を得る機能に着目すると，外国裁判所の判決の執行判決（民執法24条）や仲裁判断の承認および執行決定（仲裁法45条・46条，民執法22条6号の2）の制度も，手続として類似点もある。だが，これらは一方当事者からの申立てによって手続が開始されるものであり，当事者双方の申立てによるものではない。

[8] 民訴解釈によれば，当事者間に実質的な見解の相違がある場合に人民法院に訴訟を提起させる（372条3号）など，実体判断を避ける点も指摘できるが，その後の訴訟の性質など詳細な規定は見あたらない。

二　督促手続

　督促手続は，比較的単純な法律関係の債権であることを前提として，簡易迅速に債務の弁済を得る方法として用いられるものである。簡易な手続のあるべき姿については，各国の法制度はもちろん，社会的・経済的な実情の違いや立法政策によって大きく異なるものといえる。とはいえ，簡易な制度を設けることで，裁判所のコストの低減，債権者が低コストで救済を得ることを目的とする点については，一致しているといえるだろう。いうまでもなく債務者の保護や，社会的な影響については十分な考慮が必要である。

　日本民訴法における督促手続の要件自体に近年大きな変化はない。現行民訴法における特徴として，旧法下においては簡易裁判所の権限とされていたが，現行民訴法では簡易裁判所書記官の権限とされたため，旧来の「支払命令」から「支払督促」に名称が変更されたことが挙げられる。支払督促は，審尋を行わずに発するものであり，現在では裁判所や裁判官の裁判ですらない手続である。また平成16（2004）年以降は，順次オンラインによる督促手続のシステムが導入されている。

　督促手続は，形式的に債権の存在が明らかであることが前提であり，債務の存否や条件等に争いがある事件には不向きである。争いのある事件のためには少額訴訟手続が設けられているほか，簡易裁判所の手続にも特則が設けられており，比較的少額の事件のために利用者の便宜が図られている。その中で，督促手続は，従来の裁判の枠組みにとらわれることなく，簡易迅速性の要求に応えてきたものといえる。

　中国民訴法の督促手続は，その申立ての要件，手続主体や効力などに若干の差異は見られるものの，日本民訴法と非常に類似した規定となった。今後の推移を見守りたい。

三　公示催告手続

　日本法の公示催告手続は旧民訴法に包含されていたものであったが，その手続の実質は非訟手続であることから，現行民訴法制定の際にはこれに含まれることなく，旧法に留め置かれた。最終的に，公示催告手続は，（旧）非訟事件手続法

に組み入れられることとなり（平成16年法律第152号），この時点で旧民訴法は廃止された。

　非訟事件手続法は，その後新法が制定され（平成23年法律第25号），平成25（2013）年1月1日施行された。公示催告手続もこの中に含まれている（99条以下）。平成16（2004）年改正の際に口語化等の改正がされたことから，新法では若干の修正にとどまった。

おわりに

　以上が特別手続の概観であるが，要点として以下のことを指摘して，結びとしたい。

　中国民訴法で特別手続とされる手続は，基本的に非訟事件に分類されるものである。日本法においては別個の法律によって規定されている部分が大きく，督促手続を除けば民訴法に包含されない。

　現在の日本法は，手続類型ごとに別個の法律を制定する傾向にあるが，中国法では単一の法典で多くの手続を包含する傾向がある。特別手続に含まれる手続の多様性は，まさにその縮図といえよう。

（宮永文雄）

第 17 章　執行手続

I　民事執行手続総則

第一節　民事執行概説

一　民事執行の意義

　中国民事訴訟法は第1編「総則」，第2編「裁判手続」に続けて，第3編「執行手続」の規定を置くところ[1]，執行とは，法定の執行機構が法定手続に基づき，国家の強制力を運用し，法定の措置を講じて，義務者に法律文書で確定された義務を強制的に履行させる行為を指す。この手続は，強制措置を講じることを主な特徴とすることから，執行は強制執行とも呼ばれるが，民事訴訟においては民事法律関係に関する紛争を対象とすることから（3条），本法第3編執行手続は，民事執行，民事強制執行とも称される。

　民事執行概念は以下の内容を含意する[2]。

　1）国家機関のみによる実施。民事執行は，国家が定める執行機関によって実施されることが必須であり，関係のある組織・公民個人による自力執行は厳に禁じられる。そして中国の場合，法院が法定の民事執行機関である。

　2）執行根拠の存在が前提である。民事訴訟においては，裁判手続と執行手続

　1）　中国民事訴訟法第3編「執行手続」の規定はわずか35条だけであり，実務の需要を満たせないため，最高人民法院は1998年「執行規定」，2008年「執行解釈」，および2015年民訴解釈（304～316条，462～521条）等の司法解釈を公布して執行手続規定を補充している。なお最高人民法院は強制執行法の単行法立法に向けて，2001年以降「中華人民共和国強制執行法草案」を起草し2014年までに六訂版に至っている。

　2）　江伟・肖建国主編『民事訴訟法〔第7版〕』（中国人民大学出版社・2015年）410頁，肖建国編『民事訴訟法』（中国人民大学出版社・2013年）224頁参照。

の分立原則が採用されている［審執分立原則］。裁判手続は，当事者間の紛争に判断を加え，債権者の民事権利の確認をその任務とするのに対し，民事執行手続では発効した法律文書の内容を実施実現し，債権者の権利実現を使命とする。

3）債権者の申立てが必須である。民事執行は，法律文書により確認された私権の実現を目的としており，権利者が執行債権に対し処分権を有することに基づく。

4）執行機関が公権力を用いる強制行為である。強制性こそが民事執行の根本的特徴であり，執行機関の強制執行権限の運用により債務者の財産処分権の剥奪し，債務者の人身の自由を制限することが可能である。

5）民事執行は確定された私権を実現する手続である。当事者が有する私権の内容が不確定またはすでに実現されている場合は民事執行の問題とはなしえない。

二 民事執行の基本原則

執行法院および当事者に対し，民事執行手続の全体において指導的作用を有する準則を民事執行の基本原則といい，その主要なものは以下のとおりである[3]。

1 執行合法の原則

民事執行活動が，発効した法律文書を根拠とし，法定の手続および方式により，かつ実体法の規定を遵守して行われることを必須とすることである。

2 執行当事者不平等の原則

裁判手続における当事者平等原則と相対するものであり，執行債権者と債務者の地位は平等ではなく，双方の権利義務に差異を認める原則である。民事執行手続では，すでに当事者間の民事権利義務が確定されていることを前提にしており，民事執行の目的は債権者の権利の迅速な実現と債務者に義務履行を迫る点にあるため，裁判手続における債務者と債権者の権利義務および地位の平等原則を，そのまま執行手続に適用することは適当でない。

---

3) 江・肖主編・前掲注2）413〜414頁，肖編・前掲注2）225頁参照。民事執行の基本原則に関する中国の学説は多岐に分かれており，上記六原則以外に，民事強制執行・教育の結合原則，民事執行権の法院独立行使の原則，執行共助原則，執行目的物有限の原則，執行業務の正確処理と社会安定関係の原則等が主張されている。

3　執行適度の原則

民事執行の目的を実現する執行措置が，必要かつ適度であることを必須とするものであり，当事者利益全面保護の原則としても主張される。この「必要かつ適度」とは，被執行者に対する執行が合理的な限度内に制御されることを要求するものであり，執行目的と執行措置および執行申立人の利益と被執行者の利益とがそれぞれ合理的バランスを保つことであり，かつ債務者の苦痛を最低点としつつ迅速，十分に債権が実現されることである。

4　適時執行の原則

迅速かつ適時の執行は民事執行手続の基本的価値要求を体現している。民事執行は，司法行為と密接な関係を有する司法強制行為であるが，その効率は民事執行において最も追求される点である。

5　執行窮尽原則

執行法院は債権者の請求に基づき，発効した法律文書により確定された権利を実現するために，各種の執行方法，措置，手段を尽くして，被執行者の財産に対し必要な調査を行い，法に基づく各種の執行行為を採用し，各種手続を行っても依然として債権者の権利の満足が不能な場合に，はじめて法院が執行手続の終結を裁定できるとする原則である。

6　執行に対する検察監督原則

中国民訴235条「人民検察院は，民事執行活動に対して法律監督を行う権限を有する。」の規定により法院の執行権の行使に対して検察の法律監督が及び，いわゆる執行難，執行乱，執行の不公正等の問題に対応すべく2012年法改正で新設された同条には，具体的な法律監督の範囲・手続について明記していないが，法律監督の目的が，法院のよりよい執行業務を支持・援助し，外界からの法院に対する干渉を排除し，法院の独立公正な執行権行使を保障する点にあることから，検察による法律監督は謙抑的かつ適度になされるべしと解されている[4]。

---

4)　江・肖主編・前掲注2) 414頁参照。

第二節　執行主体と執行対象

一　執行主体

1　執行主体の概念

執行主体とは，執行法律関係において，執行法律規定に基づいて権利義務を有し，かつ執行手続を発生，変更，消滅させることができる組織または個人である。執行活動には，法院，執行当事者および執行共助者，執行証人等の参与が必要であることから，執行主体は，執行機関，執行当事者および執行参与者を含む概念とされている。

2　執行機関

(1)　執行機関の設置

執行機関とは法に基づき法律文書の執行に責任を負う職能機関である。裁判手続と執行手続の分立原則の要求に基づき，1990年代，各基層法院と中級法院が執行廷を設置し（1991年民事訴訟法207条，209条参照），全国各地の高級法院も相次いで執行機関を，また最高人民法院も執行弁公室を設置している。現在，全国の各級法院ではすべて執行局を設置しており（中国民訴228条3項参照），2008年11月に最高人民法院執行局が設置され，下級法院の執行業務を指導・協調している。

(2)　執行機関の構成員

一般に執行機関は，執行業務を担当する執行員（中国民訴228条）のほか，執行裁判官，執行廷（局）長，法院院長，書記官および司法警察（人民法院組織法39条，40条3項）から構成される。

3　執行当事者

(1)　執行当事者の意義

給付内容を有する執行根拠上において確定された債権者と債務者が，すなわち執行当事者である。このうち，執行機関に対し強制力を用いることを要求して債務者に義務履行を強制する権利を有し，民事権利を実現する者が債権者であり，執行申立人とも称される。給付義務を負担する者が債務者であり，被執行者とも称される。

(2) 執行の引受け［承担］[5]

　執行手続中に，第三者が実体法上の原因によって執行当事者の地位を引き受けた場合，執行申立人の権利または被執行者の義務を負担することが，執行の引受けであり，執行手続中の権利の承継および義務の承継の両方を含んでいる。債権者の合法的権益の実現を保障するため，中国民事訴訟法，民訴解釈，および執行規定では，執行主体の変更・追加の場合について具体的規定を置いている。

　1) 当事者の死亡。①債権者が死亡した場合，中国民訴256条1項3号は「一方当事者たる公民が死亡し，相続人が権利を承継し，または義務を負うのを待つ必要がある場合」に，法院は執行の停止［中止］を裁定しなければならないと定めるが，その反対解釈として相続人が権利を承継し，または義務を負うのを待つ必要がない場合には執行を継続することができ，債権者の合法的権益を保護することができる。

　②債務者の死亡についていえば，⒤被執行者たる公民が死亡した場合，その者の遺産をもって債務を償還するところ（中国民訴232条前段），遺産が存在し，相続人が相続放棄した場合，法院は被執行者の遺産に直接執行することができる（民訴解釈475条後段）。遺産が存在しない場合には，相続人が自由意思で弁済する場合を除き，相続人は無限の弁済責任を負担せず（相続法33条），中国民訴257条3号の「被執行者としての公民が死亡し，執行に供することができる遺産がなく，かつ義務を負う者がいない」場合に該当し，法院は執行の終結裁定をすべきである。⒤⒤被執行者たる公民が死亡し，その遺産相続人が相続放棄をしなかった場合，法院は被執行者の変更を裁定することができ，当該相続人が遺産の範囲内で債務を償還する（民訴解釈475条前段）。

　2) 被執行主体の変更・追加。①組織の消滅。被執行者たる法人その他組織が消滅［終止］した場合には，その権利・義務の承継人が義務を履行する（中国民訴232条後段）[6]。

　②組織の分割，合併。執行中に，被執行者たる法人，その他の組織が分割，合併をした場合，法院は変更後の法人またはその他の組織を被執行者とする旨を裁定できる。これらが解散された場合，関連実体法の規定により権利義務承継者があるとき，当該権利義務承継者を被執行者として裁定できる（民訴解釈472条）。

---

5) 江・肖主編・前掲注2) 417～418頁，肖編・前掲注2) 227頁参照。
6) 中国民訴256条1項4号「一方当事者たる法人その他組織が消滅し，権利・義務の承継人が確定していない場合」は，法院は執行停止を裁定しなければならない。

③組織名称の変更。執行中に被執行者たる法人またはその他の組織の名称が変更された場合，法院は変更後の法人またはその他の組織を被執行者として裁定できる（民訴解釈474条）。

④法人の分支機構が債務弁済不能の場合。被執行者が企業法人の分支機構[7]であり，かつその債務完済が不能の場合，企業法人を被執行者として裁定することができる。企業法人が直接経営管理する財産でも債務完済が不能の場合には，法院は当該企業法人のその他の分支機構の財産に対する執行を裁定することができる（執行規定78条）。

このほか，⑤個人独資企業（執行規定76条），⑥個人パートナーシップ組織（執行規定77条），⑦設立組織（執行規定80条）に対する執行についても被執行者の追加等が規定されている。

4　執行参与者[8]

執行参与者とは，法院および執行当事者以外の執行業務に参与する組織または個人であり，執行共助者，執行証人，被執行者の家族および代理人，通訳者等である。執行証人の主要な者は，①被執行者が未成年者の場合，その成年家族。②被執行者が公民の場合，その勤務先組織または財産所在地の基層組織が指定・派遣して執行に参与する者。③被執行者が組織である場合，その法定代表者または主要責任者である（中国民訴245条，250条2項参照）。

二　執行対象

1　執行対象の意義

法院の強制執行行為が指向する対象が執行対象［執行標的］であり，執行客体，執行の目的とも呼ばれる。債務者が，債権者の債権実現のため執行に供し得る責任財産は，すべて執行対象となり得る。個人の人格を尊重する現代社会においては，人は権利の主体であり，同時に権利の客体となることは許されないが，特定の条件がある場合に限り，債務者の身体・自由等を執行対象とすることができる。

7）　中国会社法14条によれば企業法人の支店（分支機構）自体は，法人格を有しないが，その活動による民事責任は本体たる企業法人が負担するという法的構成である。
8）　江・肖主編・前掲注2）418頁参照。

2 財産執行の対象

1) 有体物　有体物は移動が可能かどうかにより動産と不動産に分けられる。執行対象たる不動産には，土地使用権，家屋，林木等を含み，執行対象たる動産には，船舶，航空機，自動車，有価証券，株券，債券，基金持分等の財産等を含む。

2) 無体財産権　被執行者が有する無体財産権（知的財産権，預金，農村土地請負経営権，建設用地使用権，宅基地使用権，その他自然資源使用権，特許権，登録商標専用使用権，著作権，株式（持分権）等を含む。

3) 執行免除財産　被執行者の財産は，原則として全て強制執行可能である。ただし，社会の安全または債務者の生存の保障，社会公益または第三者の利益の擁護，社会文化発展の促進等の考慮から，被執行者の特定財産については，執行法院は執行措置を採ることが許されず，これが執行免除財産である[9]。

第三節　執行根拠と執行管轄

一　執行根拠

1　執行根拠の意義

執行根拠，執行名義とは，執行機関が執行措置を採るにあたって拠り所となる法律文書であり，関係機関によって法に基づき作成発行され，債権者の有する一定の債権が明記され，債権者が執行を請求する根拠とできる法律文書である。

執行根拠は，1) すでに効力を発生した法律文書であり，2) 給付内容を有するとき，法律規定が法院による強制執行を認める法律文書であるという特徴を持

---

9) 最高人民法院「法院の民事執行における財産の封印，差押え，凍結に関する規定」（以下，封印・差押規定と略称する）5条が執行を禁止する財産について具体的に規定する。1) 被執行者および扶養家族の生活に必要な衣服，家具，炊事用具，食器およびその他の過程生活必需品。2) 被執行者および扶養家族の必要生活費（当地に最低生活補償基準がある場合，必要生活費は当該基準により確定する）。3) 被執行者および扶養家族が義務教育を完了するために必要な物品。4) 未発表の発明または未公表の著作物。5) 被執行者および扶養家族が身体の欠陥に用いる必要な補助具，医療品。6) 被執行者が取得した勲章およびその他栄誉を表彰する物，および公序良俗を維持するために執行すべきでない財産（祭祀，礼拝，信仰対象物等）。7) 中華人民共和国条約締結手続法に基づき中華人民共和国，同国政府，同国政府部門の名義で外国，国際組織と締結する条約，協定，その他の条約，協定の性質を有する文書に封印，差押え，凍結の免除を定める財産。8) 法律または司法解釈に定めるその他の封印，差押え，凍結をしてはならない財産，である。

つ。逆に給付内容を具えない，または給付内容があっても法律規定により法院の強制執行範囲に属さない法律文書の場合には，執行根拠とすることができない[10]。

2 執行根拠の種類

執行根拠となり得る法律文書は以下のとおりである。

(1) 法院が作成した法律文書

法院が作成した法律文書には，発効した民事判決書，刑事判決中の財産部分に関する判決（財産刑等），および附帯民事訴訟で被告人が負担する民事賠償責任の判決（刑訴法99条，刑法64条），発効した民事裁定書（財産保全と先行執行の裁定，調停合意司法確認の裁定，担保財産の競売換価の裁定等），および発効した調停書，支払命令等である。

(2) 法律規定が法院の執行を認めるその他の法律文書[11]

1) 仲裁機関作成にかかる判断書，調停書（仲裁法62条）。
2) 労働争議仲裁判断（労働争議調停仲裁法47条）。
3) 労働争議の先行執行判断（労働争議調停仲裁法34条）。
4) 農村土地請負仲裁判断（農村土地請負経営紛争調停仲裁法48条）。
5) 農村土地請負仲裁事前判断（農村土地請負経営紛争調停仲裁法42条）。
6) 公証債権文書。給付を内容とし，債務者が強制執行を受諾することが明記され，公証機関による公証を経た債権文書は，債務者の不履行等の場合，債権者は管轄権を有する法院に対して執行を申し立てることが認められる（公証法37条）。

二 執行管轄

執行管轄は，一定の執行事件，執行事務，執行中の命令および裁判事務の決定

---

10) 江・肖主編・前掲注2) 421頁参照。執行根拠たる発効した法律文書につき，民訴解釈463条1項は1) 権利義務の主体が明確であること，2) 給付内容が明確であることを要求する。

11) 他の機関が作成した法律文書について法院が執行する責任を負うのは，執行権を法院に統一的に行使させるためであり，仮にその他の機関も当事者の財産に執行可能とすれば，混乱を生じ，不安定な状態を生じることとなり，法律文書の執行に不利となり，当事者の権益を損なうおそれがある。それゆえ，法は法院のみが法律文書を執行するものと定めたものと解される（小嶋明美『現代中国の民事裁判』（成文堂・2006年）206～207頁参照）。

がどの法院が執行する権限を有するかの問題であり，級別管轄，地域管轄を含む。

1　級別管轄[12]

中国民訴 224 条および関連司法解釈によれば，次のとおりである。

1) 基層法院が管轄権を有する執行事件としては，①基層法院が作成した発効した法律文書による執行事件，②国内仲裁中の財産保全執行および証拠保全執行については，被申立人の住所地または被保全申立財産所在地，証拠保全を申し立てた証拠所在地の基層法院が管轄する。③上級法院が法に基づき基層法院の管轄を指定した事件，④特別手続による無主財産認定の判決（民訴解釈 462 条 2 項），および⑤その他の事件である。

2) 中級法院が管轄権を有する執行事件としては，①中級法院が一審として作成した発効した法律文書の執行事件，②中国の仲裁機関が作成した仲裁判断の執行事件，③中国の法院により効力を承認された外国裁判所の判決，国外仲裁判断の執行事件。④法院が認可した台湾，香港，アモイ地区の仲裁判断，法院判決の執行事件，⑤上級法院が法に基づき中級法院の管轄を指定した事件である。

3) 高級法院が一審として作成した発効した法律文書の執行は高級法院の管轄である。

2　地域管轄[13]

発効した民事判決・裁定および刑事判決・裁定における財産部分は，第一審法院または第一審法院と同級の，被執行財産所在地の法院が執行する（中国民訴 224 条 1 項）。法律の規定により，法院が執行するその他の法律文書は，被執行者の住所地または執行される財産の所在地の法院が執行する（同条 2 項）。

二つ以上の法院が管轄権を有する場合，当事者はその中の一つの法院に対して執行を申し立てることができる。当事者が二つ以上の法院に執行を申し立てる場合，先に立案した法院が管轄する（執行規定 15 条）。ある一つの法院が立案前にその他の管轄権を有する法院がすでに立案したことが判明した場合，重複立案は認められない。立案後に，その他の管轄権を有する法院がすでに立案したことが

---

12) 江・肖主編・前掲注 2）424 頁，肖編・前掲注 2）231〜232 頁参照。
13) 江・肖主編・前掲注 2）424 頁，肖編・前掲注 2）232 頁参照。

判明した場合は，事件を取り消さなければならない。すでに執行措置が採られた場合，保管する対象財産を先に立案した執行法院に交付して処理する。

　法院の間で管轄について争いが生じた場合，双方の協議により解決し，協議が調わない場合は，双方が共通の上級法院に管轄の指定を申し立てる（執行規定16条）。基層法院および中級法院が管轄する執行事件につき，特別の事情により上級法院が執行する必要がある場合，上級法院にその執行を申し立てることができる（執行規定17条）。

3　管轄権異議

　法院が執行申立てを受理した後，当事者が管轄権に対して異議がある場合，執行通知書を受領した日から10日以内に提出しなければならない。法院は当事者の提出した異議に対して，審査しなければならず，異議が成立する場合は，執行事件を取り消し，かつ当事者に対し管轄権を有する法院へ執行を申し立てるよう告知する。

　異議が不成立の場合，却下裁定する。当事者が裁定に対して不服の場合，一つ上級の法院に対して再議を申し立てることができる。管轄権異議の審査と再議期間中は，執行は停止されない。

第四節　執行手続通則：執行の開始，停止，終結

一　執行の開始[14]

　中国民事訴訟法の規定によれば，執行手続の開始方式としては執行の申立て（236条），および執行の移送（240条）がある。

1　執行の申立て

（1）　当事者の執行申立ての条件

　執行申立ての条件としては，1）給付を内容とする執行根拠を有すること[15]，2）法律文書によって確定された義務につき，債務者の不履行または履行拒絶が

14）　江・肖主編・前掲注2）447頁，肖建国主編『民事執行法』（中国人民大学出版社・2014年）136頁以下参照。
15）　執行根拠たる法律文書の記載内容に関する民訴解釈463条につき，前掲注10）参照。

あること,3)法定の2年の執行時効期間内に提出されること(中国民訴239条)[16][17],4)管轄権を有する法院に対し申し立てること,が必要である。

(2) 執行申立ての提出書類等

債権者の執行申立ての際には,以下の書類および証拠を法院に提出する。1)執行申立書,2)発効した法律文書の副本,3)執行申立人の身分証明書,4)相続人または権利承継人が執行を申し立てる場合は相続または権利承継の証明文書,5)執行申立人が,執行財産の所在地にある法院に執行を申し立てる場合,当該法院の管轄区内に執行財産が存在することの証明資料,6)その他の提出すべき文書,証明書,である(執行規定20条)。

2 執行の移送

法院が裁判を行った後,特別の事情から必要と認められる場合において,当事者の申立てを待たずに,裁判廷が直接執行機関に執行を引き渡し,執行手続を開始する場合を執行の移送という[18]。上述したように,執行手続の開始は,債権者による執行申立てを原則とするが,執行の移送は,発効した法律文書により権利を有する当事者の生活が特に困難で,かつ自己の権利を守る能力がない場合,あるいは国家利益を保護する必要のある場合に初めて法院の職権により能動的に行われるものであり,中国における処分原則に関する理解が反映されている[19]。

この点,中国民訴240条[20]は「執行員が執行申立書を受け取り,または執行書

---

16) 1991年民事訴訟法219条1項は「執行申立期間について,双方または一方の当事者が公民の場合は1年とし,双方が法人またはその他の組織の場合は6ヶ月とする」と規定したが,実務では以下の問題が指摘されていた。1)執行申立期間が短かすぎ,一部債務者が時効を利用して借金から逃れようとするモラルハザードが助長された。2)債権者にとっては執行期間の徒過を心配して一部事件が早すぎる段階で執行手続に入り,「死案(執行が極めて困難な案件)」執行という状況も生じて,貴重な司法資源の浪費,当事者のコスト増を招いていた。そこで2007年改正では,訴訟時効期間と一致させると同時に特別事情に対する救済措置を追加すべしとの提案等を受け,執行申立期間を2年とし,かつ執行申立について訴訟時効の停止,中断に関する法律の規定を適用する旨が定められている(旧215条,現239条)。全国人民代表大会常務委員会法制工作委員会民法室編『中華人民共和国民事訴訟法〔2012年修訂版〕』(北京大学出版社・2012年)380頁。
17) 申立期間後に申し立てた執行の処理につき民訴解釈483条参照。
18) 江・肖主編・前掲注2)448〜449頁,趙剛・占善剛・劉学在『民事訴訟法〔第3版〕』(武漢大学出版社・2015年)372頁参照。
19) 小嶋・前掲注11)210〜211頁参照。
20) 執行活動を強化しその効率を高め,執行申立人の権益をより擁護するために,2012年

の移送交付を受けた場合，債務者に対して執行通知を発しなければならず，かつ直ちに強制執行措置を採ることができる。」と規定するだけであるが，上述した同制度の目的等から，次の場合に職権による執行移送が認められる。すなわち，1）養育費，扶養費等の給付を目的とする法律文書，2）民事制裁決定書，3）刑事に附帯する民事判決・裁定・調停書である（執行規定19条2項）。

二　事件受理と被執行者財産の調査

1　執行事件の受理

法院が執行事件を受理するためには以下の条件を満たすことが必要である。

1）執行の申立て，移送に関する法律文書がすでに発効していること。

2）執行申立人が発効した法律文書で確定されている権利者またはその相続人，権利承継人であること。

3）執行申立人が，法定期限内に申立てを提出していること

4）執行を申し立てる法律文書に給付内容があり，かつ執行目的物を被執行者が明確であること。

5）義務者が，発効した法律文書で確定された期限内に義務を履行していないこと。

6）執行申立てを受ける法院の管轄に属していること（執行規定18条）。

法院は，執行の申立てが，上述の条件を満たす場合，7日以内に立案しなければならず，上述の条件を満たさない場合は7日以内に不受理裁定をする。受理後に，法律文書が未だ発効していないことが判明し，または法律文書に給付内容がない，または裁決で双方が同時履行義務を負担しているが，執行申立人が自己の義務を未履行のままで相手方に履行を求める場合等では，法院は執行申立ての却下を裁定することができる。

法院は，執行申立書または執行移行書を受領してから10日以内に執行通知を発出し，執行通知では，被執行者が法律文書により確定された義務の履行を命じるほか，民訴法253条に規定する履行遅延利息または履行遅延金を負担するよう通知する（中国民訴240条，民訴解釈482条）。

改正の240条では，旧216条1項後段の指定履行期間に関する規定，および同2項の執行員が直ちに強制措置の前提となる「財産を隠匿・移転する可能性がある」との要件をいずれも削除し，2項が1項と合体されている（法工委編・前掲注16）381～382頁参照）。

執行員は,執行通知書の発出と同時に,具体的状況に基づき,直ちに強制執行措置を採ることができる。被執行者執行通知書の指定する期間内に発効した法律文書が確定した義務を履行しない場合には,直ちに強制執行措置を行う。執行通知書の指定する期間内に,被執行者が財産を移転,換金,破損した場合,直ちに執行措置を行い,執行措置を行うにあたっては裁定書を作成し,被執行者に送達を要する(執行規定26条)。

2 被執行者財産の調査[21]

少数の事件を除き,民事執行の内容,目的は財産執行にあることから,被執行者の責任財産を発見することが執行の必須の前提となる。被執行者の財産調査方法の主要なものは以下のとおりである。

(1) 執行申立人による情報提供

一般的にいえば,執行申立人は,自己の権利実現のために調査を尽くすはずであり,法院に対して自己の認識している被執行者の財産状況,またはその手がかりを提供しなければならない(執行規定28条前段)。

(2) 被執行者の報告

被執行者は,法院に自らの財産状況を事実通りに報告しなければならず(執行規定28条1項後段),これは被執行者が執行手続中において負担する基本的義務の一つである。また,被執行者が,法律文書が確定する義務を執行通知通りに履行しない場合,法院は,被執行者に対し,現在および執行通知受領日前の1年間の財産状況の報告を命じる[22]。被執行者がこの報告を拒絶し,または偽った場合は,法院は,事案の軽重に応じ,被執行者またはその法定代理人および関係組織の主たる責任者または直接責任者に過料または拘留を科すことができる(中国民訴241条)。

---

21) 江・肖主編・前掲注2)449〜451頁,斉樹潔主編『民事訴訟法〔第4版〕』(中国人民大学出版社・2015年)315〜317頁,趙ほか・前掲注18)373〜374頁参照。

22) 被執行者が報告すべき財産状況につき,執行手続解釈32条が1)収入,銀行預金,現金および有価証券,2)土地使用権,建物等の不動産,3)交通運輸手段,機器設備,製品および原材料等の動産,4)債権,持分,株式,投資権益,基金,知的財産権等の財産的権利,5)その他報告すべき財産と定め(同1項),また執行通知受領日の1年前から現在までの間に財産に変化が生じた場合,当該状況の報告が必要とされている(同2項)。

(3) 法院調査

法院は執行中に，被執行者，関係機関，社会団体，企業事業組織，または公民個人に対して被執行者の財産状況を認識するための調査を行う権限を有し[23]，調査に必要な資料を複製，書き写し，または撮影する権限を有する。ただし，法に基づき秘密を保持する（執行規定28条2項）。被執行者の財産状況および履行能力を調査解明するために，被執行者またはその法定代理人もしくは責任者を法院に呼び出し，審問することができる（執行規定29条）[24]。被執行者が，法院の要求に基づき，自己の財産状況に関する証拠を提供することを拒む場合，法院は中国民訴248条の規定により強制的に捜査することができる（執行規定30条）[25]。法院が法に基づき捜査を行うにあたって，被執行者が隠匿している可能性のある財物および関係証拠の場所，保管箱，棚等に対して，開示するように命じたにも拘わらず，被執行者が協力を拒む場合，強制的に捜索することができる（執行規定31条）[26]。

三 不執行

1 不執行の意義

不執行とは，法院が仲裁判断，労働争議仲裁判断，公証債権文書の執行申立書または外国裁判所の判決，裁定の執行申立書についての審査またはその執行過程において，法定原因の発生により執行停止を裁定し，執行手続を終了する行為である[27]。

2 不執行裁定の適用

(1) 仲裁判断の不執行

中国民訴237条に基づき，当事者が仲裁判断の執行を申し立てた場合，被申立人が証拠を提出して仲裁判断に次に掲げる事由の一つがある旨を証明した場合，

---

23) 執行に対する共助義務を負う関係機関と義務内容につき本章第五節二以下参照。また法院の有する被執行者の身分情報・財産情報調査権限につき民訴解釈485条参照。
24) 被執行者に対する勾引の適用条件等につき，民訴解釈484条参照。
25) 実務上，一部法院が被執行者の財産の積極的な探索方法として，懸賞付きの告発・通報制度が実施されている（江・肖主編・前掲注2）451頁参照）。
26) 被執行者が財産を隠匿した場合の処理につき，民訴解釈496条参照。
27) 江・肖主編・前掲注2）452頁，肖編・前掲注2）248頁参照。また民訴解釈483条では，被執行者による執行申立時効期間満了の抗弁を原因とする不執行裁定制度が創設されている。

法院が構成した合議体による審査・確認を経て，不執行を裁定する．

　1）当事者が契約において仲裁条項を定めておらず，または事後に書面による仲裁合意に達しなかったこと（同条2項1号）．

　2）判断事項が仲裁合意の範囲に属さず，または仲裁機構が仲裁権限を有しなかったこと（同2号）．

　3）仲裁廷の構成または仲裁手続が法定手続に違反したこと（同3号）．

　4）仲裁判断の根拠である証拠が偽造であること（同4号）[28]．

　5）相手方当事者が仲裁機関に対して公正な判断に十分な影響を与える証拠を隠蔽したこと（同5号）．

　6）当該事件を仲裁した際に，仲裁員が汚職・収賄行為，私利を目的とする不正行為，法を枉げた判断行為をしたこと（同6号）．

　法院は，当該判断の執行が社会公共利益に違反すると認める場合には，不執行を裁定する（同条3項）．

　また民訴解釈477条は，仲裁判断の一部が，民訴法237条2項，3項に規定する事由に該当する場合，法院は，当該部分について不執行裁定を下し，執行すべきでない部分とその他の部分が不可分である場合には，法院は仲裁判断全体の不執行裁定をすべきと明記している．

　このほか，渉外仲裁機関による仲裁判断の不執行事由につき，中国民訴274条では，法237条2項1，2号の事由以外に，被申立人が仲裁員の指定または仲裁手続進行の通知を得ておらず，または被申立人の責任に属しないその他の理由により意見を陳述することができなかったこと（274条1項2号），仲裁廷の構成または仲裁手続が仲裁規則に適合しなかったこと（同3号）が追加されている．

28）2012年改正前の旧213条では，仲裁判断不執行に対する審査条件として，同4号「事実認定の主たる証拠が不足している場合」，同5号「適用された法律に明らかな誤りがある場合」と規定されていた．他方，仲裁判断取消申立ての審査条件に関する仲裁法58条では同4号「仲裁判断の根拠である証拠が偽造である場合」，同5号「相手方当事者が判断の公正性に影響を与えるに十分な証拠を隠蔽した場合」と定めていた．このように民訴法と仲裁法の要件の齟齬から，実務上，当事者が証拠の隠滅・偽造を理由に，仲裁判断の取消しを申立てすることができても，執行の不許を求める段階では証拠が不足するという現象があった．そこで2012年改正民訴法では，237条2項4号を「仲裁判断の根拠である証拠が偽造である場合」に，同5号を「相手方当事者が仲裁機関に対して公正な判断に十分な影響を与える証拠を隠蔽した場合」に変更し，これにより，仲裁判断不執行の審査基準がある程度低減され，仲裁判断不執行と取消しの審査基準が統一されている（法工委編・前掲注16）377～378頁参照）．

(2) 公証債権文書の不執行

当事者が公証債権文書に確かに誤りがある場合，法院は，不執行を裁定し，かつ裁定書を当事者双方および公証機関に送達する（中国民訴238条2項）。民訴解釈480条によれば公証債権文書に確かに誤りがある場合とは，次の場合である。

1）公証債権文書が強制執行の効力を付与してはならない債権文書に該当するとき。

2）被執行者の一方が自らまたは代理人に委任して現場にて公証を行わない等，法律に規定する公証手続に重大に違反するとき。

3）公証債権文書の内容が事実と一致しない，または法律の強行規定に違反するとき。

4）公証債権文書に，被執行者が義務を不履行または完全には履行しない場合に強制執行を受けることに同意する旨が明記されていないとき。

5）法院は，当該公証債権文書の執行が社会公共利益に反すると認める場合，不執行を裁定する。公証債権文書について不執行の裁定が下された後，当事者，公証事項の利害関係人は，債権紛争につき訴訟を提起することができる。

(3) 外国裁判所の判決・裁定の不執行

中国民訴282条の規定に基づき，法院は，承認および執行が申し立てられた外国の裁判所の行った発効した判決または裁定が，中国の法律の基本原則または国家主権，安全，社会公共利益に違反すると認める場合には，不承認，不執行を裁定する。

3 不執行裁定の法的効果等[29]

1）不執行裁定に対する上訴不可。当事者は人員法院の行った仲裁判断の不執行裁定に対して上訴することは許されない（中国民訴154条1項9号，2項）。

2）不執行裁定に対する執行異議，再議の提出不可（民訴解釈478条参照）。

3）不執行裁定に対する再審の申立不可。

4）原執行根拠が執行力を喪失する。よって新たな執行行為を進めることができないだけでなく，すでに実施した執行行為も取り消されるべきである。

5）執行手続の終了。不執行裁定の効力発生後，当該執行手続は直ちに終了し，法院は執行事件の終結処理をすることができる。

---

29) 江・肖主編・前掲注2) 455～456頁参照。

6）不執行裁定に対する救済制度としては，①改めて仲裁を申し立てる方法，②法院に対する民事訴訟の提起である（中国民訴237条5項，民訴解釈478条）。

四　執行停止

1　執行停止の意義[30]

法院の執行手続中，ある特殊事情が生じたことにより執行手続を暫時停止し，特殊事情の消失後，執行手続を再開［恢復］し，執行手続を継続する場合が執行の停止である。

執行停止は，すべての執行手続の停止と個別の執行行為の停止との二つの状況に分類でき，前者は執行停止の原因の発生により，すべての執行手続が進行できなくなる場合を指すのに対し，後者は執行目的物の一部のみ執行を停止する場合である。

2　執行停止の適用[31]

執行停止をすべき特殊な事情について，中国民訴256条は以下のように定める。

1）申立人が執行を延期してもよい旨を表示したとき。

2）訴外第三者が執行目的物について，確かに理由がある異議を提出したとき（中国民訴227条の訴外第三者の異議参照）。

3）当事者の一方たる公民が死亡し，相続人が権利を相続し，または義務を負うのを待つ必要があるとき。

4）当事者の一方たる法人その他組織が消滅し，権利義務の承継人がまだ確定されていないとき。

5）裁判監督手続による審査後，執行根拠に再審が決定された場合（ただし，養育費，扶養費，医療費用，労働報酬等の事件を除く）。

6）法院が執行を停止すべきと認めるその他の事情。これについては執行規定102条が，①法院が，被執行者を債務者とする破産申立てを受理しているとき，②被執行者が執行できる財産を明らかに有していないとき，③執行目的物が，その他の法院または仲裁機関が現在審理を行っている事件の係争物であり，当該事

30）　江・肖主編・前掲注2）456～457頁，肖編・前掲注2）250頁参照。
31）　斉主編・前掲注21）320頁，江・肖主編・前掲注2）456～457頁参照。

件の審理終了による権利帰属の確定が待たれるとき，④一方当事者が仲裁判断の執行を申し立てており，他方当事者が仲裁判断の取消しを申し立てているとき，⑤仲裁判断の被執行申立人が民事訴訟法237条2項の規定に基づき法院に不執行の申立てを行い，かつ適当な担保を提供したとき，と具体化している。また民訴解釈では，執行申立人と被執行者が和解合意に達した場合（民訴解釈466条），被執行者たる企業法人が支払不能状態にある場合（同513条）の執行停止を定める。

3　執行停止の効力[32]

執行の停止が必要な場合，法院は書面裁定を行わなければならず，裁定書には，停止の理由および法律根拠を明確に記載する。裁定書が双方当事者に送達された後，直ちに法的効力を生じる。

すなわち，1）法院は暫時執行活動を停止する。2）執行手続の当事者，その他の参与者は，執行停止前の財産状況および事実状態を変更してはならない。3）執行停止の原因事情が消滅した後，執行法院は，当事者の申立てまたは職権により執行を再開することができる。執行の再開は，当事者に対する書面通知を要する（執行規定104条）。

五　執行の終結[33]

執行の終結とは，執行手続中に，法律の定める事由の発生により，執行手続を行う必要がなくなった，または執行手続の継続が不能となった場合に，法に基づき執行手続を終えることである。

中国民訴257条は，執行を終結すべき事情として以下のように定める。

1) 申立人が申立てを取り下げたこと。

2) 執行する根拠とした法律文書が取り消されたこと。

3) 被執行者たる公民が死亡し，執行できる遺産がなく，かつ義務負担者がいないこと。

4) 尊属扶養費，配偶者扶養費または卑属扶養費の請求事件の権利者が死亡したこと。

---

32)　齊主編・前掲注21）320〜321頁，趙ほか・前掲注18）397頁参照。
33)　齊主編・前掲注21）321頁，江・肖主編・前掲注2）457頁参照。

5）被執行者たる公民が生活困難により，借入金の償還能力がなく，収入源がなくかつ労働能力を喪失したこと。

6）法院が執行を終結すべきと認めるその他の事情。

執行終結の裁定書には，執行終結の原因および法律根拠を明確に記載する。執行停止，または執行終結の裁定書には，執行員，書記員の署名，法院印章の押印が必要である。裁定書は当事者の送達によって直ちに法的効力を発生する。二審法院の終審判決，裁定，和解書について，執行の停止，終結が必要な場合，執行員が執行の停止，終結の書面報告および意見を二審法院または上級法院の執行組織に報告し，その署名意見と届出を経た後，裁定書を作成する。受託法院は委託執行事件に対して，執行を停止，終結すべき事由を発見した場合，書面報告を行い，委託法院の裁定を仰ぐ。

六　執行事件の終結

執行事件の終結［執行結案］とは，発効した法律文書で確定された内容が，すでに実現し，またはその他の法定原因により執行手続を終えることである。

執行事件の終結の方式につき，2015年1月最高人民法院「執行事件立案，結案の若干の問題に関する意見」では，執行事件は執行実施類事件と執行審査類事件とに分類され，前者についていえば，財産保全執行裁定，執行再開の事件を除き，その結案方式は，1）執行完了，2）今回の執行手続の終結手続［終本］[34]，3）執行の終結，4）事件の取消し，5）不執行，6）申立却下の六種類を含む。

2006年最高人民法院「人民法院の執行事件処理の若干の期限に関する規定」1条により，執行事件の終結の期限は，被執行者に執行される財産がある事件では一般に立案の日から6ヶ月以内に，非訴執行事件では一般に立案の日から3ヶ月以内に執行を終結しなければならない。特殊事情により執行期限の延長を必要とする場合は，法院院長または副院長の承認を得るものとする。執行期限を延長する場合，期限満了前の5日以内の提出を要する。

---

34) 中国の執行実務における一種特殊な執行終結方法として，法に基づく強制措置，執行手段と方法を尽くしても，当該事件を終わらせるしか方法がない状況において認められる「今回の執行手続の終結手続」に関し，民訴解釈519条がその条件と手続を明らかにしている（江・肖主編・前掲注2）457頁参照）。

第五節　委託執行と執行共助

一　委託執行

1　委託執行の意義

　委託執行とは，被執行者または執行財産が，執行を受理した法院の管轄区域内に存在しない場合，被執行者または執行財産所在地の法院に対して代わりに執行を委託することである（中国民訴229条）。中国の法院は行政区画に従って設置されており，執行業務は一般にその管轄区内で行われるのが原則であるが，被執行者，執行財産が他地域にあるため，執行法院の執行上不都合を生じる場合がある。そこで人的，物的資源と時間を節約し，よりよい形で執行任務を完了するため，当地の法院に対する委託執行を認める必要がある[35]。

2　委託執行の要件

　1）被執行者または執行財産の全部または一部が管轄区域外に存在すること。
　2）受託法院が被執行者の住所地または執行財産所在地の法院であること。
　3）委託法院は立案後1ヶ月以内に執行委託手続を行うこと（期間経過後に委託する場合は受託法院の同意を要する。執行規定111条）。
　4）委託執行は原則として同級の法院の間で行われること（受託法院の同意を得て一つ上級の法院に執行を委託することもできる。被執行者が軍隊企業である場合はその所在地の軍事法院に，執行目的物が船舶である場合は関係海事法院に執行を委託できる。執行規定113条）。
　5）委託法院は，受託法院に書面による委託書を発行し，執行根拠となる発効した法律文書副本原本，立案審査許可表謄本および関係状況の説明を付す（執行規定114条）。

3　委託執行の事件範囲

　受託法院が被執行者に次の状況がある明らかに把握する場合，速やかに法に従い，執行中断または執行終結の裁定をしなければならず，現地の法院に委託してはならない。すなわち，1）確たる住所がなく，長期にわたり行方不明で，かつ

---

[35]　法工委編・前掲注16）367頁，江・肖主編・前掲注2）429～430頁参照。

執行し得る財産がない場合。2) 関係法院が, 被執行者を債務者とする破産事件をすでに受理している, またはすでに破産宣告がされている場合, である (執行規定112条)。

4 委託執行中の委託法院, 受託法院の権限等[36]

(1) 委託法院の権限等

委託執行後, 事件の執行実施権は受託法院に移転するところ, 受託法院の同意を経ずに, 委託法院はすでに委託した執行事件の執行を再度行ってはならない。

(2) 受託法院の権限等

1) 受託法院は, 委託書を受領した後15日内に, 必ず執行を開始しなければならず, 拒絶してはならない[37]。執行が完了した後には, 遅滞なく執行結果を委託法院に書簡により回答する。30日内になお執行が完了していない場合も, 執行状況を委託法院に書簡により報告する (中国民訴229条1項後段)。受託法院が委託を受けた後, 速やかに引受人を指定し, 連絡電話, 住所などを委託法院に告知する。委託執行手続に関する資料不足等が判明した場合, 速やかに委託法院に補充を要求する。委託法院が正当な理由なく30日を超えて補充しない場合, 受託法院は拒絶することができる。

2) 受託法院は, 受託執行する事件に対し, 民訴法および最高人民法院の関係規定に厳格に従って執行しなければならず, 法に基づき執行措置および執行妨害措置に対する強制措置を行う権限を有する (執行規定118条)[38]。

3) 受託法院が, 委託執行の法律文書に確かな誤りがあると認めた場合で, 執行することにより執行回復が困難になる, または執行回復が不能になる可能性がある場合, まず封印, 差押え, 凍結等の保全措置を講じ, 必要な場合は保全金員

---

[36] 江・肖主編・前掲注2) 430頁, 李浩『民事訴訟法学〔第3版〕』(法律出版社・2016年) 412頁参照。

[37] 受託法院が委託書を受領した日から15日内に執行しない場合, 委託法院は, 受託法院の上級の法院に対し受託法院による執行を指令するよう請求することができる (中国民訴229条2項)。法229条1項とともに地方保護主義からの委託執行難現象への対応策である (法工委・前掲注16) 367頁参照)。

[38] 地方保護主義の問題が深刻であることから, 受託法院は現地企業を不当に保護することがないように法に従い厳格に執行すべきことを明記するものであり (執行規定118条), このほか法院が他の場所で執行する場合に現地法院は積極的に協力すべきこと (執行規定124条) が確認されている (小嶋・前掲注11) 209頁参照)。

を法院の口座に振り替え，その後に委託法院に通知し，審査を依頼する。受託法院は委託法院の審査結果に基づき，引続き執行するか，または執行を停止する（執行規定123条）。

二 執行の共助

1 執行の共助の意義

執行の共助とは，執行事件を受理した法院が関連する組織，個人に対して通知し，または関連する法院に対して発効した法律文書で確定された内容の執行に協力・共助を求める法律制度である[39]。関連法規および司法解釈に基づき，執行手続における法院相互間の共助（狭義）および関連組織・個人の法院の執行に対する共助（広義）が認められている。

2 執行の共助の類型

(1) 法院相互間の執行の共助[40]

狭義の執行の共助には，三つの特徴がある。1）被執行者または執行財産が管轄区域外に存在すること。2）執行申立てを受理した法院が，直接管轄区域外に執行を行うこと（被執行者または被執行財産が外地に存在する事件につき，受理法院が委託執行を不要または不適当と認める場合，直接外地での執行が可能であり，かつ状況に基づいて現地法院に共助を請求する）。3）現地法院が執行を補助すること（執行の共助において，執行法院は自己名義で執行措置を採り，執行行為を実施するが，現地法院は協力，支持，援助などの補助的役割を行うだけである）。

(2) 法院以外のその他の組織・個人による執行の共助[41]

共助義務を負う組織・個人の主なものは，金融機関（銀行，非銀行金融機関およびその他貯蓄業務を行う組織），登記機関（家屋，土地登記機関，工商登記機関等），登記機構（動産），公安機関，被執行者の勤務先等である。また，関連する組織・個人による執行の共助の内容は以下のとおりである（中国民訴242条参照）[42]。

---

39) 肖編・前掲注2) 236頁参照。
40) 江・肖主編・前掲注2) 430〜431頁，张卫平『民事诉讼法〔第3版〕』（中国人民大学出版社・2015年）413頁参照。
41) 李・前掲注36) 413頁，江・肖主編・前掲注2) 431〜433頁参照。

1）預金の凍結，振替えの共助。被執行者が金融機関に預金を有し，または有する可能性がある場合，法院は金融機関に対し被執行者の預金，預金準備金，支払準備金に関する法院の調査照会，凍結，振替えにつき協力，援助を求めることができる（執行規定32条，34条）。

2）労働収入の差押え，引出しの共助。法院が被執行者の労働収入に対して執行措置を行う場合[43]，被執行者の所属組織の共助が必要であり，所属組織は被執行者の労働収入の差押え，引出しに協力する（執行規定36条，35条）。

3）証書移転手続に対する処理または処理禁止の共助。前者は法院が被執行者の家屋を競売した後，不動産管理部門に家屋財産権移転登記手続への協力を求める場合等であり，後者は法院が家屋，車輌，船舶に対して保全を行う場合，車輌，船舶管理機関に財産権移転手続を行わないよう要求する場合である。これらは被執行者の財産登記機関[44]が負担する法定の共助義務に基づくものである。

4）関連物品引渡しの共助。執行目的物を訴外第三者が所持している場合，訴外第三者は法院の執行共助通知に従って，当該物品を法院または執行員に引き渡さなければならない[45]。

---

42) 中国民訴242条「被執行者が法律文書により確定された義務を執行通知通りに履行しない場合，法院は，関係機関に対して被執行者の預金，債券，株券，基金持分等の財産に関する状況を調査照会する権限を有する。法院は，状況に応じて被執行者の財産に対して差押え，凍結，振替え，換価を行う権限を有する。法院が調査照会，差押え，凍結，振替え，換価を行う財産は被執行者が履行すべき義務の範囲を超えてはならない。」と定める。この点，実務では一部被執行者は銀行預金を故意に隠し，口座番号の提供を拒否し，執行活動を難航させている問題があり，2012年改正では，既存規定をもとに，242条の適用対象の範囲が拡大され，さらにそれに応じて執行措置が拡張され，同時に，執行共助義務を負う組織が「関係組織［有関単位］」に拡大されている。

43) 中国民訴243条2項は「法院が収入を差し押え，または控除する場合には，裁定をし，かつ，執行共助通知書を発しなければならない。被執行者が所在する組織および銀行，信用合作社その他の貯蓄業務を行う組織は，必ずこれを処理しなければならない。」と定める。執行規定36条は被執行者の未受領収入の差押え等の処理，同35条は被執行者の収入が貯蓄預金に転換している際の預金証提出命令に関する規定である。

44) 共助義務を負担する登記機関としては，国土資源管理部門，住宅・都市建設管理部門，税務機関，人民銀行，銀行業監督管理部門，証券監督管理部門，工商行政管理部門，発展改革門等であり，共助義務の主な内容は1）調査照会への共助（不動産執行通知2条），2）封印・差押処理等への共助（封印・差押規定9条，不動産執行通知3条），3）後順位の執行のための封印・差押登記の共助（封印・差押規定28条），4）財産権証書の移転登記手続への共助（中国民訴251条，不動産執行通知8条）等がある。

45) 中国民訴249条2項は，法律文書が交付を指定する財物または有価証券を関係組織が保

5）出国制限の共助。法律文書が確定した義務の履行を拒否した者に対して，法院は出国制限措置を採ることができる（中国民訴255条）。法院が出国制限の決定をした場合，公安機関[46]による具体的実施措置が必要となる。

6）信用情報収集システムへの記載，不履行情報の公布等の共助。法律文書が確定した義務の履行を拒否した者につき，法院は義務不履行情報を信用情報収集システムに記録し，メディアにより公表する（中国民訴255条）。ここにいう信用情報収集システムには，法院の執行事件の信用管理システム，および法院外の関連する信用情報収集管理システム（金融機関や工商管理部門の信用情報システム等）を含むが，後者において債務者の義務不履行の関連情報を記載する場合には執行共助の問題となり，メディアによる公表も同様である。

3 執行共助の手続

以上のように，法院が関連する組織または個人による執行の共助を必要とする場合，法院は執行共助通知書を発出しなければならず，その中には共助を必要とする内容を具体的に記載する。

4 執行共助を拒否した場合の処理

(1) 強制措置（過料，拘留）

執行に共助する義務を負う組織が，中国民訴114条所定の行為[47]をした場合，

有する場合には，法院の執行共助通知書に基づき移転交付し，かつ，被交付人が署名・受領しなければならないとし，同3項は関係する公民が当該財物または有価証券を保有する場合には，法院は，当該公民に通知して交付させなければならず，交付拒絶の場合には強制執行すると定める。また第三者が移転交付すべき競売財産を占有して移転交付を拒む場合，強制執行が認められ（競売規定30条），第三者が被執行者または自己の利益のために法により占有する被執行者の財産は，法院により封印，差押え，凍結される場合，当該第三者は執行に共助しなければならない（封印・差押規定15条）。

46) 公安機関は，執行証人として執行を共助する以外に，暴力によって執行に抵抗する状況がある場合，請求または職権により援助提供しなければならない。法院が被執行者の戸籍情報，所在不明について問い合わせる場合も公安機関は共助する。また職責履行過程において，法院が被執行者を拘留，拘引する必要があることが判明した場合，速やかに法院に状況を通知する。法院が車輌の封印，差押え，移転登録手続の処理を行うときこれに協力し，被執行者の車輌等の財産を発見した場合は速やかに関連情報を執行法院に通知する（肖編・前掲注2) 238頁参照）。

47) また2012年改正では115条による共助義務違反の組織の主要責任者等の個人に対する過料金額は10万人民元以下，組織に対する過料金額は5万人民元以上100万人民元以下

法院は，当該組織に対して共助義務を履行するよう命ずるほか，当該組織およびその主要責任者等に過料，拘留を科すことができる。

(2) 賠償責任

執行に共助する義務を負う国家機関，企業事業組織，社会団体および個人が，法により共助義務を履行せず，当事者に損害を与えた場合，損害賠償責任・国家賠償責任を負担すべきである。主要なものは以下のとおりである。

1) 金融機関が法院により凍結された金員を自己の判断により解除し，それにより凍結されていた金員の移動が生じた場合（執行規定33条）。

2) 関係組織が，法院の被執行者の収入に対する執行に協力するよう要請する通知を受けた後，被執行者その他の者に自己の判断で支払いを行った場合（執行規定37条）。

3) 被執行者またはその他の者がすでに封印，差押え，凍結された財産を自己の判断で処分した場合（執行規定44条）。

4) 関係企業が，法院が発した凍結協力通知を受領した後，被執行者に対して株式利息または配当金を自己の判断で支払った，または被執行者のためにすでに凍結されている持分の移転手続を自己の判断で行い，すでに移転された財産が回収不能となった場合（執行規定56条）。

5 執行共助の法的効力[48]

1) 執行共助の義務は契約その他の債務に優先する。

2) 執行共助は法定の免責事由を構成する。執行共助者が，法院の執行に共助するために，自己の負担する契約上の義務その他の債務を履行できない場合，債務者の行為は違約を構成せず，共助行為は一種の法定免責事由に属する。

3) 執行共助行為は，具体的行政行為とはされない。公安，土地管理，建物管理，交通等の行政機関が法院の執行共助通知書を根拠に行った行為は，行政法上の具体的行政行為を構成せず，被執行者またはその他の関係者が当該行為に不服があっても，法院に対して行政訴訟を提起できない。

4) 執行共助行為は行政行為に優先する[49]。

に強化されている。

48) 肖・前掲注2) 240頁，江・肖編・前掲注2) 434頁参照。

49) この点，封印・差押規定25条では「封印，差押え，凍結の執行共助通知書が登記機関に送達された時点において，登記機関が既に被執行者の不動産，特定動産及びその他の財

第六節　執行担保と執行和解

一　執行担保

中国民事訴訟法は，執行中，被執行者が法院に対して担保を提供し，執行申立人の同意を経た場合，法院は，執行および執行する期間を暫定的に延長することができ，被執行者が期間を徒過して履行しない場合は，法院は，被執行者の担保財産または保証人の財産に執行する権限を有するとして，執行担保制度を確立している（中国民訴231条）[50]。

1　執行担保の適用要件[51]

1) 被執行者が執行法院に対して申立書面を提出すること。申立ての内容には，担保提供および執行期間の暫定的延長の二点が不可欠である。

2) 被執行者が執行法院に対して信頼できる担保（すなわち，確定し，定額に達した財産担保または担保能力を有する保証人）を提供すること[52]。

3) 執行申立人の同意を得ること。

4) 執行法院の許可を得ること。執行担保が確実かどうか，保証人に担保能力があるかどうかについては，執行法院が審査判断する。確実でない，信頼できない担保の場合には，執行申立人は一般にこれを同意しないが，執行申立人の同意があっても執行法院は状況を斟酌して執行機関の暫定的延長を許可しないことができる（延長期限につき民訴解釈469条前段参照）。

産の譲渡の名義変更登記申請を受理しており，登記の審査確認を済ませていない場合，法院の執行に協力する。」と規定するが，該規定は明らかに執行共助優先の原則を採用している。

50) 執行担保制度は，民法・担保法に基づき当事者間の担保契約により設定される民事担保制度とは異なる特徴を有する。すなわち，1) 執行法院に対して担保提供するものであること，2) 担保提供者と執行法院との間には担保契約が締結されないこと，3) 執行担保では執行法院の審査確認を経ることが必要であること，4) 執行担保の設定につき，動産は執行法院に交付してその管理下に置かれ，不動産は法院が関連部門に執行共助通知書を提出して，規定期間内に担保財産の移転手続を禁じることを要求すること。5) 執行担保では，執行の暫定猶予期限の満了までに被執行者が債務不履行であれば，法院は担保財産への執行，または執行保証人の財産に対する執行を裁定できる（肖編・前掲注2) 234頁参照）。

51) 張・前掲注40) 407頁参照。

52) 執行担保の提供方式につき，民訴解釈470条参照。

2　執行担保の法的効力[53]

　執行担保の成立後，元の発効した法律文書による執行は暫時猶予・延期される。猶予期間内において，執行手続はすべて停止し，被執行者が自分から義務を履行する場合を除き，執行申立人は被執行者に義務履行を請求してはならない。ただし，被執行者または保証人が担保財産に対して，執行暫定猶予期間中に移転，隠蔽，換金，毀損等の行為を行った場合，法院は強制執行を再開することができる（民訴解釈469条後段）。

　被執行者は，暫定猶予決定書において確定された履行期限内に法律文書の定める義務を履行しなければならず，義務履行の完了により，執行手続は終了する。

　暫定猶予期間の満了後，なお被執行者が義務不履行の場合，法院は担保財産に直接執行し，または執行保証人の財産に執行する旨を裁定できるが，執行保証人の財産に執行する場合は保証人の履行義務がある部分の財産を限度とする（民訴解釈471条）。

二　執行和解

1　執行和解の意義

　執行和解とは，執行過程において双方当事者が自由意思により相互に諒解，譲歩して，発効した法律文書の関連内容をいかに履行するかについて合意するものである。執行員が執行和解の合意内容を調書に記載し，当事者双方が署名または捺印した後，債務者が合意の内容に基づいて義務を履行して，執行手続を終結する活動であり，中国民事訴訟法の基本原則の一つである処分原則に基づくものである。

　執行和解自体は執行根拠ではないが，2012年改正による中国民訴230条2項では，執行申立人が詐欺，脅迫を受けて被執行者と和解を合意した場合，または当事者が和解合意を履行しない場合には，法院は当事者の申立てに基づき，それ以前に発効した法律文書の執行を再開することができる旨が明確にされ，実務上の問題点への対応が図られている[54][55]。

---

53)　張・前掲注40）408頁，肖編・前掲注2）234〜235頁参照。
54)　2012年改正では，執行申立者は詐欺，脅迫を受けたことにより被執行者と和解合意に至った場合についても，法院に，発効した原法律文書の執行を再開するよう申し立てることができる規定が追加されている（法工委編・前掲注16）368〜369頁参照）。
55)　執行和解の法的性質については，私法行為説，訴訟行為説，両行為併存説が主張されて

2 執行和解の内容[56]

　執行において，双方当事者が和解合意に達した場合，執行員は合意内容を記録にとどめ，双方当事者の署名，捺印を得る（中国民訴230条1項）。執行和解の内容としては，法的効力の発効した法律文書が確定する事項の変更，すなわち1) 義務履行の主体（被執行者の債務を第三者に負担させる等），2) 執行対象およびその数量，金額の変更（債権者が債権の一部を放棄，または執行対象物の変更），3) 履行期限の延長（全債務の履行期限延長，債務の分割による履行期限延長），4) 履行方式の変更（物品による債務弁済を労務による債務弁済に変更等），がある。

　執行当事者は，その債権債務の全部または一部分について執行和解の合意が可能であり，一部分の債権債務について和解合意が成立した場合，その効力が及ぶのは当該部分の債権債務の執行に限られる。

3 執行和解の効力[57]

　執行申立人が被執行者と和解合意に達した後に執行停止を請求し，または執行申立てを取り下げた場合，法院は執行停止または執行終結を裁定できる（民訴解釈466条）。

　執行和解の効力は，執行当事者のみを拘束するものであり，強制執行力を有しない。当事者の和解合意について，たとえ執行員が記録にとどめても，執行法院および執行員はそれに対して署名，押印しない。執行和解合意書は，単なる当事者間の合意であって，執行根拠とはなり得ず，それゆえ当事者間で執行和解合意

おり，さらに発効した法律文書と執行和解の関係につき，代替モデル，抗弁モデル，並行モデルが指摘されている（江・肖主編・前掲注2) 425～426頁参照）。

大陸法系の伝統的見解（発効した法律文書が和解に優先し，執行に関する和解は抗弁モデルを採用）とは異なり，中国民訴法230条では執行和解について，被執行者の和解合意不履行という例外を除き，執行和解合意は発効した法律文書に優先するものと構成しており（いわば例外条件付代替モデル），立法機関は執行和解を発効した法律文書の全面的な代替モデルとはせず，また大陸法系国家の抗弁モデルも採用していない。実務では，執行和解を執行調停に改めて執行調停書を作成して執行手続を進める裁判官も多く，代替モデルが徹底されている状況も見られるが，全面的代替モデルでは当事者の処分権との衝突・無視の状況を招きかねず，法230条の法意とは異なると指摘されている（江・肖主編・前掲注2) 426頁参照）。

56) 江・肖主編・前掲注2) 427頁，肖編・前掲注2) 233頁参照。
57) 江・肖主編・前掲注2) 427頁参照。

が成立しても，もとの執行根拠は失効せず，もとの執行手続が停止または終了するだけである。和解合意について一方当事者の不履行・不完全履行の場合，法院は，相手方当事者の申立てに基づき，もとの発効した法律文書による執行を再開し，すでに履行された和解合意部分は控除しなければならい（民訴解釈467条。逆に和解合意がすでに完全に履行された場合，執行の再開請求は許されない）。

執行和解後の執行再開の申立てについては，民訴法第239条の執行申立期間の規定が適用され（2年），執行申立期間が，執行中の和解合意が成立したために中断した場合，その期間は和解合意による約定履行期限最終日から改めて計算される（民訴解釈468条）。

第七節　執行救済

一　執行救済概説

執行救済とは，執行の当事者または利害関係人の利益が，法院の違法または不当な執行行為によって侵害された場合，当事者または利害関係人の合法的権益を保護するため，法律が規定する救済の方法および制度である。

中国民事訴訟法225条，227条，233条および2008年「民事訴訟法の執行手続の適用における若干の問題に関する解釈」（執行手続解釈）および民訴解釈の規定により，民事執行手続中の執行救済方式として，執行異議，執行異議の訴え，執行回復の制度が定められており，これらはそれぞれ手続上の救済，実体上の救済，手続および実体双方の救済とをその内容とするものである[58]。

二　違法執行に対する執行異議[59]

1　執行異議の概念

執行異議とは，当事者または利害関係人が，執行手続，執行措置が法律規定に違反すると認めて，執行法院に対してその救済を請求する制度である（中国民訴225条）[60]。

---

58)　さらに2015年民訴解釈511条，512条では配当案に対する異議手続を定めている（本章第十節一以下を参照）。
59)　江・肖主編438～440頁，斉主編・前掲注21）309頁以下参照。
60)　中国民訴225条1項は「当事者又は利害関係人は，執行行為が法律規定に違反すると認める場合，執行につき責任を負う法院に対して書面による異議を提出することができる。当事者又は利害関係人が書面による異議を提出した場合，法院は，書面による異議を受領

2　執行異議の主体

執行異議を提出する権利を有する主体は，当事者および利害関係人である。ここに当事者とは執行手続における執行債権者または債務者をいい，また利害関係人とは当事者以外の，執行行為により法律上の権利利益が侵害された者である。

3　執行異議の事由

当事者または利害関係人は，次に掲げる場合に執行法院に対して執行異議を提出することができる。

（1）　執行命令に対して不服のある場合

執行法院が発した各種命令，たとえば被執行者にその財産状況報告や，担保提供を命じる命令に対し，当事者に不服がある場合は異議を提出できる。

（2）　執行措置方法に対して不服のある場合

執行法院が強制執行行為を行うに際し，被執行者の財産に対して相応の執行措置を採る場合，本来なすべき一定の執行行為が実施されないとき，債権者は執行機関に一定の執行行為を要求する申立権を有する。また，執行機関が実施した強制執行行為の方法に違法または不当な点がある場合，当事者・利害関係人が不服のときは執行異議を提出できる。

（3）　執行行為が法定手続に違反する場合

執行機関が強制執行行為を行う場合，民事訴訟法の規定に従い法定手続を遵守すべきであり，たとえば動産・不動産の競売手続において先行して評価と公告が必要とされるが（競売規定4条，11条），競売目的物に対する評価が行われず，または公告がなされない場合等は，すべて法定手続違反を構成する。

（4）　その他当事者・利害関係人の利益を侵害する事由

民事執行制度規定の違反により当事者・利害関係人の利益を侵害する，あらゆる執行行為に対して執行異議を提出することができる[61]。もっとも，執行異議

した日から15日内に審査しなければならず，理由が成立する場合は取り消し，または是正する旨を裁定し，理由が成立しない場合には却下する旨を裁定する。当事者又は利害関係人は，裁定に対して不服がある場合には，裁定送達の日から10日内に一級上の法院に対して再議を申し立てることができる。」と定める。

61）　中国民訴226条は「法院が執行申立書を受領した日から6ヶ月を超えて執行していない場合，執行申立人は，一級上の法院に対して執行を申し立てることができる。一級上の法院は，審査を経て，原法院に一定の期間内に執行するよう命ずることができ，また当該法院が自ら執行する旨を決定し，または他の法院に執行するよう指令することもできる。」

は，執行機関の行為に対するものであるため，執行の共助者が共助行為を拒む場合や執行証人が見証行為を拒む場合について執行異議は適用されない。

以上の四種類の事由は，相互に関連しており，截然と分割できるものではないが，同一の民事執行行為が，上記数種類の事由を兼ね備える場合が多い。

4 執行異議の手続

(1) 異議の提出

当事者・利害関係人の異議提出は書面方式によることが必要であり，異議書には異議の対象，異議の理由を明記する。書面方式を要求するのは，異議提出者に異議権の行使を慎重にさせること，および異議審査における法院の便宜を図る趣旨である（執行解釈6条）。

(2) 管轄法院

執行異議については，強制執行を実施する法院の専属管轄とされている。委託執行の場合は，執行に責任を負う受託法院が執行異議の管轄権を有する。

(3) 異議の提出期間

執行異議は，執行手続の開始から執行手続の終結前までの間に提出できる。

(4) 異議の審査と裁判

当事者，利害関係人の異議については執行法院が審査を進めるが，異議書の受領から15日以内に裁定しなければならない。理由が成立する場合は裁定によって更正または取消しを行い，理由不成立の場合は却下を裁定する。裁定書には，当事者，利害関係人に再議申請の権利があることを明記し，あわせて執行異議の費用負担についても裁定を行う。

(5) 再議申立て

法院の裁定に対して，当事者，利害関係人に不服がある場合は，再議申立ての権利を有し，裁定書送達の日から10日以内に一級上の法院に対して再議を申し立てることができる。再議申立てを受けた上級法院は，執行解釈6～9条の規定に基づいて再議手続を処理し，原則として再議申請の受領から30日以内に審査を終えて裁定を行う。

として執行法院の変更申請を認めている。同条は，被執行者に執行できる財産があるにもかかわらず，正当な理由なく執行法院の怠慢で6ヶ月を超えても執行していない場合を前提に執行申立人の保護を図る規定である（法工委編・前掲注16）364頁参照）。

5 執行異議の効力[62]

(1) 原則として執行は停止しない

執行異議による執行手続停止効につき中国民事訴訟法に明文規定はないが，執行行為の効率性を保証するために，執行継続により異議者に回復困難な損害が生じる場合を除いて，執行異議提出は原則として執行行為を停止しない（さらに当事者等の異議に対する再議申立てがされる場合も同様である）。ただし，被執行者が十分かつ有効な担保を提供して相応する処分の停止を求める場合には，法院は執行停止を許可することができる。他方，執行申立人が十分かつ有効な担保を提供して執行継続を請求する場合，法院は執行を継続しなければならない（執行解釈10条）。

(2) 原執行行為の取消し・更正

原執行行為の更正・取消しの裁定が効力を発生した後，執行法院は速やかに執行行為を停止しなければならず，かつ裁定の要求に従って取消し・更正を行う。

(3) 執行手続終結後の救済

執行行為に違法または不当な状況が存在する場合でも，当事者，利害関係人が執行異議を提出しなければ，法に基づく救済ルートでの請求を放棄したものと見なされ，執行手続は有効であり，国家賠償請求も認められない。もっとも，執行手続終結後に，違法執行行為によって損害を被った当事者は，依然として債権者に対する不当利得返還および損害賠償の請求が可能である。

三 訴外第三者の異議および異議訴訟[63]

中国民訴227条は「執行過程において，訴外第三者が執行対象について書面による異議を提出した場合，法院は，書面による異議を接受した日から15日内に審査しなければならず，理由が成立する場合は当該執行対象に対する執行の停止を裁定し，理由が成立しない場合には却下を裁定する。訴外第三者または当事者は，裁定に対して不服があり，原判決または裁定が誤っていると認める場合，裁判監督手続により処理する。原判決または裁定と関係がない場合は，裁定送達の日から15日内に法院に対して訴えを提起することができる。」と定め，執行事件の当事者でない訴外第三者による執行対象に対する異議および異議訴訟を認めて

---

62) 李・前掲注36）426頁，江・肖主編・前掲注2）440頁，肖編・前掲注2）244頁参照。
63) 斉主編・前掲注21）309～312頁，江・肖主編・前掲注2）441～444頁参照。

いる[64]）（民訴法56条「第三者」制度との区別から法227条ではより広い概念である「案外人（訴外人ないし訴外第三者）」が用いられ、また法227条は「執行対象［执行标的］」と定めるが、本章では単に第三者、執行目的物と略称する）。

1 第三者の異議[65]

(1) 意義

第三者の異議は、第三者が執行目的物について強制執行を排除するに足る実体的権利を有することに基づき、執行法院に対して当該目的物に対する強制執行の実施の不許を求めることである。第三者の異議は、同人の実体法上の法律関係に基づくものであり、特定の執行目的物に対する権利を主張し、これに対する不当な執行の排除を請求するものであるから、執行手続自体に対する異議とは異なるものであり、執行異議とも区別される。すなわち、第三者の異議の本質は、実体法上の救済方法に属するものである。

64）　実務で発生する第三者異議の状況は複雑であるが、主に次の場合がある。1）効力が生じた判決、裁定による目的物の権利帰属に対して異議がある場合。2）判決、裁定では言及されていないが、執行過程において執行目的物とされ、執行される場合への異議。3）執行行為が自らの執行目的物使用権に対して影響を及ぼすと考え異議を申し立てる場合である。

　この点、1991年民事訴訟法208条では「執行過程において、第三者が執行目的物に対して異議を申し立てた場合、執行担当者は法定手続に基づいて審査しなければならない。理由が成立しない場合、棄却する。理由が成立する場合は、院長が執行中断を許可する。判決、裁定に確かに誤りがある場合には、裁判監督手続に基づき処理する。」と定めていたが、1）同規定は、第三者異議のすべての状況を網羅していないため、一部の原判決、裁定に第三者異議が及ばず、裁判監督手続による解決も難しい。2）第三者異議は往々にして実体的権利義務の係争に関わり、執行担当者が異議に対する審査を行うと規定すると、執行機構の権力が過大となり、「審査と執行の分立」原則に合致しない。3）第三者異議は執行手続において常に遭遇する問題であり、第三者、執行当事者の合法的権益の保護に関わる一方で、執行業務の効率にも影響する、等の問題点が指摘されていた。

　2007年改正決定では、第三者異議のそれぞれ異なる状況を区分した上で異なる規定を打ち出し、第三者に訴訟を通じて救済を求める手段を明確に付与したのが旧204条（現行法227条）である。すなわち、第一に第三者が申し立てた異議について、まず法院が法定期間内に初歩的審査を行うとともに、相応の処理を実施すると定め（同条前段）、第二に法院の初歩的審査による裁定に不服な場合、第三者、当事者に異なる救済手段を付与し、原判決、裁定に誤りがあると認められる場合、裁判監督手続の規定に基づき処理する（同条中段）。申し立てられた異議が原判決、裁定と無関係な場合は、法定期間内に、法院に訴訟提起し、最終的に訴訟により解決することができる（同条後段）と改正されている（全国人民代表大会常務委員会法制工作委員会民法室編『中华人民共和国民事訴訟法解読

この点，裁判手続が比較的複雑なことを考えると，第三者が申し立てるすべての異議が審査を経ずに直接裁判手続に入るとすれば，執行効率に影響が及ぶだけでなく，一部債務者に履行を引き延ばす余地を与える可能性もあり，債権の速やかな実現に不利となること，実際には，一部の第三者の異議については，執行機構の初歩的な審査のみで解決することができること等が2007年改正の際に考慮され，第三者の異議制度に関する現行規定に結実している[66]。

(2) 異議の主体

訴外の第三者，すなわち執行当事者以外の者で，執行目的物に対して権利主張し，法院の当該目的物に対する執行がその実体法上の権利を侵害すると認める公民，法人その他の組織である。

(3) 異議の事由

執行解釈15条は，「第三者が執行目的物に対し所有権を主張し，又は執行目的物の譲渡若しくは引渡しを拒むことのできるその他の実体権利を有する場合」と定めるが，具体的には執行目的物に対する所有権に限られず，建設用地使用権，宅基地使用権，地役権等の用益物権，または質権，留置権等の担保物権，あるいは占有等の権利利益である[67]。

(4) 異議の手続

1) 第三者による異議提出。第三者の異議提出は書面形式による。

2) 管轄法院。第三者の異議は，執行法院に対して提出しなければならない。

3) 異議提出期限。執行手続の過程中，すなわち執行手続の開始後からその終結前までに提出することを要する（民訴解釈464条）。

4) 異議に対する審査処理。第三者が執行対象に対して提出した異議は，審査を経て次に掲げる状況に応じて処理する。①第三者が執行対象に対して強制執行を排除するに足る権益を有しない場合，異議却下を裁定する。②第三者が執行対象に対して強制執行を排除するに足る権益を有する場合，執行停止を裁定する。第三者の執行異議の却下裁定を第三者に送達した日から15日以内において，法院は執行目的物を処分してはならない（民訴解釈465条）。

〔2012年最新修訂版〕』（中国法制出版社・2012年）611～613頁参照）。
65) 斉主編・前掲注21) 309頁以下，江・肖主編・前掲注2) 441頁以下参照。
66) 法工委編・前掲注16) 365頁参照。
67) 斉主編・前掲注21) 310頁参照。

(5) 異議の効力

　第三者の合法的権益を保護するため，第三者の異議申立審理期間中において，法院は執行目的物に対する処分を禁じられる（執行解釈16条1項）。第三者が十分かつ有効な担保を提供して異議申立目的物に対する封印，差押え，凍結の解除を請求する場合は，法院はこれを許可することができる。執行申立人が十分かつ有効な担保を提供して執行の継続を請求する場合には，法院は執行を継続しなければならない（同2項）。第三者の担保提供による封印，差押え，凍結の解除に誤りがあり，これにより当該目的物の執行が不能になった場合，法院は直接に担保財産に執行することができる。執行申立人の担保提供による執行継続請求に誤りがあり，これにより相手方に損害を与えた場合は，賠償責任を負う（同3項）。

2　第三者が裁定に不服の場合[68]

　第三者の異議が却下された場合の救済手続として二つの場合がある。

　1) 原判決，裁定に誤りがあると認める場合，裁判監督手続により処理する（中国民訴227条中段）。ここに「原判決，裁定」とは，執行根拠とされた発効した法律文書を指す。民訴解釈によれば，第三者が執行異議申立ての却下裁定に対して不服があり，原判決，裁定，調停書の内容の誤りがその民事上の権益を侵害したと認める場合，執行異議裁定の送達日から起算して6ヶ月以内に，原判決，裁定，調停書を下した法院に対して再審を申し立てることができる（423条）。法院が再審の裁定を下した後，第三者が必要的共同訴訟の当事者に該当する場合，民訴解釈422条2項により処理する[69]。第三者が必要的共同訴訟の当事者でない場合，法院は原判決，裁定，調停書がその民事上の権益を侵害したことに関する内容のみを審理する。審理の結果，再審請求が成立する場合，原判決，裁定，調停書を取消しまたは変更する。再審請求が成立しない場合，原判決，裁定，調停書を維持する（424条）。

　2) 第三者の異議が，原判決，裁定と関係がない場合，裁定送達の日から15日内に法院に対して訴えを提起することができる（中国民訴227条3文）。ここに

---

68) 斉主編・前掲注21) 310〜311頁参照。
69) すなわち，第一審手続により再審を行う場合，その者を当事者として追加し，新たに判決，裁定をする。第二審手続により再審を行い調停合意に達しない場合，原判決，裁定を取り消して原審に差し戻さなければならず，差戻審ではその者を当事者として追加する（民訴解釈422条2項）。

「原判決，裁定と関係がない場合」とは，第三者が異議を提出した執行目的物が，原判決，裁定の指定する執行目的物ではなく，法院が執行中に自ら執行措置を採った目的物である場合である。第三者がこの種の目的物に関して提出した異議は，原判決，裁定自体の誤りの問題とは関係がなく，ただ執行目的物自体の実体的権利の争いに関わることである。法院が第三者によるこの種の異議を却下した場合，第三者は訴えを提起し，これが第三者による執行異議訴訟であり，裁判手続により当該執行目的物の権利帰属が確定される。

3 当事者が裁定に不服の場合[70]

第三者が異議を提出した後，執行法院の審査を経て，第三者の異議の理由が成立する場合，当該目的物に対する執行は裁定によって停止されるが，当該裁定に対して当事者が不服がある場合には，二つの救済ルートが認められる。1）原判決，裁定に誤りがあると認める場合，裁判監督手続により処理される。2）第三者の異議と原判決，裁定が関係のない場合，裁定送達の日から15日以内に法院に対して訴訟を提起することができ，これが当事者による執行異議の訴え（執行許可の訴え）である（民訴解釈306，308，313，314条2項，316条参照）。

4 執行異議の訴え[71]

(1) 類型と管轄

執行異議の訴えは，執行当事者，第三者が不当な執行行為によって侵害を受ける場合に，法に基づき訴訟を提起して法院の強制執行を排除する方法である。民訴解釈の規定によれば，執行異議の訴えは二つの類型を含む。第一に第三者による執行異議の訴え（執行目的物に関して第三者の提出した異議が執行法院により却下された場合）であり，第二に執行申立人による執行異議の訴え（執行法院が第三者の執行異議の申立てに基づいて執行停止を裁定した場合）である。

第三者，当事者が執行異議の訴えを提起する場合，執行法院が管轄する。

(2) 執行異議の訴えの特別要件

第三者が執行異議の訴えを提起する場合，提訴の一般要件（中国民訴119条）を具備する他に，特別要件として，1）第三者の執行異議の申立てがすでに法院

---

70) 斉主編・前掲注21）311頁参照。
71) 斉主編・前掲注21）311～312頁，江・肖主編・前掲注2）443～445頁参照。

によって却下裁定されたこと，2）執行目的物に対する執行排除が明確である訴訟請求であること，3）執行異議の裁定送達の日から 15 日以内に提起されること，が必要である（民訴解釈 305 条）。法院は訴状の受領後 15 日以内に立案するかどうかを決定しなければならない。

(3) 執行異議の訴えの当事者

第三者が執行異議の訴えを提起する場合，執行申立人を被告とする。被執行者が第三者の異議に反対する場合，被執行者を共同被告とする。被執行者が第三者の異議に反対しない場合，被執行者を第三者として列挙することができる（民訴解釈 307 条）。

(4) 執行異議の訴えの裁判

1) 審理手続。法院が執行異議の訴えを審理する場合，通常手続を適用する（民訴解釈 310 条）。

2) 証明責任。第三者または執行申立人が執行異議の訴えを提起する場合，第三者は執行目的物に対して強制執行を排除するに足る民事上の権益を有することにつき挙証・証明責任を負う（民訴解釈 311 条）。

3) 裁判。まず，第三者が提起した執行異議の訴えにつき，法院は審理を経て次に掲げる状況に応じて処理する。①第三者が執行目的物について強制執行を排除するに足る民事上の権益を有する場合，当該執行目的物について執行不許の判決を下す。②第三者が執行目的物について強制執行を排除するに足る民事上の権益を有しない場合，訴訟請求を棄却する判決を下す。第三者がその権利確認に係る訴訟請求を同時に提起した場合，法院は判決において併せて裁判できる（民訴解釈 312 条）。

さらに，第三者の執行異議の訴えに対して，法院が執行目的物について執行不許の判決を下す場合，執行異議の裁定は効力を失う。（民訴解釈 314 条 1 項）。

(5) 執行異議の訴えの執行手続に対する効力・影響

第三者が提起した執行異議の訴えの効力としては，以下のとおりである。

1) 強制執行は不停止。まず第三者による執行異議の訴えの審理期間において，法院は執行目的物を処分してはならない。執行申立人が法院に執行の継続を請求し相応の担保を提供する場合，法院はこれを許可することができる（民訴解釈 315 条 1 項）。

2) 執行の取消し。法院が，第三者の異議訴訟の成立を認め，執行目的物に対する執行を許さない場合，第三者の異議裁定は失効する。執行手続は停止しなけ

ればならず，かつすでに実施した執行行為を取り消す。ただし，執行目的物の競売手続がすでに終結し，その代金が債権者に未交付の場合であっても，すでに終結した競売手続を取り消すことはできない。

3）被執行者が第三者と悪意で通謀し，執行異議，執行異議の訴えを通じて執行を妨害した場合，法院は民訴法113条の規定により処理する。執行申立人がそれにより損害を受けた場合，訴訟を提起し，被執行者，第三者に賠償を求めることができる（民訴解釈315条2項）。

四　執行回復

1　執行回復の意義

執行回復［执行回转］とは，執行中または執行完了後に，執行の根拠とした法律文書が，法院その他関係機関により取消し，変更された場合，執行機関が，すでに執行された財産について改めて執行措置を行い，執行開始時の状況に回復させる一種の救済制度である（中国民訴233条)[72]。

執行回復制度は，発効した法律文書の誤りによって生じる執行の過誤を正し，当事者の合法的権益および法律の厳粛性を擁護するものとして，民事執行にとって必要不可欠な救済制度である。

2　執行回復の要件[73]

中国民訴233条・執行規定109条による執行回復の要件は次のとおりである。

1）原執行が，執行中またはすでに執行を完了していること。たとえば，執行手続が財産の封印，差押え，凍結だけで執行を完了しておらず，執行財産の移転を生じていない場合，執行の根拠となる法律文書が取り消されれば執行手続は終結することとなり，執行回復の問題は生じない。

2）執行の根拠となる法律文書が法により取消し・変更され，かつ新しい法律文書が作成されていること。

3）執行回復のための新たな執行根拠が存在すること。執行の根拠とされた原法律文書が取消し・変更された後，原執行法院は新たな発効した法律文書に基づき，執行回復の裁定を行うことが必要である。

---

[72]　江・肖主編・前掲注2）446頁，齊主編・前掲注21）312頁参照。
[73]　江・肖主編・前掲注2）446頁。

4) 執行回復は，原執行申立人が財産を取得した場合にのみ適用される。この点，中国民訴233条の「（執行された）財産を取得した者に返還を命じる」との規定を，執行規定109条が「原執行申立人」に制限しているのは，競売により執行財産を取得した善意の第三者の利益，および法院の競売手続の権威性を保護する趣旨である[74]。

3 執行回復の手続

1) 手続の開始。原則として当事者の申立てによって開始され，執行移送事件については法院の職権によることもできる。

2) 管轄法院。執行回復の裁定およびその執行は，原執行法院の専属管轄である。

3) 新たな立案。執行回復は，その実質が新たな執行事件であるため，改めて立案することを要し，かつ執行手続の関連規定を適用して強制執行を行う。

4) 執行回復の裁定。執行法院が執行回復を行う場合，裁定書を作成しなければならず，その内容は新たな発効した法律文書に厳格に基づくことが必要である。

5) 執行回復の実施。執行回復を行う場合，すでに執行された目的物が特定物の場合にはその原物を返還しなければならず，返還不能の場合は価額賠償が許される（執行規定110条）。原物を返還する場合には，果実の返還を要する。返還を拒否する場合は，強制執行を行う。

II 民事執行措置

第八節　金銭給付執行1：差押え，封印，凍結

一　金銭給付執行の意義，原則[75]

一定額の金銭給付を内容とする請求権の執行は，すべての執行業務において最も事件数が多く，適用される頻度も高く，その意義は最も重要である。金銭給付執行においては次の二大原則が要請される。

---

74) 趙ほか・前掲注18) 394頁，斉主編・前掲注21) 312頁参照。
75) 江・肖主編460頁参照。

1）簡便であること，および債務者の生活に対する影響が比較的少ないこと。

実務において，債務者財産に対する執行を選択する際の順序は，第一に現金執行であり，現金が弁済に不足する場合は預金，株式配当収入および債権，それでも不足する場合には債務者の動産，最後には債務者の不動産，知的財産権，投資有価証券等である。そして，どのような種類の財産に執行する場合でも，債務者の履行義務の範囲を超過することは許されず，かつ債務者およびその扶養家族の生活に必要な費用と生活必需品の留保を要する（中国民訴244条1項但書参照）[76]。

2）封印，差押え，凍結を経ずに財産を執行されないこと。

金銭給付執行は，一般に三つの段階を経る。すなわち，第一に封印，差押え，凍結を中心とした支配性・管理性の執行。第二に競売，換金，および代物弁済を中心とした換価性の執行。第三に配当参加を中心とした債権に対する支払い，である。第一段階の封印，差押えは主に被執行者の動産，不動産を，凍結は主に被執行者の動産，不動産以外のその他の財産権（債権，株券，知的財産権等）を対象とする。また第二，第三段階の執行は，処分性執行と称される。

この原則に基づいて，執行される財産に対し，法院は，封印，差押え，凍結を経ることなく処分することはできない。よって，上記三段階において，第一段階は不可欠のものであり，第一段階の手続を経ずに直接第二，第三段階の執行に入ることは許されない（民訴解釈486条参照）。

二　動産，不動産に対する封印，差押え

1　封印，差押えの意義

封印［査封］とは，法院が執行目的物に封印紙を貼付して，現地または異なる場所で密封保存し，被執行者に移転処分を禁じる執行措置である。差押え［扣押］とは，法院が執行目的物を指定場所に運送し，被執行者による占有，使用，処分を許さない執行措置である。これらは以下の特徴を持つ。

1）封印，差押えは，競売，換価を行う準備としての臨時性，支配性・管理性の執行措置である。執行事件が立案され，執行開始から競売，換価等の手続の最後に至るまでは往々にして一定の時間が必要となるが，目的物が移転，隠匿，毀

---

[76] 中国民訴244条1項は「被執行者が法律文書の確定する義務を執行通知通りに履行しない場合，法院は，被執行者が義務を履行すべき部分の財産を封印，差押え，凍結，競売，換金する権限を有する。ただし，被執行者及びその扶養家族の生活必需品を留保しなければならない。」と定めている。

損されて執行が不能となることを回避するため，法律は特に封印，差押えの手続を設けて，競売，換価手続の実施を保障している。

2) 封印，差押えの実質は，被執行者の執行目的物の処分権を制限する点にある。競売，換価の以前において，執行目的物所有権は依然として被執行者に属しているものの，被執行者の当該財産に対する処分権行使が禁止され，無断でこれを処分した場合も当該処分は無効であり，かつ執行妨害の責任を負担する。

3) 封印，差押えは，被執行者の執行目的物に対する占有も解消する。執行目的物が封印，差押えを経た後，その占有権は法院によって行使される。封印は，封印した物を移転することなく，その場所に置かれたままであるが，一度封印されれば，被執行者は占有権を喪失し，執行法院の同意なしにはその物の保管，使用，収益は許されない。他方，差押えにおいては，差押対象物がその存在する場所から移転され，被執行者は当然に差押対象物に対する占有権を喪失する。

2 封印・差押えの区別

中国における封印，差押えの区別は，一般に執行目的物が存在する場所から移動されるかどうかが基準とされている。封印は，一般に財産を移動せず，法院によって封印紙が貼付され，その現地において封印する。差押えは一般に財産をその存在場所から移動して，債務者の占有から離脱させる。もっとも，他の国家・地域において，かかる区分はなされておらず，実際上，中国の司法実務においても封印，差押えは未だ厳格に区別されていない。このほか，封印は主に不動産および体積が比較的大きく移動が困難な動産を対象とする執行措置であるのに対し，差押えは主に体積が比較的小さい，または体積が大きくても移動できる動産に対する執行措置とされている[77]。

三 封印，差押えの一般原則[78]

1 公示の原則

執行法院が被執行者の財産に対して封印，差押えの措置を採る場合に，当該財産の属性に基づき，法律の規定する方法に従って封印，差押えの状況を広く公開

---

77) 江・肖主編・前掲注 2) 460〜461 頁，趙ほか・前掲注 18) 404 頁参照。なお，「査封」を差押え，「扣押」を押収とする日本語訳の例もある。

78) 封印，差押えの一般原則，方法につき，江・肖主編・前掲注 2) 461〜463 頁，肖編・前掲注 2) 255〜257 頁参照。

し，被執行者，第三者，およびその他執行法院・執行機関に封印，差押えの事実を知らしめることである。封印，差押えの公示原則と，物権の公示原則は相対応しており，不動産物権については登記をその公示方法とし，動産物権については占有がその公示方法とされている。

2 価値相当の原則

　封印，差押えは，執行機関が公権力を用いる行為であるところ，被執行者の合法的権益の保護から出発して，これに制限を加える必要がある。法院が被執行者の財産を封印，差押えするとき，その価額は，法律文書で確定された債権額および執行費用の弁済に足りる額を限度とすべきであり，明らかにその額を著しく超過して封印，差押えを行ってはならない（封印・差押規定21条）。換言すれば，封印，差押えを行う財産の価値は，被執行者が履行すべき債務の価値に相当しなければならない（執行規定39条）。

3 重複封印，差押禁止の原則[79]

　執行法院が法に基づき被執行者の財産を封印，差押えをした後において，その他の法院を含み，いかなる組織であっても当該執行目的物に対して再度，封印，差押えを行ってはならず，後行の封印，差押えは無効とされることである（中国民訴103条2項参照）[80]。この原則を確立することは，執行手続の適正化を目的とし，かつ法院間の執行に関する争いに解決根拠を提供するものである。重複封印，差押えの禁止は，決して後順位の［輪候］封印，差押えを排斥するものではない。執行法院により封印，差押えがなされた財産に対して，その他の法院が後順位の封印，差押えを行うことは許され，封印，差押えが解消された場合，先に登記した後順位の封印，差押えは自動的に効力を生じる（封印・差押規定28条）。

4 封印，差押免除財産の原則

　執行法院が被執行者のいくつかの特定財産に対して封印，差押えの措置を許さないことである。この原則は，被執行者の生存権が債権者の債権よりも優先し，

---

79) 江・肖主編・前掲注2) 461〜462頁参照。
80) 中国民訴103条2項「財産が既に封印され，または凍結されている場合には，重複して封印をし，または凍結してはならない。」

被執行者の精神的利益が債権者の物質的利益よりも優先すること，公序良俗が私人の利益よりも優先するという原理に基づき確立されている。

四　封印，差押えの方法

1　書面裁定の作成

封印，差押えは，債務者の目的物に対する占有を解消するだけでなく，さらに一定の方式を実施することにより，目的物が封印，差押えの対象であることを明らかにする。執行手続において封印，差押えまたは凍結の措置を行う場合，法院は必ず裁定をし（中国民訴244条2項），かつ双方当事者および関連組織に送達する。

2　執行共助通知書の発出

封印，差押えの措置に，関係組織の共助が必要な場合，関係組織に対して執行共助通知書を発出し，かつ裁定書副本と共に送達する（執行規定38条2項，封印・差押規定1条）。執行共助通知書には，関係組織は封印，差押えをした財産の移転，名義変更，担保設定等の手続を行ってはならないことを明記し，同時に，被執行者に関係する財産権証書を執行法院に交付するよう命じることができる。

3　封印紙または公告の貼付け，封印登記の処理

動産の封印，差押えをする場合，法院は，当該財産を直接保管することができる。法院が，封印，差押えをした動産をその他の者に保管させる場合，当該動産上に，封印紙を貼付するか，または封印，差押えを公示するに足るその他適切な方式を用いる必要がある。

不動産の封印を行う場合，法院は，封印紙または公告を貼付して行う。すでに登記されている不動産，特定動産，その他財産権に対して封印，差押え，凍結を行う場合，関係登記登録機関に登記登録手続の処理を通知する。地上建築物と土地使用権の登記機関が同一ではない場合，別々に封印登記処理を行う。

その他の法院がすでに登記された財産に対し，後順位の封印，差押え，凍結を行う場合，関係登記機関に後順位の登記の処理に協力するよう通知しなければならず，封印，差押え，凍結を実施した法院は，その他の法院に対して関係文書および記録の閲覧を認めなければならない（封印・差押規定28条）。

4　財産権関連証書の受取り，保管

財産権証書を有する動産・不動産に対する封印では，被執行者に対して財産権に関する証書の引渡しを命じ，法院がこれを受け取って保管することができる（執行規定41条2項，封印・差押規定9条1項）。

5　所有権登記未了の建築物，自動車に対する事前封印，差押え

事前封印［預査封］は，「不動産執行通知」[81]により創設されたもので，登記機関における物権登記は未了だが，一定の承認または届出登録を履行して行う仮の登記手続であり，被執行者の有する未公示または物権的期待権ある不動産に対して採用する管理的措置である。法院の作成発出した事前封印裁定書および執行共助通知書により，国土資源，不動産管理部門に事前封印登記手続の処理を行わせるものである。

権利帰属登記未了の建物を事前封印する場合，法院はその管理者または当該建物の実際の占有者に通知し，かつ目立つ位置に公告を貼り付ける（封印・差押規定10条）。また，権利帰属登録未了の自動車を差し押さえる場合，法院は，差押えリストに当該自動車のエンジン番号を記載する。当該自動車の差押期間中に権利者が権利帰属登録の手続をとることを請求した場合は，法院はこれを認め，かつ遅滞なく然るべき差押登記手続を行う（封印・差押規定11条）。

6　封印，差押え時の立会いと目録作成

法院が財産の封印，差押えを行う場合，被執行者が公民であるときは，被執行者またはその成年家族に立ち会うよう通知し，またその勤務組織または財産所在地の下部組織は，人を派遣して参加させ，被執行者が法人・その他の組織であるときは，その法定代表者または主たる責任者に立ち会うよう通知する（中国民訴245条1項）。

封印，差押えの実施時において，執行員等が記録を作成，署名する以外に，執行現場に立ち会った関係者もこれに署名する。さらに封印，差押えされた財産につき，執行員は，必ず目録を作成し，立会人が署名または押印した後，被執行者またはその成年家族に一通を交付する（中国民訴245条2項）。

81）　2004年最高人民法院・国土資源部・建設部「人民法院執行と国土資源不動産管理部門の法に基づく共助執行規範の若干の問題に関する通知」。

7　封印，差押物の保管と使用

(1)　保管者の確定

封印，差押えされた財産は原則として法院が自ら保管する。法院による保管が適当でない場合は，法院は被執行者を指定して保管の責任を負わせることができる。被執行者が保管することが適当でない場合には，第三者または執行申立人に委託して保管させることができる（封印・差押規定12条）[82]。

(2)　保管者の責任

封印，差押えされた財産が，保管者の故意過失により，滅失，毀損した場合，二つの責任を負担すべきである。まず，1) 保管者は損害賠償責任を負担するが，執行申立人が保管者の場合には賠償額はその債権部分と相殺される。被執行者が保管・使用する場合に，その過失によって生じた損害は，被執行者が負担する（中国民訴246条）。被執行者または他人が，封印，差押え，凍結された財産を自己の判断で処分した場合，法院は責任者に期限内に財産を回収するか，または相応の賠償責任を負担するよう命令する権限がある（執行規定44条）。また，2) 執行妨害の責任もある。すなわち，すでに徹底的に点検し，その保管を命じた封印，差押え，凍結した財産について保管人に隠匿，移転，換価，毀損行為があった場合，執行法院は情状の軽重により，過料，拘留を課し，犯罪を構成する場合は法に基づき刑事責任を追及する。

(3)　封印，差押物の使用

保管者は封印，差押財産を使用してはならない（執行規定43条）。被執行者が保管の責任を負う場合，当該財産を引続き使用することがその価値に重大な影響を及ぼさない場合，被執行者に保管または継続使用を許可できる（執行規定42条）。

五　その他の財産権に対する凍結等

1　被執行者の預金に対して凍結，振替え

中国民訴242条1項・執行規定32条によれば，被執行者が法律文書により確定された義務を執行通知通りに履行しない場合，法院は，関係機関に対して被執

---

[82]　江・肖主編・前掲注2) 464頁参照。担保物権者が占有する担保財産を封印，差押え，凍結する場合，通常，当該担保物権者を保管者に指定する。当該財産を法院が保管する場合は，質権，留置権は占有移転によって消滅しない（封印・差押規定13条）。

行者の預金に関する状況を調査照会する権限を有し，状況に応じて被執行者の預金に対して凍結，振替えを行う権限を有する。法院が調査照会，凍結，振替えを行う預金は被執行者が履行すべき義務の範囲を超えてはならない。

　凍結は，法院が銀行，信用合作社，およびその他貯蓄性業務を行う組織に対して，執行共助通知書を発し，被執行者に対して一定期間内，預金の引出し，移転を許さない執行措置である。

　振替えは，法院が，銀行，信用合作社，およびその他貯蓄性業務を行う組織に対して，当該金融機関にある債務者の預金を強制的に債権者の口座に振り込み，債権者への債務弁済に当てる措置である。振替えは，預金凍結が存在することを基礎として行われることも，凍結していない預金に対して直接行うことも可能であるが[83]，振替えでは双方当事者が金融機関に口座を有することが必要である。法院が，預金の凍結，振替えを行う場合，裁定をしなければならず（中国民訴242条），かつ執行共助通知書を発するが，これを受けた銀行等は必ずこの処理をしなければならない[84]。

2　被執行者の関係企業から取得する収入の凍結，引出し

　中国民訴243条によれば，「被執行者が法律文書により確定された義務を執行通知通りに履行しない場合，法院は，被執行者が義務を履行すべき部分の収入を差し押さえ［扣留］，または引き出す権限を有する」が，被執行者およびその扶養家族の生活必需費用を留保する必要がある。

　執行規定36条では，被執行者の関係組織における収入で未だ受領していないものにつき，法院は裁定を行い，当該機関に対して執行共助通知書を発し，差押えまたは引出しに協力させなければならないとする。

　ここに引出し［提取］とは，法院が，法に基づき被執行者の収入を受け取り，かつそれを権利者に交付する執行措置である。引出しは，一種の最終的執行措置であり，権利者の権利を直接実現することができる。引出しは，差押えがなされることを基礎として行うことも，差押えなしに直接引出しを行うことも可能であ

---

83)　一般的にいえば，制限性の執行措置は，処分性の執行措置の前提であり，かつ被執行財産については，法院の封印，差押え，凍結の処分を経ずに処分することは許されない。しかし，銀行預金等では直接に財産の振替えが認められ，法院の振替裁定が同時に凍結の法的効力を具えている（趙ほか・前掲注18）408頁参照）。

84)　張・前掲注40）423～424頁参照。凍結の期限等につき民訴解釈487条参照。

る。

「被執行者の収入に対する差押え,引出し」とは,主に債務者の給料,資金,およびその他労働報酬,利息,株式配当等を指し(ただし銀行預金等に転化した場合は別である[85]),その範囲は,被執行者の履行義務に相当する収入部分に限られ,かつ被執行者およびその扶養家族の生活に必要な費用を留保する。

法院が,収入の差押え,引出しをする場合,裁定をし,かつ執行共助通知書を発する。被執行者の所属組織および銀行,信用合作社その他の貯蓄業務を有する組織が上記通知を受けた場合,必ずこれを実施しなければならない。上記通知後,関係機関が自己の判断で被執行者またはその他の者に支払った場合,法院は期限を定めてその回収を命じることができ,期限を過ぎても未回収の場合,支払金額の範囲内で執行申立人に対し責任を負担するよう裁定する(執行規定37条)。

3 被執行者の第三者に対する期限到来債権の凍結と執行[86]

被執行者の期限到来債権に対する執行(代位執行,代位申請執行ともいう)は,被執行者が他人に対して期限到来債権を有するとき,法院が法に基づき当該債権に対して採る執行措置であり,民訴解釈501条,執行規定61~68条に関連規定がある。

1) 適用条件。①被執行者の債務弁済が不能であること[87],②被執行者が第三者に対して適法な期限到来債権を有すること,③執行申立人または被執行者が申立てをすること,④第三者が指定された履行通知の定める期限内に異議を提出せず,自ら債務履行もしていないこと,である(執行規定61条)。

2) 期限到来債権の凍結,履行通知の発出。被執行者の第三者に対する期限到来債権の執行では,執行法院は債権凍結の裁定をすることができ,当該第三者に

---

85) 張・前掲注40) 424頁,江・肖主編・前掲注2) 466頁参照。被執行者たる公民がその収入を貯蓄預金に転換している場合の処理については,預金証の提出を命じなければならず,その提出を拒む場合,人民法院は当該預金を払い戻す指定を行い,かつそれに発効した法律文書を付して,金融機関が被執行者の預金を人民法院に引き渡す,または人民法院が指定する口座に預け入れなければならない,とされている(執行規定35条)。

86) 張・前掲注40) 427~429頁,趙ほか・前掲注18) 412~413頁参照。

87) 被執行者の債務弁済が履行不能であるという要件は,期限到来債権への強制執行が,補充性の特徴を有すること,すなわち被執行者の財産に対する強制執行措置では執行申立人の債権が満足を得られないという場合に,初めて認められる執行手続であることを示している(江・肖主編・前掲注2) 467頁)。

対し，執行申立人に対して履行するよう通知する（民訴解釈501条）。

履行通知の内容は以下のとおりである（執行規定61条2項各号）。

①第三者は被執行者に対する債務を，執行申立人に対して直接履行し，被執行者に対して履行してはならないこと。

②第三者は履行通知を受領後15日以内に執行申立人に対して債務を履行すべきこと。

③第三者は期限到来債権を履行することについて異議がある場合，履行通知を受領後15日以内に，執行法院に異議を提出すべきこと。

④第三者が上記の義務に反した場合の法的効果。

3）第三者異議の手続。第三者が履行通知に対して異議がある場合，通知受領後15日以内に執行法院に提出する。異議は一般に書面によることを要するが，口頭の場合は執行員等が記録に記載し，かつ第三者が署名または押印する。異議内容は，債権の不存在，期限未到来，争いの存在等の状況であり，第三者が自らに履行能力がない，または執行申立人と直接の法律関係がないことを提出しても，有効な異議ではない。第三者が，期限到来債権に対して異議があり，執行申立人が異議部分について強制執行を申し立てても法院は支持しない。異議について執行法院はもっぱら形式審査で異議が成立するかどうかを判断する。

4）第三者が法院の強制執行に対して異議未提出の場合の効果。第三者が履行通知で指定された期限内に異議を提出せず，また不履行であるとき，執行法院はその強制執行を裁定する権限を有することとなる。この裁定は同時に第三者と被執行者に送達する。

5）履行証明の発行。第三者が法院による履行通知に基づいて執行申立人に債務を履行し，または強制執行された後，法院は関連の証明を行う（執行規定69条）。

6）被執行者が法院の履行通知を受領した後，第三者に対する債権を放棄し，または第三者の履行期限を猶予する行為は無効であり，法院の執行に影響しない。

7）当該第三者に対する強制執行の裁定を行った後，当該第三者に確かに執行できる財産がない場合には，当該他人の有する期限到来債権に対して再度の強制執行は許されない（執行規定68条）。

4 被執行者の特許権,登録商標専用権,著作権(財産権部分)等の知的財産権についての凍結[88]

法院は,被執行者の特許権,登録商標権,著作権(財産権部分)等の知的財産権の譲渡を禁止する裁定を行う権限を有する。これらの権利に登記主管部門がある場合は,同時にかかる部門に対して執行共助通知書を発し,財産権譲渡手続を行わないよう要求する。必要な場合は,被執行者が財産権または使用権証書を法院に保管するため引き渡すよう命ずることができる。上記の財産権に対して競売,換金等の執行措置を採ることができる(執行規定50条)。

六 封印,差押え,凍結の効力[89]

1 封印,差押え,凍結の対人的効力

(1) 被執行者に対する効力

法院が被執行者の財産に対して封印,差押え,凍結を行った後,被執行者に対して以下のような法的効果が発生する。

1) 封印,差押え,凍結された財産は依然として被執行者の所有であり,目的物について発生した毀損,滅失のリスクは被執行者が負担する。

2) 被執行者は封印,差押え,凍結された財産の直接占有を喪失し,かつ法院が占有を行う。

3) 被執行者が封印,差押え,凍結された財産を保管する場合,本来通常の管理または使用方法により,占有使用を継続するが,執行法院の許可を要しない。ただし第三者が保管する場合,原則として被執行者は使用不能とされ,保管人の占有および保管行為との衝突を免れる。

4) 被執行者は封印,差押え,凍結された財産を処分することはできず,被執行者がすでに封印,差押え,凍結された財産を移転し,権利負担を設定し,またはその他執行の妨げとなる行為を行っても執行申立人に対抗できない(封印・差押規定26条1項)。

(2) 第三者に対する効力

第三者が法院による許可を得ずに封印,差押え,凍結された財産を占有し,ま

---

[88] 趙ほか・前掲注18) 410頁参照。
[89] 江・肖主編・前掲注2) 470〜472頁,肖編・前掲注2) 258〜259頁,趙ほか・前掲注18) 406〜408頁参照。

たは執行の妨げとなるその他の行為を行った場合，法院は執行申立人の申立て，または職権によりその占有を解除し，またはその妨害を排除することができる。法院の封印，差押え，凍結を公示していない場合，その効力は善意の第三者に対抗できない（封印・差押規定26条2，3項）。

(3) 担保権者に対する効力

法院は担保目的物に対する執行を行うことができ，封印，差押えされた物に対して担保物権，優先権を有する債権者は当該財産からの優先的弁済権を有している（執行規定94条）。根抵当権が設定されている被執行者の抵当物に対して封印，差押えを行う場合，根抵当権者に通知する。根抵当権者の根抵当権で担保される債権の金額は，法院の通知を受領した時点より増加しない。法院が抵当権者に通知していない場合であっても，抵当権者が封印，差押えの事実を知っていることを証明する証拠があるとき，根抵当権で担保される債権の金額は，抵当権者が当該事実を知った時点から増加しない（封印・差押規定27条）。

(4) 執行共助者に対する効力

封印，差押え，凍結の執行共助通知書が登記機関に送達された時点において，登記機関がすでに被執行者の不動産，特定動産およびその他の財産の譲渡の名義変更登記申請を受理しており，登記の審査確認が未了の場合，法院の執行に共助する。法院は，登記機関がすでに審査確認の上で，登記した被執行者の譲渡済みの財産について，封印，差押え，凍結措置を採ってはならない。封印，差押え，凍結の執行共助通知書が登記機関に送達された時点において，その他の法院がすでに当該登記機関に名義変更の執行共助通知書を送達している場合は，優先的に名義変更登記の手続をとる（封印・差押規定25条）。

2 財産に対する効力

封印，差押えの効力は，封印差押物の従物および天然果実に及ぶ（封印・差押規定22条）。地上建物の封印の効力は，当該地上建物の使用範囲内の土地使用権に及び，土地使用権の封印の効力は地上建物に及ぶものとするが，土地使用権と地上建物の所有権が被執行者と第三者に別々に帰属する場合にはこの限りでない（同23条）。

封印，差押え，凍結された財産が，滅失または毀損した場合，封印，差押え，凍結の効力は，当該財産の代替物，賠償金に及び，法院は，遅滞なく当該代替物，賠償金の封印，差押え，凍結の裁定を行う（同24条）。

3 時間的効力

法院が被執行者の銀行預金を凍結する期限は1年を超えてはならない。動産の封印，差押えの期限は2年を超えてはならず，不動産の封印その他の財産権の凍結の期限は3年を超えてはならない。

執行申立人が期限延長を申し立てた場合，法院は封印，差押え，凍結の期限が満了する前に封印，差押え，凍結の続行手続を行わなければならず，続行期限は，上述の期限を超えてはならない。法院も職権により封印，差押え，凍結の手続を続行することができる（民訴解釈487条）。

封印，差押え，凍結期間が満了し，法院が期間延長手続をとっていない場合には，封印，差押え，凍結の効力は消滅する（封印・差押規定30条）。

4 事前封印と後順位の封印，差押え，凍結の効力

(1) 事前封印の効力

事前封印と封印は目的物譲渡を制限する効力は同様である。法院の事前封印期間では，いかなる組織および個人も自己の判断で事前封印された財産を処分することはできず，関連部門も譲渡，担保設定手続をすることは許されない。

(2) 後順位の封印，差押え，凍結の効力

被執行者のある財産について執行法院により封印，差押え，凍結された後，その他の法院が当該財産について後続送達した封印，事前封印の裁定は当然には失効せず，各法院が国土資源，不動産等登記機関に対して執行共助通知書を送達した時間の先後により登記の順番を待つこととなる。いったん，先に封印した法院が法に基づき封印，事前封印を解除し，あるいは封印，事前封印が自動的に失効したとき，先に登記された後順位の封印または後順位の事前封印が，自動的に封印，事前封印に転化し，かつ順番に従って決せられる。

七 封印，差押え，凍結の解除[90]

封印，差押え，凍結の解除は，執行法院が特定の法定事由が発生した場合に，債権者の申立てまたは職権により，封印表示または封印登記について，除去または授権の除去を行う執行行為である。封印・差押規定31条によれば，下記事由がある場合，法院は，封印，差押え，凍結の解除の裁定を行い，かつ執行申立

---

90) 江・肖主編・前掲注2) 464〜465頁，肖編・前掲注2) 257頁。

人，被執行者，または関係第三者に裁定を送達する。
 1) 第三者の財産を封印，差押え，凍結したとき。
 2) 執行申立人が執行申立てを取り下げ，または債権を放棄したとき。
 3) 封印，差押え，凍結した財産の競売または換金が成立せず，執行申立人およびその他の執行債権者が債務弁済への充当の申入れに同意しないとき。
 4) 債務が完済されたとき。
 5) 被執行者が担保を提供し，かつ執行申立人が封印，差押え，凍結の解除に同意したとき。
 6) 法院が封印，差押え，凍結を解除すべきであると判断するその他の場合。
 登記方式によって実施した封印，差押え，凍結の解除では，登記機関に対して執行共助通知書を発する。封印，差押え，凍結の解除の方法は，目的物の違いにより，適当な公示方法によって行われる必要がある。一般動産の場合，封印紙および封印公告を撤去し，必要な場合には別途，封印解除の事実を公告する。財産権証書のある動産，不動産の封印解除の場合，さらに封印抹消の登記を行う必要がある。

第九節　金銭給付執行２：強制競売，換金，代物弁済

　債権者の請求を満足させるためには，さらに換価手続を通じて，封印，差押えをした財産について処分を行う必要がある。換価方式による主要な措置としては，強制競売，換金，代物弁済がある。
　この点，中国民訴247条によれば，法院は，まず封印・差押えされた財産については競売を行うべきであり，競売に適さない，または当事者双方が競売にかけないことに同意した財産についてのみ，法院は換金処理をすることができる[91]。さらに民訴解釈488～493条，執行規定46～49条，競売規定，不動産執行通知等

---

91) 2012年改正により，中国民訴247条中段では公開性，公平性を重視して競売優先原則を掲げつつ，その厳格性から費用面・時間面でのデメリット等に鑑み，例外的に法院が換金できる場合を認めている。同条項は最高人民法院「人民法院の執行の若干の問題に関する規定（試行）」46条2項の内容を肯定・吸収したものとされ，また実務では当事者双方が主体的に差押財産の換金を申し立て，または法院からの意見徴求に対して当事者双方が直接の換金に同意した場合は，当事者の処分権を尊重しなければならず，換金が実行されている（江必新主編『新民事訴訟法理解適用与実務指南〔修訂版〕』（人民法院出版社・2012年）1005～1007頁，法工委編・前掲注16) 391～392頁参照）。

により，競売，換金および代物弁済に関する規定が置かれている。

一 強制競売

1 強制競売の意義[92]

民事執行における強制競売［拍売］は，執行機関が民事訴訟法の規定に基づき，公開の競り売りにより，特定の物品または財産権を最高価額の申出者に譲渡する方式である。強制競売は，財産の交換価値を実現する最も公平で合理的な方法の一つであり，債権者の保護および債務者の財産価値の実現においても有用である。

法院の強制競売において遵守すべき原則として，競売優先原則，適時競売原則，自己競売原則，競売前評価原則，および競売窮尽原則が指摘されている。

1）競売優先原則とは，法院が封印，差押え，凍結した被執行財産に換価処分を行う場合，法律，司法解釈，その他の規定がある場合を除き，原則として競売方式を優先する原則である。

2）適時競売原則は，執行を間断なく行う原則と関係するものであり，法院が被執行財産を差押え，凍結した後，迅速かつ適時に競売を実施すべしとする原則である。

3）自己競売原則は，委託競売との対比でいわれるものであり，法院は原則として自ら強制競売権を行使して被執行者の財産に換価の司法行為を進めることである[93]。

4）競売前評価原則は，競売される財産につき，執行法院は然るべき資質を持った評価機構に委託して価格評価を行うべしとする原則である。

5）競売窮尽原則とは，競売が不成立で，かつ競売に明らかに望みがない状況が現れた場合，法院が競売の回数に制限を加えて，債権者および債務者の双方の利益に配慮する原則である。

強制競売の性質については学説上争いがあり，1）私法説，2）公法説および3）折衷説から説明がなされているが，大陸法系国家の通説は2）であり，また最高人民法院「競売規定」においてもこの立場が採用されている[94]。

---

92) 意義・手続につき江・肖主編・前掲注 2) 472～476 頁，肖編・前掲注 2) 259～262 頁参照。
93) 競売機構への委託等につき民訴解釈 488 条参照。
94) 江・肖主編・前掲注 2) 473 頁，肖主編・前掲注 14) 235～236 頁参照。この点，競売規定 31 条では「競売財産上の既存の担保物権及びその他の先取特権は，競売により消滅し

2 強制競売手続

法院による強制競売手続の内容については，主に伝統的な現地競売を前提として規定されている（さらに近時中国ではインターネット司法競売手続が進められている[95]）。

(1) 評価の委託

競売を予定する財産につき，法院は，然るべき資質を持った評価機構に委託して価格評価を行う。他方，財産価値が比較的低い，または価格が通常の方法で容易に確定できる場合，および当事者双方とその他の執行債権者が評価を行わないことを申し立てた場合，評価は行わなくともよい（競売規定4条）。評価機構は，当事者が協議を経て合意した後，法院が審査の上で確定する。協議が調わない場合，執行を担当する法院または被執行者の財産所在地の法院が確定する評価機構のリストから，無作為の方法を採用して確定する。当事者双方が公開入札方式を通じて評価機構を確定することを申し立てる場合，法院はこれを許可する（競売規定5条）[96]。

法院は，評価機構の作成した評価報告の受領後5日以内に，評価報告を当事者およびその他利害関係人に発送する。当事者またはその他利害関係人が，評価報告に異議がある場合は，評価報告の受領後10日以内に書面形式で法院に申立てができる。当事者その他利害関係人が，評価機構，評価人員に然るべき評価資格がないこと，または評価手続に重大な法律違反があることを証する証拠を有し，再評価を申し立てた場合には，法院はこれを許可する（競売規定6条）。

(2) 法院の最低売却価額

競売における最低売却価額は，法院が評価額を参照して確定する。評価を行っていない場合，市場価額を参照して確定し，かつ関係当事者の意見を求める。法

（同1項），「競売財産上の既存の賃借権及びその他の用益物権は，競売により消滅しないが，当該権利が引続き競売財産上に存在することが，先順位担保物権又はその他先取特権の実現に影響を及ぼす場合は，法院は法に基づきこれを消滅した上で競売を行う。」（同2項）との規定から，中国民訴法の強制執行中の競売が公法的性質を有することが看取される（李・前掲注36）439頁参照）。

[95] インターネット司法競売手続は，公開性・透明性のメリットがあり，すでに多くの法院がこの方式による競売を採用しており，いくつかの法院は中国の最大手オンラインショッピングサイト淘宝網（タオバオワン）のサイト上に司法競売プラットホームを設置している（李・前掲注36）439頁，江・肖主編・前掲注2）477頁参照）。

[96] 競売評価中に強制検査，現場検証が必要な場合の処理につき民訴解釈489条参照。

院が確定する最低売却価額は，一回目の競売では評価額または市価の80％を下回ってはならない。競売が成立せず，再び競売を行う場合，状況を参酌して最低売却価額を引き下げることができるが，一回の低減額は，前回の最低売却価額の20％を超過してはならない（競売規定8条）。

(3) 競売公告の発布

競売では事前に公告を行う。動産競売の場合，競売の7日前に公告をし，不動産またはその他の財産の競売の場合は競売の15日前に公告を行う（競売規定11条）。株式の競売においては，中国証券報，証券時報，または上海証券報において公告を行う（凍結規定14条）。

(4) 買受申出人の保証金納付

不動産，その他比較的価値の高い動産を競売する場合，買受人は競売前に法院への保証金納付が必要である。執行申立人が買受申出に参加する場合は，保証金納付は不要である。保証金の額は法院が確定するが，評価額または市場価額の5％を下回ってはならない。保証金を納付すべき場合に，これを怠る場合は買受申出に参加できない（競売規定13条）。

(5) 現況調査

執行員等は，競売財産の権利帰属状況，占有使用状況等について必要な調査を行い，競売財産の現況記録を作成し，またはその他の関連資料を収集する（競売規定10条）。

(6) 法院による競売の停止

強制競売中，法に基づき執行を暫時猶予または執行を停止すべき事由が生じた場合は，執行の暫時猶予（執行延期）または執行停止を裁定し，速やかに競売機構および当事者に通知する。競売機構が通知を受け取った後，直ちに競売を停止し，かつ買受申出人に通知する（競売規定21条）。

複数の財産を競売する場合に，その一部財産の売却代金が債務弁済および被執行者の負担すべき費用の支払いに足りるときは，被執行者がすべてを競売することに同意する場合を除き，剰余財産について競売を停止する（競売規定17条）。

被執行者が競売日以前に法院に十分な金銭を提出して債務を弁済し，競売停止を請求する場合には，法院はこれを許可しなければならず，競売により支出された費用は被執行者が負担する（競売規定22条）。

(7) 競売成立と代金納付

競売の成立後，買受人は，競売公告に定める期限または法院の指定期限まで

に，代金を法院に提出し，または法院指定口座に振り込む（競売規定24条）。

(8) 競売のやり直し

競売の成立後，または競売が成立しなかった財産を債務弁済に充当した後，買受人が期限までに代金を支払わず，または引受人が期限までに差額を補充せず，競売，債務弁済への充当目的の実現が困難となった場合は，法院は競売のやり直し［重新拍売］を裁定することができる。

競売のやり直しでは，原買受人は，買受申出に参加できない。再度の競売の代金が，原競売代金を下回ることによって生じる差額，費用の損失および原競売における手数料は，原買受人が負担し，法院は，原買受人が納めた保証金から直接控除することができる。控除後の保証金に余剰がある場合は原買受人に返金し，保証金の金額が不足する場合には原買受人に補充を命じ，補充を拒否する場合は強制執行を行うことができる（競売規定25条）。

(9) 競売不成立後の再度の競売

競売時に買受けを申し出る者がいない場合，または買受申出人の最高買受申出価額が最低売却価額を下回り，立ち会った執行申立人またはその他執行債権者が，当該回の競売について確定された最低売却価額をもって債務弁済に充当することを申し立てないとき，60日以内に再度の競売［再行拍売］を行う（競売規定26条）。また競売の回数は，動産競売では二回，不動産競売では三回が限度とされている（競売規定27，28条）。

二　強制換金[97]

換金［変売］は，執行目的物に対して換価手続を進める簡易な競売方式の一つである。すなわち，競り売りを経ず，執行法院が直接に執行目的物を相当かつ合理的な価額で売買するものである（中国民訴247条中段参照）。

封印，差押え，凍結された財産について，競売に適さないまたは当事者双方が競売を行わないことに同意した場合は，法院は換金を行うことができる。一般に強制競売の対象とするのに不適当なもの，すなわち金銀およびその製品，当該地域の市場において公開取引価格のある動産，腐乱変質しやすい物品，季節商品，保管が困難な，または保管費用が過度に高額の物品について，法院は換金を決定することができる（競売規定34条）。

---

97) 江・肖主編・前掲注2) 477〜478頁，肖編・前掲注2) 262頁参照。

当事者双方および関連権利者の間に換金財産の価格について約定がある場合，その約定価格によって換金する。約定価格がないが，市場価格がある場合は，換金価格は市場価格を下回ってはならない。市場価格がないが，価値が比較的高く，価格の確定が容易でない場合には，価格機構に委託して評価を行い，かつ評価価格により換金する。評価価格による換金が成立しない場合，価格を低減して換金することができ，その場合最低換金価格は評価額の2分の1を下回ってはならない（競売規定35条参照）。

封印，差押物が，たとえば歴史的文化財，金銀，国家が保護する野生動物等，国家が自由売買を禁止している物品については，国家の定める価格で関係機関に買い上げさせることができる（中国民訴247条後段）。

三 強制競売，換金の効力

競売，換金物の所有権が移転する。動産の競売が成立し，または債務弁済に充当した後，その所有権は，当該動産が引き渡された時点で買受人または引受人に移転する。不動産，登記された特定動産またはその他の財産権の競売が成立し，または債務弁済に充当した後，当該不動産，特定動産の所有権，その他の財産権は，競売成立または債務弁済への充当の裁定が買受人または引受人に送達された時点で移転する（競売規定29条）。

被執行者の財産の競売，換金により取得した金員の，執行目的物の金額および執行費用を控除した部分は，被執行者に返還する（執行規定49条2項）。

競売，換価物上の負担の処理につき，既存の担保物権およびその他の先取特権は，競売により消滅し，競売によって得られた代金は優先的に担保物権者およびその他の先取特権者の債権の弁済にあてられるが，当事者間に別途約定がある場合は除外される（競売規定31条1項）。既存の賃借権およびその他の用益物権は，競売により消滅しないが，当該権利が引続き競売財産上に存在することが，先順位の担保物権またはその他の先取特権の実現に影響を及ぼす場合には，法院は法に基づきこれを消除した上で競売を行う（同条2項）。

四 代物弁済[98]

代物弁済は，一種の特別な換価手続である。代物弁済は，財産を当事者以外の

---

98) 江・肖主編・前掲注2) 478〜479頁，肖編・前掲注2) 262〜263頁参照。

他人に売却するのではなく，財産を直接査定して執行申立人に交付し，債務の弁済にあてるものであり，換価と申立人に対する債務弁済が結合されているものである。

代物弁済には以下の二つの場合がある。

1）執行申立人と被執行者の同意により，競売，換金手続を経ずに，被執行者の財産を直接査定し，執行申立人に債務の弁済にあてる場合であり，余剰債務については，被執行者は継続して弁済しなければならない（民訴解釈 491 条）。この状況は執行和解に属するため，民事訴訟法の執行和解に関する規定（230 条）が適用される。

2）被執行者の財産に対する競売，換金が不成立の場合，執行申立人またはその他債権者の同意を得て，法院は当該財産に評価価格をつけ，執行申立人に引き渡して債務弁済に充当することができる（競売規定 26～30 条，35 条，民訴解釈 492 条）。この状況の場合は，代物弁済目的物が動産であれば，その引渡し時に目的物の所有権移転の効力が生じる。目的物が不動産，登記のある特定動産の場合は，法院は代物弁済の裁定をし，その送達を債権者が受領したとき，目的物の所有権移転の効力が生じる。

五　強制管理[99]

1　強制管理の意義

強制管理は，執行手続において，執行法院が管理人を選任し，封印された財産に対して法定の手続と方法によって管理を行い，かつその管理から得た収益によって債権者に弁済する執行措置である。たとえば，農村の土地建物，権利証書に瑕疵等のある財産につき，強制管理によって財産の所有権と使用権能を分離し，獲得した収益によって債務を履行するものであり，事件を執行するとともに財産所有権移転の法的障害を回避することができる。債権額は大きくないが，封印，差押え，凍結された財産の価値が巨大な状況においては，強制管理の方法を採用することにより，被執行者の財産所有権を保全しつつ，評価，競売の費用を節約し，強制執行によって生じる感情的な対立等を回避し，債権を実現できる点において，公平性と効率性を兼ね備える制度である。

99）江・肖主編・前掲注 2）479～480 頁，肖編・前掲注 2）263 頁，李・前掲注 36）440～441 頁参照。

2 強制管理の要件

中国民事訴訟法に強制管理の明文規定はないが，民訴解釈492条に「被執行者の財産が競売換金できない場合，執行申立人の同意を経て，かつその他債権者の合法的権益と社会公共利益を害さない場合，法院は当該財産を査定し，執行申立人に交付して債務弁済にあて，又は執行申立人に交付して管理させることができる。執行申立人が受入れ又は管理を拒む場合，当該財産を被執行者に返還する。」との関連規定1条が置かれている。法院が強制管理の措置を採るには以下の要件が必要と解される。

(1) 手続要件

強制管理の周期は，比較的長期である。それゆえ，その他の処分性の執行措置によっては，有効に執行を実現できない目的物である場合，たとえば，法により競売，換金措置を採ることができない場合や目的物に対して競売，換金を行うことが相応しくない場合，および競売，換金措置を採用することが被執行者に対して明らかに公平を欠く場合等に限って，強制管理措置の適用を考慮できる。

(2) 主体要件

強制管理を行うには執行申立人の同意を必要とする。執行申立人は書面または口頭により申立可能であり，また法院が職権によって開始することもできる。

(3) 客体要件

上述の民訴解釈では強制管理の適用範囲について特に制限を加えていない。強制管理の対象財産は不動産，動産（たとえば船舶，航空機等）ともに可能であり，かつ被執行者が所有し，または被執行者が当該財産に対して収益権を有するものであることが必要である。

3 強制管理の手続

執行法院は，強制管理の実施を決定するとき，民事裁定書を作成しなければならず，強制管理の裁定について執行法院は直ちに双方当事者および給付義務を負う第三者に送達する。封印前にすでに設定された賃貸借等の正当な権利がある場合，執行法院は第三者に命じて管理人に対して直接賃料を支払うよう命ずることができ，これにより強制管理の目的を達成することができる。

強制管理手続は，管理費用その他必要な支払いをし，全債務の弁済が完了した場合，管理の実益がなくなった場合およびその他の事情（執行申立人による執行

申立ての取下げ，管理財産の滅失，被執行者がすでにその他の方式によって債務履行を完了した，執行根拠が法により取消された等の場合）により終結する。

第十節　金銭給付執行3：配当参加

一　配当参加[100]

配当参加は，執行中において，債務者の財産の不足により，各債権者の全債権を弁済できない場合に，執行申立人以外の債権者が，すでに取得した有効な執行根拠に基づき，すでに開始された執行手続への参加を申し立て，執行目的物の換価から公平な弁済を獲得する制度である。配当参加は，執行手続において複数債権者に対し公平な保護を提供・実現するために設立された制度であり，担保物権を有する債権者への優先弁済を除き，各債権者は公平弁済を獲得する権利を等しく認められる[101]。

配当参加について中国民事訴訟法に明文の規定はないが，民訴解釈508～512条および執行規定88～96条に同制度の関連規定が置かれている。

二　配当参加の適用条件

1　申立債権者

被執行者の財産に対する執行の完了前に，被執行者に対して金銭債権の執行根拠を取得したその他の債権者が配当参加を申し立てることができる（執行規定90条，民訴解釈508条1項）。執行根拠を有しない債権者が，被執行者に対して訴訟提起または仲裁を申し立て，かつすでに封印，差押え，凍結等の保全措置（後順位の封印，凍結，差押え，凍結措置を含む）をした場合も配当参加に加入できる。法院が封印，差押え，凍結をした財産に対して優先権，担保物権を有する債

---

100) 江・肖主編・前掲注2) 480～482頁，肖編・前掲注2) 264～266頁，李・前掲注36) 442～443頁参照。

101) 配当参加制度の実務上の機能として，中国の破産手続の適用範囲上の欠陥を補充する点がある。中国の現行破産制度においては，公民およびその他の組織が破産手続の適用対象ではないが（企業破産法1条，2条対照），配当参加制度により，公民およびその他の組織が全債務を弁済不能である場合における，全債権者への公平弁済の問題を一定程度解決することができると指摘されている（张・前掲注40) 405頁参照）。また執行手続と破産手続とのリンクに関して民訴解釈513条，516条参照（江・肖主編・前掲注2) 483～484頁参照）。

権者も配当参加を直接申し立て，優先弁済を主張することができる（執行規定93条，民訴解釈508条2項）。

2　申立債権の性質

配当参加を申し立てることができるのは，金銭債権である（執行規定90条）。物の引渡請求権，作為不作為請求権の執行については，金銭債権に転化不能であれば，配当参加は許されない。

3　複数債権者の同一債務者に対する執行申立て

複数債権者が，異なる執行根拠に基づき同一債務者の財産に対して強制執行を請求し，または複数債権者が一通の発効した法律文書を根拠に同一の被執行者の財産に対して執行を申し立てることが必要である。

4　時間的要件

配当参加の申立ては，執行手続の開始後，被執行者の財産執行が終結する前に提出を要する（民訴解釈509条2項）。被執行者が公民またはその他の組織であり，その全部または主要な財産が，すでに法院の金銭給付を確定する発効した法律文書の執行により，封印，差押え，凍結されており，かつ執行に供し得るその他の財産がない，またはその他の財産が全債務の弁済に不足する場合，被執行財産の執行が完了する前に提出する（執行規定90条）。いわゆる「財産執行が終結する前」「執行が完了する前」とは，執行代金が執行申立人またはその他の債権者に支払われる前を指している。執行目的物が法に基づき代物弁済される場合，執行目的物の所有権が執行申立人またはその他の債権者に移転する前であることが必要である。

5　債務者が公民またはその他の組織であること

この点，債務者が企業法人であり，その財産が全債務を弁済するに不足する場合は，企業破産手続によって公平弁済を選択すべきであり，法院は法に基づき被執行者の破産を申し立てることを当事者に告知する。

6　被執行者の財産が全債権を弁済するに不足すること

執行手続開始後，一部債権者が債務者財産に対して執行を申し立て，債務者の

全部または主要な財産がすでに封印，差押え，凍結され，その他の債権者が，被執行者の財産が全債務の弁済に不足することを発見した場合，配当参加を申し立てることができる。ここでいう「全債権」「全債務」には，債権元本，利息，被執行者の履行遅延期間の債務利息，履行遅延金（中国民訴253条）を含む。

三　配当参加の配当順位

執行法院は，配当参加の債権額および被執行者が執行に提供できる財産範囲に基づいて，配当表を作成し，配当実施の準備を行う。被執行者の財産につき，配当の順位は，中国企業破産法の企業破産財産の弁済順序を参照できるが，破産財産からの配当順序と異なる点もある。具体的にいえば，執行できる金額から執行費用，財産保全費用，訴訟費用を控除した後，下記の順位により配当することができる。

1）法律が規定する担保物権よりも優先的に弁済される債権。
2）執行目的物上に設定された担保物権を有する債権。
3）最初に封印，差押え，凍結の措置を採った場合，その債権総額の範囲内においては，当該措置により支配した資産の換価額から優先弁済される[102]。
4）一般金銭債権。
5）行政罰，司法罰（過料），刑事事件の財産刑。

同一順序中に複数項目の債権がある場合，法律がその弁済の順位について特別の規定を置く場合は，法律規定に従う。法律規定がない場合には，債権額に基づき案分比例とする。

四　配当参加の手続

1　配当参加の申立て

配当参加申立てにおいて，申立人は，申立書を提出し，それには配当への参加，被執行者が全債権を弁済できない事実，理由を明記し，かつ執行根拠を添付する（民訴解釈509条）。

---

[102] 複数の法的効力が生じた法律文書が金銭給付内容を確定しており複数債権者がそれぞれ同一の被執行者に対して執行申立てを行い，かつ各債権者が執行目的物について担保物権を有しない場合，執行法院の執行措置が行われた順序に従って弁済を受ける（執行規定88条）。

2　法院主宰による配当

　被執行者財産からの具体的配当は，最初に封印，差押え，凍結を行った執行法院が主宰して行う（執行規定91条1項）。最初行った封印，差押え，凍結等の執行措置が，財産保全の裁定である場合には，具体的配当は，当該法院が事件審理を終結した後に行われる（同2項）。

3　優先権者に対する優先弁済

　執行法院は，被執行者が所有する他人の抵当権，質権，留置権の目的となっている財産に対して，封印，差押えの措置を行うことができる。財産を競売，換金した後に得た金員については，抵当権者，質権者，留置権者が優先的に弁済を受けた後，その残額部分を執行申立人の債権に充当する（執行規定40条）。法院が封印，差押え，凍結を行った財産に対して優先権，担保物権を有する債権者は，配当参加手続への参加を申し立て，優先弁済権を主張することができる（同90条）。

4　一般債権者に対する比例弁済

　配当参加では，執行によって得られた代価から執行費用を控除し，かつ優先的弁済を受ける債権を弁済した後，一般債権については，原則としてそれが配当参加する全債権金額に占める比率分の弁済を受ける（執行規定94条，民訴解釈510条）。

5　債権者による継続執行の申立て

　法院が封印，差押え，換価，競売等の執行措置を講じた後に，被執行者がなお債務を完済することができない場合は，継続して義務を履行しなければならず，債権者は，被執行者がその他の財産を有することを発見した場合は，随時法院に執行するよう請求することができる。そして債権者が法院に執行継続を請求する場合，同法239条に規定する執行申立ての時効期間の制限を受けない（中国民訴254条，民訴解釈517条）。この理は，配当参加により被執行者の財産が各債権者に配当された後においても同様に妥当する（執行規定95条，民訴解釈510条）。

第十一節　物の引渡し，行為完成債務の執行

一　物の引渡しの執行

　物の引渡［交付］請求権の執行は，発効した法律文書に基づき，執行申立人が被執行者に対して有する特定の動産または不動産の交付請求権について，法院が実現するために行う執行である。これについては，中国民事訴訟法249～251条，民訴解釈494条，495条，502条，執行規定57～59条等に関連規定がある。

1　動産引渡しの執行[103]

　(1)　被執行者が目的物を占有する場合

　中国民訴249条1項は，法律文書が交付を指定する財物または有価証券は，執行員が当事者双方を呼び出して直接に交付させ，または執行員が取り次いで交付［転交］し，かつ，被交付人が署名・受領する，と定める。財物または有価証券の引渡執行は，動産引渡執行に属する。義務者が履行を拒むときの具体的執行方法は以下のとおりである。

　1) 当事者の直接引渡し。目的物を被執行者が占有している場合，執行員が時間と場所を指定して当事者を呼び出し，被執行者は執行目的物を債権者の面前で直接引き渡すことができる。直接引渡しの際，法院は執行記録を作成し，双方当事者がこれに署名することを要する。直接引渡しの場所は，法院，当事者一方の所在地，または目的物の所在地でもよい。

　2) 執行員の取次ぎによる引渡し。被執行者が目的物を執行員に引き渡し，その後に執行員が債権者または委託代理人に引き渡すが，その際には債権者またはその指定した受取人が受領書に署名して受領し，受領証を記録に添付する。

　発効した法律文書が，被執行者が特定目的物を引き渡すことを確定している場合，原物について執行する。原物が隠匿または違法に移転されていた場合，法院はそれを引き渡すよう命ずる権限を有する。原物が明らかにすでに変質，損耗，滅失している場合は，金銭に換算のうえ，賠償または目的物の価値に従って，被執行者のその他の財産を強制執行する裁定を下す（執行規定57条，民訴解釈494

---

103)　江・肖主編・前掲注2) 485～486頁，肖編・前掲注2) 267～268頁，李・前掲注36) 444～445頁参照。

条参照)。

(2) 第三者が執行目的物を占有する場合

1) 関係組織が当該財物または有価証券を保有する場合，法院の執行共助通知書に基づき交付し，かつ，受取人が署名・受領する（中国民訴249条2項）。執行共助通知書を送付した後も引渡しを拒否する場合，強制執行を行い，かつ民訴法114条，115条の規定により処理できる（民訴解釈495条1項）。

2) 関係のある公民が当該財物等を保有する場合，法院はその交付を通知し，それが拒絶される場合，強制執行を行い，民訴法114条，115条により処理できる。ただし，所持人が目的物の所持についてすでに適法に所有権を取得している場合，強制執行は許されない。

3) 関係組織または公民が，法律文書をもってその引渡しを指定する財物または有価証券について法院の執行共助通知書または通知書を受領した後に，被執行者に協力して財物または有価証券を移転した場合，法院はこの者に対して期限内に回収を行うよう命じる権限を有する。期限を過ぎても未回収の場合，この者が賠償責任を負う旨裁定する。同時に債務者が交付すべき物が代替物以外であり，関係組織または個人が法律文書で指定された財物または有価証券がその過失によって毀損，滅失した場合，法院はその所持人に対して損害賠償を命じることができる。賠償を拒む場合，法院は執行すべき財物または有価証券の価値について強制執行することができる（つまり物の引渡請求権の執行が金銭債権の執行に転化される）。

2 不動産明渡しの執行[104]

(1) 意義

不動産明渡しの執行は執行法院が債務者の不動産に対する占有を強制的に解除して，当該不動産を債権者に交付する執行措置である。

(2) 期限付履行

家屋の強制明渡しまたは土地の強制退去は，院長が公告を発行し，被執行者に対して指定期間内に履行するよう命ずる。被執行者が期間内に履行しない場合は，執行員が強制執行する（中国民訴250条1項）。

---

104) 江・肖主編・前掲注2) 486〜487頁，肖編・前掲注2) 268〜269頁，李・前掲注36) 445〜446頁参照。

第 17 章 執行手続

(3) 当事者，関係組織への通知等

被執行者が公民の場合，被執行者またはその成年家族に立ち会うよう通知し，被執行者が法人その他組織の場合は，その法定代表者または主たる責任者に立ち会うよう通知する。

(4) 被執行者の占有の解除

被執行者に不動産の明渡しを強制し，その占有を解除する。家屋からの強制退去により搬出される財物は，法院が人員を派遣して指定場所に運送して被執行者に引き渡す。被執行者が公民である場合，その成年家族に引き渡すこともできる。受領拒絶によって生じた損害は，被執行者が負担する（同条3項）。

(5) 申立人への占有移転

被執行者の建物または土地に対する占有を解除した後，執行員等は当該家屋または不動産の占有を申立人に移し，かつ執行手続を終了する。

(6) 執行記録の作成

執行が完了した後，執行員等は強制執行の状況を記録しなければならず，立会人が署名または押印する（中国民訴250条2項）。

(7) 被執行者が不動産を再度占有した場合の処理

執行終結後6ヶ月以内に，被執行者またはその他の者が，すでに執行した目的物に対する妨害行為を行う場合，法院は申立てにより妨害を排除することができ，かつ民訴法111条の規定により処理できる。妨害行為により執行債権者またはその他の者に損害を与えた場合，被害者は別訴を提起できる（民訴解釈521条参照）。

二 行為完成の執行[105]

1 意義

行為完成の執行とは，発効した法律文書に基づき一定の行為をなす義務を負う債務者が，その履行を拒む場合に，債権者が法院に対し，当該債務者に一定の作為義務の履行を強制するよう求めることである。中国民事訴訟法は，行為完成の執行のうち，意思表示請求権の執行について251条，作為，不作為の執行について252条に規定を置く（執行規定60条1項参照）。

---

[105] 江・肖主編・前掲注2）487〜490頁，肖編・前掲注2）269〜270頁参照。

2 代替履行可能な行為の執行

被執行者が法律文書で指定された代替履行可能な行為を履行しない場合，執行法院は，関係組織または他人（代履行人）[106]に委託してその行為を完成させ，その履行費用は被執行者の負担とすることができる（執行規定60条2項）。

被執行者が費用負担[107]を拒絶したときは，金銭債権の執行手続により被執行者の財産に対して強制執行を行う。

3 不可代替的行為および不作為義務の執行

不可代替的行為とは，被執行者によってのみ完成できる行為である。不可代替行為と被執行者の地位と関わりがあり，被執行者本人により実施されることが必要である行為，たとえば謝罪，俳優による演技，作家による執筆等であり，第三者が代わって履行することが法律上，事実上不可能な場合である。

(1) 過料・拘留

不可代替的行為に対する執行方法としては，一般に被執行者を説得して主体的に履行させるが，しかし教育を経ても被執行者が履行を拒絶する場合は，法院は執行妨害行為の関連規定による処理（中国民訴111条1項6号）による[108]。具体的には過料，拘留等の強制手段による（民訴解釈505条）が，被執行者に対してこれらの手段を実施しても，被執行者は義務を免れない。

(2) 履行遅延金の支払い

中国民訴253条は「被執行者が判決，裁定その他の法律文書が指定する期間通りに金銭給付の義務を履行しない場合には，履行遅延期間の債務利息の倍額を支払わなければならない。被執行者が判決，裁定その他の法律文書が指定する期間にその他の義務を履行しない場合には，履行遅延金を支払わなければならない。」と定める。履行遅延期間の利息または履行遅延金は，判決，裁定およびその他法律文書に指定された履行期間満了の日から起算される（民訴解釈506条）。被執行者が，判決，裁定その他の法律文書の指定期間によって非金銭給付義務を履行しない場合，執行申立人に損害を与えたか否かに関わらず，履行遅延金の支払いを

---

106) 代履行者の選任に関し民訴解釈503条参照。
107) 代履行費用の処理につき民訴解釈504条参照。
108) 執行規定60条3項は「被執行者によってのみ完成し得る行為については，教育を施す。被執行者がなおもその履行を拒む場合，法院は執行妨害行為の関係規定により処理しなければならない。」と定める。

要する。すでに損害が生じた場合，執行申立人がすでに受けた損害の倍額を賠償し，損害が発生していない場合の履行遅延金は，法院が具体的事件の状況に基づいて決定することができる（民訴解釈507条）。

(3) その他の間接執行措置と執行威嚇のシステム

不可代替的行為の執行について，大陸法系国家では間接執行の措置が採用されている。上述した拘留，過料等の措置も，間接執行措置の組成部分であり，執行妨害に対する強制措置の性質を有する。このほか，後述する出国制限，高額消費の制限，信用情報収集システムへの記録，メディアを通じた債務不履行情報の公表等も中国における間接執行措置の一部分ということができる。

4　意思表示請求権の執行[109]

(1) 意義

執行根拠に記載された債権者の請求権が，債務者が一定の意思表示をなすことを目的とする場合に，その権利を実現する執行措置である。債務者が意思表示をなす義務は，一定の法律効果の発生を目的としており，債務者の具体的実施行為を必要とせず，直接法律が定めた方法により債権者の権利を実現するものである。

(2) 財産権証書の移転手続処理の執行

意思表示請求権の執行については，中国民訴251条が「執行において，関係する財産権証書[110]の移転手続をする必要がある場合，法院は関係組織に対して執行共助通知書を発することができ，関係組織は必ずこれを処理しなければならない。」と規定する。この執行手続は，1) 執行法院が，関係する財産権証書の執行において，執行共助通知書を発出する。2) 関係組織が執行共助通知書を受領した後，財産権証書の規定に基づく処理に合致すると認める場合，直ちに財産権証書に関する手続を行い，原権利者が同意を表示していないことを理由として手続処理を拒否することは許されず，手続処理が完了した後，執行手続は終了する。

---

109) 江・肖主編・前掲注2) 490頁，肖編・前掲注2) 271頁参照。
110) 「関係する財産権証書」としては不動産証，土地書，林地使用権証，特許証書，商標証書，車輌船舶許可証等がある（民訴解釈502条）。

第十二節　保障性執行措置[111]

　保障性執行措置とは，債権者の権利を直接実現する基本執行措置を補助，協力するために行う執行措置である。

一　民事執行調査措置

1　財産状況の報告

　被執行者が，法律文書が確定する義務を執行通知通りに履行しない場合，法院は被執行者に対して現在および執行通知受領日の前1年間の財産状況の報告を命じる[112]。この報告を拒絶，または虚偽報告の場合は，法院は，事案の軽重に応じ，被執行者またはその法定代理人および関係組織の主たる責任者または直接責任者に罰金または拘留を科すことができる（中国民訴241条）。

2　債務者の身分情報・財産情報の調査

　被執行者が法律文書により確定された義務を執行通知通りに履行しない場合，法院は，関係機関に対して被執行者の預金，債券，株券，基金持分等の財産に関する状況を調査照会する権限を有し（中国民訴242条），被執行者の身分情報と財産情報を調査する権限を有する。関連情報を把握する組織および個人は，執行共助通知書に従って手続を行わなければならない（民訴解釈485条）。

3　法院による民事捜査

　被執行者が法律文書によって確定された義務を履行せず，かつ財産を隠匿する場合，法院は捜査令を発し，被執行者およびその住所または財産隠匿地に対する捜査権限を有する（中国民訴248条。民事捜査の具体的条件等について民訴解釈497～500条参照）。

---

111) 趙ほか・前掲注18) 415～418頁, 齊主編・前掲注21) 332～334頁, 張・前掲注40) 431～432頁, 譚秋桂『民事執行法〔第3版〕』（北京大学出版社・2015年）250～259頁参照。
112) 具体的報告内容について前掲注22) 参照。

二 民事執行威嚇措置

1 遅延利息および履行遅延金の強制交付

民訴法253条に基づき，被執行者が判決，裁定およびその他の法律文書で指定された期間内に被執行者が義務を履行しない場合に遅延利息および履行遅延金の支払いを被執行者に強制していることは上述のとおりである。注意すべきは，いったん民事執行手続に入った以上，債務者は履行遅延の法的責任を必ず負担することであり，たとえ債務者が，執行法院が発した執行通知書の指定期間中に執行根拠たる法律文書が確定した義務を履行したとしても，履行遅延の法的責任を免れることができない点である。

2 出国制限，信用情報収集システムへの記録，メディアによる公表等の措置[113]

中国における執行難問題，とりわけ法律文書の確定した義務を履行しない「老頼」対策として，2007年改正で新設された中国民訴255条は，被執行者が法律文書の確定する義務を履行しなかった場合に法院の採りうる措置を定める。

1) 出国制限の対象は被執行者であり，自然人，法人の法定代表者およびその他の組織の責任者を含む。また出国制限の実施主体は公安機関である。

2) 信用情報収集システムへの記録については，人民銀行征信局のクレジット信用情報システム，法院による発効した法律文書の履行を拒否した被執行者を記録する信用情報システム等があり，将来的にこれら信用情報システムのネットワーク化を図り，照会に供することが可能で，関連の利害関係主体に，その者との取引を慎重に行うよう注意を喚起し，合法的権益の侵害防止が目指されている[114]。

---

[113] 法工委編・前掲注16) 400～401頁，江・肖主編・前掲注2) 489～490頁参照。
[114] 執行情報の公開推進に関連する実務の状況につき，2014年11月，最高人民法院は被執行者の情報，全国の法院の信用喪失被執行者リスト，執行事件のフロー情報，執行裁判文書の四つの公開情報を整理し，中国執行情報公開ネットにまとめて組み込んでいる。2015年12月31日までに，中国執行情報ネットは累計で3,434万7,288件の被執行者情報を公開し，執行事件情報の検索回数は延べ3,685万回に達する。2014年12月，最高人民法院は執行指揮システムを開設し，21の全国規模の銀行業金融機関の専用回線とのリンクを実現した。また，2015年12月31日までに，全国の3,124の法院のために，執行調査・監視ネットワークシステムを開通させている。多くの高級法院においては，管轄区域の法院の三級（高級，中級，基層法院）ネットワーク化における「P2P（ピア・ツー・

3）メディアによる義務不履行の関連情報の公表。義務履行を拒否した被執行者の名簿をラジオ局，テレビ局，刊行物，ネット等のマスメディアを通じて，公告形式で公表することで，義務者の義務不履行の状況を一定範囲内の社会の公衆に知らせ，一定の社会的影響力と圧力を醸成し，自発的な義務履行を促すものである[115]。

4）法律に定めるその他の措置（たとえば2010年7月最高人民法院「被執行者の高額消費の制限に関する若干の規定」，2015年7月「被執行者の高額消費及び関連消費に関する若干の規定」では「老頼」による高額消費等を制限し，関連措置を定めている[116]）。

三　民事執行妨害強制措置

執行妨害に対する強制措置の規定（中国民訴109〜117条，執行規定97〜101条）については，第10章「民事訴訟の妨害に対する強制措置」を参照。

（白出博之）

ピア）」ネットワーク調査・監視システムを構築している。法院は「老頼」に関する公表度合いを拡大し，判決，裁定の執行を拒絶する「老頼（執行免脱者）」の情報をネットワーク上で公開し，その出国，入札・応札，高額消費を制限している。最高人民法院は第三者信用情報機関たる芝麻信用と信用喪失被執行者に対する信用懲戒に関する協力覚書を締結し，信用喪失被執行者に対して協力して信用懲戒を加えるとし，2015年12月31日までに，芝麻信用はその信用プラットホームを通じて，航空券の購入，車のレンタル，借入れ等，信用喪失被執行者延べ13万人余りに対し制限を加え，5,300人の信用喪失被執行者がこれによって債務を完済したが，そのうちの1,500人余りは3〜4年にわたり執行を逃れていた「老頼」状態であった（最高人民法院『中国法院的司法改革』（人民法院出版社・2016年）25頁参照）。

115)　信用喪失被執行者リストにつき民訴解釈518条参照。2013年7月16日最高人民法院公布「信用喪失被執行者リスト公表に関する若干の規定」がその要件効果を詳細に定める。

116)　譚・前掲注111) 256〜257頁，江・肖主編・前掲注2) 489頁参照。

第 17 章　執行手続に関するコメント

はじめに

　中国における民事執行の問題としてまず第一に挙げられるのは,「執行難」と呼ばれる現象である。これは,勝訴判決を得たとしても執行がなされず,債権回収が困難であることを指し,2007 年改正や司法解釈による対策後も同様の状況であると指摘されている[1]。ただし,この執行難が,結局,執行対象となるべき財産が存在しないことなどによる執行の結果的不奏功を指すのか（執行の実効性の問題）,執行手続の遅滞や不着手をいうのか（執行の迅速性の問題）,あるいは双方を指すのかは必ずしも明らかでない[2]。

---

[1]　白出・本書第 1 編 49 頁。独立行政法人国際協力機構『課題別指針 法整備支援』（2011 年）84 頁においては,1991 年の民事訴訟法が,市場経済化に伴って激増,多様化,複雑化していた民事紛争に対応することがもはや困難になっていたという例として,「起訴難」「再審難」とならんで「執行難」が挙げられている。その他,「執行難」については,熊達雲『現代中国の法制と法治』（明石書店・2004 年）348 頁。

[2]　執行難の現実については,ドナルド・C. クラーク／佐藤七重訳「中国における民事判決の強制執行」小口彦太編『中国の経済発展と法』（早稲田大学比較法研究所・1998 年）343 頁。ここでは古いデータではあるが 1985 年および 1986 年には経済紛争の判決のうち 20％,1987 年は約 30％が執行されなかったとの報告がある。しかし,どの程度回収されれば執行難ではないといえるのかは不明であり,また,95.5％の執行率を達成したある裁判所において採られた方法は,支払不能など裁判所が執行における問題を見越した場合には,原告に有利な判決を出さないことや,訴えを起こす機会さえ与えないというものであったとの指摘がある。

　執行難の原因として,再審のように裁判に対する事後的無効主張の可能性が大きく開かれている中国法秩序の伝統的特徴のほか,地方保護主義,部門保護主義が挙げられる。季衛東「裁判近代化の逆説と関係的紛争解決」CDAMS（「市場化社会の法動態学」研究センター）ディスカッションペイパー 04/8J：12 頁以下,また,白出博之「中国民事訴訟法の改正条文について（3・完）」ICD NEWS 56 号（2013 年）30 頁は,「執行乱」と呼ばれる「違法な執行」（日本の違法執行と異なり,①なすべき執行をしない不作為型,②執行手続の手順が踏まれない公平原則に反した配当等の違法執行型,③別地域の法院による執行手続に対して偽装破産申立て・仮装差押えなどによる債務免脱行為に当地の法院関係者らが加担する執行妨害型,④収賄手続費用の恣意的な徴収などの執行機関担当者の法令・

そもそも執行に関する立法の現状として，民事訴訟法における 4 章（第 19 章～22 章）35 条（224 条～258 条）のみが執行分野を規律する法であり[3]，実務の需要を満たせない。そのため，実務上の様々な問題は最高人民法院の一連の「司法解釈」によって補充されている[4]。このような立法の形態が，執行実務を複雑なものにし執行難を招いているとの分析の結果，単独かつ精緻な民事執行法の制定が主張されている[5]。その他，執行難の原因として，執行管轄の混乱を挙げるものなどもある[6]。

この執行難の現象を，執行の実効性と迅速性の問題と捉えるならば，日本の民事執行においても同様の問題があると考えられる。実際，現在に至るまで日本の民事執行に関する立法は，執行の実効性と迅速性実現のためになされたものが多く，様々な議論があるところでもある[7]。

そこで本稿では，日中両国に存在する執行の実効性・迅速性の実現という視角から日中両国の制度を比較し，その上で中国の民事執行制度の特徴である「超職権主義と超当事者主義の混在」とも言える現象を，中国の紛争解決文化の文脈の中で位置付けることを試みる。

　　規律違反型などに分類されている）の存在を指摘する。
3）　本書第 2 編第 17 章 576 頁注 1）。
4）　なお，2015 年 2 月 4 日より施行された最高人民法院「『中華人民共和国民事訴訟法』適用に関する解釈」（以下，民訴解釈と略称する）においては執行関連として，「十五　執行異議訴訟」「二十一　執行手続」など多くの解釈が示されている。
5）　中国民訴第 21 章「執行措置」の章は，日本の民事執行法における各論的位置付けと考えられるが，目的財産による区別が曖昧であり，財産の特質に着目した執行手続となっていない点にも問題があろう。
6）　熊・前掲注 1）348 頁は特に，執行目的物が根拠となる法律文書を作成した裁判所所在地の行政区域以外の地方にある場合に，地方保護主義から当地の裁判機関や警察機関の協力を得られず，執行が妨害され，執行員が殴打されることさえあると指摘する。同様に，張悦「中国民事執行制度の意義と課題（1）」立命館法学 341 号（2012 年）486 頁も「信用度の低い社会，債務者の財産隠し・逃走あるいは地方保護主義・部門保護主義等」を執行難の原因として挙げている。
7）　たとえば，浦野雄幸「民事執行法の施行に際して」判例タイムズ 418 号（1980 年）2 頁においては，民事執行法立案時の理念として，①執行手続の迅速化，②債権者の権利行使の実効性，③買受人の保護，そして④債務者の生活の保持が挙げられている。しかしその後も，井上治典「民事執行における実効性と利害調整」判例タイムズ 1043 号（2000 年）2 頁，福永有利「民事執行の実効性を高めるための方策」銀行法務 21　601 号（2002 年）81 頁などのように執行の実効性が問題とされてきた。また，民事執行法成立から今日までの多くの改正（たとえば 1996 年などの売却のための保全処分（55 条）の改正や 2004 年

一　民事執行における迅速性と効率性の実現

　日本の民事執行においては，執行の実体的正当性を保障しつつ実効性と迅速性を実現するために[8]，「判断機関と執行機関の分離」および「執行機関の多元制」[9]をとっている。すなわち，まず①判断を行う機関と執行を担当する機関が分離独立し，複数の執行機関が相互に独立してそれぞれの執行を行う体制をとっていること，②民事執行においてその基礎となる実体法上の権利は判断機関（債務名義作成機関。代表的なものとして判決手続）によって作成され，その執行力は執行文付与機関（民事執行法（以下，民執と略称する）26条。これも判断機関と位置付けられる）によって公証されることにより，執行機関は債務名義と執行文の存在および「外観主義」[10]によって実体判断をせずに執行に着手すること，また，③仮に不当執行の問題があるならば，執行手続外の判断機関における請求異議の訴え（民執35条），第三者異議の訴え（民執38条）など判決手続によって慎重に判断され，違法執行については決定手続によって簡易迅速に判断されること（執行救済の問題），そして④その間の執行の進行は判断機関（異議の受訴裁判所あるいは執行裁判所等）が作成した執行停止・取消文書（反対名義）の執行機関への提出がなければ進行し続けること（民執36条，39条，40条）を内容とする。

　このような観点から中国の執行制度を見ると，判断機関と執行機関の明確な分離がない点や，執行機関が多元的であるというよりは「多重構造」をとっている点が指摘できる。

　上述の①〜④のポイントについて，中国の民事執行を具体的に見てみよう。

　　の担保・執行法改正）は，実効性確保のためのものである。なお，この「実効性」の意味するところは，論者により異なることに注意が必要であろう。
 [8]　民事執行における実体的正当性と迅速・効率性の保障を判断機関・執行機関の分離の観点から説明するものとして，竹下守夫『民事執行における実体法と手続法』（有斐閣・1990年）1頁以下。
 [9]　執行機関としては，裁判所と執行官（民執2条）および少額訴訟債権執行における簡易裁判所書記官（民執167条の2）があり，多元制と捉えられる。
 [10]　執行対象適格について，執行機関は，債務者の責任財産に属する個別財産の概観に依拠して強制執行を開始する（たとえば，不動産の強制競売では債務者名義の登録簿謄本による。民事執行規則23条）。

1 判断機関と執行機関の分離および執行機関の多元制

　まず，中国では執行を担当する機関は，判決および裁定の場合「第一審の人民法院又は第一審の人民法院と同級の，執行される財産の所在地の人民法院」（中国民訴224条1項）であり，その他の法律文書については，「被執行人の住所地又は執行される財産の所在地の人民法院」（同224条2項）。民訴解釈462条では「調停合意確認の裁定，支払命令については，その裁定，支払命令を下した人民法院又はその同級で被執行財産の所在地にある人民法院」）が執行する。

　次に，「執行措置は執行員がする」（同228条1項）とされ，「人民法院は，必要に応じて執行局を設立することができる」（同228条3項）。執行局は人民法院の内部に設置され，現在，全国の各級法院はすべて執行局を設置しているという[11]執行機関は執行員，執行裁判官，執行廷（局）長，法院院長，書記官，および司法警察によって構成される。執行員が具体的な執行を指揮し執行措置をとるが，執行員については資格および任免手続についての定めがないため，運用としては法官（裁判官）と同一の資格としている[12]。執行機関は「二廷一室」と呼ばれる体制をとっており，執行手続に関する争いあるいは手続に及ぶ実体法上の事項について判断を下す「執行裁判廷」と，執行根拠に基づき，強制措置を具体的に行う「執行実施廷」，そして事務と執行補助を担当する「総合内勤室」からなる[13]。

　以上から，執行機関は裁判所内部に設置されているが，執行を担当するという意味では，形式的には判断機関から分離されているように見える。また，執行機関内部もそれぞれの担当が分離しており，多元制をとっているように見える。

　しかしながら執行機関の果たす役割を見ると，これらは形式上のものであり，実態としては判断機関と執行機関の分離，および執行機関の多元制をとっているとは考えにくい[14]。しかし，ここではとりあえず，形式的には判断機関と執行機関は分離し多元制をとっているということを確認しておくことにする。

　さらに，中国の民事執行の特徴としては，上級の裁判所が下級の裁判所の執行行為を監督すること（中国民訴226条），また，人民検察院が民事執行活動に対し

---

11) 本書第2編第17章579頁。
12) 張・前掲注6) 491頁。
13) 張・前掲注6) 492頁。
14) 二廷一室の構造が，一元体制であるか二元体制であるといえるかについては，中国でも議論のあるところのようである。張・前掲注6) 492頁。

て法律監督を行う権限を有すること（同235条）が挙げられる。検察による監督は2012年の改正で盛り込まれたものであるが，これも「執行難」対策として，特に民事執行における職務犯罪を防止・減少させることを目的としている[15]。これらから，執行機関が単独で独立して執行行為を行うというよりは，上級機関および他の機関からの監督を受けるいわば「多重構造」となっている点が指摘できよう。

2　執行機関による実体判断～執行文制度の不存在

中国の民事執行は，日本の債務名義とほぼ同一と考えられる「執行根拠」があれば執行を申し立てることができる。この「執行根拠」は，強制執行によって実現される私法上の給付請求権の存在・範囲および債権者・債務者を表示した公の文書であるが，具体的には「法的効力が生じた民事判決及び民事裁定」（中国民訴236条1項），「調停書その他の人民法院が執行すべき法律文書」（同236条2項），「仲裁機構の判断」（同237条1項），「公証機関が法により強制執行の効力を賦与した債権文書」（同238条1項）が挙げられている[16]。

日本の民事執行法では，「強制執行は，執行文の付された債務名義の正本に基づいて実施する」（民執25条）とし，原則として債務名義と執行文の存在および債務名義の送達（同29条）などの要件が揃えば執行機関は実体判断をすることなく執行に着手できる。執行が不当であるという場合には，債務者あるいは第三者側のイニシアティブにより請求異議の訴え（民執35条）や第三者異議の訴え（同38条）という不服申立手続が動員される。この執行機関による実体判断の不介在により，執行過程における迅速性が実現されると考えられている。

他方，中国の場合は，「執行根拠」を要件としつつも，執行着手に至るまでの執行機関による実体判断の余地が大きい。

たとえば，人民法院は当事者の申立てに対し，「執行根拠」が法的効力を生じたか否か，当該法律文書が給付の内容を有するか否か，執行目的物や債務者が明

---

15)　白出・前掲注2）31頁。なお，具体的に何をどのように監督するのかについては，今後の問題のようである。

16)　さらにこれらの文書につき，権利主体が明確であること，給付内容が明確であることが要求される（民訴解釈463条1項）。
　また，中国では仮執行宣言制度に該当するものは存在しないが，先行執行と呼ばれる制度がある。本書第2編第9章313頁以下参照。

確であるかどうか,執行申立ての主体が適格を有するかどうか,執行申立てが法的期間を過ぎていないかどうか[17],債務者は法律文書の指定する期間内に確かに義務を履行していないのか,そして管轄があるかどうか等を審査しなければならない[18]。

また,執行力の主観的範囲が拡張される場合,日本では執行文付与機関が承継執行文を付与することによりあらかじめ執行当事者適格を有することを公証し,執行機関はそれを判断することはないが,中国では執行文制度がないため,執行機関自身が執行当事者適格を判断する[19]。その他の組織が執行において法律文書が確定した義務を履行できない場合,人民法院は当該組織に対して法により義務を負う法人又は公民個人の財産を執行する決定を下すことができる(民訴解釈473条)[20]。

その他,国内仲裁判断の場合には,日本における執行決定(仲裁法46条)において行われる判断を執行機関が行い(中国民訴237条2項),また,公証された債権文書に誤りがある場合には,不執行の裁定をする(中国民訴238条2項)[21]。

このように,日本に比べて執行機関の実体判断の余地が広く,そのため,執行手続においても被執行人等を出廷させ,調査と尋問を行うこともできる[22]。これらにより,たとえ判断機関から分離している執行機関であるとしても速やかに執行に着手・進行できない点が指摘できよう[23]。

---

17) 執行申立期間は2年とされている(中国民訴239条1項)。
18) 本書第2編第17章587頁。この点については民訴解釈によって,一方では463条により,執行を申し立てる法律文書は,①権利・義務の主体が明らかであること,②給付内容が明らかであること,という条件を備えなければならないとされ,審査の範囲が狭くなったとも考えられよう。他方,480条1項で,公証債権文書の誤りがあると認める場合を列挙しつつ,「公証債権文書が社会公共の利益に背くと認める場合」にも執行しない決定を下すことができるとされ,審査範囲が広いことが明確になったとも考えられる。
19) 本書第2編第17章587頁。張・前掲注6)493頁。
20) この場合の人民法院が執行機関か判断機関かは不明である。ここにおいても執行機関と判断機関が不分離であると考えられる。
21) 本書第2編第17章589頁。
22) 民訴解釈484条2項では,調査・尋問の時間が8時間を超えてはならず,事件が複雑な場合では拘留に処する可能性もあるが,その場合の調査・尋問の時間が24時間は超えてはならないとされている。
23) 第2編第17章587頁。ただし,この点については7日以内に立案するか,不受理の裁定を下さねばならないとされているようである。

3 執行救済の問題

(1) 執行異議

中国における執行救済には[24]，まず違法執行に対する救済として執行異議がある。これは，執行行為が法律の規定に違反すると考えられる場合に，当事者および利害関係人が，執行につき責任を負う人民法院に異議を提出することができるというものである（中国民訴225条）。日本における執行抗告（民執10条），執行異議（同11条）にあたる制度と考えられる。中国の執行異議においては異議理由が列挙されており，この点においては日本の執行抗告に近い。しかし，日本の執行抗告は申立期間が裁判告知から1週間であるが，中国では執行終了まで申立てが認められ，この点においては日本の執行異議と同様である。また，申立て後は15日以内に審査を行い，裁定を下さねばならないとされている。さらにこの裁定に不服があれば，裁定の送達から10日以内に直近上級の人民法院に再議を申し立てることができる。

(2) 第三者の異議，第三者による執行異議の訴え，執行許可の訴え

中国民訴227条および民訴解釈305条以下によれば，まず，①執行当事者以外の者で執行対象物に所有権その他執行対象物の移転，交付を阻止する実体法上の権利を有する者は，執行を担当する法院に対して書面により異議を申し立てることができる（第三者の異議）。人民法院は，異議を受理した日から15日以内に審査をし，理由が成立する場合には，執行を中止する旨を裁定し，そうでない場合には棄却する旨の裁定をする。

次に，②第三者あるいは当事者が①の第三者異議に対する裁定に不服があり，かつ，執行根拠としての原判決・原裁定に誤りがあると主張する場合には，裁判監督手続（中国民訴198条以下）により再審の必要があるかどうかを判断する（中国民訴227条）。

また，③第三者あるいは当事者の不服が執行根拠たる原判決・原裁定とは関係がなく，執行により自己の利益が侵害されたという場合，裁定が送達された日から15日以内に人民法院に訴訟を提起することができる。

①の第三者による執行機関への簡易な不服申立制度は，日本においては明確に

---

24) 本書第2編第17章604頁以下。

規定があるものではないが，たとえば，第三者が債務者と誤認された場合，自己に対する執行正本に基づかずに強制執行を受ける場合，債務者の家族等の利益をも含めた差押禁止規定（民執131条1号，2号，10号，11号，13号）などに反する動産差押え，目的物を所持する第三者の意思に反してなされた動産差押え（同124条）などの場合には，第三者が執行異議を申し立てることができると解されるので[25]，同様の制度があるといえよう。しかし，日本の民事執行制度においては，第三者の利益が害される場合，異議審の判断を待つことなく，第三者異議の訴え（民執38条）により判決手続において慎重な実体判断をすることが認められている。この点，事前に異議が必要である中国の制度と異なっている。

また，中国の制度においては，異議審の判断への不服申立てとして上述②③があり，このうち③においては，第三者の異議を認める裁定に対して当事者（債権者）が訴えを提起する場合と，第三者の異議を認めない裁定に対して第三者が執行異議の訴えを提起する場合が考えられる[26]。第三者による執行異議の訴えは日本の第三者異議の訴えと同様のものと考えられるが，日本においては執行終了まで提訴可能であるのに対して，中国の場合には第三者異議の裁定を受け取った日から15日以内との制限がある。また，当事者による執行異議の訴えは，執行許可の訴えとも呼ばれるものであり，異議審において認められた第三者異議事由について，判決手続において審理するものである。

ここでは，執行により自己の利益を害される第三者には第三者の異議という簡易な手続を与え，それが理由ありと判断される場合には，あらためて債権者が訴訟を提起して第三者異議事由を判決手続で争う場を設けねばならないという負担分配がなされている点が注目に値する。日本の場合には，たとえば第三者に対する不当執行は，異議事由が実体法上の事由であるがゆえに，いきなり執行に巻き込まれた第三者が訴えを提起する負担を果たすことによりようやく救済されるのであるが，中国においては簡易な手続で救済される点に特徴があると言えよう。

しかしながら，日本の民事執行の歴史からは簡易な救済手段が常に執行妨害の手段となってきたのも事実である。この点について中国の実情は定かではないが，民訴解釈315条2項は，被執行者と第三者が悪意を持って通謀した場合に限ってはいるが，執行異議，執行異議の訴えによって執行妨害をした場合，人民

---

25) 中野貞一郎・下村正明『民事執行法』（青林書院・2016年）90頁。
26) 本書第2編第17章610～611頁。

法院は中国民訴法 113 条の規定によりその情状の軽重に基づき過料，拘留を科さなければならず，犯罪を構成する場合，法により刑事責任を追及しなければならないとしている。また，執行申立人はそれによる損害につき，訴えにより損害賠償請求ができる。これらのことから推測すると，不服申立手続がやはり妨害手段となることを想定していると考えられよう。よって，不服申立手段の多様性が執行妨害等の執行の遅延につながっているものと考えられ，民訴解釈の施行により改善が見られるかどうか興味深い点である。

　最後に，②については，第三者の異議を契機として執行債権自体を争うことができるという制度であり，日本にはそのような制度は見当たらない。また，それが裁判監督手続という，いわば簡易な再審手続によるという点も独特なものであると考えられよう[27]。

　なお，これらの執行救済制度においては，日本における請求異議の訴えにあたる制度が見当たらない。これについては裁判監督手続（中国民訴第 16 章）が同様の役割を果たしているためと考えられる[28]。

4　執行の停止・取消し

　中国における執行の停止は，以下に該当する場合に，執行機関である人民法院自身によって裁定される。この点も，判断機関によって作成された反対名義が執行機関に提出されることによって，停止・取消しに至る日本の制度とは異なっている。

　すなわち中国において執行が停止されるのは，上述の第三者の異議において明らかに理由のある異議が提出された場合（中国民訴 256 条 1 項 2 号），当事者に承

---

27)　本書第 2 編第 15 章 505 頁。なお，これらの救済制度のほか，配当をめぐる救済制度として配当案異議および配当案異議の訴えがある（民訴解釈 511 条，512 条）。なお，中国においては債務者の財産によってすべての債務が弁済できない場合にのみ配当参加を認め（民訴解釈 508 条），平等主義をとる（同 510 条）。これは特に消費者破産を認めていない中国においては，破産手続的な意義を有するものと評価されよう。張悦「中国民事執行制度の意義と課題（2・完）」立命館法学 343 号（2012 年）315 頁および同・前掲注 6）482 頁。

28)　当事者による執行異議の訴えは，執行法院が第三者の執行異議の申立てに基づいて執行停止を裁定した場合に，執行を申し立てた当事者に認められている。本書第 2 編第 17 章 611 頁。なお，裁判監督手続において再審回数や申請期間に制限がないことから，何十年にもわたって再審が繰り返されるという「終審不終（終審にして終わらず）」現象があり，判決の法的安定性が著しく害され判決を執行できない，つまり「執行難」問題の原因となっているとの指摘がある。白出・前掲注 2）15 頁注 13 参照。

継が生じた場合（同3号，4号），そして人民法院が執行を停止すべきであると認めるその他の事情がある場合（同5号）[29]という広範な裁量的規定があるほか，申立人が執行を延期してもよい旨を表示した場合（同1号）が挙げられている。

　日本の執行停止制度においては，債権者の弁済の猶予による執行停止には限定があり，債権者が弁済の猶予を承諾した旨を記載した文書を提出した場合に，二回に限り，かつ，通じて六月を超えることができないとされている（民執39条1項8号，3項）。というのも日本の場合には，執行の迅速と効率の確保のため，いったん開始された執行はその後の債権者の何らの申立および債務者の何らの協力も要せず，執行機関の職権により法定の段階を踏んで進行を重ね完結に至るのが原則とされており，手続進行に対する当事者支配が及ばない[30]。つまり，債権者による弁済猶予による執行停止は，例外的限定的に認められているのである。

　職権主義的色彩が強いと考えられる中国の訴訟法の中で，当事者による執行手続進行の停止が，無制限に認められていることについてはいささか違和感がある。しかし，この点だけではなく，以下で見る執行和解に代表される当事者主義的制度が随所に見られるところに中国の民事執行の特徴があると思われる。

　次節では，このような当事者主義的制度を概観し，その位置付けを検討する。

二　中国民事執行における職権主義的制度と当事者主義的制度

1　原則としての任意履行

　中国の民事執行を，我々に馴染み深い職権主義か当事者主義かという二項対立で見る場合，職権主義的要素が強い部分以上に，当事者主義的要素が強い部分が多いことに驚かされる。これらの制度は，日本と比較して極端な職権主義，当事者主義という意味で「超職権主義」「超当事者主義」と位置付けられよう。

　まず，「超職権主義」的制度として中国の民事執行制度においては，たとえば，執行申立てについては当事者の申立てによる申請執行だけでなく，審判組織からの職権による移送によって開始する執行の移送があり（中国民訴236条1項）[31]，

29）　その他の事情については，執行規定102条に具体的に定めがあるほか，民訴解釈466条，513条にも定められている。本書第2編第17章592〜593頁。

30）　中野・下村・前掲注25）315頁が指摘するところであるが，とはいえ同書は「執行の経済性」の観点から，債権者と債務者との合意に基づいて執行機関が裁量的に換価延期措置をとることなど，具体的状況に応じた軌道修正をも認めている。同316頁。

金銭執行について被執行人が執行通知書に従って法律文書により確定された義務を履行しない場合には、その通知書受領日より前の1年間の財産状況を報告しなければならず、これを拒否あるいは虚偽の申告をする場合には過料又は拘留に処せられる（中国民訴241条）。また、同様に義務を履行しない場合には、人民法院は被執行人の預金、債券、株券等に関する状況の調査・照会権を持つ他、その差押え、換価を行う等の権利を有する（同242条、民訴解釈485条）ほか、収入の差押え又は引出しをすることもできる（中国民訴243条）。その他、委託執行の制度（同229条）[32]や、財産隠匿に対しては人民法院の捜査権限も規定する（同248条）。

このような制度は、日本の民事執行制度に比べ、より強い職権主義によっていると考えられる。日本においては、確かに金銭執行でいえば差押え→換価→配当という三段階は自動的に進行するが、財産開示については金銭執行とは別に債権者の申立てが必要であり、かつ、利用できる場合も限定的である（民執196条以下）。また、日本には職権により執行が開始する執行の移送制度はなく、常に債権者の申立てにより執行が開始される。

他方、このように職権主義的色彩が強いと考えられる中国の民事執行制度の中には、執行制度のあらゆる段階に任意履行を前提とする規定がある。

たとえば、執行の申立てについて定める条文には、まず「民事判決及び民事裁定については当事者は履行しなければならない」との規定があり、「当事者の一方が履行を拒絶した場合」に執行の申立てや執行の移送ができるとされている（中国民訴236条1項。調停書についても同様（同2項））。次に、執行申立てが有効であれば、被執行人に対して執行通知書が発せられるが（同240条）、これに従って「法律文書により確定された義務を履行しない場合」に、財産状況報告・調査や収入や財産の封印・差押え等がなされる（同240条～244条）。そして財産の封印・差押え後には、「執行員は被執行人に対して、指定の期間内に法律文書

---

31) 執行の移送とは、人民法院が作成する法律文書が法的効力を生じた後、当該事件を担当する審判組織が職権で直接に事件を執行機関に引き渡し、執行手続を開始する制度のことを指す。執行規定19条2項により、移送しなければならない事件は、①人民法院の作成する養育費、扶養費等の給付を内容とする民事判決書や調停証書、②人民法院の作成する民事制裁決定書、③人民法院の作成する刑事に付帯する民事判決書・裁定書、④人民法院の作成する財産保全および先行執行の決定書の四種類である。本書第2編第17章587頁。

32) 本書第2編第17章595頁以下。

で確定された義務を履行するよう命じなければなら」ず，この期限を徒過しても履行しない場合に競売をすることになる（同247条）。

その他，非金銭執行においても，物の引渡執行については両当事者を召喚して行う直接引渡しの制度があるほか（同249条），家屋明渡し等の場合にも，指定の期間内に履行するように命じた上で，履行しない場合に強制執行する（同250条1項）。

以上のように，中国の執行においては，任意の履行を促した上で，履行の拒絶を前提として執行がなされるという点が特徴的である。執行の開始後もまず債務者が自ら履行することが期待され，履行しようとしない場合には調査が行われる。そして，債務者に教育・説得が行われ，これでも自ら履行しない場合に強制執行が行われるのである[33]。

日本の場合には，執行段階において任意履行を促す規定は少なく[34]，いったん執行が開始されると執行当事者の意向を反映する手段は制度上は反対名義の提出以外存在しない。たとえ執行債務者が任意の履行をしたとしても，執行債権者が執行を任意に取り下げなければ，債務者は請求異議の訴え（民執35条）を提起して執行の停止・取消しを求めるほかないのである。

2　執行和解と執行担保

次に，中国民事執行における「超当事者主義」的制度として，「執行和解」と「執行担保」が挙げられる。

「執行和解」は，執行手続において，当事者双方が執行目的の一部または全部について自らの意思で和解し，合意に達した場合は，執行員が合意内容を記録に

---

[33]　高見澤磨『現代中国の紛争と法』（東京大学出版会・1998年）46頁。

[34]　民事執行法122条2項は，執行官の弁済受領権限につき規定している。本来ならば債権者の代理人という位置付けではなく国家の執行機関としての執行官の職務にはなじまないものであるが，現実に執行を実施するに際しては，任意の履行を促すであろうことから認められている「一種のサービス規定」と位置付けられている。浦野雄幸『逐条概説 民事執行法〔全訂〕』（商事法務研究会・1981年）416頁。また，民事執行法168条の2は，明渡執行の際に執行官が引渡し期限を定めて明渡しの催告をし，任意の明渡しを促すことができるとしている。これは，債務者の任意の退去により円滑な明渡しを実現するものであり，債権者にとっても執行費用，労力等の面で利益になるとの理由で平成15年改正で導入されたものである。浦野雄幸編『基本法コンメンタール民事執行法〔第6版〕』（日本評論社・2009年）494頁。

記入し，当事者双方が署名押印する制度である（中国民訴230条1項）[35]。当事者間での和解合意の内容が有効であり，かつその履行の完了により執行は終了するが（執行規定87条），執行申立人が詐欺・脅迫により和解合意をした場合，または当事者が和解合意を履行しない場合には，当事者の申立てに基づき，それ以前に効力の生じた法律文書の執行を再開することになる（中国民訴230条2項）。

また，「執行担保」は，債務者が法院に担保を提供し，債権者の同意を得て執行猶予の決定をすることであり，債務者が期限を過ぎても履行しない場合は，担保に執行できるという制度である（中国民訴231条）。これは執行手続に入ってからの再調整の機会を付与するために設けられたものとの指摘がある[36]。

これらの制度は，当事者処分原則（処分権主義）が執行手続において具体化されたものと考えられている[37]。しかし，中国の訴訟法理論は「当事者間の争いは既に効力の生じている法律文書によって解決されており，裁判監督手続またはその他の法定の手続によらない限り任意に変更してはならない」という考えの下，執行中の「調停」を認めていない。ここで「調停」は第三者の関与の下で行う手続であるが，「和解」は当事者双方の自発的な行為であり，第三者は参加しない。よって執行和解については，人民法院等は和解を主宰してはならないし，執行和解は双方当事者が自分の権利を処分する行為であって訴訟活動ではなく，その和解は強制力を持たず，自発的な履行に委ねるものとされている[38]。

以上のように，執行和解は制度上も理論上も特殊なものとして位置付けられているように見える。しかしながら実務では執行和解の過程において，人民法院や執行員が消極的で何もしないというわけではなく，執行員は双方の当事者の実際の状況に基づき，緩和策を講じ，双方が自由意思により，合法的に，かつ，国家，集団および個人の合法的権益を侵害しないことを前提として和解の合意に達するように促しており，これは多くの執行和解においては不可欠とされているという[39]。

---

35) その他，特定物の引渡執行の場合に，対象物が毀損・滅失した場合，「双方当事者の同意」により金銭に換算して賠償をすることができる（民訴解釈494条1項）。
36) 張・前掲注6）503頁。
37) 江偉・季浩・王強義／小口彦太・斉藤明美・佐藤七重訳『中国民事訴訟法の理論と実際』（成文堂・1997年）236頁。張・前掲注6）499頁以下。
38) 本書第2編第17章603頁参照。
39) 張・前掲注6）500頁，同・前掲注27）236頁。なお，同237頁によれば，法律文書によって確定された執行目的，執行期限，執行金額等を執行過程において当事者自らが和解

3　当事者概念の外延

　中国の民事執行においては，「当事者」の枠組みもより外延が広がっていると考えられる。前述の債務者による財産状況報告においては，被執行人が拒否・虚偽報告をした場合には，関係単位の主たる責任者若しくは直接責任者が過料又は拘留に処せられうる（中国民訴241条）。また，財産の封印，差押えや不動産明渡しに際しては，被執行人の立会いだけでなく，勤務単位又は財産所在地の基層組織の人員を参加させなければならない（中国民訴245条，250条）。

　日本の民事執行において，人の住居で執行をする場合で住居主等に出会わないときは，立会人が要求されるが（民執7条），これは執行官の執行の手続的正当性を保障するためのものである。中国の場合には，そのような観点からの第三者の動員ではなく，当事者への説得活動をより効果あるものにし，任意の履行を促すための制度であると考えられる[40]。

結びにかえて——職権主義・当事者主義の枠組みを越えて

　以上のように，中国の民事執行制度を，実効性・迅速性の保障および職権主義対当事者主義という日本の枠組みから見ると，ある意味「執行難」現象はやむを得ないものとして認識される。執行段階において，かなりの程度判断権限を持つ執行機関によって，任意の履行を重視しながら執行手続が行われるというしくみは，たとえ職権主義的色彩が強い制度を有しているにしても執行手続の遅滞を招くことは当然といえよう。

　中国に見られる職権主義と当事者主義の混在——しかも我々から見れば「超職権主義」と「超当事者主義」——は，国家と個人を対立的に把握する見方からは奇異に思われるところであるが，そもそも強制の結果でなく「自願（自ら望む）」[41]が極めて重要であるという中国の紛争解決概念を前提とするならば，職

　　　を行うことによって変更することを「変通執行」といい，「執行難」が問題となっている状況の中で果たす役割が大きいという。

40)　信用情報システム記録，メディアへの公表等の措置（中国民訴255条）も，同様と考えられよう。なお，高見澤・前掲注33) 48頁によれば，直接の当事者だけではなく，その周囲の人々をも加えてそのすべての納得を得ながら解決するという方式は，民事執行だけではなく刑事事件についても見られるとのことである。同53頁。

権主義的な制度の中に当事者主義が大きな位置を占めることも首肯しうる。

とはいえ，執行難現象を解決するために，2012年の民事訴訟法改正では職権主義を強化する方策をとっていることは注目に値する[42]。かといってそれが強権的な民事執行へと向かっていると評価するのは短絡に過ぎよう。従来，中国の紛争解決方式は，職権主義的でありながらそれは決して強権的ということではなく，言い分のある者全てに一応言わせるだけ言わせて納得させやすくすることを図っているとの指摘がある[43]。また，裁判においても当事者の同意と納得を重視し，本質的には調停と捉えることもでき，判決後の事後的無効主張を裁判監督手続によって長期にわたって認めているなどの点からは，裁判官が絶対的な決定主体となっている職権主義のモデルには当てはまらないとの指摘もある[44]。職権の行使にすら当事者およびその属する共同体の意思が反映すると考えられるのである。

当事者の納得を重視した執行手続の進行も同様に位置付けられるのであり，職権主義と当事者主義の二項対立の把握は妥当せず，むしろ両者は通底するものと考えられるのである。この当事者の納得を重視するという紛争解決方式を維持し続けるのか否かが，中国の「執行難」対策および執行の将来の一つの分岐点になると考えられる。

(西川佳代)

---

41) 高見澤・前掲注33) 48頁によれば，「自願」は実体法における意思主義を，手続法における当事者の同意・納得を表す言葉として用いられるという。
42) 前述の検察院による法律監督のほか，執行通知を発した後直ちに強制執行措置を採ることができるとした（中国民訴240条）。また，関係者の執行協力義務を強化するなどの改正が行われ（同242条），執行妨害対策も強化されている（同113条〜115条）。
43) 高見澤・前掲注33) 54頁。
44) 季衛東『現代中国の法変動』（日本評論社・2001年）300頁以下。ここでは職権主義と当事者主義の第三の道として「会議主義」と把握されている。

第18章　渉外民事訴訟手続

第一節　渉外民事手続概説

一　渉外民事訴訟の概念

　渉外民事訴訟とは，渉外的要素を有する民事訴訟をいう。渉外的要素とは，1）当事者の一方または双方が外国人，無国籍者，外国企業または組織であるとき，2）当事者の一方または双方の常居所地が中国の領域外にあるとき，3）係争物が中国の領域外にあるとき，4）民事法律関係を発生，変更または消滅させる法律事実が中国の領域外で生じたとき，5）渉外民事事件であると認められるその他の場合をいう（民訴解釈522条）。

　外国人が訴訟に参加するにあたっては，パスポート等の自己の身分を証明する証明書類を法院に提出しなければならない。外国企業または組織が訴訟に参加するにあたって，法院に提出する身分証明書類は，所在国公証機関の公証を経て，かつ，当該国駐在中国大・公使館，領事館の認証を経るか，あるいは中国と当該所在国で締結された関係条約に定められた証明手続を踏まなければならない。外国企業または組織を代表して訴訟に参加する者は，代表者として訴訟に参加する権限を有することの証明書を法院に提出しなければならず，当該証明書は所在国公証機関の公証を経て，かつ，当該国駐在中国大・公使館，領事館の認証を経るか，あるいは中国と当該所在国に締結された関係条約で定められた証明手続を踏まなければならない。ここにいう所在国とは，外国企業または組織の設立登記地の国をいうが，営業登記手続をした第三国でもよい（民訴解釈523条）。外国当事者の所在国と中国に外交関係がない場合には，当該国家の公証機関の公証を経て，中国と外交関係のある第三国の当該国駐在大・公使館，領事館の認証を経て，さらに当該第三国駐在中国大・公使館，領事館の認証に付すことができる（民訴解釈524条）。

当事者は中国国民であっても，その常居所地が中国領域外にあるときは，渉外民事訴訟となる。法人の常居所地は，その主たる営業地であり（渉外民事関係法律適用法14条2項），自然人の常居所地は，その渉外民事関係の発生または変更，消滅時に1年以上継続して居住し，かつその生活の中心となる場所であるが，治療，労務派遣，公務等の場合を除く（「『中華人民共和国渉外民事関係法律適用法』適用の若干の問題に関する解釈」15条）。

渉外民事事件であると認められるその他の場合とは，たとえば，国外から本案と関係ある証拠材料を得なければならないとき，中国国民同士で中国国内での権利侵害行為により中国法院で訴訟が提起された場合でも，重要な証人が外国に定住しており，訴訟の過程で，その証人の証言を得なければならない場合には，渉外的要素を有すると認めなければならず，渉外民事訴訟である。

香港，澳門，台湾に関わる民事訴訟については，渉外民事訴訟ではないとしながらも，内地の民事訴訟とは特殊性を有するとして，司法解釈[1]を公布しているが，規定がない場合には，実務では渉外民事訴訟手続の特別規定を参照して処理してきた。この点につき，民訴解釈は，「人民法院は香港，澳門特別行政区及び台湾地区の民事訴訟事件の審理にあたっては，渉外民事訴訟手続の特別規定を参照，適用することができる。」と規定した（民訴解釈551条）。

二　渉外民事訴訟の特徴

渉外民事訴訟は渉外的要素を有するため，渉外民事訴訟を行うに際しては，国家主権の問題，および中国と外国との関係をいかに処理するかという問題が存在する。国際法における国家主権相互尊重の原則を貫き，中国の主権も擁護し，他国の主権も尊重しなければならない。

また，当事者が中国の領域内に居住しない等の渉外的要素により，当事者の訴訟を行う便宜を図り，その権益を保護するために，管轄・送達・期間・財産保全等の面において，国内の民事訴訟とは異なる取扱いが必要となる。

渉外民事訴訟では，外国裁判所の司法共助が必要となる場合がある。証拠の調査・取得の代行，訴訟文書の送達の代行，裁判の承認・執行等である。

---

1) 「香港澳門経済紛争事件の審理の若干の問題に関する解答」（1987年），「香港澳門の当事者の公告送達期間及び答弁・上訴期間をいかに確定するかの伺いに関する回答」（2001年），「香港澳門民商事事件司法文書送達の問題に関する若干の規定」（2009年）等。

手続については，原則的には国内の民事訴訟法を適用するが，中国が締結し，加盟した国際条約に異なる規定があるときは，国際条約を適用しなければならない。実体法については，渉外民事法律適用法等に定める抵触規範に従い準拠法を選択しなければならない。

第二節　渉外民事訴訟手続の特別原則

一　中国の民事訴訟法を適用する原則

およそ中華人民共和国領域内で民事訴訟を行うにあたっては，本法を適用しなければならない（中国民訴4条）。中華人民共和国領域内で渉外民事訴訟を行うにあたっては，本編すなわち民事訴訟法の渉外民事訴訟手続の特別規定を適用する（中国民訴259条）。国家主権を擁護するための重要な原則であり，手続は法廷地国法に従うというのは，国際慣例でもあることが理由とされる。

具体的には，1）外国人，無国籍者，外国企業および組織は，中国の領域内で民事訴訟を行うにあたっては，中国の民事訴訟法を遵守しなければならず，中国民事訴訟法の規定に従い訴訟上の権利を有し，義務を負う。2）渉外民事事件の管轄権は，中国民事訴訟法の規定に従い確定する。中国法院の管轄に属する事件は，法院は受理する権限を有する。中国法院の専属管轄に属する事件は，外国法院は管轄権を有さない。3）法院は渉外民事事件受理後，中国の民事訴訟法が規定する手続に従い裁判を行う。4）外国法院の裁判および仲裁機関の判断［裁決］は，中国の法院が法に従い審査，承認した後，中国で効力を生ずる。執行を要するときは，中国の民事訴訟法が定める執行手続に従い執行することができる。

二　同等の原則と対等の原則

同等の原則とは，外国人，無国籍者，外国企業および組織は，中国の法院で訴え，応訴するにあたっては，中国の公民，法人およびその他の組織と同等の訴訟上の権利義務を有することをいう（中国民訴5条）。対等の原則とは，外国の裁判所が中国の公民，法人およびその他の組織の民事訴訟上の権利に対し制限する場合には，中国の法院は当該国家の公民，法人およびその他の組織の民事訴訟上の権利に対し同様の制限をすることをいう。

三 中国が締結し加盟する国際条約を適用する原則

 中国が締結または加盟する国際条約と中国民事訴訟法に異なる規定がある場合には，国際条約の規定を適用する。ただし，中国が留保を表明した条項はこの限りではない（中国民訴260条）。法院は，渉外民事事件を処理するに際し，中国が締結または加盟する国際条約の規定を優先しなければならない。しかし，留保を表明した条項は，承認しておらず，受け入れていない条項であり，中国領域内では効力を生じないからである。

四 司法免除権原則

 司法免除権とは，国家または国際組織が他国に派遣，駐在する外交官が，駐在国の司法管轄から免除される権利を有することをいう。外交特権と免除権を有する外国人，外国組織または国際組織に対し提起する民事訴訟は，中国の関係法律および中国が締結または加盟する国際条約の規定に従い処理しなければならない（中国民訴261条）。ここにいう中国の法律とは，「中華人民共和国外交特権と免除条例」，「中華人民共和国領事特権と免除条例」等をいい，国際条約とは，「外交関係に関するウィーン条約」，「領事関係に関するウィーン条約」，「国際連合の特権及び免除に関する条約」，「国際連合の専門機関の特権及び免除に関する条約」および中国と外国が締結した司法免除権に関するその他の条約をいう。

1 司法免除権の主体

 司法免除権の主体は，以下のようである。1）外交官，2）外交官と共に生活する中国公民でない配偶者および未成年の子女，3）外交官機構の行政および技術要員並びにその共に生活する配偶者および未成年の子女であって，中国公民ではなく，中国に永住しない場合には，その公務執行行為について，4）領事官並びに領事行政および技術要員（中国公民ではなく，中国に永住しない）は，その職務執行行為について，5）中国を訪問する外国国家元首，政府首脳，外務大臣およびその他同等の身分を有する外務官僚，6）国際連合およびその専門機構が招集した国際会議に参加するために中国に来た外務大臣，臨時に中国に来た国際連合およびその専門機構の外務官僚および専門家，国際連合およびその専門機構の中国駐在代表機構および人員。

2　司法免除権の内容

民事司法免除権の内容には，管轄免除と執行免除がある。管轄免除とは，司法免除権を有する人に対して提起された民事訴訟を法院は受理してはならないことをいい，執行免除とは，強制執行してはならないことをいう。また，管轄免除権の放棄は，執行免除権の放棄を含まず，執行免除権を放棄するには，別途表明しなければならない。さらに，訴訟手続の免除というのは，司法免除権を有する人が司法管轄免除権の放棄に同意し，被告として訴訟に参加し，あるいは原告として訴えを提起したとしても，その他の訴訟手続上の免除権を有し，その明確な同意を得る前に，出廷し証言すること，または証拠の提出，およびその他の訴訟行為を強いてはならず，また，その財産に対し保全措置を採ってはならないことをいう。

3　司法免除権の制限

刑事司法免除権と比べ，民事司法免除権は完全ではなく，制限のある免除権である。民事司法免除権を有する人は，その派遣国政府が司法免除権の放棄を表明したときは，もはや当該司法免除権を有さない。また，私人としての活動に関する訴訟については，司法免除権は有さない。私人としての活動に関する訴訟とは，「外交関係に関するウィーン条約」と中国の「外交特権と免除条例」によれば，1) 外交官が駐在国内で自己の不動産につき生じた訴訟，2) 外交官が私人の身分をもって遺言執行者，遺産管理人または受贈者として巻き込まれた訴訟，3) 外交官が公務の範囲外の職業または商業活動に従事し生じた訴訟である。

領事館員および領事館雇用労働者は，公務に従事する行為については司法免除権を有するが，「領事関係に関するウィーン条約」と中国の「領事特権と免除条例」により，以下の私人としての活動に関する訴訟には司法免除権を有さない。1) 派遣国代表の身分を明示せずに締結した契約に関する訴訟。2) 中国国内の私有不動産に関する訴訟。ただし，派遣国の代表の身分をもって保有する領事館の使用のための不動産はこの限りではない。3) 私人の身分をもって行う遺産相続訴訟。4) その車輌，船舶または航空機が中国国内で起こした事故による損害賠償に関する訴訟。

また，司法免除権を有する者が，管轄を免除される事項につき駐在国裁判所に自ら訴えを提起し，訴訟進行中に，被告が本訴と直接関係する反訴を提起したときは，もはや司法免除権は有さない。

4　国家およびその財産の司法免除権

2004年に，国際連合は，「国及びその財産の裁判権からの免除に関する国際連合条約」（略称は国連国家免除条約）を採択し，制限免除主義を採り，国およびその財産は，他国の裁判所で管轄免除権を有するが，商業取引等の場合には免除してはならないとした。だが，執行免除については，執行免除の放棄に同意するか，または当該国家が特定の財産を支出もしくは指定し相手方の請求の返済に用いるのでなければ，他国の法院は訴訟において当該国家の財産に対し判決前も判決後も強制措置を採ることはできないとした。

中国では，新中国成立後は実務上絶対免除主義が採られてきたが，「国及びその財産の裁判権からの免除に関する国際連合条約」の起草過程に参加し，調印したことから，正式には批准していないものの，その適用を主張する態度は明らかであり，制限免除主義へと移行し，国内の立法も開始されている[2]。

五　中国に通用する言語，文字を使用する原則

渉外民事事件の審理にあたっては，人民法院は中国に通用する言語・文字を使用しなければならず，当事者が通訳の提供を求めるときは，提供できるが，費用は当事者が負担する（中国民訴262条）。当事者が人民法院に提出する資料が外国語であるときは，中国語訳文を提出しなければならない。また，当事者が中国語訳文に異議あるときは，共同して翻訳機関に委託し翻訳文を提出しなければならない。当事者が翻訳機関の選択について一致しないときは，人民法院が確定する（民訴解釈527条）。

渉外民事訴訟では受訴裁判所所在国の言語・文字を使用するのが国際的に通用する原則であり，国家主権原則の体現でもあり，中国でも独立した司法権の行使，主権保護の必然的要求であると解される。

六　中国の弁護士に訴訟の代理を委任する原則

外国人，無国籍者，外国企業および組織は，人民法院に訴えを提起し，応訴するにあたり弁護士に訴訟の代理を委任するときは，中国の弁護士に委任しなけれ

---

2) たとえば，2005年に「外国中央銀行財産司法強制措置免除法」が採択され，中国は，外国中央銀行の財産に対し，財産保全および執行の司法強制措置を免除する。ただし，外国中央銀行またはその所属国政府が，書面により放棄し，または財産保全および執行に用いることを指定した財産は除くと定められた。

ばならない（中国民訴263条）。

　弁護士制度は司法制度の重要な構成部分であり，一国の司法制度は本国の領域内にのみ適用できることから，多くの国家が規定するところであり，中国でもこの国際的に通用する原則が採られている。

　しかし，渉外民事訴訟の外国籍当事者は，本国人を訴訟代理人として委任することも，本国の弁護士を弁護士の身分によらずに訴訟代理人として委任することもできる（民訴解釈528条）。外国当事者は弁護士に訴訟の代理を委任しなければならないということではなく，本人訴訟も認められるのみならず，その本国の公民，また，中国の公民に訴訟の代理を委任することもできる。

　また，外国弁護士には中国での訴訟代理業務は禁じられているが，外国弁護士事務所は中国で代表機構を設立し，代表を派遣・駐在させ，一定の範囲の業務を行うことができる。しかし，外国の弁護士事務所その他の組織は，コンサルティング会社またはその他の名により中国国内で法律サービスを行うことは認められない。代表機構とその代表は，中国の法律業務を含まない以下の活動にのみ従事することができる。1）当事者への当該外国弁護士事務所の弁護士が開業許可を得た国家の法律コンサルティング，および国際条約・国際慣例についてのコンサルティング。2）当事者または中国弁護士事務所の委託による当該外国弁護士事務所の弁護士が開業許可を得た国家の法律業務。3）外国当事者を代理してなす中国弁護士事務所への中国法律業務の委託。4）契約の締結による中国法律事務所との長期委託関係における法律業務。5）中国の法律環境の影響に関する情報の提供（外国弁護士事務所中国駐在代表機構管理条例15条）。

　中国駐在外国大・公使館，領事館官員は，本国公民の委託を受け，個人の名により訴訟代理人となることができるが，訴訟において外交または領事特権および免除権を有さない（民訴解釈528条）。また，渉外民事訴訟において，中国駐在外国大・公使館，領事館官員は，当事者たる本国国民が中国領域内にいない場合には，外交官の身分によりその本国国民のために中国で中国の弁護士または公民を招聘し民事訴訟の代理を託すことができる（民訴解釈529条）。

　中国領域内に住所を持たない外国人，無国籍者，外国企業および組織が，中国の弁護士またはその他の者に訴訟の代理を委任するにあたって，中国領域外から郵送または託して提出する授権委任状は，所在国公証機関の証明を経て，かつ，当該国駐在中国大・公使館，領事館の認証を経るか，あるいは中国と当該国家に締結された関係条約で定められた証明手続を踏むことにより効力を生ずる（中国

民訴264条)。外国当事者の所在国と中国に外交関係がない場合には，当該国家の公証機関の公証を経て，中国と外交関係のある第三国の当該国駐在大・公使館，領事館の認証を経て，さらに当該第三国駐在中国大・公使館，領事館の認証に付すことができる（民訴解釈524条)。外国人，外国企業または組織の代表者が人民法院の裁判官の立会いの下に授権委任状に署名し，代理人に委任して民事訴訟を行う場合には，法院は認めなければならない（民訴解釈525条)。外国人，外国企業または組織の代表者が中国国内で授権委任状に署名し，代理人に委任して民事訴訟を行うにあたって，中国の公証機関の公証を経た場合には，法院は認めなければならない（民訴解釈526条)。

第三節　渉外民事訴訟管轄

渉外民事訴訟管轄とは，一国の裁判所が渉外的要素を有する民事事件を受理し裁判する権限をいう。一国の裁判所間の裁判権分配のルールである国内管轄とは異なり，渉外民事訴訟管轄により解決されるのは，特定の渉外民事事件について，どの国家の裁判所が管轄権を有するのかという問題である。

一　渉外民事訴訟の管轄確定の原則

渉外民事事件の管轄の範囲を確定するとき根拠とされる原則には，次のようなものがある。

1　国家主権保護の原則

主権は，国家の立法権，司法権および行政権の基礎であり，国家が管轄権を確定し，行使する基礎でもある。各国の裁判所の渉外民事事件に対する裁判権の行使は，国家主権原則に基づいて行われるものである。それゆえ，国家主権の保護は，渉外民事訴訟の管轄を確定する主要な原則となる。

この原則により，国家は国際条約の規定に基づき管轄権を行使しない義務を負う場合を除き，適切であると考えるいかなる管轄権規則も制定することができ，裁判所も同様の前提の下，当該規則に従いいかなる渉外事件に対しても管轄権を行使することができる。

また，各国は国家公共の利益および重要な政治・経済的利益に関わる渉外民事事件を専属管轄の範囲に入れ，本国裁判所が独占的管轄権を有するものと規定

し，他国の裁判所の管轄権を認めない。他方で，専属管轄でない事項については，管轄権連結要素の範囲を拡大する傾向にある。

また，異なる当事者が同一の訴訟物について提起した訴訟に対し，外国裁判所が実体的問題に対する裁判権をすでに行使したこと，あるいは行使中であることは，本国法院が再度裁判権を行使することに影響しない。国内の民事訴訟における重複訴訟の禁止や一事不再理の原則は渉外民事訴訟の原則とはならない。

国家主権の原則に従い，渉外民事訴訟の管轄を確定するにあたっては，人民法院の渉外民事事件に対する管轄の範囲を合理的に拡張し，国家主権および中国の公民，法人の合法的権益を保護するとともに，他国の主権も尊重しなければならず，不適切な範囲にまで拡大すべきではない。

2 訴訟と裁判所所在地は実際の関係を有するという原則

この原則は，一定の連結要素に基づき本国裁判所の渉外民事事件に対する管轄権を確定しなければならないとする。

この原則に基づき，属地管轄の原則とは，事件事実および双方当事者と国家の地域との関係を渉外民事訴訟の管轄権確定の基準とするものである。その強調するところは，管轄権の連結要素の地域的性質または属地的性質であり，当事者の住所地，常居所地，居所地，訴訟の目的物の所在地，被告の財産所在地，法律事実の発生地等を連結要素として渉外民事事件の管轄権を確定する。これらの連結要素のうち，一つの要素が一国内に存在または発生すれば，当該国家はこれにより渉外民事事件に対する管轄権を主張することができる。

属地管轄の原則を採る管轄権制度の中で，最も通用しているのは，被告の住所地を根拠とする，原告は被告に従うという原則であり，この原則により，被告の国籍に関わらず，当該国家に住所があれば，当該国家の裁判所は管轄権を有する。

次に，属人管轄の原則とは，当事者の国籍を連結要素とし，渉外民事事件に対し管轄権を行使する原則である。この原則に基づき，渉外民事事件の当事者の双方または一方が当該国家の国籍を有すれば，当該国家の裁判所は管轄権を有することになる。

有効なコントロールの原則とは，有効なコントロールまたは現実のコントロールを管轄権行使の根拠とする原則をいい，英米法系の国家で採られており，民事事件を対人訴訟と対物訴訟に区分し，有効なコントロールの原則に基づき，内国

裁判所の二種類の訴訟に対する管轄権の有無を確定する。対人訴訟においては，訴えの提起時に被告が国内にいれば，裁判所は呼出状を被告に有効に送達することができるため，内国裁判所は当該事件に対し管轄権を有することになる。被告の国籍の如何，その住所，居所の所在，事件事実がどこで生じたかは重要ではない。対物訴訟においては，関係財産，または被告の住所が国内にあれば，内国裁判所は当該事件に対し管轄権を有する。有効なコントロールの原則は，実際には過度に拡大された土地管轄の原則であり，多くの国家から批判を受けている。

　渉外民事訴訟は様々であることから，各国は一つの原則を基本としつつ，他の基準を補助として管轄の範囲を確定している。

　中国の民事訴訟法は，管轄確定時には，属地管轄の原則を基本とし，属人管轄の原則または有効なコントロールの原則の採るべきところを考慮している。たとえば，民訴法265条は，被告が中国領域内に押収に供することができる財産を有するとき，または係争物が中国領域内にあるときは，法院はこれにより管轄権を行使することができるとしている。この場合の連結要素は，その地域的属性を考慮するほか，実際には当該物に対する有効なコントロールの要素を考慮したものである。

3　当事者意思尊重の原則

　当事者意思尊重の原則とは，合意管轄の原則であり，渉外民事事件について，双方当事者の合意に基づき，どの国の裁判所が管轄するかを選択することができることをいう。国際私法における意思自治の原則の渉外民事訴訟管轄における具現であり，各国であまねく承認され，採用されており，立法上も実務上も程度の差はあるが肯定されている。

4　フォーラム・ノン・コンビニエンスの原則

　フォーラム・ノン・コンビニエンスとは，一国の裁判所が受理した渉外民事事件に対し，当該国家の裁判所は審理に不適切であり，外国裁判所で審理することがより適切であると認めるときに，裁量権を行使し当該事件に対する管轄権の行使を拒む権利を認めるものである。中国では，この原則については見解が分かれる。実務では，1995年から，フォーラム・ノン・コンビニエンスを適用して管轄権の行使を放棄する案例が見られる[3]。最高人民法院も，2005年に発した「『第二次全国渉外商事海事裁判業務会議要録』の印刷配布に関する通知」におい

て，フォーラム・ノン・コンビニエンスに基づき原告の訴えを却下する裁定を下すことができるとし，この原則の適用要件についても定めている。

民訴解釈では，以下の場合には法院は原告の訴え却下の裁定をし，より適切な外国裁判所に訴えを提起するよう告知することができるとした。1）事件はより適切な外国裁判所が管轄しなければならないと被告が請求するとき，2）当事者間に中国法院の管轄選択の合意がないとき，3）事件が中国法院の専属管轄に属さないとき，4）事件が中国の国家，公民，法人またはその他の組織の利益に関わらないとき，5）事件で争われる主要な事実が中国国内で発生したものではなく，かつ，事件に中国の法律が適用されず，法院の事件審理に際し，事実認定と法適用において重大な困難があるとき，6）外国裁判所が事件に対し管轄権を有し，当該事件の審理により適切であるときである（民訴解釈532条）。

二　渉外民事訴訟管轄の種類

1　普通管轄

中国でも，被告の住所地を普通管轄の根拠とし，「原告は被告に従う」との原則により普通管轄を確定する。よって，渉外民事事件の被告の住所地が中国国内にあれば，中国法院は管轄権を有することになる。被告の住所地と常居所地が一致しない場合には，常居所地が中国国内にあれば，中国法院は管轄権を有する。

なお，中国国内に居住しない者に対し提起する身分関係に関する訴訟は，原告の住所地または常居所地が中国国内にあれば，原告の住所地または常居所地の法院が管轄する（中国民訴22条）。

2　特別管轄

契約紛争またはその他の財産権益に関する紛争により，中国領域内に住所のない被告に対して提起する訴訟は，契約締結地もしくは履行地，訴訟の目的物，押収に供することのできる被告の財産，または被告の代表機構が中国領域内にあるときは，契約締結地，契約履行地，訴訟の目的物の所在地，押収に供することのできる財産の所在地，権益侵害行為地または代表機構所在地の法院が管轄する（中国民訴265条）。以上の連結要素の中の一つが中国領域内にあれば，中国法院

3）　赵刚・古善刚・刘学在『民事訴訟法〔第3版〕』（武汉大学出版社・2015年）429頁参照。

は管轄権を行使することができる。

　また，民事訴訟法 23～32 条は，特別な類型の民事事件は，被告の住所地または関係地の法院が管轄することができると定めている。よって，ここに定められた特別な民事事件が渉外的要素を有し，被告が中国領域内にいなくても，連結要素が中国領域内にあるときは，中国の法院が管轄権を有することになる。

　海事訴訟特別手続法 6 条には，海事権益侵害訴訟，海上運輸契約紛争訴訟，海洋船舶リース契約紛争訴訟，海上保険賠償契約紛争訴訟，海上船舶船員労働契約紛争訴訟，海事担保紛争訴訟，および海洋船舶の船舶所有権・占有権・使用権・優先権紛争につき提起された海事訴訟については，それぞれ二つ以上の管轄権行使の連結要素が定められているが，その中の一つの連結要素が中国にあるときは，中国の海事法院はそれら海事訴訟に対し管轄権を行使する権限を有する。

3　合意管轄

　契約またはその他の財産権益に関する紛争の当事者は，被告の住所地，契約の履行地・締結地，原告の住所地，目的物の所在地等，争いと実際の関係ある地の人民法院の管轄を書面により合意し選択することができる（中国民訴 34 条）。当事者が管轄に対し異議を申し立てることなく応訴，答弁したときは，受訴法院に管轄権あるものとみなすが，事物管轄および専属管轄の規定に反する場合はこの限りではない（中国民訴 127 条 3 項）。これらは国内事件，渉外事件に統一して適用される管轄規則である。渉外事件の管轄規則として，渉外契約またはその他財産権益に関する紛争の当事者は，被告の住所地，契約履行地・締結地，原告の住所地，目的物の所在地，権益侵害行為地等，争いと実際の関係ある地の外国裁判所の管轄を書面により合意し選択することができる。中国法院の専属管轄に属する事件（後述中国民訴 33・266 条）は，当事者は外国裁判所の管轄を合意により選択することはできない。しかし，仲裁選択の合意により，内外の仲裁機関の仲裁に付すことは認められる（民訴解釈 531 条）。

4　専属管轄

　専属管轄とは，特定の渉外民事事件は特定の国家の裁判所のみが管轄できることをいう。中外合資経営企業契約，中外合作経営企業契約，中外合作自然資源実地調査開発契約の中国での履行にあたり生じた紛争による訴訟は，中国法院が管轄する（中国民訴 266 条）。各国家は，一般に，これら国際投資契約は，招請国の

経済と国民の生活に密接に関わるため，これら契約の履行にあたり生じた紛争による訴訟は招請国の専属管轄とし，他国の法院の管轄権を認めない。また，中国で生じた不動産紛争に関する訴訟，港湾作業中に生じた紛争に関する訴訟，遺産相続紛争に関する訴訟についても，渉外的要素を有するときは，中国法院が管轄する（中国民訴33条）。また，海事訴訟特別手続法7条にも専属管轄の定めがあり，渉外的要素を有するときは，中国法院が管轄する。

三　渉外民事訴訟の管轄の抵触

　各国は，本国とその国民に有利であるように渉外民事訴訟の管轄規則を制定することから，管轄権の抵触は避けがたい。一つの渉外民事事件について，複数の国家の裁判所が管轄を主張する場合を管轄権の積極的抵触といい，複数の国家の裁判所がいずれも管轄を拒む場合を管轄権の消極的衝突という。積極的抵触の場合には，国家は本国の管轄規則に基づき各自裁判権を行使し，相異なる判決をする可能性があり，その結果，一国の法院の判決は他国で承認，執行されずに当事者の権益は有効に保護されないということになる。消極的抵触の場合には，当事者は裁判を受けることができずに司法的救済は得られないことになる。管轄権の抵触は可能な限り除去されなければならない。

　中国では，積極的抵触の場合につき，中国と外国の裁判所がいずれも管轄権を有する事件は，当事者の一方が外国の裁判所に，他方が中国に訴えを提起したときは，人民法院は受理することができる。判決後，外国の裁判所または当事者が人民法院に外国裁判所が本案に対し下した判決・裁定の承認と執行を求めるときは，認めない。ただし，双方共に締結または加盟する国際条約に別段の定めがあるときはこの限りではない（民訴解釈533条1項）とする。中国の立法の立場は，二国間条約または多国間条約に別段の規定なき限り，中国の法院は当該事件に対する管轄権を行使できるというものであり，中国の法院での並行訴訟は禁じられていない。しかし，条文の文言は，受理できるというものであり，受理しなければならないというものではないことから，実務では，法院は事件の状況に基づき，当事者が中国で提起した並行訴訟を受理しないこともできる[4]。

　また，外国裁判所の判決・裁定が人民法院に承認された後，当事者が同一の争いにつき人民法院に訴えを提起した場合には，人民法院は受理しない（民訴解釈

---

4) 趙ほか・前掲注3) 431頁参照。

533条2項)。この場合には，外国裁判所の既判力を尊重し，中国で再度訴訟をすることを禁じている。

　管轄権の消極的衝突については，外国に定住する華僑の離婚事件について以下の規定がある。国内で結婚し，国外に定住する華僑が，定住国裁判所が離婚訴訟は婚姻締結地の裁判所の管轄であるとして受理せず，人民法院に離婚訴訟を提起した場合には，婚姻締結地または一方の国内の最後の居住地の人民法院が管轄する（民訴解釈13条）。国内で結婚し，国外に定住する華僑が，定住国裁判所が離婚訴訟は国籍所属国の裁判所の管轄であるとして受理せず，人民法院に離婚訴訟を提起した場合には，一方の原住所地または国内の最後の居住地の人民法院が管轄する（民訴解釈14条）。

第四節　渉外民事訴訟の送達と期間

一　渉外民事訴訟の送達

　中国国内に住所地または常居所地がない当事者に対しては，送達は以下の方式による。

1　国際条約に定める方式による送達

　人民法院は，受送達者所在国と中国が締結または共に加盟する国際条約に定める方式により，中国領域内に住所を有さない当事者に訴訟文書を送達することができる（中国民訴267条1号）。この方式による送達は，国際条約優先適用の原則に基づき，中国法院が域外に訴訟文書を送達するときの第一順位の送達方式である。現在，中国は，フランス，ポーランド，イタリア，トルコ，ロシア，カザフスタン，シンガポールなどの多くの国家と司法共助協定を結んでおり，1991年には送達条約[5]にも加盟した。これらの条約による送達方式には二種類あり，一つは，中国の司法部が送達を要する文書を他方の締約国の中央機関（通常は司法部）に，当該中央機関が本国の規定に従い，最適な方式を選択し文書を送達するものであり，もう一つは，中国が派遣した他方締約国駐在の大・公使館，領事館が当該国内に居住する中国公民に送達するものである。

---

5)　「民事又は商事に関する裁判上及び裁判外の文書の外国における送達及び告知に関する条約」（以下，送達条約と略称する）。

2 外交ルートによる送達

　人民法院は，外交ルートにより，中国領域内に住所を有さない当事者に訴訟文書を送達することができる（中国民訴267条2号）。外交ルートによる送達は，人民法院が送達を要する司法文書を中国外交機関に，中国外交機関が受送達者所在国の中国駐在外交機関に，さらにそこから当該国外交機関に転送し，当該国外交機関が訴訟文書を当該国国内の管轄権を有する裁判所に，最後に裁判所が受送達者に送達するものである。外国ルートによる送達は，受送達者所在国と中国に外交関係はあるが，両国間に司法共助条約が締結されていないか，または共に加盟していないときの渉外送達であり，通常は，互恵の原則に従い行われる。両国間に司法共助協定がない場合には，外交ルートによる送達は，正規の送達方式であり，各国が普遍的に承認し採用する送達方式であるが，手続が煩瑣であり，時間もかかる。

　中国の裁判所が外交ルートにより国外の当事者に法律文書を送達するには，以下の手続と要求に従わなければならない。1) 送達を要する法律文書は省，自治区，直轄市の高級人民法院の審査を経て，外交部領事局が引渡しの責任を負う。2) 受送達者の氏名，性別，年齢，国籍およびその国外の詳細な外国語の住所を正確に明記し，かつ，事件の基本的状況を外交部領事局に書面で知らせなければならない。3) 送達委託書を付さなければならない。相手方裁判所の名称が不明であるときは，当事者所在地域の主管裁判所に委託することができる。委託書および送達される法律文書には，当該国家の言語または当該国家が使用に同意する第三国の言語による訳文を付さなければならない。当該国家に委託書および法律文書に対し公証，認証等特別な要求があるときは，外交部領事局が事案により通知する[6]。

3 外国駐在中国大・公使館，領事館への代行委託による送達

　人民法院は，中国領域内に住所を有さない中国国籍を有する受送達者に対し，受送達者所在国駐在の中国大・公使館，領事館に送達の代行を委託することができる（中国民訴267条3号）。この方式は，「領事関係に関するウィーン条約」および送達条約が認める送達方式である。また，中国と関係国家とが調印した二国

[6) 最高人民法院，外交部，司法部より1986年に公布された「我が国法院及び外国法院が外交ルートにより法律文書を相互委託するにあたっての若干の問題に関する通知」の規定による。

間司法共助協定にも通常このような送達方式は規定されている。

　外国駐在中国大・公使館，領事館に送達の代行を委託するにあたっては，受送達者は中国公民でなければならず，当該公民は中国に住所を有さず，送達時にいかなる強制措置も採ってはならない。この送達方式は，外交ルートを通さずに済むため，迅速であり，外国語訳文を付す必要もなく，手続は簡便である。

4　受送達者の訴訟代理人への送達

　人民法院は，受送達者が中国領域内に住所を有さない場合に，受送達者が委任した送達を代わって受ける権限を有する訴訟代理人に訴訟文書を送達することができる（中国民訴267条4号）。受送達者が授権委任状にその訴訟代理人が司法文書を代わって受領する権限を有さないことを明確に示さない限り，その委任した訴訟代理人は送達を代わって受ける権限を有すると解される（最高人民法院「渉外民商事事件司法文書送達の問題に関する若干の規定」（以下，渉外送達規定と略称する）4条）。

5　受送達者が中国領域内に設立した代表機構または送達受領権限のある支所，業務代理人への送達

　人民法院は，受送達者が中国領域内に住所を有さない場合に，受送達者が中国領域内に設立した代表機構または送達受領権限のある支所，業務代理人に訴訟文書を送達することができる（中国民訴267条5号）。受送達者が外国企業または組織である場合の送達方式である。外国企業，組織が中国に設立した代表機構がある場合には，人民法院は直接当該代表機構に送達することができる。また，外国企業，組織が中国に代表機構を設立していないが，支所または業務代理人を有する場合には，訴訟文書受領の授権があれば，当該支所または業務代理人に送達することができる（渉外送達規定5条）。

6　郵便送達

　人民法院は，受送達者が中国領域内に住所を有さない場合に，受送達者所在国の法律が認めるときは，郵便送達をすることができる（中国民訴267条6号，民訴解釈536条1項）。郵便送達は，受送達者所在国の法律が郵便送達を認めていることが前提である。中国は，送達条約加盟時に，10条に規定する郵便送達については留保しているため，郵便送達については慎重な態度をとらなければならず，

この方式によることを決定する前に，受送達者所在国が認めるか否かをはっきりさせなければならない。

郵便送達にあたっては送達受領証を添付しなければならない。受送達者が送達受領証に署名していないが，郵便物配達証明書に署名した場合には，送達されたものとみなし，署名日が送達日となる（民訴解釈536条2項）。郵送の日から満3ヶ月，配達証明書は人民法院に返却されないが，各種の状況からすでに送達されたと認められる場合には，期間満了の日に送達されたものとみなす（中国民訴267条6号）。各種の状況とは，たとえば，郵政システムへの問合せの結果，当事者が郵便物を署名，受領していたような場合である。だが，郵送の日から満3ヶ月，送達の証明書類を受領せず，各種の状況からすでに送達されたと認めることができない場合には，郵便送達の方式により送達できなかったとみなされる（民訴解釈536条3項）。この場合には，人民法院はそれ以上郵便送達の結果を待たず，速やかに他の方式による送達，ひいては公示送達をすることができる。

7 電子送達

人民法院は，ファクシミリ，電子メール等，受送達者の受取りを確認できる方式により，中国領域内に住所を有さない当事者に訴訟文書を送達することができる（中国民訴267条7号）。

8 中国領域内の受送達者またはその法定代理人，主たる責任者への送達

外国人または外国企業・組織の代表者，主たる責任者が中国領域内にいるときは，人民法院は当該自然人または外国企業・組織の代表者，主たる責任者に送達することができる。外国企業・組織の主たる責任者とは，当該企業・組織の取締役，理事，監事，上級管理職等である（民訴解釈535条）。外国企業・組織の代表者，主たる責任者がたとえ一時的に入国したのだとしても，人民法院は送達できる[7]。

9 公示送達

以上の方式により送達できないときは，公示送達することができる。公示内容は国内外で発行される新聞に登載しなければならない（渉外送達規定9条）。公示

---

7) 趙ほか・前掲注3) 434頁参照。

の日から満3ヶ月で送達とみなす（中国民訴267条8号）。人民法院は，一審時に公示方式により当事者の訴訟文書を送達したときは，二審時には直接公示方式により送達することができるが，公示方式以外のその他の方式により送達できる場合はこの限りではない（民訴解釈537条）。

中国領域内に住所を有さない当事者に対し，公示方式により訴訟文書を送達し，公示期間が満了しても応訴せず，人民法院が欠席判決をした後は，民事訴訟法267条8号の規定に従い裁判文書を公示送達しなければならない。裁判文書を公示送達し満3ヶ月の日から30日の上訴期間が経過し上訴がない場合には，一審判決は確定する（民訴解釈534条）。

10　海事訴訟特別手続法の送達に対する特別規定

海事訴訟法律文書の送達は，民訴法に定めるほか，以下の方式によることができる。1）受送達者が委任した訴訟代理人への送達[8]。2）受送達者が中国領域内に設立した代表機構，支所または業務代理人への送達[9]。3）受取りを確認できるその他の適当な方式による送達。すなわち，人民法院は事件の具体的状況に基づき，その他の方式により法律文書を受送達者に送達することができる（海事訴訟特別手続法80条）。

人民法院は同時に多種の方式により受送達者に送達することができるが，最も早く送達された方式により送達日を確定しなければならない（渉外送達規定11条）。人民法院は受送達者の中国領域内の法定代表者，主たる責任者，訴訟代理人，代表機構および送達を受ける権限を有する支所，業務代理人に司法文書を送達するにあたっては，差置送達の方式を適用することができる（渉外送達規定12条）。司法共助協定，送達条約または外交ルートにより，中国の関係機関から司法文書を受送達者所在国関係機関に引き渡した日から満6ヶ月，送達されたか否かの証明書類を受領できず，かつ，各種の状況に基づき送達されたと認めることができないときは，当該方式により送達できなかったものとみなされる（渉外送達規定7条）。受送達者が人民法院が送達した司法文書に対し署名手続を履践し

---

8) 中国民訴267条4号では，受送達者が委任した送達を代わって受ける権限を有する訴訟代理人への送達である。
9) 中国民訴267条5号では，受送達者が中国領域内に設立した代表機構または送達受領権限のある支所，業務代理人への送達である。

ないが，書面で人民法院に送達された司法文書の内容に言及したとき，送達された司法文書の内容を履行したとき，その他送達されたとみなすことのできる場合には，送達されたものとみなす（渉外送達規定13条）。

二 渉外民事訴訟の期間

当事者が中国領域内に住所を有さないときは，訴訟文書の送達，委託手続，訴訟への出廷，参加等には時間を要するため，民事訴訟法は，渉外民事訴訟の期間について特別規定を置いた。

1 被告の答弁期間

被告が中国領域内に住所を有さない場合には，人民法院は，訴状副本を被告に送達し，訴状副本を受領後30日以内に答弁書を提出するよう通知しなければならない。被告が期間の延長を申し立てた場合には，認めるか否かは人民法院が決定する（中国民訴268条）。中国国内であれば15日以内であり，期間の延長も認められていない（中国民訴125条）。

2 上訴の提起と上訴答弁の期間

中国領域内に住所を有さない当事者は，第一審人民法院の判決・裁定を不服とするときは，判決書・裁定書送達の日から30日以内に上訴を提起する権利を有する。被上訴人は上訴状副本を受領後，30日以内に答弁書を提出しなければならない。当事者は期間内に上訴の提起または答弁書の提出ができず，期間の延長を申し立てるときは，認めるか否かは人民法院が決定する（中国民訴269条，民訴解釈538条）。中国国内に住所を有する場合には，判決書は15日以内，裁定は10日以内であり，期間の延長も認められていない（中国民訴164条）。

3 再審審査期間

人民法院の渉外民事訴訟の当事者の再審申立てに対する審査期間は，民事訴訟法204条の制限を受けず，3ヶ月に限られない（民訴解釈539条）。

4 審理終結期間

審理期間についても，第一審手続についての立案の日から6ヶ月との制限（中国民訴149条），上訴事件についての立案の日から3ヶ月との制限（中国民訴176

条）を受けない（中国民訴270条）。

第五節　国際民事司法共助

一　国際民事司法共助の概要

1　国際民事司法共助の概念と種類

　国際民事司法共助とは，一国の裁判所またはその他の国家機関が，本国が締結もしくは加盟する国際条約，または互恵の原則に基づき，他国の裁判所のために民事訴訟行為または民事訴訟に関係する行為を代行することをいう。
　国際民事司法共助はその内容から一般司法共助と特別司法共助に分類される。一般司法共助とは，一国の裁判所が他国の裁判所の要請に基づき訴訟行為を代行する制度であり，司法文書の送達，証拠の調査・取得の代行，相手方への本国の民事法律・法規文書および本国の民事訴訟手続面の司法実務情報資料の提供を内容とする。特別司法共助とは，外国裁判所の判決・支払命令・調停書，国外仲裁判断および公証債権文書等の承認および執行を内容とする。

2　国際民事司法共助の根拠

　主権原則に基づき，国家は他国の司法行為を排斥する権限を有する。よって，国際司法共助には根拠を要し，根拠としては二国間司法共助条約，多国間国際条約，国家間の互恵関係がある。
　二国間条約については，中国はフランス，ポーランド，ロシア，トルコ，イタリア，タイ等の国家と締結している。多国間条約については，中国は仲裁条約[10]，送達条約，証拠取調べ条約[11]等に加盟している。

3　国際民事司法共助の要件

　司法共助の要件として，第一に，両国間に司法共助の条約関係または互恵関係が存在しなければならない（中国民訴276条1項）。中国と司法共助の合意も互恵の関係もない国家の裁判所が，外交ルートを通さず，中国裁判所に直接司法共助

---

[10]　「外国仲裁判断の承認及び執行に関する条約」（以下，仲裁条約と略称する）。
[11]　「民事又は商事に関する外国における証拠調べに関する1970年条約」（以下，証拠取調べ条約と略称する）。日本は締約国になっていない。

を要請する場合には，中国裁判所は退け，その理由を説明しなければならない（民訴解釈549条）。

　第二に，要請事項は被要請国の主権，安全または社会公共の利益を損なってはならない（中国民訴276条1項，証拠調べ条約12条）。中国が，フランス，ポーランド，ベルギー，モンゴル，ロシア等の国家と締結している二国間条約でも，この場合には司法共助を拒む権利を有することが指摘されている。

　第三に，要請事項は被要請国裁判所の職権の範囲に属さなければならない（証拠調べ条約12条）。民訴法には規定はないが，フランス，ベルギー，シンガポール，タイ等の国家と締結した二国間司法共助協定には，要請事項が被要請国司法機関の職権の範囲に属さないときは，その全部または一部を拒むことができるが，拒絶の理由を要請した側に通知しなければならないとしている。

　第四に，外国裁判所が人民法院に司法共助を要請する場合の要請書およびその添付文書には，中国語訳文または国際条約に定めるその他の言語による文書を添付しなければならない。人民法院が外国裁判所に司法共助を要請する場合の要請書およびその添付文書には，当該国家の言語による訳文または国際条約に定めるその他の言語による文書を添付しなければならない（中国民訴278条）。中国と関係国家が締結した二国間司法共助条約はこれを具体化し，司法共助の要請書とその添付文書は，要請する側の公式言語により作成し，要請を受ける側の公式言語または特定の第三国の言語による訳文を添付しなければならないとしている。被要請国の言語により作成することも，英文により作成することもできるのは，ブルガリア，キューバ，キプロス，エジプト，ハンガリー，韓国，キルギス，モンゴル，ポーランド，ルーマニア，ロシア，トルコ，ウクライナ等である。モロッコとは，第三国の言語による訳文はフランス語である。ギリシャ，イタリア，スペイン等とは，第三国の言語による訳文はフランス語または英語である。白ロシア，カザフスタン，タジキスタン，ウズベキスタン等とは，第三国の言語による訳文は英語またはロシア語である。

　第五に，司法共助は被要請国の法律に定める手続と方式に従い行わなければならない。人民法院は中国の法律に定める手続に従い，外国裁判所が特別な方式によることを求めるときは，その特別な方法によることもできるが，その方式は中国の法律に反してはならない（中国民訴279条）。中国が締結または加盟する司法共助に関する国際条約も一般にこの旨を規定している[12]。

二 一般司法共助

1 一般司法共助のルート

　中国法院と外国裁判所との間の一般司法共助には以下の三つのルートがある（中国民訴 277 条）。

　第一に，中国と司法共助条約関係のある国家については，条約に定めるルートに従う。

　第二に，中国と司法共助に関する国際条約を締結または共に加盟していないが，外交関係があるときは，外交ルートによる。国際上の慣例であり，互恵の原則を基礎として共助するものである。

　第三に，受送達者または証拠の被調査・取得者が外国に居住する中国公民であるときは，外国駐在中国大・公使館，領事館が直接行うことができる。この司法共助の方式は，多くの国家に認められており，「領事関係に関するウィーン条約」，送達条約，証拠取調べ条約等の国際条約でも認められている。中国と関係国家が調印した二国間司法共助協定には，いずれもこのルートが規定されている。この方式は，外国に居住する中国公民に対するものであり，他国民および無国籍者に対しては採ることができない。また，駐在国の法律に違反してはならない。外国駐在の中国の大・公使館，領事館も，中国駐在の外国の大・公使館，領事館も駐在国領域内ではいかなる強制措置も採ることはできない（中国民訴 277 条 2 項）。また，外国の大・公使館，領事館が本国公民に対して行う以外には，中国の主管機関の許可を経ずにいかなる機関または個人も中国領域内で文書の送達，証拠の調査・取得をすることはできない（中国民訴 277 条 3 項）。

2 一般司法共助の手続

　中国法院が外国裁判所に一般司法共助を要請する手続については，中国と司法共助条約関係のある国家の裁判所に司法共助を要請するときは，委託する人民法院が要請書および添付文書を提出し，所属高級人民法院の審査，確認を経た後，最高人民法院に報告し，次に最高人民法院が司法部に転送し，最後に司法部が締約する外国の側に引き渡す。また，必要なときには，最高人民法院が当該国駐在中国大・公使館，領事館に直接送り，当該国が指定した中央機関に転送する[13]。

12）　趙ほか・前掲注 3）437・438 頁参照。

中国と司法共助条約関係のない国家の裁判所に司法共助を要請する場合には，委託する人民法院が委託書および添付書類を提出し，所属高級人民法院の審査，確認を経た後，外交部領事局が引渡しの責任を負う。

外国裁判所が中国法院に一般司法共助を要請する手続については，中国と司法共助条約関係のある国家の裁判所が中国法院に司法共助を要請するときは，外国中央機関が要請書および添付文書を中国司法部に送り，中国司法部が最高人民法院に送り，最高人民法院が審査・確認の後，関係高級人民法院に送り，高級人民法院が関係中級人民法院または専門人民法院を指定し処理する。要請事項の処理完了後，担当法院は処理結果につき原高級人法院の審査・確認を経た後，最高人民法院に報告し，最高人民法院が審査・確認し，外国語に訳した後，原文書と共に司法部に送り，最後に司法部が要請した外国側に引き渡す。

外国裁判所が外交ルートにより中国法院に司法共助を要請するときは，中国駐在当該国大・公使館，領事館が委託書および添付書類を中国外交部領事局に送り，外交部領事局が審査の後，関係高級人民法院に送り，高級人民法院が関係中級人民法院を指定し処理する。処理完了後，結果を原文書と共に以上の手続により外交部領事局に送り外国側に引き渡す。

三　特別司法共助

特別司法共助の対象となるのは，裁判所の民事判決・裁定書・調停書・支払命令，刑事事件における損害賠償に関する判決，仲裁機関の判断および調停書である。

1　中国法院の裁判の外国における承認と執行

人民法院の確定した判決・裁定は，被執行者またはその財産が中国領域内に存在せず，当事者が執行を求めるときは，当事者は直接管轄権を有する外国裁判所に承認と執行を申し立てることも，人民法院が中国が締結もしくは加盟する国際条約，または互恵の原則に従い，外国裁判所に承認と執行を求めることもできる（中国民訴280条1項）。

承認・執行の要件は以下のようである（中国民訴280条1項）。

---

13) 最高人民法院，外交部，司法部による「『民事又は商事に関する裁判上及び裁判外の文書の外国における送達及び告知に関する条約』の関係手続の執行に関する通知」4条。

1）裁判が確定したものであること。

確定証明については，当事者が中国領域外で中国法院の判決書・裁定書を用いるにあたって中国法院にその法的効力の証明を求める場合，または外国法院が中国法院に判決書・裁定書の法的効力の証明を求める場合には，判決，裁定をした中国法院は，当該法院の名により証明書を発行することができる（民訴解釈550条）。また，判決書，裁定書以外についてもこの規定を参照することができる。

人民法院が渉外民事訴訟において作成した調停書については，中国が締結した二国間司法共助条約は，等しく外国裁判所の承認と執行の根拠とすることができると定めているが，中国が司法共助条約を結んでいない国家は，調停書の効力を承認しない可能性があることを考慮し，渉外民事訴訟において，調停により合意が成立した場合には調停書を作成・交付しなければならないが，当事者が判決書の交付を求める場合には，合意内容により判決書を作成し当事者に送達することができる（民訴解釈530条）としている。

2）被申立人またはその財産が中国領域内にないこと。被申立人が中国領域内にいなくても，財産が中国領域内にあれば外国裁判所の共助の必要はないので，ここでいうのは，被申立人も財産も中国領域内にないか，その財産のみ中国領域内にないかのどちらかである。

3）中国と被要請国に承認と執行についての条約または互恵の関係があること。

4）当事者が直接外国裁判所に申し立てるか，または中国の法院が要請すること。ただし，司法共助条約に別段の定めがあるときは，その定めるところによる。

2　外国裁判所の裁判の中国における承認と執行

(1)　外国裁判所の裁判の承認と執行の要件（中国民訴281・282条）

1）裁判が確定したものであること。確定しているか否かについては，当該裁判をした裁判所所在国の法律により判断しなければならない。

2）当事者が中国の管轄権を有する中級人民法院に申し立てるか，または外国裁判所が中国法院に裁判の承認と執行を要請しなければならない。ただし，司法共助条約に別段の定めがあるときは，その定めるところによる。人民法院に外国裁判所の確定した判決・裁定の承認と執行を申し立てるにあたっては，申立書を提出し，外国裁判所の確定した判決・裁定の正本または誤りのないことの証明を経た副本および中国語訳文を添付しなければならない。外国裁判所の判決・裁定

が欠席判決・裁定である場合には，判決・裁定が説明している場合を除き，申立人は当該外国裁判所が適法に呼び出したことの証明書類を提出しなければならない。中国が締結または加盟する国際条約に提出書類について定めがあるときは，規定に従い処理する（民訴解釈543条）。

当事者が外国裁判所の確定した判決・裁定の承認と執行を申し立てる期間には，民訴法239条の規定が適用される。当事者が承認の申立てと共に執行を申し立てない場合には，執行申立ての期間は，人民法院が承認の申立てについてなした裁定の発効の日から改めて計算する（民訴解釈547条）。

3）承認と執行申立ての当事者所在国または請求裁判所所在国には，中国と司法共助条約または互恵の関係がなければならない。当事者が中国の管轄権を有する法院に外国裁判所の確定判決の承認と執行を申し立て，当該裁判所所在国と中国に締結または共に加盟する国際条約も互恵の関係もない場合には，申立却下の裁定をするが，当事者が人民法院に外国裁判所の確定した離婚判決の承認を申し立てる場合はこの限りではない（民訴解釈544条1項）。

4）外交裁判所の裁判の承認と執行の申立ては，中国の法律の基本原則または国家の主権・安全・社会公共の利益に反してはならない。

(2) 国際条約による外国裁判所の裁判の承認と執行の拒絶事由

中国がフランス，ポーランド，モンゴル，イタリア，ロシア，ギリシャ等の国家と締結した司法共助条約には，一方の締約国裁判所が他方の締約国裁判所の裁判の承認と執行を拒絶できる場合を定めている。1）要請された国の法律規定により，裁判をした裁判所が当該事件に対し管轄権を有さないとき，2）裁判をした締約国の法律により，当該裁判は確定していないか，または執行力を有さないとき，3）要請した締約国の法律により，出廷していない敗訴当事者が適法な呼出しを経ず，答弁の権利を剥奪されているか，または訴訟行為能力がない時に適法に代理されていないとき，4）要請された締約国裁判所が，同一の当事者間で同一の訴訟物につき裁判をなし確定している，審理が進行中である，または第三国裁判所の当該事件に対する確定した裁判をすでに承認しているとき，5）要請された締約国が，裁判の承認と執行により，当該国家の主権，安全または公共の秩序を害すると認めるときである。

(3) 中国裁判所の外国裁判所の裁判に対する審査と処理

中国法院は，外国裁判所の裁判の承認と執行の申立書または要請書を受領後，合議体を構成して審査し，申立書を被申立人に送達しなければならず，被申立人

は意見を陳述することができる（民訴解釈548条1・2項）。この審査は形式的審査，すなわち，外国裁判所の裁判が条約または中国民事訴訟法に定める承認と執行の要件を満たすか否かの審査であり，外国裁判所の裁判の事実認定と法適用が正しいか否かについては審査しない。

　法院は，審査の結果，当事者所在国または要請裁判所所在国と中国に司法共助条約または互恵の関係があるときは，要件を満たすと認める場合には，その効力を承認するとの裁定をし，執行を要するときは，執行命令を出し，中国民事訴訟法に定める執行手続に従い執行する。中国の法律または条約が定める要件を満たさないと認める場合には，要請書および添付書類を要請国の当事者または裁判所に返還し，承認，執行しない理由を説明する。

　承認，執行を申し立てた当事者の所在国と中国に司法共助条約または互恵の関係がないときは，申立却下の裁定をしなければならないが，前述のように，当事者が人民法院に外国裁判所の確定した離婚判決の承認を申し立てる場合はこの限りではない（民訴解釈544条1項）。

　外国裁判所が外交ルートによらず，中国裁判所に確定した裁判の承認と執行を直接要請した場合には，その所在国と中国に司法共助条約または互恵の関係もないことが判明したときは，退け，理由を説明しなければならない（民訴解釈549条）。

　人民法院は審査に際し，承認手続と執行手続を分けて処理しなければならない。承認の申立ては執行の申立ての前提であり，よって当事者は外国裁判所の裁判の執行のみを申し立てる場合には，人民法院は先に承認を申し立てなければならないことを告知しなければならない。審査し，承認の裁定の後，民事訴訟法第3編の規定に基づき執行する。当事者が承認のみを申し立て，同時に執行を申し立てない場合には，人民法院は承認すべきか否かについてのみ審査し裁定する（民訴解釈546条）。

　外国裁判所の確定した裁判の承認と執行の申立事件については，人民法院の審査の結果なした裁定は，送達により確定する（民訴解釈548条3項）。

3　仲裁判断の承認と執行

　外国仲裁判断の承認と執行の調和のために，各国は国際条約を締結しており，その中でも仲裁条約は，多くの国家が加盟している。中国も1987年に加盟し，二国間司法共助においても，両国は仲裁条約に基づき仲裁判断を承認，執行しな

ければならないと定めている。

(1) 中国法院による外国仲裁判断の承認と執行

国外仲裁機関の判断は，中国人民法院の承認，執行を要する場合には，当事者が直接被執行者住所地またはその財産所在地の中級人民法院に申し立てなければならず，人民法院は中国が締結もしくは加盟する国際条約，または互恵の原則に従い処理しなければならない（中国民訴283条）。アドホック仲裁廷の中国領域外での仲裁判断は，当事者の一方が人民法院に承認と執行を申し立てた場合には，人民法院は民事訴訟法283条の規定に従い処理しなければならない（民訴解釈545条）。

仲裁条約と最高人民法院の「中国が加盟する『外国仲裁判断の承認及び執行に関する条約』の執行に関する通知」（1987年）の規定に基づき，中国の外国仲裁判断の承認および執行制度の内容は以下のとおりである。

1) 中国は仲裁条約加盟時に互恵留保の声明をした。中国は，締約国領土内でなされた仲裁判断の承認と執行についてのみ当該条約を適用する。当該条約と中国民事訴訟法に異なる規定がある場合には，当該条約の規定に従い処理する。非締約国領土内でなされた仲裁判断について，中国法院の承認と執行を要する場合には，中国と申立人所在国が締結するその他の条約または互恵の原則に従い処理しなければならない。

2) 中国は仲裁条約加盟時に商事留保の声明をした。中国は，中国の法律に従い契約性および非契約性商事法律関係に関し生じた紛争にのみ当該条約を適用する。契約性および非契約性商事法律関係とは，契約，権益侵害または関係法律規定により発生する経済上の権利義務関係である。例としては，貨物売買，財産賃貸，工事請負，加工請負，技術譲渡，合資または合作経営，自然資源調査開発，保険，銀行貸付，労務，代理，コンサルティングサービス，海上・民用航空・鉄道・航路貨客運輸，製造物責任・環境汚染・海上事故および所有権紛争等があげられるが，外国投資者と招請国政府の間の紛争は含まない。外国投資者と招請国政府の間の紛争には，中国が批准，加盟する「国家と他の国家の国民との間の投資紛争の解決に関する条約」に従い解決する。

3) 中国法院に仲裁条約の他方締約国領土内でなされた仲裁判断の承認と執行を申し立てる場合には，仲裁判断の当事者は，中国の以下の地の中級法院に申し立てなければならない。①被執行者が自然人である場合には，その戸籍所在地または居所地，②被執行者が法人である場合には，その主たる事務機構所在地，③

被執行者が中国に住所，居所または主たる事務機構を有さないが，財産が中国国内にある場合には，その財産所在地。

4) 中国の管轄権を有する人民法院は，当事者の申立てを受けた後，承認および執行を申し立てる仲裁判断について審査し，場合に応じて処理しなければならない。第一に，被執行申立人が人民法院に次の事情の一つがあることを証明する証拠を提出し，人民法院に要請した場合には，人民法院は要請に従い，申立却下の裁定をし，当該仲裁判断の承認と執行を拒絶しなければならない。①仲裁契約を締結した当事者が，その適用される法律により行為無能力である，または当該仲裁契約が，仲裁契約で選択した準拠法により，もしくは準拠法の明示がないときには判断地所在国の法律より無効である場合，②被執行申立人が仲裁人の派遣または仲裁手続を行うことに関する適当な通知を受け取っていない場合，③判断で処理されている事項が，仲裁の対象に属さない，仲裁契約の条項に入っていない，または仲裁契約の範囲を超えている場合，④仲裁廷の構成または仲裁手続と当事者間の仲裁契約とが符合しない，または契約のないときには仲裁地所在国の法律と符合しない場合，⑤判断が当事者に対し拘束力を生じていない，または判断が所在地国または判断が依拠する法律の国家の主管機関により取り消され，もしくは執行を停止された場合（仲裁条約5条1項）。

第二に，人民法院は，当該仲裁判断に対し審査し，次の事情の一つがある場合には，申立却下の裁定をし，承認，執行を拒絶しなければならない。①中国の法律により，紛争が仲裁により解決できない場合，②仲裁判断の承認と執行が中国の公の秩序に反する場合。この場合には，人民法院は，被申立人の要請，証拠の提供を要さず，職権により審査する（仲裁条約5条2項）。

人民法院は，仲裁判断に対し審査し，仲裁条約5条1・2項の事情を有さないと認める場合には，その効力を承認するとの裁定をし，中国民事訴訟法が定める手続に従い執行しなければならない。

5) 中国法院への外国仲裁判断の承認と執行の申立期間には，民事訴訟法239条の規定が適用される。当事者が承認の申立てと共に執行を申し立てない場合には，執行申立ての期間は，人民法院が承認の申立てについてなした裁定の発効の日から改めて計算する（民訴解釈547条）。

6) 当事者が仲裁契約の規定に従い，中国法院に外国仲裁判断の承認と執行を申し立て，申立てを受理した人民法院が承認・執行する場合には，受理申立ての日から2ヶ月以内に裁定しなければならず，特別な事情がない限り，裁定後6ヶ

月以内に執行を完了しなければならない。承認・執行しないことを決定した場合には，申立受理の日から2ヶ月以内に最高人民法院に報告しなければならない（「外国仲裁判断の承認と執行の費用徴収及び審査期限に関する規定」）。具体的な報告手続は，申立てを受けた人民法院は，承認と執行拒絶の裁定をする前に，当該管轄区所属高級人民法院に報告し審査しなければならない。高級人民法院は執行しないこと，または承認および執行の拒絶に同意する場合には，その審査意見を最高人民法院に報告しなければならず，最高人民法院の回答により，承認と執行拒絶の裁定をすることができる（「人民法院の渉外仲裁及び外国仲裁事項処理の関係の問題に関する通知」）。

さらに，外国仲裁判断の承認と執行申立事件については，人民法院は合議体を構成して審査し，申立書を被申立人に送達しなければならず，被申立人は意見を陳述することができる。人民法院の審査を経てなされた裁定は，送達により確定する（民訴解釈548条）。当事者が外国仲裁判断の執行のみを申し立てた場合には，人民法院は先に承認の申立てをしなければならないことを告知しなければならない。当事者が承認のみ申し立て，同時に執行を申し立てない場合には，人民法院は承認すべきか否かについてのみ審査し裁定する（民訴解釈546条）。

(2) 中国渉外仲裁判断の外国における承認と執行

民事訴訟法280条2項と関係国際条約の規定によれば，以下のとおりである。

中国渉外仲裁機構の仲裁判断は，外国における承認と執行を要する場合には，当該外国が仲裁条約の構成国であるときは，当事者が条約に定める要件と手続に基づき，管轄権を有する外国裁判所に承認と執行を申し立て，当該国家の裁判所が中国渉外仲裁機関の判断に対し審査し，当該国家の手続規則に従い執行する。当該外国が仲裁条約の構成国ではないが，当該国家と中国の間に仲裁判断の承認と執行の内容を含むその他の条約関係があるときは，当事者が当該条約により外国裁判所に承認と執行を申し立てなければならない。仲裁条約の構成国でなく，仲裁判断の承認と執行の内容を含むその他の条約関係もないときは，互恵の原則に基づき，当事者が管轄権を有する外国裁判所に承認と試行を申し立てなければならない。

（小嶋明美）

第 18 章　渉外民事訴訟手続に関するコメント

はじめに

　渉外民事訴訟手続については，従来国際条約も十分に整備されておらず，日本法においても立法化を見送ってきた部分である。しかし，国際条約の締結・批准も相次ぎ，これに伴う国内法の整備も急速に進みつつある。このような世界的状況は，中国法へも影響を及ぼしているはずであり，これらの国際条約や国際慣習法との比較検討とも併せて議論すべきである。

　渉外民事訴訟に関連する日本法を示すと，民事裁判権に関しては，「外国等に対する我が国の民事裁判権に関する法律」（対外国民事裁判権法＝平成 21 年法律第 24 号），国際裁判管轄に関しては，民事訴訟法 3 条の 2 以下（平成 23 年改正＝平成 23 年法律第 36 号），「一般司法共助」，「特別司法共助」に関しては，民事訴訟法 184 条「外国における証拠調べ」等[1]，準拠法に関しては，「法の適用に関する通則法」などが挙げられる。

　以上は，近年になって急速に整備が進んだ法領域である。日本においては，法制定の前提となる議論が一致を見ていなかったことや，判例の蓄積が十分でなかったこともあるが，前述のような国際的な状況も，従来，国内法の整備が進まなかった理由として挙げられよう。

　以下，中国法における体系と日本法における体系および規定を確認するとともに，内容を検討するが，紙幅の都合で網羅的でないことをお断りしておく。

---

[1]　「司法共助」の定義には議論も多い。中国法は執行段階まで「司法共助」の枠で捉えているが，日本法と異なるのはもちろん，国際的に見ると同様の立法例は少ないようである。さしあたり，多田望『国際民事証拠共助法の研究』（大阪大学出版会・2000 年）6～11 頁参照。

一　渉外事件に関する代理人資格

　訴訟代理について日本法は，民訴法55条が弁護士代理の原則を定めている。「弁護士」とは弁護士法4条以下の資格要件のとおりであり，日本の弁護士資格を有することが原則である。ただし，渉外事件に関しては，外国弁護士による法律事務の取扱いに関する特別措置法（昭和61年法律第66号）により，外国法事務弁護士として法務大臣から承認を受け日本弁護士連合会に登録すれば，同法3条以下に規定する業務を行うことができる。資格については，同法7条以下に定める[2]。

二　外国国家等に対する民事裁判権

　国際裁判管轄の前提として，渉外事件について裁判権を有することが必要である。民事裁判権免除等を認めることの可否が問題の中心である。
　このうち，外国国家に対する訴訟では，絶対免除主義から制限免除主義への移行が国際的潮流であり，国連国家免除条約の採択により，これは決定的となっている。日本においても「外国等に対する我が国の民事裁判権に関する法律」（対外国民事裁判権法）が制定され，要件等の明確化が図られた。たとえば，外国等の商業的取引に関して，裁判権免除からの除外について規定している（8条）。
　中国民訴法には国家免除に関する規定はないが，国連国家免除条約への署名，後述の外交官等に関する条約の批准，国内法の整備が進んでいる状況や，改革開放の進展に鑑みれば，中国民訴も制限免除主義への移行という世界的な潮流に乗っているものと言える。
　外交官・領事官の裁判権免除に関して，中国と同様に日本もウィーン外交関係条約（昭和39年条約第14号）およびウィーン領事関係条約（昭和58年条約第14号）を批准している。中国民訴法261条で国内法の整備が行われたが，日本では国内法の整備はされず，基本的には条約が法源となっている[3]。

---

　2)　日弁連資料によれば，2016年10月1日現在，全国で406名の外国法事務弁護士が登録している。

三 国際裁判管轄に関する平成 23 (2011) 年日本民訴法改正

日本の民事訴訟手続における国際裁判管轄の規律に関しては，平成 8 (1996) 年公布の現行民訴法制定時に盛り込むことは見送られた。これは，判例の蓄積を待ちハーグ国際私法会議における条約作成作業を見守るためというのが大きな理由とされる[4]。しかし，条約の内容についてアメリカと大陸法諸国との意見の隔たりが大きく，管轄合意についての小規模な条約が採択されたにとどまった。これが 2005 年の管轄合意条約（ハーグ国際裁判管轄条約）であり[5]，盛り込まれなかった部分は各国の整備に委ねられることとなった。このような状況を受け，国際裁判管轄に関する立法作業が進められ，民訴法の改正が行われた（平成 23 年法律第 36 号)[6]。

国際裁判管轄に関する立法は，独立した法律ではなく，民訴法の一部を改正する方法によった。その理由として，①同一の法令において規定することが利用者の便宜にかなうこと，②規律の対象が民事訴訟法および民事保全法と同様であること，③破産法等の倒産処理手続に関する国際裁判管轄についてはすでにそれぞれの法律に規定が設けられていることが挙げられている[7]。家事事件手続法の制定にあたっては，国際裁判管轄の規定は設けられず，将来の課題として残された[8]。

平成 23 (2011) 年改正民訴法において，合意管轄に関する部分は，管轄合意条約に沿った規定となっている。ただし，条約 3 条 (b) には，一つの締約国の裁

---

3) 他の規定の中では，たとえば，対外国民事裁判権法 9 条（労働契約) 2 項 1 号は，除外規定ではあるが，外交官等の民事裁判権に関してウィーン外交関係条約 31 条に基づいた国内法規定を置いている。
4) 立法時の議論については，竹下守夫・青山善充・伊藤眞編集代表『ジュリスト増刊 研究会新民事訴訟法』(1999 年) 23～26 頁参照。
5) 条約交渉の経緯については，道垣内正人編著『ハーグ国際裁判管轄条約』（商事法務・2009 年) 3～45 頁参照。
6) 経緯については，佐藤達文・小林康彦編著『一問一答 平成 23 年民事訴訟法等改正』（商事法務・2012 年) 3～5 頁参照。
7) 佐藤・小林・前掲注 6) 9 頁参照。
8) 人事訴訟事件および家事事件の国際裁判管轄法制に関しては，法制審議会国際裁判管轄法制（人事訴訟事件及び家事事件関係）部会で検討が行われ，第 190 回国会に改正法案が提出されている (2016 年 12 月現在)。

判所又は一つの締約国の一つもしくは複数の特定の裁判所を選択する管轄合意は専属的なものとみなす規定があるが，日本民訴法 3 条の 7 には，このような規定はない[9]。これは，中国民訴法も同様である。なお，日本民訴法は，将来において生ずる消費者契約（5項），将来において生ずる個別労働関係民事紛争（6項）を対象とする管轄権に関する合意には一定の制約を設けており，消費者・労働者の保護を図っている。

合意管轄以外の点では，中国民訴法においては，契約締結地に基づく管轄を認めているが，これは日本民訴法には設けられていない規定であり，国内裁判管轄に準じたものである。

専属管轄は，中国民訴法 244 条に規定があるが，日本民訴法 3 条の 5 において会社法・一般社団法人及び一般財団法人に関する法律に規定する訴え等は日本の裁判所に専属する趣旨の規定がある。このほか，登記又は登録に関する訴え（2項），日本において登録された知的財産権に関する訴え（3項）なども，日本の裁判所に専属する。会社法制・不動産法制の差異に基づく規定の違いがあるが，その趣旨は共通のものといえる。以上のほか，3 条の 10 に他の規定により日本の裁判所に管轄権が専属する場合の適用除外の規定がある。

なお，日本法には，渉外事件に関する専門の裁判所の設置や，国内裁判管轄の特例の規定はなく，大規模な裁判所にも渉外事件に特化した専門部は設置されていない。

四　国際的訴訟競合（並行訴訟）

国際的訴訟競合は，同一の訴訟が，外国および日本の裁判所の両方に同時に係属するもので，「並行訴訟」とも呼ばれる。中国民訴法には規定があるが，日本法には規定がなく，同一訴訟が外国の裁判所に係属している場合に，国内の訴訟手続を禁止あるいは中止すべきという議論がある。

「中華民国事件」東京高判昭和 32 年 7 月 18 日（下民集 8 巻 7 号 1282 頁）は，「民事訴訟法第 231 条（現 142 条）にいう『裁判所』とは，日本の裁判所を意味

---

[9] ペーター＝フーバー・ジェニファー＝アントモ／小田司訳「国際裁判管轄の合意と新ハーグ管轄合意条約」日本法学 77 巻 3 号（2011 年）143 頁，佐藤・小林・前掲注 6）142 頁参照。

し，外国の裁判所をふくまない」として，外国の裁判所に係属しているだけでは二重起訴に当たらないと解するが，東京地中間判平成元年5月30日（判例時報1348号91頁）のように「後訴を規制することが相当とされることもあり得る」とした判例もあった。「真崎物産事件」東京地判平成3年1月29日（判例時報1390号98頁）では，日本の裁判所の裁判籍を否定する「特段の事情」があるとして訴えを却下した。

　以上のような経過の中で，法制審議会国際裁判管轄法制部会では，外国で同一の訴訟が係属している場合に，日本の裁判所がその事件の判決が確定するまで訴訟手続を中止することができる旨の改正案が検討された。しかし，裁判実務において柔軟に対応すれば十分であるほか，弊害も指摘する意見が出され，最終的には民訴法改正に盛り込まれることはなく，従前の扱いが継続されることとなった[10]。

おわりに

　中国民訴法では部分的には渉外民訴に係る規定が設けられたが，国内の裁判規定がそのまま適用される場面も多い。国際民訴そのものが国際的にも整備の途上にある法領域であることを考慮すれば，中国法も積極的に最新の動向を取り入れていると評価できそうである。

（宮永文雄）

---

10)　佐藤・小林・前掲注6) 174～180頁参照。

第1・2, 4〜11, 18章（小嶋明美担当部分）に関する参考文献

江必新主編『新民事诉讼法理解适用与实务指南〔第1版〕』（法律出版社・2012年）
奚晓明主編・最高人民法院民事诉讼法修改研究小组编著『《中华人民共和国民事诉讼法》修改条文理解与适用〔第1版〕』（人民法院出版社・2012年）
江伟・肖建国主編『民事诉讼法〔第7版〕』（中国人民大学出版社・2015年）
 第**1**章につき47頁以下，第**2**章につき61頁以下，第**4**章につき108頁以下，第**5**章につき122頁以下，第**6**章につき164頁以下，第**7**章につき251頁以下，第**8**章につき214頁以下，第**9**章につき226頁以下，第**10**章につき260頁以下，第**11**章につき265頁以下，第**18**章につき492頁以下。
赵刚・占善刚・刘学在『民事诉讼法〔第3版〕』（武汉大学出版社・2015年）
 第**1**章につき34頁以下，第**2**章につき53頁以下，第**4**章につき93頁以下，第**5**章につき120頁以下，第**6**章につき140頁以下，第**7**章につき129頁以下，第**8**章につき189頁以下，第**9**章につき205頁以下，第**10**章につき214頁以下，第**11**章につき223頁以下，第**12**章につき419頁以下，436頁以下。
李浩『民事诉讼法学〔第2版〕』（法律出版社・2014年）
 第**1**章につき28頁以下，第**6**章につき174頁以下，第**8**章につき289頁以下，第**11**章につき356頁以下。
张卫平『民事诉讼法〔第2版〕』（中国人民大学出版社・2013年）
 第**6**章につき143頁以下，第**8**章につき234頁以下。

第3, 12〜17章（白出博之担当部分）に関する参考文献の補足

全国人民代表大会常务委员会法制工作委员会民法室编『中华人民共和国民事诉讼法〔2012年修订版〕』（北京大学出版社・2012年）
江伟・肖建国主編『民事诉讼法〔第7版〕』（中国人民大学出版社・2015年）
 第**3**章につき86頁以下，第**12**章のうち第一審通常手続につき276頁以下，および民事裁判につき302頁以下，第**13**章につき295頁以下，第**14**章につき315頁以下，第**15**章につき333頁以下，第**16**章につき379頁以下，第**17**章のうち強制執行手続総則につき410頁以下，および強制執行措置につき460頁以下。

（本書の章番号を**ゴチック**で示す）

資料　最高人民法院「中華人民共和国民事訴訟法」適用に関する解釈

(2014年12月18日最高人民法院裁判委員会第1636回会議にて可決，2015年1月30日公布，2015年2月4日より施行。法釈〔2015〕5号)

目　次

- 一．管轄
- 二．回避
- 三．訴訟参加人
- 四．証拠
- 五．期間と送達
- 六．調停
- 七．保全及び先行執行
- 八．民事訴訟の妨害に対する強制措置
- 九．訴訟費用
- 十．第一審通常手続
- 十一．簡易手続
- 十二．簡易手続における少額訴訟
- 十三．公益訴訟
- 十四．第三者取消しの訴え
- 十五．執行異議の訴え
- 十六．第二審手続
- 十七．特別手続
- 十八．裁判監督手続
- 十九．督促手続
- 二十．公示催告手続
- 二十一．執行手続
- 二十二．渉外民事訴訟手続の特別規定
- 二十三．附則

2013年8月31日，第11期全国人民代表大会常務委員会第28回会議において「『中華人民共和国民事訴訟法』の改正に関する決定」が可決された。改正後の民事訴訟法を根拠とし，人民法院の民事裁判及び執行活動の実情を結合して，本解釈を制定する。

民訴解釈自体には見出しは付されていないが，最高人民法院関係者らによる司法解釈の解説書を参考として適宜訳者が見出しを付したものである。

参考文献：江必新主編『新民诉法解释法义精要与实务指引〔修订版〕』上下册（法律出版社・2015年）。

一. 管轄

第1条[重大な渉外事件] 民訴法第18条第1号に規定する重大な渉外事件には，訴額の大きな事件，事案が複雑な事件，又は一方当事者の人数が多数等の重大な影響を有する事件が含まれる。

第2条[特許，海事海商事件] 特許紛争事件は，知的財産権法院，最高人民法院が確定した中級人民法院及び基層人民法院が管轄する。

② 海事，海商事件は，海事法院が管轄する。

第3条[住所地] 公民の住所地とは，公民の戸籍所在地を指し，法人又はその他の組織の住所地とは，法人又はその他の組織の主たる事務機構の所在地である。

② 法人又はその他の組織の主たる事務機構の所在地が確定できない場合，法人又はその他の組織の登録地又は登記地を住所地とする。

第4条[常居所地] 公民の常居所地とは，公民が住所地を離れて提訴するまでに連続して1年以上居住した場所である。但し，公民の入院，診療場所を除く。

第5条[個人パートナー，パートナー型共同経営体を被告とする場合] 事務機構のない個人パートナー，パートナー型共同経営体に対して提起された訴訟は，被告の登録登記地の人民法院が管轄する。登録登記がなく，複数の被告が同一管轄区にいない場合，被告住所地にある人民法院がいずれも管轄権を有する。

第6条[当事者が戸籍を抹消された場合] 被告が戸籍を抹消された場合，民訴法第22条の規定により管轄を確定する。原告，被告がいずれも戸籍を抹消された場合，被告居住地の人民法院が管轄する。

第7条[戸籍転出後，戸籍未登録の場合] 当事者が戸籍を転出した後に戸籍を登録していないが，常居所地を有する場合，その地の人民法院が管轄する。常居所地がない場合，当事者の原戸籍所在地の人民法院が管轄する。

第8条[双方当事者が拘禁，強制的教育措置を受けている場合] 双方当事者がいずれも拘禁され，又は強制的教育措置を受けている場合，被告の原住所地の人民法院が管轄する。被告が拘禁又は強制的教育措置を1年以上受けている場合，被告が拘禁されている地又は強制的教育措置を受けている地の人民法院が管轄する。

第9条[扶助料，養育費，扶養料紛争] 扶助料，養育費，扶養料の請求事件において，複数被告の住所地が同一管轄区内にない場合，原告住所地の人民法院が管轄できる。

第10条[後見紛争] 後見指定又は後見関係変更に対する不服申立事件は，被後見人住所地の人民法院が管轄できる。

第11条[軍に関わる民事紛争] 双方当事者がいずれも軍人又は軍隊組織である民事事件は，軍事法院が管轄する。

第12条[夫婦の一方又は双方が住所地を離れて1年を超える離婚事件] 夫婦の一方が住所地を離れて1年を超えた後，他方が提訴した離婚事件は，原告住所地の人民法院

② 夫婦双方が住所地を離れて1年を超えた後，一方が提訴した離婚事件は，被告の常居所地の人民法院が管轄する。常居所地がない場合，原告の提訴時点における被告居住地の人民法院が管轄する。

第13条［国内で婚姻し国外に定住する華僑の離婚事件］　国内で婚姻しかつ国外に定住する華僑につき，定住国の裁判所が離婚訴訟は婚姻締結地の裁判所が管轄すべしとの理由で訴訟を受理せず，当事者が人民法院に離婚訴訟を提起した場合，婚姻締結地又は一方当事者の国内の最終居住地の人民法院が管轄する。

第14条［国外で婚姻し国外に定住する華僑の離婚事件］　国外で婚姻しかつ国外に定住する華僑につき，定住国の裁判所が離婚訴訟は国籍所属国の裁判所が管轄すべしとの理由で訴訟を受理せず，当事者が人民法院に離婚訴訟を提起した場合，一方当事者の原住所地又は国内の最終居住地の人民法院が管轄する。

第15条［一方が国外に居住する場合の離婚事件］　中国公民の一方が国外に居住し他方が国内に居住する場合に，いずれか一方が人民法院に離婚訴訟を提起したとき，国内の一方当事者の住所地の人民法院が管轄権を有する。国外の一方当事者が居住国の裁判所に提訴し，国内の一方当事者が人民法院に提訴した場合，受訴人民法院が管轄権を有する。

第16条［双方が国外に滞在するも定住していない場合の離婚事件］　中国公民双方が国外に滞在するも定住しておらず，一方が人民法院に離婚訴訟を提起した場合，原告又は被告の原住所地にある人民法院が管轄しなければならない。

第17条［離婚後の財産分与事件］　既に離婚した中国公民につき，双方が国外に定住し中国国内の財産分与についてのみ訴えを提起した場合，主たる財産の所在地にある人民法院が管轄する。

第18条［契約履行地］　契約において履行地を約定した場合，約定の履行地を契約履行地とする。

② 契約において履行地の約定がない，又は約定が不明確であり係争目的物が貨幣の給付である場合，貨幣を受け取る一方の所在地を契約履行地とする。不動産の引渡しである場合，不動産の所在地を契約履行地とする。その他の係争事項の場合，義務を履行する一方の所在地を契約履行地とする。即時決済の契約は，取引行為地を契約履行地とする。

③ 契約が実際に履行されず，双方当事者の住所地がいずれも契約に約定された履行地にない場合，被告住所地の人民法院が管轄する。

第19条［財産の賃貸借契約，ファイナンスリース契約の契約履行地］　財産の賃貸借契約，ファイナンスリース契約については，賃貸目的物の使用地を契約履行地とする。履行地について契約に約定がある場合，その約定に従う。

第20条［ネット売買の契約履行地］　情報ネットワークを利用して締結された売買契約について情報ネットワークを通じて目的物を引き渡す場合，購入者の住所地を契約履

行地とする。その他の方式で目的物を引き渡す場合，商品の受領地を契約履行地とする。履行地について契約に約定がある場合，その約定に従う。

第21条［保険契約紛争］　財産保険契約の紛争により提起された訴訟は，保険目的物が輸送機械又は輸送中の商品である場合，輸送機械の登記登録地，輸送目的地，保険事故発生地の人民法院が管轄できる。

② 人身保険契約の紛争により提起された訴訟は，被保険者の住所地にある人民法院が管轄できる。

第22条［会社関係紛争］　株主名簿の記載，会社登記事項の変更請求，株主の知る権利，会社の決議，会社の合併，会社の分割，会社の減資，会社の増資等の紛争により提起された訴訟は，民訴法第26条の規定により管轄を確定する。

第23条［支払命令申立て］　債権者が支払命令を申し立てる場合，民訴法第21条の規定を適用し，債務者の住所地にある基層人民法院が管轄する。

第24条［権利侵害行為地］　民訴法第28条に規定する権利侵害行為地には，権利侵害行為の実施地，権利侵害の結果発生地を含む。

第25条［インターネットによる権利侵害行為地］　情報ネットワークを利用した権利侵害行為の実施地には，権利侵害行為を実施したコンピューター等の情報設備の所在地を含み，侵害行為の結果発生地には，被権利侵害者の住所地を含む。

第26条［製品責任紛争］　製品，役務の質が規格に適合せず，他人の財産，人身に損害を与えたとして提起された訴訟については，製品の製造地，製品の販売地，役務の提供地，権利侵害行為地及び被告の住所地にある人民法院が，いずれも管轄権を有する。

第27条［訴前保全による損害紛争］　当事者が訴前保全を申し立てた後，法定期間内に提訴，又は仲裁申立てを行わず，被申立人，利害関係人が損害を被ったとして提起する訴訟は，保全措置を講じた人民法院が管轄する。

② 当事者が訴前保全を申し立てた後，法定期間内に提訴，又は仲裁申立てを行い，被申立人，利害関係人が保全により損害を被ったとして提起する訴訟は，訴えを受理した人民法院又は保全措置を講じた人民法院が管轄する。

第28条［不動産紛争］　民訴法第33条第1号に規定する不動産紛争とは，不動産の権利確認，分割，相隣関係等により生じた物権紛争をいう。

② 農村土地請負経営契約紛争，不動産賃貸借契約紛争，建設工事施工契約紛争，政策性住宅に係る売買契約紛争は，不動産紛争に従って管轄を確定する。

③ 不動産が登記済みの場合，不動産登記簿に記載された所在地を不動産所在地とする。不動産が未登記の場合，不動産の実際の所在地を不動産所在地とする。

第29条［書面による管轄合意］　民訴法第34条に規定する書面合意には，書面契約中の合意管轄条項又は訴訟前に書面により合意した管轄の選択が含まれる。

第30条［合意管轄の適用］　管轄合意に基づき提訴時に管轄法院を確定できる場合，その約定に従う。確定できない場合は，民訴法の関連規定により管轄を確定する。

② 管轄合意において紛争と実際上関係がある地にある複数の人民法院が管轄すると約定した場合，原告は，そのうち一つの人民法院に提訴できる。

第31条［標準約款による管轄合意の効力］　事業者が標準約款を使用して消費者と管轄合意を締結し，合理的方法で消費者に注意を促さなかったために，消費者が管轄合意の無効を主張した場合，人民法院はこれを支持しなければならない。

第32条［当事者の住所地変更後の管轄］　管轄合意において一方当事者の住所地にある人民法院が管轄する旨を約定し，合意締結後に当事者が住所地を変更した場合，管轄合意締結時の住所地にある人民法院が管轄する。但し，当事者の間で別段の約定がある場合を除く。

第33条［管轄合意の契約譲受人に対する効力］　契約譲渡の場合，契約の管轄合意は契約譲受人に対して有効である。但し，譲渡時に管轄合意があることを譲受人が知らなかった，又は譲渡合意に別段の約定があり，かつ原契約における相手方が同意した場合を除く。

第34条［身分関係解消後の財産紛争の合意管轄］　当事者が，同居又は婚姻，養子縁組関係が解消された後に財産紛争が発生して管轄を約定する場合，民訴法第34条の規定を適用して管轄を確定することができる。

第35条［移送管轄の期限］　当事者が答弁期間満了後に応訴答弁を行わず，第一審開廷前に，当該事件がその法院の管轄に属さないことが判明した場合，管轄権のある人民法院に移送する旨を裁定しなければならない。

第36条［共同管轄において先に立案した法院］　二つ以上の人民法院がいずれも管轄権を有する訴訟につき，先に立案した人民法院は，管轄権を有する他の人民法院に当該事件を移送してはならない。人民法院は，立案前に管轄権を有する他の人民法院が先に立案したことが判明した場合，重複して立案してはならない。立案後に管轄権を有する他の人民法院が先に立案したことが判明した場合，事件を先に立案した人民法院に移送する旨裁定する。

第37条［管轄恒定1］　事件の受理後，受訴人民法院の管轄権は，当事者の住所地，常居所地の変更による影響を受けない。

第38条［管轄恒定2］　管轄権を有する人民法院は，事件の受理後，行政区域の変更を理由として変更後の管轄権のある人民法院に当該事件を移送してはならない。判決後の上訴事件及び裁判監督手続により上級審に移送された事件は，原審人民法院の上級人民法院が裁判を行う。上級人民法院が再審又は差戻しを命じた事件は，原審人民法院が再審又は差戻審を行う。

第39条［管轄恒定3］　人民法院は，管轄権異議に対する審査後に管轄権を有すると確定した場合，当事者の反訴提起，訴訟請求の追加又は変更等を理由に管轄を変更しない。但し，級別管轄，専属管轄に関する規定違反の場合を除く。

② 人民法院が差戻し，又は第一審手続で再審した事件につき，当事者が管轄権異議を提出した場合，人民法院はこれを審査しない。

第40条［管轄権に関する争いの処理］　民訴法第37条第2項の規定により管轄権に関する争いが生じた二つの人民法院が，協議により解決できないため共通の上級人民法院に管轄の指定を求めるとき，双方が同一の地，市管轄区に属する基層人民法院である場合，当該地，市の中級人民法院が速やかに管轄を指定する。同一の省，自治区，直轄市に属する二つの人民法院である場合，当該省，自治区，直轄市の高級人民法院が速やかに管轄を指定する。双方が互いに異なる省，自治区，直轄市にまたがる人民法院であり，高級人民法院が協議で解決できない場合には，最高人民法院が速やかに管轄を指定する。

② 　前項の規定により上級人民法院に管轄の指定を求める場合，級毎に行わなければならない。

第41条［指定管轄］　人民法院が民訴法第37条第2項の規定により管轄を指定する場合，裁定を下さなければならない。

② 　上級人民法院に管轄指定を求める事件につき，下級人民法院は審理を停止しなければならない。管轄指定の裁定前に，下級人民法院が事件について判決，裁定を行った場合，上級人民法院は，管轄指定の裁定と同時に下級人民法院の判決，裁定を併せて取り消さなければならない。

第42条［管轄権移転］　次に掲げる第一審の民事事件について，人民法院は民訴法第38条第1項の規定により，開廷前に下級人民法院に移転して審理させることができる。

　一　破産手続中の債務者に関わる訴訟事件
　二　当事者の人数が多数で，かつ訴訟に支障がある事件
　三　最高人民法院が確定するその他の類型の事件

② 　人民法院は，下級人民法院に移転して審理する前に，その上級人民法院に報告し承認を求めなければならない。上級人民法院の承認後，人民法院は事件を下級人民法院に移転して審理する旨の裁定を下さなければならない。

二．回避

第43条［回避すべき場合］　裁判官等は，次に掲げる事由がある場合，自ら回避しなければならず，当事者は，該当者の回避を申し立てる権利を有する。

　一　当該事件の当事者，又は当事者の近親者であるとき
　二　本人又はその近親者が当該事件と利害関係を有するとき
　三　当該事件の証人，鑑定人，弁護人，訴訟代理人，通訳人を担当したことがあるとき
　四　当該事件の訴訟代理人の近親者であるとき
　五　本人又はその近親者が当該事件に係る非上場会社の当事者の株式又は持分権を有するとき

六　当該事件の当事者又は訴訟代理人とその他の利害関係を有し，公正な審理に影響を及ぼす可能性があるとき

第44条〔当事者による回避の申立て〕　裁判官等が次に掲げる事由に該当する場合，当事者は，その者の回避を申し立てる権利を有する。
一　当該事件の当事者及びその受託者による接待を受け，又はそれらの者が費用を支払う活動に参加したとき
二　当該事件の当事者及びその受託者に財物その他の利益を請求し，又は受領したとき
三　規定に違反し，当該事件の当事者，訴訟代理人と面会したとき
四　当該事件の当事者に訴訟代理人を推薦，紹介し，又は弁護士，その他の者に当該事件の代理を紹介したとき
五　当該事件の当事者及びその受託者から金品を借用したとき
六　その他の不正当行為があり，公正な審理に影響を及ぼす可能性があるとき

第45条〔重複参与の禁止〕　一つの裁判手続において事件の裁判に参与した裁判官等は，当該事件に関するその他の手続の裁判に再び参与してはならない。
②　差戻事件につき，第一審法院が裁判をした後に第二審手続に入る場合，原第二審手続における合議体構成員は，前項規定の制限を受けない。

第46条〔職権回避〕　裁判官等が回避すべき場合であるにもかかわらず自ら回避せず，当事者もその者の回避を申し立てない場合，人民法院院長又は裁判委員会がその者の回避を決定する。

第47条〔回避申立権の告知〕　人民法院は，合議体の構成員，単独裁判官，書記官等の職員に対して当事者が回避申立権を有することを，法により当事者に告知しなければならない。

第48条〔回避主体〕　民訴法第44条にいう裁判官等には，当該事件の審理に参加する人民法院院長，副院長，裁判委員会委員，裁判廷長，副裁判廷長，裁判官，裁判官補佐，人民陪審員を含む。

第49条〔書記官，執行官の回避〕　書記官，執行官には，裁判官等の回避に関する規定を適用する。

三．訴訟参加人

第50条〔訴訟代表者〕　法人の法定代表者は，法により登記された者を基準とする。但し，法律に別段の規定がある場合を除く。法により登記の必要がない法人は，その正の職位の責任者を法定代表者とする。正の職位の責任者がいない場合，その業務を担当する副の職位の責任者を法定代表者とする。
②　法定代表者が変更されたにもかかわらず登記が未了であり，変更後の法定代表者が法人を代表して訴訟参加を求める場合，人民法院はこれを許可することができる。

③　その他の組織は，その主たる責任者をもって代表者とする。
第51条［代表者変更］　訴訟中，法人の法定代表者が変更された場合，新しい法定代表者が継続して訴訟を行い，かつ人民法院に対して新しい法定代表者の資格証明書を提出しなければならない。原法定代表者が行った訴訟行為は有効である。
②　前項の規定は，その他の組織が参加する訴訟に適用する。
第52条［その他の組織］　民訴法第48条規定のその他の組織とは，適法に設立され，一定の組織機構と財産を有するが法人資格を具えない組織をいい，以下のものを含む。
　一　法により登記され，営業許可証を取得した個人独資企業
　二　法により登記され，営業許可証を取得したパートナーシップ企業
　三　法により登記され，中国の営業許可証を取得した中外合作経営企業，外資企業
　四　法により成立された社会団体の支部，代表機構
　五　法により設立され，かつ営業許可証を取得した法人の分支機構（支店）
　六　法により設立され，かつ営業許可証を取得した商業銀行，政策性銀行及び非銀行金融仲介機関の分支機構（支店）
　七　法により登記され，かつ営業許可証を取得した郷鎮企業，街道企業
　八　その他本条規定の条件を具える組織
第53条［訴訟主体適格を具えない分支機構］　法人が法によらずに設立した分支機構（支部），又は法により設立したが営業許可証を取得していない分支機構（支店）は，当該分支機構を設立した法人を当事者とする。
第54条［名義貸紛争の当事者］　他者名義を借用して民事活動に従事する場合，名義借用者及び名義貸与者に対して法による民事責任の負担を当事者が求めるとき，当該名義借用者と名義貸与者を共同訴訟人とする。
第55条［相続人による訴訟の承継］　訴訟中に一方当事者が死亡し，相続人が訴訟に参加するか否かを表明するのを待つ必要がある場合，訴訟停止を裁定する。人民法院は，相続人に対して，当事者としての訴訟引受けと，被相続人が既に行った訴訟行為が訴訟を引き受けた相続人に対して有効であることを速やかに通知しなければならない。
第56条［職務上の権利侵害紛争］　法人又はその他の組織の職員が業務上の任務実行により他人に損害を与えた場合，当該法人又はその他の組織を当事者とする。
第57条［労務提供者による権利侵害紛争］　労務を提供する一方が労務により他人に損害を与え，被害者が訴えを提起する場合，労務の提供を受けた一方を被告とする。
第58条［派遣職員による権利侵害紛争］　労務派遣期間において，派遣職員の業務上の任務実行により他人に損害を与えた場合，労務派遣を受けた組織を当事者とする。当事者が，労務派遣組織の責任負担を主張する場合，当該労務派遣組織を共同被告とする。
第59条［個人経営者］　訴訟中，個人経営者は，営業許可証に記載された経営者を当事

者とする。商号を有する場合，営業許可証に記載された商号を当事者とする。但し，当該商号の経営者の基本的情報を同時に明記しなければならない。

② 営業許可証に登記された経営者が実際の経営者と一致しない場合，登記された経営者と実際の経営者を共同訴訟人とする。

第60条［個人パートナーシップ］ 訴訟中，法による登記未了で営業許可証も得ていない個人パートナーシップは，パートナー全員を共同訴訟人とする。個人パートナーシップに法により登記を許された商号がある場合，登記された商号を法律文書に明記しなければならない。パートナー全員は，代表者を推薦することができる。推薦を受けた代表者は，パートナー全員が推薦書を発行しなければならない。

第61条［調停合意事件］ 当事者間の紛争が人民調停委員会の調停により合意に達した後，一方当事者が調停合意を履行せず，他方当事者が人民法院に訴えを提起する場合，相手方当事者を被告としなければならない。

第62条［行為者を当事者とする場合］ 次に掲げる場合，行為者を当事者とする。

一 法人又はその他の組織が登記すべきにもかかわらず登記せず，行為者が当該法人又はその他の組織の名義で民事活動を行うとき

二 行為者に代理権がない，代理権を越えた，又は代理権が消滅した後に，被代理人名義で民事活動を行うとき。但し，行為者が代理権を有すると信じる理由が相手方にある場合を除く。

三 法人又はその他の組織が法に基づき消滅した後，行為者がなおその名義で民事活動を行うとき

第63条［企業法人変更の場合］ 企業法人が合併した場合，合併前の民事活動により生じた紛争は，合併後の企業を当事者とする。企業法人が分割した場合，分割前の民事活動により生じた紛争は，分割後の企業を共同訴訟人とする。

第64条［企業法人解散の場合］ 企業法人が解散した場合，法により清算され登記が抹消される前は，当該企業法人を当事者とする。法による清算がなされず登記が抹消された場合，当該企業法人の株主，発起人又は出資者を当事者とする。

第65条［借用行為の場合］ 業務紹介状，契約専用印，押印のある白地の契約書又は銀行口座を借用した場合，貸与した組織と借用者を共同訴訟人とする。

第66条［保証契約紛争］ 保証契約紛争により提起された訴訟につき，債権者が保証人と被保証人に対して併せて権利主張する場合，人民法院は，保証人と被保証人を共同被告としなければならない。保証契約において一般保証を約定し，債権者が保証人のみを提訴する場合，人民法院は，被保証人に対して共同被告として訴訟に参加するよう通知しなければならない。債権者が被保証人のみを提訴する場合，被保証人のみを被告とすることができる。

第67条［民事行為無能力者，制限民事行為能力者による損害］ 民事行為無能力者，制限民事行為能力者が他人に損害を与えた場合，民事行為無能力者，制限民事行為能力者及びその後見人を共同被告とする。

第68条［村民委員会等］　村民委員会又は村民グループと他者との間で民事紛争が生じた場合，村民委員会又は独立した財産を有する村民グループを当事者とする。

第69条［死者に関する侵害紛争］　死者の遺体，遺骨及び氏名権，肖像権，名誉，栄誉，プライバシー等の侵害により訴えを提起する場合には，死者の近親者を当事者とする。

第70条［遺産相続紛争］　遺産相続訴訟において一部相続人が訴えを提起する場合，人民法院は，その他の相続人に対して共同原告として訴訟に参加するよう通知しなければならない。通知を受けた相続人が訴訟への参加を望まないが実体的権利の放棄を明らかに表示しない場合には，人民法院は，なおその者を共同原告としなければならない。

第71条［被代理人と代理人］　原告が被代理人と代理人を提訴して連帯責任の負担を求める場合，その被代理人と代理人を共同被告とする。

第72条［共有財産権紛争］　共有財産権が他者から侵害され，共有権者の一部が訴えを提起する場合，その他の共有権者を共同訴訟人とする。

第73条［必要的共同訴訟］　共同で訴訟を行うべき当事者が訴訟に参加しない場合，人民法院は民訴法第132条の規定により，当該当事者に対して訴訟に参加するよう通知しなければならない。当事者も，人民法院に対して当事者の追加を申し立てることができる。人民法院は，当事者提出の申立てにつき審査を行わなければならず，申立ての理由が成立しない場合，却下の裁定をする。申立ての理由が成立する場合，追加された当事者に訴訟に参加するよう書面で通知する。

第74条［共同訴訟当事者の追加］　人民法院は，共同訴訟当事者を追加する場合，その他の当事者にその旨を通知しなければならない。追加すべき原告が，既に実体的権利の放棄を明らかに表示した場合，追加しないことができる。訴訟参加を望まないが，実体的権利を放棄しない場合，なお共同原告として追加しなければならず，その者が訴訟に参加しないことは，人民法院による事件審理と法による判決に影響しない。

第75条［人数の多数］　民訴法第53条，第54条，第199条に規定する「人数が多い」とは，一般に十人以上をいう。

第76条［人数確定の場合の代表者選定］　民訴法第53条の規定により，一方当事者の人数が多いことが提訴時に確定している場合，全当事者が共同の代表者を推薦することができ，一部当事者が自身の代表者を推薦することもできる。代表者を推薦しない当事者は，必要的共同訴訟においては自ら訴訟に参加することができ，通常共同訴訟においては個別に訴えを提起することができる。

第77条［人数不確定の場合の代表者選定］　民訴法第54条の規定により，一方当事者の人数の多いことが提訴時に不確定である場合，当事者が代表者を推薦する。当事者が代表者を推薦しない場合，人民法院が候補者を提出し当事者と協議する。協議が調わない場合，人民法院は訴えを提起した当事者の中から代表者を指定することもできる。

第78条［代表者・訴訟代理人の人数］　民訴法第53条と第54条に規定する代表者は二名乃至五名であり，各代表者は一名又は二名の訴訟代理人に委任することができる。

第79条［代表者訴訟の公告］　民訴法第54条の規定により受理する事件につき，人民法院は公告を発し，人民法院に対して登記するよう権利者に通知することができる。公告期間は，事件の具体的状況に基づき確定するが，30日を下回ってはならない。

第80条［権利者の登記］　民訴法第54条の規定により人民法院に登記する権利者は，自らと相手方当事者の法律関係及び被った損害を証明しなければならない。証明できない場合，登記せず，権利者は，個別に訴えを提起することができる。人民法院の裁判は，登記された範囲内で行う。登記に参加していない権利者が訴えを提起し，人民法院が当該請求が成立すると認める場合，人民法院が既に下した判決，裁定を適用する旨を裁定する。

第81条［第三者の訴訟参加方式］　民訴法第56条の規定により独立請求権を有する第三者は，人民法院に対して訴訟請求と事実，理由を提出し，当事者となる権利を有する。独立請求権を有しない第三者は，自ら申し立て，又は人民法院の通知により訴訟参加することができる。

②　第一審手続において訴訟に参加しなかった第三者が第二審手続への参加を申し立てる場合，人民法院はこれを許可することができる。

第82条［独立請求権を有しない第三者の権利義務］　第一審訴訟において，独立請求権を有しない第三者は，管轄権異議を提出する権利，訴訟請求の放棄，変更，又は訴え取下げの申立てを行う権利を有しない。民事責任を負う判決がなされた場合，上訴を提起する権利を有する。

第83条［法定代理人］　訴訟においては，民事行為無能力者，制限民事行為能力者の後見人が，その法定代理人である。事前に後見人が確定されていない場合，後見資格のある者が協議により後見人を確定することができる。協議が調わない場合，人民法院が当該後見資格のある者の中から訴訟における法定代理人を指定する。当事者は，民法通則第16条第1項，第2項又は第17条第1項に規定する後見人がない場合，民法通則第16条第4項又は第17条第3項に規定する関係組織を訴訟における法定代理人に指定することができる。

第84条［訴訟代理人の資格］　民事行為無能力者，制限民事行為能力者及びその他法により訴訟代理人になる資格のない者を，当事者は，訴訟代理人として委任してはならない。

第85条［近親者名義による訴訟代理］　民訴法第58条第2項第2号の規定により，当事者と夫婦関係，直系血族，三親等内の傍系血族，姻族関係及びその他扶養・扶助関係のある親族は，当事者の近親者名義により訴訟代理人となることができる。

第86条［従業員名義による訴訟代理］　民訴法第58条第2項第2号の規定により，当事者と適法な労働人事関係にある労働者は，当事者の従業員名義により訴訟代理人となることができる。

第 87 条［社会団体推薦による代理人］　民訴法第 58 条第 2 項第 3 号の規定により，関係社会団体が推薦する公民が訴訟代理人となる場合，次に掲げる条件を具えなければならない。
　一　社会団体が法により設立登記され，又は法により設立登記を免除された非営利法人組織であること
　二　被代理人が当該社会団体の構成員である，又は一方当事者の住所地が当該社会団体の活動地域にあること
　三　代理事務が当該社会団体の定款に明記された業務範囲に属すること
　四　推薦された公民が当該社会団体の責任者又は当該社会団体と適法な労働人事関係にある従業員であること
②　弁理士は，中華全国弁理士協会の推薦を経て，特許事件において訴訟代理人を担当することができる。

第 88 条［訴訟代理人の資料提出］　訴訟代理人は，民訴法第 59 条の規定により委任状を提出するほか，次に掲げる規定により人民法院に対して関連資料を提出しなければならない。
　一　弁護士は，弁護士執務証明書，法律事務所の証明資料を提出しなければならない。
　二　基層法律サービス従事者は，法律サービス従事者執務証明書，基層法律サービス事務所が発行する紹介状及び一方当事者が当該管轄区内にいることの証明資料を提出しなければならない。
　三　当事者の近親者は，自らの身分証明書及び委任者と近親者関係にあることの証明資料を提出しなければならない。
　四　当事者の従業員は，自らの身分証明書及び当事者と適法な労働人事関係にあることの証明資料を提出しなければならない。
　五　当事者が所在する社区，事業単位が推薦する公民は，自らの身分証明書，推薦資料及び当事者が当該社区，事業単位に所属することの証明資料を提出しなければならない。
　六　関係社会団体が推薦する公民は，自らの身分証明書及び本解釈第 87 条に規定する条件を具えることの証明資料を提出しなければならない。

第 89 条［委任状］　当事者は，人民法院に提出する委任状を，開廷審理までに人民法院に送付しなければならない。委任状に「全権代理」とのみ記載して具体的授権内容が記載されていない場合，訴訟代理人は，訴訟請求の認諾，放棄，変更，和解の実施，反訴提起又は上訴の提起を代理する権限を有しない。
②　簡易手続を適用して審理する事件につき，双方当事者が同時に出廷して開廷審理を直接行う場合，その場で口頭により訴訟代理人に委任することができ，人民法院が事件記録に記載する。

四．証拠

第90条［挙証証明責任］ 当事者は，自己が提出した訴訟請求の根拠とする事実又は相手方の訴訟請求に対する反駁の根拠とする事実につき，証拠を提出し証明しなければならない。但し，法律に別段の規定がある場合を除く。

② 判決をなす前に，当事者が証拠を提供できず，又は証拠がその主張事実を証明するに足りない場合，挙証証明責任を負う当事者が不利な結果を負担する。

第91条［挙証証明責任の分配］ 人民法院は，次に掲げる原則に基づき，挙証証明責任の負担について確定しなければならない。但し，法律に別段の規定がある場合を除く。

一 法律関係の存在を主張する当事者は，当該法律関係の発生に係る基本的事実につき挙証証明責任を負わなければならない。

二 法律関係の変更，消滅又は権利が妨害を受けたことを主張する当事者は，当該法律関係の変更，消滅又は権利が妨害を受けたことに係る基本的事実につき挙証証明責任を負わなければならない。

第92条［自白］ 一方当事者が法廷審理において，又は訴状，答弁書，訴訟代理人意見書等の書面資料において，自己に不利益な事実を明らかに承認する場合，相手方当事者は，挙証・証明を要しない。

② 身分関係，国家利益，社会公共利益等，人民法院が職権により調査すべき事実については，前項の自白に関する規定を適用しない。

③ 自白された事実と調査の結果明らかになった事実が符合しない場合，人民法院はこれを認めない。

第93条［不要証事実］ 次に掲げる事実につき，当事者は挙証・証明を要しない。

一 自然法則，定理，定律
二 公知の事実
三 法律規定により推定される事実
四 既知の事実及び日常生活における経験則に基づき推認されるその他の事実
五 既に発効した人民法院の裁判において確認された事実
六 既に発効した仲裁機関の判断において確認された事実
七 既に有効な公正証書により証明された事実

② 前項第2号から第4号に規定する事実につき，それを反駁するに足る証拠が当事者にある場合を除く。第5号から第7号に規定する事実につき，それを覆すに足る証拠が当事者にある場合を除く。

第94条［客観的原因により自ら収集不能な証拠］ 民訴法第64条第2項に規定する当事者及びその訴訟代理人が客観的原因により自ら収集できない証拠には，次に掲げるものを含む。

一　国の関係部門が保存し，当事者及びその訴訟代理人が閲覧調査の権利を有しない証拠
二　国家機密，営業秘密又は個人のプライバシーに関わる証拠
三　当事者及びその訴訟代理人が客観的原因により自ら収集できないその他の証拠
② 　当事者及びその訴訟代理人が客観的原因により自ら収集できない証拠は，挙証期限満了前に人民法院に調査収集を書面で申請できる。

第 95 条　[証拠の調査収集申請の不許]　当事者が調査収集を申請した証拠につき，要証事実と関連性がない，要証事実の証明にとって意味がない，又はその他調査収集の必要性がない場合，人民法院はこれを許可しない。

第 96 条　[職権による証拠の調査収集]　民訴法第 64 条第 2 項に規定する人民法院が事件審理に必要と認める証拠には，次に掲げるものを含む。
一　国家利益，社会公共利益を害するおそれがある証拠
二　身分関係に関わる証拠
三　民訴法第 55 条に規定する訴訟に関わる証拠
四　当事者の悪意通謀により他人の合法的権益を害するおそれがある証拠
五　職権による当事者の追加，訴訟停止，訴訟終了，回避等の手続事項に関わる証拠
② 　前項に規定する場合を除き，人民法院による証拠の調査収集は，当事者の申立てに基づいて行わなければならない。

第 97 条　[証拠の調査収集手続]　人民法院が証拠の調査収集を行う場合，二名以上の者が共同して行わなければならない。調査資料には，調査者，被調査者，記録者が署名，指印又は押印しなければならない。

第 98 条　[証拠保全]　当事者が民訴法第 81 条第 1 項の規定により証拠保全を申し立てる場合，挙証期限満了前までに書面で提出することができる。
② 　証拠保全により他人に損害を与えるおそれのある場合，人民法院は申立人に相応の担保提供を命じなければならない。

第 99 条　[挙証期限]　人民法院は，審理前の準備段階において当事者の挙証期限を確定しなければならない。挙証期限は，当事者が協議を行い，かつ人民法院が許可することもできる。
② 　人民法院が確定する挙証期限につき，第一審通常手続事件では 15 日を下回ってはならず，当事者が新証拠を提出する第二審事件では 10 日を下回ってはならない。
③ 　挙証期限の満了後，当事者が既に提出された証拠について反駁する証拠の提出を申し立て，又は証拠の出所，形式等に関する瑕疵について補正を行う場合，人民法院は，事情を酌量し，挙証期限を再び確定することができる。当該期限は，前項規定の制限を受けない。

第 100 条　[挙証期限の延長]　当事者が挙証期限の延長を申し立てる場合，挙証期限満了前に人民法院に書面申請を提出しなければならない。
② 　申立理由が成立する場合，人民法院はこれを許可し，挙証期限を適切に延長したう

えでその他の当事者に通知しなければならない。延長された挙証期限は，その他の当事者にも適用される。
③　申立理由が成立しない場合，人民法院はこれを許可せず，申立人にその旨を通知する。

第 101 条［期限後提出証拠の審査］　当事者が期限後に証拠を提出する場合，人民法院は，その理由の説明を命じなければならず，必要に応じて相応する証拠の提出を求めることができる。
②　当事者が客観的原因により期限後に証拠を提出し，又は期限後の証拠提出につき相手方当事者が異議を提出しない場合，期限を徒過していないものとみなす。

第 102 条［期限後提出証拠の法律効果］　当事者が故意又は重過失により期限後に提出した証拠につき，人民法院はこれを採用しない。但し，当該証拠が事件の基本的事実に関わる場合，人民法院は，これを採用し，かつ民訴法第 65 条，第 115 条第 1 項の規定により，訓戒処分，過料としなければならない。
②　当事者が故意又は重過失でない事由により期限後に提出した証拠につき，人民法院はこれを採用し，かつ当事者を訓戒処分としなければならない。
③　一方当事者が相手方に対し，期限後に証拠を提出したことにより増加した交通費，宿泊費，食費，休業補償，証人による出廷証言に要した費用等必要な経費の賠償を求める場合，人民法院はこれを支持することができる。

第 103 条［証拠に対する質証］　証拠は法廷において提示し，当事者が相互に質証を行わなければならない。当事者の質証を経ていない証拠は，事件事実を認定するための根拠としてはならない。
②　当事者が審理前の準備段階において認めた証拠は，裁判官等が法廷審理において説明した後，質証がなされた証拠とみなす。
③　国家機密，営業秘密，個人のプライバシーに関わる，又は法律が守秘を規定する証拠については，質証を公開してはならない。

第 104 条［質証の内容等］　人民法院は当事者を集めて，証拠の真実性，適法性及び要証事実との関連性をめぐって質証を行い，かつ証拠の証明力の有無及び証明力の大小につき説明と弁論を行わせなければならない。
②　事件の真実の状況，要証事実との関連性，出所と形式が法律規定と適合することを反映できる証拠は，事件事実を認定するための根拠としなければならない。

第 105 条［証拠審査］　人民法院は法定手続に従って証拠を全面的かつ客観的に審査し，法律規定により，論理的推理と日常生活の経験則を活用し，証拠の証明力の有無及び証明力の大小について判断を行い，かつ判断の理由と結果を公開しなければならない。

第 106 条［違法証拠の判断基準］　他人の合法的権益を著しく侵害し，法律の禁止規定に違反又は公序良俗に著しく反する方法により形成又は取得された証拠は，事件事実を認定するための根拠としてはならない。

第107条　[調停等における事実承認]　訴訟において当事者が調停合意又は和解合意を結ぶために互譲し認めた事実については，後続訴訟でその者の不利な根拠としてはならない。但し，法律に別段の規定がある，又は全当事者が同意した場合を除く。

第108条　[証明基準]　挙証証明責任を負う当事者が提出した証拠につき，人民法院は，審査の結果と関連事実を結合して要証事実の存在に高度の可能性があることを確信した場合，当該事実の存在を認定しなければならない。

② 一方当事者が，挙証証明責任を負う当事者の主張事実に反駁するため提出した証拠に対して，人民法院は，審査の結果と関連事実を結合して要証事実が真偽不明と認めた場合，当該事実の不存在を認定しなければならない。

③ 要証事実が達しなければならない証明基準につき法律に別段の規定がある場合，当該規定に従う。

第109条　[特殊な証明基準]　当事者の詐欺，脅迫，悪意通謀の事実の証明，及び口頭の遺言又は贈与の事実に対する証明につき，人民法院は，当該要証事実が存在する可能性について合理的疑いを排除できると確信する場合，当該事実の存在を認定しなければならない。

第110条　[当事者の誓約]　人民法院は必要と認める場合，当事者本人に対し，出廷して事件に関わる事実についての尋問を受けるよう求めることができる。当事者に尋問する前に，その当事者に対して保証書への署名を求めることができる。

② 保証書は，事実に基づき陳述し，虚偽陳述がある場合は処罰を受け入れる意思がある等の内容を明記しなければならない。当事者は，保証書に署名又は捺印しなければならない。

③ 挙証証明責任を負う当事者が出廷を拒み，尋問を受けることを拒み，又は保証書への署名を拒み，要証事実につきその他の証拠による証明を欠く場合は，人民法院はその当事者の主張事実を認定しない。

第111条　[書証原本の提出が確かに困難な場合]　民訴法第70条に規定する書証原本の提出が確かに困難な場合には，次の状況を含む。
一　書証原本を遺失，滅失又は毀損したとき
二　原本が相手方当事者の支配下にあり，その提出を適法に通知したにもかかわらず提出を拒否するとき
三　原本が第三者の支配下にあり，当該第三者がそれを提出しない権限を有するとき
四　原本の紙幅や体積が大きすぎるため提出に不便なとき
五　挙証証明責任を負う当事者が人民法院に調査収集を申し立て，又はその他の方法によっても書証原本を取得できないとき

② 前項に規定する状況につき，人民法院は，その他の証拠や事件の具体的状況を結合し，書証の複製品等が事件事実の認定根拠とできるか否かを審査判断しなければならない。

第112条　[証明妨害]　書証が相手方当事者の支配下にある場合，挙証証明責任を負う

当事者は，挙証期限満了前に，書面により相手方当事者に提出交付を命じるよう人民法院に申し立てることができる。

② 申立理由が成立する場合，人民法院は，相手方当事者に提出交付を命じなければならず，書証の提出交付により生じた費用は，申立人が負担する。相手方当事者が正当な理由なく提出交付を拒否する場合，人民法院は，申立人が主張する書証内容を真実であると認めることができる。

第113条［証明妨害行為の処理］ 書証を所持する当事者が，相手方当事者による使用の妨害を目的として，関連書証を減失毀損し，又は書証を使用不能にするその他の行為を行った場合，人民法院は，民訴法第111条の規定により，当該当事者を過料，拘留に処することができる。

第114条［公文書］ 国家機関又はその他法により社会管理職能を有する組織が，その職権の範囲内で作成した文書に記載された事項は，真実と推定される。但し，これを覆すに足りる相反する証拠のある場合を除く。必要な場合，人民法院は文書作成機関又は組織に対して，文書の真実性について説明を求めることができる。

第115条［事業単位による証明文書］ 事業単位が人民法院に提出する証明資料は，当該事業単位の責任者及び証明資料作成者が署名又は押印し，事業単位の印章を押印しなければならない。人民法院は，事業単位が発行した証明資料につき，事業単位及び証明資料作成者に調査確認を行うことができる。必要な場合，証明資料を作成した者に出廷・証言を求めることができる。

② 事業単位及び証明資料作成者が人民法院による調査確認を拒み，又は証明資料作成者が正当な理由なく出廷・証言を拒んだ場合，当該証明資料を事件事実の認定根拠としてはならない。

第116条［視聴覚資料と電子データ］ 視聴覚資料には，録音資料及び映像資料が含まれる。

② 電子データとは，電子メール，電子データの交換，チャット記録，ブログ，マイクロブログ，携帯電話のショートメッセージ，電子署名，ドメインネーム等により電磁的記録媒体に形成され，又は保存された情報をいう。

③ 電磁的記録媒体に保存された録音資料及び映像資料は，電子データに関する規定を適用する。

第117条［証人出廷］ 当事者が証人の出廷・証言を申請する場合，挙証期限満了前に提出しなければならない。

② 本解釈第96条第1項に規定する状況に該当する場合，人民法院は職権により証人に対し出廷・証言を行うよう通知することができる。

③ 人民法院の通知を経ずに，証人は出廷・証言を行ってはならない。但し，双方当事者が同意し人民法院による許可を得た場合を除く。

第118条［証人出廷・証言の費用］ 民訴法第74条に規定する証人が出廷・証言義務を履行するために支出した交通費，宿泊費，食費等の必要費用は，機関・事業単位の職

員の出張旅費，手当基準に従って算出する。休業補償は，国の前年度における労働者の一日あたり平均賃金を基準として算出する。
② 人民法院が証人の出廷・証言の申請を許可する場合，申請者に証人の出廷・証言の費用予納を通知しなければならない。
第119条［証人の誓約］ 人民法院は，証人が出廷・証言する前に，証人にありのままに証言する義務及び偽証の法的責任を告知し，かつ保証書への署名を命じなければならない。但し，民事行為無能力者，制限民事行為能力者を除く。
② 証人による保証書への署名は，本解釈の当事者による保証書署名に関する規定を適用する。
第120条［誓約拒絶の効果］ 証人が保証書への署名を拒む場合，証言してはならず，かつ関連費用を自ら負担する。
第121条［鑑定］ 当事者が鑑定の申立てをする場合，挙証期限満了前に提出することができる。鑑定申立事項が要証事実と関連性がない，又は要証事実の証明にとって意味がない場合，人民法院はこれを許可しない。
② 人民法院は，当事者の鑑定申立てを許可する場合，双方当事者が協議の上で相応の資格を有する鑑定人を確定しなければならない。協議が調わない場合，人民法院が指定する。
③ 職権による証拠の調査収集の条件を具える場合，人民法院は職権により鑑定を委託し，当事者の意見を聞いた後，相応の資格を有する鑑定人を指定しなければならない。
第122条［専門家補助人の地位］ 当事者は，民訴法第79条の規定により，挙証期限満了前に専門的知識を具える者一，二名が出廷し，当事者に代わって鑑定意見に対する質証を行い，又は事件事実に関わる専門的問題について意見を提出するよう申し立てることができる。
② 専門的知識を具える者が法廷において専門的問題について提出した意見は，当事者の陳述とみなす。
③ 人民法院が当事者の申立てを許可した場合，関連費用は申立てをした当事者の負担とする。
第123条［専門家補助人に対する尋問］ 人民法院は，出廷した専門的知識を具える者に尋問を行うことができる。法廷の許可を経た上で，当事者は，出廷した専門的知識を具える者に尋問を行うことができ，当事者が各自申し立てた専門的知識を具える者は，事件における関連問題について対質することができる。
② 専門的知識を具える者は，専門的問題以外の法廷審理活動に参与してはならない。
第124条［検証］ 人民法院が必要と認める場合，当事者の申立て又は職権により物証又は現場に対して検証を行うことができる。検証時においては，他人のプライバシーと尊厳を保護しなければならない。
② 人民法院は，鑑定人に検証への参加を求めることができる。必要な場合，検証中に

鑑定人に鑑定を行うよう求めることができる。

五. 期間と送達

第125条［期間の起算点］ 民訴法第82条第2項の規定により，民事訴訟において時間単位で計算される期間は次の時間から起算し，日，月，年単位で計算される期間は翌日から起算する。

第126条［立案期限］ 民訴法第123条に規定する立案期限について，訴状内容の不備により原告に補正を通知した場合，補正後に人民法院に提出された翌日から起算する。上級人民法院が下級人民法院に移して審理させる事件については，受訴人民法院が訴状を受領した翌日から起算する。

第127条［不変期間］ 民訴法第56条第3項，第205条及び本解釈第374条，第384条，第401条，第422条，第423条に規定する6ヶ月，民訴法第223条に規定する1年は，不変期間とし，訴訟時効の停止，中断，延長に関する規定を適用しない。

第128条［再審審理期限］ 再審事件を第一審手続又は第二審手続に従って審理する場合，民訴法第149条，第176条に規定する審理期限を適用する。審理期限は，再審が立案された翌日から起算する。

第129条［再審審査期限］ 再審事件の申立てについて，人民法院は，受理日から3ヶ月以内に審査を完了しなければならない。但し，公告期間，当事者の和解期間等は，審査期間に算入しない。特殊な状況により延長する必要がある場合，当該法院院長が承認する。

第130条［直接送達・差置送達］ 法人又はその他の組織に対して訴訟文書を送達する場合，法人の法定代表者，当該組織の主要責任者又は事務室，郵便室，当直室等において受領担当者が受領の署名又は押印しなければならず，受領の署名又は押印を拒む場合，差置送達を適用する。

② 民訴法第86条に規定する関係基層組織及び所属単位の代表者は，受送達者の住所地の住民委員会，村民委員会の職員及び受送達者の所属単位の職員とすることができる。

第131条［直接送達］ 人民法院が訴訟文書を直接送達する場合，人民法院にて受領するよう当事者に通知することができる。当事者が人民法院に到着したが，送達受領証への署名を拒む場合，送達したものとみなす。裁判官等，書記官は，送達受領証に送達状況を明記し，かつ署名しなければならない。

② 人民法院は，当事者の住所地以外において当事者に対して訴訟文書を直接送達することができる。当事者が送達受領証への署名を拒む場合，写真，録画等の方式で送達過程を記録することにより送達したものとみなす。裁判官等，書記官は，送達受領証に送達状況を明記し，かつ署名しなければならない。

第132条［訴訟代理人に対する送達］ 受送達者に訴訟代理人がいる場合，人民法院は

受送達者に対して送達することができ，その訴訟代理人に送達することもできる。受送達者は，訴訟代理人を代理受取人に指定する場合において訴訟代理人に送達するとき，差置送達を適用する。

第133条［調停書の送達］　調停書は，当事者本人に直接送達しなければならず，差置送達を適用しない。当事者本人が事情により受領署名できない場合，その当事者の指定した代理受取人が受領署名することができる。

第134条［委託送達］　民訴法第88条の規定により，他の人民法院に送達の代行を委託する場合，委託した人民法院は委託文書を発行し，かつ送達が必要な訴訟文書と送達受領証を添付しなければならない。この場合，受送達者が送達受領証に受領署名した日を送達日とする。

② 送達を委託する場合，受託人民法院は，委託文書と関連訴訟文書の受領日から10日以内に送達を代行しなければならない。

第135条［電子送達］　電子送達は，ファックス，電子メール，移動通信等，即時に受取可能な特定システムを送達媒体とすることができる。

② 民訴法第87条第2項に規定する受送達者の特定システムへの到達日は，人民法院の対応システムに送信成功が表示された日とする。但し，その特定システムへの到達日と人民法院の対応システムに送信成功が表示された日が一致しないことを受送達者が証明した場合，受送達者証明によるその特定システムへの到達日を基準とする。

第136条［電子送達方式の確認］　受送達者が電子方式による送達に同意する場合，送達住所確認書において確認しなければならない。

第137条［送達住所の恒定］　当事者は，上訴提起，再審申立て，執行申立て時に，送達住所を書面により変更していない場合，第一審手続において確認した送達住所を第二審手続，裁判監督手続，執行手続の送達住所とすることができる。

第138条［公示送達］　公示送達は，法院の掲示板及び受送達者の住所地において公告を掲示することができ，新聞紙，情報ネットワーク等の媒体上に公告を掲載することもでき，公告の日は最後に掲示又は掲載した日を基準とする。公示送達方式に特別の要求がある場合，要求された方式により公示しなければならない。公告期限の満了時点において，送達されたものとみなす。

② 人民法院は，受送達者の住所地に公告を掲示する場合，写真，録画等の方式で掲示の過程を記録しなければならない。

第139条［公示送達の内容］　公示送達では，公示送達の原因を説明しなければならない。訴状又は上訴状の副本を公示送達する場合，提訴又は上訴の要点，受送達者の答弁期限及びそれを徒過して答弁しない場合の法的効果を説明しなければならない。呼出状を公示送達する場合，出廷の時間と場所及びそれを徒過して出廷しない場合の法的効果を説明しなければならない。判決書，裁定書を公示送達する場合，裁判の主要内容を説明しなければならず，当事者が上訴権を有する場合，上訴権，上訴期限，上訴する人民法院について説明しなければならない。

第140条［簡易手続における公示送達不適用］　簡易手続を適用する事件では，公示送達を適用しない。

第141条［判決書等の受取拒絶］　人民法院が期日を定めて判決を言い渡すとき，当事者が判決書，裁定書の受領署名を拒否する場合には，送達したものとみなし，裁判記録においてその旨を明記しなければならない。

六．調停

第142条［調停の実施］　人民法院は事件を受理した後，審査を経て法律関係が明確で事実が明らかであると認める場合，双方当事者の同意を得た上で，調停を直接行うことができる。

第143条［調停不適用］　特別手続，督促手続，公示催告手続を適用する事件，婚姻等身分関係の確認事件及びその他事件の性質により調停を進めることができない事件は，調停を行ってはならない。

第144条［虚偽調停への制裁］　人民法院は，民事事件の審理において，当事者が悪意通謀して和解，調停の方式により他者の合法的権益を侵害する企てを発見した場合，民訴法第112条の規定により処理しなければならない。

第145条［調停原則］　人民法院は，民事事件の審理において，自由意思，合法の原則に基づき調停を行わなければならない。当事者の一方又は双方が調停を望まない場合，速やかに裁判を行わなければならない。

②　人民法院は，離婚事件の審理において，調停を行わなければならない。但し，調停を長引かせ，決定しないことは許されない。

第146条［調停の非公開と守秘］　人民法院は，民事事件の審理において，調停の過程を公開しない。但し，当事者が公開に同意する場合を除く。

②　調停合意の内容は，公開しない。但し，国家利益，社会公共利益，他者の合法的権益を保護するため，確かに公開の必要があると人民法院が認める場合を除く。

③　調停主宰者及び調停参加者は，調停過程及び調停過程において知り得た国家機密，営業秘密，個人のプライバシー及びその他の公開すべきでない情報について，秘密を守らなければならない。但し，国家利益，社会公共利益，他者の合法的権益を保護する場合を除く。

第147条［委任代理人の調停参加］　人民法院は，事件の調停において当事者が出廷できない場合，その特別な授権を得た委任代理人が調停に参加することができ，達成した調停合意は，委任代理人が署名できる。

②　離婚事件の当事者は，特別の状況により出廷して調停に参加できない場合，本人が意思表示できない場合を除いて，書面意見を提出しなければならない。

第148条［和解，調停合意と判決の転換］　当事者が自ら和解し，又は調停合意に達した後，人民法院に和解合意又は調停合意の内容に基づき判決書の作成を請求する場

合，人民法院はこれを許可しない。
② 民事行為無能力者の離婚事件は，その法定代理人が訴訟を行う。法定代理人は，相手方と合意に達し，判決書の発行を請求する場合，合意内容に基づき判決書を作成することができる。

第149条［調停書の発効日］ 調停書の法的効力発生に当事者の受領署名を必要とする場合，最後に調停書を受領した当事者が，受領署名した日を調停書の発効日とする。

第150条［独立請求権のない第三者の調停参加］ 人民法院は，民事事件の調停において，独立請求権のない第三者が責任を負う必要がある場合，その者の同意を経なければならない。当該第三者が調停書送達前に翻意した場合，人民法院は，速やかに裁判をしなければならない。

第151条［調停合意の効力］ 民訴法第98条第1項第4号に基づき，各当事者が調停合意に署名又は押印した後直ちに法的効力を発生することに同意する場合，人民法院の審査確認を経た後，調書に記載し，又は調停合意を添付しなければならず，かつ当事者，裁判官等，書記官が署名又は押印した後に法的効力を生じる。
② 前項規定の状況において当事者が調停書の作成を請求する場合，人民法院は審査確認の後，調停書を作成し当事者に送達することができる。当事者が調停書の受領を拒否する場合，調停合意の効力に影響しない。

七．保全及び先行執行

第152条［保全担保］ 人民法院は，民訴法第100条，第101条の規定により，訴前保全，訴訟保全の措置を講じる際に利害関係人又は当事者に担保提供を命じる場合，書面でその旨を通知しなければならない。
② 利害関係人は，訴前保全を申し立てる場合，担保を提供しなければならない。訴訟前の財産保全を申し立てる場合，請求する保全金額に相当する担保を提供しなければならない。状況が特別である場合，人民法院は，事情を斟酌して処理することができる。訴訟前の行為保全を申し立てる場合，担保金額は人民法院が事件の具体的状況に基づき決定する。
③ 訴訟中に人民法院が申立て又は職権により保全措置を講じる場合，事件の具体的状況に基づき，当事者が担保を提供すべきか否か，及び担保金額を決定しなければならない。

第153条［特殊物品の保全］ 人民法院は，季節性商品，生鮮品，腐乱・変質しやすい物品，その他長期的保存に適さない物品につき保全措置を講じる場合，当事者に対し，速やかに処理するよう命じ，人民法院がその代価を保管できる。必要な場合，人民法院は換金し，代価を保管できる。

第154条［保全財産の保管］ 人民法院は，財産保全において財産の封印，差押え，凍結措置を講じるとき，封印，差押え，凍結がなされる財産を適切に保管しなければな

らない。人民法院の保管に適さない場合，人民法院は被保全者に保管を命じることができる。被保全者の保管に適さない場合は，他人又は保全申立人に保管を委託することができる。

② 担保物権の封印，差押え，凍結を行う者が占有する担保財産は，通常は担保物権者が保管する。人民法院が保管する場合，その質権，留置権は，保全措置を講じることにより消滅しない。

第155条［保全財産の使用］ 人民法院が被保全者に保管を命じた財産は，その継続使用が当該財産の価値に重大な影響を与えない場合，被保全者の継続使用を許すことができる。人民法院が保管する，又は他人，保全申立人に保管を委託する財産につき，人民法院及びその他の保管者は，これを使用してはならない。

第156条［保全方法と措置］ 人民法院は，財産保全の方法と措置を講じるとき，執行手続に関する規定に従って行う。

第157条［担保物保全の効力］ 人民法院は，抵当物，質物，留置物に対して財産保全措置を講じることができる。但し，抵当権者，質権者，留置権者の優先弁済権に影響しない。

第158条［期限到来収益の保全］ 人民法院は，債務者が期限到来によって得ることができる収益に対し，財産保全措置を講じて，その支出・受領を制限し，関係組織に執行への共助を通知することができる。

第159条［期限到来債権の保全］ 債務者の財産が保全の要求を満たせないが，他人に対して期限の到来した債権を有する場合，人民法院は，債権者の申立てにより，当該他人に対して，本案の債務者に弁済してはならない旨を裁定できる。当該他人が弁済を求める場合，人民法院が財物又は代金を供託する。

第160条［訴前保全の移送］ 当事者が，訴前保全の措置を講じた以外のその他の管轄権を有する人民法院に提訴する場合，訴前保全の措置を講じた人民法院は，保全手続を，事件を受理した人民法院に移送しなければならない。訴前保全の裁定は，移送を受けた人民法院が下した裁定とみなす。

第161条［上訴期間保全］ 当事者が第一審判決を不服として上訴を提起した事件について，第二審人民法院が事件の報告送付を受ける前に，当事者が財産の譲渡，隠蔽，売却又は毀損等を行い，保全措置を講じる必要がある場合，第一審人民法院が当事者の申立て又は職権によりそれを講じる。第一審人民法院の保全の裁定は，第二審人民法院に速やかに報告送付しなければならない。

第162条［二審・再審保全の実施］ 第二審人民法院は，第一審人民法院が講じた保全措置について保全続行又は新たな保全措置を講じる旨を裁定する場合，自らそれを実施することができ，第一審人民法院に実施を委託することもできる。

② 再審人民法院は，原保全措置について保全続行又は新たな保全措置を講じる旨を裁定する場合，自らそれを実施することができ，原審人民法院又は執行法院に実施を委託することもできる。

第 163 条［執行前保全］　法律文書の発効後，執行手続に入る前に，債権者は，相手方当事者の財産移転等の緊急の状況により，保全申立てを行わなければ法律文書が執行不能又は執行が困難になるおそれがある場合，執行法院に保全措置を講じるよう申し立てることができる。債権者が法律文書に指定された履行期間満了後 5 日以内に執行を申し立てない場合，人民法院は，保全を解除しなければならない。

第 164 条［担保財産の保全］　保全申立人又は他人が提供した担保財産について，人民法院は，法により封印，差押え，凍結等の手続を講じなければならない。

第 165 条［保全措置の解除］　人民法院は，保全措置を講じる裁定を下した後，保全裁定を下した人民法院が自ら解除又はその上級人民法院が解除を決定する以外には，保全期限内において，いかなる組織も保全を解除してはならない。

第 166 条［保全解除の裁定］　保全措置を裁定した後，次に掲げる事由のある場合，人民法院は，保全解除の裁定を下さなければならない。
　一　保全に誤りがあるとき
　二　申立人が保全申立てを取り下げるとき
　三　申立人の訴え提訴又は訴訟請求が，発効した裁判により却下・棄却されたとき
　四　人民法院が保全を解除すべきと認めるその他の事由があるとき
② 登記の方法で実施した保全措置を解除する場合，登記機関に執行共助通知書を送付しなければならない。

第 167 条［保全目的物の変更］　財産保全の被保全者がその他の等価の担保財産を提供し，かつ執行に有利である場合，人民法院は，保全対象物を被保全者が提供する担保財産に変更する旨を裁定できる。

第 168 条［訴訟保全と執行措置のリンク］　保全裁定が人民法院の法による取消し又は解除を経ずして執行手続に入った後，執行における封印，差押え，凍結の措置に自動的に移行し，期限は連続して計算し，執行法院は裁定書を改めて作成する必要はない。但し，封印，差押え，凍結期限が満了した場合を除く。

第 169 条［先行執行の時間，範囲］　民訴法が規定する先行執行につき，人民法院は，事件を受理した後，終局判決を行う前に講じなければならない。先行執行は，当事者の訴訟請求の範囲に限られ，かつ当事者の生活，生産経営の差し迫った必要を限度としなければならない。

第 170 条［先行執行の状況の切迫］　民訴法第 106 条第 3 号に規定する状況の切迫とは，次に掲げるものをいう。
　一　直ちに侵害を停止し，妨害を排除しなければならないとき
　二　直ちに特定の行為を制止しなければならないとき
　三　生産経営活動の回復のために差し迫った必要がある保険金の支払いを請求するとき
　四　社会保険料，社会救助資金を直ちに返還しなければならないとき
　五　金銭を直ちに返還しなければ権利者の生活，生産経営活動に重大な影響を及ぼす

とき

第171条［当事者の保全，先行執行裁定への不服］　当事者が保全又は先行執行の裁定を不服とする場合，裁定書の受領日から5日以内に裁定を下した人民法院に再議を申し立てることができる。人民法院は，再議の申立てを受け取ってから10日以内に審査しなければならない。裁定が正しい場合，当事者の請求を棄却する。裁定が不当である場合，原裁定を変更又は取り消す。

第172条［利害関係人の保全，先行執行裁定への不服］　利害関係人が保全又は先行執行の裁定を不服として再議を申し立てた場合，裁定を下した人民法院が民訴法第108条の規定により処理する。

第173条［先行執行取得利益の返還］　人民法院が先行執行を行った後，発効した判決を根拠として申立人が先行執行によって取得した利益を返還すべき場合，民訴法第233条の規定を適用する。

八．民事訴訟の妨害に対する強制措置

第174条［出廷すべき被告と勾引範囲］　民訴法第109条に規定する出廷しなければならない被告とは，扶助，養育，扶養の義務を負う被告，及びその出廷がなければ事件の状況を明らかにすることができない場合の被告をいう。

② 人民法院は，出廷しなければならず，出廷することにより事件の基本的事実を明らかにすることができる原告が，二回の呼出状により呼び出したにもかかわらず，正当な理由なく出廷を拒絶した場合，勾引することができる。

第175条［勾引手続］　勾引にあたり，必ず勾引状を使用し，被勾引者に直接送達しなければならない。勾引前に被勾引者に対して，出廷を拒否したことの結果を説明しなければならない。意見し教育したにもかかわらず出廷を拒否した場合，勾引により出廷させることができる。

第176条［法定秩序妨害行為］　訴訟参与者又はその他の者に次に掲げる行為がある場合，人民法院は民訴法第110条を適用してこれを処理することができる。

一　許可なく録音，録画，写真撮影を行ったとき
二　許可なく移動体通信等の方式により裁判を現場報道したとき
三　法廷の秩序を乱し，裁判の進行を妨害するその他の行為をしたとき

② 前項規定の状況があった場合，人民法院は，訴訟参与者又はその他の者が録音，録画，写真撮影，裁判活動の伝達を行う機材を一時押収し，当該訴訟参与者又はその他の者に関連内容の削除を命じることができる。削除を拒否した場合，人民法院は，必要な手段を講じて強制的に削除できる。

第177条［訓戒処分，法廷退出命令］　訓戒処分，法廷退出命令は，合議体又は単独制の裁判官が決定する。訓戒処分の内容，法廷退出命令を受けた者の違法事実は，法廷審理記録に記載しなければならない。

第178条［拘留手続］　人民法院が民訴法第110条から第114条の規定により拘留措置を講じる場合，人民法院院長の承認を経て，拘留決定書を作成し，司法警察により被拘留者を当地の公安機関に移送し，監視する。

第179条［管轄区外所在者の拘留］　被拘留者が当該管轄区域にいない場合，拘留決定を下した人民法院は，被拘留者の所在地にある人民法院に人員を派遣して，当該法院に執行への共助を求めなければならない。受託人民法院は，速やかに人員を派遣して執行に共助しなければならない。被拘留者が再議を申し立て，又は拘留期間において誤りを認めて改め，拘留を繰り上げて解除する必要がある場合，受託人民法院は，委託人民法院にその旨を伝達又は建議しなければならず，委託人民法院が審査し，決定する。

第180条［拘留通知］　人民法院は，被拘留者に対して拘留措置を講じた後，24時間以内にその家族に通知しなければならない。時間通りに通知できない，又は通知が届かない場合，事件記録に留めなければならない。

第181条［緊急拘留］　騒ぎを起こす，法廷に乱入する，暴力，威嚇等の方法により公務執行に抵抗する等の切迫した状況のため，直ちに拘留を講じなければならない場合，拘留後直ちに院長に報告をして承認手続を補足することができる。院長が拘留を不当と認める場合，拘留を解除しなければならない。

第182条［拘留の解除］　被拘留者が拘留期間において誤りを認めて悔い改める場合は，被拘留者に誓約書の提出を命じ，期限前に拘留を解除することができる。期限前に拘留を解除する場合，院長の承認を経て，かつ期限前拘留解除決定書を作成し，監視の責任を負う公安機関に交付し執行する。

第183条［過料と拘留］　民訴法第110条から第113条に規定する過料，拘留は，単独で適用することができ，併用もできる。

第184条［過料・拘留の連続適用禁止］　同一の民事訴訟妨害行為に対する過料，拘留は，連続して適用してはならない。新たな民事訴訟妨害行為が発生した場合，人民法院は改めて過料，拘留を科すことができる。

第185条［過料・拘留への不服］　過料，拘留を科せられた者が過料，拘留の決定を不服として再議を申し立てる場合，決定書の受領日から3日以内に提起しなければならない。上級人民法院は，再議の申立ての受領後5日以内に決定を下し，審査結果を下級人民法院と当事者に通知しなければならない。

第186条［過料・拘留への再議決定］　上級人民法院は，再議の審査時において強制措置が不当と認める場合，決定書を作成し，下級人民法院が下した過料，拘留の決定を取り消し，又は変更しなければならない。状況が切迫している場合，口頭で通知した後，3日以内に決定書を送付することができる。

第187条［暴力等による司法職員の職務妨害行為］　民訴法第111条第1項第5号に規定する暴力，脅迫その他の方法により司法職員の職務執行を妨害する行為とは，次に掲げるものをいう。

一 人民法院において騒ぎ，留まって動かず，司法職員の制止を聞かないとき
二 人民法院の法律文書，封印標識を故意に毀損，奪取したとき
三 公務執行の現場において騒ぐ，乱入する，執行又は執行共助の公務員を包囲し，身柄を拘束したとき
四 押収された事件資料，公務執行車輛，その他公務執行の器械，執行公務員の衣服及び執行公務証書を毀損・奪取したとき
五 暴力，脅迫その他の方法により司法職員による財産の調査，封印，差押え，凍結，振替え，競売，換金を妨害するとき
六 暴力，脅迫その他の方法により司法職員の職務執行を妨害するその他の行為

第188条［発効した裁判の履行拒絶］ 民訴法第111条第1項第6号に規定する既に発効した人民法院の判決又は裁定の履行を拒絶する行為とは，次に掲げるものをいう。
一 法律文書の法的効力が発生した後，財産の隠蔽，譲渡，換金，毀損又は財産の無償譲渡，明らかに不合理な価格での財産取引，期限の到来した債権の放棄，他者への担保の無償提供等により，人民法院に執行できなくさせたとき
二 人民法院に担保提供した財産を隠蔽，譲渡，毀損し，又は人民法院の許可なく処分したとき
三 人民法院の高額消費制限令に違反して消費したとき
四 履行能力を有するにもかかわらず，人民法院の執行通知に従い発効した法律文書で確定された義務の履行を拒むとき
五 執行共助義務を負う個人が，人民法院の執行共助通知書を受領した後執行への共助を拒むとき

第189条［民事訴訟妨害に対する強制措置］ 訴訟参与者又はその他の者が次に掲げる行為に該当する場合，人民法院は民訴法第111条の規定を適用して処理することができる。
一 他人の名義を冒用して訴えを提起し，又は訴訟に参加したとき
二 証人が保証書に署名した後で虚偽の証言を行い，人民法院による事件審理を妨害したとき
三 被執行者の履行能力に関わる重要な証拠を偽造，隠匿，毀損し，又はその提出を拒み，人民法院による被執行者の財産状況の調査究明を妨害したとき
四 人民法院により既に凍結された財産を無断で解除したとき
五 人民法院による執行共助通知書を受領した後，当事者に内部情報を提供し，財産の移転，隠匿を助けたとき

第190条［虚偽訴訟］ 民訴法第112条に規定する「他人の合法的権益」とは，訴外第三者の合法的権益，国家利益，社会公共利益が含まれる。
② 第三者が民訴法第56条第3項の規定により取消しの訴えを提起し，審査の結果，原事件の当事者が悪意通謀して虚偽訴訟を行っていた場合，民訴法第112条の規定を適用して処理する。

第191条［虚偽訴訟に関与した組織］　組織に民訴法第112条又は第113条に規定する行為があった場合，人民法院は当該組織に過料を科し，その主たる責任者又は直接責任者に対し，過料又は拘留を科することができる。犯罪を構成する場合，法により刑事責任を追及する。

第192条［執行共助の拒絶組織］　関係組織が人民法院から執行共助通知書を受領した後に，次に掲げる行為がある場合，人民法院は民訴法第114条を適用して処理することができる。
　一　被執行者の高額消費を許したとき
　二　被執行者の出国を許したとき
　三　関係財産権証書の移転手続，権利帰属変更登記，計画審査承認等の手続処理の停止を拒絶したとき
　四　組織内部の指示，内部の審査承認が必要である，内部に規定がある等を理由として処理を引き延ばしたとき

第193条［過料金額］　人民法院は，個人又は組織を過料に処する場合，その実施した民事訴訟妨害行為の性質，情状，影響，当地の経済成長の度合い及び訴額等の要因に基づき，民訴法第115条第1項に規定する限度内で相応の過料金額を確定しなければならない。

九．訴訟費用

第194条［事件受理費の例外］　民訴法第54条の規定により審理する事件は，事件受理費を予納せず，事件終了後に訴額に応じて敗訴側が納付する。

第195条［督促手続事件の事件受理費］　支払命令の失効後に訴訟手続に入る場合，債権者は訴訟費用納付弁法に基づいて事件受理費を収めなければならない。
②　支払命令が取り消された後に債権者が別に訴えを提起した場合，訴訟費用納付弁法に基づいて訴訟費用を納める。

第196条［原審訴訟費用の処理］　人民法院は，原判決，裁定，調停の結果を変更する場合，裁判文書中の原審の訴訟費用負担につき併せて処理しなければならない。

第197条［証券訴訟の訴額計算］　係争目的物が証券である場合，証券取引の規制に従い，かつ当事者の提訴日から直近の取引日の終値，当日の市場価格又は当該当事者が記載した金額に基づき訴訟物の金額を算出する。

第198条［特定物又は知的財産権訴訟の訴額計算］　係争目的物が家屋，土地，林木，車輌，船舶，文物等の特定物又は知的財産権であり，提訴時に価格の確定が難しい場合，人民法院は主張価格が高すぎる，又は低すぎることの訴訟上のリスクを原告に説明した上で，原告の主張する価値をもって訴訟物の金額を確定しなければならない。

第199条［簡易手続から通常手続に変更した場合の訴訟費用］　簡易手続を適用して審理する事件を通常手続に変更する場合，原告は，人民法院の訴訟費用納付通知の受領

日から7日以内に事件受理費を納付する。
② 原告が正当な理由なく期日までに全額を支払わない場合，訴え取下げとして処理し，既に徴収した訴訟費用の半分を返還する。

第200条［破産派生訴訟事件の訴訟費用］ 破産手続における債務者関連の民事訴訟事件については，財産事件の基準に従って訴訟費用を納付する。但し，労働紛争事件を除く。

第201条［複合的事件の訴訟費用］ 財産的請求と同時に，非財産的請求もある場合，財産的請求の基準に従って訴訟費用を納付する。
② 複数の財産的請求がある場合，併せて計算し，訴訟費用を納付する。訴訟請求の中に複数の非財産的請求がある場合，一件として訴訟費用を納付する。

第202条［上訴事件受理費］ 原告，被告，第三者が別々に上訴する場合，各上訴請求に応じて第二審事件受理費を予納する。
② 一方が複数人を共同訴訟人として上訴する場合，第二審事件一件分の受理費のみを予納する。複数人が別々に上訴する場合，各請求に応じて第二審事件受理費を予納する。

第203条［連帯責任当事者の費用負担］ 連帯責任を負う当事者が敗訴した場合，訴訟費用を共同して負担しなければならない。

第204条［担保物権実行事件］ 担保物権実行事件につき，人民法院が担保財産の競売，換金の裁定をした場合，申立費は債務者，保証人が負担する。人民法院が申立却下の裁定をした場合，申立費は申立人が負担する。
② 申立人が別に訴えを提起した場合，当該申立人が既に納付した申立費は，事件受理費から控除することができる。

第205条［担保物権実行事件の申立費］ 担保財産の競売，換金の裁定が下された後，人民法院が強制執行を行う場合，執行金額に従い執行申立費を納付する。

第206条［受理費の半減］ 人民法院は，事件受理費の半減を決定する場合，一度のみ半減することができる。

第207条［訴訟費用の返還］ 判決の発効後，勝訴側が予納していた負担すべきでない訴訟費用につき，人民法院はこれを返還し，敗訴側が当該訴訟費用を人民法院に納付しなければならない。但し，勝訴側が自ら進んで負担し，又は敗訴側が勝訴側に直接支払うことに同意した場合を除く。
② 当事者が訴訟費用の納付を拒絶した場合，人民法院は強制執行することができる。

十．第一審通常手続

第208条［立案登記］ 人民法院は，当事者が提出した民事事件の訴状を受領したとき，民訴法第119条の規定に適合し，かつ第124条の規定する事由に該当しない場合，立案登記をしなければならない。その場で提訴条件を具えるか否かを判定できない場

合，提訴資料を受領し，受領日が明記された受領証を発行しなければならない。
② 必要な関連資料を補充する必要がある場合，人民法院は速やかにその旨を当事者に告知しなければならない。関連資料が揃った後，7日以内に立案するか否かを決定しなければならない。
③ 立案後，提訴条件を具えず，又は民訴法第124条に規定する事由に該当することが判明した場合，訴え却下を裁定する。
第209条［明確な被告］ 原告が提供した被告の氏名又は名称，住所等の情報が具体的かつ明確で，被告と他者とを区別するに足る場合，明確な被告が存在すると認定できる。
② 訴状に記載された被告の情報が，明確な被告の存在を認定するに足りない場合，人民法院は原告に訴状の補正を告知することができる。原告が補正した後，なお明確な被告を確定できない場合，人民法院は不受理を裁定する。
第210条［訴状の訂正］ 原告が訴状中で暴言や人格を否定する言葉を用いる場合，人民法院はそれを訂正した後に訴えを提起するよう告知しなければならない。
第211条［管轄権の職権審査］ 人民法院は，管轄権を有しない事件について，管轄権のある人民法院に訴えを提起するよう原告に告知する。原告がなおも訴えを提起する場合は不受理を裁定する。立案後に管轄権を有しないことが判明した場合，事件を管轄権のある人民法院に移送しなければならない。
第212条［不受理・却下後の再訴］ 不受理，訴え却下の裁定がされた事件について原告が再び訴えを提起し，訴え提起の条件を具えかつ民訴法第124条に規定する事由に該当しない場合，人民法院はこれを受理しなければならない。
第213条［事件受理費未払いの処理］ 原告が事件受理費を予納すべきにもかかわらず予納しない場合，人民法院は当該原告に予納するよう通知しなければならない。通知後も予納せず，又は減額，緩和，免除の申立てに承認を得ていないにもかかわらず予納しない場合，訴え取下げとして処理する旨裁定する。
第214条［訴え取下げ後の再訴］ 原告が訴えを取り下げた，又は人民法院が訴え取下げとして処理した後，原告が同一の訴訟請求により再び訴えを提起した場合，人民法院はこれを受理しなければならない。
② 原告が訴えを取り下げた，又は訴えを取下げとして処理した離婚事件について，新たな状況，新たな理由がなく，6ヶ月以内に再び訴えを提起した場合，民訴法第124条第7号によりこれを受理しない。
第215条［仲裁と訴訟］ 民訴法第124条第2号の規定により，当事者が書面契約において仲裁条項を合意し，又は紛争が発生した後に書面の仲裁合意を締結しており，一方当事者が人民法院に訴えを提起する場合，人民法院は原告に対して仲裁機関に仲裁を申し立てるよう告知しなければならず，当該当事者がなお訴えを提起する場合，不受理を裁定する。但し，仲裁条項又は仲裁合意の不成立，無効，失効，内容の不明確により執行できない場合を除く。

第 216 条〔仲裁合意の審査〕　人民法院の第一回開廷前に，被告は，書面仲裁合意があることを理由として民事事件受理に対して異議を提出する場合，人民法院はこれを審査しなければならない。
② 審査の結果，次に掲げる事由に該当する場合，人民法院は訴え却下を裁定する。
一　仲裁機関又は人民法院が仲裁合意の有効性を既に確認したとき
二　仲裁廷の第一回開廷前に当事者が仲裁合意の効力について異議を提出しないとき
三　仲裁合意が仲裁法第 16 条の規定に適合し，かつ仲裁法第 17 条に規定する事由がないとき

第 217 条〔行方不明者との離婚事件〕　夫婦の一方が行方不明となり，他方が人民法院に訴えを提起して離婚のみを求め，行方不明者の失踪又は死亡の宣告を申し立てない事件について，人民法院はこれを受理し，行方不明者に対して訴訟文書を公示送達しなければならない。

第 218 条〔一事不再理の例外〕　扶助料，扶養料，養育費に関する事件について，裁判の法的効力が発生した後，新たな状況，新たな事由により，一方当事者が再び訴えを提起し，費用の増加又は低減を求める場合，人民法院は，これを新事件として受理しなければならない。

第 219 条〔訴訟時効期間経過後の提訴〕　当事者が訴訟時効期間の経過後に訴えを提起した場合，人民法院はこれを受理しなければならない。受理後に相手方当事者が訴訟時効の抗弁を提出した場合において，人民法院は審理の上で抗弁事由が成立すると認めるとき，原告の訴訟請求を棄却する判決をする。

第 220 条〔営業秘密〕　民訴法第 68 条，第 134 条，第 156 条に規定する営業秘密とは，生産技術，調合方法，取引関係，仕入れ・販売ルート等，当事者が公開を望まない技術上の秘密，営業上の情報をいう。

第 221 条〔訴えの併合〕　同一の事実に基づいて発生した紛争について，当事者が同一の人民法院に各別に訴えを提起する場合，人民法院は審理を併合することができる。

第 222 条〔第三者の訴訟参加〕　原告が訴状の中に第三者を直接記載する場合，当該原告が当該第三者を訴訟参加人として追加するよう人民法院に申し立てたものとみなす。第三者に訴訟参加を通知するか否かは，人民法院が審査の上で決定する。

第 223 条〔応訴管轄〕　当事者が答弁書提出期間において管轄権異議を提出し，さらに訴状の内容について答弁を行った場合，人民法院は民訴法第 127 条第 1 項により管轄権異議について審査を行わなければならない。
② 当事者が管轄権異議を提出せず，事件の実体的内容について答弁，陳述又は反訴を行う場合，民訴法第 127 条第 2 項に規定する応訴答弁と認めることができる。

第 224 条〔審理前準備の方式〕　民訴法第 133 条第 4 号の規定により，人民法院は答弁期間満了後，証拠交換，開廷前会議の召集等の方式を通じて，審理前の準備を行うことができる。

第 225 条〔開廷前会議〕　事件の具体的状況に基づき，開廷前会議は次に掲げる内容を

含めることができる。
一　原告の訴訟請求と被告の答弁内容を明らかにすること
二　当事者の追加，訴訟請求の変更に係る申立て，提起された反訴及び第三者が提起した本案と関わる訴訟請求を審査し処理すること
三　当事者の申立てに基づき，証拠の調査収集，鑑定の委託，当事者に対する証拠提出の要求，検証の実施，証拠保全の実施について決定すること
四　証拠交換を実施すること
五　争点を整理すること
六　調停を行うこと

第226条［争点整理］　人民法院は，当事者の訴訟請求，答弁内容及び証拠交換の状況に基づき，争点を整理し，かつとりまとめた争点について当事者に意見を求めなければならない。

第227条［開廷通知］　人民法院が通常手続を適用して審理する事件は，開廷の3日前までに呼出状を用いて当事者を呼び出さなければならない。訴訟代理人，証人，鑑定人，検証人，通訳人については，通知書を用いて出廷するよう通知しなければならない。当事者その他の訴訟参加人が外地にいる場合，必要な移動時間を考慮しなければならない。

第228条［法廷審理の内容］　法廷審理は，当事者間に争いのある事実，証拠，法律の適用等の争点をめぐって行わなければならない。

第229条［禁反言］　当事者が法廷審理において，同人が審理前準備段階で認めた事実と証拠について異なる意見を提出した場合，人民法院は当該当事者に理由の説明を命じなければならない。必要な場合，当該当事者に相応する証拠の提出を命じることができる。人民法院は，当事者の訴訟能力，証拠，事件の具体的状況を結合して審査を行わなければならない。理由が成立する場合，争点に追加して審理を進めることができる。

第230条［法廷調査と法廷弁論］　人民法院は，事件の具体的状況に基づき，当事者の同意を得た上で，法廷調査と法廷弁論を併せて進行することができる。

第231条［新証拠の処理］　当事者が法廷において新証拠を提出する場合，人民法院は民訴法第65条第2項と本解釈の関連規定により処理しなければならない。

第232条［訴訟請求追加又は反訴の併合審理］　事件の受理後，法廷弁論が終了するまでに，原告が訴訟請求を追加し，被告が反訴を提起し，第三者が当該事件に関連する訴訟請求を提出し，審理を併合することができる場合，人民法院は併合審理しなければならない。

第233条［反訴］　反訴当事者は，本訴当事者の範囲に限られる。

②　反訴と本訴の訴訟請求が同一の法律関係に基づく，訴訟請求間に因果関係がある，又は反訴と本訴の訴訟請求が同一の事実に基づく場合，人民法院は併合して審理しなければならない。

③ 反訴が，他の人民法院が専属で管轄しなければならない，又は本訴の係争物及び訴訟請求が根拠とする事実，理由と関連性がない場合，不受理の裁定を下し，別に訴えを提起するよう告知する。

第234条［民事行為無能力者の離婚訴訟］ 民事行為無能力者の離婚訴訟において，当事者の法定代理人は出廷しなければならない。法定代理人が出廷できない場合，人民法院は事実を明らかにした上で，法により判決を下さなければならない。

第235条［民事行為無能力当事者の法定代理人の出廷拒否］ 民事上の行為能力がない当事者の法定代理人が呼出状により呼び出され，正当な理由なく出廷を拒否した場合において，当該法定代理人が原告側に属するときは，民訴法第143条の規定にならい訴え取下げとして処理する。被告側に属するときは，民訴法第144条の規定にならい欠席判決をする。必要な場合，人民法院は当該法定代理人を勾引し出廷させることができる。

第236条［独立請求権を有する第三者の訴え取下擬制］ 独立請求権を有する第三者が人民法院の呼出状により呼び出され，正当な理由なく出廷を拒否し，又は法廷の許可なく中途退廷した場合，民訴法第143条の規定にならい訴えの取下げとして処理する。

第237条［独立請求権を有する第三者の訴訟参加と原告の訴え取下げ］ 独立請求権を有する第三者が訴訟に参加した後，原告が訴え取下げを申し立てた場合，人民法院は原告の訴え取下げを許可した上で，独立請求権を有する第三者を別事件の原告とし，原事件の原告，被告を別事件の被告として訴訟を継続する。

第238条［訴え取下げの不許］ 当事者が訴え取下げを申し立てた，又は法により訴え取下げとして処理できる事件について，当事者に法律違反行為があり，法により処理する必要がある場合，人民法院は訴え取下げを許可しない，又は訴え取下げとして処理しないことができる。

② 法廷弁論終結後，原告が訴え取下げを申し立てたにもかかわらず，被告が同意しない場合，人民法院はこれを許可しない。

第239条［訴え取下げの反訴に対する影響］ 人民法院が本訴の原告による訴え取下げを許可した場合，反訴について継続して審理しなければならない。被告が反訴の取下げを申し立てた場合，人民法院はこれを許可しなければならない。

第240条［独立請求権なき第三者の出廷拒否・中途退廷の効果］ 独立請求権を有さない第三者が人民法院の呼出状により呼び出され，正当な理由なく出廷を拒否し，又は法廷の許可なく中途退廷した場合，事件の審理に影響しない。

第241条［欠席判決］ 被告が呼出状による呼出しを経て正当な理由なく出廷を拒否し，又は法廷の許可なく中途退廷した場合，人民法院は期日通り開廷し，又は開廷審理を継続しなければならない。出廷した当事者の訴訟請求，双方の主張の理由及び既に提出した証拠，その他の訴訟資料について審理を行った上で，法により欠席判決をすることができる。

第242条［第一審判決の誤りの処理］　第一審判決の言渡し後，原審人民法院が判決に誤りがあることを発見し，当事者が上訴期間内に上訴を提起した場合，原審人民法院は原判決に誤りがあるという意見を提出し，第二審人民法院に報告送付することができ，第二審人民法院が第二審手続により審理を行う。当事者が上訴しない場合，裁判監督手続により処理する。

第243条［審理期限］　民訴法第149条に規定する審理期限とは，立案日から裁判言渡日，調停合意送達日までの期間をいう。但し，公告期間，鑑定期間，双方当事者の和解期間，当事者が提出した管轄権異議の審理及び人民法院間の管轄紛争を処理する期間を算入してはならない。

第244条［上訴期間の起算日］　上訴申立てが可能な判決書，裁定書を双方当事者に同時に送達できない場合，上訴期間は，各自の判決書，裁定書の受領日から起算する。

第245条［記載上の誤り］　民訴法第154条第1項第7号に規定する記載上の誤りとは，法律文書の書間違い・違算，訴訟費用の記載漏れ・違算及びその他の誤記をいう。

第246条［訴訟手続の再開・続行］　裁定による訴訟停止の原因が解消され，訴訟手続を再開・続行するとき，原裁定を取り消す必要はなく，人民法院から双方当事者に訴訟継続を通知又は許可した時点から訴訟手続停止の裁定は効力を失う。

第247条［重複提訴］　当事者は，既に訴えを提起した事項について，訴訟中又は裁判発効後に再び訴えを提起し，同時に次に掲げる条件を具える場合，重複提訴を構成する。
　一　後訴と前訴の当事者が同じであること
　二　後訴と前訴の訴訟物が同じであること
　三　後訴と前訴の訴訟請求が同じである，又は後訴の訴訟請求が事実上前訴の裁判結果を否定する関係にあること
②　当事者が重複提訴を行う場合，不受理を裁定する。既に受理した場合，訴え却下を裁定する。但し，法律，司法解釈に別段の規定がある場合を除く。

第248条［一事不再理の例外］　裁判の法的効力が発生した後，新たな事実が発生し，当事者が再び訴えを提起する場合，人民法院はこれを受理しなければならない。

第249条［当事者恒定及び訴訟承継の原則］　訴訟中に争いのある民事上の権利義務を移転する場合，当事者の訴訟主体資格と訴訟上の地位には影響しない。人民法院が下した，発効した判決，裁定は，譲受人に対して拘束力を有する。
②　譲受人が独立請求権のない第三者として訴訟に参加することを申し立てた場合，人民法院はこれを許可することができる。譲受人が当事者に代わって訴訟を引き受けることを申し立てた場合，人民法院は事件の具体的状況に基づきその認否を決定することができる。許可しない場合，当該譲受人を独立請求権のない第三者として追加することができる。

第250条［当事者の変更］　本解釈第249条の規定により，人民法院が，譲受人が当事者に代わって訴訟を引き受けることを許可した場合，当事者を変更する旨裁定する。

② 当事者を変更した後，訴訟手続は譲受人を当事者として続行し，原当事者は訴訟から脱退しなければならない。原当事者が既に完了した訴訟行為は，譲受人に対して拘束力を有する。

第251条［差戻事件における請求変更］　第二審において第一審判決の取消し，原審差戻しの裁定がなされた事件について，当事者が訴訟請求の変更，追加を申し立て，又は反訴を提起し，第三者が当該事件に関連する訴訟請求を提出した場合，民訴法第140条の規定により処理する。

第252条［再審による差戻事件の請求変更］　再審において原判決取消しの裁定，原審差戻しの裁定が下された事件について，当事者が訴訟請求の変更，追加を申し立て，又は反訴を提出し，次に掲げる事由に該当する場合，人民法院はこれを許可しなければならない。
　一　原審において適法な呼出しがなされずに欠席判決となり，当事者による訴訟上の権利行使に影響を及ぼしたとき
　二　新しい訴訟当事者を追加したとき
　三　訴訟の目的物が滅失し又は変化が生じ，元の訴訟請求が実現不能となったとき
　四　当事者が変更，追加を申し立てた訴訟請求又は提起した反訴が，別訴で解決できないとき

第253条［直ちに判決を言い渡した事件の裁判文書送達］　当該法廷において直ちに判決を言い渡した事件につき，当事者が法廷で裁判文書の郵送を求める場合を除き，人民法院は当事者又は訴訟代理人に裁判文書を受領する日時と場所及び期限経過後に受領しないことの法的結果を告知しなければならない。上述の状況は，事件記録に記載しなければならない。

第254条［裁判文書の公開］　公民・法人・その他の組織が発効した判決書・裁定書の閲覧を申し立てる場合，当該発効した裁判を行った人民法院に提出しなければならない。申立ては書面形式で提出し，かつ事件番号又は当事者の氏名，名称を提供しなければならない。

第255条［閲覧申立ての審査］　判決書・裁定書の閲覧の申立てについて，人民法院は次に掲げる状況に応じて処理する。
　一　判決書・裁定書が既に情報ネットワークを通じて社会に公開されている場合，自身で閲覧するよう申立人を指導しなければならない。
　二　判決書・裁定書が情報ネットワークを通じて社会に公開されておらず，かつ申立てが条件を具える場合，速やかに簡便な閲覧サービスを提供しなければならない。
　三　判決書・裁定書の法的効力が未発生又は法的効力を既に失っている場合，閲覧サービスを提供せず，かつその旨を申立人に告知する。
　四　発効した判決書・裁定書が，当該法院が作成したものでない場合，発効した裁判を行った人民法院に閲覧を申し立てるよう申立人に告知しなければならない。
　五　申し立てる閲覧内容が国家機密，営業秘密，個人のプライバシーに関わる場合，

これを許可せず，かつその旨を申立人に告知する

十一．簡易手続

第256条［簡易手続の適用要件］　民訴法第157条に規定する簡単な民事事件における事実が明らかとは，当事者の係争事実に対する陳述が基本的に一致し，かつ当事者が相応の証拠を提供でき，事実を究明するために人民法院が証拠を調査収集する必要がないことをいう。権利義務関係が明確とは，誰が責任負担者か，誰が権利者かを明らかに区別できることをいう。争いが大きくないとは，当事者が事件の是非，責任の負担，訴訟物について原則的に意見対立がないことをいう。

第257条［簡易手続不適用］　次に掲げる事件については簡易手続を適用しない。
　一　訴え提起の時点で被告が行方不明である事件
　二　原審に差し戻された事件
　三　一方当事者の人数が多い事件
　四　裁判監督手続が適用される事件
　五　国家利益，社会公共利益に関わる事件
　六　第三者が発効した判決・裁定・調停合意の変更又は取消しを求めて提訴した事件
　七　簡易手続の適用が相応しくないその他の事件

第258条［簡易手続の審理期限延長］　簡易手続を適用して審理する事件について，審理期限の満了後，双方当事者が簡易手続の継続適用に同意する場合，当該法院院長の承認により，審理期限を延長することができる。延長後の審理期間は累計6ヶ月を超えてはならない。

② 人民法院は事件の経緯が複雑で通常手続による審理に変更する必要があることを発見した場合，審理期限が満了する前に裁定を下し，合議体の構成員及び関連事項を書面で双方当事者に通知しなければならない。

③ 事件を通常手続による審理に変更する場合，その審理期限は人民法院の立案日から起算する。

第259条［簡易手続の開廷方式］　双方当事者は，開廷方式について人民法院に申請を提出し，人民法院がその認否を決定する。双方当事者の同意を経て，映像通信技術等の方式を採用して開廷することができる。

第260条［通常手続の簡易手続への変更不可］　既に通常手続による審理が行われている事件は，開廷後に簡易手続による審理に変更してはならない。

第261条［簡易手続における訴訟文書送達］　簡易手続を適用して審理する事件について，人民法院は伝言，電話，ショートメッセージ，ファックス，電子メール等の簡便な方式で双方当事者の呼出し，証人への通知，裁判文書以外の訴訟文書の送達を行うことができる。

② 簡便な方式により送達された開廷通知について，当事者による確認がない，又は当

事者が既に受領したことを証明するその他の証拠がない場合，人民法院は欠席判決を下してはならない。
③ 簡易手続を適用して審理する事件では，一名の裁判官が単独で審理し，書記官が記録を担当する。

第262条［人民法廷裁判文書の印章］　人民法廷が作成する判決書・裁定書・調停合意については，必ず基層人民法院の印章を押印し，基層人民法院の印章の代わりに人民法廷の印章を用いてはならない。

第263条［簡易手続の事件記録］　簡易手続を適用して審理する事件では，事件記録中に次に掲げる資料を備えなければならない。
一　訴状又は口頭提訴の記録
二　答弁書又は口頭答弁の記録
三　当事者の身分証明資料
四　訴訟行為の代理を他者に委任したことを証明する委任状又は口頭委任の記録
五　証拠
六　当事者尋問の記録
七　審理（調停を含む）の記録
八　判決書，裁定書，調停書又は調停合意
九　送達及び判決言渡しの記録
十　執行状況
十一　訴訟費用の領収書
十二　民訴法第162条の規定を適用して審理する場合，関連手続適用に係る書面告知

第264条［合意による簡易手続適用］　双方当事者は，民訴法第157条第2項の規定により簡易手続適用を約定した場合，開廷前に提出しなければならない。口頭で提出する場合，記録に記載し，双方当事者が署名又は捺印によって確認する。
② 本解釈第257条に規定する事件について当事者が簡易手続の適用を約定した場合，人民法院はこれを許可しない。

第265条［口頭提訴］　原告が口頭提訴を行う場合，人民法院は当事者の氏名，性別，勤務先，住所，連絡先等の基本情報，訴訟請求，事実及び理由等を記録に正確に記載しなければならず，原告が誤りのないことを確かめた後，署名又は捺印を行う。当事者が提出する証拠資料に対して，受取書を発行しなければならない。

第266条［簡易手続の挙証期限］　簡易手続を適用する事件の挙証期限は，人民法院が確定し，又は当事者が協議の上で一致し，かつ人民法院の許可を経ることもできるが，15日を超えてはならない。被告が書面答弁を求めた場合，人民法院はその同意を基礎として答弁期間を合理的に確定することができる。
② 人民法院は挙証期限と開廷日を双方当事者に告知し，当事者に期限を過ぎてから挙証した場合及び出廷拒否の場合の法的結果を説明しなければならず，双方当事者は記録と開廷呼出状の送達受領証に署名又は捺印を行う。

③　双方当事者がいずれも挙証期限,答弁期間が必要ないことを表明する場合,人民法院は直ちに開廷審理を行い,又は開廷日を確定することができる。

第267条［簡易手続における審理前準備］　簡易手続を適用して審理する事件は,簡便な方式で審理前の準備を行うことができる。

第268条［当事者訴訟での指導］　訴訟代理を弁護士,基層法律サービス従事者に委任していない当事者について,人民法院は法廷審理過程において,回避,自白,挙証証明責任等の関連内容について当該当事者に必要な解説又は説明を行うことができ,かつ法廷審理過程において,当事者に対して,正しい訴訟上の権利行使,訴訟上の義務履行について適切に注意を促すことができる。

第269条［簡易手続適用に対する異議］　当事者が事件に対する簡易手続の適用について異議を提出し,人民法院が審査を経て異議が成立する場合,通常手続への変更を裁定する。異議が成立しない場合,口頭でその旨を当事者に告知し記録に記載する。
②　通常手続に変更する場合,人民法院は合議体の構成員及び関連事項を書面形式で双方当事者に通知しなければならない。
③　通常手続に変更する前に双方当事者が既に確認した事実については,改めて挙証,質証を行わないことができる。

第270条［裁判文書の簡略化］　簡易手続を適用して審理する事件が次に掲げる事由に該当する場合,人民法院は判決書,裁定書,調停書を作成するとき,事実認定又は判決理由の認定に係る部分について適度に簡略化することができる。
　一　当事者間で調停合意が成立し,民事調停書を作成する必要があるとき
　二　一方当事者が,相手方の全部又は一部の訴訟請求を認めると明らかに表明するとき
　三　営業秘密,個人のプライバシーに関わる事件について,一方当事者が裁判文書における関連内容の簡略化を求め,人民法院がその理由を正当と認めるとき
　四　双方当事者が簡略化に合意するとき

十二．簡易手続における少額訴訟

第271条［少額訴訟の一審終審制］　人民法院は,少額訴訟事件を審理するにあたって民訴法第162条の規定を適用し,一審終審制を実施する。

第272条［前年度の就業者年平均賃金］　民訴法第162条に規定する各省,自治区,直轄市の前年度の就業者年平均賃金とは,既に公布された各省,自治区,直轄市の前年度の就業者年平均賃金をいう。前年度の就業者年平均賃金が公布される前は,既に公布された直近年度の就業者年平均賃金を基準とする。

第273条［海事法院における少額訴訟手続］　海事法院は,海事,海商に係る少額訴訟事件を審理することができる。事件の係争金額は,実際に事件を受理した海事法院又はその派出法廷のある省,自治区,直轄市の前年度の就業者年平均賃金の30％を限

度とする。

第 274 条 [少額訴訟手続の適用] 次に掲げる金銭給付に関する事件は，少額訴訟手続を適用して審理する。
一 売買契約，借入契約，賃貸借契約に関する紛争
二 身分関係が明らかで，給付の金額，時間，方式に関してのみ争いがある扶助料，養育費，扶養料に関する紛争
三 責任が明らかで，給付の金額，時間，方式に関してのみ争いがある交通事故の損害賠償及びその他の人身損害賠償に関する紛争
四 水道，電気，ガス，熱の供給使用契約に関する紛争
五 銀行キャッシュカードに関する紛争
六 労働関係が明らかで，労働報酬，労災医療費，経済補償金又は賠償金の給付金額，時間，方式においてのみ争いがある労働契約に関する紛争
七 労務関係が明らかで，労務報酬の給付金額，時間，方式においてのみ争いがある労働契約に関する紛争
八 不動産管理，電気通信等の役務提供契約に関する紛争
九 その他金銭給付に関する紛争

第 275 条 [少額訴訟手続の不適用] 次に掲げる事件については少額訴訟手続を適用して審理しない。
一 人身関係，財産の権利帰属の確認に関する紛争
二 渉外民事紛争
三 知的財産権に関わる紛争
四 評価，鑑定を必要とする又は提訴前の評価，鑑定の結果に異議がある紛争
五 一審終審制の適用が相応しくないその他の紛争

第 276 条 [少額訴訟手続適用に関する告知内容] 人民法院は，少額訴訟事件を受理するにあたり，同事件の裁判組織，一審終審制，審理期限，訴訟費用の納付基準等の関連事項を当事者に告知しなければならない。

第 277 条 [少額訴訟事件の挙証期限と答弁期間] 少額訴訟事件の挙証期限は，人民法院が確定し，又は当事者が協議により一致し，かつ人民法院の許可を経ることもできるが，一般に 7 日を超えてはならない。
② 被告が書面答弁を求める場合，人民法院は当該被告の同意を得た上で合理的な答弁期間を確定できるが，最長 15 日を超えてはならない。
③ 当事者が出廷後，挙証期限と答弁期間を必要としないことを表明する場合，人民法院は直ちに開廷審理を行うことができる。

第 278 条 [少額訴訟事件の管轄権異議] 当事者が少額訴訟事件について管轄権異議を提出した場合，人民法院は裁定を下さなければならない。裁定は下された時点で発効する。

第 279 条 [少額訴訟事件の訴え却下] 人民法院が少額訴訟事件を受理した後に民訴法

第119条に規定する提訴条件を具えないことが判明した場合，訴え却下を裁定する。裁定は下された時点で発効する。

第280条［少額訴訟の手続変更］ 当事者が訴訟請求の追加又は変更，反訴の提起，当事者の追加等を申し立てたために，事件が少額訴訟事件の条件に適合しなくなった場合，簡易手続に関するその他の規定を適用して審理しなければならない。

② 前項に規定する事件につき通常手続を適用して審理すべき場合，通常手続への変更を裁定する。

③ 簡易手続に関するその他の規定又は通常手続を適用して審理する前に，双方当事者が既に確認した事実については，改めて挙証，質証を行わないことができる。

第281条［少額訴訟手続適用に対する異議の処理］ 当事者は，少額訴訟による事件審理に対して異議がある場合，開廷前に提出しなければならない。人民法院は，審査を経て異議が成立する場合，簡易手続に関するその他の規定を適用して審理する。異議が成立しない場合，当事者に告知して記録に記載する。

第282条［少額訴訟事件の裁判文書］ 少額訴訟事件の裁判文書は簡略化することができ，主として当事者の基本情報，訴訟請求，判決主文等の内容を記載する。

第283条［簡易手続規定の適用］ 人民法院が少額訴訟事件を審理するにあたって本解釈に規定がない場合，簡易手続に係るその他の規定を適用する。

十三．公益訴訟

第284条［公益訴訟の提訴条件］ 環境保護法，消費者権益保護法等の法律が規定する機関及び関係組織が環境汚染，多数消費者の合法的権益の侵害等，社会公共利益を害する行為に対して，民訴法第55条の規定に基づき公益訴訟を提起したとき，次に掲げる条件を具える場合，人民法院はこれを受理しなければならない。

一 明確な被告が実在すること
二 具体的な訴訟請求があること
三 社会公共利益が損害を受けたことの初歩的証拠があること
四 人民法院が受理する民事訴訟の範囲及び受訴人民法院の管轄に属すること

第285条［公益訴訟事件の管轄］ 公益訴訟事件は，権利侵害行為地又は被告住所地の中級人民法院が管轄する。但し，法律，司法解釈に別段の定めがある場合を除く。

② 海洋環境汚染に起因して提起された公益訴訟は，汚染発生地，損害結果発生地又は汚染予防措置実施地の海事法院が管轄する。

③ 同一の権利侵害行為について二つ以上の人民法院に公益訴訟が提起された場合，最も先に立案した人民法院が管轄し，必要な場合はそれら人民法院の共通の上級人民法院が管轄を指定する。

第286条［公益訴訟手続と行政保護手続のリンク］ 人民法院は公益訴訟事件を受理した後，10日以内に関連する行政主管部門に対してその旨を書面で告知しなければな

らない。

第287条［提訴資格を有する機関・関連組織の公益訴訟参加］　人民法院が公益訴訟事件を受理した後，法により訴訟提起できるその他の機関と関連組織は，開廷前に人民法院に訴訟参加を申し立てることができる。人民法院から訴訟参加を許可された場合，共同原告となる。

第288条［公益訴訟と私益訴訟との関係］　人民法院が公益訴訟事件を受理したことは，同一の権利侵害行為の被害者が民訴法第119条の規定により訴えを提起することには影響しない。

第289条［公益訴訟事件の和解・調停］　公益訴訟事件につき，当事者は和解することができ，人民法院は調停することができる。

② 当事者間で和解又は調停合意に達した後，人民法院は和解又は調停合意を公告しなければならない。公告期間は，30日を下回ってはならない。

③ 公告期間の満了後，人民法院の審査を経て和解又は調停合意が社会公共利益に反しない場合，調停書を作成しなければならない。和解又は調停合意が社会公共利益に反する場合は，調停書を作成せず，事件審理を継続し，法により裁判する。

第290条［公益訴訟の取下げ］　公益訴訟事件の原告が法廷弁論の終結後に訴え取下げを申し立てた場合，人民法院はこれを許可しない。

第291条［公益訴訟裁判の効力］　公益訴訟事件の裁判が法的効力を発生した後，法により原告資格を具えるその他の機関と関連組織が同一の権利侵害行為に対して別の公益訴訟を提起した場合，人民法院は，不受理を裁定する。但し，法律，司法解釈に別段の定めがある場合を除く。

十四．第三者取消しの訴え

第292条［第三者取消しの訴え］　第三者が既に発効した判決・裁定・調停書について取消しの訴えを提起する場合，当該第三者の民事上の権利が損害を受けたことを知り又は知り得べき日から6ヶ月以内に，判決・裁定・調停書を作成した人民法院に提出しなければならず，かつ次に掲げる事由が存在することの証拠資料を提出しなければならない。

一　本人の責めに帰すことのできない事由により訴訟に参加しなかったこと
二　発効した判決・裁定・調停書の全部又は一部の内容に誤りがあること
三　発効した判決・裁定・調停書の内容の誤りがその民事上の権益に損害を与えたこと

第293条［第三者取消しの訴えの受理審査］　人民法院は，訴状と証拠資料の受領日から5日以内にそれを相手方当事者に送付しなければならない。相手方当事者は，訴状の受領日から10日以内に書面意見を提出することができる。

② 人民法院は，第三者が提出した訴状，証拠資料及び相手方当事者の書面意見につい

て審査を行わなければならない。必要な場合，双方当事者に尋問することができる。
③ 審査の結果，提訴条件を具える場合，人民法院は訴状の受領日から30日以内に立案しなければならない。提訴条件を具えない場合，訴状の受領日から30日以内に不受理を裁定しなければならない。

第294条［第三者取消しの訴えの裁判組織］　人民法院は第三者取消しの訴えに係る事件について合議体を構成し，開廷審理を行われなければならない。

第295条［本人の責めに帰すことのできない事由による訴訟不参加］　民訴法第56条第3項に規定する本人の責めに帰すことのできない事由により訴訟に参加しなかったことには，発効した判決・裁定・調停書の当事者として列挙されておらず，かつ訴訟に参加できないことに過失がない又は明白な過失がない状況をいい，次に掲げる場合を含む。
　一　訴訟を知らずに参加していないとき
　二　参加を申し立てたが許可されなかったとき
　三　訴訟を知っていたが，客観的原因により参加できなかったとき
　四　その他本人の責めに帰すことのできない事由により訴訟に参加していないとき

第296条［第三者取消しの訴えの取消対象］　民訴法第56条第3項に規定する判決・裁定・調停書の一部又は全部の内容とは，判決・裁定の主文，調停書における当事者の民事上の権利義務の処理結果をいう。

第297条［第三者取消しの訴えの不適用］　次に掲げる場合に第三者が取消しの訴えを提起する場合，人民法院はこれを受理しない。
　一　特別手続，督促手続，公示催告手続，破産手続等，非訟手続を適用して処理する事件について提訴するとき
　二　婚姻無効・取消し又は婚姻関係の解消など身分関係の内容に関わる事件の判決・裁定・調停書に対して提訴するとき
　三　民訴法第54条に規定する登記に参加していない権利者が代表者訴訟事件の発効した裁判に対して提訴するとき
　四　民訴法第55条に規定する社会公共利益を害する行為の被害者が，公益訴訟事件の発効した裁判に対して提訴するとき

第298条［第三者取消しの訴えの当事者］　第三者が取消しの訴えを提起する場合，人民法院は当該第三者を原告とし，発効した判決・裁定・調停書の当事者を被告としなければならない。但し，発効した判決・裁定・調停書において責任を負わない，独立請求権を有さない第三者は第三者とする。

第299条［第三者取消しの訴えの原裁判執行に対する影響］　第三者取消しの訴えの事件受理の後，原告が相応の担保を提供し，執行停止を請求する場合，人民法院はこれを許可することができる。

第300条［第三者取消しの訴えの裁判］　発効した判決・裁定・調停書の内容の取消し又は一部取消しに係る第三者の請求について，人民法院は審理を経て次に掲げる状況

に応じて処理する。
- 一 請求が成立し，かつその民事上の権利確認の主張の全部又は一部が成立する場合，原判決・裁定・調停書の内容のうち誤りのある部分を変更する。
- 二 請求が成立したが，民事上の権利確認の主張の全部又は一部が成立しない，又は民事上の権利確認の請求をしていない場合，原判決・裁定・調停書の内容のうち誤りのある部分を取り消す。
- 三 請求が成立しない場合，訴訟請求を棄却する。
② 前項に規定する裁判に対して不服がある場合，当事者は上訴することができる。
③ 原判決・裁定・調停書の内容のうち，変更されなかった，又は取り消されなかった部分は，継続して有効である。

第301条［第三者取消しの訴えと原審当事者申立ての再審との関係］ 第三者取消しの訴えの事件審理期間において，人民法院が発効した判決・裁定・調停書に対する再審の裁定を行う場合，第三者取消しの訴えを受理した人民法院は，第三者の訴訟請求を再審手続に併合する裁定を下さなければならない。但し，原審当事者間での悪意通謀による第三者の合法的権益の侵害を証明する証拠がある場合，人民法院は第三者取消しの訴えの事件を先行し，再審訴訟を停止する裁定を下さなければならない。

第302条［第三者の訴訟請求と再審手続］ 第三者の訴訟請求を再審手続の審理に併合する場合，次に掲げる状況に応じて処理する。
- 一 第一審手続により審理する場合，人民法院は第三者の訴訟請求を併合して審理し，下された判決に対して上訴することができる。
- 二 第二審手続により審理する場合，人民法院は調停することができる。調停により合意に達しない場合，原判決・裁定・調停書を取り消し，第一審法院に差し戻すとの裁定をしなければならない。差戻審では事件の第三者として明記しなければならない。

第303条［第三者取消しの訴えと訴外人による執行異議の関係］ 第三者が取消しの訴えを提起した後，発効した判決・裁定・調停書の執行を停止していない場合，執行法院は，第三者が民訴法第227条の規定により提出した執行異議について審査しなければならない。第三者が執行異議の却下裁定を不服とし，原判決・裁定・調停書の再審を申し立てた場合，人民法院はこれを受理しない。
② 訴外人は，人民法院による執行異議に対する却下裁定を不服とし，原判決・裁定・調停書の内容の誤りにより合法的権益が侵害を受けたと認める場合，民訴法第227条の規定により再審を申し立てなければならない。第三者による取消しの訴えを提起した場合，人民法院はこれを受理しない。

十五．執行異議の訴え

第304条［執行異議の訴えの管轄］ 民訴法第227条の規定により，訴外人，当事者が

執行異議に対する裁定に不服があり，裁定の送達日から15日以内に人民法院に執行異議の訴えを提起した場合，執行法院が管轄する。

第305条［訴外人（訴外第三者）の執行異議の訴え提起］　訴外人が執行異議の訴えを提起するには，民訴法第119条の規定に適合するほか，次に掲げる条件を具えなければならない。
　一　訴外人による執行異議の申立てが人民法院の裁定により既に却下されたこと
　二　執行目的物（原文は「执行标的」であり広く執行対象，執行の目的の意味）に対する執行を排除する明確な訴訟請求があり，かつ訴訟請求が原判決・裁定と無関係であること
　三　執行異議の裁定の送達日から15日以内に提起されること
② 人民法院は，訴状の受領日から15日以内に立案するか否かを決定しなければならない。

第306条［執行申立人の執行異議の訴え提起］　執行申立人が執行異議の訴えを提起するには，民訴法第119条の規定に適合するほか，次に掲げる条件を具えなければならない。
　一　訴外人が執行異議を申し立て，人民法院が執行停止を裁定すること
　二　執行目的物に対する執行の続行について明確な訴訟請求があり，かつ訴訟請求が原判決・裁定と無関係であること
　三　執行異議の裁定の送達日から15日以内に提起されること
② 人民法院は，訴状の受領日から15日以内に立案するか否かを決定しなければならない。

第307条［訴外人の執行異議の訴えの当事者］　訴外人が執行異議の訴えを提起する場合，執行申立人を被告とする。被執行者が訴外人の異議に反対する場合，被執行者を共同被告とする。被執行者が訴外人の異議に反対しない場合，被執行者を第三者として列挙することができる。

第308条［執行申立人の執行異議の訴えの当事者］　執行申立人が執行異議の訴えを提起する場合，訴外人を被告とする。被執行者が執行申立人の主張に反対する場合，訴外人と被執行者を共同被告とする。被執行者が執行申立人の主張に反対しない場合，被執行者を第三者として列挙することができる。

第309条［被執行者と執行異議の訴え］　執行申立人が執行停止の裁定に対して執行異議の訴えを提起せず，被執行者が執行異議の訴えを提起する場合，人民法院は当該被執行者に別に訴えを提起するよう告知する。

第310条［執行異議の訴えの審理手続］　人民法院は執行異議の訴えの事件を審理するにあたり通常手続を適用する。

第311条［執行異議の訴えの挙証証明責任分配］　訴外人又は執行申立人が執行異議の訴えを提起する場合，訴外人は，執行目的物について強制執行を排除するに足る民事上の権益を有することにつき挙証証明責任を負わなければならない。

第312条 ［訴外人の執行異議の訴えの裁判］ 訴外人が提起した執行異議の訴えについて，人民法院は審理を経て次に掲げる状況に応じて処理する。
 一 訴外人が執行目的物について強制執行を排除するに足る民事上の権益を有する場合，当該執行目的物について執行不許の判決をする。
 二 訴外人が執行目的物について強制執行を排除するに足る民事上の権益を有しない場合，訴訟請求を棄却する判決をする。
② 訴外人がその権利の確認に係る訴訟請求を同時に提出する場合，人民法院は判決において併せて裁判できる。

第313条 ［執行申立人の執行異議の訴えの裁判］ 執行申立人が提起した執行異議の訴えについて，人民法院は審理を経て次に掲げる状況に応じて処理する。
 一 訴外人が執行目的物について強制執行を排除するに足る民事上の権益を有しない場合，当該執行目的物の執行を許可する判決をする。
 二 訴外人が執行目的物について強制執行を排除するに足る民事上の権益を有する場合，訴訟請求を棄却する判決をする。

第314条 ［執行異議裁定の失効］ 訴外人の執行異議の訴えに対して，人民法院が執行目的物について執行不許の判決をする場合，執行異議の裁定は効力を失う。
② 執行申立人による執行異議の訴えについて，人民法院が当該執行目的物の執行を許可する判決を下した場合，執行異議の裁定は効力を失う。執行法院は，執行申立人の申立て又は職権により執行を再開・続行することができる。

第315条 ［訴外人の執行異議の訴えの執行手続に対する影響］ 訴外人による執行異議の訴えの審理期間において，人民法院は執行目的物を処分してはならない。執行申立人が人民法院に執行の継続を請求し相応の担保を提供する場合，人民法院はこれを許可することができる。
② 被執行者が訴外人と悪意で通謀し，執行異議，執行異議の訴えを通じて執行を妨害した場合，人民法院は民訴法第113条の規定により処理しなければならない。執行申立人がそれにより損害を受けた場合，訴訟を提起し，被執行者，訴外人に賠償を求めることができる。

第316条 ［執行申立人の執行異議の訴えの執行手続に対する影響］ 人民法院が執行目的物に対して執行停止の裁定を下した後，執行申立人が法定期間内に執行異議の訴えを提起しない場合，人民法院は提訴期限満了日から7日以内に当該執行目的物に対する執行措置を解除しなければならない。

十六．第二審手続

第317条 ［第二審当事者の訴訟上の地位］ 双方当事者と第三者が上訴を提起した場合，いずれも上訴人とする。人民法院は職権により第二審手続における当事者の訴訟上の地位を確定することができる。

第318条［相手方当事者］　民訴法第166条，第167条に規定する相手方当事者には，被上訴人と原審における他の当事者が含まれる。

第319条［必要的共同訴訟人の上訴提起］　必要的共同訴訟人の一人又は一部の者が上訴を提起する場合，次に掲げる状況に応じて処理する。
　一　上訴が相手方当事者との間の権利義務の分担に対してのみ意見があり，その他の共同訴訟人の利益に関わらない場合，相手方当事者を被上訴人とし，上訴を提起していない同じ一方当事者は，原審における訴訟上の地位により明記する。
　二　上訴が共同訴訟人間の権利義務分担に対してのみ意見があり，相手方当事者の利益に関わらない場合，上訴を提起していない同じ一方当事者を被上訴人とし，相手方当事者は，原審における訴訟上の地位により明記する。
　三　上訴が双方当事者の間及び共同訴訟人の間の権利義務の負担に対して意見がある場合，上訴を提起していないその他の当事者をいずれも被上訴人とする。

第320条［上訴状未提出の効果］　第一審判決言渡し時又は判決書，裁定書の送達時において，当事者が上訴を口頭で表明した場合，人民法院は当該当事者に対し，必ず法定の上訴期間内に上訴状を提出すべきことを告知しなければならない。法定の上訴期間内に上訴状を提出しない場合は，上訴を提起していないものとみなす。上訴状を提出しても，指定期限内に上訴費用を納めない場合には，自動的に上訴を取り下げたものとして処理する。

第321条［法定代理人の上訴提起］　民事行為無能力者，制限民事行為能力者の法定代理人は，当事者を代理して上訴を提起することができる。

第322条［第二審当事者の訴訟承継］　上訴事件の当事者が死亡又は消滅した場合，人民法院は法によりその権利義務の承継人に訴訟に参加するよう通知する。
② 　訴訟を終結させる必要がある場合，民訴法第151条の規定を適用する。

第323条［第二審の審理範囲］　第二審人民法院は，当事者の上訴請求をめぐって審理を行わなければならない。
② 　当事者が請求を提出しない場合，審理を行わない。但し，第一審判決において禁止規定に違反し，又は国家利益，社会公共利益，他者の合法的権益を侵害した場合を除く。

第324条［第二審の審理前準備］　開廷審理を行う上訴事件について，第二審人民法院は民訴法第133条第4号の規定により審理前の準備を行うことができる。

第325条［法定手続の著しい違反］　次に掲げる状況は民訴法第170条第1項第4号に規定する法定手続の著しい違反と認めることができる。
　一　裁判組織の構成が適法でないとき
　二　回避すべき裁判官等が回避していないとき
　三　訴訟行為能力を有さない者が法定代理人による訴訟代理を経ていないとき
　四　当事者の弁論権を違法に剥奪するとき

第326条［第一審で未審理・未判決の場合の処理］　当事者が第一審手続において既に

提起した訴訟請求について，原審人民法院が審理，判決を行っていない場合，第二審人民法院は当事者の自由意思の原則に基づき調停を行うことができる。調停が成立しない場合，原審に差し戻す。

第327条［第一審未参加の当事者・独立請求権ある第三者の処理］　訴訟に参加しなければならない当事者又は独立請求権を有する第三者が，第一審手続において訴訟に参加しなかった場合，第二審人民法院は当事者の自由意思の原則に基づき調停を行うことができる。調停が成立しない場合，原審に差し戻す。

第328条［第二審における訴訟請求追加・反訴の処理］　第二審手続において，原審原告が単独の訴訟請求を追加し，又は原審被告が反訴を提起した場合，第二審人民法院は当事者の自由意思の原則に基づき，新しく追加された訴訟請求又は反訴について調停を行うことができる。調停が成立しない場合，別に訴えを提起するよう当事者に告知する。

② 双方当事者が第二審人民法院による一括審理に同意した場合，第二審人民法院は裁判を一括して審理できる。

第329条［離婚事件上訴の処理］　第一審判決において離婚を認めなかった事件について，上訴後，第二審人民法院が離婚判決をなすべきと認める場合，当事者の自由意思の原則に基づき，子供の扶養，財産問題と一括して調停を行うことができる。調停が成立しない場合，原審に差し戻す。

② 双方当事者が第二審人民法院による一括審理に同意した場合，第二審人民法院は裁判を一括して審理できる。

第330条［第一審受理の誤りの処理］　人民法院が第二審手続により事件を審理し，法により人民法院が受理すべきではないと認める場合，第二審人民法院が直接原裁判を取り消し，訴えを却下する裁定をすることができる。

第331条［第一審の専属管轄違反の処理］　人民法院が第二審手続により事件を審理し，第一審人民法院が事件を受理することが専属管轄の規定に違反すると認める場合，原裁判の取消しを裁定し，かつ管轄権を有する人民法院に移送しなければならない。

第332条［不受理・訴え却下の裁定に対する上訴の処理］　第二審人民法院により，第一審人民法院が下した不受理裁定に誤りがあることが究明された場合，原裁定の取消しと同時に第一審人民法院に立案し受理するよう命じなければならない。第一審人民法院が下した訴え却下裁定に誤りがあることが究明された場合，原裁定の取消しと同時に第一審人民法院に審理するよう命じなければならない。

第333条［第二審で開廷審理を行わない場合］　第二審人民法院は，次に掲げる上訴事件について民訴法第169条の規定により開廷審理を行わないことができる。

一　不受理，管轄権異議，訴え却下の裁定に不服があるとき
二　当事者が提起した上訴請求が明らかに成立不能であるとき
三　原判決，裁定の事実認定は明確であるが，法律適用に誤りがあるとき
四　原判決が法定手続に著しく違反し，原審に差し戻す必要があるとき

第 334 条 ［原判決，裁定の瑕疵の処理］　原判決，裁定の事実認定又は法律適用に瑕疵はあるが，裁判結果は正しい場合，第二審人民法院は判決，裁定において瑕疵を是正した上で，民訴法第 170 条第 1 項第 1 号により維持することができる。

第 335 条 ［基本的事実］　民訴法第 170 条第 1 項第 3 号に規定する基本的事実とは，当事者適格，事件の性質，民事上の権利義務等の確定に用いる，原判決，裁定の結果に対して実質的影響のある事実をいう。

第 336 条 ［第二審における当事者変更］　第二審手続において，当事者である法人又はその他の組織が分割した場合，人民法院は分割後の法人又はその他の組織を直接，共同訴訟人とすることができる。合併した場合，合併後の法人又はその他の組織を当事者とする。

第 337 条 ［上訴取下げの処理］　第二審手続において当事者が上訴の取下げを申し立てた場合，人民法院は審理を経て第一審判決に明らかな誤りがある，又は当事者間で悪意通謀し，国家利益，社会公共利益，他者の合法的権益を侵害したと認めるとき，これを許可してはならない。

第 338 条 ［第二審における原審原告の訴え取下げの処理］　第二審手続において原審原告が訴え取下げを申し立て，その他の当事者の同意を経て，かつ国家利益，社会公共利益，他者の合法的権益を害さない場合，人民法院はこれを許可することができる。訴え取下げを許可する場合，第一審裁判の取消しを併せて裁定しなければならない。

② 　原審原告が第二審手続において訴えを取り下げた後に再び訴えを提起した場合，人民法院はこれを受理しない。

第 339 条 ［第二審における和解］　当事者が第二審手続において和解合意を締結した場合，人民法院は当事者の請求に基づき，双方が締結した和解合意を審査した上で調停書を作成し，当事者に送達することができる。和解により訴え取下げを申し立て，審査を経て訴え取下げの条件を具える場合には，人民法院はこれを許可しなければならない。

第 340 条 ［第二審判決の言渡方式］　第二審人民法院は，判決宣告について自ら判決を言い渡すことができ，原審人民法院又は当事者の所在地にある人民法院に委託して判決言渡しを代行させることもできる。

第 341 条 ［第二審事件の審理期限］　人民法院が裁定に対する上訴事件を審理する場合，第二審の立案日から 30 日以内に終審裁定を下さなければならない。特別の状況により延長する必要がある場合，当該法院の院長が承認する。

第 342 条 ［第一審における訴訟行為の第二審に対する影響］　当事者が第一審手続において実施した訴訟行為は，第二審手続においてなお当該当事者に拘束力を有する。

② 　当事者が第一審手続において実施した訴訟行為を覆した場合，人民法院はその理由の説明を命じなければならない。理由が成立しない場合，これを支持しない。

十七．特別手続

第343条［行方不明者の財産管理］ 失踪宣告又は死亡宣告に係る事件について，人民法院は申立人の請求に基づき，行方不明者の財産を清算するとともに，事件の審理期間における財産管理人を指定することができる。公告満期後に人民法院が失踪宣告を判決する場合，民法通則第21条第1項の規定により，失踪者の財産代理管理人を指定しなければならない。

第344条［失踪者の財産代理管理人］ 失踪者の財産代理管理人が人民法院の指定を経た後，代理管理人が代理管理の変更を申し立てた場合，民訴法特別手続の関連規定を参照して審理を行う。申立ての理由が成立する場合，申立人の代理管理人としての資格取消しを裁定すると同時に，財産代理管理人を別途指定する。申立ての理由が成立しない場合，申立却下を裁定する。

② 失踪者のその他の利害関係人が代理管理の変更を申し立てた場合，人民法院は当該利害関係人に対して，元の指定された代理管理人を被告として提訴するよう告知しなければならず，かつ通常手続により審理を行う。

第345条［失踪宣告と死亡宣告の手続リンク］ 人民法院が公民の失踪宣告の判決を下した後，利害関係人が人民法院に失踪者の死亡の宣告を申し立て，失踪日から満4年となった場合，人民法院はこれを受理しなければならない。失踪宣告の判決は，当該公民の失踪の証明であり，審理においてなお民訴法第185条の規定による公告を行わなければならない。

第346条［失踪宣告・死亡宣告の共同申立人］ 法律規定に適合する複数の利害関係人が失踪宣告，死亡宣告の申立てを提出した場合，共同申立人とする。

第347条［行方不明者捜索の公告］ 行方不明者捜索の公告は，次に掲げる内容を記載しなければならない。

一 被申立人は，規定期間内に受理法院に具体的住所とその連絡先を申告しなければならない。これに反した場合，被申立人は，失踪を宣告され，又は死亡を宣告される。

二 被申立人の生存の現状を知り得る者は，公告期間において自らが知る状況を受理法院に報告しなければならない。

第348条［失踪宣告・死亡宣告の申立取下げ］ 人民法院が失踪宣告，死亡宣告の事件を受理した後，判決を行う前に申立人が申立てを取り下げた場合，人民法院は事件終結を裁定しなければならない。但し，その他の法律規定に適合する利害関係人が手続に加入して審理継続を求める場合を除く。

第349条［通常訴訟手続における民事行為無能力者等の認定申立ての処理］ 訴訟中，当事者の利害関係人が，当該当事者が精神病に罹っていることを提出し，当該当事者が民事行為無能力である，又は制限民事行為能力であることの宣告を求める場合，利

害関係人の人民法院に対する申立てにより，受訴人民法院が特別手続により立案審査し，原訴訟を停止しなければならない。
第 350 条 ［無主財産認定事件公告期間中の財産提出要求］　無主財産認定事件において公告期間内に財産に対して請求を提出する者がある場合，人民法院は特別手続の終結を裁定し，申立人に別に訴えを提起するよう告知し，通常手続を適用して審理しなければならない。
第 351 条 ［後見人指定への不服の処理］　指定を受けた後見人は，指定に対して不服がある場合，通知受領日から 30 日以内に人民法院に異議を提出しなければならない。審理を経て，指定が不当でないと認める場合，異議却下を裁定する。指定が不当であると認める場合，指定を取り消す判決をすると同時に，後見人を別途指定する。判決書は，異議申立人，元の指定した組織及び判決により指定された後見人に送達しなければならない。
第 352 条 ［被申立人の指定代理人］　公民の民事行為無能力又は制限民事行為能力の認定申立てに係る事件について，被申立人に近親者がいない場合，人民法院はその他の親族を代理人に指定できる。被申立人に親族がいない場合，人民法院は被申立人の所属組織又は住所地の住民委員会，村民委員会の同意を経て，かつ代理人を担当する意思のある密接な関係の友人を代理人に指定することができる。
② 前項に規定する代理人がいない場合，被申立人の所属組織又は住所地の住民委員会，村民委員会又は民政部門が代理人を担当する。
③ 代理人は一人でよく，同順位者二名でもよい。
第 353 条 ［調停合意司法確認の申立て］　調停合意の司法確認を申し立てる場合，双方当事者は，本人又は民訴法第 58 条の規定に適合する代理人が調停組織所在地にある基層人民法院又は人民法廷に申し立てなければならない。
第 354 条 ［調停合意司法確認事件の共同管轄］　二つ以上の調停組織が調停に参与した場合，各調停組織の所在地にある基層人民法院はいずれも管轄権を有する。
② 双方当事者は，共同で一つの調停組織所在地にある基層人民法院に申し立てることができる。双方当事者が共同で二つ以上の調停組織所在地にある基層人民法院に申し立てた場合，最初に立案した人民法院が管轄する。
第 355 条 ［調停合意司法確認の申立形式］　当事者は，調停合意の司法確認を申し立てる場合，書面又は口頭の形式を採用することができる。当事者が口頭で申し立てる場合，人民法院は記録に記載し，当事者が署名，指印又は押印をしなければならない。
第 356 条 ［調停合意司法確認の申立資料］　当事者が調停合意の司法確認を申し立てる場合，人民法院に対して調停合意，調停組織の調停主宰についての証明，及び調停合意に関わる財産権の証明等の資料を提出し，かつ双方当事者の身分，住所，連絡先等の基本情報を提供しなければならない。
② 当事者が上述の資料を提出しない場合，人民法院は当事者に所定期限までに補充するよう求めなければならない。

第357条［司法確認手続の不適用］　当事者が調停合意の司法確認を申し立て，次に掲げる事由に該当する場合，人民法院は不受理を裁定する。
　一　人民法院が受理する範囲に属さないとき
　二　申立を受けた人民法院の管轄に属さないとき
　三　婚姻関係，親子関係，養子縁組関係等の身分関係の無効，有効の確認又は解消を申し立てるとき
　四　特別手続，公示催告手続，破産手続を適用する審理に関わるとき
　五　調停合意の内容が物権，知的財産権の確認に関わるとき
②　人民法院が申立てを受理した後，上述の不受理事由があることが判明した場合，当事者の申立却下を裁定しなければならない。

第358条［司法確認申立ての審査］　人民法院は関連状況を審査するにあたり，双方当事者に対して共に出頭して事件について確認を行うよう通知しなければならない。
②　人民法院は審査を経て当事者の陳述又は提供した証明資料が不十分，不完全又は不明点があると認める場合，当事者に所定期限までに陳述又は証明資料の補充を求めることができる。必要な場合，人民法院は調停組織に状況の確認を求めることができる。

第359条［司法確認申立ての取下げ］　調停合意確認の裁定前に，当事者が申立てを取り下げた場合，人民法院はこれを許可する裁定をすることができる。
②　当事者が正当な理由なく所定期限までに陳述，証明資料を補充せず，又は尋問の受入れを拒否した場合，人民法院は申立てを取り下げたものとして処理することができる。

第360条［司法確認申立ての却下］　審査を経て調停合意が次に掲げる事由に該当する場合，人民法院は申立ての却下を裁定しなければならない。
　一　法律の強行規定に違反するとき
　二　国家利益，社会公共利益，他者の合法的権益を侵害するとき
　三　公序良俗に違反するとき
　四　自由意思の原則に違反するとき
　五　内容が不明確であるとき
　六　司法確認を行えないその他の事由があるとき

第361条［担保物権実行事件の申立主体］　民訴法第196条に規定する担保物権者には，抵当権者，質権者，留置権者が含まれる。その他担保物権実行を請求する権利を有する者には，抵当権設定者，質権設定者，財産を留置された債務者又は所有権者等が含まれる。

第362条［権利質権実行事件の管轄法院］　手形，倉庫証券，船荷証券等権利証のある権利質の実行に係る事件は，権利証の所持人の住所地にある人民法院が管轄できる。権利証のない権利質の実行に係る事件は，質権設定登記地にある人民法院が管轄する。

第363条［担保物権実行事件の専門管轄］　担保物権実行に関わる事件が海事法院等の専門人民法院の管轄に属する場合，専門人民法院が管轄する。

第364条［同一債権のため担保物が複数存在する場合の担保物権実行事件］　同一債権の担保物が複数あり，かつ所在地が異なり，申立人が各別に管轄権のある人民法院に担保物権実行を申し立てた場合，人民法院は法によりこれを受理しなければならない。

第365条［人的担保と物的担保が併存する場合の処理］　物権法第176条の規定により，被担保債権に物的担保と人的担保の両方があり，当事者が担保物権を実行する順序を約定しており，担保物権実行の申立てが当該約定に違反する場合，人民法院は不受理を裁定する。約定がない，又は約定が不明である場合，人民法院はこれを受理しなければならない。

第366条［同一財産上に複数の担保物権が設定された場合の処理］　同一の財産上に複数の担保物権を設定し，先に登記した担保物権がまだ実行されていない場合，後順位の担保物権者が人民法院に担保物権の実行を申し立てることに影響しない。

第367条［担保物権実行申立ての提出資料］　担保物権実行を申し立てる場合，次に掲げる資料を提出しなければならない。
　一　申立書。申立書には，申立人，被申立人の氏名又は名称，連絡先等の基本情報，具体的な請求，事実，理由を明記しなければならない。
　二　担保物権の存在を証明する資料。主契約，担保契約，抵当権設定登記証明，他項権利証書，権利質の権利証又は質権設定登記証明等が含まれる。
　三　担保物権実行条件の成就を証明する資料
　四　担保財産の現状の説明
　五　人民法院が提出を必要と認めるその他の資料

第368条［被申立人の異議提出の時期，理由］　人民法院は，申立ての受理後5日以内に被申立人に対して申立書の副本，異議申立権告知書等の文書を送達しなければならない。
②　被申立人に異議がある場合，人民法院の通知の受領後5日以内に人民法院に異議を提出すると同時にその理由を説明し，かつ相応の証拠資料を提供しなければならない。

第369条［担保物権実行事件の裁判組織］　担保物権実行事件は，裁判官一名が単独で審理を担当することができる。担保財産の訴額が基層人民法院の管轄範囲を超える場合，合議体を構成して審査しなければならない。

第370条［担保物権実行事件の審査形式］　人民法院は担保物権実行事件を審理するにあたり，申立人，被申立人，利害関係人に尋問することができ，必要な場合は職権により関連事実を調査することができる。

第371条［担保物権実行事件の審査内容］　人民法院は，主契約の効力，期限，履行状況，担保物権の設定が有効かどうか，担保物権の範囲，被担保債権の範囲，被担保債

権の弁済期到来等の担保物権実行の条件，及び他者の合法的権益を侵害するか否か等の内容について審査を行わなければならない。
② 被申立人又は利害関係人が異議を提出した場合，人民法院は併せて審査しなければならない。

第372条［担保物権実行事件の処理結果］ 人民法院は審査の後，次に掲げる状況に応じて処理する。
一 当事者に担保物権実行について実質的な争いがなく，かつ担保物権実行の条件が成就する場合，担保財産の競売，換金の許可を裁定する。
二 当事者に担保物権実行について一部実質的な争いがある場合，争いがない部分について担保財産の競売，換金の許可を裁定する。
三 当事者に担保物権実行について実質的な争いがある場合，申立ての却下を裁定し，人民法院に訴えを提起するよう申立人に告知する。

第373条［担保物権実行事件の保全］ 人民法院が申立てを受理した後，申立人が担保財産について保全申立てを提出した場合，民訴法の訴訟保全に関する規定に従って処理することができる。

第374条［特別手続事件の救済手続］ 特別手続を適用して下した判決，裁定について，当事者，利害関係人が，誤りがあると認める場合，当該判決，裁定を下した人民法院に異議を提出することができる。人民法院による審査の結果，異議が成立又は一部成立する場合，新しい判決，裁定を下し，原判決，裁定を取消し又は変更する。異議が成立しない場合，却下を裁定する。
② 人民法院が下した調停合意の確認，担保物権実行の許可の裁定に対して当事者に異議がある場合，裁定の受領日から15日以内に異議を提出しなければならない。利害関係人に異議がある場合，自らの民事上の権益が侵害を受けたことを知り又は知り得べき日から6ヶ月以内に異議を提出しなければならない。

十八．裁判監督手続

第375条［権利義務承継人による再審申立て］ 当事者が死亡又は消滅した場合，その権利義務の承継人は，民訴法第199条，第201条の規定に基づき再審を申し立てることができる。
② 判決，調停書が発効した後，当事者が判決，調停書が確認する債権を譲渡し，債権譲受人が当該判決，調停書に対する不服を理由として再審を申し立てた場合，人民法院はこれを受理しない。

第376条［一方当事者の人数が多い又は双方当事者が公民である事件］ 民訴法第199条に規定する一方当事者の人数が多いには，公民・法人・その他の組織が含まれる。
② 民訴法第199条に規定する双方当事者が公民である事件とは，原告と被告がいずれも公民である事件をいう。

第377条［再審申立ての資料］　当事者が再審を申し立てる場合，次に掲げる資料を提出しなければならない。
　一　再審申立書。被申立人と原審における他の当事者の人数分の副本を提出する。
　二　再審申立人が自然人である場合，身分証明を提出しなければならない。再審申立人が法人又はその他の組織である場合，営業許可証，組織機構コード証明書，法定代表者又は主たる責任者の資格証明書を提出しなければならない。他人に申立てを委任する場合，委任状と代理人の身分証明を提出しなければならない。
　三　原審の判決書・裁定書・調停書
　四　事件の基本的事実を反映する主たる証拠及びその他の資料
② 前項の第2号，第3号，第4号に規定する資料は，原本と照合して相違のない写しによることができる。

第378条［再審申立書］　再審申立書には次に掲げる事項を明記しなければならない。
　一　再審申立人と被申立人及び原審のその他の当事者の基本情報
　二　原審人民法院の名称，原審の裁判文書の事件番号
　三　再審請求の具体的内容
　四　再審申立ての法定事由及び具体的な事実，理由
② 再審申立書は，再審申立先の人民法院を明らかにし，再審申立人が署名，指印又は押印をしなければならない。

第379条［当事者が異なる級の法院に再審申立てした場合］　一方当事者の人数が多い，又は双方当事者が公民である事件について，当事者が各別に原審人民法院と直近上級の人民法院に再審を申し立て，かつ協議が調わない場合，原審人民法院が受理する。

第380条［再審申立ての不許事件］　特別手続，督促手続，公示催告手続，破産手続等非訟手続を適用して審理する事件について，当事者は，再審を申し立てることができない。

第381条［不受理・却下裁定に対する再審申立て］　当事者は，発効した訴えの不受理，却下裁定に誤りがあると認める場合，再審を申し立てることができる。

第382条［離婚に伴う財産分与問題に関する再審申立て］　当事者は，離婚事件における財産分与問題について申し立てた再審が，判決中で既に分与された財産に関わる場合，人民法院は民訴法第200条の規定により審査を行わなければならない。再審の条件を具える場合，再審の裁定を下さなければならない。判決中で未処理の夫婦共同財産に関わる場合，当事者に別に訴えを提起するよう告知しなければならない。

第383条［再審申立ての一回性原則］　当事者が再審を申し立て，次に掲げる事由に該当する場合，人民法院はこれを受理しない。
　一　再審申立てが却下された後，再び再審を申し立てたとき
　二　再審の判決，裁定に対して再審を申し立てたとき
　三　人民検察院が，当事者の申立てに対して再審検察建議又は抗訴を提起しない旨を決定した後，また再審を申し立てたとき

② 前項の第1号，第2号に規定する事由につき，人民法院は当事者に対し，人民検察院に再審検察建議又は抗訴を申し立てることができることを告知しなければならない。但し，人民検察院が再審検察建議又は抗訴提起をしたことによる再審において下された判決，裁定を除く。

第384条［調停書に対する再審申立て］　当事者が既に発効した調停書に対して再審を申し立てる場合，調停書が発効してから6ヶ月以内に提出しなければならない。

第385条［再審受理通知書等の資料発送］　人民法院は，条件を具えた再審申立書等の資料の受領日から5日以内に再審申立人に受理通知書を送付し，かつ被申立人及び原審のその他の当事者に対して応訴通知書，再審申立書の副本等の資料を送付しなければならない。

第386条［再審審査の内容］　人民法院は再審事件の申立てを受理した後，民訴法第200条，第201条，第204条等の規定により，当事者が主張する再審事由について審査しなければならない。

第387条［再審新証拠の認定基準］　再審申立人が提出した新たな証拠が，原判決，裁定における基本的事実の認定又は裁判結果が誤りであることを証明できる場合，民訴法第200条第1号に規定する事由と認めなければならない。

② 前項の規定に適合する証拠につき，人民法院は，再審申立人に対して当該証拠を期限を過ぎてから提出した理由の説明を命じなければならない。理由の説明を拒絶した，又は理由が成立しない場合，民訴法第65条第2項及び本解釈第102条の規定により処理する。

第388条［期限後に証拠提出する理由］　再審申立人は，その提出する新たな証拠が次に掲げる事由に該当することを証明する場合，期限後に証拠提出する理由の成立を認めることができる。

一　原審法廷審理の終了前に既に存在し，客観的原因により法廷審理の終了後に発見されたとき

二　原審法廷審理の終了前に既に発見されていたが，客観的原因により取得できなかった，又は規定の期限内に提出できなかったとき

三　原審法廷審理の終了後に形成され，それを根拠として別に訴えを提起できなかったとき

② 再審申立人が提出した証拠が原審において既に提出され，原審人民法院が質証を実施せず，かつ裁判の根拠としなかった場合，期限後に証拠提出する理由が成立するとみなす。但し，原審人民法院が民訴法第65条の規定により不採用とした場合を除く。

第389条［質証を経ていない場合］　当事者が，原判決，裁定における事実認定の主たる証拠について，原審中に質証意見の発表を拒んだ，又は質証中に証拠について質証意見の発表が未了であった場合，民訴法第200条第4号に規定する質証を経ていない場合に該当しない。

第390条［法律適用に確かに誤りがある場合］　次に掲げる事由に該当することにより，

判決，裁定の結果に誤りを生じた場合，民訴法第200条第6号に規定する原判決，裁定における法律適用に確かに誤りがある場合と認めなければならない。
一　適用する法律と事件の性質が明らかに一致しないとき
二　民事責任の確定が当事者の約定又は法律規定に明らかに違反するとき
三　既に失効済み又は未施行の法律を適用するとき
四　法律の遡及力に関する規定に違反するとき
五　法律の適用規則に違反するとき
六　立法の本来の意図に明らかに違背するとき

第391条［当事者の弁論権を剥奪した場合］　原審の開廷審理過程において，次に掲げる事由に該当する場合，民訴法第200条第9号に規定する当事者の弁論権を剥奪した場合と認めなければならない。
一　当事者による弁論意見の発表を許さないとき
二　開廷審理をすべきであるにもかかわらず開廷審理を行わないとき
三　法律規定に違反して訴状副本又は上訴状副本を送達したために，当事者が弁論権を行使できなくなったとき
四　当事者の弁論権を違法に剥奪するその他の事由があるとき

第392条［訴訟請求を遺漏又は超えた場合］　民訴法第200条第11号に規定する訴訟請求には，第一審の請求，第二審の上訴請求が含まれる。但し，当事者が第一審の判決，裁定が遺漏又は訴訟請求の範囲を超えたことについて上訴を提起しない場合を除く。

第393条［原裁判の根拠とされた法律文書］　民訴法第200条第12号に規定する法律文書には，次に掲げるものを含む。
一　発効した判決書・裁定書・調停書
二　発効した仲裁判断書
三　強制執行の効力を具えた公証債権文書

第394条［汚職収賄行為，私利を図る行為，法律を枉げた裁判行為の認定］　民訴法第200条第13号に規定する裁判官が当該事件を審理するとき，汚職・収賄行為，私利を図る行為，法律を枉げた裁判行為があるとは，発効された刑事法律文書又は紀律処分決定によって既に確認された行為をいう。

第395条［再審裁定の基準］　当事者が主張する再審事由が成立し，かつ民訴法と本解釈に規定する再審申立条件を具える場合，人民法院は再審裁定をしなければならない。
②　当事者が主張する再審事由が成立しない，又は当事者が法定の再審申立期限，法定の再審事由の範囲を超えて再審を申し立てる等，民訴法及び本解釈に規定する再審申立条件を具えない場合，人民法院は再審申立ての却下を裁定しなければならない。

第396条［再審決定後の執行停止］　人民法院が，既に発効した判決・裁定・調停書に対して法により再審を決定し，民訴法第206条の規定により執行停止が必要である場

合，再審裁定書において同時に原判決・裁定・調停書の執行停止を明記しなければならない。緊急の状況においては執行停止の裁定を，執行を担当する人民法院に口頭で通知し，かつ通知後 10 日以内に裁定書を送付することができる。

第 397 条［当事者への質問］　人民法院は，事件審査の必要に応じて当事者に質問を行うか否かを決定する。新たな証拠が原判決，裁定を覆す可能性がある場合，人民法院は当事者に質問を行わなければならない。

第 398 条［再審申立人以外のその他の当事者が再審申立てした場合］　再審申立ての審査期間において，被申立人と原審のその他の当事者が法により再審を申し立てる場合，人民法院は当該被申立人と原審のその他の当事者を再審申立人とし，その再審事由を併せて審査し，審査期限を改めて計算しなければならない。審査の結果，その中の一方の再審申立人が主張する再審事由が成立する場合，再審の裁定を下さなければならない。各再審申立人が主張する再審事由がいずれも不成立の場合，一括して再審申立ての却下を裁定する。

第 399 条［再審審査期間における鑑定・検証の申立て］　再審申立ての審査期間において，再審申立人が人民法院に鑑定の委託，検証を申し立てる場合，人民法院はこれを許可しない。

第 400 条［再審申立ての取下げ］　再審申立ての審査期間に，再審申立人が再審申立てを取り下げる場合，その許否は人民法院が裁定する。

② 再審申立人が呼出状により呼び出され，正当な理由なく尋問を拒否した場合，再審申立てを取り下げたものとして処理できる。

第 401 条［再審申立取下げ後の再度の再審申立て］　人民法院が再審申立ての取下げを許可し，又は再審申立ての取下げとして処理した後，再審申立人が再審を再び申し立てた場合，これを受理しない。但し，民訴法第 200 条第 1 号，第 3 号，第 12 号，第 13 号に規定する事由があり，それを知り又は知り得べき日から 6 ヶ月以内に提出した場合を除く。

第 402 条［再審審査の終結］　再審申立審査期間において，次に掲げる事由に該当する場合，審査の終結を裁定する。

　一　再審申立人が死亡又は消滅し，権利義務承継人がいない，又は権利義務承継人が再審申立ての放棄を宣言するとき
　二　給付の訴えにおいて，給付義務を負う被申立人が死亡又は消滅し，執行できる財産がなく，義務を負うべき者もいないとき
　三　当事者間で和解合意が成立し，かつ既に履行を完了したとき。但し，当事者が和解合意の中で再審申立ての権利を放棄しないことを表明する場合を除く。
　四　他人が授権を得ずに当事者名義で再審を申し立てたとき
　五　原審又は直近上級人民法院が既に再審の裁定をしたとき
　六　本解釈第 383 条第 1 項に規定する事由があるとき

第 403 条［再審事件の裁判組織］　人民法院は，再審事件の審理にあたり合議体を構成

し開廷審理を行わなければならない。但し，第二審手続により審理する場合において，特別の状況があるか，又は双方当事者が既に他の方式により意見を十分に表明し，かつ不開廷審理を行うことに書面で同意する場合を除く。
② 欠席判決の条件を具える場合，欠席判決を行うことができる。
第404条［再審事件の開廷審査］ 人民法院が再審事件を開廷審理する場合，次に掲げる状況に応じて審理を行わなければならない。
　一　当事者の申立てにより再審を行う場合，まず再審申立人が再審の請求及び理由を陳述し，次に被申立人が答弁し，原審のその他の当事者が意見を述べる。
　二　抗訴により再審を行う場合，まず抗訴機関が抗訴状を読み上げ，次に抗訴を申し立てた当事者が陳述し，その後被申立人が答弁し，原審のその他の当事者が意見を述べる。
　三　人民法院が職権により再審を行い，申訴人がいる場合，まず申訴人が再審の請求と理由を陳述し，次に被申訴人が答弁し，原審のその他の当事者が意見を述べる。
　四　人民法院が職権により再審を行い，申訴人がいない場合，まず原審原告又は原審上訴人が陳述し，次に原審のその他の当事者が意見を述べる。
② 前項第1号から第3号に規定する状況について，人民法院は当事者にその再審請求を明らかにするよう求めなければならない。
第405条［再審事件の法廷弁論手続］ 人民法院が再審事件を審理する場合，再審請求について審理を行わなければならない。当事者の再審請求が原審訴訟請求の範囲を超えている場合，これを審理しない。別途の事件として訴訟条件を具える場合，当事者に対して別訴提起が可能なことを告知しなければならない。
② 被申立人と原審のその他の当事者が法廷弁論終了前に提起した再審請求について，民訴法第205条の規定に適合する場合，人民法院は併せて審理しなければならない。
③ 人民法院が，再審を経て，既に発効した判決，裁定が国家利益，社会公共利益，他者の合法的権益を侵害することを発見した場合，併せて審理しなければならない。
第406条［再審審理の終結］ 再審の審理期間において次に掲げる事由に該当する場合，再審手続の終結を裁定することができる。
　一　再審申立人が再審期間において再審請求を取り下げ，人民法院がこれを許可するとき
　二　再審申立人が呼出状により呼び出され，正当な理由なく出廷を拒否し，又は法廷の許可なく中途退廷し，再審申立てを取り下げたものとして処理されたとき
　三　人民検察院が抗訴を取り下げたとき
　四　本解釈第402条第1号から第4号に規定する事由があるとき
② 人民検察院の抗訴提起を原因として再審を裁定した事件につき，抗訴を申請した当事者に前項に規定する事由があり，かつ国家利益，社会公共利益又は他者の合法的権益を侵害しない場合，人民法院は再審手続を終結する裁定を下さなければならない。
③ 再審手続終結後，人民法院が執行停止の裁定をしていた，発効した原判決の執行

は，自動的に回復する。

第 407 条［再審判決・再審裁定］ 人民法院は，再審の審理を経て，原判決，裁定の事実認定が明確で，法律適用が正しいと認める場合，これを維持しなければならない。原判決，裁定の事実認定，法律適用に瑕疵はあるが，裁判結果が正しい場合，再審の判決，裁定において瑕疵を是正した上で維持しなければならない。

② 原判決，裁定の事実認定又は法律適用に誤りがあり，裁判結果の誤りが生じた場合，法により原裁判を改め，取消し又は変更を行わなければならない。

第 408 条［訴え却下の再審裁定］ 第二審手続により再審した事件について，人民法院は，審理を経て，民訴法に規定する提訴条件を具えず，又は民訴法第 124 条に規定する不受理事由に該当すると認める場合，第一審，第二審判決を取り消し，訴え却下を裁定しなければならない。

第 409 条［調停書に対する再審裁定の処理］ 人民法院は，調停書について再審を裁定した後，次に掲げる状況に応じて処理する。
一 当事者が提出した，調停の自由意思の原則違反事由が成立せず，かつ調停書の内容が法律の強行規定に違反しない場合，再審申立ての却下を裁定する。
二 人民検察院が抗訴又は再審検察建議において主張した国家利益，社会公共利益を害する理由が成立しない場合，再審手続の終結を裁定する。

② 前項に規定する事由について，人民法院が執行停止の裁定をした調停書に執行継続の必要がある場合，執行を自動的に再開する。

第 410 条［再審手続中の一審原告訴え取下げの処理］ 一審原告が再審審理手続において訴え取下げを申し立て，他の当事者の同意を経て，かつ国家利益，社会公共利益，他者の合法的権益を侵害しない場合，人民法院はこれを許可することができる。訴え取下げの許可を裁定する場合，併せて原判決を取り消さなければならない。

② 一審原告が再審手続において訴えを取り下げた後，再び訴えを提起した場合，人民法院はこれを受理しない。

第 411 条［新証拠を提出した当事者の費用負担］ 当事者が新たな証拠を提出したために再審で判決が変更され，再審申立人又は検察監督を申し立てた当事者の過失により原審手続において適時に立証されなかったことにより被申立人等の当事者が，当該当事者が追加払いした交通費，宿泊費，食費，休業補償等の必要経費の補償を請求した場合，人民法院はこれを支持しなければならない。

第 412 条［再審における一部調停］ 一部当事者が出廷して調停合意に達し，その他の当事者が書面表示をしていない場合，人民法院は判決において当該事実につき表明しなければならない。調停合意の内容が法律規定に違反せず，かつその他の当事者の合法的権益を侵害しない場合，判決主文においてそれを確認することができる。

第 413 条［職権による検察監督］ 人民検察院が法により，国家利益，社会公共利益を害する発効した判決・裁定・調停書に対して抗訴を提起し，又は人民検察院検察委員会が討論を経て再審検察建議の提出を決定した場合，人民法院はこれを受理しなけれ

ばならない。

第414条［抗訴事件の範囲］　人民検察院は，既に発効した判決及び不受理，訴え却下の裁定について法により抗訴を提起した場合，人民法院はこれを受理しなければならない。但し，特別手続，督促手続，公示催告手続，破産手続及び婚姻関係解消に係る判決，裁定等，裁判監督手続を適用しない判決，裁定を除く。

第415条［再審裁判に対する抗訴の受理］　人民検察院は，民訴法第209条第1項第3号の規定により，明らかに誤りのある再審の判決，裁定について抗訴又は再審検察建議を提出する場合，人民法院はこれを受理しなければならない。

第416条［再審検察建議の受理条件］　地方の各級人民検察院が，当事者の申立てにより発効した判決，裁定に対して同級人民法院に再審検察建議を提出し，次に掲げる条件を具える場合，これを受理しなければならない。
一　再審検察建議書と原審当事者の申立書及び関連証拠資料を既に提出したとき
二　再審建議の対象が民訴法と本解釈の規定により再審を行うことができる判決，裁定であるとき
三　再審検察建議書に，当該判決，裁定に民訴法第208条第2項に規定する事由があると明記されているとき
四　民訴法第209条第1項第1号，第2号の規定する事由に該当するとき
五　再審検察建議が当該人民検察院検察委員会の討論を経て決定されたとき
②　前項の規定に該当しない場合，人民法院は人民検察院に補正又は取下げを建議することができる。補正又は取下げをしない場合，人民検察院に不受理を書面で通知しなければならない。

第417条［抗訴による再審裁定の条件］　人民検察院が当事者の申立てにより，発効した判決，裁定について抗訴を提起し，次に掲げる条件を具える場合，人民法院は30日以内に再審の裁定をしなければならない。
一　抗訴状と原審当事者の申立書及び関連証拠資料を既に提出したとき
二　抗訴対象が民訴法と本解釈の規定により再審を行うことができる判決，裁定であるとき
三　抗訴状に，当該判決，裁定に民訴法第208条第1項に規定する事由があると明記されているとき
四　民訴法第209条第1項第1号，第2号に規定する事由に該当するとき
②　前項の規定に該当しない場合，人民法院は人民検察院に補正又は取下げを建議することができる。補正又は取下げをしない場合，人民法院は不受理を裁定できる。

第418条［抗訴再審事件の再審指令］　当事者の再審申立てが上級人民法院から却下を裁定された後，人民検察院が原判決・裁定・調停書に対して抗訴を提起し，抗訴事由が民訴法第200条第1号から第5号に規定する事由の一つに該当する場合，抗訴を受理した人民法院は直近下級の人民法院に再審を移すことができる。

第419条［再審検察建議の審査］　人民法院は，再審検察建議を受領した後に合議体を

構成し、3ヶ月以内に審査を行わなければならない。原判決・裁定・調停書に確かに誤りがあることが判明し、再審の必要がある場合、民訴法第198条の規定により再審の裁定を下し、かつ当事者に通知しなければならない。審査の結果、再審を行わない決定を下した場合、書面で人民検察院に回答しなければならない。

第420条［当事者の再審申立却下裁定の検察監督再審に対する影響］　人民法院が人民検察院の抗訴又は検察建議により再審を裁定した事件については、以前既に下された当事者の再審申立却下裁定の影響を受けない。

第421条［抗訴事件の審理手続］　人民法院が抗訴事件の開廷審理を行う場合、開廷の3日前までに人民検察院、当事者その他の訴訟参加人に通知しなければならない。同級人民検察院又は抗訴を提起した人民検察院は、人員を派遣して出廷させなければならない。

② 人民検察院は、法律監督の職責履行により当事者又は訴外人に調査、事実確認をした状況について、その結果を法廷に提出して説明しなければならず、双方当事者が質証を行う。

第422条［脱漏した必要共同訴訟人の再審申立て］　共同で訴訟を行うべき当事者は、本人又はその訴訟代理人の責めに帰すことができない事由により訴訟に参加できなかった場合、民訴法第200条第8号の規定に基づき、それを知り又は知り得べき日から6ヶ月以内に再審を申し立てることができる。但し、本解釈第423条に規定する事由に該当する場合を除く。

② 人民法院が前項に規定する当事者の申立てにより再審の裁定を下し、第一審手続により再審を行う場合、その者を当事者として追加し、新たに判決、裁定をしなければならない。第二審手続により再審を行い、調停合意に達しない場合、原判決、裁定を取り消して原審に差し戻さなければならず、差戻審ではその者を当事者として追加しなければならない。

第423条［執行手続中における訴外人の再審申立て］　民訴法第227条の規定により、訴外人が執行異議の却下裁定に対して不服があり、原判決・裁定・調停書の内容の誤りがその民事権益を侵害したと認める場合、執行異議裁定の送達日から6ヶ月以内に、原判決・裁定・調停書を下した人民法院に対して再審を申し立てることができる。

第424条［訴外人申立てによる再審裁定の処理］　民訴法第227条の規定に基づき人民法院が再審の裁定を下した後、訴外人が必要的共同訴訟の当事者に該当する場合、本解釈第422条第2項により処理する。

② 訴外人が必要的共同訴訟の当事者でない場合、人民法院は原判決・裁定・調停書がその民事上の権益を侵害したことに関する内容のみを審理する。審理の結果、再審請求が成立する場合、原判決・裁定・調停書を取消し又は変更する。再審請求が成立しない場合、原判決・裁定・調停書を維持する。

第425条［再審事件の判決方式］　本解釈第340条の規定は、裁判監督手続に適用する。

第426条［少額訴訟事件の再審］　少額訴訟事件の判決・裁定に対して，当事者が民訴法第200条に規定する事由により原審人民法院に再審を申し立てた場合，人民法院はこれを受理しなければならない。再審申立ての事由が成立する場合，再審の裁定を下し，合議体を構成して審理を行わなければならない。下された再審の判決，裁定について，当事者は上訴してはならない。
② 当事者が，少額訴訟事件として審理すべきでないことを理由に原審人民法院に再審を申し立てた場合，人民法院はこれを受理しなければならない。理由が成立する場合，再審の裁定を下し，合議体を構成して審理しなければならない。下された再審の判決，裁定について，当事者は上訴できる。

十九．督促手続

第427条［支払命令事件申立ての共同管轄］　二つ以上の人民法院が管轄権を有する場合，債権者は，そのうち一つの基層人民法院に支払命令を申し立てることができる。
② 債権者が二つ以上の管轄権を有する基層人民法院に支払命令を申し立てる場合，先に立案した人民法院が管轄する。
第428条［支払命令申立書の補正］　人民法院は，債権者の支払命令申立書を受領した後，申立書が要件を具えないと認める場合，債権者に所定期限までに補正するよう通知することができる。人民法院は，補正資料の受領日から5日以内に債権者に受理するか否かを通知しなければならない。
第429条［支払命令申立ての受理条件］　債権者が支払命令を申し立て，次に掲げる条件を具える場合，基層人民法院はこれを受理し，かつ支払命令申立書の受領後5日以内に債権者に通知しなければならない。
　一　金銭又は為替手形，約束手形，小切手，株券，債券，国庫券，譲渡可能な預金証書等の有価証券の給付を請求すること
　二　給付を求める金銭又は有価証券が既に期限が到来し，かつ金額が確定し，請求の根拠となる事実，証拠が明記されていること
　三　債権者に対応すべき給付義務がないこと
　四　債務者が中国国内に存在しかつ行方不明でないこと
　五　支払命令を債務者に送達できること
　六　申立書を受領した人民法院が管轄権を有すること
　七　債権者が人民法院に訴前保全を申し立てていないこと
② 前項の規定に適合しない場合，人民法院は支払命令申立書の受領後5日以内に債権者に不受理を通知しなければならない。
③ 基層人民法院が支払命令申立事件を受理する場合，債権金額の制限を受けない。
第430条［支払命令申立ての却下］　人民法院が申立を受理した後，裁判官一名が審査を行う。審査の結果，次に掲げる事由に該当する場合，申立却下を裁定する。

一 申立人が当事者適格を具えないとき
二 金銭又は有価証券の給付に係る証明文書に,期限を過ぎてから給付する場合の利息又は違約金,賠償金に関する約定がないのに,債権者が利息又は違約金,賠償金の給付を要求し続けるとき
三 給付を求める金銭又は有価証券が違法所得に属するとき
四 給付を求める金銭又は有価証券の期限未到来,又は金額が不確定であるとき

② 人民法院は,支払命令申立てを受理した後,本解釈に規定する受理条件を具えないことが判明した場合,受理日から15日以内に申立却下を裁定しなければならない。

第431条[支払命令の送達] 債務者本人に支払命令を送達し,債務者が受領を拒む場合,人民法院は差置送達を行うことができる。

第432条[督促手続の終結] 次に掲げる事由に該当する場合,人民法院は督促手続の終結を裁定しなければならず,既に支払命令を発している場合には,支払命令は自動的に失効する。
一 人民法院が支払命令申立てを受理した後,債権者が同一の債権債務関係について再び訴えを提起するとき
二 人民法院が支払命令を発した日から30日以内に債務者に送達できないとき
三 債務者が支払命令を受け取る前に債権者が申立てを取り下げたとき

第433条[債務者の異議] 債務者が支払命令を受領した後,法定期間内に書面による異議を提出せず,他の人民法院に提訴した場合,支払命令の効力に影響しない。
② 債務者が法定期間を過ぎてから異議を提出した場合,異議を提出しなかったものとみなす。

第434条[債務者の一部異議] 債権者が同一の債権債務関係に基づき,同一の支払命令申立てにおいて債務者に対して多くの支払請求を提出し,債務者がそのうちの一つ又はいくつかの請求にのみ異議を提出した場合,その他の各請求の効力に影響しない。

第435条[可分債権請求に対する異議] 債権者が同一の債権債務関係に基づき,可分な債権について多くの債務者に支払請求を提出し,多くの債務者のうち一人又は数人が異議を提出した場合,その他の各請求の効力に影響しない。

第436条[支払命令の担保設定者に対する拘束力] 担保設定した債務の主債務者に対して発した支払命令は,担保設定者に対して拘束力を有さない。
② 債権者は,担保関係について単独で訴訟提起した場合,支払命令は人民法院が事件を受理した日から失効する。

第437条[債務者の異議成立の認定] 形式審査を経て,債務者が提出した書面異議が次に掲げる事由に該当する場合,異議が成立すると認め,督促手続の終結を裁定しなければならず,支払命令は自動的に失効する。
一 本解釈が規定する申立ての不受理事由に該当するとき
二 本解釈が規定する申立却下の裁定を行う事由に該当するとき

三　本解釈が規定する督促手続終結を裁定すべき事由に該当するとき
四　人民法院に支払命令を発する条件の具備につき合理的疑いを生じたとき

第438条［債務者の異議不成立の認定］　債務者が債務自体には異議がなく，弁済能力の欠如，債務弁済期限の延長，債務弁済方法の変更等についてのみ異議を提出する場合，支払命令の効力に影響しない。
②　人民法院は審査を経て異議が成立しないと認める場合，却下を裁定する。
③　債務者の口頭での異議は無効とする。

第439条［債務者の異議取下げ］　人民法院は，督促手続の終結又は異議却下の裁定前に債務者が異議取下げを請求する場合，これを許可する裁定をしなければならない。
②　債務者が異議の取下げを撤回する場合，人民法院はこれを支持しない。

第440条［督促手続から訴訟手続への移行1］　支払命令が失効した後，支払命令を申し立てた一方当事者が訴訟提起に同意しない場合，督促手続終結の裁定の受領日から7日以内に申立てを受理した人民法院に提出しなければならない。
②　支払命令を申し立てた一方当事者が訴訟提起に同意しない場合，当該当事者が他の管轄権を有する人民法院に提訴することに影響しない。

第441条［督促手続の訴訟手続への移行2］　支払命令が失効した後，支払命令を申し立てた一方当事者が，督促手続終結の裁定の受領日から7日以内に，申立てを受理した人民法院に対して提訴に同意しないことを表明しなかった場合，申立てを受理した人民法院に提訴したものとみなす。
②　債権者による支払命令の申立提出時をもって，人民法院に対する提訴時とする。

第442条［支払命令の執行申立期限］　債権者の人民法院に対する支払命令執行の申立期間については，民訴法第239条の規定を適用する。

第443条［支払命令の取消し］　人民法院の院長は，当該法院の既に発効した支払命令に確かに誤りがあることを発見して取消しが必要と認める場合，当該法院の裁判委員会に提出し，討論により決定した後，支払命令取消しの裁定を下し，債権者の申立てを却下しなければならない。

二十．公示催告手続

第444条［手形所持人］　民訴法第218条に規定する手形所持人とは，手形の盗難，遺失又は滅失前の最後の所持人をいう。

第445条［公示催告申立ての審査結果］　人民法院は，公示催告の申立てを受領後，直ちに審査し，受理するか否かを決定しなければならない。審査を経て受理条件を具えると認める場合，受理を通知すると同時に支払人に支払いの停止を通知する。受理条件を具えないと認める場合，7日以内に申立却下を裁定する。

第446条［公示催告申立ての審査内容］　手形の喪失により公示催告を申し立てる場合，人民法院は手形の控え，喪失した手形の写し，手形振出人の手形署名に関する証明，

申立人が手形を適法に取得したことの証明，銀行の紛失支払停止通知書，届出証明等の証拠を結合して，受理するか否かを決定しなければならない。

第447条［公示催告申立受理の公告内容］ 人民法院は，民訴法第219条の規定により発する申立受理公告に，次に掲げる内容を明記しなければならない。

一 公示催告申立人の氏名又は名称

二 手形の種類，番号，額面金額，手形振出人，裏書人，所持人，支払期限等の事項及びその他公示催告を申し立てることのできる権利証の種類，番号，権利の範囲，権利者，義務者，権利行使日等の事項

三 権利届出の期間

四 公示催告期間における手形等の権利証書の譲渡，利害関係人が届け出ない場合の法律効果

第448条［公告の媒体］ 公告は，新聞紙その他の媒体に掲載し，同日に人民法院公告欄内に公布しなければならない。人民法院の所在地に証券取引所がある場合，同日に当該取引所にも公布しなければならない。

第449条［公告期間］ 公告期間は60日を下回ってはならず，かつ公示催告期間の満了日は手形支払日から15日後に先んじてはならない。

第450条［利害関係人の権利届出の処理］ 届出期間の満了後，判決をする前に利害関係人が権利を届け出た場合，民訴法第221条第2項，第3項の規定を適用して処理しなければならない。

第451条［利害関係人の権利届出に対する審査］ 利害関係人が権利を届け出る場合，人民法院は当該利害関係人に対して法廷に手形を提示するよう通知し，かつ公示催告申立人に対し指定期間内に当該手形を確認するよう通知しなければならない。公示催告申立人が公示催告申立てをした手形と利害関係人が提示した手形が一致しない場合，利害関係人の届出却下を裁定しなければならない。

第452条［除権判決］ 権利の届出期間において，権利を届け出た者がない，又は届出が却下された場合，申立人は公示催告期間満了日から1ヶ月以内に判決するよう申し立てなければならない。期限を過ぎても判決を申し立てない場合，公示催告手続を終結する。

② 公示催告手続終結を裁定した場合，申立人と支払人に通知しなければならない。

第453条［除権判決の効果］ 判決公告の日から，公示催告申立人は，判決を根拠として支払人に対して支払いを請求する権利を有する。

② 支払人が支払いを拒んで申立人が人民法院に提訴し，民訴法第119条に規定する提訴条件を具える場合，人民法院はこれを受理しなければならない。

第454条［公示催告事件の裁判組織］ 公示催告手続を適用して審理する事件は，裁判官一名が単独で審理できる。手形の無効を宣告する判決をする場合，合議体を構成して審理しなければならない。

第455条［公示催告申立ての取下げ］ 公示催告申立人が申立てを取り下げる場合，公

示催告の前に提出しなければならない。公示催告期間において取下げを申し立てる場合、人民法院は直接公示催告手続の終結を裁定できる。

第456条［支払停止］　人民法院が民訴法第220条の規定により支払人に支払停止を通知する場合、財産保全関連規定に適合しなければならない。支払人が支払停止通知の受領後に支払停止を拒否した場合、民訴法第111条、第114条の規定により強制措置を講じることができるほか、判決後、支払人はなお支払義務を負担しなければならない。

第457条［公示催告手続終結後に提起された訴訟の管轄］　人民法院が民訴法第221条の規定により公示催告手続を終結した後、公示催告の申立人又は届出人が人民法院に訴えを提起し、手形上の権利をめぐる紛争を原因として提起した場合、手形支払地又は被告住所地にある人民法院が管轄する。手形上の権利をめぐる紛争以外を原因として提起した場合、被告住所地にある人民法院が管轄する。

第458条［公示催告手続終結の裁定書］　民訴法第221条の規定により作成した公示催告手続終結の裁定書には、裁判官、書記官が署名し、人民法院の印章を押印する。

第459条［除権判決取消しの審理］　民訴法第223条の規定により利害関係人が人民法院に訴えを提起する場合、人民法院は手形紛争として通常手続を適用し審理することができる。

第460条［除権判決取消しの正当な理由］　民訴法第223条に規定する正当な理由とは、次に掲げるものをいう。
　一　不測の事態又は不可抗力を原因として、利害関係人が公告事実を知ることができなかったとき
　二　利害関係人が人身の自由を制限されたために公告事実を知ることができず、又は公告事実を知っていたが、自己又は他人に委任して権利届出ができなかったとき
　三　法定の公示催告申立事由に該当しないとき
　四　公告していない、又は法定方式により公告していないとき
　五　その他利害関係人が人民法院に権利届出をできない客観的事由があるとき

第461条［除権判決取消事件の当事者］　民訴法第223条の規定により、利害関係人が人民法院に除権判決取消しを請求する場合、申立人を被告としなければならない。
②　利害関係人が、自己が適法な所持人であることの確認のみを訴える場合、人民法院は裁判文書中に「利害関係人を手形権利者であると確認する判決を下した後、直ちに除権判決は取り消される」旨を明記しなければならない。

二十一．執行手続

第462条［特別事件裁判の執行］　発効した担保物権実行の裁定・調停合意確認の裁定、支払命令については、その裁定、支払命令を下した人民法院又はその同級で被執行財産所在地にある人民法院が執行する。

② 無主財産認定の判決は，判決を下した人民法院が無主財産を国又は集団の所有に帰属させる。

第463条［執行根拠確定の原則］　当事者が人民法院に執行を申し立てる場合の発効した法律文書は，次に掲げる条件を具えなければならない。
一　権利義務の主体が明確であること
二　給付内容が明確であること
② 法律文書が契約の履行継続を確定する場合，履行を継続する具体的内容を明確にしなければならない。

第464条［訴外人の異議提出期限］　民訴法第227条の規定に基づき，訴外人が執行目的物に対して異議を提出する場合，当該執行目的物の執行手続終了前に提出しなければならない。

第465条［訴外人の異議の処理］　訴外人が執行目的物に対して提出した異議は，審査を経て次に掲げる状況に応じて処理する。
一　訴外人が執行目的物に対して強制執行を排除するに足る権益を有しない場合，その異議の却下を裁定する。
二　訴外人が執行目的物に対して強制執行を排除するに足る権益を有する場合，執行停止を裁定する。
② 訴外人の執行異議の却下裁定を訴外人に送達した日から15日以内において，人民法院は執行目的物を処分してはならない。

第466条［執行和解後の当事者による執行手続選択］　執行申立人が被執行者と和解合意に達した後に執行停止を請求し，又は執行申立てを取り下げた場合，人民法院は執行停止又は執行終結を裁定できる。

第467条［執行和解合意不履行の法律効果］　執行において双方当事者が自由意思により達した和解合意を一方当事者が不履行又は完全に履行せず，相手方当事者が元の発効した法律文書の執行を申し立てる場合，人民法院は執行を回復しなければならない。但し，和解合意の履行済みの部分は控除しなければならない。和解合意の履行を既に完了した場合，人民法院は執行を再開しない。

第468条［執行和解後の執行再開期間］　元の発効した法律文書の執行再開の申立てについては，民訴法第239条の執行申立期間の規定を適用する。執行申立期間が，執行中の和解合意が成立したために中断した場合，その期間は和解合意による約定履行期限の最終日から改めて計算する。

第469条［執行の暫定猶予］　人民法院が民訴法第231条の規定により執行の暫定猶予を決定する場合において，担保期限が定められているとき，執行の暫定猶予の期限は，担保期限と一致しなければならず，最長1年を超えることができない。被執行者又は担保提供者が担保財産に対して，執行暫定猶予期間に移転，隠蔽，換金，毀損等の行為を行った場合，人民法院は強制執行を再開することができる。

第470条［担保の方式］　民訴法第231条の規定により人民法院に執行担保を提供する

場合，被執行者又は他人が財産担保を提供することができ，他人が保証を提供することもできる。保証人は，代替履行又は賠償責任を負う能力を具えなければならない。
② 他人が執行保証を提供する場合，執行法院に保証書を提出し，かつ保証書副本を執行申立人に送付しなければならない。被執行者又は他人が財産担保を提供する場合，物権法，担保法の関連規定を参照して相応する手続を行わなければならない。

第471条［担保財産の執行］ 被執行者が，人民法院が決定した執行の暫定猶予期限が満了してもなお義務を履行しない場合，人民法院は担保財産に直接執行し，又は保証人の財産に執行する旨を裁定できる。但し，保証人の財産に執行する場合には保証人が履行義務がある部分の財産を限度としなければならない。

第472条［被執行者の合併，分割，解散，変更及び追加］ 民訴法第232条の規定により，執行中に被執行者たる法人又はその他の組織が分割，合併した場合，人民法院は変更後の法人又はその他の組織を被執行者とする旨を裁定できる。解散された場合，関連実体法の規定により権利義務承継者があるとき，当該権利義務承継者を被執行者として裁定できる。

第473条［その他の組織を被執行者とする場合］ その他の組織が執行において法律文書が確定した義務を履行できない場合，人民法院は，当該組織に対して法により義務を負う法人又は公民個人の財産の執行を裁定できる。

第474条［被執行者の名称変更］ 執行中に被執行者たる法人又はその他の組織の名称が変更された場合，人民法院は変更後の法人又はその他の組織を被執行者として裁定できる。

第475条［被執行者の死亡による変更］ 被執行者たる公民が死亡し，その遺産相続人が相続放棄しなかった場合，人民法院は被執行者の変更を裁定することができ，当該相続人が遺産の範囲内で債務を償還する。相続人が相続放棄した場合，人民法院は被執行者の遺産に直接執行することができる。

第476条［執行回復］ 法律が，人民法院が執行するその他の法律文書の執行が完了した後，当該法律文書が関係機関又は組織により取り消される旨を規定する場合，当事者の申立てにより民訴法第233条の規定を適用する。

第477条［仲裁判断の一部不執行裁定］ 仲裁機関の判断事項の一部が，民訴法第237条第2項，第3項に規定する事由に該当する場合，人民法院は，当該部分について不執行の裁定を下さなければならない。
② 執行すべきでない部分とその他の部分が不可分である場合，人民法院は仲裁判断の不執行裁定を下さなければならない。

第478条［仲裁判断不執行裁定に対する救済］ 民訴法第237条第2項，第3項の規定により，人民法院が仲裁判断の不執行裁定をした後，当事者が当該裁定について執行異議を提出し，又は再議を申し立てた場合，人民法院はこれを受理しない。当事者は，当該民事紛争につき改めて書面の仲裁合意に達して仲裁を申し立てることができ，人民法院に訴えを提起することもできる。

第 479 条 ［仲裁判断の執行に対する影響］　執行中に被執行者が仲裁手続を通じて，人民法院が封印，差押え，凍結を行った財産の権利帰属を確認又は訴外人に分割する場合，人民法院による執行手続の進行に影響しない。
② 　訴外人は不服がある場合，民訴法第 227 条の規定により異議を提出できる。
第 480 条 ［公証債権文書に確かに誤りがある場合］　次に掲げる事由に該当する場合，民訴法第 238 条第 2 項に規定する公証債権文書に確かに誤りがあると認定できる。
　一　公証債権文書が強制執行の効力を付与してはならない債権文書に該当するとき
　二　被執行者の一方が自ら又は代理人に委任して立会いの上公証を行わない等，法律に規定する公証手続に重大に違反するとき
　三　公証債権文書の内容が事実と一致しない，又は法律の強行規定に違反するとき
　四　公証債権文書に，被執行者が義務を不履行又は完全に履行しない場合に強制執行を受けることに同意する旨が明記されていないとき
② 　人民法院は，当該公証債権文書が社会公共利益に反すると認める場合，不執行を裁定する。
③ 　公証債権文書について不執行の裁定が下された後，当事者，公証事項の利害関係人は，債権紛争につき訴えを提起することができる。
第 481 条 ［仲裁判断又は公証債権文書の不執行申立ての期限］　当事者が仲裁判断又は公証債権文書の不執行を請求する場合，執行の終結前に執行法院に対して提出しなければならない。
第 482 条 ［執行通知］　人民法院は，執行申立書又は執行移行書を受領してから 10 日以内に執行通知を発出しなければならない。
② 　執行通知においては，被執行者が法律文書により確定された義務の履行を命じるほか，民訴法第 253 条に規定する履行遅延利息又は履行遅延金を負担するよう通知しなければならない。
第 483 条 ［時効期間後に申し立てた執行の処理］　執行申立人が執行申立ての時効期間を過ぎてから人民法院に強制執行を申し立てた場合，人民法院はこれを受理しなければならない。被執行者が執行申立時効期間に異議を提出し，審査を経て異議が成立する場合，人民法院は不執行を裁定できる。
② 　被執行者が全部又は一部の義務を履行した後，さらに執行申立時効期間満了の不知を理由として執行回復を請求する場合，人民法院はこれを支持しない。
第 484 条 ［被執行者に対する勾引の適用］　調査尋問を受けるべき被執行者，被執行者の法定代表者，責任者又は実際の支配者が，呼出しを受けたにもかかわらず正当な理由なく出廷を拒否する場合，人民法院は該当者を法廷に勾引することができる。
② 　人民法院は，被勾引者に対して調査尋問を速やかに行わなければならない。調査尋問の時間は 8 時間を超えてはならない。状況が複雑で，法により拘留措置を講じる可能性がある場合，調査尋問の時間は 24 時間を超えてはならない。
③ 　人民法院が当該管轄区以外で勾引措置を講じる場合，被勾引者を現地の人民法院に

勾引することができ，現地の人民法院はこれに協力しなければならない。

第485条［被執行者の身分情報と財産情報の調査］　人民法院は，被執行者の身分情報と財産情報を調査する権限を有する。関連情報を把握する組織及び個人は，執行共助通知書に従って手続を行わなければならない。

第486条［人民法院による被執行財産処分の条件］　被執行財産に対して，人民法院は封印，差押え，凍結を経ずに処分してはならない。銀行預金等，直接振り替えることのできる各種の財産について，人民法院の振替えの裁定は，同時に凍結の法的効力を有する。

第487条［封印，差押え，凍結の期限］　人民法院が被執行者の銀行預金を凍結する期限は1年を超えてはならない。動産の封印，差押えの期限は2年を超えてはならず，不動産の封印その他の財産権の凍結の期限は3年を超えてはならない。

② 　執行申立人が期限延長を申し立てた場合，人民法院は封印，差押え，凍結の期限が満了する前に封印，差押え，凍結の続行手続を行わなければならず，続行期限は，前項に規定する期限を超えてはならない。

③ 　人民法院も職権により封印，差押え，凍結の手続を続行することができる。

第488条［競売の主体］　民訴法第247条の規定により，人民法院が執行において被執行者の財産を競売する必要がある場合，人民法院が自ら競売を実施することができ，相応の資格を備えた競売機構に競売を委ねることもできる。

② 　競売機構に競売を委ねる場合，人民法院は競売活動に対して監督を行わなければならない。

第489条［競売評価手続中の強制検査，検証］　競売評価において，現場の検査，検証の実施が必要である場合，人民法院は被執行者，共助義務者にこれに協力するよう命じなければならない。被執行者，共助義務者が協力しない場合，人民法院は強制的に実施することができる。

第490条［換金］　人民法院は，執行において被執行者の財産を換金する必要がある場合，関連組織に引き渡して換金することができ，人民法院が直接換金することもできる。

② 　換金対象財産につき，人民法院及びその職員が買い受けてはならない。

第491条［代物弁済］　執行申立人と被執行者の同意を経て，かつその他債権者の合法的権益と社会公共利益を害さない場合，人民法院は競売，換金を経ずに，被執行者の財産を直接査定し，執行申立人に交付して債務弁済にあてることができる。余剰債務につき，被執行者は継続して弁済しなければならない。

第492条［競売・換金の不能な被執行財産の処理］　被執行者の財産が競売・換金できない場合，執行申立人の同意を経て，かつその他債権者の合法的権益と社会公共利益を害さない場合，人民法院は当該財産を査定し，執行申立人に交付して債務弁済にあて，又は執行申立人に交付して管理させることができる。執行申立人が受入れ又は管理を拒む場合，当該財産を被執行者に返還する。

第493条［競売成約裁定等による物権変動］　競売の成約裁定又は法定手続による代物弁済の裁定をした場合，目的物の所有権は，競売成約裁定又は代物弁済の裁定が，買受人又は弁済目的物を受領した債権者に送達された時に移転する。

第494条［執行目的物が特定物の場合］　執行目的物が特定物である場合，原物について執行しなければならない。原物が既に確かに毀損又は滅失している場合，双方当事者の同意を経て，金銭に換算して賠償をすることができる。

② 金銭に換算した賠償につき双方当事者の協議が一致しない場合，人民法院は執行手続を終結しなければならない。執行申立人は別訴を提起することができる。

第495条［法律文書により指定された財物等を他人が所持する場合］　他人が法律文書において引渡しを指定された財物又は有価証券を所持する場合，人民法院が民訴法第249条第2項，第3項の規定により執行共助通知書を送付した後も引渡しを拒否するとき，強制執行を行い，かつ民訴法第114条，第115条の規定により処理することができる。

② 他人が所持する期間において財物又は有価証券が毀損，滅失した場合，本解釈第494条の規定を参照して処理する。

③ 他人が財物又は有価証券を適法に所持すると主張する場合，民訴法第227条の規定により執行異議を提出することができる。

第496条［被執行者が財産を隠匿した場合の処理］　執行中に被執行者が財産，会計帳簿等の資料を隠匿した場合，人民法院は民訴法第111条第1項第6号の規定により当該資料を処理するほか，被執行者に対して隠匿した財産，会計帳簿等の資料の提出交付を命じなければならない。被執行者が提出交付を拒否する場合，人民法院は捜査措置を講ずることができる。

第497条［捜査手続］　捜査者は，規定に従って制服を着用し，捜査令状と業務証明書を提示しなければならない。

第498条［捜査措置の具体的要求］　人民法院は，捜査に際して関係者以外の者が捜査現場に立ち入ることを禁止する。捜査対象が公民である場合，被執行者又はその成年家族及び基層組織に対して現場に立ち会うよう通知しなければならない。捜査対象が法人又はその他の組織である場合，法定代表者又は主たる責任者に対して，現場に立ち会うよう通知しなければならない。現場への立会いを拒否する場合，捜査には影響しない。

② 女性の身体を捜査する場合，女性の執行職員が行わなければならない。

第499条［捜査過程で発見した財産の処理］　捜査において，法により封印，差押措置を講ずべき財産を発見した場合，民訴法第245条第2項，第247条の規定により処理する。

第500条［捜査記録］　捜査にあたり，捜査記録を作成し，捜査者，被捜査者その他の立会人が署名，指印又は押印をしなければならない。署名，指印又は押印を拒む場合，それを捜査記録に記載しなければならない。

第 501 条［期限到来債権の執行］　人民法院は，被執行者の他人（第三債務者）に対する期限到来債権を執行するにあたり，債権を凍結する裁定を下し，かつ当該第三者に執行申立人に履行するよう通知できる。

② 　当該第三者が期限到来債権に対して異議があり，執行申立人が異議部分について強制執行を請求する場合，人民法院はこれを支持しない。利害関係人が期限到来債権について異議がある場合，人民法院は民訴法第 227 条の規定により処理しなければならない。

③ 　発効した法律文書において確定された期限到来債権について，当該第三者が否認する場合，人民法院はこれを支持しない。

第 502 条［財産証書の移転手続］　人民法院は，執行において不動産証，土地証，林権証，特許証書，商標証書，車輌船舶許可証等の関係する財産権証書の移転手続を行う必要がある場合，民訴法第 251 条の規定によって処理することができる。

第 503 条［行為義務の代替履行］　被執行者が発効した法律文書において確定された行為義務を履行せず，当該義務が他人によって完成できる場合，人民法院は代履行人を選定できる。法律，行政法規により当該行為義務の履行について資格制限がある場合，有資格者の中から選定しなければならない。必要な場合，入札方式で代履行人を確定できる。

② 　執行申立人は，条件に適合する者の中から代履行人を推薦するか，自らが代履行することを申し立てることもでき，その許否は人民法院が決定する。

第 504 条［代履行費用］　代履行費用の金額は，人民法院が事件の具体的状況に基づいて確定し，かつ被執行者が指定期限内に予納する。被執行者が予納しない場合，人民法院は当該費用につき強制執行を行うことができる。

② 　代履行が終了した後，被執行者は，費用リスト及び主たる証憑を閲覧，謄写することができる。

第 505 条［履行行為義務の拒絶の処理］　被執行者が法律文書に指定された行為を履行せず，かつ当該行為が被執行者によってのみ完成できる場合，人民法院は民訴法第 111 条第 1 項第 6 号の規定により処理することができる。

② 　被執行者が人民法院の確定した履行期間内になお履行しない場合，人民法院は民訴法第 111 条第 1 項第 6 号の規定により再び処理することができる。

第 506 条［履行遅延利息又は履行遅延金の起算点］　被執行者が履行を遅延する場合，履行遅延期間の利息又は履行遅延金は，判決，裁定及びその他の法律文書に指定された履行期間満了の日から起算する。

第 507 条［履行遅延金の計算基準］　被執行者は，判決，裁定及びその他の法律文書に指定された期間により非金銭給付義務を履行しない場合，執行申立人に損害を与えたか否かにかかわらず，履行遅延金を支払わなければならない。既に損害を与えた場合，執行申立人が既に受けた損害の倍額を賠償する。損害を与えていない場合，履行遅延金は，人民法院が具体的事件の状況に基づき決定することができる。

第508条［配当参加の一般条項］　被執行者が公民又はその他の組織であり，執行手続の開始後，被執行者に対する執行根拠を既に取得したその他の債権者が被執行者の財産では全債権を弁済できないことが判明した場合，人民法院に対して配当参加を申し立てることができる。

② 人民法院が封印，差押え，凍結を行った財産に対して優先権，担保物権を有する債権者は，配当参加を直接申し立て，優先弁済権を主張することができる。

第509条［配当参加の申立て］　配当参加の申立てにおいて，申立人は，申立書を提出しなければならない。申立書は，配当への参加，被執行者が全債権を弁済できない事実，理由を明記し，かつ執行根拠を添付しなければならない。

② 配当参加の申立ては，執行手続の開始後，被執行者の財産執行が終結する前に提出しなければならない。

第510条［配当参加手続中の弁済順序］　執行中の配当参加において，執行によって得られた代価から執行費用を控除し，かつ優先的弁済を受ける債権を弁済した後，一般債権については，原則としてそれが配当参加する全債権金額に占める比率分の弁済を受ける。弁済後の余剰分の債務について，被執行者は，継続して弁済しなければならない。債権者は，被執行者がその他の財産を有することを発見した場合，人民法院に執行を随時請求することができる。

第511条［配当参加の配当案］　多数の債権者が財産執行に対する配当参加を申し立てる場合，執行法院は財産配当の案を作成し，かつ各債権者及び被執行者に送達しなければならない。債権者又は被執行者が配当案に対して異議のある場合，配当案受領日から15日以内に，執行法院に対し書面異議を提出しなければならない。

第512条［配当案に対する異議の処理］　債権者又は被執行者が配当案について書面異議を提出した場合，執行法院は，異議未提出の債権者，被執行者にその旨を通知しなければならない。

② 異議を未提出の債権者，被執行者は，通知受領日から15日以内に反対意見を提出しない場合，執行法院は異議申立人の意見により配当案を審査し，訂正後に配当を行う。反対意見を提出した場合，異議申立人にその旨を通知しなければならない。異議申立人は，通知受領日から15日以内に反対意見を提出した債権者，被執行者を被告として執行法院に訴訟提起することができる。異議申立人が期限を過ぎても訴えを提起しない場合，執行法院は原配当案に従って配当を行う。

③ 訴訟期間に配当を行う場合，執行法院は係争債権金額に相応する金銭を供託しなければならない。

第513条［執行手続と破産手続のリンク］　執行中に被執行者たる企業法人が企業破産法第2条第1項に規定する事由に適合する場合，執行法院は，執行申立人の一人又は被執行者の同意を経て，当該被執行者に対する執行の停止を裁定し，執行事件関連資料を被執行者の住所地にある人民法院に移送しなければならない。

第514条［破産申立審査の処理］　被執行者の住所地にある人民法院は，執行事件関連

資料の受領日から30日以内に，破産事件を受理するか否かの裁定を執行法院に告知しなければならない。受理しない場合，事件関連資料を執行法院に返還しなければならない。

第515条［破産手続の執行手続に対する影響］　被執行者の住所地にある人民法院が破産事件の受理を裁定する場合，執行法院は，被執行者の財産に対する保全措置を解除しなければならない。被執行者の住所地にある人民法院が被執行者の破産宣告を裁定する場合，執行法院は，当該被執行者に対する執行終結を裁定しなければならない。

② 被執行者の住所地にある人民法院が破産事件を受理しない場合，執行法院は執行を再開しなければならない。

第516条［破産事件の移送に不同意，事件不受理の場合］　当事者が，破産事件の移送に同意せず，又は被執行者の住所地にある人民法院が破産事件を受理しない場合，執行法院は，強制執行対象の換金により得られた財産について，執行費用及び優先的弁済を受ける債権を控除した上，一般債権については，財産保全と執行において財産に対し封印，差押え，凍結を行った先後の順序により弁済する。

第517条［執行の継続］　債権者が民訴法第254条の規定により，人民法院に執行の継続を請求する場合，民訴法第239条に規定する執行申立ての時効期間の制限を受けない。

第518条［信用喪失被執行者リスト］　被執行者が法律文書において確定された義務を履行しない場合，人民法院は被執行者を処罰するほか，情状により当該被執行者を信用喪失被執行者リストに加え，当該被執行者の義務不履行又は不完全履行に関する情報をその所属組織，信用調査機構及びその他関連機構に通報することができる。

第519条［執行手続の終結］　財産調査を経て，強制執行できる財産を発見できない場合，執行申立人が署名によって確認し，又は執行法院が合議体を構成し，審査確認を行って当該執行法院院長の承認を経た後，今回の執行手続の終結裁定をすることができる。

② 前項の規定により執行を終結した後，被執行者が強制執行できる財産を有することを執行申立人が発見した場合，再び執行を申し立てることができる。再度の申立ては，執行申立の時効期間の制限を受けない。

第520条［申立ての取消し後，再度の執行申立ての処理］　申立ての取消しにより執行が終結した後，当事者が民訴法第239条に規定する執行申立ての時効期間内に再び執行を申し立てた場合，人民法院はこれを受理しなければならない。

第521条［執行終結後の執行目的物に対する妨害行為］　執行が終結後6ヶ月以内に，被執行者又はその他の者が，既に執行した目的物に対する妨害行為をする場合，人民法院は申立により妨害を排除することができ，かつ民訴法第111条の規定により処罰できる。妨害行為により執行債権者又はその他の者に損害を与えた場合，被害者は別訴を提起できる。

二十二. 渉外民事訴訟手続の特別規定

第522条［渉外民事事件の範囲］ 次に掲げる事由に該当する場合，人民法院は渉外民事事件と認定することができる。
一 当事者の一方又は双方が外国人，無国籍者，外国の企業又は組織であるとき
二 当事者の一方又は双方の常居所地が中華人民共和国（以下，中国と略称する）の領域外にあるとき
三 係争目的物が中国の領域外にあるとき
四 民事法律関係を発生，変更，消滅させる法律事実が，中国の領域外で発生したとき
五 渉外民事事件であると認められるその他の場合

第523条［外国当事者の身分資料の公証，認証］ 外国人が訴訟に参加する場合，パスポート等自己の身分を証明するための証明書類を人民法院に提出しなければならない。

② 外国の企業又は組織が訴訟に参加する場合，人民法院に提出する資格証明書は，所在国公証機関の公証を経るとともに，当該国駐在中国大・公使館，領事館の認証を経るか，又は中国と当該所在国で締結された関連条約が規定する証明手続を履践しなければならない。

③ 外国の企業又は組織を代表して訴訟に参加する者は，代表者として訴訟に参加する権限を有することの証明書を人民法院に提出しなければならない。当該証明書は，所在国公証機関の公証を経るとともに，当該国駐在中国大・公使館，領事館の認証を経るか，又は中国と当該所在国で締結された関連条約が規定する証明手続を履践しなければならない。

④ 本条にいう「所在国」とは，外国の企業又は組織の設立登記地の国をいい，営業登記手続を行った第三国でもよい。

第524条［外国当事者の身分資料の第三国認証］ 民訴法第264条及び本解釈第523条の規定により，公証，認証手続を行う必要があり，外国当事者の所在国と中国とが外交関係を結んでいない場合，当該国公証機関の公証を経て，中国と外交関係のある第三国の当該国駐在大・公使館，領事館の認証を経て，さらに当該第三国駐在大・公使館，領事館の認証に付すことができる。

第525条［法院における外国当事者の授権委任手続］ 外国人，外国企業又は組織の代表者が人民法院裁判官の立会いの下で授権委任状に署名し，代理人に委任して民事訴訟を行う場合，人民法院はこれを認可しなければならない。

第526条［公証による外国当事者の授権委任手続］ 外国人，外国企業又は組織の代表者が中国の国内で授権委任状に署名し，民事訴訟を行うことを代理人に委任し，中国の公証機関の公証を経ている場合，人民法院はこれを認可しなければならない。

第527条［外国語資料の翻訳］　当事者が人民法院に提出する書面資料が外国語である場合，人民法院に同時に中国語訳文を提出しなければならない。
② 　当事者が中国語訳文に対して異議のある場合，共同して翻訳機関に委託し翻訳文を提出しなければならない。当事者間で翻訳機関の選択について合意に達しない場合，人民法院がこれを確定する。

第528条［外国人による訴訟代理］　渉外民事訴訟における外国籍当事者は，本国人を訴訟代理人として委任することができ，本国の弁護士を弁護士の身分によらずに訴訟代理人として委任することもできる。中国駐在外国大・公使館，領事館員は，本国公民の委託を受けて，個人名義で訴訟代理人を担当することができる。但し，訴訟において外交又は領事特権及び免除権を有さない。

第529条［外交代表としての民事訴訟代理人招聘］　渉外民事訴訟において，中国駐在外国大・公使館，領事館員は，当事者である本国国民が中国領域内にいない場合，外交官の身分によりその本国国民のために，中国で中国の弁護士又は中国の公民を招聘し，民事訴訟を代理させることができる。

第530条［渉外民事事件の調停］　渉外民事訴訟において，調停を経て双方当事者が合意に達した場合，調停書を作成・交付しなければならない。当事者が判決書の交付を求める場合，合意内容により判決書を作成し，当事者に送達することができる。

第531条［渉外民事事件の合意管轄］　渉外契約又はその他の財産権紛争の当事者は，被告住所地，契約締結地，原告住所地，係争目的物所在地，権利侵害行為地等，紛争と実際の関連性ある場所の外国裁判所による管轄を選択することについて書面で合意することができる。
② 　民訴法第33条，第266条の規定により，中国法院の専属管轄に属する事件につき，当事者は，合意により外国裁判所による管轄を選択することはできない。但し，合意により仲裁を選択する場合を除く。

第532条［フォーラム・ノン・コンビニエンス原則］　渉外民事事件が次に掲げる事由に同時に該当する場合，人民法院は原告の訴え却下を裁定し，より適切な外国裁判所に提訴するよう当該原告に告知することができる。
　一　被告が，より適切な外国裁判所が事件を管轄すべきであるとの請求を提出し，又は管轄権異議を提出するとき
　二　当事者間で中国法院による管轄を選択することについて合意が存在しないとき
　三　事件が中国法院の専属管轄に属さないとき
　四　事件が中国の国家，公民・法人・その他の組織の利益に関わらないとき
　五　事件で争われる主要な事実が中国国内で発生しておらず，かつ事件に中国の法律が適用されず，人民法院が事件審理にあたり，事実認定，法律適用面において重大な困難があるとき
　六　外国裁判所が事件について管轄権を有し，かつ当該事件の審理にとってより適切であるとき

第533条［人民法院と外国裁判所が管轄権を有する事件］　中国法院と外国裁判所がいずれも管轄権を有する事件につき，一方当事者が外国裁判所に提訴し，他方当事者が中国法院に提訴した場合，人民法院はこれを受理することができる。判決後，外国裁判所又は当事者が，人民法院に対して外国裁判所が本案に対して下した判決・裁定の承認と執行を求める場合，人民法院はこれを許可しない。但し，双方共に締結又は加盟する国際条約に別段の規定がある場合を除く。

② 外国裁判所の判決，裁定が既に人民法院に承認され，当事者が同一紛争につき人民法院に提訴する場合，人民法院はこれを受理しない。

第534条［国内に居住しない被告に対する送達］　中国領域内に住所を有しない当事者に対し，公告方式で訴訟文書を送達する。公告期間を満了しても応訴しない場合，人民法院は欠席判決をした後，さらに裁判文書を民訴法第267条第8号の規定により公示送達を行わなければならない。裁判文書の公示送達から3ヶ月が満了した日から30日の上訴期間が経過しても，当事者が上訴を提起しない場合，第一審判決は直ちに法的効力を発生する。

第535条［直接送達］　外国人又は外国企業，組織の代表者，主たる責任者が中国の領域内に存在する場合，人民法院は当該自然人又は外国企業，組織の代表者，主たる責任者に送達することができる。

② 外国企業，組織の主たる責任者には，当該企業，組織の取締役，理事，監事，上級管理職者等を含む。

第536条［郵便送達］　受送達者の所在国が郵便送達を許す場合，人民法院は郵便送達を行うことができる。

② 郵便送達において，送達受領証を付さなければならない。受送達者が送達受領証の受領署名を行っていなくとも配達証明の受領署名を行った場合，送達したものとみなし，受領署名日を送達日とする。

③ 郵送日から3ヶ月を経過したが，送達された証明書類を受領しておらず，かつ各種状況により既に送達されたと認めるに足りない場合，郵便送達不能とみなす。

第537条［公示送達］　人民法院が第一審時に公示方式で当事者に訴訟文書を送達した場合，第二審時に直接公示方式で当該当事者に訴訟文書を送達することができる。但し，人民法院が公示方式以外の方式で送達できる場合を除く。

第538条［上訴期限］　第一審人民法院の判決，裁定に不服を申し立てるための上訴期限につき，中国の領域内に住所がある当事者には，民訴法第164条に規定する期限を適用する。中国の領域内に住所のない当事者には，民訴法第269条に規定する期限を適用する。当事者がいずれも上訴期限満了前に上訴しない場合，第一審人民法院の判決，裁定は，直ちに法的効力を発生する。

第539条［再審審査期限］　人民法院は，渉外民事事件の当事者による再審申立ての審査期間について，民訴法第204条に規定する制限を受けない。

第540条［渉外仲裁判断の執行申立て］　申立人が人民法院に対して中国の渉外仲裁機

構の判断の執行を申し立てる場合，書面を提出して申し立て，かつ判断書正本を添付しなければならない。申立人が外国当事者である場合，その申立書は，中国語を用いたものを提出しなければならない。

第541条［被執行者の不執行抗弁］　人民法院が渉外仲裁機構の仲裁判断の強制執行を行うとき，被執行者が民訴法第274条第1項に規定する事由の存在を理由に抗弁を提出する場合，人民法院は被執行者の抗弁に対する審査を行い，かつ審査結果に基づき執行又は不執行の裁定を下さなければならない。

第542条［渉外仲裁保全］　民訴法第272条の規定により中国の渉外仲裁機構が当事者の保全申立てにつき人民法院に裁定を行うよう提出した場合，人民法院はこれを審査し，保全を行うか否かを裁定することができる。保全裁定をする場合，申立人に担保提供を命じなければならず，申立人が担保を提供しない場合，申立却下を裁定する。

② 当事者が証拠保全を申し立て，人民法院が審査を経て担保提供の必要がないと認める場合，申立人は担保を提供しないことができる。

第543条［外国裁判所による裁判承認と執行］　申立人が，人民法院に対して外国裁判所の発効した判決，裁定の承認と執行を申し立てる場合，申立書を提出し，かつ外国裁判所が下した発効した判決，裁定の正本又は誤りがないことが証明された副本及び中国語訳を添付しなければならない。外国裁判所の判決，裁定が欠席判決，裁定である場合，申立人は，当該外国裁判所が既に適法に呼び出したことの証明書類を同時に提出しなければならない。但し，判決，裁定がそれについて明確な説明を加えた場合を除く。

② 中国が締結又は参加している国際条約に提出書類について規定がある場合，当該規定に従う。

第544条［外国裁判所による裁判承認・執行申立ての却下］　当事者が，外国裁判所の下した発効した判決，裁定に対する承認と執行を，中国の管轄権を有する中級人民法院に申し立てる場合において，当該裁判所の所在国と中国が国際条約を締結しておらず，又は共に加盟する国際条約も互恵の関係もない場合，申立却下を裁定する。但し，当事者が外国裁判所の下した発効した離婚判決の承認を人民法院に申し立てる場合を除く。

② 承認と執行の申立てについて却下の裁定がなされた場合，当事者は，人民法院に提訴することができる。

第545条［アドホック仲裁廷判断の承認・執行の申立て］　アドホック仲裁廷が中国の領域外で下した仲裁判断につき，一方当事者が人民法院に対して承認と執行を申し立てた場合，人民法院は民訴法第283条の規定により処理しなければならない。

第546条［区分承認手続と執行手続］　外国裁判所の下した発効した判決，裁定又は外国での仲裁判断について，中国の法院が執行する必要のある場合，当事者は先に人民法院に承認を申し立てなければならない。人民法院は審査を経て承認を裁定した後，民訴法第3編の規定に基づき執行する。

② 当事者が承認のみを申し立て，同時に執行を申し立てない場合，人民法院は承認すべきか否かについてのみ審査し，裁定をする。

第547条［承認・執行の申立期間］　当事者が，外国裁判所の発効した判決，裁定又は外国での仲裁判断の承認を申し立てる期間については，民訴法第239条の規定を適用する。

② 当事者が承認のみを申し立て，同時に執行を申し立てない場合，執行申立ての期間は，人民法院が承認申立てに対してなした裁定の発効日から改めて計算する。

第548条［外国裁判所の裁判・仲裁判断の承認・執行事件の審査］　外国裁判所の発効した判決，裁定又は外国での仲裁判断の承認と執行に係る事件について，人民法院は合議体を構成して審査を行わなければならない。

② 人民法院は，申立書を被申立人に送達しなければならない。被申立人は，これについて意見を陳述することができる。

③ 人民法院が審査の結果下した裁定は，送達された時点で法的効力を生じる。

第549条［司法共助］　中国と司法共助の合意も互恵の関係もない国家の裁判所が，外交ルートによらず，直接人民法院に司法共助を要請する場合，人民法院はこれを退け，その理由を説明しなければならない。

第550条［判決の効力の証明］　当事者が中国の領域外で中国法院の判決書，裁定書を使用し，中国法院に対してそれらの法的効力の証明を求め，又は外国裁判所が中国法院に対して当該判決書，裁定書の法的効力の証明を求める場合，判決，裁定を下した中国法院は，当該法院名義で証明を発行することができる。

第551条［香港マカオ台湾民事事件に関する法律適用］　人民法院が香港，マカオ特別行政区及び台湾地区の民事訴訟事件を審理する場合，渉外民事訴訟手続の特別規定を参照適用することができる。

二十三．附則

第552条［時間的効力］　本解釈の公布・施行後，最高人民法院が1992年7月14日に公布した『「中華人民共和国民事訴訟法」適用の若干の問題に関する意見』は，同時に廃止する。最高人民法院が以前に公布した司法解釈が本解釈と一致しない場合，以後適用しない。

以上

（白出博之　訳）

あとがき

　本書刊行の経緯は，すでに「はしがき」で吉村徳重先生が詳述し，ここでは繰り返さない。また本書は，吉村と上田が共編となっているが，これは種々の事情による便宜的なもので，本書における上田の学問的貢献はゼロに等しい。

　また，凡例にも一部記したが，中国民事訴訟法その他の法令や用語を日本語へ翻訳するに際しては，対応する日本の制度が存在しなかったり，文脈に応じて一つの原語に複数の訳語を当てざるを得ないこともあった。さらに，執筆者間で適訳について見解が異なる場合もあり，出版スケジュール等との関係から，訳の統一に至らないまま刊行に踏み切った語もある。その他の，条文や用語の訳の不統一等についても，上田の編者としての怠慢と無力のゆえであり，読者にとって本書の読解に困難を生じさせたことを，謹んでお詫び申し上げる。

　以下では，本書刊行に至るまでの長い道のりでお世話になった方々，本書の学問的価値の真の貢献者にお礼を述べたい。

　まず，本書は何よりも，吉村徳重先生の尽きることのない学問的情熱に支えられたものである。本書刊行の母体となった，日中民事訴訟法比較研究会による出版企画が，何度も企画消滅の危機に晒されながらも，本書の刊行にまで至ったのは，ひとえに先生の不屈の意志による。「最近，記憶力が落ちてしまって」と仰りながら，何百頁にも及ぶ中国民訴法関連資料の余白に，びっしりと赤字でメモを書き込んでおられたのを拝見したときの衝撃は，今も忘れることができない。

　白出博之弁護士，小嶋明美教授は，大変ご多忙の身にもかかわらず，最新の中国民事訴訟全体の制度紹介という，本書の核となる膨大な作業を引き受けていただいた。中国民訴法について日本人として最も知悉した両先生のご協力によって，本書企画の学問的価値が飛躍的に高まったことは，疑うべくもない。

　研究会の当初メンバーである川嶋四郎教授，西川佳代教授，安西明子教授は，度重なる企画変更にもかかわらず，十余年にわたり研究会を支えていただいた。池田辰夫教授は，中国民事訴訟法の専門家をご紹介いただき，研究会開催場所を

ご提供いただくなど，いったん頓挫しかけた研究会活動を復活していただいた。

　日中間の渉外事件に精通した山上祥吾弁護士は，中国民訴法の関連資料の翻訳作業をご担当いただいた。また，九州大学法学部生（当時）の吉田瑞穂さん，竹下順子さん，九州大学大学院法学府生の松本卓朗さんには，砂を嚙むような資料の整理作業をお手伝いいただいた。

　他にも，本書刊行には，ご執筆をいただいた先生方をはじめ，本書の表面には必ずしも表れることのない功労者と呼ぶべき方々が大勢いるが，ここで触れられないことをお詫び申し上げる。

　最後に，本書刊行をご担当いただき，当初まったく予想できなかった様々なトラブルに見舞われたにもかかわらず，辛抱強く献身的なご協力を賜った，九州大学出版会の尾石理恵さんに，心より御礼申し上げる。

2016 年 11 月

上 田 竹 志

　本書の刊行に際し，独立行政法人日本学術振興会平成 27 年度科学研究費助成事業（科学研究費補助金）（研究成果公開促進費）「学術図書」（JSPS 科研費 15HP5120）の交付を受けた。

索　引

ア行

意思表示請求権の執行　643
移審　469, 507
移送　154, 167
委託執行　595
委託送達　278
一事不再理　369, 416, 670
一審終審制　84, 450, 529
一般授権　207
一般承継人　183
委任訴訟代理人　204
　　――の人数　206
違法執行　604, 653
違法証拠　260
院長　115, 117
訴え提起の要件　367
訴え取下げ［撤訴］　396, 485
　　――に準ずる処理　399
訴えの提起　366

カ行

外交関係に関するウィーン条約　665
外国人　130, 173, 174, 361, 662, 667, 678
外国仲裁判断の承認と執行　687
外国弁護士　668, 692
海事訴訟法律文書の送達　679
開廷準備　387
開廷審理　384, 427, 443, 474, 518
開廷審理前の調停［審前調解］　291, 371
開廷前会議　383
回避制度　118

確定力　414
価値相当の原則　617
過料／罰金［罰款］　332, 599, 642
簡易手続　82, 435
　　当事者の約定による――適用　438
管轄　133
管轄権異議　157, 168, 585
管轄権移転　156
管轄権の抵触　674
管轄権の消極的衝突　674
管轄権の積極的抵触　674
管轄恒定　134
管轄の指定（指定管轄）　155, 167
換金［変売］　631
関係社会団体　206
間接執行措置　643
期間　273
　　――の除去　275
　　――の遅滞　275
期日　276
基層法律サービス業務従事者　205
羈束力　414
既判力（実質的確定力）　415
　　――相対性原則　418
　　――の客観的範囲　416
　　――の作用　416
　　――の時的範囲　419
　　――の主観的範囲　418
共助／協力［協助］　330, 337, 597
強制管理　633
強制競売［強制拍売］　628
強制措置　326
共同訴訟　184, 212

挙証期限　252, 442
挙証証明責任　243
金銭給付執行　614
訓戒　331
形成力　415
継続執行　638
競売公告　630
競売のやり直し［重新拍卖］　631
決定　421
現況調査　630
検察監督　106, 511, 578
検察監督の原則　106
合意管轄　151, 165, 673
行為完成の執行　641
合意期間　274
行為保全　307
勾引［拘传］　330
公益訴訟　14, 53, 179, 180
公開裁判制度　121
公開審理　123, 385, 428
合議制　113
合議体　113, 380
合議体評議　393
公告　192, 281, 387, 534, 537, 543, 566, 630
交互弁論［互相辯論］　393
公示催告手続　562, 574
公示送達　281, 678
公示の原則　616
抗訴［抗诉］　490, 511
口頭審理［言詞審理］　386
勾留／拘留［拘留］　332
国際民事司法共助　681
互恵の原則　681
国家機密　124, 261
国家主権保護の原則　669
固有必要的共同訴訟　186, 212

サ行

再議［复议］　469
財産保全　307
再審（の申立て）［申诉］　291, 487
　　検察院始動による――　510
　　――の補充性　492
　　法院決定による――　508
再審検察建議　510
再審査［复査］　291
再審指定　516
再審事由　498, 504
再審指令　516
再審手続　487
再審難　48, 85, 490, 494, 523
財政領収書　359
裁定　419
裁定管轄　154
最低売却価額　629
再度の競売［再行拍卖］　631
裁判官［审判员］　113
裁判官等［审判人员］　113
裁判監督手続／審判監督手続［审判监督程序］　488, 489, 523
裁判所制度　113
裁判組織形態［审判组织形式］　113
裁判長　115
差置送達　277, 284
差押え［扣押］　309, 329, 615
（受訴法院による）参加の通知　195
（第三者による）参加の申立て　195
参審員［陪审员］　113, 114
三面訴訟　170
事件受理費　349
事後審主義　461
事前封印［預査封］　619
事前立案［預立案］　371
執行異議　604, 653
執行異議の訴え　611, 653

執行回復［执行回转］ 613
執行官／執行員［执行员］ 579, 650
執行管轄 583
執行機関 579, 650
執行窮尽原則 578
執行合法の原則 577
執行根拠（執行名義）［执行依据］ 582, 651
執行参与者 581
執行対象［执行标的］ 581
執行担保 601, 658
執行停止 592, 655
執行適度の原則 578
執行当事者 579
執行当事者不平等の原則 577
執行に対する検察監督原則 578
執行の移送 586
執行の共助 597
執行の終結 593
執行免除財産 582
執行免脱者［老赖］ 646
執行目的物［执行标的物］ 503, 608
執行力 415
執行和解 602, 658
質証 261, 389
失踪宣告手続 533, 570
指定期間 274
（訴訟上の）自白［自认］ 237
支払命令 556
支払命令異議 559
司法救助 360
司法共助
　一般―― 683
　特別―― 684
司法権の独立 109, 160
死亡宣告手続 536, 570
司法免除権 665
終局判決 410
自由心証主義 221

主管 129, 163
主張共通の原則 185
出国制限 645
受理 372
受理の法的効力 374
渉外民事訴訟 662
　――管轄 669
　――の送達 675
少額訴訟手続 83, 446
証拠 7, 30, 218
　――の収集 249
証拠共通の原則 185
証拠交換 256, 383, 426
証拠材料／証拠資料［证据材料］ 218
証拠適時提出主義 252
証拠能力 220
証拠の種類 224
証拠保全 257
上訴
　――の効力 468
　――の取下げ 483
　――の要件 463
　――の利益 464
上訴効力不可分の原則 469
上訴状 466
上訴人と被上訴人の適格 463
消費者協会 17, 59, 64, 180
証明 235
証明基準 247
証明責任 242, 268
　――の分配 243
証明力 221
証明を要しない事実 237
除権判決 567
処分の原則 104, 110
信義誠実の原則 102, 111
審級管轄／級別管轄［级别管辖］ 137
審級制度 126, 162
審査手続終結裁定 507

索　引

申訴［申诉］　48, 489, 494
信用情報収集システム　645
審理期限　395, 444, 483
審理の延期　401
審理前準備　378, 442, 470
制限免除主義　667, 692
正当な当事者　175, 182
　　形式的——　175
　　実質的——　175
絶対免除主義　667, 692
選挙人資格事件　530, 572
先行執行［先予执行］　313, 323
先行調停　292, 371, 427, 443
専属管轄　149, 694
専門家補助人（制度）　232
送達　276, 284
　　——の効力　282
送達住所確認書　279
送達受領証　282
訴外人［案外人］　502
属人管轄の原則　670
続審主義　461
属地管轄の原則　670
訴訟救助　360, 364
訴訟権利能力　171
訴訟参与者　200
訴訟承継　183
訴訟上の請求［诉讼请求］　35, 381
訴訟代表者　189, 191, 213
訴訟代理人　89, 200
訴訟担当　178
訴訟能力　174
訴状の記載事項　370
訴訟の終了［诉讼终结］　405
訴訟の停止［诉讼中止］　402
訴訟費用　348
　　——の納付　354
　　——の負担　356
　　——の返還　354

訴訟物［诉讼标的］　35, 175, 241, 375, 416, 417, 433
訴訟保全　318
訴前保全　312

タ行

（民事訴訟における）第三者［第三人］　193
第三者取消しの訴え　18, 197
第三者の異議［案外人异议］　608, 653
代替履行可能な行為の執行　642
対等の原則　98, 112, 664
第二審手続　457
第二審手続の裁判　476
代表者訴訟　190
　　人数の確定した——　191
　　人数の不確定な——　192
代物弁済　632
脱退　179, 418
単独制／独任制［独任制］　113
担保物権実行の許可裁定　554
担保物権実行事件［实现担保物权案件］　550, 573
地域管轄　141
　　一般——　142
　　特殊——　144
地域社会［社区］　205
遅延利息および履行遅延金の強制交付　645
地方保護主義　164
中国裁判文書サイト　123
仲裁条約　681, 687
調停／調解（法院調停）［调解］　286
　　第二審手続中の——　482
　　——の合意　295
　　——の効力　298
　　——の主体　293
　　——の進行　294
調停書　296, 377, 482, 496, 502, 583

調停合意確認手続 544, 572
調停前置主義 209, 301
重複訴訟の禁止 369, 375, 670
重複封印,差押禁止の原則 617
直接審理 386
直接送達 277
通常共同訴訟 184, 464
通常共同訴訟人の牽連性 185
通常共同訴訟人の独立性 184
通常手続［普通程序］365
　　——への変更 439
廷長 115, 117
適時執行の原則 578
手続分流 382
電子送達 278, 284, 678
（代表者訴訟における）登記 192, 214
凍結 309, 621
動産引渡し 639
当事者 169, 170
　　——の追加 181, 212, 381
　　——の変更 181
当事者意思尊重の原則 671
当事者概念 169, 660
　　形式的——（手続的当事者概念）170
　　実体的—— 170
当事者確定の基準 170
当事者恒定主義／原則 179
当事者適格 175, 180
当事者能力 171
当事者能力が認められるその他の組織 173
当事者平等の原則 99
当事者申立てによる再審 493
投書・陳情［信访］494
同等の原則 112, 173, 664
答弁書 379
督促手続 555, 574
特定承継人 183
特別管轄 144, 672

特別授権 207
特別手続 527
独立の請求権のない第三者 195
独立の請求権を有する第三者 194
取次送達 281

ナ行

二審終審制度 125, 457
任意的訴訟担当 180

ハ行

陪審制度［陪审制度］73, 127
配達証明書 280
配当参加 635
発効判決［生效判决］411
判決 409
　　——の言渡し 394, 431, 481
　　——の分類 409
判決書 412
非公開の原則 289
被執行者財産の調査 588
必要的共同訴訟 186, 212
評議規則 116
費用相当性の原則 448
費用納入証明書 359
封印［査封］615
封印,差押財産免除の原則 617
フォーラム・ノン・コンビニエンス 671
不開廷審理 475
不可代替的行為および不作為義務の執行 642
覆審主義 461
不執行 589
不受理の裁定 171, 425
普通管轄 142, 672
物の引渡し［交付］639
不動産明渡し 640
不変期間 273
不利益変更禁止原則 472

振替え　621
並行訴訟　674，694
弁護士［律師］　89，91，205，667
弁護士強制主義　89，204
弁論主義　101
弁論の原則　25，100，110
法院調停（→　調停）
法院による民事捜査　644
法官（→　裁判官）
法人　172，174，176
法人でない組織　173
法定期間　273
法廷記録　395
法廷審理　123，385
法定訴訟代理人　201
法定訴訟担当　178
法廷退出命令　331
法廷地国法　664
法廷調査　388，429
法廷弁論　392，430
法律援助　87，364
法律審　460
法律要件分類説　33，244
補充送達　277
保障性執行措置　644

マ行

未発効判決［未生効判決］　412

民事権利能力　171，535，538
民事行為能力　174
民事行為能力認定手続　539，570
民事裁判　407，433
民事裁判権　129，163
民事執行威嚇措置　645
民事執行調査措置　644
民事執行妨害強制措置　646
民事訴訟の妨害　327
無主財産認定手続　542，571
命令　422
申立費　350
黙示的合意管轄（応訴管轄）　153

ヤ行

有効なコントロールの原則　670
郵便送達　279，677
四級二審制　125，161

ラ行

利益変更禁止原則　473
立案　372
立案登記　374
領事関係に関するウィーン条約　665，666，676，683
類似必要的共同訴訟　186，212

執筆者紹介（掲載順，＊は編者）

氏名	所属	担当
吉村德重＊（よしむらとくしげ）	九州大学名誉教授	はしがき，第1編吉村論文
小嶋明美（こじまあけみ）	創価大学法科大学院・教授	第1編小嶋論文，第2編第1, 2, 4～11, 18章
白出博之（しらでひろゆき）	弁護士，（独）国際協力機構中国長期派遣専門家	第1編白出論文，第2編第3, 12～17章，資料翻訳
韓　寧（かん　ねい）	桐蔭横浜大学法学部・准教授	第1編韓論文，第2編第8章コメント
池田辰夫（いけだたつお）	大阪大学大学院高等司法研究科・教授，弁護士	第2編第1, 14・15章コメント
川嶋四郎（かわしましろう）	同志社大学法学部・教授	第2編第2・3, 10章コメント
鶴田　滋（つるたしげる）	大阪市立大学大学院法学研究科・教授	第2編第4・5章コメント
濱﨑　録（はまさきふみ）	西南学院大学法科大学院・教授	第2編第6章コメント
上田竹志＊（うえだたけし）	九州大学大学院法学研究院・准教授	第2編第7, 11章コメント，あとがき
安西明子（あんざいあきこ）	上智大学法学部・教授	第2編第9章コメント
堀野　出（ほりのいずる）	九州大学大学院法学研究院・教授	第2編第12, 13章コメント
宮永文雄（みやながふみお）	広島大学大学院社会科学研究科・教授	第2編第16, 18章コメント
西川佳代（にしかわかよ）	横浜国立大学大学院国際社会科学研究院・教授	第2編第17章コメント

日中民事訴訟法比較研究（にっちゅうみんじそしょうほうひかくけんきゅう）

2017年3月15日　初版発行

編　者　吉村德重・上田竹志
発行者　五十川直行
発行所　一般財団法人　九州大学出版会
　　　　〒814-0001　福岡市早良区百道浜 3-8-34
　　　　九州大学産学官連携イノベーションプラザ 305
　　　　電話　092-833-9150
　　　　URL　http://kup.or.jp/
　　　　印刷・製本／大同印刷㈱

ⓒ吉村德重・上田竹志 2017　　ISBN978-4-7985-0201-4